AF557183

Veit Steinkamp

Der Python-Kurs für Ingenieure und Naturwissenschaftler

Liebe Leserin, lieber Leser,

ob im Studium, in der Forschung oder im Beruf: Python ist das ideale Werkzeug zur Lösung wissenschaftlicher und technischer Problemstellungen. Bereits die Standardbibliothek hält eine Menge nützlicher Werkzeuge für Sie bereit, aber das ganze Potenzial von Python nutzen Sie mit freien Zusatzmodulen wie NumPy, SciPy, Matplotlib, SymPy, VPython. So erledigen Sie Aufgaben und lösen Probleme, für die Sie sonst Spezialprogramme wie MATLAB, Maple oder LabVIEW bräuchten.

In diesem Buch vermittelt Dr. Veit Steinkamp Ihnen genau das Python-Wissen, das Sie für Ihre wissenschaftliche oder berufliche Arbeit benötigen. Ausgehend von typischen Aufgaben aus Wissenschaft und Technik zeigt er Ihnen, wie Sie die Module und Bibliotheken von Python richtig einsetzen. Sie sehen bei jeder Aufgabe den vollständigen Python-Code mitsamt der Ausgabe des Programms. Beides wird genau analysiert, sodass Sie immer erfahren, in welcher Code-Zeile was passiert und welcher Ansatz optimal für Ihre Aufgabe geeignet ist.

Jeder Themenkomplex wird in einem eigenen Kapitel besprochen. So können Sie die einzelnen Kapitel unabhängig voneinander lesen. Wenn Sie bisher noch nicht in Python programmiert haben, sollten Sie die beiden ersten Kapitel lesen. Hier lernen Sie geeignete Entwicklungsumgebungen kennen und bekommen eine Einführung in die Programmstrukturen von Python, zugeschnitten auf den Einsatz im naturwissenschaftlich-technischen Bereich.

Zuletzt ein Hinweis in eigener Sache. Dieses Buch wurde mit großer Sorgfalt geschrieben, geprüft und produziert. Sollten Sie Fragen zum Inhalt haben, Lob oder Kritik äußern wollen, wenden Sie sich an mich. Ich freue mich auf Ihre Rückmeldung.

Ihr Christoph Meister
Lektorat Rheinwerk Computing

christoph.meister@rheinwerk-verlag.de
www.rheinwerk-verlag.de
Rheinwerk Verlag · Rheinwerkallee 4 · 53227 Bonn

Auf einen Blick

Wir hoffen, dass Sie Freude an diesem Buch haben und sich Ihre Erwartungen erfüllen. Ihre Anregungen und Kommentare sind uns jederzeit willkommen. Bitte bewerten Sie doch das Buch auf unserer Website unter **www.rheinwerk-verlag.de/feedback**.

An diesem Buch haben viele mitgewirkt, insbesondere:

Lektorat Christoph Meister, Anne Scheibe
Korrektorat Friederike Daenecke, Zülpich
Herstellung Nadine Preyl
Typografie und Layout Vera Brauner
Einbandgestaltung Eva Hepper
Coverbilder iStock: 611107590 © StationaryTravelle, 1128252197 © Laurence Dutton; AdobeStock: 106715763 © Alex Stemmer, 74375461 © pavlodargmxnet, 313592761 © newb1
Satz SatzPro, Krefeld
Druck Beltz Grafische Betriebe, Bad Langensalza

Dieses Buch wurde gesetzt aus der TheAntiquaB (9,35/13,7 pt) in FrameMaker.

Gedruckt wurde es mit mineralölfreien Farben auf chlorfrei gebleichtem, FSC®-zertifiziertem Offsetpapier (90 g/m²).

Hergestellt in Deutschland.

Bibliografische Information der Deutschen Nationalbibliothek:
Die Deutsche Nationalbibliothek verzeichnet diese Publikation in der Deutschen Nationalbibliografie; detaillierte bibliografische Daten sind im Internet über *http://dnb.dnb.de* abrufbar.

ISBN 978-3-8362-9286-3

2., aktualisierte Auflage 2023

Informationen zu unserem Verlag und Kontaktmöglichkeiten finden Sie auf unserer Verlagswebsite **www.rheinwerk-verlag.de**. Dort können Sie sich auch umfassend über unser aktuelles Programm informieren und unsere Bücher und E-Books bestellen.

Inhalt

Anhang

Materialien zum Buch

Auf der Webseite zu diesem Buch stehen folgende Materialien für Sie zum Download bereit:

- **Musterlösungen zu den Übungsaufgaben**
- **Python-Code der Beispiele**
- **Beispielgrafiken in Farbe**

Gehen Sie auf *www.rheinwerk-verlag.de/5624*. Klicken Sie auf den Reiter MATERIALIEN. Sie sehen die herunterladbaren Dateien samt einer Kurzbeschreibung des Dateiinhalts. Klicken Sie auf den Button HERUNTERLADEN, um den Download zu starten. Je nach Größe der Datei (und Ihrer Internetverbindung) kann es einige Zeit dauern, bis der Download abgeschlossen ist.

Kapitel 1
Einführung

Dieses Kapitel gibt Ihnen einen kurzen Überblick über die Erweiterungsmöglichkeiten, Einsatzgebiete und die Funktionalität der Programmiersprache Python.

Wenn Sie für Ihre wissenschaftliche Arbeit umfangreiche Berechnungen durchführen müssen und die Ergebnisse auch grafisch ansprechend präsentieren wollen, dann sollten Sie sich ernsthaft mit Python beschäftigen. Python ist eine Programmiersprache, die über eine ähnliche Funktionalität wie MATLAB verfügt, wenn sie durch entsprechende Module erweitert wird. Außerdem wird Python einschließlich aller Erweiterungsmodule kostenfrei zur Verfügung gestellt. Mit Python können Sie z. B. Gleichungssysteme lösen, Funktionsplots erstellen, differenzieren, integrieren und auch Differenzialgleichungen lösen. Auch das Erstellen grafischer Benutzeroberflächen ist möglich. Für fast jede Problemstellung in den Ingenieur- und Naturwissenschaften gibt es Lösungsangebote, die nicht nur ein breites Anwendungsgebiet abdecken, sondern zusätzlich auch noch durch Benutzerfreundlichkeit und Leistungsfähigkeit überzeugen.

Die Programmiersprache Python wurde Anfang der 1990er-Jahre von Guido van Rossum am *Centrum Wiskunde & Informatica* in Amsterdam entwickelt. Die Namensgebung hat nichts mit der gleichnamigen Schlange Python zu tun, sondern bezog sich auf die britische Komikergruppe Monty Python.

Die besonderen Vorteile und Leistungsmerkmale der Programmiersprache sind folgende:

- Python ist eine leicht zu erlernende und leistungsfähige Programmiersprache.
- Sie stellt effiziente Datenstrukturen bereit.
- Sie erlaubt auch objektorientierte Programmierung.
- Sie hat eine übersichtliche Syntax und eine dynamische Typisierung.
- Python-Programme werden mit einem Interpreter übersetzt und eignen sich deshalb für eine schnelle Entwicklung von Prototypen.
- Python steht für Linux, macOS und Windows zur Verfügung.
- Python kann durch Module erweitert werden.

Das Modulkonzept ist der Grundpfeiler und eine der herausragenden Stärken von Python. Ein Modul ist ein Baustein eines Softwaresystems, das eine funktional in sich abgeschlossene Einheit bildet und einen bestimmten Dienst bereitstellt. Für ein abgrenzbares wissenschaftliches Problem wird jeweils ein Modul zur Verfügung gestellt, das genau auf diese Problemstellung zugeschnitten ist. In diesem Buch stelle ich Ihnen die fünf Module NumPy, Matplotlib, SymPy, SciPy und VPython vor.

1.1 Entwicklungsumgebungen

Eine Entwicklungsumgebung ist ein Softwareprogramm, das aus einem Texteditor, einem Debugger und einem Interpreter besteht. Der Texteditor einer Entwicklungsumgebung unterstützt den Programmierer beim Schreiben von Programmen, z. B. durch Syntaxhervorhebung, automatisches Einrücken des Quelltextes usw. Der Debugger hilft dem Programmierer bei der Fehlersuche, und der Interpreter führt die Anweisungen des Programms aus. Von den vielen Entwicklungsumgebungen, mit denen Python-Programme entwickelt werden können, sollen hier nur die Entwicklungsumgebungen IDLE, Thonny und Spyder kurz vorgestellt werden.

1.1.1 IDLE

Die Abkürzung IDLE steht für **I**ntegrated **D**evelopment and **L**earning **E**nvironment. Abbildung 1.1 zeigt die Bedienoberfläche von IDLE.

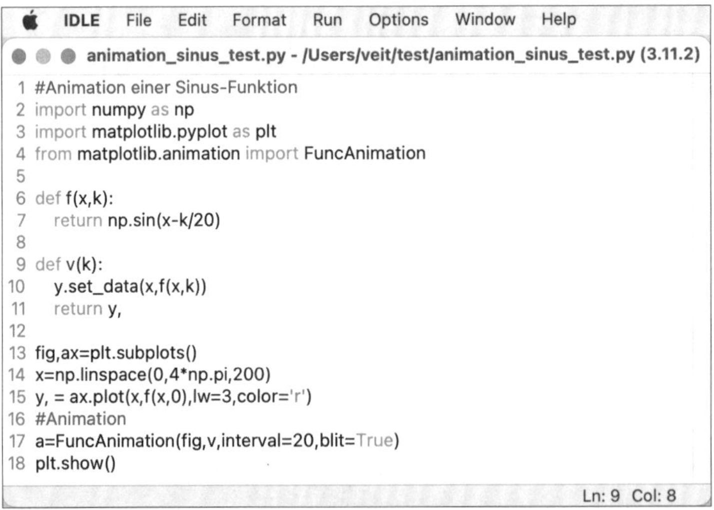

Abbildung 1.1 Die Entwicklungsumgebung IDLE

Die IDLE ist Bestandteil des Python-Downloads. Mit der Installation von Python wird sie gleichzeitig zusammen mit dem Paketmanager Pip installiert. Unter der URL *https://www.python.org/downloads/* können Sie die aktuelle Version von Python für die Betriebssysteme Linux, macOS und Windows herunterladen. Die einzelnen Module NumPy, Matplotlib, SymPy, SciPy und VPython müssen Sie mit dem Paketmanager Pip installieren (siehe Abschnitt 1.1.4). Dabei kann es zu Problemen kommen, wenn Sie eine neue Python-Version installieren: Die Module können mit der neuen IDLE-Version nicht mehr importiert werden und die Programme werden nicht mehr ausgeführt. Wie Sie dieses Problem eventuell beheben können, zeige ich Ihnen in Abschnitt 1.1.4. Falls Sie mit der Installation der Python-Module scheitern sollten, empfehle ich Ihnen die Entwicklungsumgebung Thonny.

Wenn Sie auf RUN • PYTHON SHELL klicken, öffnet sich die Python-Shell. Hinter dem Eingabeprompt `>>>` können Sie direkt Python-Befehle oder mathematische Ausdrücke eingeben, z. B. `2+3`, `3*5` oder `7/5`. Jede Eingabe müssen Sie mit der [↵]-Taste abschließen.

1.1.2 Thonny

Thonny ist zwar, gemessen an den professionellen Angeboten, eine recht einfach gestaltete Entwicklungsumgebung mit einem vergleichsweise geringen Funktionsumfang, sie ist aber aufgrund der leichten Bedienbarkeit besonders für Programmieranfänger geeignet. Mit Thonny können Sie alle hier im Buch besprochenen Programmbeispiele ausführen und testen. Abbildung 1.2 zeigt die Bedienoberfläche.

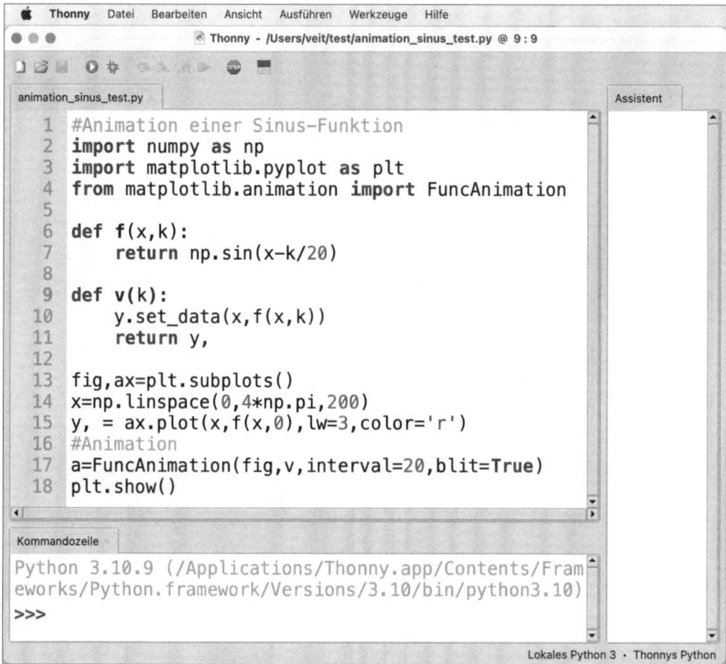

Abbildung 1.2 Die Entwicklungsumgebung Thonny

Thonny steht unter der URL *https://thonny.org* für die Betriebssysteme Linux, macOS und Windows als Download zur Verfügung.

Der Quelltext des Programms wird in den Texteditor (linker oberer Bereich) eingegeben. Nachdem das Programm mit der Funktionstaste [F5] oder mit einem Mausklick auf den START-Button gestartet wurde, erscheint ein Dialogfenster, in das der Dateiname des Programms eingegeben werden muss. Das Ergebnis von numerischen Berechnungen wird dann in dem Fenster KOMANDOZEILE links unten in der Python-Shell ausgegeben. Funktionsplots von Matplotlib-Programmen werden in einem separaten Fenster ausgegeben. In der Shell, auch Python-Konsole genannt, können Sie auch direkt Python-Befehle eingeben. Der ASSISTENT auf der rechten Seite des Hauptfensters unterstützt Sie bei der Fehlersuche. Allerdings sollten Sie diesbezüglich keine zu hohen Erwartungen haben.

Ein besonders wichtiges Feature von Thonny ist, dass Sie die Module NumPy, Matplotlib, SymPy, SciPy und VPython einfach nachinstallieren und aktualisieren können. Dazu brauchen Sie nur den Dialog WERKZEUGE • VERWALTE PAKETE zu öffnen (siehe Abbildung 1.3). Dann geben Sie oben links im Textfeld den Namen des zu installierenden Moduls ein und klicken auf INSTALLIEREN oder AKTUALISIEREN.

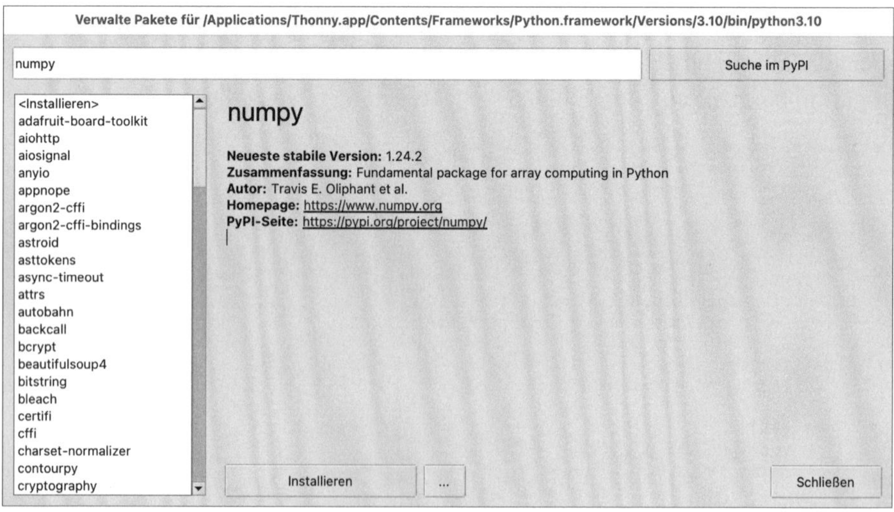

Abbildung 1.3 Installation von Modulen

Wenn Sie ein Modul deinstallieren wollen, dann müssen Sie das entsprechende Modul im linken Fenster auswählen. Dann erscheint rechts neben der Befehlsschaltfläche INSTALLIEREN die Befehlsschaltfläche DEINSTALLIEREN. Ein besonderer Vorteil des Paketmanagers von Thonny besteht darin, dass Sie auch ältere Versionen aller verfügbaren Module testen können. Dazu müssen Sie nur auf die Befehlsschaltfläche ... direkt rechts neben der Befehlsschaltfläche INSTALLIEREN klicken, und es öffnet sich ein Fenster, in dem Sie die gewünschte Version des Moduls auswählen können.

1.1.3 Spyder

Spyder ist die Entwicklungsumgebung der Anaconda-Distribution. Bis auf VPython sind die in diesem Buch behandelten Module NumPy, Matplotlib, SymPy und SciPy schon eingebaut.

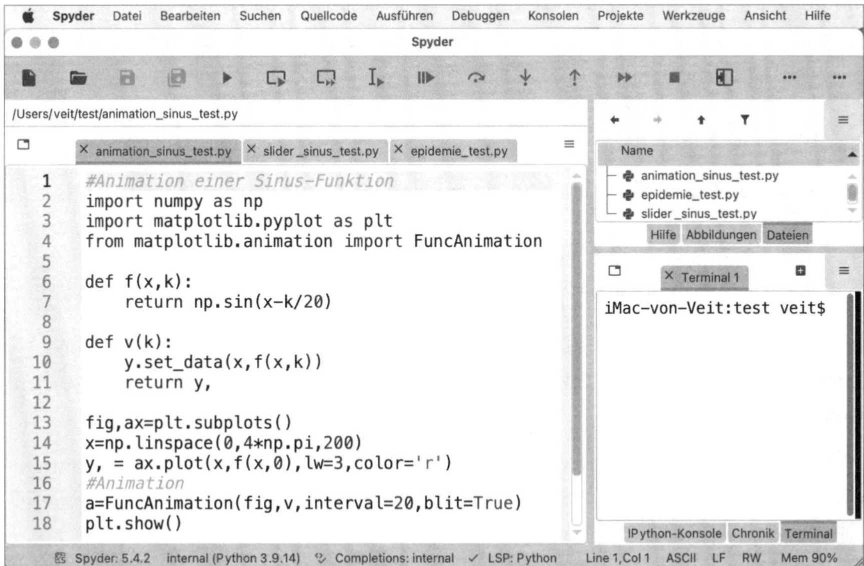

Abbildung 1.4 Die Entwicklungsumgebung Spyder

Spyder steht unter der URL *https://www.spyder-ide.org* für Linux, macOS und Windows als kostenfreier Download zur Verfügung.

Wenn Sie eine Animation mit einem Matplotlib-Programm ausführen wollen, dann müssen Sie in den Einstellungen unter IPYTHON-KONSOLE • GRAFIK als Backend AUTOMATISCH auswählen. Nach dem Programmstart erscheint dann ein separates Fenster, in dem die Animation ausgeführt wird. Auch Matplotlib-Programme, die Slider-Steuerelemente enthalten, können nur mit dieser Option interaktiv ausgeführt werden.

Spyder ist zwar eine sehr leistungsfähige Entwicklungsumgebung. Sie hat allerdings den Nachteil, dass die Nachinstallation von standardmäßig nicht mitinstallierten Modulen, wie z. B. VPython, für Anfänger nicht leicht zu handhaben ist. Nähere Hinweise zur Installation von Python-Modulen finden Sie in der Dokumentation zu Spyder (*https://www.spyder-ide.org*).

1.1.4 Pip

Wenn Sie andere Entwicklungsumgebungen als Thonny oder Spyder benutzen wollen, dann können Sie Python-Module mit Pip installieren. Pip ist keine Entwicklungsumgebung, sondern der Paketmanager von Python, der Module aus dem *Python Package Index* (*https://pypi.org/*) installiert. Über ihn können Sie sehr komfortabel Module herunterladen und aktualisieren – für die Arbeit mit Python ist Pip ein sehr wichtiges Werkzeug.

Wenn Sie Python installiert haben und beispielsweise nur das Modul NumPy hinzufügen wollen, nutzen Sie folgenden Befehl, den Sie in einem Terminal unter Windows, Linux oder macOS eingeben können:

```
pip install numpy
```

Eine bestehende NumPy-Installation aktualisieren Sie mit diesem Kommando:

```
pip install --upgrade numpy
```

Falls Sie IDLE (z. B. Version 3.9) nutzen und eine neue Version von Python (z. B. 3.11) installieren, dann werden die zuvor installierten Python-Module in die aktualisierte Version nicht mehr importiert. In diesem Fall versuchen Sie die Installation mit `pip3.11 install numpy`.

Wenn Ihnen die Installation oder Aktualisierung der Python-Module nicht gelingen sollte, empfehle ich Ihnen die Entwicklungsumgebung Thonny. Weitere Informationen zum Einsatz von Pip finden Sie auf der Seite *https://pypi.org/project/pip*.

1.2 Die Module von Python

Damit Sie sich einen ersten Überblick über die Möglichkeiten und Leistungsmerkmale des Modulkonzepts von Python verschaffen können, beschreibe ich die fünf Module zunächst einmal schlagwortartig. Statt *Modul* ist auch die Bezeichnung *Bibliothek* oder *Softwarebibliothek* üblich. Die Fähigkeiten von Python verdeutlicht man am besten anhand kurzer Programmbeispiele. Sie müssen selbstverständlich die hier gezeigten Quelltexte noch nicht verstehen. Dazu dienen ja die nachfolgenden Kapitel.

1.2.1 NumPy

Mit dem Modul NumPy (**num**erisches **Py**thon) können Sie umfangreiche numerische Berechnungen durchführen, z. B. lineare Gleichungssysteme lösen – auch mit komplexen Zahlen. Listing 1.1 zeigt ein Beispiel zur Vektorrechnung:

```
import numpy as np
A=np.array([1, 2, 3])
```

```
B=np.array([4, 5, 6])
print("Vektor        A:",A)
print("Vektor        B:",B)
print("Summe       A+B:",A+B)
print("Produkt     A*B:",A*B)
print("Kreuzprodukt :",np.cross(A,B))
print("Skalarprodukt:",np.dot(A,B))
```

Listing 1.1 NumPy-Programm

Ausgabe

```
Vektor       A: [1 2 3]
Vektor       B: [4 5 6]
Summe      A+B: [5 7 9]
Produkt    A*B: [ 4 10 18]
Kreuzprodukt : [-3  6 -3]
Skalarprodukt: 32
```

Das Modul NumPy wird in Kapitel 3, »Numerische Berechnungen mit NumPy«, behandelt.

1.2.2 Matplotlib

Mit dem Modul Matplotlib können Sie mathematische Funktionen, Histogramme und viele andere Diagrammtypen darstellen sowie physikalische Vorgänge simulieren und animieren. Die grafischen Gestaltungsmöglichkeiten sind sehr vielfältig und detailreich. Listing 1.2 zeigt ein einfaches Beispiel für den Funktionsplot eines Polynoms:

```
import numpy as np
import matplotlib.pyplot as plt
x=np.arange(-2,6,0.01)
y=x**3-7*x**2+7*x+15
plt.plot(x,y)
plt.show()
```

Listing 1.2 Funktionsplot mit Matplotlib

Ausgabe

In Abbildung 1.5 sehen Sie die Ausgabe des Funktionsplots.

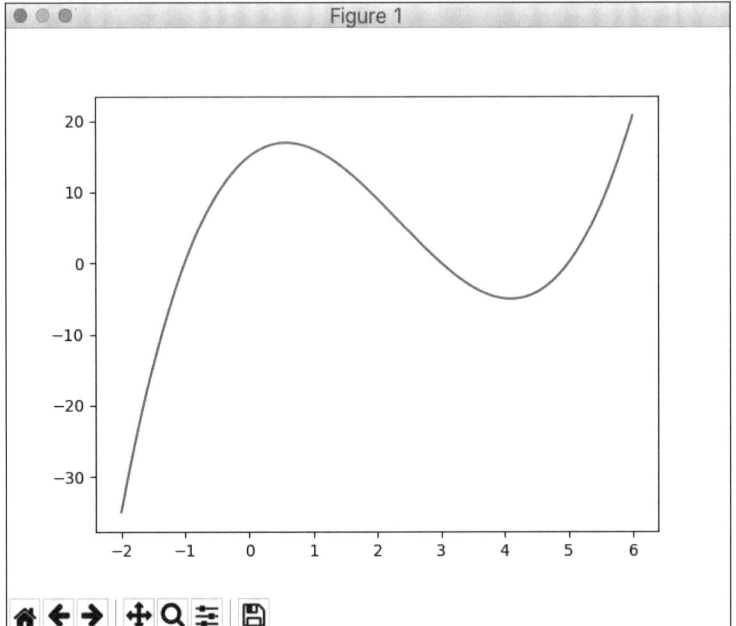

Abbildung 1.5 Ein mit Matplotlib erstellter Funktionsplot

Das Modul Matplotlib wird in Kapitel 4, »Funktionsdarstellungen und Animationen mit Matplotlib«, behandelt.

1.2.3 SymPy

Mit SymPy (**sym**bolisches **Py**thon) können Sie Integrale oder Ableitungen symbolisch berechnen oder Differenzialgleichungen symbolisch lösen. Auch die Vereinfachung mathematischer Terme ist möglich (und vieles mehr). Listing 1.3 zeigt ein einfaches Beispiel für die symbolische Differenziation und Integration:

```
from sympy import *
x=symbols("x")
y=x**3-7*x**2+7*x+15
y_1=diff(y,x,1)
y_2=diff(y,x,2)
y_3=diff(y,x,3)
Y=integrate(y,x)
print("1. Ableitung:",y_1)
print("2. Ableitung:",y_2)
print("3. Ableitung:",y_3)
print("   Integral :",Y)
```

Listing 1.3 Symbolisches Differenzieren und Integrieren mit SymPy

Ausgabe

```
1. Ableitung: 3*x**2 - 14*x + 7
2. Ableitung: 2*(3*x - 7)
3. Ableitung: 6
   Integral : x**4/4 - 7*x**3/3 + 7*x**2/2 + 15*x
```

Das Modul SymPy wird in Kapitel 5, »Symbolisches Rechnen mit SymPy«, behandelt.

1.2.4 SciPy

Mit SciPy (**sci**entific **Py**thon) können Sie numerisch differenzieren, integrieren und Systeme von Differenzialgleichungen numerisch lösen. SciPy ist ebenso umfangreich wie vielseitig. Die Möglichkeiten von SciPy können in diesem Buch nur ansatzweise beschrieben werden. Listing 1.4 zeigt ein einfaches Beispiel zur numerischen Integration:

```
import scipy.integrate as integral
def f(x):
    return x**2
A=integral.quad(f,0,5)
print("Flächeninhalt A=",A[0])
```

Listing 1.4 Numerisches Integrieren mit SciPy

Ausgabe

```
Flächeninhalt A= 41.66666666666666
```

Das Modul SciPy wird in Kapitel 6, »Numerische Berechnungen und Simulationen mit SciPy«, behandelt.

1.2.5 VPython

Mit VPython können Sie Körper in einer 3D-Ansicht darstellen oder auch deren Bewegungen im 3D-Raum animieren. Ab Version 7 werden die Animationen nach dem Programmstart im Standardbrowser dargestellt. Listing 1.5 zeigt ein Beispiel, wie die Animation eines springenden Balls programmiert werden kann:

```
from vpython import *
r=1. #Radius
h=5. #Höhe
scene.background=color.white
scene.center=vector(0,h,0)
box(pos=vector(0,0,0),size=vector(2*h,r/2,h), color=color.green)
```

```
ball = sphere(radius=r, color=color.yellow)
ball.pos=vector(0,2*h,0) #Fallhöhe
ball.v = vector(0,0,0)   #Anfangsgeschwindigkeit
g=9.81
dt = 0.01
while True:
    rate(100)
    ball.pos = ball.pos + ball.v*dt
    if ball.pos.y < r:
        ball.v.y = -ball.v.y
    else:
        ball.v.y = ball.v.y - g*dt
```

Listing 1.5 Animation eines springenden Balls

Ausgabe

In Abbildung 1.6 sehen Sie eine Momentaufnahme der Animation.

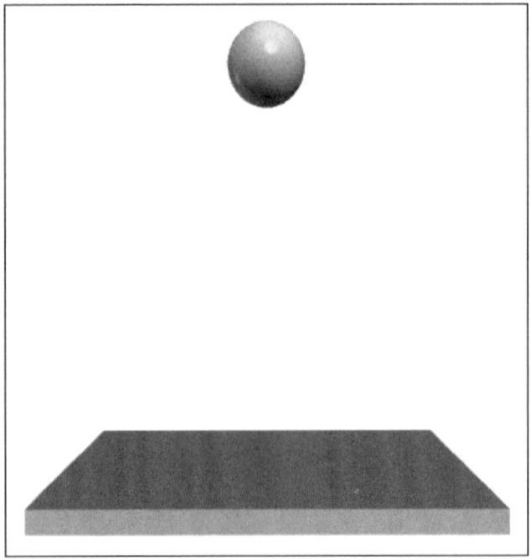

Abbildung 1.6 Eine mit VPython erstellte Animation (springender Ball)

Das Modul VPython wird in Kapitel 7, »3D-Grafik und Animationen mit VPython«, behandelt.

In diesem Buch können natürlich nicht alle Möglichkeiten der aufgezählten Python-Module erschöpfend behandelt werden. Sollten Sie ein bestimmtes Thema vermissen, empfehle ich Ihnen die Onlinedokumentation als ergänzende Informationsquelle. Auf den Internetseiten der Modulbetreuer finden Sie für jedes Modul Tutorials für den Einstieg und die Dokumentationen der vollständigen Modulbeschreibungen.

In den auf Kapitel 7 folgenden Kapiteln werden weitere Einsatzmöglichkeiten der Module vertieft. Im Fokus stehen hier mehr die praktischen Anwendungsmöglichkeiten.

In Kapitel 8, »Rechnen mit komplexen Zahlen«, zeige ich Ihnen, wie mit der symbolischen Methode elektrische Wechselstromnetzwerke berechnet werden. In der Projektaufgabe lernen Sie, wie ein elektrisches Energieübertragungssystem dimensioniert wird.

In Kapitel 9, »Statistische Berechnungen«, geht es hauptsächlich um die Simulation einer Qualitätsregelkarte. Sie lernen, wie Sie normalverteilte Zufallszahlen erzeugen und in einer Datei abspeichern. Diese Daten werden wieder ausgelesen, um ihre statistischen Kennwerte, den arithmetischen Mittelwert und die Standardabweichung zu berechnen.

In Kapitel 10, »Boolesche Algebra«, wird gezeigt, wie Sie Wahrheitstabellen aufstellen und komplexe logische Schaltungen mit SymPy vereinfachen können.

In Kapitel 11, »Interaktive Programmierung mit Tkinter«, lernen Sie, wie Sie mit Python grafische Benutzeroberflächen programmieren können. Die Projektaufgabe zeigt, wie Sie einfache Regelkreise simulieren können.

1.3 Die Schlüsselwörter von Python

Wenn Sie eine Programmiersprache erlernen wollen, dann müssen Sie als Erstes wissen, welche *Schlüsselwörter* in dieser Programmiersprache definiert sind. Schlüsselwörter sind die reservierten Wörter einer Programmiersprache. Sie haben in der Definition der Programmiersprache eine bestimmte Bedeutung und dürfen deshalb nicht als Variablennamen in einem Programm benutzt werden. Python hat 35 Schlüsselwörter. Wenn Sie in der Python-Konsole folgende Befehle eingeben

```
>>> import keyword
>>> a=keyword.kwlist
>>> print(a)
```

dann erhalten Sie die Ausgabe:

```
['False', 'None', 'True', 'and', 'as', 'assert', 'async', 'await', 'break',
'class', 'continue', 'def', 'del', 'elif', 'else', 'except', 'finally', 'for',
'from', 'global', 'if', 'import', 'in', 'is', 'lambda', 'nonlocal', 'not', 'or',
'pass', 'raise', 'return', 'try', 'while', 'with', 'yield']
```

und mit der Anweisung

```
>>> print(len(a))
35
```

wird die Anzahl der Schlüsselwörter ausgeben.

Sie brauchen sich nicht gleich zu Beginn alle Schlüsselwörter zu merken. Um sich einen besseren Überblick über die Schlüsselwörter von Python zu verschaffen, ist es sinnvoll, sie zunächst einmal nach ihrer Funktionalität zu ordnen. Tabelle 1.1 gibt Ihnen eine nach funktionalen Kriterien geordnete Übersicht der wichtigsten Schlüsselwörter.

Bedingte Anweisungen	**Schleifen**	**Klassen, Module, Funktionen**	**Fehlerbehandlung**
`if`	`for`	`class`	`try`
`else`	`in`	`def`	`exept`
`elif`	`while`	`global`	`finally`
`not`	`break`	`lambda`	`raise`
`or`	`as`	`nonlocal`	`assert`
`and`	`continue`	`yield`	`with`
`is`		`import`	
`True`		`return`	
`False`		`from`	
`None`			

Tabelle 1.1 Übersicht über die wichtigsten Schlüsselwörter von Python (Auszug)

Mit einigen wenigen Schlüsselwörtern wie `if`, `else`, `for` und `while` können Sie zusammen mit der eingebauten Python-Fuktion `print()` schon einfache Python-Programme schreiben.

1.4 Ihr Weg durch dieses Buch

Wie sollten Sie dieses Buch lesen? Im Prinzip können Sie die einzelnen Kapitel unabhängig voneinander lesen. Wenn Sie schon die Grundstrukturen von Python kennen, dann können Sie Kapitel 2 überspringen. Ist das nicht der Fall, dann müssen Sie dieses Kapitel zuerst lesen, weil es Voraussetzung für das Verständnis der nachfolgenden Kapitel ist.

Das Konzept der Darstellung und Wissensvermittlung erfolgt nach einem einheitlichen Prinzip: Zu jedem Thema werden ein bis drei Beispiele aus der Elektrotechnik, der Maschinenbautechnik oder der Physik vorgestellt. Nach einer kurzen Beschreibung der Aufgabenstellung wird der vollständige Quelltext abgedruckt. Direkt danach erfolgt die Ausgabe (Ergebnisse der Berechnungen). Anschließend wird der Quelltext besprochen und analysiert.

Zu einer Analyse eines Quelltextes gehört auch die Analyse der Ergebnisse (Ausgabe). Stimmen die Ergebnisse mit den Erwartungen überein? Löst das Programm die an es gestellte Aufgabe überhaupt? Oft versteht man den Quelltext eines Programms erst vollständig, wenn man die Ausgabe genauer betrachtet hat. Nach der Betrachtung der Ausgabe können Sie dann wieder den Quelltext analysieren.

Am Ende eines jeden Kapitels werden eine oder mehrere Projektaufgaben gestellt, besprochen und vollständig gelöst, um das zuvor Gelernte zu vertiefen und zu erweitern.

Kapitel 2
Programmstrukturen

In diesem Kapitel lernen Sie die lineare Programmstruktur, die Verzweigungs- und die Wiederholungsstrukturen des imperativen Programmierstils von Python kennen. Beispiele zur objektorientierten und funktionalen Programmierung zeigen weitere Möglichkeiten der Programmierung mit Python auf.

Ein Programm besteht aus einer Folge von Anweisungen. Eine *Anweisung* ist ein Befehl, der dem Interpreter (in diesem Fall dem Python-Interpreter) mitteilt, welche Aktionen die CPU ausführen soll: z. B. Eingaben entgegennehmen, die Eingaben verarbeiten oder die Ergebnisse der Verarbeitung auf dem Bildschirm ausgeben. Diese immer wieder gleich ablaufenden Aktionen werden in der Fachsprache der Informatik *EVA-Prinzip* genannt (Eingabe, Verarbeitung, Ausgabe).

Probleme, die mit einem Computer gelöst werden sollen, lassen sich auf eine vielfältige Art und Weise durch Programmiersprachen modellieren und strukturieren. In der praktischen Informatik haben sich der imperative (prozedurale), der objektorientierte und der funktionale Programmierstil durchgesetzt. Python unterstützt alle drei Programmierstile. Ich werde die unterschiedlichen Stile in diesem Kapitel vorstellen.

Problemlösungen sind auch an logische Bedingungen geknüpft: Trifft der zu erwartende Fall zu oder trifft er nicht zu? Auch müssen, je nach Problemstellung, Wiederholungen gleicher Aufgabenstellungen implementiert werden, wie z. B. die Berechnung von Wertetabellen für mathematische Funktionen. Wie jede andere prozedurale Programmiersprache unterstützt Python die lineare Programmstruktur, die Verzweigungs- und Wiederholungsstrukturen.

2.1 Lineare Programmstruktur

Bei Programmen mit der *linearen Ablaufstruktur* erfolgen die Berechnungen in der Reihenfolge der Logik der Problemlösung. Die Berechnung C kann also erst dann durchgeführt werden, wenn Berechnung B durchgeführt wurde, und die Berechnung B kann erst dann durchgeführt werden, wenn zuvor die Berechnung A durchgeführt wurde. Sie müssen also unbedingt die Reihenfolge erst A, dann B, dann C einhalten, denn dies ist für diese Art von Problemstellungen zwingend erforderlich. Ein Beispiel aus der Bewegungslehre verdeutlicht diesen Sachverhalt: Wenn die Beschleunigung eines Fahrzeugs gegeben ist, kann daraus die Geschwindigkeit berechnet werden, und aus der Geschwindigkeit kann der zurückgelegte Weg berechnet werden.

2.1.1 Lineare Programme ohne Funktionsaufrufe

In der Praxis sind die meisten Programme in sogenannte *Funktionen* unterteilt (auch *Unterprogramme* genannt), die ich Ihnen in Abschnitt 2.2 erläutere. In der Regel besteht ein Programm aus mehreren Funktionen und einem Hauptprogramm.

Bevor wir diese Aufteilung eines Programms in mehrere Unterabschnitte betrachten, soll zunächst der Aufbau eines einfachen linearen Programms untersucht werden. Für viele kleine, klar umrissene Probleme reicht diese Programmstruktur bereits aus.

Ein lineares Programm hat diese allgemeine Struktur:

```
Anweisung1
Anweisung2
Anweisung3
usw.
```

Die einzelnen Anweisungen werden sequenziell nacheinander Zeile für Zeile vom Python-Interpreter übersetzt und ausgeführt. Verzweigungen und Wiederholungen kommen nicht vor.

Die Grundbegriffe der Programmierung wie *Anweisung*, *Zuweisung*, *Variable*, *Datentyp* und *Objekt* werden anhand der Berechnung eines einfachen Stromkreises mit nur einem Verbraucher erklärt. In einem solchen Stromkreis sind die Spannung U und der Widerstand R des Verbrauchers gegeben. Das Programm soll die Stromstärke I berechnen:

$$I = \frac{U}{R}$$

In diesem einfachen Fall gibt die Formel für die Berechnung der Stromstärke die Entwicklungsschritte für den Programmentwurf vor. Die Eingaben U und R stehen rechts und die Ausgabe steht links vom Gleichheitszeichen der Formel.

Für die Entwurfsphase der Programmentwicklung sind Struktogramme besonders gut geeignet, weil sie die Beschreibung der Problemlösung auch unabhängig von der Syntax einer bestimmten Programmiersprache ermöglichen. Sie helfen, ein Problem zu verstehen, und damit auch, eine passende Lösung zu finden. Mit Struktogrammen lassen sich die Ablaufstrukturen von Programmen anschaulich darstellen. Für die Berechnung der Stromstärke erstellen Sie anhand der Formel ein Struktogramm mit vier Anweisungen (siehe Abbildung 2.1).

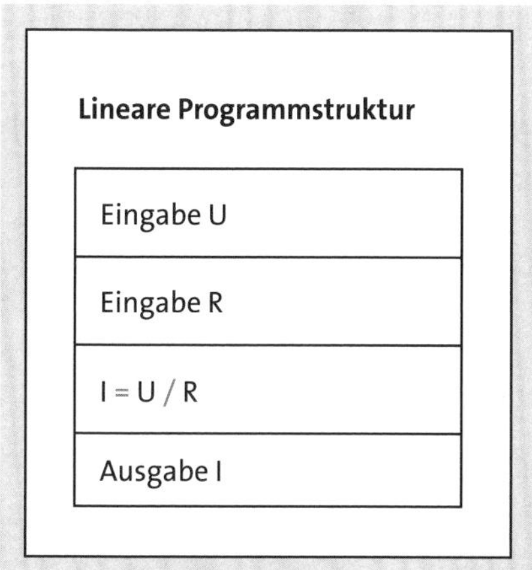

Abbildung 2.1 Struktogramm für einen linearen Programmablauf

Dieses Struktogramm können Sie direkt als Python-Quelltext implementieren, indem Sie für die einfachen Zuweisungen den Zuweisungsoperator = und für die Ausgabe die `print`-Funktion verwenden. Auch Formeln können direkt in den Quelltext übernommen werden. Beachten Sie dabei, dass Sie die üblichen mathematischen Operatoren (/, *, + und -) verwenden können. Außerdem muss die gesuchte Größe immer links vom Gleichheitszeichen (Zuweisungsoperator) stehen. Geben Sie zum Test folgenden Quelltext aus Listing 2.1 in Ihre Entwicklungsumgebung ein, und starten Sie das Programm:

```
#!/usr/bin/env python3
#01_linear1.py
U=230
R=11.8
I=U/R
b="Die Stromstaerke betraegt:"
print(b, I, " A")
```

Listing 2.1 Lineare Programmstruktur

Ausgabe

```
Die Stromstaerke betraegt: 19.491525423728813 A
```

Analyse

Das Programm enthält insgesamt fünf Anweisungen. Unter einer *Anweisung* (engl. *statement*) versteht man in der praktischen Informatik einen syntaktisch zusammengehörenden Quelltextabschnitt, der dem Python-Interpreter mitteilt, welche

Aktion er ausführen soll. In diesem Programmbeispiel besteht eine Anweisung aus jeweils einer Programmzeile.

In Zeile 01, dem sogenannten *Shebang*, wird dem Betriebssystem mitgeteilt, mit welchem Interpreter das Programm ausgeführt werden soll. Durch die Angabe `env` ist es nicht mehr notwendig, den Pfad des Verzeichnisses anzugeben, wo sich der Python-Interpreter befindet. Damit Sie das Programm unter Linux oder macOS direkt im Terminal mit dem Befehl

```
./01_linear1.py
```

starten können, müssen Sie zuvor das *Executable-Flag* mit dem Befehl

```
chmod +x 01_linear1.py
```

setzen.

Unter Windows wird die Anweisung in Zeile 01 ignoriert. In allen folgenden Programmbeispielen wird auf die Angabe des Shebangs verzichtet.

In Zeile 02 steht der Dateiname des Programms `#01_linear1.py` als Kommentar. Diese Angabe ist zweckmäßig, damit der Entwickler und Sie als Lernender den Überblick über die zahlreichen Programmbeispiele nicht verlieren. Alle Zeilen, denen ein #-Zeichen vorangestellt wird, werden vom Python-Interpreter ignoriert. Kommentare dienen dazu, Anweisungen des Quelltextes näher zu erläutern.

Nun startet das eigentliche Programm mit einer Anweisung. Zeile 03 bewirkt, dass der Variablen `U` der Wert `230` zugewiesen wird. In der Informatik hat der Begriff *Variable* eine völlig andere Bedeutung als in der Mathematik. Für ein erstes Verständnis können Sie sich die Variable `U` als symbolische Adresse des Arbeitsspeichers vorstellen, an der die Zahl `230` gespeichert wird. Durch diese *Zuweisung* wird die Variable `U` gleichzeitig deklariert.

Das Gleichheitszeichen hat hier die Bedeutung einer Zuweisung, nicht die eines mathematischen Gleichheitszeichens! Eine Zuweisung (engl. *assignment*) ist ein Typ von Anweisung, durch den eine Variable einen neuen Wert erhält. Die Variable `U` erhält automatisch den Datentyp *Integer*, weil es sich bei der Zahl `230` um eine Ganzzahl handelt.

Wertebereich für Integer

Der Wertebereich vom Datentyp Integer ist in der aktuellen Python-Version theoretisch nicht begrenzt. Genaue Informationen zu den Wertebereichen entnehmen Sie der Python-Dokumentation:

https://docs.python.org/3/reference/datamodel.html#the-standard-type-hierarchy

Ganzzahlen können also aus beliebig vielen Ziffern bestehen. Die interne Bezeichnung für den Datentyp Integer ist `int`. In Python werden Variablen indirekt deklariert, das heißt, dem Interpreter werden bei der ersten Nutzung einer Variablen der Name und ihr Datentyp während der Laufzeit bekannt gegeben. Während der Laufzeit kann sich der Datentyp aber noch ändern.

In Zeile 04 wird die Variable `R` vom Datentyp *Float* deklariert, weil ihr die Gleitpunktzahl (engl. *floating point number*) `11.8` zugewiesen wird. Bei diesem Datentyp handelt es sich um die angenäherte Darstellung einer reellen Zahl. Häufig finden Sie in der Fachliteratur auch die Bezeichnungen Gleitkomma- oder Fließkommazahl. Weil aber bei dem Datentyp Float kein Komma als Dezimaltrennzeichen vorgesehen ist, werde ich hier die Bezeichnung *Gleitpunktzahl* verwenden.

Der Datentyp Float

In Python hat der Datentyp Float nach IEEE-754-Standard eine Genauigkeit von 64 Bit (*double precision*). Die interne Bezeichnung für den Datentyp Float ist `float`, was einem Wertebereich von etwa $2{,}225 \cdot 10^{-308}$ bis $1{,}798 \cdot 10^{308}$ entspricht. Mit der Python-Shell können Sie den Wertebereich von `float` ermitteln:

```
>>> import sys
>>> print(sys.float_info)
sys.float_info(max=1.7976931348623157e+308,max_exp=1024,
max_10_exp=308,min=2.2250738585072014e-308,min_exp=-1021,
min_10_exp=-307,dig=15,mant_dig=53,epsilon=2.220446049250313e-16,
radix=2, rounds=1)
```

In Zeile 05 wird die Variable `I` deklariert und gleichzeitig die Stromstärke berechnet. Wie Sie sehen, können Sie Variablen auch deklarieren, indem Sie Ihnen das Ergebnis einer Formel zuweisen. Wie in anderen imperativen Programmiersprachen üblich, erfolgt die Division auch in Python mit dem /-Operator (Schrägstrich, engl. *slash*). Das Ergebnis der Division aus Spannung und Widerstand wird der Variablen `I` zugewiesen.

In Zeile 06 wird die Variable `b` vom Typ *String* deklariert, weil dieser Variablen eine Zeichenkette zugewiesen wird. Ein String ist eine Sequenz einzelner Zeichen. Die Anführungszeichen teilen dem Interpreter mit, dass es sich um eine Stringvariable handelt. Zwischen den Anführungszeichen kann ein beliebiger Text stehen. Die interne Bezeichnung für den Typ String lautet in Python `str`.

In Zeile 07 wird das Ergebnis der Berechnung mit der `print`-Funktion unformatiert ausgegeben. Die einzelnen Ausgaben trennen Sie jeweils durch ein Komma. Wenn die `print`-Funktion eine Zeichenkette ausgegeben soll, wie in diesem Beispiel die Einheit der Stromstärke `A`, muss diese in Anführungszeichen gesetzt werden.

Was sind Objekte?

Bisher wurden die Begriffe *Variable* und *Datentyp* so verwendet, wie das in den traditionellen imperativen Programmiersprachen Pascal, C, C++ oder Java üblich ist. Genau genommen gelten diese begrifflichen Anleihen aus den traditionellen Programmiersprachen für die Programmiersprache Python aber nicht, denn in Python sind alle Variablen, Datentypen, Datenstrukturen und Funktionen *Objekte*. Was darunter genau zu verstehen ist, finden Sie mit einigen Beispielen an der Python-Shell heraus. Wenn Sie in die Python-Shell folgende Anweisung eingeben, erhalten Sie für die einzelnen Variablen Angaben über deren Typ:

```
>>> U=230
>>> R=11.8
>>> I=U/R
>>> b="Zeichenkette"
>>> type(U)
<class 'int'>
>>> type(R)
<class 'float'>
>>> type(I)
<class 'float'>
>>> type(b)
<class 'str'>
```

Mit der in Python eingebauten Funktion `type()` ermitteln Sie den Typ eines Objekts. Mit dem Schlüsselwort `class` wird der jeweilige Objektyp angegeben. Das Objekt `U` gehört zu der Klasse `int`, die Objekte `R` und `I` gehören zu der Klasse `float`, und das Objekt `b` gehört zu der Klasse `str`.

Jedes Objekt wird durch eine Nummer identifiziert. Mit der eingebauten Funktion `id()` ermitteln Sie diese Nummern (Identitäten):

```
>>> id(U)
4505151824
>>> id(R)
4506525960
>>> id(I)
4506525888
>>> id(b)
4509028720
```

Jedes Objekt erhält eine eigene Ganzzahl als Identität, die für die Laufzeit des Programms garantiert eindeutig und konstant ist. Die Identitäten repräsentieren die Speicheradressen im Arbeitsspeicher (RAM). Auch wenn sich der Typ eines Objekts während der Laufzeit ändern sollte, bleibt seine Identität (Speicheradresse) gleich. Ein

Objekt hat also einen Namen (Bezeichner), einen Wert, einen Typ und eine Identität, und es gehört zu einer bestimmten Klasse. Wenn auch weiterhin von Variablen die Rede ist, dann sind immer Objekte gemeint. Ein Zitat aus der Python-Dokumentation soll diesen Zusammenhang nochmals verdeutlichen:

> *»Objects are Python's abstraction for data. All data in a Python program is represented by objects or by relations between objects. [...] Every object has an identity, a type and a value. An object's identity never changes once it has been created; you may think of it as the object's address in memory. The ›is‹ operator compares the identity of two objects; the id() function returns an integer representing its identity.«*

Formatierung der Ausgabe

Die Ausgabe für die Stromstärke von Listing 2.1 hat zu viele Nachkommastellen. Python bietet die Möglichkeit, Gleitpunktzahlen so zu formatieren, dass die Ausgaben praxistaugliche Nachkommastellen erhalten. Schauen Sie sich als Beispiel eine Reihenschaltung mit drei Widerständen an. Wie die Formatierung von Gleitpunktzahlen in Python implementiert wird, zeigt Listing 2.2:

```
01 #02_linear2.py
02 U=230
03 R1,R2,R3=0.12,0.52,228
04 Rg=R1+R2+R3
05 I=U/Rg
06 P1=R1*I**2
07 P2=R2*I**2
08 P3=R3*I**2
09 print("Stromstaerke I={0:6.3f} A " .format(I))
10 print("P1={0:3.2f} W, P2={1:3.2f} W, P3={2:3.2f} W".format(P1,P2,P3))
11 #print("P1=%3.2f W, P2=%3.2f W, P3=%3.2f W" %(P1,P2,P3))
```

Listing 2.2 Formatierung von Ausgaben

Ausgabe

```
Stromstaerke I= 1.006 A
P1=0.12 W, P2=0.53 W, P3=230.72 W
```

Analyse

Das Programm berechnet den Gesamtwiderstand aus drei Widerständen (Zeile 04), die Stromstärke und die Teilleistungen der Widerstände. Neu ist die Zuweisung in Zeile 03. Dem Widerstand `R1` wird der Wert `0.12` zugewiesen, dem Widerstand `R2` der Wert `0.52` und dem Widerstand `R3` der Wert `228`. Die Deklaration der drei Variablen erfolgt gleichzeitig in einer Programmzeile. Die einzelnen Bezeichner der Variablen werden ebenso durch Kommata getrennt wie die Werte dieser Variablen.

In den Zeilen 06 bis 08 wird die Stromstärke `I` mit dem `**`-Operator quadriert. Der Python-Interpreter berücksichtigt die mathematische Vorrangregelung. Zuerst wird die Stromstärke quadriert und danach mit den Widerständen multipliziert.

Die Formatierung der Ausgaben erfolgt in den Zeilen 09 und 10. Die geschweiften Klammern teilen dem Interpreter mit, dass er die Ergebnisse formatiert ausgeben soll. Die Zahl vor dem Punkt gibt die Gesamtzahl der Zeichen (Ziffern plus Trennzeichen) einer Gleitpunktzahl an. Die Zahl hinter dem Punkt legt die Anzahl der Nachkommastellen fest. Die Ausgabe der Stromstärke erfolgt also mit drei Nachkommastellen, die der Teilleistungen jeweils mit zwei Nachkommastellen. Der Buchstabe `f` steht für `float`. Die Zahl vor dem Doppelpunkt legt die Position innerhalb der Ausgabe fest. Die Anweisungen `.format(I)` und `.format(P1,P2,P3)` bewirken, dass die berechneten Ergebnisse für die Stromstärke und die Teilleistungen formatiert ausgegeben werden. Alternativ hätte man die Ausgabe mit der Syntax von Zeile 11 einfacher formatieren können.

Interaktive Eingabe mit der input-Funktion

Bisher wurden alle Eingaben durch statische Zuweisungen realisiert. Wenn man die Eingabewerte ändern wollte, dann müsste das Programm jeweils neu gestartet werden. Listing 2.3 zeigt, wie dieser Mangel durch die eingebaute `input`-Funktion behoben werden kann:

```
01 #03_linear3.py
02 while True:
03     print("\n---Eingaben---")
04     U=float(input("Spannung: "))
05     R=float(input("Widerstand: "))
06     I=U/R
07     P=U*I
08     print("\n---Ausgaben---")
09     print("Stromstaerke {0:6.2f} A " .format(I))
10     print("Leistung     {0:6.2f} W " .format(P))
```

Listing 2.3 Interaktive Eingabe

Ausgabe

```
---Eingaben---
Spannung: 230
Stromstaerke: 24
```

```
---Ausgaben---
Stromstaerke   9.58 A
Leistung     2204.17 W
```

Analyse

Das Programm beginnt mit einer `while`-Schleife in Zeile 02. Dieses Schleifenkonstrukt wird an dieser Stelle eingeführt, weil einmalige Konsoleneingaben genau so wenig sinnvoll sind wie statische Zuweisungen. In Abschnitt 2.4.1 wird die Syntax der `while`-Schleife ausführlich besprochen. Dem Schlüsselwort `while` folgt die Bedingung, die erfüllt sein muss, damit die nachfolgenden zum *Schleifenrumpf* (oder *Schleifenkörper*) gehörenden Anweisungen ausgeführt werden. Die `while`-Anweisung muss zwingend mit einem Doppelpunkt abgeschlossen werden. Der Editor einer Python-Entwicklungsumgebung rückt alle nachfolgenden Anweisungen, die wiederholt durchlaufen werden sollen, automatisch ein (standardmäßig vier Leerzeichen). Dieses Einrücken ist elementar, weil dem Python-Interpreter damit mitgeteilt wird, welche Anweisungen zum Schleifenrumpf gehören.

> **Einrückungen sind wichtig**
>
> In anderen Programmiersprachen dienen Einrückungen dazu, das Programm für Menschen lesbar zu machen, eigentlich könnte der Code aber auch in einer Zeile stehen. Das ist in Python anders! Einrückungen und Abstände haben eine syntaktische Bedeutung. Sie müssen also darauf achten, dass Schleifen und Verzweigungen richtig dargestellt werden.
>
> Das hat den großen Vorteil, dass so lesbarer Code entsteht. Wenn Sie sich ein Programm nach einigen Monaten noch einmal anschauen oder den Code von Kollegen lesen, werden Sie für lesbare Einrückungen dankbar sein.

Da die Bedingung immer `True` ist, handelt es sich um eine Endlosschleife. Die Eingabeaufforderung wird durch die Tastenkombination [Strg] + [C] (auch oft als ^C geschrieben) oder durch eine falsche Eingabe (keine Zahl oder keine Eingabe) unterbrochen. Wie dieser nicht gerade elegante Programmierstil vermieden werden kann, bespreche ich später.

Die *Escape-Sequenz* `"\n"` in den Zeilen 03 und 08 bewirkt jeweils einen Zeilenumbruch. Eine Escape-Sequenz (engl. *to escape* = »entkommen«) ist eine Zeichenkombination, die keinen Text repräsentiert, sondern eine Steueranweisung, die dem Rechner mitteilt, wie die Bildschirmausgabe gestaltet werden soll. Das `n` hinter dem Schrägstrich (engl. *backslash*) \ steht für **n**ewline.

In Zeile 04 gibt die eingebaute Funktion `input()` zuerst den in den Anführungszeichen angegebenen Text auf dem Bildschirm aus und erwartet dann eine Eingabe, die mit [↵] abgeschlossen werden muss. Jede Eingabe wird als String eingelesen, mit der eingebauten Funktion `float()` in den Typ `float` umgewandelt und der Variablen `U` zugewiesen.

2.2 Funktionen

Wenn Sie alle Anweisungen, die für die Berechnung einer komplexen Aufgabe notwendig sind, in einem einzigen in sich zusammenhängenden Quelltextabschnitt (Hauptprogramm) unterbringen, dann verlieren Sie mit steigender Anzahl der Programmzeilen den Überblick über Ihr eigenes Werk. Der Entwicklungsprozess selbst und spätere Änderungen am Quelltext werden dadurch unnötig erschwert, wenn nicht sogar unmöglich. Die sogenannte *Unterprogrammtechnik* bieten hier die Möglichkeit, komplexe Problemstellungen in einfach zu beherrschende Teilprobleme zu zerlegen. Diese Strukturierungsmöglichkeit bietet jede Programmiersprache. In den Konzepten moderner Programmiersprachen (C, C++, Java) ist der Begriff *Unterprogramm* jedoch nicht mehr üblich, stattdessen wurde der Begriff *Funktion* eingeführt. Ganz allgemein versteht man in den Konzepten moderner Programmiersprachen unter einer Funktion ein Strukturelement, das eine logisch zusammenhängende Menge von Anweisungen zu einer ganzheitlichen Einheit zusammenfasst.

Der Einsatz von Funktionen bietet folgende Vorteile:

- Der Quelltext eines Programms wird übersichtlicher und damit besser verständlich.
- Die Fehlersuche (Debugging) wird vereinfacht.
- Durch Funktionen strukturierte Programme sind besser zu warten.
- Einmal geschriebene und getestete Funktionen können von anderen Programmen genutzt werden.
- Eine Funktion kann im selben Programm an verschiedenen Stellen aufgerufen werden.
- Eine einzige Funktion kann für verschiedene Berechnungen benutzt werden, wenn die Berechnungsvorschrift für die verschiedenen Aufgaben den gleichen strukturellen Aufbau hat. Die Berechnung der kinetischen Energie, der Rotationsenergie, der elektrischen Energie und der magnetischen Energie bietet hierfür ein anschauliches Beispiel (siehe Listing 2.12).

Die allgemeine Syntax einer Funktionsdefinition lautet:

```
def funktionsname(parameter1, parameter2, parameter3):
    anweisung1
    anweisung2
    anweisung3
    rückgabewert
```

Die Ausdrücke in den Klammern werden als *Parameter* bezeichnet.

Funktion

Eine Python-Funktion ist ein Unterprogramm, das ein Teilproblem löst. Eine Funktionsdefinition besteht aus dem Funktionskopf und dem Funktionskörper. Der Funktionskopf wird mit dem Schlüsselwort `def` eingeleitet, es folgt der Funktionsname `func()`, der mit runden Klammern abschließen muss. Ein Doppelpunkt kennzeichnet das Ende des Funktionskopfes.

Im Funktionskörper stehen die einzelnen Anweisungen. Er endet mit der `return`-Anweisung. Bei einem Funktionsaufruf `a=func()` werden die berechneten Werte in das Objekt `a` gespeichert.

2.2.1 Eingebaute Funktionen

Python stellt insgesamt 68 eingebaute Funktionen zur Verfügung. Einige davon, wie `print()`, `input()` und `type()` haben Sie schon genutzt. Eine Übersicht über ausgewählte Funktionen finden Sie in Tabelle 2.1.

Funktion	Argument	Beschreibung
`abs()`	Integer, Float	Ermittelt den Absolutbetrag des Arguments.
`bin()`	Integer	Konvertiert das Argument in einen binären String mit dem Präfix `'0b'`.
`eval()`	String	Wertet einen String als mathematischen Ausdruck aus.
`float()`	Zahl oder Zeichenkette	Konvertiert das Argument in ein Gleitpunktzahlobjekt.
`hex()`	Integer	Konvertiert das Argument in einen `hex`-Wert mit Präfix `'0x'`.
`id()`	Objekt	Gibt den Integer-Wert `Identität` des Objekts zurück.
`int()`	Zahl oder Zeichenkette	Konvertiert das Argument in ein Integer-Objekt.
`input()`	String	Liest einen String aus der Standardeingabe aus und gibt ihn zurück.

Tabelle 2.1 Auswahl eingebauter Funktionen von Python

Funktion	Argument	Beschreibung
print()	Objekte	Gibt Werte aus.
range()	Integer, Integer, Integer	Erzeugt eine Liste aus ganzen Zahlen.
round()	Float, Integer	Rundet eine Gleitpunktzahl.
type()	Variable	Gibt den Typ einer Variablen zurück.

Tabelle 2.1 Auswahl eingebauter Funktionen von Python (Forts.)

Sie werden sich vielleicht fragen, warum in der zweiten Spalte der Kopfzeile in Tabelle 2.1 nicht das Wort Parameter, sondern Argument steht. Die praktische Informatik unterscheidet zwischen dem Begriff *Argument* und dem Begriff *Parameter*. Ein Argument ist ein Wert, der beim Funktionsaufruf übergeben wird. Dieser Wert wird innerhalb der Funktion den zugeordneten Parametern zugewiesen. Ein Parameter ist ein Name, der innerhalb der Funktion verwendet wird.

Eine Dokumentation aller eingebauten Funktionen finden Sie unter der folgenden URL:

https://docs.python.org/3.12/library/functions.html

2.2.2 Funktionen ohne Parameter und ohne Rückgabewert

Das erste Beispiel in Listing 2.4 zeigt, wie Sie mit Funktionen in einem Stromkreis mit einem Verbraucher die Stromstärke, die elektrische Leistung, die elektrische Arbeit und die Kosten der elektrischen Energie berechnen:

```
#04_funktion1.py
U,R = 230,460
t=8
preis=0.3

def stromstaerke():
    I=U/R
    print("Stromstaerke: ", I, " A")

def leistung():
    P=U**2/R
    print("Leistung : ", P, " W")

def arbeit():
    P=U**2/R
    W=P*t
```

```
17      print("Arbeit: ", W, " Wh")
18
19  def kosten():
20      I=U/R
21      W=U*I*t
22      k=W*preis/1000.0
23      print("Kosten: ", k, " Euro")
24
25  stromstaerke()
26  leistung()
27  arbeit()
28  kosten()
```

Listing 2.4 Funktionen ohne Parameter und ohne Rückgabewert

Ausgabe

```
Stromstaerke:  0.5  A
Leistung:  115.0  W
Arbeit:  920.0  Wh
Kosten:  0.276  Euro
```

Analyse

Das Programm besteht aus vier Funktionen. Jede Funktion löst eine in sich abgeschlossene Aufgabe. Die Bezeichner für die Funktionsnamen sollten so formuliert werden, dass die Aufgabenstellung einer Funktion sofort erkannt wird. Für Funktionsnamen sollten nur Substantive verwendet werden, denn ein Bezeichner, wie z. B. `berechne_Stromstärke()`, enthält einen *Pleonasmus*, eine sinngleiche Dopplung, weil die eigentliche Aufgabe der Funktion ja schon darin besteht, eine Berechnung durchzuführen. Ein Funktionsname sollte möglichst genau die Aufgabe der Funktion beschreiben. Das erste Zeichen in einem Funktionsnamen darf weder eine Zahl noch ein Sonderzeichen sein.

In den Zeilen 02 bis 04 werden die für die Berechnungen notwendigen Variablen definiert. Die Werte dieser Variablen stehen allen vier Funktionen zur Verfügung. Deshalb nennt man sie auch *globale Variablen*.

Zeile 06 enthält die Funktionsdefinition für die Berechnung der Stromstärke. Alle anderen Funktionsdefinitionen erfolgen nach dem gleichen Muster. Eine Funktionsdefinition wird mit dem Schlüsselwort `def` eingeleitet. Danach folgt ein frei wählbarer Funktionsname. Die Klammern hinter dem Funktionsnamen sind zwingend notwendig, auch wenn keine Parameter genutzt werden. Bezeichner für Funktionsnamen sollten aus kleinen Buchstaben bestehen, so verlangt es die Konvention. Die Funktionsdefinition wird mit einem Doppelpunkt abgeschlossen. Der Funktionskörper (Zeile 07 und 08) wird aus den einzelnen Anweisungen gebildet. Alle Anweisungen einer Funktion müssen gleichmäßig eingerückt werden, damit der Interpreter erkennt, welche Anweisungen zur Funktionsdefinition gehören. Die Funktionsdefinition ist abgeschlossen, wenn eine Anweisung folgt, die die gleiche Einrücktiefe hat wie der Kopf der Funktion. Die Variablen, die innerhalb von Funktionen deklariert werden, heißen lokale Variablen. Sie können außerhalb der Funktionen nicht geändert werden.

In den Zeilen 25 bis 28 werden die einzelnen Funktionen durch die Angabe ihres Namens aufgerufen. Die Syntax eines Funktionsaufrufes ähnelt einer einfachen Anweisung ohne Zuweisung. Beim Funktionsaufruf ist darauf zu achten, dass die Klammern nicht vergessen werden. Denn nur an den Klammern erkennt der Interpreter, dass es sich bei der Anweisung um einen Funktionsaufruf handelt. Durch die selbsterklärenden Namen der Bezeichner für die Funktionen wird die Lesbarkeit des Programms deutlich verbessert. Auf den ersten Blick ist sofort sichtbar, welche Berechnungen durchgeführt werden.

2.2.3 Funktionen mit Parametern und Rückgabe

Das Programm, das Sie in Listing 2.5 sehen, führt wieder die gleichen Berechnungen aus wie das Beispiel aus Listing 2.4. Funktionen mit Rückgabe kann man systemtechnisch als eine Blackbox (siehe Abbildung 2.2) mit Ein- und Ausgängen beschreiben. Die Parameter repräsentieren die Eingänge, und die `return`-Anweisung veranlasst die Ausgabe der Berechnungsergebnisse an die Ausgänge. Innerhalb der Blackbox werden die Berechnungen durchgeführt.

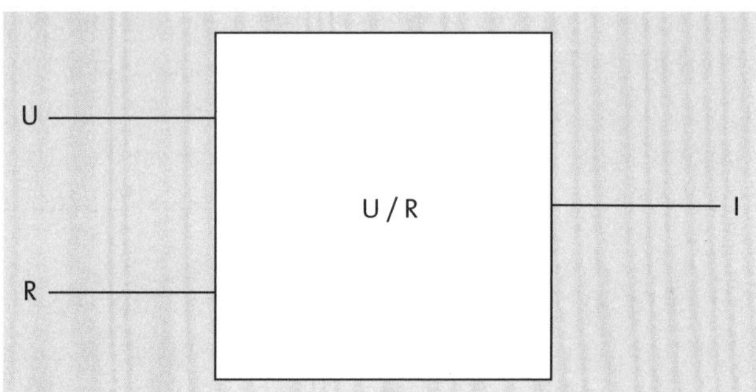

Abbildung 2.2 Blackbox für eine Funktion mit Rückgabe

```
#05_funktion2.py
def stromstaerke(U,R):
    return U/R

def leistung(U, R):
```

```
06      return U**2/R
07
08  def arbeit(U, R, t):
09      P=U**2/R
10      W=P*t
11      return W
12
13  def kosten(U, R, t, preis):
14      I=U/R
15      W=U*I*t
16      k=W*preis/1000.0
17      return k
18
19  Uq=230    #V
20  RLast=23  #Ohm
21  tn=8      #h, Stunden
22  preis_aktuell=0.3 #Euro
23  print("Stromstaerke: ", stromstaerke(Uq, RLast), " A")
24  print("Leistung    : ", leistung(Uq, RLast), " W")
25  print("Arbeit      : ", arbeit(Uq, RLast,tn), " Wh")
26  print("Kosten      : ", kosten(Uq, RLast,tn,preis_aktuell), " Euro")
```

Listing 2.5 Funktionen mit Rückgabewert

Ausgabe

```
Stromstaerke:  10.0  A
Leistung    :  2300.0  W
Arbeit      :  18400.0  Wh
Kosten      :  5.52  Euro
```

Analyse

In Zeile 02 wird die Funktion `stromstaerke(U,R)` mit den Parametern `U` und `R` definiert. Der `return`-Anweisung in Zeile 03 folgt die Berechnungsvorschrift für die Stromstärke. In Zeile 23 wird diese Funktion in der eingebauten `print`-Funktion aufgerufen und der berechnete Wert für die Stromstärke ausgegeben. Es erfolgt also ein Funktionsaufruf innerhalb einer Funktion. Die Variablen, die zwischen den Klammern stehen, nennt man *Parameter*. Unterschieden wird noch zwischen formalen und aktuellen Parametern. Die Parameter der Funktionsdefinition werden als *formale Parameter* bezeichnet. Die beim Funktionsaufruf übergebenen Parameter nennt man *aktuelle Parameter* oder *Argumente*. Die anderen Funktionsdefinitionen und -aufrufe erfolgen nach dem gleichen Muster. Die Variablen für die aktuellen Parameter werden in den Zeilen 19 bis 22 deklariert.

In den Zeilen 23 bis 26 werden die Werte für Spannung `Uq`, Widerstand `RLast`, Nutzungszeit `tn` und für den aktuellen Preis `preis_aktuell` den Funktionen als *Argumente* übergeben.

Hinweis: Unterschied zwischen Parameter und Argument

Die praktische Informatik unterscheidet zwischen dem Begriff *Argument* und dem Begriff *Parameter*. Ein Argument ist ein Wert, der beim Funktionsaufruf übergeben wird. Dieser Wert wird innerhalb der Funktion den zugeordneten Parametern zugewiesen. Ein Parameter ist der Name, der innerhalb der Funktion verwendet wird.

Die in den Funktionskörpern deklarierten Variablen sind nur lokal gültig, das heißt, auf diese Variablen kann von außen nicht zugegriffen werden. Dieses Prinzip der lokalen Gültigkeit, in der Fachsprache auch *Datenkapselung* genannt, sorgt dafür, dass die Werte der lokalen Variablen nicht verändert werden können. Eine Zuweisung an einer anderen Stelle im Programm führt also nicht dazu, dass die Werte überschrieben werden. Wäre das der Fall, könnten die Berechnungen der Funktionen von außen manipuliert werden, und die Funktion würde falsche Ergebnisse zurückgeben.

2.2.4 Funktionen mit mehreren Rückgabewerten

Im Unterschied zu anderen Programmiersprachen erlaubt Python auch die Rückgabe mehrerer Werte. Schauen Sie sich dazu das Beispiel eines Vollzylinders aus Stahl mit einem Durchmesser von 1 dm und einer Länge von 10 dm an. Mit nur einer Funktion lassen sich das Volumen, die Masse, das Trägheitsmoment und das Beschleunigungsmoment berechnen. Alle vier Werte sollen mit einer `return`-Anweisung zurückgegeben werden.

Das Beschleunigungsmoment M_b steigt proportional mit der Winkelbeschleunigung α und dem Trägheitsmoment J an:

$$M_b = \alpha J$$

Das Trägheitsmoment J eines Zylinders steigt proportional mit seiner Masse m und proportional zum Quadrat seines Radius r:

$$J = \frac{1}{2} m r^2$$

Die Masse wird aus dem Volumen V und der Dichte ρ des Zylinders berechnet:

$$m = \rho V$$

Für die Berechnung des Volumens V benötigt man den Durchmesser d und die Länge l des Zylinders:

$$V = 0{,}785\, d^2 l$$

Für die Implementierung dieser Aufgabenstellung müssen Sie die Formeln in umgekehrter Reihenfolge in den Texteditor einer Python-Entwicklungsumgebung entsprechend den Syntaxregeln eingeben. Ihr Quelltext sollte so wie in Listing 2.6 aussehen. Starten Sie das Programm.

```
01 #06_funktion3.py
02 rho=7.85    #kg/dm^3, Dichte für Stahl
03 alpha=1.2  #1/s^2, Winkelbeschleunigung
04 g=3         #Genauigkeit
05
06 def zylinder(d,l):
07     V=round(0.785*d**2*l,g)
08     m=round(rho*V,g)
09     J=round(0.5*m*(d/2/10)**2,g)
10     Mb=round(alpha*J,g)
11     return (V,m,J,Mb)
12     #return V,m,J,Mb
13     #return [V,m,J,Mb]
14
15 d1=1  #dm
16 l1=10 #dm
17 T=zylinder(d1, l1)
18 print("Zylinderdaten: ", T)
19 print("Volumen:                ", T[0]," dm^3")
20 print("Masse:                  ", T[1]," kg")
21 print("Traegheitsmoment:       ", T[2]," kgm^2")
22 print("Beschleunigungsmoment:", T[3]," Nm")
```

Listing 2.6 Funktion mit vier Rückgaben

Ausgabe

```
Zylinderdaten:  (7.85, 61.622, 0.077, 0.092)
Volumen:               7.85   dm^3
Masse:                 61.622  kg
Traegheitsmoment:      0.077  kgm^2
Beschleunigungsmoment: 0.092  Nm
```

Analyse

In den Zeilen 06 bis 11 wird die Funktion `zylinder(d,l)` definiert. Die formalen Parameter sind der Durchmesser `d` und die Länge `l` des Zylinders. Als Erstes wird das Volumen `V`, dann werden die Masse `m`, anschließend das Trägheitsmoment `J` und zum Schluss das Beschleunigungsmoment `Mb` berechnet. Die Ergebnisse werden mit der eingebauten round-Funktion auf drei Stellen Genauigkeit gerundet. Die return-Anweisung in Zeile 11 gibt die vier berechneten Werte als Tupel zurück. Ein *Tupel* ist eine Datenstruktur, die aus einer unveränderbaren Sequenz von Variablen besteht (hier V, m, J und Mb). Die Elemente eines Tupels werden in runden Klammern eingeschlossen und durch Kommata getrennt (Zeile 11). Die Klammern können auch weggelassen werden (Zeile 12).

Wenn die Rückgabewerte in eckigen Klammern eingeschlossen werden (Zeile 13), dann erfolgt die Rückgabe als Liste. Die Elemente einer Liste sind veränderbar, deshalb sollte diese Möglichkeit der Rückgabe vermieden werden.

In Zeile 17 wird die Funktion zylinder(d1,l1) mit den aktuellen Parametern d1=1 und l1=10 aufgerufen. Die Ergebnisse werden der Variablen T zugewiesen. An dieser Stelle wird deutlich, dass es sich bei T nicht um eine einfache Variable handelt, sondern um ein Objekt, das die Speicheradressen der Variablen V, m, J und Mb enthält. Mit anderen Worten formuliert: T ist eine Referenz, die auf die Speicheradressen der Elemente des Tupels T verweist.

Zeile 18 gibt die vier Werte des Tupels T aus. Da die Ausgabe in dieser Form nicht eindeutig ist, werden in den Zeilen 19 bis 22 die Werte mit dem [ ]-Operator einzeln aus dem Tupel ausgelesen und ausgegeben.

2.2.5 Funktionen rufen andere Funktionen auf

Funktionen können auch andere Funktionen aufrufen. Wie solche Funktionsaufrufe implementiert werden, zeige ich Ihnen wieder am Beispiel der Berechnung dynamischer Kenngrößen eines Zylinders (siehe Listing 2.7):

```
#07_funktion4.py
rho=7.85     #kg/dm^3, Dichte von Stahl

def volumen(d,l):
    return 0.785*d**2*l

def masse(d,l):
    return rho*volumen(d,l)

def traegheitsmoment(d,l):
    return 0.5*masse(d,l)*(d/2/10)**2

def beschleunigungsmoment(d,l,alpha):
    return alpha*traegheitsmoment(d,l)
```

```
15
16 d1=1              #dm
17 l1=10             #dm
18 alpha1=1.2        #1/s^2, Winkelbeschleunigung
19 V=volumen(d1,l1)
20 m=masse(d1,l1)
21 J=traegheitsmoment(d1,l1)
22 Mb=beschleunigungsmoment(d1,l1,alpha1)
23 print("Volumen:                  ", V, " dm^3")
24 print("Masse:                    ", m, " kg")
25 print("Traegheitsmoment:         ", J, " kgm^2")
26 print("Beschleunigungsmoment: ", Mb, " Nm")
```

Listing 2.7 Funktionsaufruf in anderen Funktionen

Ausgabe

```
Volumen:                7.8500000000000005  dm^3
Masse:                  61.6225  kg
Traegheitsmoment:       0.07702812500000002  kgm^2
Beschleunigungsmoment:  0.09243375000000002  Nm
```

Analyse

Die Funktionen werden wie üblich in den Zeilen 04 bis 14 definiert. In Zeile 08 erfolgt der erste Funktionsaufruf der Funktion `volumen()` direkt hinter der `return`-Anweisung. Das Volumen wird erst dann berechnet, wenn die Funktion `masse()` im Hauptprogramm (Zeile 20) aufgerufen wird. In den Zeilen 19 bis 22 erfolgen die Funktionsaufrufe. Die Funktion `masse()` ruft die Funktion `volumen()` auf. Die Funktion `traegheitsmoment()` ruft die Funktion `masse()` auf, und die Funktion `beschleunigungsmoment()` ruft die Funktion `traegheitsmoment()` auf. Die Rückgabewerte werden den Variablen `V`, `m`, `J` und `Mb` zugewiesen. Sie stehen damit für die Ausgabe in den Zeilen 23 bis 26 zur Verfügung.

2.3 Verzweigungsstrukturen

Das letzte Beispiel zur Rekursion hat gezeigt, dass bestimmte Algorithmen ohne Kontrollstrukturen nicht lauffähig sind. In der Praxis werden Sie daher immer Programme mit Verzweigungsstrukturen finden. Die praktische Informatik unterscheidet zwischen Einfach- und Mehrfachauswahl.

2.3.1 Einfachauswahl

Eine Einfachauswahl hat folgende allgemeine Struktur:

```
if bedingung:
    anweisung1
    anweisung2
    anweisung3
else:
    anweisung4
    anweisung5
```

Wenn bei der Einfachauswahl die `bedingung` zutrifft (wahr ist, engl. `True`), dann wird der Anweisungsblock von `anweisung1` bis `anweisung3` ausgeführt, Ist das nicht der Fall, dann wird der Anweisungsblock `anweisung4` bis `anweisung5` ausgeführt. Das Beispiel der quadratischen Gleichung zeigt, wie eine Auswahl zwischen zwei möglichen Fällen implementiert wird.

Die allgemeine Form einer quadratischen Gleichung lautet:

$$x^2 + px + q = 0$$

Die Lösung einer quadratischen Gleichung wird mit

$$x_{1,2} = -\frac{p}{2} \pm \sqrt{\frac{p^2}{4} - q}$$

berechnet. Der Term unter der Wurzel heißt in der Fachsprache der Mathematik Diskriminante D.

Der Ausdruck unter der Wurzel kann auch negative Werte annehmen. Wenn dieser Fall eintrifft, ist die Gleichung im reellen Zahlenraum nicht mehr lösbar. Deshalb muss das Programm diesen Fall abfangen, indem es überprüft, ob $D \geq 0$ wird. Für das zu lösende Problem lässt sich ein Struktogramm wie in Abbildung 2.3 erstellen.

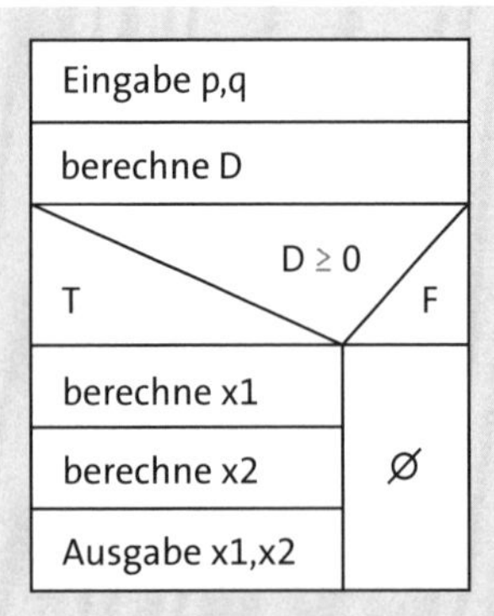

Abbildung 2.3 Struktogramm für die Einfachauswahl

Listing 2.8 zeigt die Umsetzung des Struktogramms für die einfache Verzweigungsstruktur:

```
01 #11_verzweigung1.py
02 import math as m
03 p=-8.
04 q=7.
05 D=(p/2)**2 - q
06 if D >= 0:
07     x1 = -p/2 + m.sqrt(D)
08     x2 = -p/2 - m.sqrt(D)
09     print("x1 =",x1,"\nx2 =",x2)
10     print("p =",-(x1+x2),"\nq =",x1*x2)
11 else:
12     print("Die Gleichung ist nicht loesbar!")
```

Listing 2.8 Fallabfrage für die Lösung einer quadratischen Gleichung

Ausgabe

```
x1 = 7.0
x2 = 1.0
p = -8.0
q = 7.0
```

Analyse

In Zeile 02 wird das Modul `math` importiert und dem Alias `m` zugeordnet. Die Werte für die Koeffizienten `p` und `q` der quadratischen Gleichung werden in den Zeilen 03 und 04 festgelegt. Zeile 05 berechnet die Diskriminante `D`. Ist diese größer null, wird der `if`-Zweig ausgeführt, und die Werte für `x1` und `x2` (Zeile 07 und 08) werden berechnet. Auf die Wurzelfunktion `sqrt()` des Moduls `math` wird mit dem Alias `m` und dem Punktoperator `m.sqrt(D)` zugegriffen. Zeile 09 gibt das Ergebnis aus. Zeile 10 führt eine Kontrollrechnung nach dem Satz von Vieta durch.

Wenn die Diskriminante kleiner null ist, wird der `else`-Zweig ab Zeile 11 ausgeführt und die Meldung ausgegeben, dass die Gleichung nicht lösbar ist.

2.3.2 Mehrfachauswahl

Eine Mehrfachauswahl kommt immer dann zum Einsatz, wenn mehrere Alternativen zur Auswahl stehen, beispielweise bei einem Menü, das verschiedene Berechnungen zur Auswahl anbietet. Eine Mehrfachauswahl hat die folgende formale Struktur:

```
if bedingung1:
    anweisung1
    anweisung2
elif bedingung2:
    anweisung3
    anweisung4
elif bedingung3:
    anweisung5
    anweisung6
```

Mit dem Schlüsselwort `elif` werden weitere Bedingungen abgefragt. Das Programmbeispiel aus Listing 2.9 für die Mehrfachauswahl ermittelt aus der Farbcodierung eines Widerstands den Zahlenwert eines Rings. Ein Kohleschichtwiderstand ist mit vier Farbringen codiert. Die ersten beiden Ringe stehen für die Ziffern einer Ganzzahl. Der dritte Ring dient als Multiplikator. Der vierte Ring gibt die Toleranz an. Um das Programmbeispiel möglichst einfach zu gestalten, wird auf die vollständige Auswertung der Farbringe verzichtet. Für die Mehrfachauswahl lässt sich das Struktogramm aus Abbildung 2.4 erstellen.

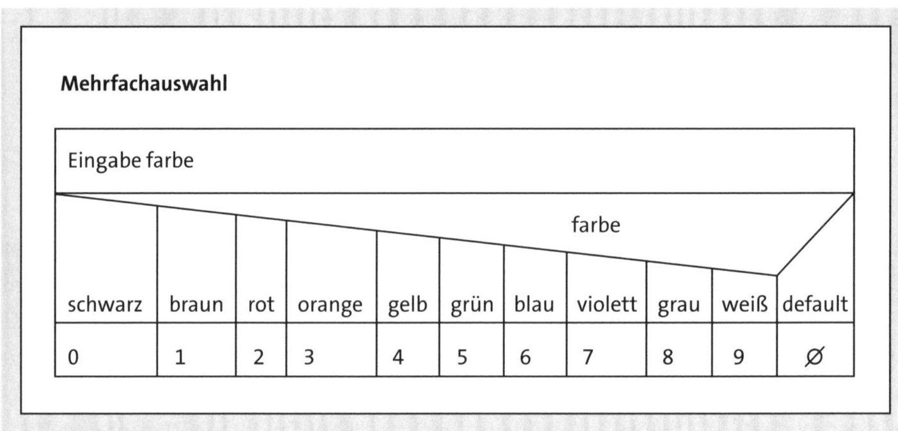

Abbildung 2.4 Struktogramm für die Mehrfachauswahl

Die Umsetzung des Struktogramms erfolgt in Listing 2.9:

```
#09_mehrfachauswahl1.py
farbe=["schwarz","braun", "rot","orange","gelb",
         "\ngrün","blau","violett","grau","weiß"]
code="gelb"        #Eingabe
if code==farbe[0]:
    print("Die Farbe Schwarz ist mit 0 codiert.")
elif code==farbe[1]:
    print("Die Farbe Braun ist mit 1 codiert.")
```

```
09 elif code==farbe[2]:
10     print("Die Farbe Rot ist mit 2 codiert.")
11 elif code==farbe[3]:
12     print("Die Farbe Orange ist mit 3 codiert.")
13 elif code==farbe[4]:
14     print("Die Farbe Gelb ist mit 4 codiert.")
15 elif code==farbe[5]:
16     print("Die Farbe Grün ist mit 5 codiert.")
17 elif code==farbe[6]:
18     print("Die Farbe Blau ist mit 6 codiert.")
19 elif code==farbe[7]:
20     print("Die Farbe Violett ist mit 7 codiert.")
21 elif code==farbe[8]:
22     print("Die Farbe Grau ist mit 8 codiert.")
23 elif code==farbe[9]:
24     print("Die Farbe Weiß ist mit 9 codiert.")
```

Listing 2.9 Mehrfachauswahl für die Farbcodierung von Widerständen

Ausgabe

```
Die Farbe Gelb ist mit 4 codiert.
```

Analyse

In Zeile 02 wird eine Liste mit zehn Farben angelegt und der Variablen `farbe` zugewiesen. In der Variablen `farbe` (Objekt!) sind jetzt alle Eigenschaften der Listenelemente abgespeichert. Jede Farbe steht für eine bestimmte Ziffer. In Zeile 04 wird die Farbe des Farbrings der Variablen `code` zugewiesen. Der Zugriff auf die Listenelemente erfolgt mit dem `[]`-Operator. Die `if`-Anweisung in Zeile 05 ermittelt die erste Alternative. Die Überprüfung, ob der jeweilige Fall zutrifft, erfolgt mit dem `==`-Operator. Alle weiteren Fälle werden mit der `elif`-Anweisung (ab Zeile 07) abgefragt. Da z. B. die Farbe `gelb` für den Wert `4` steht und in der Liste den Index 4 hat, gibt das Programm den Wert `4` aus.

Mehrfachauswahl für einen Bereich

In der Praxis kommt es oft vor, dass Wertebereiche abgefragt werden müssen (z. B. bei der Berechnung der elektrischen Energiekosten für einen bestimmten Stromtarif). Liegen die Berechnungen innerhalb eines definierten Wertebereichs, muss eine Fallunterscheidung getroffen werden. In Listing 2.10 werden vier Bereiche für fiktive Stromtarife berechnet:

```
01 #10_mehrfachauswahl2.py
02 tarif1,tarif2,tarif3=0.3,0.25,0.2 #Euro
03 verbrauch=5500 #kWh
04
05 if 0 < verbrauch<= 5000:
06     print("Betrag für Tarif1:",verbrauch*tarif1,"Euro")
07 elif 5000 < verbrauch <= 10000:
08     print("Betrag für Tarif2:",verbrauch*tarif2,"Euro")
09 elif 10000 < verbrauch <= 30000:
10     print("Betrag für Tarif3:",verbrauch*tarif3,"Euro")
11 else:
12     print("Industrietarif!")
```

Listing 2.10 Mehrfachauswahl für einen Bereich

Ausgabe

```
Betrag für Tarif2: 1375.0 Euro
```

Analyse

Zeile 02 legt drei Stromtarife fest. Zeile 03 ermittelt den tatsächlichen Verbrauch. Die Fallabfrage für die Wertebereiche erfolgt mit der aus der Mathematik bekannten Notation. Liegt der Verbrauch genau gleich 5000 kWh oder darunter, dann wird in Zeile 06 mit der `if`-Anweisung der zu zahlende Betrag für den `tarif1` berechnet und ausgegeben. Zeile 07 fragt mit der `elif`-Anweisung den Verbrauch zwischen 5.000 und 10.000 kWh ab. Der zu zahlende Betrag für den `tarif2` wird in Zeile 08 berechnet und ausgegeben. Entsprechendes gilt für Zeile 09. Liegt der Verbrauch nicht in dem angegebenen Bereich, wird der `else`-Zweig in Zeile 11 ausgeführt.

2.4 Wiederholungsstrukturen

In Python gibt es zwei Konstrukte für die Implementierung von Wiederholungsstrukturen: die `while`- und die `for`-Schleife. Schleifenkonstrukte werden immer dann benötigt, wenn ein Anweisungsblock mehrmals ausgeführt werden muss. Das ist z. B. der Fall, wenn Wertetabellen für mathematische Funktionen oder wenn Rechtecksummen für die numerische Integration berechnet werden sollen.

2.4.1 Die while-Schleife

Eine `while`-Schleife besteht aus dem Schleifenkopf und dem Anweisungsblock oder Schleifenkörper, der wiederholt werden soll. Sie hat die allgemeine Struktur:

```
while bedingung:
    anweisung1
    anweisung2
    anweisung3
```

Der Schleifenkörper kann aus einer oder mehreren Anweisungen bestehen. Die Anweisungen des Schleifenkörpers werden so lange ausgeführt, wie die Bedingung zutrifft (wahr ist, engl. `True`), und ihre Ausführung wird abgebrochen, wenn die Bedingung nicht mehr zutrifft (falsch ist, engl. `False`). Die Abbruchbedingung ergibt sich entweder aus den im Schleifenkörper durchgeführten Berechnungen oder aus einer zuvor festgelegten Bedingung.

Das erste Beispiel in Listing 2.11 zeigt, wie mit einer `while`-Schleife die Wertetabelle einer beliebigen mathematischen Funktion berechnet wird. Das zum Programm zugehörige Struktogramm ist in Abbildung 2.5 dargestellt. Um den Fokus auf die wesentlichen Strukturelemente des Programms zu richten, habe ich auf die Darstellung des Funktionsaufrufs verzichtet.

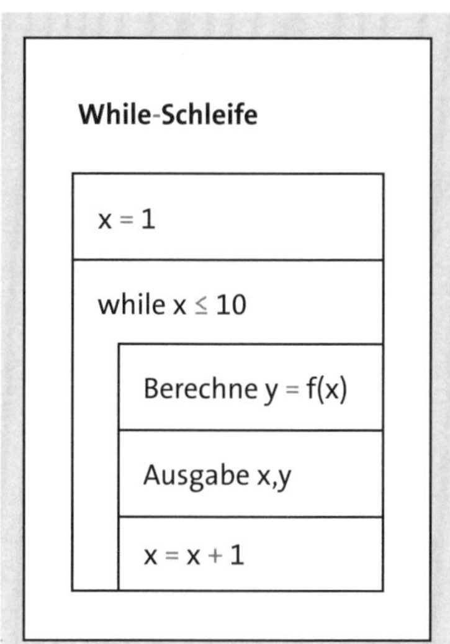

Abbildung 2.5 Struktogramm für eine while-Schleife

Die Umsetzung des Struktogramms in ein Python-Programm erfolgt in Listing 2.11:

```
#11_whileschleife1.py
def f(x):
    return x**2
x=1
while x<=10:
```

```
06      y=f(x)
07      print(x,y)
08      x=x+1    #besser x+=1
```

Listing 2.11 while-Schleife für eine Wertetabelle

Ausgabe

```
1 1
2 4
3 9
4 16
5 25
6 36
7 49
8 64
9 81
10 100
```

Analyse

In den Zeilen 02 und 03 wird eine Funktion `f(x)` definiert. Hinter der `return`-Anweisung kann der Term einer beliebigen mathematischen Funktion f(x) stehen. Zeile 04 initialisiert die unabhängige Variable `x` mit 1. Die `while`-Anweisung in Zeile 05 legt mit `x<=10` die Abbruchbedingung fest. Der Schleifenkörper wird so lange ausgeführt, wie `x<=10` ist. Jede Abbruchbedingung muss mit einem Doppelpunkt abgeschlossen werden. Alle Anweisungen des Schleifenkörpers müssen gleichmäßig eingerückt werden. In Zeile 08 wird `x` bei jedem Schleifendurchlauf um den Wert `1` hochgezählt; in der Fachsprache spricht man von *inkrementiert*. Dieses Inkrement und die Bedingung `x<=10` bestimmen, dass das Programm die Schleife zehnmal ausführt. Zeile 06 ruft die Funktion `f(x)` mit dem aktuellen Wert von `x` auf. Zeile 07 gibt die Werte für `x` und `y` aus. In Zeile 08 wird der Wert von `x` bei jedem Schleifendurchlauf um 1 erhöht. Anstatt `x=x+1` zu schreiben, ist auch die Formulierung `x+=1` üblich.

while-Schleife für Programmwiederholung

Das nächste Beispiel in Listing 2.12 demonstriert, wie ein Programm mit Menü für vier Auswahlmöglichkeiten so lange ausgeführt wird, bis der Anwender den Programmabbruch erzwingt. Das Programm berechnet die kinetische, die elektrische, die magnetische und die Rotationsenergie. Weil alle vier Formeln für die Berechnung der Energien die gleiche Struktur haben (siehe Tabelle 2.2), müssen Sie auch nur eine Funktion implementieren.

Energieform	Formel	Energiespeicher
kinetische Energie	$W_{\text{kin}} = \frac{1}{2}mv^2$	Masse
Rotationsenergie	$W_{\text{rot}} = \frac{1}{2}J\omega^2$	Trägheitsmoment
elektrische Energie	$W_{\text{el}} = \frac{1}{2}CU^2$	Kapazität
magnetische Energie	$W_{\text{mag}} = \frac{1}{2}LI^2$	Induktivität

Tabelle 2.2 Energieformen

Für die Speichergrößen Masse, Trägheitsmoment, Kapazität und Induktivität wird allgemein die Variable a festgelegt. Die physikalischen Größen wie Geschwindigkeit, Winkelgeschwindigkeit, Spannung und Stromstärke werden allgemein mit x bezeichnet:

$$f(x) = 0{,}5ax^2$$

Geben Sie in Ihrer Entwicklungsumgebung den Quelltext von Listing 2.12 ein, und starten Sie das Programm.

```
#12_whileschleife2.py
def f(a,x):
    return 0.5*a*x**2

weiter=True
while weiter:
    print("kinetische Energie....1")
    print("Rotationsenergie......2")
    print("elektrische Energie...3")
    print("magnetische Energie...4")
    auswahl=int(input("Wählen Sie aus:"))
    if auswahl==1:
        m=float(input("Masse m="))
        v=float(input("Geschwindigkeit v="))
        Wkin=f(m,v)
        print("\nDie kinetische Energie beträgt %6.3f Ws\n" %Wkin)
    elif auswahl==2:
        omega=float(input("Winkelgeschwindigkeit \u03C9="))
        J=float(input("Trägheitsmoment J="))
```

```
20          Wrot=f(J,omega)
21          print("\nDie Rotationsenergie beträgt %6.3f Ws\n" %Wrot)
22      elif auswahl==3:
23          C=float(input("Kapazität C="))
24          U=float(input("Spannung U="))
25          Wel=f(C,U)
26          print("\nDie elektrische Energie beträgt %6.3f Ws\n" %Wel)
27      elif auswahl==4:
28          L=float(input("Induktivität L="))
29          I=float(input("Stromstärke I="))
30          Wmag=f(L,I)
31          print("\nDie magnetische Energie beträgt %6.3f Ws\n" %Wmag)
32      else:
33          weiter =False
```

Listing 2.12 while-Schleife mit interner Abbruchbedingung

Wenn Sie z. B. den Menüpunkt 2 auswählen, für die Winkelgeschwindigkeit 1,2 s^{-1} und für das Trägheitsmoment 2,4 kg m^2 eingeben, dann berechnet das Programm für die Rotationsenergie einen Wert von 1,728 Ws.

```
kinetische Energie....1
Rotationsenergie......2
elektrische Energie...3
magnetische Energie...4
Wählen Sie aus:2
Winkelgeschwindigkeit ω=1.2
Trägheitsmoment J=2.4

Die Rotationsenergie beträgt 1.728 Ws
```

Analyse

Zeile 05 initialisiert die boolesche Variable `weiter` mit dem Wert `True`. In Zeile 06 steht der Schleifenkopf der `while`-Schleife. Der Schleifenkörper wird so lange ausgeführt, wie `weiter` gleich `True` ist. Das ist der Fall, wenn für die Variable `auswahl` die Werte 1, 2, 3 oder 4 eingegeben wurden. Für alle anderen Werte wird der `else`-Zweig in Zeile 32 ausgeführt und die Variable `weiter` auf `False` gesetzt.

while-Schleife mit break-Anweisung

Wenn in einem Schleifenkörper Divisionen ausgeführt werden müssen, kann es vorkommen, dass im Laufe der Berechnungen der Nenner eines Bruchs null oder sehr klein wird. Bei einer Division durch null würde das Ergebnis unendlich werden, was einen Speicherüberlauf zur Folge hätte. Dieser Fall muss abgefangen werden. Dazu stellt Python die `break`-Anweisung zur Verfügung. Diese Anweisung bewirkt den Abbruch der Schleife.

Am Beispiel einer Nullstellenberechnung zeige ich Ihnen, wie eine `break`-Anweisung funktioniert. Mit der *Regula falsi*

$$x_{n+1} = x_n - f(x_n)\frac{x_n - x_{n-1}}{f(x_n) - f(x_{n-1})}$$

können Nullstellen numerisch einfach berechnet werden. Im Nenner des Bruchs steht die Differenz aus dem neu berechneten und dem zuvor berechneten Funktionswert. Dieser Wert kann im Laufe der Berechnungen null werden oder einen sehr kleinen Wert annehmen.

Listing 2.13 berechnet die Nullstelle für die Funktion:

$$f(x) = x - \cos x = 0$$

Durch eine Skizze für die Funktionsgraphen $f_1(x) = x$ und $f_2(x) = \cos x$ erhalten Sie einen Schnittpunt beider Funktionsgraphen, der in etwa bei $x = 0{,}74$ liegt. Für den Startwert wird deshalb $x_1 = 0$ und für den Endwert $x_2 = 1$ festgelegt.

```
#13_whileschleife3.py
import math as m
def f(x):
    return x-m.cos(x)

eps=1e-12 #Abbruchbedingung
x1=0 #Startwert
x2=1 #Endwert
n=0
f1=f(x1)
while abs(x2-x1)>eps and n<100:
    n+=1
    x0=x1
    x1=x2
    f0=f1
    f1=f(x1)
    if abs((f1-f0))<eps: break
    x2=x1-f1*(x1-x0)/(f1-f0)
    print(n,":", x2)
```

Listing 2.13 while-Schleife mit break-Anweisung

Ausgabe

```
1 : 0.6850733573260451
2 : 0.736298997613654
3 : 0.7391193619116293
4 : 0.7390851121274639
5 : 0.7390851332150012
6 : 0.7390851332151607
```

Das Ergebnis kann in der Python-Shell überprüft werden:

```
>>> import math
>>> 0.7390851332151607 - math.cos(0.7390851332151607)
0.0
>>>
```

Analyse

Zeile 02 importiert das Mathematikmodul `math`, das für die Berechnung der `cos`-Funktion benötigt wird. Der Alias `m` erspart Tipparbeit. Statt `math.cos()` wird im Programm die Cosinusfunktion mit dem Alias `m` und dem Punktoperator `m.cos()` aufgerufen. Die Funktionsdefinition erfolgt in den Zeilen 03 und 04. In den Zeilen 06 bis 10 werden die Variablen mit ihren Anfangswerten initialisiert.

Zeile 11 enthält die Abbruchbedingung der `while`-Schleife. Die Schleife soll ausgeführt werden, solange der Betrag von `eps` größer 10^{-12} und `n<100` ist. In Zeile 13 wird der Wert der Variablen `x1` der Variablen `x0` zugewiesen. Diese Zuweisung bewirkt, dass der zuletzt berechnete Wert von `x1` für die Berechnung der Differenz im Zähler `(x1-x0)` zwischengespeichert wird. Für die Berechnung des Nenners wird in Zeile 15 der letzte Wert von `f1` der Variablen `f0` zugewiesen und damit ebenfalls zwischengespeichert. Aus dem aktuellen und den davor berechneten Werten kann so die Differenz des Nenners `(f1-f0)` berechnet werden.

Zeile 17 enthält die Abbruchbedingung. Die Schleife wird dann verlassen, wenn der Betrag des Zählers kleiner 10^{-12} wird. Eine Überprüfung, ob der Fall `f1-f0==0` vorkommt oder ob `f1==f0` wird, würde in diesem Fall sogar funktionieren. Von solch einer Implementierung ist aber dringend abzuraten, denn zwei Gleitpunkzahlen sind sehr selten wirklich gleich.

In Zeile 18 erfolgt die Berechnung der Nullstelle nach der Iterationsvorschrift der *Regula falsi*. Das Ergebnis wird mit der Anzahl der benötigten Rechenschritte in Zeile 19 ausgegeben.

2.4.2 Die for-Schleife

Die for-Schleife ist eine zählergesteuerte Schleife. Schon im Schleifenkopf wird festgelegt, wie oft der Schleifenkörper ausgeführt werden soll. Sie wird immer dann eingesetzt, wenn die Anzahl der Schleifendurchläufe vorher bekannt ist. Sie hat diese allgemeine Struktur:

```
for i in range(anfangswert, endwert, schrittweite):
    anweisungen
```

Die Zählvariable `i` muss immer vom Typ Integer sein. Die `range`-Funktion legt den Anfangswert, den Endwert und die Schrittweite für die Zählvariable fest. Der Kopf der `for`-Schleife muss mit einem Doppelpunkt abschließen. Die Funktion `range(n)` erzeugt intern eine Liste von Ganzzahlen für einen Wertebereich von 0 bis *n*-1 mit der Schrittweite 1. Für `range(10)` nimmt die Zählvariable `i` nacheinander die Werte `i = 0` bis 9 an:

```
>>> for i in range(10):
        print(i, end='  ')
0  1  2  3  4  5  6  7  8  9
```

Die Zählvariable einer `for`-Schleife kann auch über einen String, eine Liste, ein Tupel oder ein Dictionary iterieren. Diese Möglichkeiten werden weiter unten in den entsprechenden Abschnitten besprochen.

In Abbildung 2.6 ist das Struktogramm für eine `for`-Schleife dargestellt. Das Programm soll die Wertetabelle einer mathematischen Funktion berechnen.

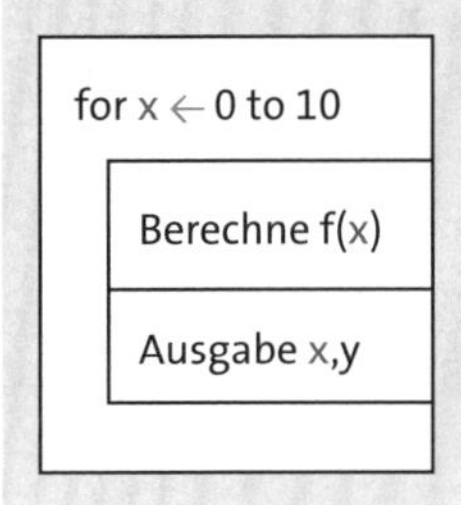

Abbildung 2.6 Struktogramm für eine for-Schleife

Die Umsetzung des Struktogramms in einen Python-Quelltext erfolgt in Listing 2.14. Das Programm berechnet für eine Parabel die Wertetabelle für den Bereich von $x = 0$ bis $x = 10$. Die Zählvariable x ist vom Typ Integer. In der Funktionsdefinition können Sie auch beliebige andere mathematische Funktionen eintragen (Zeile 03).

```
01 #14_forschleife1.py
02 def f(x):
03     return x**2
```

```
04
05 print(" x\ty")
06 for x in range(11):
07     y=f(x)
08     print("%2i %6.3f" %(x, y))
```

Listing 2.14 Wertetabelle mit for-Schleife berechnen

Ausgabe

```
 x    y
 0  0.000
 1  1.000
 2  4.000
 3  9.000
 4 16.000
 5 25.000
 6 36.000
 7 49.000
 8 64.000
 9 81.000
10 100.000
```

Analyse

Das Programm gibt 11 Wertepaare für `x` und `y` aus. Der Schleifenkopf in Zeile 06 enthält die Zählvariable `x`, die automatisch als `int` deklariert wird, und die `range`-Funktion, deren Parameter ebenfalls vom Typ `int` sein müssen. Der Schleifenkopf muss immer mit einem Doppelpunkt enden. Der Schleifenkörper muss gleichmäßig eingerückt werden. Zeile 07 ruft die Funktion $y = f(x)$ auf. Bei jedem neuen Schleifendurchlauf wird `x` um 1 erhöht und der Funktionswert neu berechnet, bis die Abbruchbedingung erreicht wird. Zeile 08 gibt die Werte für x und y formatiert aus. Sie können das Schleifenkonstrukt testen, indem Sie andere Start- und Stoppwerte und andere Schrittweiten in die `range`-Funktion einsetzen. Wenn Sie `help(range)` in die Python-Shell eingeben, erhalten Sie ausführliche Informationen über die Klasse `range`.

Verkleinerung der Schrittweite

Oft müssen Werte von Funktionen berechnet werden, deren Inkrement nicht 1 ist, sondern kleiner 1. Das ist z. B. bei der numerischen Integration mit Rechtecksummen der Fall. Der Flächeninhalt A der Rechtecke wird aus der Summe von Produkten des aktuellen Funktionswertes $f(x_k)$ und einem möglichst klein gewählten Δx berechnet:

$$A = \sum_{k=0}^{n} f(x_k)\Delta x$$

Das Programm in Listing 2.15 berechnet die Rechtecksummen der e-Funktion in den Grenzen von 0 bis 1. Das zu erwartende Ergebnis beträgt $A = 1.718281828459045$ Flächeneinheiten ($e^1 - 1$).

```
01 #15_forschleife2.py
02 import math
03 def f(x):
04     #return x
05     #return -x+1
06     return math.exp(x)
07
08 a=0 #untere Grenze
09 b=1 #obere Grenze
10 n=1000
11 delta_x=(b-a)/n
12 r=0
13 x=a
14 for k in range(1,n+1):
15     r=r+f(x)*delta_x
16     x=a+k*delta_x
17 print("%6d %6.3f  %6.15f" %(k, x, r))
```

Listing 2.15 Numerische Integration mit Rechtecksummen

Ausgabe

```
1000  1.000  1.718422830734965
```

Analyse

In den Zeilen 03 und 06 erfolgt die Funktionsdefinition. Die auskommentierten Zeilen können für weitere Testfunktionen genutzt werden. Die Zeilen 08 und 09 legen die unteren und oberen Integrationsgrenzen fest. Die Variable `n` in Zeile 10 legt die Anzahl der Teilprodukte $f(x_k)\Delta x$ fest. Für den Achsenabschnitt Δx auf der x-Achse (Abzisse) wurde der etwas sperrige Bezeichner `delta_x` gewählt, um keine falsche Assoziation mit dem Differenzial dx zu erzeugen. Das `delta_x` wird in Zeile 11 aus der Differenz von oberer und unterer Grenze geteilt durch die Anzahl der Teilprodukte `n` berechnet.

Die Variable `r` wird mit 0 (Zeile 12) und die Variable `x` wird mit der unteren Grenze `a` initialisiert (Zeile 13). Die `for`-Schleife in Zeile 14 wird von `k=1` bis `n+1` durchlaufen. Es werden also 1000 Teilprodukte (Rechtecke *r*) aufsummiert. Die Anzahl `n` der Teilprodukte bestimmt die Genauigkeit der numerischen Integration. Da Rechtecksummen berechnet werden, ist im Vergleich zu anderen Integrationsverfahren (*Trapez, Simpson, Romberg*) keine verbesserte Genauigkeit durch die Erhöhung von `n` zu erreichen.

Die Aufsummierung der einzelnen Rechteckflächen erfolgt mit dem Summenalgorithmus in Zeile 15. Auf der rechten Seite der Zuweisung wird die Summe aus dem alten `r`-Wert und der Rechteckfläche `f(x)*delta_x` an der Stelle `k` berechnet. Die Funktion `f(x)` wird für jeden Schleifendurchlauf neu aufgerufen. Das Funktionsargument `x` wird in Zeile 16 für jeden Schleifendurchlauf an der Stelle `k` neu berechnet.

Zeile 17 gibt die Anzahl der Berechnungen, den Wert der oberen Grenze und den Flächeninhalt aus. Bis auf die dritte Stelle stimmt das vom Programm berechnete Ergebnis mit dem exakten Wert überein.

Numerische Lösung von Differenzialgleichungen 1. Ordnung

In den Ingenieur- und Naturwissenschaften müssen Sie *Differenzialgleichungen* (DGL) lösen können. Wie einfache DGLs prinzipiell numerisch gelöst werden, wird hier exemplarisch am *Euler-Cauchy-Verfahren* gezeigt. Dieses Verfahren wird mit folgendem Summenalgorithmus beschrieben:

$$y_{k+1} = y_k + f(x_k, y_k)\Delta x$$

Listing 2.16 berechnet DGLs der Form $y' = f(x,y)$. In diesem konkreten Fall soll die Lösung der DGL $y' = xy$ an der Stelle $x = 1$ berechnet werden. Die exakte Lösung dieser DGL lautet:

$$y = e^{\frac{x^2}{2}}$$

Für $x = 1$ ergibt sich dann der exakte Wert der Lösung von $y = 1{,}6487$.

```
#16_forschleife3.py
def f(x,y):
    return x*y

x0=0
xn=1
y0=1
n=1000
delta_x=(xn-x0)/n
y=y0
for k in range(n+1):
    x=x0+k*delta_x
    y=y + f(x,y)*delta_x
print("%3i %6.3f  %6.4f" %(k, x, y))
```

Listing 2.16 Lösung einer DGL 1. Ordnung

Ausgabe

```
1000 1.000 1.6493
```

Analyse

Die Funktionsdefinition in Zeile 02 erwartet beim Aufruf zwei Parameter. Bei jedem Funktionsaufruf wird das Produkt aus `x` und `y` zurückgegeben. Die Anweisung in Zeile 09 berechnet aus Start- und Endwert sowie der Anzahl `n` die Schrittweite `delta_x`. In Zeile 12 wird der aktuelle `x`-Wert für den Funktionsaufruf in Zeile 13 berechnet. Der Algorithmus des Euler-Cauchy-Verfahrens wird direkt in Zeile 13 in der Python-Syntax umgesetzt. Die `print`-Funktion in Zeile 14 gibt die Anzahl der Berechnungen und den Funktionswert der Lösung `y` an der Stelle `x=1` aus. Das Ergebnis zeigt, dass das Euler-Cauchy-Verfahren für praktische Zwecke nicht geeignet ist, weil dieser Algorithmus selbst nach 1.000 Schleifendurchläufen noch einen Fehler von 0,0006 liefert. Eine Verdopplung von `n` führt nur zu einer Halbierung des Fehlers. Das *Heun-* oder das *Runge-Kutta-Verfahren* liefern genauere Ergebnisse.

Verschachtelte Schleifen

Schleifen können auch ineinander verschachtelt sein. Mit zwei ineinander verschachtelten `for`-Schleifen können Sie dreieck- oder rechteckförmige Zahlenschemata erzeugen. Das pascalsche Dreieck ist ein Beispiel für ein dreieckförmiges Zahlenschema. Es kann mit dem Binomialkoeffizienten

erzeugt werden. Die `math`-Funktion `comb(n,k)` berechnet den Binomialkoeffizienten. Listing 2.17 demonstriert, wie Sie mit dieser Funktion und zwei verschachtelten `for`-Schleifen das pascalsche Dreieck erzeugen können:

```
#17_for_for_schleife1.py
from math import *
k=8
for n in range(k):
    for k in range(n+1):
        print(comb(n,k),end=' ')
    print()
```

Listing 2.17 Zwei verschachtelte for-Schleifen

Ausgabe

```
1
1 1
1 2 1
1 3 3 1
1 4 6 4 1
1 5 10 10 5 1
1 6 15 20 15 6 1
1 7 21 35 35 21 7 1
```

Analyse

Die erste for-Schleife erzeugt die Zeilen des pascalschen Dreiecks (Zeile 04). In Zeile 05 wird bei jedem neuen Schleifendurchlauf der inneren Schleife der Zählbereich um 1 erhöht. Zeile 06 erzeugt die Spalteneinträge. Der Parameter `end=' '` verhindert einen Zeilenumbruch. In Zeile 07 erzwingt die print-Funktion einen neuen Zeilenumbruch.

Anwendungsbeispiel: BubbleSort

Das sogenannte BubbleSort-Verfahren vergleicht in einer Folge von Zahlen benachbarte Zahlenpaare. Diese Zahlenpaare werden so lange miteinander verglichen und getauscht, bis die Zahlenfolge sortiert ist. Dieses Verfahren ist zwar sehr ineffizient, es ist aber besonders gut dazu geeignet, die Arbeitsweise von zwei ineinander verschachtelten for-Schleifen zu veranschaulichen. Listing 2.18 zeigt eine sehr einfache Implementierung dieses Sortierverfahrens:

```
#18_for_for_schleife2.py
a=[5,4,3,2,1] #Liste
print(a)
for i in range(len(a)-1):
    for i in range(len(a)-1):
        if a[i]>a[i+1]: #vergleichen
            a[i],a[i+1]=a[i+1],a[i] #tauschen
    print(a)
```

Listing 2.18 BubbleSort

Ausgabe

```
[5, 4, 3, 2, 1]
[4, 3, 2, 1, 5]
[3, 2, 1, 4, 5]
[2, 1, 3, 4, 5]
[1, 2, 3, 4, 5]
```

Analyse

Die Anweisung in Zeile 02 erzeugt die Liste `a`. Die Datenstruktur *Liste* wird weiter unten in Abschnitt 2.5.2 besprochen. Zeile 06 vergleicht den Vorgänger `a[i]` mit seinem direktem Nachfolger `a[i+1]`. Wenn der Vorgänger größer als sein Nachfolger ist, werden die entsprechenden Elemente in der Liste getauscht (Zeile 07). Der Tauschvorgang erfolgt mit Tupeln. Die Datenstruktur *Tupel* wird in Abschnitt 2.5.1 besprochen.

Anwendungsbeispiel: Zweifachintegral

Verschachtelte Schleifen werden auch benötigt, um z. B. ein Zweifachintegral numerisch zu berechnen. Ein typischer Anwendungsfall ist die Berechnung des axialen Flächenmomentes 2. Grades. Das Flächenmoment 2. Grades gibt an, wie steif ein Träger aufgrund seiner Querschnittsfläche ist. Für das axiale Flächenmoment 2. Grades eines Rechteckquerschnittes gilt:

$$I_y = \int_{z=-\frac{h}{2}}^{\frac{h}{2}} \left(\int_{y=-\frac{b}{2}}^{\frac{b}{2}} z^2 \, \mathrm{d}y \right) \mathrm{d}z = \int_{-\frac{h}{2}}^{\frac{h}{2}} b \cdot z^2 \, \mathrm{d}z = \frac{b \cdot h^3}{12}$$

Das Zweifachintegral können Sie numerisch berechnen, indem Sie den Summenalgorithmus innerhalb von zwei ineinander verschachtelten `for`-Schleifen anwenden.

Listing 2.19 zeigt die Implementierung eines solchen Algorithmus:

```
#19_for_for_schleife.py
b=5   #Breite in cm
h=10  #Höhe in  cm
y1,y2=-b/2,b/2 #Grenzen der y-Achse
z1,z2=-h/2,h/2 #Grenzen der z-Achse
#Funktionsdefinition
def f(y,z):
    return z**2
#Zweifachintegral berechnen
dy=dz=1e-2
m=int((z2-z1)/dz) #Höhe
n=int((y2-y1)/dy) #Breite
```

```
13 sz=0
14 for i in range(m):     #außen
15     z=z1+i*dz
16     sy=0
17     for j in range(n): #innen
18         y=y1+j*dy
19         sy=sy+f(y,z)
20     sz=sz+sy
21 Iy=sz*dy*dz
22 #Ausgabe
23 print("Flächenmoment für einen Rechteckquerschnitt")
24 print("Iy =",Iy, "cm^4")
25 print("Iy =",b*h**3/12,"cm^4 genau")
26 print(m,n)
```

Listing 2.19 Numerische Berechnung eines Zweifachintegrals

Ausgabe

```
Flächenmoment für einen Rechteckquerschnitt
Iy = 416.6675 cm^4
Iy = 416.6666666666667 cm^4 genau
1000 500
```

Analyse

In Zeile 10 können Sie die Schrittweiten dy und dz festlegen. Die Schrittweiten bestimmen die Genauigkeit der numerischen Integration. In den Zeilen 11 und 12 wird die Anzahl der Schleifendurchläufe für die äußere und innere Schleife berechnet. Für $m = 1000$ und $n = 500$ erhält man $1000 \times 500 = 50000$ Rechenschritte in der inneren Schleife.

In den Zeilen 15 und 18 werden die aktuellen Werte z und y für die z- und die y-Koordinate berechnet. In Zeile 19 werden diese Werte der Funktion f(y,z) als Argumente übergeben und bei jedem neuen Schleifendurchlauf auf die Summe sy aufaddiert.

In Zeile 20 erfolgt die Summenbildung in z-Richtung. Zeile 21 berechnet das Flächenmoment 2. Grades Iy.

Der Vergleich zwischen numerischer Integration und genauem Wert zeigt, dass die Genauigkeit noch akzeptabel ist. Im SciPy-Kapitel zeige ich Ihnen, wie Sie mit der Funktion dblquad(f,z1,z2,y1,y2)[0] das Flächenmoment 2. Grades mit nur einer Zeile Quelltext wesentlich einfacher berechnen können.

2.5 Datenstrukturen

Programme setzen sich aus Algorithmen und Datenstrukturen zusammen. Bisher kamen in einigen Programmbeispielen schon Datenstrukturen wie *Listen* und *Tupel* vor. Schauen wir uns genauer an, welche Datenstrukturen Python mitbringt.

Datenstrukturen und Datentypen

Datenstrukturen sollten Sie nicht mit den einfachen Datentypen `int`, `float` und `str` verwechseln. Ein wesentlicher Unterschied zwischen Datentypen und Datenstrukturen besteht darin, dass Datenstrukturen wesentlich komplexer aufgebaut sind als die einfachen Datentypen.

In der praktischen Informatik ist eine Datenstruktur eine Menge von Objekten, die nur mit genau festgelegten Operationen manipuliert werden dürfen. Auf eine Kurzformel gebracht: *Datenstruktur = Objekte + Operationen*. Die Daten werden in einer für die jeweilige Datenstruktur optimalen Art und Weise organisiert, um auf sie so effizient wie möglich zugreifen zu können.

Python hat die eingebauten Datenstrukturen *Tupel*, *Liste*, *Dictionaries* und *Sets*.

2.5.1 Tupel

Ein *Tupel* ist eine Sequenz von Elementen, die iterierbar sind, aber nicht verändert werden können. Die Elemente eines Tupels müssen nicht vom gleichen Typ sein. Die Unveränderbarkeit der Elemente ist das entscheidende Merkmal eines Tupels. Definiert wird ein Tupel, indem Sie die Elemente durch Kommata getrennt in runden Klammern einschließen. Einen ersten Zugang zur Datenstruktur Tupel verschaffen wir uns wieder mit der Python-Shell:

```
>>> t=(2,4,6)
>>> t
(2, 4, 6)
>>> t[1]
4
>>> t[1]=8
Traceback (most recent call last):
  File "<pyshell>", line 1, in <module>
TypeError: 'tuple' object does not support item assignment
>>> type(t)
<class 'tuple'>
>>>
```

Auf die einzelnen Elemente eines Tupels kann nur lesend zugegriffen werden. Wenn versucht wird, einem Element eines Tupels einen Wert zuzuweisen, dann gibt der Python-Interpreter eine Fehlermeldung aus.

Listing 2.20 zeigt, wie Tupel definiert werden und welche Operationen auf Tupel anwendbar sind:

```
01  #20_tuple1.py
02  t1=(1,2,3)
03  t2= 4,5,6
04  t3=t1+t2
05  t4=3*t2
06  print("Tupel1 enthält die Elemente:",t1)
07  print("Tupel2 enthält die Elemente:",t2)
08  print("Tupel3 enthält die Elemente:",t3)
09  print("Tupel4 enthält die Elemente:",t4)
10  print("Das dritte Objekt von t3 hat den Wert:", t3[2])
11  print("Sind t1 und t2 gleich?",t1==t2)
12  print("t3 gehört zur Klasse:",type(t3))
13  print("t1    hat die id",(id(t1)))
14  print("t1[0] hat die id",(id(t1[0])))
15  print("t1[1] hat die id",(id(t1[1])))
16  print("t1[2] hat die id",(id(t1[2])))
```

Listing 2.20 Operationen auf Tupel

Ausgabe

```
Tupel1 enthält die Elemente: (1, 2, 3)
Tupel2 enthält die Elemente: (4, 5, 6)
Tupel3 enthält die Elemente: (1, 2, 3, 4, 5, 6)
Tupel4 enthält die Elemente: (4, 5, 6, 4, 5, 6, 4, 5, 6)
Das dritte Objekt von t3 hat den Wert: 3
Sind t1 und t2 gleich? False
t3 gehört zur Klasse: <class 'tuple'>
t1    hat die id 4344167376
t1[0] hat die id 4335508656
t1[1] hat die id 4335508688
t1[2] hat die id 4335508720
```

Analyse

In den Zeilen 02 und 03 werden zwei Tupel `t1` und `t2` definiert. Die runden Klammern können Sie auch weglassen. Zeile 04 verkettet die Tupel `t1` und `t2` zu einem neuen Tupel `t3`. In Zeile 05 wird ein neues Tupel `t4` erzeugt. Es enthält drei Exemplare von

Tupel t2. Auf jedes Element eines Tupels kann lesend mit dem [ ]-Operator zugegriffen werden (Zeile 10). Tupel können mit dem ==-Operator auch auf Gleichheit überprüft werden (Zeile 11). Nicht nur ein Tupel hat eine eigene Identität (Zeile 13), sondern auch jedes Element eines Tupels hat seine eigene Identität (Zeile 14 bis 16).

Sind Tupel wirklich unveränderbar?

In dem Sortierprogramm, das Sie in Listing 2.18 sehen, wurde der Wert von zwei Variablen getauscht:

```
a[i], a[i+1] = a[i+1], a[i]
```

Dem Linkswert des Tupels a[i], a[i+1] wurde der Rechtswert a[i+1], a[i] zugewiesen. a[i] hatte nach dem Tauschvorgang den Wert von a[i+1] und a[i+1] den Wert von a[i]. Der Tauschvorgang wurde offenbar erfolgreich durchgeführt, denn das Programm funktionierte. Wie ist dieser Widerspruch zu erklären, dass Tupel eigentlich unveränderbar sein sollen, beim Tauschvorgang aber die Werte von zwei Tupelelementen doch verändert wurden? Listing 2.21 löst diesen Widerspruch auf:

```
#21_tuple2.py
a,b=10,20
t=(a,b)
print("----vorher----")
print("Wert von a=%i id von a=%i" %(a,id(a)))
print("Wert von b=%i id von b=%i" %(b,id(b)))
print("Wert von t=",t,"id von t=",id(t))
a,b=b,a
print("----nacher----")
print("Wert von a=%i id von a=%i" %(a,id(a)))
print("Wert von b=%i id von b=%i" %(b,id(b)))
print("Wert von t=",t,"id von t=",id(t))
```

Listing 2.21 Tauschen zweier Variablen mit einem Tupel

Ausgabe

```
----vorher----
Wert von a=10 id von a=4317511120
Wert von b=20 id von b=4317511440
Wert von t= (10, 20) id von t= 4326503240
----nachher----
Wert von a=20 id von a=4317511440
Wert von b=10 id von b=4317511120
Wert von t= (10, 20) id von t= 4326503240
```

Analyse

Der Linkswert des Tupels besteht aus den Variablen a und b (Zeile 02). Der Variablen a wird der Wert 10 und der Variablen b der Wert 20 zugewiesen. Zeile 03 definiert ein Tupel mit den Elementen a und b. In den Zeilen 05 bis 07 werden die Werte und die Identitäten der Variablen und des Tupels ausgegeben. In Zeile 08 erfolgt der Tauschvorgang. Nach dem Tauschen hat die Variable a den Wert 20 und die Variable b den Wert von 10. Die Werte und die Identitäten von a und b haben sich nach dem Tauschen geändert. Das heißt, es wurden nur die Speicheradressen von a und b getauscht. Die Werte und die Identität des Tupels t haben sich dagegen nicht geändert.

Tupel in for-Schleifen

In einer for-Schleife kann eine Zählvariable auch über ein Tupel iterieren. Das folgende Konsolenbeispiel zeigt eine mögliche Umsetzung:

```
>>> for i in ('Eisen','Chrom','Nickel'):
        print(i,end='  ')
Eisen  Chrom  Nickel
```

2.5.2 Listen

Eine *Liste* ist eine geordnete Zusammenfassung verschiedener Objekte. Die in einer Liste enthaltenen Werte bezeichnet man auch als Elemente. Die Liste selbst wird auch als Objekt betrachtet. Das Besondere an einer Liste ist, dass ihre Länge während der Laufzeit geändert werden kann. Der Python-Interpreter erkennt eine Listendefinition an den eckigen Klammern, in denen die Elemente einer Liste eingebettet sind. Die einzelnen Elemente werden durch Kommata getrennt. Objekte einer Liste können z. B. Gleitpunktzahlen von Messwerten einer Messreihe oder aber auch beliebige andere Objekte sein. Listen können auch selbst wieder Bestandteile von Listen sein. Mit der range-Funktion können Sie Listen auch automatisch erzeugen:

```
>>> list(range(10))
[0, 1, 2, 3, 4, 5, 6, 7, 8, 9]
>>> list(range(2,10,2))
[2, 4, 6, 8]
>>> list(range(1,10,2))
[1, 3, 5, 7, 9]
```

Auf Listen sind viele Operationen anwendbar: einzelne oder mehrere Elemente einfügen oder entfernen, auf einzelne Elemente zugreifen, Elemente sortieren usw. Auf die Elemente einer Liste kann über einen Index zugegriffen werden. Tabelle 2.3 veranschaulicht den Aufbau einer Liste durch ein Modell.

Index	0	1	2	3	4
Wert	5.7	6.8	5.9	6.2	5.1

Tabelle 2.3 Modell für den Aufbau einer Liste

Jedem Element einer Liste ist ein Index zugeordnet. Über diesen Index kann man auf die einzelnen Elemente der Liste lesend und schreibend zugreifen. Die Zählung beginnt immer mit dem Index 0. Einen ersten Zugang zur Datenstruktur `list` verschaffen Sie sich wieder mit der Python-Shell:

```
>>> l=[2,4,6]
>>> l[1]
4
>>> l[1]=8
>>> l
[2, 8, 6]
>>> type(l)
<class 'list'>
>>>
```

Durch die Angabe des Index wird der Wert des Elements an der Stelle `i` ausgegeben. Durch eine neue Zuweisung kann dieser Wert geändert werden. Die Liste `l` gehört zur Klasse `list`.

Eine Zählvariable kann auch in einer `for`-Schleife über eine Liste iterieren, wie folgendes Konsolenbeispiel zeigt:

```
>>> for i in [1,3,5,7,9]:
        print(i+1,end=';')
2;4;6;8;10;
```

Auf Listen können viele Operationen durchgeführt werden, z. B. das Sortieren der Listenelemente, das Ermitteln ihrer Länge, das Anhängen oder Entfernen von Elementen. Tabelle 2.4 enthält ausgewählte Funktion für die Operationen auf Listen.

Funktion	Beschreibung
`n=len(l)`	Gibt die Anzahl der Elemente zurück.
`l2=sorted(l1)`	Gibt die sortierte Liste `l1` zurück.
`s=sum(l)`	Gibt die Summe der Liste `l` zurück.

Tabelle 2.4 Funktionen für die Operation auf Listen

Funktion	Beschreibung
`mi=min(l)`	Gibt das kleinste Element zurück.
`ma=max(l)`	Gibt das größte Element zurück.
`l3=zip(l1,l2)`	Verbindet die Listen `l1` und `l2` zu `l3`.

Tabelle 2.4 Funktionen für die Operation auf Listen (Forts.)

Zusätzlich zu diesen Funktionen gibt es auch noch Methoden. In Tabelle 2.5 sind wichtige Methoden zusammengestellt, mit denen Operationen auf Listen durchgeführt werden. Der Buchstabe `l` steht für Liste und der Buchstabe `e` für das Element einer Liste.

Methode	Beschreibung
`l1.extend(l2)`	Der Liste `l1` wird am Ende die Liste `l2` angehängt.
`l.append(e)`	Das Element `e` wird am Ende der Liste angehängt.
`l.remove(e)`	Entfernt das Element `e` aus der Liste.
`l.insert(i,e)`	Fügt ein Element `e` in die Liste `l` an der Stelle `i` ein.
`l.count(e)`	Ermittelt, wie oft das Element `e` in der Liste `l` enthalten ist.

Tabelle 2.5 Methoden für die Operationen auf Listen

Unterschied zwischen Funktionen und Methoden

Methoden sind Funktionen, die innerhalb einer Klasse definiert werden. Um Methoden zu verwenden, muss vorher ein Objekt `obj` erzeugt werden. Ansonsten gibt es keinen Unterschied zwischen der Arbeitsweise einer Funktion und der einer Methode.

Eine Funktion wird mit `a=funktionsname(parameter)` und eine Methode wird mit `a=obj.methodenname(parameter)` aufgerufen.

Zwei Listen mit der zip-Funktion verbinden

Testen Sie die `zip`-Funktion kurz in der Python-Shell, weil sie später im Zusammenhang mit der Datenstruktur *Dictionary* gebraucht wird. Das folgende Konsolenbeispiel erzeugt aus zwei Listen eine neue Liste:

```
>>> x = [1, 2, 3]
>>> y = [4, 5, 6]
>>> zipped = zip(x, y)
>>> list(zipped)
[(1, 4), (2, 5), (3, 6)]
```

Die zip-Funktion bewirkt, dass aus den beiden Listen x und y eine neue Liste aus drei *Tupeln* entsteht.

Operationen auf Listen

Listing 2.22 zeigt, wie Sie einige ausgewählte Operationen auf Listen implementieren. Als Listenelemente wurden bewusst einheitliche Daten vom Typ float ausgewählt, um einen Bezug zu technisch relevanten Themen herzustellen. Das Programm berechnet wichtige statistische Kennwerte einer Messreihe.

```
#22_liste1.py
import statistics as stat
l1=[52.1,48.7,50.1,49.6,51.8]
l2=[50.5,48.5,49.5,51.5,48.8]
l1.extend(l2) #Methode
sl=sorted(l1) #Funktion
n=len(sl)
minimum=min(l1)
maximum=max(l1)
summe=sum(l1)
mittelwert=summe/n
r=maximum-minimum
z=stat.median(l1)
print("sortierte Liste:\n",sl)
print("Anzahl der Elemente:",n)
print("Minimum: %6.2f Maximum: %6.2f" %(minimum,maximum))
print("Summe:",summe)
print("Mittelwert:",mittelwert)
print("Median:",z)
print("Spannweite:",r)
```

Listing 2.22 Operationen auf einer Liste

Ausgabe

```
sortierte Liste:
[48.5, 48.7, 48.8, 49.5, 49.6, 50.1, 50.5, 51.5, 51.8, 52.1]
Anzahl der Elemente: 10
```

```
Minimum:  48.50 Maximum:  52.10
Summe: 501.1
Mittelwert: 50.11
Median: 49.85
Spannweite: 3.6000000000000014
```

Analyse

Das Programm berechnet den arithmetischen Mittelwert, den Median und die Spannweite einer Messreihe. In den Zeilen 03 und 04 werden zwei Listen mit jeweils fünf `float`-Typen definiert. Die Werte der beiden Listen werden in die Objekte `l1` und `l2` gespeichert. In Zeile 05 wird an die Liste `l1` die Liste `l2` mit der *Methode* `l1.extend(l2)` angehängt.

In Zeile 06 sortiert die *Funktion* `sorted(l1)` die verlängerte Liste `l1` und weist das Ergebnis der Variablen `sl` zu. In Zeile 07 ermittelt die Funktion `len(sl)` die Länge der sortierten Liste und weist sie der Variablen `n` zu. Aus der Summe der Messwerte (Zeile 10) kann dann in Zeile 11 der Mittelwert `m` der Messwerte berechnet werden. Die Bestimmung des Minimums (Zeile 08) und des Maximums (Zeile 09) erfolgt jeweils mit den eingebauten Funktionen `min(sl)` und `max(sl)`. In Zeile 10 berechnet die eingebaute Funktion `sum(sl)`die Summe der Messreihe. Die Spannweite `r` wird aus der Differenz von Maximum und Minimum berechnet werden (Zeile 12). In Zeile 13 berechnet die Funktion `stat.median(l1)` den Median der Messreihe. Dazu muss das Modul `statistics` (Zeile 02) importiert werden.

In den Zeilen 14 bis 20 erfolgt die Ausgabe der Ergebnisse.

Verschachtelte Listen

Wichtig für die Repräsentation von zweidimensionalen Matrizen mit NumPy-Arrays sind verschachtelte Listen. Das Konsolenbeispiel zeigt, wie zwei verschachtelte Listen `a` und `b` in NumPy-Arrays umgewandelt und anschließend addiert werden:

```
>>> from numpy import array
>>> a=[[1,2,3],[4,5,6]]
>>> b=[[7,8,9],[10,11,12]]
>>> A=array(a)
>>> B=array(b)
>>> A
array([[1, 2, 3],
       [4, 5, 6]])
>>> B
array([[ 7,  8,  9],
       [10, 11, 12]])
```

```
>>> A+B
array([[ 8, 10, 12],
       [14, 16, 18]])
```

Listenabstraktion

Mit Python ist es sogar möglich, innerhalb einer Liste Anweisungen auszuführen. Die Liste wird erst zur Laufzeit erzeugt. Während der Laufzeit kann ihre Länge (fast) beliebig verändert werden. Dieses Feature wird *Listenabstraktion* genannt (engl. *list comprehension*). Listing 2.23 demonstriert die mächtige Möglichkeit der Listenabstraktion. Es berechnet die pythagoreischen Zahlen für einen ausgewählten Bereich.

```
01 #23_liste2.py
02 ug=1
03 og=20
04 p=[(a,b,c)
05     for a in range(ug,og)
06     for b in range(a,og)
07     for c in range(b,og)
08     if a**2 + b**2 == c**2]
09 n=len(p)
10 print(p)
11 print("Zwischen %i und %i gibt es %i pythagoreische Tripel." %(ug,og,n))
```

Listing 2.23 Dynamisches Erzeugen einer Liste durch Listenabstraktion

Ausgabe

```
[(3, 4, 5), (5, 12, 13), (6, 8, 10), (8, 15, 17), (9, 12, 15)]
Zwischen 1 und 20 gibt es 5 pythagoreische Tripel.
```

Analyse

In den Zeilen 02 und 03 werden die obere und die untere Grenze festgelegt, in denen die pythagoreischen Zahlen berechnet werden sollen. Die Listendefinition beginnt in Zeile 04 und endet in Zeile 08. Die Liste besteht aus nur einem Element: einem Tupel aus den Dreiecksseiten `(a,b,c)` einschließlich der drei `for`-Schleifen mit der `if`-Abfrage.

In Zeile 05 wird die Variable `a` von `ug` bis `og` iteriert. Die Variable `b` wird von `a` bis `og` durchlaufen (Zeile 06), und die Variable `c` wird von `b` bis `og` (Zeile 07) iteriert. Zeile 08 überprüft, ob die Summe der Quadrate aus a und b dem Quadrat der Hypotenuse c entspricht. Wenn das der Fall ist, dann werden die pythagoreischen Tripel als Listenelemente erzeugt und in die Variable `p` (Zeile 04) gespeichert.

Zeile 09 ermittelt die Länge der Liste p. In Zeile 10 erfolgt die Ausgabe der pythagoreischen Zahlen als Tupel.

2.5.3 Dictionaries

Ein *Dictionary* (dt. *Wörterbuch*) ist eine Sequenz von Schlüssel-Wert-Paaren. Im Gegensatz zu den Elementen einer Liste besteht ein Element eines Dictionarys aus zwei Komponenten: einem Schlüssel (engl. *key value*) und einem Wert (engl. *data value*). Der Schlüssel und der Wert werden durch einen Doppelpunkt getrennt. Die einzelnen Schlüssel-Wert-Paare werden durch Kommata getrennt und in geschweiften Klammern eingeschlossen. Der erste Eintrag ist der Schlüssel, der zweite Eintrag ist der Wert: `{schluessel:wert}`. Tabelle 2.6 veranschaulicht die Datenstruktur Dictionary anhand des Aufbaus eines Wörterbuches. In der linken Spalte stehen die Schlüssel und in der rechten Spalte stehen die Werte.

Schlüssel	Wert
unique	eindeutig
statement	Anweisung
assignment	Zuweisung
loop	Schleife
parentheses	Klammern

Tabelle 2.6 Tabelle für ein englisch-deutsches Wörterbuch

Das nachfolgende Konsolenfragment zeigt, wie ein Dictionary implementiert wird und wie auf ein Element zugegriffen wird:

```
>>> d={"unique":"eindeutig","statement":"Anweisung"}
>>> d["unique"]
'eindeutig'
>>> type(d)
<class 'dict'>
>>>
```

Der Zugriff auf den Wert eines Dictionarys erfolgt über den Schlüssel mit dem `[]`-Operator.

In Tabelle 2.7 sind die wichtigsten Methoden für die Operationen auf Dictionaries aufgelistet.

Methode	Beschreibung
`d.keys()`	Gibt die Schlüssel des Dictionarys `d` zurück.
`d.values()`	Gibt die Werte des Dictionarys `d` zurück.
`d.items()`	Gibt eine Liste mit Tupeln zurück. Jedes Tupel enthält ein Schlüssel-Wert-Paar aus dem Dictionary `d`.
`del d[k]`	Löscht das Schlüssel-Wert-Paar mit dem Schlüssel `k` aus dem Dictionary `d`.
`k in d`	Überprüft, ob `k` ein Schlüssel des Dictionarys `d` ist.

Tabelle 2.7 Wichtige Methoden für Operationen auf Dictionaries

Das erste Programmbeispiel in Listing 2.24 zeigt, wie Listen in Dictionaries umgewandelt werden können und wie grundlegende Operationen auf Dictionaries implementiert werden müssen:

```
#24_dictionary1.py
l1=["Al","Mg"]
l2=[2.71,1.738]
l12=zip(l1,l2)
m1=dict(l12)
neu={"Ti":4.5}
m1.update(neu)
m2={"Fe":7.85,"V":6.12,"Mn":7.43,"Cr":7.2}
print("Schlüssel der Leichtmetalle:",m1.keys())
print("Dichten der Leichtmetalle:",m1.values())
print("Schlüssel der Schwermetalle:",m2.keys())
print("Dichten der Schwermetalle:",m2.values())
print("Leichtmetalle %s %i Einträge" %(m1,len(m1)))
print("Schwermetalle %s %i Einträge" %(m2,len(m2)))
m2.update(m1)
print("Metalle %s %i Einträge" %(m2,len(m2)))
del m2["V"]
print("Metalle %s %i Einträge" %(m2,len(m2)))
print("Dichte von Chrom: %s kg/dm^3" %(m2["Cr"]))
```

Listing 2.24 Operationen auf Dictionaries

Ausgabe

```
Schlüssel der Leichtmetalle: dict_keys(['Al', 'Mg', 'Ti'])
Dichten der Leichtmetalle: dict_values([2.71, 1.738, 4.5])
Schlüssel der Schwermetalle: dict_keys(['Fe', 'V', 'Mn', 'Cr'])
Dichten der Schwermetalle: dict_values([7.85, 6.12, 7.43, 7.2])
Leichtmetalle {'Al': 2.71, 'Mg': 1.738, 'Ti': 4.5} 3 Einträge
Schwermetalle {'Fe': 7.85, 'V': 6.12, 'Mn': 7.43, 'Cr': 7.2}
4 Einträge
Metalle {'Fe': 7.85, 'V': 6.12, 'Mn': 7.43, 'Cr': 7.2, 'Al': 2.71,
'Mg': 1.738, 'Ti': 4.5} 7 Einträge
Metalle {'Fe': 7.85, 'Mn': 7.43, 'Cr': 7.2, 'Al': 2.71, 'Mg': 1.738,
'Ti': 4.5} 6 Einträge
Dichte von Chrom: 7.2 kg/dm^3
```

Analyse

Zeile 02 legt eine Liste `l1` mit zwei Leichtmetallen an. Zeile 03 erzeugt eine Liste `l2` mit den dazugehörigen Dichten. In Zeile 04 werden beide Listen mit der `zip()`-Methode zu einer Liste `l12` verbunden. Die `dict()`-Methode konvertiert in Zeile 05 die Liste `l12` in ein Dictionary. In Zeile 06 wird ein neues Dictionary mit nur einem Schlüssel-Wert-Paar `{"Ti":4.5}` erzeugt. In Zeile 07 wird dieses Element in das Dictionary `m1` eingefügt. In Zeile 08 wird ein neues Dictionary `m2` mit Schwermetallen angelegt. In den Zeilen 09 und 10 werden die Schlüssel mit der Methode `m1.keys()` und die Werte mit der Methode `m1.values()` der Leichtmetalle `m1` ausgegeben. Für die Schwermetalle `m2` gelten die gleichen Aussagen (Zeilen 11 und 12). Die Zeilen 13 und 14 geben die Schlüssel-Wert-Paare der Leicht- und Schwermetalle aus. Mit der Methode `m2.update(m1)` in Zeile 15 werden die beiden Dictionaries `m1` und d `m2` zu einem neuen Dictionary `m2` verschmolzen. Das Dictionary, das nun die Leicht- und Schwermetalle enthält, wird in Zeile 16 ausgegeben. Mit der `del()`-Methode wird Vanadium in Zeile 17 aus dem Dictionary `m2` gelöscht. Die Ausgabe in Zeile 18 bestätigt den Löschvorgang. Zeile 19 verdeutlicht noch einmal, wie über den `[]`-Operator auf den Schlüssel eines Dictionarys zugegriffen wird.

Ein Wörterbuch

Listing 2.25 zeigt im Ansatz, wie ein englisch-deutsches und ein deutsch-englisches Wörterbuch aus zwei Listen erstellt wird:

```
#25_dictionary2.py
e=["unique","statement","assignment","loop","parentheses"]
d=["eindeutig","Anweisung","Zuweisung","Schleife","Klammern"]
e2d=dict(zip(e,d))
d2e=dict(zip(d,e))
```

```
06 print("statement:", e2d["statement"])
07 print("Schleife:", d2e["Schleife"])
```

Listing 2.25 Ein einfaches Wörterbuch

Ausgabe

```
statement: Anweisung
Schleife: loop
```

Analyse

Zeile 02 enthält eine Liste mit englischen Vokabeln. Zeile 03 enthält eine Liste mit deutschen Vokabeln. In Zeile 04 wird ein Dictionary für eine englisch-deutsche Übersetzung erzeugt. In Zeile 05 wird ein Dictionary für die deutsch-englische Übersetzung erzeugt. In den Zeilen 06 und 07 werden die Übersetzungen ausgegeben. Der besondere Trick dieses Wörterbuches besteht darin, dass jeweils nur eine Liste für eine Sprache anlegt wird. Würde man intuitiv vorgehen, so würde man wahrscheinlich zwei Wörterbücher mit jeweils zwei Einträgen (Schlüssel und Wert) implementieren.

2.5.4 Sets

Ein *Set* (dt. Menge) ist eine ungeordnete Sammlung von Elementen, die iterierbar und veränderbar sind. Doppelte Elemente kommen in einem Set nicht vor. Ein Set wird wie ein Dictionary über geschweifte Klammern definiert. Leere geschweifte Klammern erzeugen ein leeres `dict`, kein leeres `set`. Die Python-Klasse `set` implementiert den aus der Mathematik bekannten Begriff der Menge. Folglich sind die drei Mengenoperationen Vereinigung (Operator `&`), Schnittmenge (Operator `-`) und Differenzmenge (Operator `|`) möglich. Für diese Mengenoperationen gibt es auch die Methoden `s1.union(s2)`, `s1.intersection(s2)` und `s1.difference(s2)` (siehe Tabelle 2.8). Im Vergleich zu der Datenstruktur `list` besteht der Hauptvorteil eines Sets darin, dass es über eine hochoptimierte Methode verfügt, mit der überprüft werden kann, ob ein bestimmtes Objekt in der Menge enthalten ist.

Einen ersten Zugang zu Sets verschaffen Sie sich mit der Python-Shell:

```
>>> s={1,2,3}
>>> s
{1, 2, 3}
>>> s.add(23)
>>> s
{1, 2, 3, 23}
>>> type(s)
<class 'set'>
```

Dadurch, dass die durch Kommata getrennten Zahlen in geschweiften Klammen eingeschlossen werden, wird ein Set erzeugt. Mit der add-Methode wird das Element 23 der Menge s hinzugefügt. Eine Typüberprüfung ergibt, dass es sich bei s um ein Objekt der Klasse set handelt. Tabelle 2.8 enthält die wichtigsten Methoden für die Operationen auf Sets.

Methoden	Beschreibung
s.add(e)	Fügt das Element e in die Menge s als neues Element ein.
s.clear()	Entfernt alle Elemente aus der Menge s.
s.copy()	Kopiert die Menge s.
s.discard(e)	Das Element e wird aus der Menge s entfernt.
s1.difference(s2)	Berechnet die Differenzmenge der zwei Mengen s1 und s2.
s1.intersection(s2)	Liefert die Schnittmenge von s1 und s2 zurück.
s1.union(s2)	Bildet die Vereinigungsmenge von s1 und s2.

Tabelle 2.8 Methoden für die Operationen auf Mengen

Listing 2.26 bildet aus zwei Mengen jeweils die Schnittmenge, die Differenzmenge und die Vereinigungsmenge:

```
#26_sets.py
menge1={"A","B","C","D"}
menge2={"C","D","E","F"}
schnittmenge= menge1 & menge2
differenz=menge1 - menge2
vereinigung=menge1 | menge2
print("menge1:",menge1)
print("menge2:",menge2)
print("Schnittmenge:",schnittmenge)
print("Differenzmenge:",differenz)
print("Vereinigungsmenge:",vereinigung)
print("Ist B in menge1 enthalten:", menge1.issuperset("B"))
```

Listing 2.26 Operationen auf Mengen

Ausgabe

```
menge1: {'B', 'D', 'A', 'C'}
menge2: {'F', 'E', 'D', 'C'}
Schnittmenge: {'D', 'C'}
```

```
Differenzmenge: {'B', 'A'}
Vereinigungsmenge: {'B', 'F', 'D', 'C', 'E', 'A'}
Ist B in menge1 enthalten? True
```

Analyse

In den Zeilen 02 und 03 werden zwei Mengen definiert. In den Zeilen 04 bis 06 werden die Mengenoperationen durchgeführt. Zeile 12 überprüft, ob das Element `B` in der `menge1` enthalten ist.

2.6 Funktionaler Programmstil

Die erste funktionale Programmiersprache, Lisp, wurde schon 1958 am *Massachusetts Institute of Technology* (MIT) von John McCarthy entwickelt. Nach Fortran gilt sie als die zweitälteste Programmiersprache. Die Grundidee ist, dass sich das Design der Sprache nicht an der Architektur eines Computers orientiert, wie das beispielsweise bei der Programmiersprache Fortran der Fall ist, sondern an der Denkweise des mathematisch geschulten Programmierers.

Der funktionale Programmierstil lässt sich durch die folgenden Eigenschaften beschreiben:

- Programme setzen sich aus Funktionen zusammen.
- Funktionen werden nicht als Abfolge von Anweisungen dargestellt, sondern als ineinander verschachtelte Funktionsaufrufe.
- Funktionen können auch als Argumente wieder an Funktionen übergeben werden.
- Funktionen können auch ohne explizite Namensgebung definiert werden. Solche Funktionen bezeichnet man auch als `lambda`-Funktionen.
- Für die elementaren mathematischen Operationen wird die Präfixnotation verwendet.

Als Beispiel für den funktionalen Programmierstil wird wieder die Berechnung des Trägheits- und Beschleunigungsmoments eines Vollzylinders herangezogen. Der Einstieg erfolgt diesmal aber nicht mit einem Python-Programm, sondern mit einer »echten« funktionalen Programmiersprache. Listing 2.27 ist in der Programmiersprache Racket geschrieben, einem Lisp-Derivat. Dass Python keinen echten funktionalen Programmierstil unterstützt, wird im Vergleich dieser beiden Programmiersprachen deutlich. Außerdem wird nicht selten das Lernen einer Programmiersprache durch die Herausarbeitung von Unterschieden erleichtert.

```
#lang racket
;zylinder.rkt
(define (volumen d l)
         (* 0.785 d d l))

(define (masse d l)
         (* 7.85 (volumen d l)))

(define (traegheitsmoment d l)
         (* 0.5 (masse d l) 0.25e-3 d 0.25e-3 d))

(define (beschleunigungsmoment d l alpha)
         (* alpha  0.5 (masse d l) 0.25e-3 d 0.25e-3 d))

(display "Volumen: ")(writeln (volumen 1 10))
(display "Masse:   ")(writeln (masse 1 10))
(display "Traegheitsmoment:")(writeln (traegheitsmoment 1 10))
(display "Beschleunigungsmoment:  ")
(writeln(beschleunigungsmoment 1 10 1.2))
```

Listing 2.27 Funktionales Programm mit Racket

Ausgabe

```
Volumen: 7.8500000000000005
Masse:   61.6225
Traegheitsmoment: 0.0770281
Beschleunigung:   0.0924337
```

Analyse

Die Funktionsdefinitionen erfolgen mit dem Schlüsselwort `define`. Auffällig ist die hohe Anzahl an Klammern. Geeignete Entwicklungsumgebungen, wie z. B. DrRacket, unterstützen Sie bei der Arbeit, falls Sie einmal professionelle Anwendungen in Racket entwickeln.

Nicht die Funktionsargumente werden in Klammern gesetzt, sondern die Funktionen selbst. Eine Formatierung des Quelltextes ist nicht zwingend vorgeschrieben. Sie könnten die Funktionen auch in einer Zeile unterbringen. Zur Verbesserung der Übersichtlichkeit sollte man den Definitionsteil und den Berechnungsteil jeweils voneinander trennen. Ungewöhnlich ist auch die Präfixnotation, die auch als *polnische Notation* bezeichnet wird. Diese Namensgebung geht auf den polnischen Mathematiker Jan Łukasiewicz zurück, der in den 1920er-Jahren die Präfixnotation benutzte, um die mathematische Aussagelogik kompakter zu beschreiben. Wer die

Schulmathematik gewöhnt ist, dem erscheint die polnische Notation als schwer verständlich. Doch Enthusiasten funktionaler Programmiersprachen verteidigen sie als besonders einfach und elegant, denn sie sei nicht nur übersichtlicher, sondern auch deutlich einfacher handhabbar als die Infixnotation.

Die Ausgaben werden entweder mit den Schlüsselwörtern `display` oder `writeln` realisiert. Auf die Angaben der Einheiten wurde bewusst verzichtet.

Funktionale Programme werden in Python mit dem `lambda`-Operator implementiert. Das `lambda`-Kalkül wurde ursprünglich in den 1930er-Jahren von Alonzo Church und Stephen Cole Kleene für die Beschreibung von Funktionsdefinitionen eingeführt. John McCarthy hat dieses Konzept Ende der 1950er-Jahre verwendet, um damit die Funktionen der funktionalen Programmiersprache Lisp zu definieren. Die allgemeine Syntax einer `lambda`-Funktion lautet:

```
lambda param1, param2, param3: berechnungsvorschrift
```

Die im funktionalen Programmierstil programmierte Python-Version wird mit Listing 2.28 realisiert. Im Vergleich zu den vorhergehenden Python-Varianten fällt sie besonders kompakt aus. Für jede Funktion wird nur eine Zeile benötigt.

```
01 #28_funktional.py
02 rho=7.85 #kg/dm^3
03 volumen=lambda d,l: 0.785*d**2*l
04 masse=lambda d,l: rho*volumen(d,l)
05 traegheitsmoment=lambda d,l: 0.5*masse(d,l)*(d/2/10)**2
06 beschleunigungsmoment=lambda d,l,omega:omega*traegheitsmoment(d,l)
07 #Ausgabe d und l in dm
08 print("Volumen:",volumen(1,10), "dm^3")
09 print("Masse:",masse(1,10),"kg")
10 print("Traegheitsmoment:",traegheitsmoment(1,10),"kgm^2")
11 print("Beschleunigungsmoment:",beschleunigungsmoment(1,10,1.2),"Nm")
```

Listing 2.28 Funktionales Programm mit Python

Ausgabe

```
Volumen: 7.8500000000000005 dm^3
Masse: 61.6225 kg
Traegheitsmoment: 0.07702812500000002 kgm^2
Beschleunigungsmoment: 0.09243375000000002 Nm
```

Analyse

In den Zeilen 03 bis 06 werden die Funktionen mit dem `lambda`-Operator definiert. Weil diese Funktionen keinen Namen erhalten, werden sie auch als *anonyme Funktio-*

nen bezeichnet. Direkt hinter dem `lambda`-Operator stehen, durch Kommata getrennt, die formalen Parameter. Dem Doppelpunkt folgen die Berechnungsvorschriften. Anonyme Funktionen werden wie normale Ausdrücke behandelt. Deshalb können sie auch Variablen zugewiesen werden.

Die Ausgabe erfolgt in den Zeilen 08 bis 11. Innerhalb der `print`-Funktionen werden die Variablen wie normale Funktionsaufrufe mit aktuellen Parameterübergaben behandelt.

2.7 Objektorientierter Programmstil

In den 1960er-Jahren stieg mit zunehmendem Umfang der Softwareprojekte auch deren Komplexität. In den Testphasen kam es zu unvorhergesehenen Effekten. Die Programme lieferten nicht die gewünschten Ergebnisse. Eine Antwort auf die Frage, wie sich Komplexität reduzieren ließe, war die Erfindung *objektorientierter Programmiersprachen* (OOP).

Simula gilt als erste objektorientierte Programmiersprache. Sie wurde von Ole-Johan Dahl und Kristen Nygaard in den 1960er-Jahren am Norsk Regnesentral (Norwegisches Rechenzentrum) an der Universität Oslo entwickelt, um physikalische Prozesse am Rechner zu simulieren.

Alan Kay griff die Grundideen der Programmiersprache Simula auf und entwickelte in den 1970er-Jahren die objektorientierte Programmiersprache Smalltalk, die im Laufe ihres Entwicklungsprozesses mit einer umfangreichen Klassenbibliothek ausgestattet wurde. Seine Definition von OOP enthält sechs Kriterien:

1. *Alles ist ein Objekt.*
2. *Objekte kommunizieren durch das Senden und Empfangen von Nachrichten.*
3. *Objekte haben ihren eigenen Speicherbereich.*
4. *Jedes Objekt ist ein Exemplar einer Klasse.*
5. *Die Klasse beschreibt das Verhalten ihrer Exemplare.*
6. *Um eine Programmliste auszuführen, wird die Ausführungskontrolle dem ersten Objekt gegeben und das Verbleibende als dessen Nachricht behandelt.*

   (»The Early History of Smalltalk«, 1993, übersetzt und gekürzt aus dem Englischen)

In Python wurden die Kriterien 1 bis 5 übernommen. Die Grundidee ist: Alle Daten und Operationen werden zu einer Einheit zusammengefasst, dem Objekt. Dieses Prinzip wird *Datenkapselung* genannt. In der Terminologie der aktuellen OOP werden anstelle der Begriffe *Daten* und *Operationen* die Begriffe *Attribute* und *Methoden* verwendet, wobei Methode nur eine andere Bezeichnung für den schon bekannten

Begriff *Funktion* ist. Die Syntax von Methoden und Funktionen stimmt völlig überein. Auf eine Kurzformel gebracht:

Objekt = Attribute + Methoden

Das Konzept der OOP verfolgt insbesondere drei Ziele:

- **das Prinzip der Wiederverwendbarkeit**: Einmal definierte Klassen sollen auch in anderen Softwareprojekten wiederverwendet werden können.
- **das Prinzip der Datenkapselung**: Durch die Aufteilung umfangreicher Programme mit vielen Tausend Programmzeilen (Anweisungen) in übersichtliche Klassen soll die Komplexität reduziert werden. Softwareprojekte werden dadurch besser beherrschbar. Jeder Programmierer kann für seine Klassen eigene Variablen frei wählen, ohne dass es zu gegenseitigen Beeinflussungen (Seiteneffekten) bei der Programmausführung kommt.
- **bessere Wartbarkeit**: Wenn z. B. für bestimmte Methoden einer Klasse ein effektiverer Algorithmus mit besserer Laufzeit gefunden wurde, kann er in seiner Klasse als gleichnamige Methode wie sein Vorgänger neu implementiert werden, ohne dass das Hauptprogramm geändert werden muss.

2.7.1 Objekte und Klassen

Die Klassendefinition für einen Vollzylinder erläutert das Konzept der OOP anschaulich. Zylinder spielen in der Antriebstechnik eine wichtige Rolle (z. B. als Antriebsrollen oder Seilwinden, für die Herstellung von Folien). Sie kommen in der realen Welt in einer unendlichen Vielfalt vor. Für die informationstechnische Modellierung muss von der Mannigfaltigkeit realer Begebenheiten abstrahiert werden. Nur die für die Berechnungen relevanten Eigenschaften werden selektiert. Wenn die Drehfrequenz eines Zylinders geregelt werden muss, dann muss sein Trägheitsmoment für die Berechnung des Beschleunigungsmoments bekannt sein. Das Trägheitsmoment wird durch die Dichte, den Durchmesser und die Länge des Zylinders bestimmt. Wenn Sie nun diese drei Attribute mit den Methoden für die Berechnung des Trägheitsmoments zu einer in sich geschlossenen Einheit zusammenfügen, dann spricht man von einer *Klasse*. Eine Klasse ist ein selbst definierter abstrakter Datentyp (ADT), der alle Eigenschaften (Attribute) und alle Rechenoperationen (Methoden) enthält, die auf die Objekte dieser Klasse angewendet werden sollen.

Klasse

Eine Klasse vereinigt Daten (Eigenschaften) und Methoden (Funktionen). Klassen sind die kleinsten Einheiten eines objektorientierten Programms. Eine Klassendefinition beschreibt, wie Objekte aufgebaut sind und welche Operationen auf sie ausführbar sind.

Klassen werden nach der UML-Notation (*Unified Modeling Language*) als Klassendiagramme (engl. *class diagrams*) dargestellt.

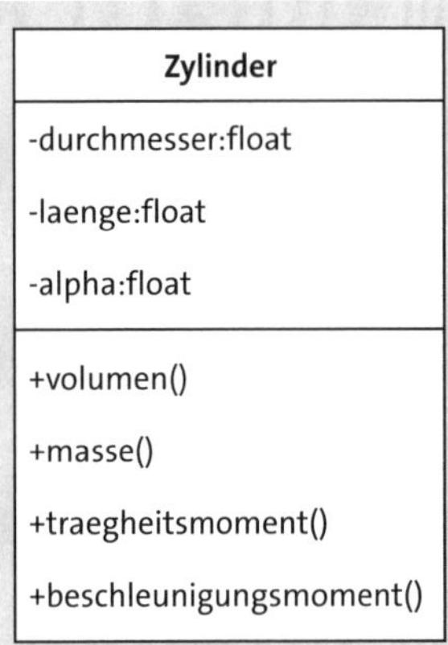

Abbildung 2.7 Klassendiagramm für die Klasse »Zylinder«

Abbildung 2.7 zeigt das Klassendiagramm für die Klasse `Zylinder`. Ein Klassendiagramm besteht aus einem Rechteck, das in drei horizontale Bereiche eingeteilt wird. Im oberen Rechteck steht der Name der Klasse. Im mittleren Bereich werden die Eigenschaften aufgelistet. Das negative Vorzeichen bedeutet, dass die Variablen von außen nicht geändert werden dürfen. In der Fachsprache der OOP formuliert: Sie sind als `private` definiert. Dieses Konzept wird als Datenkapselung bezeichnet.

Datenkapselung

Unter Datenkapselung versteht man die Verhinderung des unkontrollierten Zugriffs auf die Eigenschaften (Attribute) einer Klasse.

Der untere Bereich enthält die Methoden der Klasse. Das positive Vorzeichen kennzeichnet die Methoden als `public` (dt. *öffentlich*), das heißt, sie sind von außen zugänglich. Auf sie kann von außerhalb der Klassendefinition zugegriffen werden.

Methode

Die innerhalb einer Klasse definierten Python-Funktionen werden als Methoden bezeichnet.

Ein objektorientiertes Programm besteht immer aus einem Definitionsteil, das sind die Klassendefinitionen, und aus einem Ausführungsteil. Im Ausführungsteil werden die Objekte durch eine Zuweisung erzeugt:

```
objName = Klasse(parameterliste)
```

Auf der linken Seite des Zuweisungsoperators steht ein frei wählbarer Bezeichner. Auf der rechten Seite des Zuweisungsoperators steht der Name der Klasse mit der in runde Klammern eingeschlossenen Liste der Parameter.

Auf die Methoden einer Klasse wird mit Punkt-Operator zugegriffen:

```
objName.methode()
```

Objekt

Ein Objekt ist ein symbolisch adressierter Speicherbereich, in dem alle Daten und Methoden der Klassendefinition hinterlegt sind. Das Objekt ist ein konkretes Exemplar einer Klasse. Es hat einen Namen und mit diesem Namen kann auf die Methoden einer Klasse zugegriffen werden. Von einer Klasse können beliebig viele Objekte erzeugt werden.

Wenn ein Objekt erzeugt wird, dann wird der sogenannte *Konstruktor* aufgerufen:

```
def __init__(self, paramterliste):
```

Die zwei Unterstriche markieren Python-interne Spezialfunktionen. In diesem Fall geht es um die Initialisierung der Eigenschaften (deshalb `init`).

Konstruktor

Ein Konstruktor ist eine spezielle Methode, die beim Erzeugen eines Objekts aufgerufen wird. Er sorgt für die Initialisierung der Eigenschaften.

Listing 2.29 zeigt, wie die Klasse `Zylinder` implementiert wird. Berechnet werden das Volumen, die Masse, das Trägheitsmoment und das Beschleunigungsmoment eines Vollzylinders:

```
#29_oop.py
class Zylinder:
    rho=7.85
    def __init__(self,durchmesser,laenge,alpha):
        self.__d=durchmesser #private
        self.__l=laenge      #private
        self.__a=alpha       #private

    def volumen(self):
        return 0.785*self.__d**2*self.__l

    def masse(self):
        return self.rho*self.volumen()

    def traegheitsmoment(self):
```

```
16          return 0.5*self.masse()*(self.__d/2/10)**2
17
18      def beschleunigungsmoment(self):
19          return self.__a*self.traegheitsmoment()
20  #Hauptprogramm d und l in dm
21  z=Zylinder(1,10,1.2)
22  #Zylinder.rho=2.3
23  #z.__d=100
24  print("Volumen:",z.volumen(),"dm^3")
25  print("Masse:",z.masse(),"kg")
26  print("Traegheitsmoment:",z.traegheitsmoment(),"kgm^2")
27  print("Beschleunigungsmoment:",z.beschleunigungsmoment(),"Nm")
```

Listing 2.29 OOP-Programm mit Python

Ausgabe

```
Volumen: 7.8500000000000005 dm^3
Masse: 61.6225 kg
Traegheitsmoment:       0.07702812500000002 kgm^2
Beschleunigungsmoment: 0.09243375000000002 Nm
```

Analyse

Die Klassendefinition erfolgt in den Zeilen 02 bis 19. Sie wird mit dem Schlüsselwort `class` eingeleitet. Ein Klassenname sollte immer mit einem Großbuchstaben beginnen, so verlangt es die Konvention. Die Kopfzeile einer Klassendefinition wird mit einem Doppelpunkt abgeschlossen.

In Zeile 03 wird die *Klassenvariable* `rho` definiert. Der Namensraum dieser Variablen erstreckt sich über die gesamte Klasse, das heißt, alle Methoden können sie in ihren Berechnungen verwenden. Von außen kann schreibend auf eine Klassenvariable mit der Notation `Zylinder.rho=2.3` (Zeile 22) zugegriffen werden.

In den Zeilen 04 bis 07 wird die Methode `__init__()` definiert. Sie wird mit zwei Unterstrichen eingeleitet und abgeschlossen. Es folgt, in runden Klammern eingeschlossen, die Parameterliste mit dem Parameter `self` und den Parametern der Attribute `durchmesser`, `laenge` und `alpha`. Der Parameter `self` ist kein Schlüsselwort, sein Name kann frei gewählt werden. Es ist aber Konvention, diesen Bezeichner zu verwenden. Im Funktionskörper der `__init__`-Funktion erfolgen die Zuweisungen nach dem Muster `self.__d = durchmesser` (Zeile 05). Alle Variablen, denen ein `self` vorangestellt wird, werden *Instanzvariablen* genannt. Das bedeutet, dass jedes neu erzeugte Objekt (Zeile 21) einen eigenen Namensraum erhält. Die beiden Unterstriche vor den Instanzvariablen bewirken, dass diese Variablen als `private` deklariert werden, das heißt, sie können von außen nicht verändert werden (Prinzip der Datenkapselung). Wenn in Zeile 23 der Kommentar entfernt wird, dann wird das beabsichtigte Ergebnis nicht verändert. Wenn man dagegen die Unterstriche der Instanzvariablen entfernt, kann in Zeile 23 der Wert für den Durchmesser noch geändert werden. Probieren Sie es aus!

Die Methoden der Klasse `Zylinder` werden ab Zeile 09 definiert. Neu gegenüber der üblichen Funktionsdefinition ist, dass als Parameter nur `self` übergeben wird. Außerdem werden die Instanzvariablen und Methoden mit dem Parameter `self` als Präfix durch den Punktoperator verbunden. Diese Notation bewirkt, dass für jede Methode bei der Erzeugung eines neuen Objekts ein eigener Namensraum gebildet wird.

In Zeile 21 wird das Objekt `z` durch den Aufruf der Methode `Zylinder(1,10,1.2)` erzeugt. Eine Methode, die den Namen der Klasse trägt, bezeichnet man als *Konstruktor*. Im Unterschied zu C++ und Java ist im Sprachkonzept von Python kein expliziter Konstruktor vorgesehen. Bei der Erzeugung eines Objekts wird zuerst der implizite Konstruktor gestartet, unmittelbar danach wird die `init`-Methode aufgerufen. Der Konstruktor bildet mit seinen Parametern eine klar definierte Schnittstelle zur »Außenwelt«.

Die Instanzvariablen sollten nur über eine solche Schnittstelle angesprochen werden. Das Objekt `z` ist ein Exemplar der Klasse `Zylinder`. Mit diesem Objekt kann auf die Methoden der Klasse `Zylinder` über den Punktoperator zugegriffen werden (Zeilen 24 bis 27). Es können noch viele andere Objekte der Klasse `Zylinder` mit verschieden aktuellen Parametern neu erzeugt werden. Allen Instanzvariablen und Methoden wird dann jeweils ein eigener Namensraum zugewiesen. Der Zugriff eines Objekts auf eine Methode der Klasse `Zylinder` kann auch so interpretiert werden: Das Objekt `z` sendet die Nachricht »Berechne das Beschleunigungsmoment« an die Methode `beschleunigungsmoment()` der Klasse `Zylinder`, und die so angesprochene Methode gibt die Antwort »Hier ist das Ergebnis«.

2.7.2 Vererbung

Vererbung (engl. *inheritance*) ist ein weiteres wichtiges Konzept der objektorientierten Programmierung. Die Grundidee ist wieder die Wiederverwendbarkeit von Quelltext.

Der Begriff *Vererbung* kann zunächst irritierend sein, denn die abgeleiteten Klassen übernehmen nicht nur die Eigenschaften der Basisklasse, sondern erweitern diese auch. Anschaulicher können Sie sich Vererbung als *Übernahme* oder *Erweiterung* vorstellen. Eine abgeleitete Klasse übernimmt von einer oder mehreren Basisklassen deren Attribute und Methoden.

Vererbung

Eine Basisklasse stellt anderen Klassen (den *abgeleiteten Klassen*) ihre Eigenschaften und Methoden zur Verfügung.

Listing 2.30 zeigt den Mechanismus der Vererbung am Beispiel der Volumenberechnung eines Quaders:

```
01 #30_vererbung.py
02 class Flaeche:
03
04     def __init__(self,breite,laenge):
05         self.b=breite
06         self.l=laenge
07
08     def flaeche(self):
09         return self.b*self.l
10
11 class Volumen(Flaeche):
12
13     def __init__(self,breite,laenge,hoehe):
14         Flaeche.__init__(self,breite,laenge)
15         #super().__init__(breite,laenge)
16         self.h=hoehe
17
18     def volumen(self):
19         return Flaeche.flaeche(self)*self.h
20         #return super().flaeche()*self.h
21
22 A=Flaeche(1,2)
23 V=Volumen(1,2,3)
24 print("Fläche: ",A.flaeche()," m^2")
25 print("Volumen:",V.volumen()," m^3")
```

Listing 2.30 Vererbung

Ausgabe

```
Fläche:  2  m^2
Volumen: 6  m^3
```

Analyse

Die Basisklasse `Flaeche` (Zeile 02 bis 09) enthält die Methode `flaeche()` für die Berechnung einer Rechteckfläche. Ab Zeile 11 übernimmt die abgeleitete Klasse `Volumen` von der Basisklasse die Attribute `breite` und `laenge` sowie die Methode `flaeche()`. Dass eine Klasse von einer anderen Klasse erbt, wird dem Python-Interpreter dadurch mitgeteilt, dass der abgeleiteten Klasse der Name der Basisklasse als Parameter übergeben wird (Zeile 11). Die `__init__`-Methode in Zeile 13 verlangt als Parameter die Breite,

Länge und Höhe eines Quaders. Der Zugriff auf die `__init__`-Methode der Basislasse erfolgt entweder über den Namen der Basisklasse `Flaeche` (Zeile 14) oder über die eingebaute Funktion `super()` in Zeile 15. In Zeile 19 oder Zeile 20 wird das Volumen nach der bekannten Formel »Grundfläche mal Höhe« berechnet. Zeile 22 erzeugt ein Objekt `A` für die Grundfläche, und Zeile 23 erzeugt ein Objekt `V` für die Volumenberechnung. Über diese beiden Objekte kann in der `print()`-Funktion auf die Methoden der Klassen `Flaeche` und `Volumen` mit dem Punktoperator zugegriffen werden (Zeilen 24 und 25).

2.8 Projektaufgabe: Dimensionierung einer Welle

Für eine Welle, die nur auf Durchbiegung beansprucht wird (siehe Abbildung 2.8), sollen der minimale Durchmesser, die statische Durchbiegung und die kritische Drehfrequenz berechnet werden. Die Belastung durch Verdrehung (Torsion) kann vernachlässigt werden.

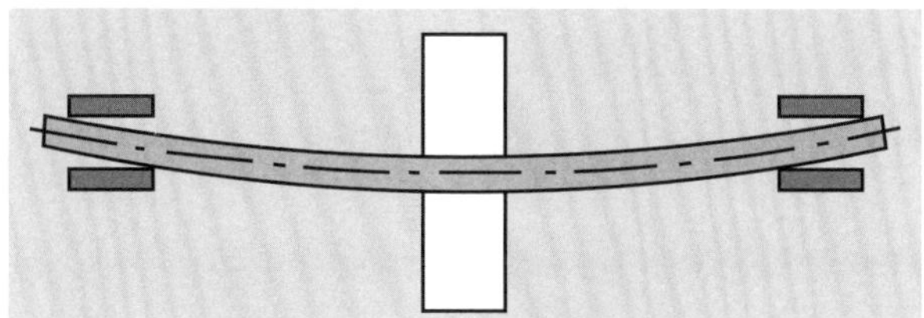

Abbildung 2.8 Durchgebogene Welle

Gegeben ist die Masse der Belastung m_a = 1 kg, das Elastizitätsmodul $E = 216 \cdot 10^3$ N/mm², die Länge der Welle l = 120 mm und die maximal zulässige Biegespannung σ_B = 100 N/mm².

Gesucht wird der minimale Durchmesser d, die statische Durchbiegung f und die kritische Drehzahl n_k.

Für die Berechnung der Durchbiegung und der Biegesteifigkeit wird das axiale Flächenmoment 2. Grades I_a benötigt:

$$I_a = \frac{\pi d^4}{64}$$

Wenn das axiale Flächenmoment 2. Grades durch die Hälfte des Wellendurchmessers dividiert wird, erhält man das axiale Widerstandsmoment W. Diese Größe wird für die Berechnung des Wellendurchmessers benötigt.

$$W = \frac{\pi d^3}{32}$$

Mit der Biegehauptgleichung kann dann aus der Biegespannung σ_B der Welle

$$\sigma_B = \frac{M_b}{W}$$

der minimale Durchmesser

$$d \geq \sqrt[3]{\frac{32M_b}{\pi\sigma_B}}$$

der Welle berechnet werden.

Wenn die Kraft genau in der Mitte der Welle angreift, beträgt das maximale Biegemoment:

$$M_b = \frac{Fl}{4}$$

Für die Durchbiegung in der Mitte der Welle gilt:

$$f = \frac{Fl^3}{48EI_a}$$

Aus der Durchbiegung kann die Biegesteifigkeit $R_b = F/f$ ermittelt werden:

$$R_b = \frac{48EI_a}{l^3}$$

Die kritische Drehzahl n_k wird aus der Wurzel des Quotienten der Biegesteifigkeit R_b und der Masse m berechnet:

$$n_k = \frac{1}{2\pi}\sqrt{\frac{R_b}{m}}$$

Alle Formeln können direkt in einen Python-Quelltext wie in Listing 2.31 übernommen werden:

```
#31_projekt_welle.py
from math import sqrt,pi
g=9.81        #Erdbeschleunigung
rho=7.85      #kg/dm^3
E=216e3       #N/mm^2
l=120         #mm
sigma=100     #N/mm^2
m=1           #kg
#Berechnungen
F=m*g
Mb=F*l/4
d=pow((32*Mb)/(pi*sigma),1/3)
```

```
13 d=round(d+0.5)
14 Ia=pi*d**4/64.0
15 f=F*l**3/(48*E*Ia)
16 Rb=48*E*Ia/l**3     #F/f
17 nk=sqrt(1e3*Rb/m)/(2*pi)
18 #Ausgaben
19 print("Durchmesser in mm:",round(d,2))
20 print("Durchbiegung in mm:",round(f,3))
21 print("kritische Drehzahl 1/min:",int(60*nk))
```

Listing 2.31 Dimensionierung einer Welle

Ausgabe

```
Durchmesser in mm: 4
Durchbiegung in mm: 0.13
kritische Drehzahl 1/min: 2622
```

Analyse

Die Eingaben sind in den Zeilen 03 bis 08 als Zuweisungen realisiert. Falls mehrere unterschiedliche Parameter getestet werden sollen, können diese Zuweisungen durch `input`-Funktionen ersetzt werden.

Die einzelnen Berechnungen werden in den Zeilen 10 bis 17 durchgeführt. In Zeile 12 wird die dritte Wurzel mit der `pow`-Funktion berechnet. Die Rundungsfunktion `round(d+0.5)` in Zeile 13 stellt sicher, dass der nächstgrößere ganzzahlige Durchmesser ermittelt wird.

Die Ausgaben erfolgen in den Zeilen 19 bis 21. Das Programm berechnet für die vorgegebenen Größen einen Durchmesser von 4 mm. Bei diesem Durchmesser und der Belastung mit der Masse von 1 kg biegt sich die Welle um 0,13 mm durch. Bei der kritischen Drehzahl von 2622 1/min treten gefährliche Resonanzeffekte auf. Bedingt durch die vergrößerte Durchbiegung kann die Welle bei dieser Drehzahl brechen.

2.9 Aufgaben

1. Schreiben Sie ein Python-Programm, das den Luftwiderstand

   $$F = \frac{1}{2}\rho c_w A v^2$$

   eines Pkws (oder Fahrrades) bei völliger Windstille berechnet. Weiterhin soll das Programm die Antriebsleistung und die verrichtete Arbeit für eine bestimmte Fahrzeit berechnen.

2. Formulieren Sie die folgenden mathematischen Ausdrücke als Python-Quelltext:

   $a^2 + b^2 = c^2$

   $$m = \frac{m_0}{\sqrt{1 - \frac{v^2}{c^2}}}$$

   $y = \ln \cosh x$

   $$y = \frac{1}{a} \arctan \frac{x}{a}$$

3. Der zentrale Differenzenquotient soll für eine beliebig differenzierbare Funktion berechnet werden. Schreiben Sie ein Python-Programm, das die Steigung und den Winkel der Sekante berechnet.
4. Schreiben Sie ein Python-Programm für die Berechnung einer Wurzel mit dem Heron-Algorithmus (babylonisches Wurzelziehen).
5. Schreiben Sie ein Python-Programm, das den größten gemeinsamen Teiler von zwei Zahlen berechnet.
6. Die Integration durch Rechtecksummen kann entweder durch Unter- oder Obersummen erfolgen. Optimieren Sie dieses Verfahren, indem Sie für ein Rechteck den Mittelpunkt des Intervalls wählen.

   $$\left[f\left(\frac{x_k + x_{k+1}}{2}\right)\right]$$

7. Für die Funktion $z = f(x,y) = 5 - x - y$ soll mit einem Zweifachintegral das Volumen numerisch berechnet werden. In Richtung der x-Achse soll von 0 bis 2 integriert werden, und in Richtung der y-Achse soll von 0 bis 1 integriert werden. Schreiben Sie ein Programm mit zwei verschachtelten `for`-Schleifen, das diese Anforderungen erfüllt.
8. Schreiben Sie ein Python-Programm, das bei der Eingabe einer trigonometrischen Funktion die Stammfunktion dieser Funktion als Zeichenkette (String) ausgibt. Verwenden Sie für die Lösung die Datenstruktur Dictionary.
9. Schreiben Sie ein Programm als objektorientierte Version für die Berechnung des Luftwiderstandes eines Pkws (Formel aus Aufgabe 1).
10. Implementieren Sie die Berechnung des Beschleunigungsmoments eines Zylinders als Klassen mit Vererbung (M_b erbt von J, J erbt von m, m erbt von V).

Kapitel 3
Numerische Berechnungen mit NumPy

In diesem Kapitel lernen Sie, wie Sie mit NumPy Operationen auf Vektoren und Matrizen durchführen sowie lineare Gleichungssysteme lösen können.

Das Akronym NumPy steht für **num**erisches **Py**thon. Dieses Modul stellt, wie der Name schon andeutet, Funktionen für numerische Berechnungen bereit. Neben der Anzahl der zur Verfügung gestellten Funktionen ist vor allem die kurze Laufzeit der NumPy-Funktionen hervorzuheben. Das Modul NumPy sollten Sie immer mit der Importanweisung `import numpy as np` importieren. Die Vergabe des Alias `np` hat sich als Konvention durchgesetzt. NumPy bildet die Basis für fast alle wissenschaftlichen Berechnungen und wird deshalb häufig zusammen mit den Modulen Matplotlib und SciPy genutzt.

3.1 NumPy-Funktionen

Die am häufigsten genutzten NumPy-Funktionen sind `arange()` und `linspace()`. Beide Funktionen erzeugen *eindimensionale* Arrays der Länge n. Während der Laufzeit lässt sich n nicht mehr ändern. Wenn Sie die Funktion `arange()` wählen, dann werden die Abstände zwischen den Array-Elementen festgelegt; wählen Sie dagegen die Funktion `linspace()`, dann wird die Anzahl der Array-Elemente festlegt. Eine der beiden Funktionen kommt in jedem Matplotlib-Programm für die Erzeugung der unabhängigen Variablen in Wertetabellen vor. Die NumPy-Funktion `array()` erzeugt ein *zweidimensionales* Array, wenn ihr eine verschachtelte Liste als Argument übergeben wird. Des Weiteren stellt NumPy auch noch die trigonometrischen Funktionen, die hyperbolischen, die logarithmischen und wichtige statistische Funktionen zur Verfügung.

3.1.1 Eindimensionale Arrays mit arange() und linspace() erzeugen

Mit den NumPy-Funktionen `arange()` und `linspace()` lassen sich eindimensionale Arrays mit vorgegebener Länge erzeugen. Der Datentyp muss einheitlich sein. Die allgemeine Syntax für `arange()` lautet:

```
np.arange(start,stop,step,dtype=None)
```

Der Datentyp muss nicht vorgegeben werden. Er wird von NumPy automatisch ermittelt. In der Regel werden Zahlen vom Typ Float verarbeitet. Drei unterschiedliche Float-Datentypen sind möglich:

- **Float16**: halbe Genauigkeit mit 10 Bit Mantisse und 5 Bit Exponent
- **Float32**: einfache Genauigkeit mit 23 Bit Mantisse und 8 Bit Exponent
- **Float64**: doppelte Genauigkeit mit 52 Bit Mantisse und 11 Bit Exponent

Die Funktion `linspace()` gibt statt der Schrittweite `step` die Anzahl der Elemente `num` vor. Die Voreinstellung ist 50. Die allgemeine Syntax für `linspace()` lautet:

```
linspace(start,stop,num=50,endpoint=True,retstep=False, dtype=None, axis=0)
```

Listing 3.1 vergleicht beide Funktionen miteinander:

```
#01_1dim_array.py
import numpy as np
x1=list(range(10))
x2=np.arange(10)
x3=np.arange(1,10,0.5)
x4=np.linspace(1,10,10)
x5=np.linspace(1,10,10,endpoint=False)
print("Python Liste:",type(x1) ,"\n",x1)
print("arange() Schrittweite 1:",type(x2),"\n",x2)
print("arange() Schrittweite 0.5:",type(x3),"\n",x3)
print("linspace() Schrittweite 1:",type(x4),"\n",x4)
print("linspace() Schrittweite 0.9:",type(x5),"\n",x5)
```

Listing 3.1 Arrays mit arange() und linspace()

Ausgabe

```
Python Liste: <class 'list'>
[0, 1, 2, 3, 4, 5, 6, 7, 8, 9]
arange() Schrittweite 1: <class 'numpy.ndarray'>
[0 1 2 3 4 5 6 7 8 9]
arange() Schrittweite 0.5: <class 'numpy.ndarray'>
[1. 1.5 2. 2.5 3. 3.5 4. 4.5 5. 5.5 6. 6.5 7. 7.5 8. 8.5 9. 9.5]
```

```
linspace() Schrittweite 1: <class 'numpy.ndarray'>
[ 1.  2.  3.  4.  5.  6.  7.  8.  9. 10.]
linspace() Schrittweite 0.9: <class 'numpy.ndarray'>
[1. 1.9 2.8 3.7 4.6 5.5 6.4 7.3 8.2 9.1]
```

Analyse

Zeile 03 erzeugt die Liste `x1` aus der Python-Funktion `range(10)`. Zeile 08 gibt für `x1` die Zahlen von 0 bis 9 aus. Voreingestellt ist die Schrittweite 1.

Zeile 04 erzeugt ein Array `x2` mit der NumPy-Funktion `arange()`. Zeile 09 gibt ebenfalls für `x2` die Zahlen von 0 bis 9 aus. Voreingestellt ist ebenfalls die Schrittweite von 1.

Zeile 05 erzeugt ein NumPy-Array `x3` mit der Schrittweite `0.5`. Der Endwert wird nicht mit ausgegeben (Zeile 10).

In den Zeilen 06 und 07 werden zwei Arrays mit der NumPy-Funktion `linspace()` erzeugt. Wenn die Eigenschaft `endpoint=False` gesetzt wird, dann wird das letzte Element nicht mit ausgegeben und die Schrittweite beträgt 0,9 (Zeile 12). Die Voreinstellung ist `endpoint=True`.

Die NumPy-Funktionen `arange()` und `linspace()` sind vom Typ `numpy.ndarray`. Das Präfix `nd` steht für mehrdimensionale Arrays (engl. *n-dimensional*).

Laufzeit von arange() und linspace()

Ein besonderer Vorteil von NumPy-Funktionen soll deren *kurze* Laufzeit sein. Listing 3.2 berechnet und vergleicht die Laufzeiten einer Python-Liste mit den Laufzeiten der NumPy-Funktionen `arange()` und `linspace()`. Alle drei Funktionen `version1(n)`, `version2(n)` und `version3(n)` addieren jeweils 1 Million Zahlen aus zwei Arrays elementweise. Die Laufzeit wird mit der Funktion `time()` aus dem Python-Modul `time` ermittelt.

```
#02_laufzeitvergleich.py
import time as t
import numpy as np
#Python Liste
def version1(n):
    t1=t.time()
    x1=list(range(n)) #Liste erzeugen
    x2=list(range(n))
    summe=[]
    for i in range(n):
        summe.append(x1[i]+x2[i])
    return t.time() - t1
```

```
#NumPy arange()
def version2(n):
    t1=t.time()
    x1=np.arange(n)
    x2=np.arange(n)
    summe=x1+x2
    return t.time() - t1
#NumPy linspace()
def version3(n):
    t1=t.time()
    x1=np.linspace(0,n,n)
    x2=np.linspace(0,n,n)
    summe=x1+x2
    return t.time() - t1

nt=1000000
laufzeit1=version1(nt)
laufzeit2=version2(nt)
laufzeit3=version3(nt)
faktor1=laufzeit1/laufzeit2
faktor2=laufzeit1/laufzeit3
#Ausgabe
print("Laufzeit für Python range()...:",laufzeit1)
print("Laufzeit für NumPy  arange()..:",laufzeit2)
print("Laufzeit für NumPy  linspace():",laufzeit3)
print("arange()   ist%4d mal schneller als range()" %faktor1)
print("linspace() ist%4d mal schneller als range()" %faktor2)
```

Listing 3.2 Laufzeitvergleich

Ausgabe

```
Laufzeit für Python range()...: 0.1445789337158203
Laufzeit für NumPy  arange()..: 0.0028200149536132812
Laufzeit für NumPy  linspace(): 0.0020291805267333984
arange()   ist  51 mal schneller als range()
linspace() ist  71 mal schneller als range()
```

Analyse

Die NumPy-Funktion arange() ist etwa 51-mal schneller und die NumPy-Funktion linspace() ist etwa 71-mal schneller als die Python-Liste, die mit der Python-Funktion range() erzeugt wird. Bei den Zeitmessungen handelt es sich nur um grobe Einschätzungen. Bei jedem neuen Programmstart und mit einer anderen Hardware und fallen die Ergebnisse anders aus.

Fazit: Für die numerische Auswertung großer Datenmengen sollten Sie NumPy-Arrays nutzen.

3.1.2 Zweidimensionale Arrays mit array() erzeugen

Bisher wurden mit den NumPy-Funktionen `arange()` und `linspace()` nur eindimensionale Arrays erzeugt. In der Praxis werden, z. B. für die Berechnung elektrischer Netzwerke oder für die Lösung linearer Gleichungssysteme, auch zweidimensionale Arrays benötigt. Zweidimensionale Arrays werden mit der NumPy-Funktion `array()` aus verschachtelten Listen erzeugt. Sie sollten für Berechnungen mit Matrizen nur die Funktion `array()` verwenden, weil die Funktion `matrix()` aus dem Modul NumPy in Zukunft entfernt werden soll.

Matrizen

Matrizen werden durch NumPy-Arrays repräsentiert.

Das Konsolenbeispiel demonstriert den Unterschied zwischen einem eindimensionalen und einem zweidimensionalen Array:

```
>>> import numpy as np
>>> a=np.array([1,2,3])
>>> a
array([1, 2, 3])
>>> b=np.array([[1,2,3],[4,5,6]])
>>> b
array([[1, 2, 3],
       [4, 5, 6]])
>>> a.ndim
1
>>> b.ndim
2
>>> type(b)
<class 'numpy.ndarray'>
```

Die `array`-Funktion ist ebenso wie die Numpy-Funktionen `arange()` und `linspace()` Bestandteil (engl. *member*) der Klasse `ndarray`. Um die Operationen auf Arrays zu testen, ist es zweckmäßig die Erzeugung zweidimensionaler Arrays zu automatisieren. Mit der NumPy-Methode `obj.reshape()` können Sie ein eindimensionales Array in ein zweidimensionales Array umwandeln. Listing 3.3 zeigt, wie Sie eine $m \times n$-Matrix aus einem eindimensionalen Array erzeugen können. Außerdem ermittelt das Programm noch den *Typ* (die Gestalt) des Arrays mit der Eigenschaft shape und zeigt, wie eine Matrix transponiert wird:

```
01 #03_2dim_array.py
02 import numpy as np
03 m=3 #Zeilen
04 n=4 #Spalten
05 a=np.arange(m*n).reshape(m,n)
06 b=a.reshape(n*m,)
07 print("Typ des Arrays",a.shape,"\n",a)
08 print("Linearisieren\n",b)
09 print("Transponieren\n",a.T)
```

Listing 3.3 Erzeigen eines zweidimensionalen Arrays

Ausgabe

```
Typ des Arrays (3, 4)
 [[ 0  1  2  3]
 [ 4  5  6  7]
 [ 8  9 10 11]]
Linearisieren
 [ 0  1  2  3  4  5  6  7  8  9 10 11]
Transponieren
 [[ 0  4  8]
 [ 1  5  9]
 [ 2  6 10]
 [ 3  7 11]]
```

Analyse

In den Zeilen 03 und 04 können Sie die Zeilen- und Spaltenanzahl des Arrays ändern.

In Zeile 05 wandelt die NumPy-Methode reshape(m,n) das eindimensionale Array in ein zweidimensionales Array um.

In Zeile 06 linearisiert die Methode a.reshape(n*m,) das zweidimensionale Array a. Die Anweisung a.reshape(m,n) wird hier als Methode bezeichnet, weil reshape() zu seiner Ausführung ein Objekt benötigt. Die Objektnotation a.reshape(m,n) kann mit der Formulierung »erzeuge aus dem Array-Objekt a ein Array-Objekt mit m Zeilen und n Spalten« in die Alltagssprache übersetzt werden.

In Zeile 07 ermittelt die Eigenschaft shape den Typ des Arrays a.

In der Zeile 09 wird das Array a mit a.T transponiert. Mit der Anweisung np.transpose(a) können Sie ebenfalls ein Array transponieren.

3.1.3 Slicing

Mit *Slicing* können Sie ausgewählte Teilbereiche von Elementen aus einem zweidimensionalen Array auslesen. Mit der allgemeinen Syntax `a[start:stop:step,start:stop:step]` wird aus der m-ten Zeile und der n-ten Spalte ein durch die Parameter `start,stop,step` festgelegter Teilbereich eines Arrays `a` ausgelesen. Der voreingestellte Wert von `step` ist 1. Mit `a[m,:]` können Sie die m-te Zeile auslesen und mit `a[:,n]` können Sie die n-te Spalte des Arrays `a` auslesen. Listing 3.4 zeigt anhand einer 4×4-Matrix, wie Slicing für das Auslesen von Spalten funktioniert. Die Matrix wird mit der NumPy-Methode `reshape()` erzeugt.

```
#04_slicing.py
import numpy as np
m=4 #Zeilen
n=4 #Spalten
a=np.arange(m*n).reshape(m,n)
#Ausgabe
print(a)
print("erste  Spalte\n",a[:,0])
print("zweite Spalte\n",a[:,1])
print("erste Zeile\n",  a[0,:])
print("zweite Zeile\n", a[1,:])
print("a[1:3,0:2]\n",   a[1:3,0:2])
```

Listing 3.4 Slicing

Ausgabe

```
[[ 0  1  2  3]
 [ 4  5  6  7]
 [ 8  9 10 11]
 [12 13 14 15]]
erste  Spalte
 [ 0  4  8 12]
zweite Spalte
 [ 1  5  9 13]
erste Zeile
 [0 1 2 3]
zweite Zeile
 [4 5 6 7]
a[1:3,0:2]
 [[4 5]
 [8 9]]
```

Analyse

In den Zeilen 03 und 04 wird die Anzahl der Zeilen und der Spalten für die in Zeile 05 erzeugte Matrix festgelegt. Dort erzeugt die NumPy-Methode `reshape(m,n)` eine 4×4-Matrix aus einer Sequenz von 16 ganzen Zahlen.

In den Zeilen von 08 bis 11 werden einzelne Spalten und Zeilen ausgelesen. Zu beachten ist, dass die Zählung bei dem Index 0 beginnt.

In Zeile 12 wird ein Bereich der Matrix ausgelesen.

3.1.4 Mathematische NumPy-Funktionen

NumPy stellt die gleichen mathematischen Funktionen zur Verfügung, die auch aus dem Python-Modul `math` bekannt sind. Warum aber nur mathematische Funktionen aus dem NumPy-Modul benutzt werden dürfen, wenn diesen Funktionen Argumente aus einem NumPy-Array übergeben werden, zeigt Listing 3.5:

```
#05_numpy_funktionen.py
import numpy as np
#import math
x=np.arange(-3,4,1)
#y1=math.sin(x)
y1=np.sin(x)
y2=np.exp(x)
y3=np.sinh(x)
y4=np.cosh(x)
y5=np.hypot(3,4)#Diagonale
y1,y2,y3,y4,y5=np.round((y1,y2,y3,y4,y5),decimals=3)
#Ausgabe
print("x-Werte:\n",x)
print("sin-Funktion:\n",y1)
print("e-Funktion:\n",y2)
print("sinh-Funktion:\n",y3)
print("cosh-Funktion:\n",y4)
print("Hypotenuse:",y5)
```

Listing 3.5 Ausgewählte mathematische NumPy-Funktionen

Ausgabe

```
x-Werte:
 [-3 -2 -1 0 1 2 3]
```

```
sin-Funktion:
 [-0.141 -0.909 -0.841 0. 0.841 0.909 0.141]
e-Funktion:
 [0.05 0.135 0.368 1. 2.718 7.389 20.086]
sinh-Funktion:
 [-10.018 -3.627 -1.175 0. 1.175 3.627 10.018]
cosh-Funktion:
 [10.068 3.762 1.543 1. 1.543 3.762 10.068]
Hypotenuse: 5.0
```


Analyse

Das Programm berechnet Wertetabellen für eine `sin`-, eine `e`-, eine `sinh`- und eine `cosh`-Funktion. Der Wertebereich liegt zwischen –3 und +3 (Zeile 04). Die Schrittweite beträgt 1. Dass die obere Grenze für die x-Werte bei +3 abbricht, obwohl im Quelltext als obere Grenze 4 festgelegt wurde, mag zunächst einmal irritieren. Die Dokumentation von NumPy liefert die Erklärung: Bei ganzzahliger und auch bei nicht ganzzahliger Schrittweite ist das Intervallende des Wertebereichs nicht mit enthalten. Es gilt also stets $x < 4$. In Ausnahmefällen kann es durch Rundungseffekte dazu kommen, dass das Intervallende mit eingeschlossen wird.

Auf die NumPy-Funktionen wird über den Punktoperator mit dem Alias `np` zugegriffen. Wenn in den Zeilen 03 und 05 die Kommentare entfernt werden, erscheint nach dem Programmstart folgende Fehlermeldung:

```
y1=math.sin(x)
TypeError: only size-1 arrays can be converted to Python scalars
```

Das heißt, Wertetabellen für die mathematischen Funktionen aus dem Modul `math` dürfen nur mit Schleifenkonstrukten erstellt werden. Für jede neue Berechnung eines Funktionswertes für `math.sin(x)` muss die Schleife erneut durchlaufen werden. Wenn Wertetabellen dagegen mit den NumPy-Funktionen `arange()` oder `linspace()` und den vordefinierten mathematischen Funktionen aus dem Modul NumPy erstellt werden, dann wird keine `for`- oder `while`-Schleife mehr benötigt. Alle mathematischen NumPy-Funktionen liefern ein `ndarray` zurück. Auf jeden diskreten Wert der Variablen `y1` bis `y4` kann also über den Indexoperator zugegriffen werden. Die Ausgaben in den Zeilen 14 bis 17 belegen das: Für jedes `x`-Argument wird der zugehörige Funktionswert ausgegeben.

Interessant ist die Anweisung in Zeile 11. An dieser Stelle rundet die NumPy-Funktion `round()` die Ausgaben für alle vier Funktionswerte auf drei Stellen, indem ihr ein Tupel aus vier Elementen übergeben wird. Die Funktion `round()` gibt ein Tupel mit ebenfalls vier Elementen zurück.

3.1.5 Statistische NumPy-Funktionen

NumPy stellt auch Funktionen für die Erzeugung von gleich- und normalverteilten Zufallszahlen bereit. Aus diesen Zahlen können mit NumPy-Statistikfunktionen der arithmetische Mittelwert, der Median, die Varianz und die Standardabweichung berechnet werden. Diese statistischen Funktionen stellt standardmäßig auch das Python-Modul `statistics` zur Verfügung. Die NumPy-Funktionen sind aber wesentlich leistungsfähiger. Deshalb sollten Sie bei der statistischen Auswertung großer Datenmengen die NumPy-Funktionen bevorzugt einsetzen. Listing 3.6 zeigt die Anwendung dieser Funktionen:

```
#06_numpy_statistik.py
import numpy as np
zeilen=5
spalten=10
np.random.seed(1)
x=np.random.normal(8,4,size=(zeilen,spalten))
mw=np.mean(x)
md=np.median(x)
v=np.var(x)
staw=np.std(x)
minimum=np.amin(x)
maximum=np.amax(x)
min_index=np.where(x==np.amin(x))
max_index=np.where(x==np.amax(x))
#min_index=np.argmin(x)
#max_index=np.argmax(x)
#Ausgabe
print("Zufallszahlen\n",np.round(x,decimals=2),"\n")
print("kleinste Zahl...........:",minimum)
print("größte Zahl.............:",maximum)
print("Index der kleinsten Zahl:",min_index)
print("Index der größten Zahl..:",max_index)
print("Mittelwert..............:",mw)
print("Median..................:",md)
print("Varianz.................:",v)
print("Standardabweichung......:",staw)
print("Typ von  x:",type(x))
print("Typ von mw:",type(mw))
```

Listing 3.6 NumPy-Statistikfunktionen

Ausgabe

```
Zufallszahlen
 [[14.5   5.55  5.89  3.71 11.46 -1.21 14.98  4.96  9.28  7.  ]
 [13.85 -0.24  6.71  6.46 12.54  3.6   7.31  4.49  8.17 10.33]
 [ 3.6  12.58 11.61 10.01 11.6   5.27  7.51  4.26  6.93 10.12]
 [ 5.23  6.41  5.25  4.62  5.32  7.95  3.53  8.94 14.64 10.97]
 [ 7.23  4.45  5.01 14.77  8.2   5.45  8.76 16.4   8.48 10.47]]

kleinste Zahl..........: -1.2061547875211307
größte Zahl............: 16.40102054591537
Index der kleinsten Zahl: (array([0]), array([5]))
Index der größten Zahl..: (array([4]), array([7]))
Mittelwert.............: 7.8979406079693995
Median.................: 7.271472480175898
Varianz................: 15.041654042036352
Standardabweichung......: 3.8783571318325434
Typ von  x: <class 'numpy.ndarray'>
Typ von mw: <class 'numpy.float64'>
```

Analyse

In Zeile 06 erzeugt die NumPy-Funktion `random.normal(8,4,size=(zeilen,spalten))` 50 normalverteilte Zufallszahlen als Matrix mit fünf Zeilen und zehn Spalten. Als erstes Argument erwartet diese Funktion das Zentrum der Verteilung, als zweites Argument eine grobe Angabe für die Streuung der zu erzeugenden Zufallszahlen und als drittes Argument ein Tupel für die Anzahl der Zeilen und Spalten.

Damit bei jedem Neustart des Programms die gleichen Zufallszahlen erzeugt werden, steht in Zeile 05 die Funktion `random.seed()`. Wenn bei jedem neuen Programmstart auch neue Zufallszahlen erzeugt werden sollen, muss diese Funktion auskommentiert oder gelöscht werden.

Die Zeilen 07 bis 10 berechnen die erwähnten statistischen Maßzahlen: den Mittelwert `mw`, den Median `md`, die Varianz `v` und die Standardabweichung `staw`.

Interessant ist die Ermittlung des Array-Index für die kleinste und die größte Zufallszahl in den Zeilen 13 und 14. Die Funktion `where(x==np.amin(x))` ermittelt in Zeile 13 die Stelle im Array mit der kleinsten Zufallszahl: `[0,5]` (Ausgabe in Zeile 21). Für die Ermittlung des Index der größten Zufallszahl gilt Entsprechendes. Das Programm gibt hierfür in Zeile 22 den Index `[4,7]` aus. Eine Überprüfung anhand der in Zeile 18 ausgegebenen Zufallszahlen bestätigt die Ergebnisse. Einfacher kann die Stelle im Array, wo sich die kleinste bzw. größte Zufallszahl befindet, mit den Funktionen in den auskommentierten Zeilen 15 und 16 ermittelt werden.

Alle berechneten statistischen Maßzahlen sind vom Typ Float64 (Zeile 28). Sie haben also eine doppelte Genauigkeit mit 52 Bit Mantisse und 11 Bit Exponent.

3.2 Vektoren

Vektoren (lat. *vector*, dt. *Träger, Fahrer*) sind physikalische Größen, die im Gegensatz zu den skalaren Größen neben dem Betrag auch noch durch eine Richtung gekennzeichnet sind. Gerichtete Größen sind beispielsweise Geschwindigkeiten, Kräfte oder Feldstärken. In der Physik und Mathematik werden Vektoren anschaulich als Pfeile dargestellt (siehe Abbildung 3.1).

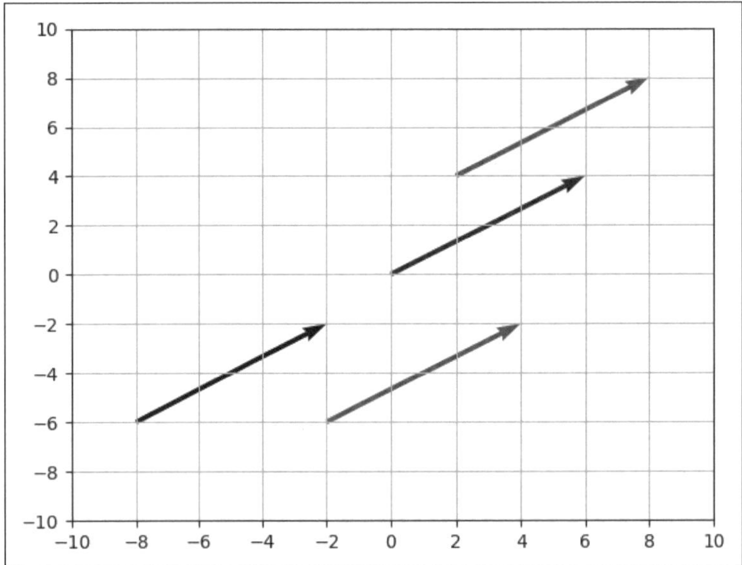

Abbildung 3.1 Verschiebung von Vektoren

Wie Abbildung 3.1 zeigt, können Vektoren in der Ebene beliebig verschoben werden – unter der Voraussetzung, dass ihre Beträge und Richtungen sich nicht ändern. Die gleiche Aussage gilt auch im dreidimensionalen Raum. Die dargestellten Vektoren haben die gleiche x- und y-Komponente von $x = 6$ und $y = 4$. In der Mathematik ist die Formulierung (6,4) üblich. Der Winkel beträgt jeweils etwa 33,7°.

3.2.1 Addition von Vektoren

Vektoren werden komponentenweise addiert. Abbildung 3.2 veranschaulicht diese Operation.

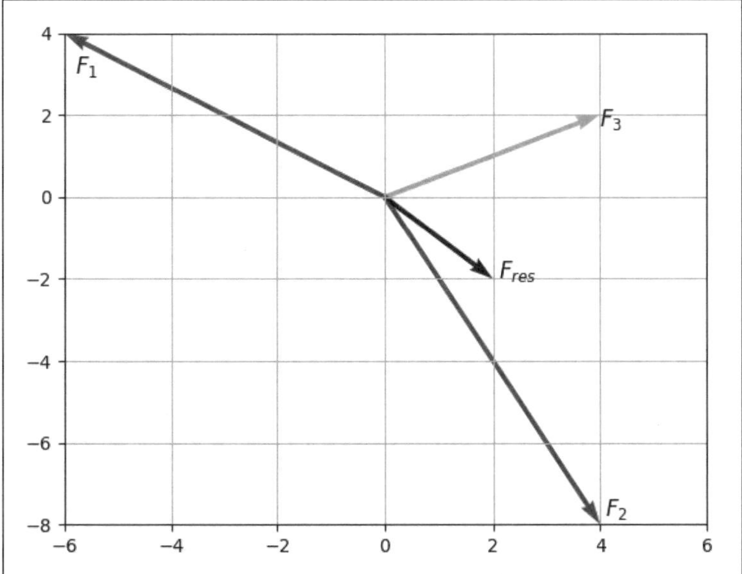

Abbildung 3.2 Addition von drei Vektoren

Wenn Sie den Vektor $\mathbf{F}_1 = (-6{,}4)$, den Vektor $\mathbf{F}_2 = (4{,}-8)$ und den Vektor $\mathbf{F}_3 = (4{,}2)$ addieren, erhalten Sie den resultierenden Vektor $\mathbf{F}_{\mathrm{res}} = (2{,}-2)$. In der Sprache der Mathematik formuliert:

$$\vec{F}_{res} = \binom{F_{x1}}{F_{y1}} + \binom{F_{x2}}{F_{y2}} + \binom{F_{x3}}{F_{y3}} = \binom{-6}{4} + \binom{4}{-8} + \binom{4}{2} = \binom{2}{-2}$$

Vektoren können mit der `array`-Funktion aus Tupeln oder Listen erzeugt werden. Listing 3.7 zeigt die Umsetzung der Vektoraddition mit Tupeln:

```
#07_vektoraddition.py
import numpy as np
F1=-6,4
F2=4,-8
F3=4,2
F1=np.array(F1)
F2=np.array(F2)
F3=np.array(F3)
Fres=F1+F2+F3
F_1=np.sqrt(F1[0]**2+F1[1]**2)
F_2=np.sqrt(F2[0]**2+F2[1]**2)
F_3=np.sqrt(F3[0]**2+F3[1]**2)
F_res=np.sqrt(Fres[0]**2+Fres[1]**2)
```

```
14 winkel=np.arctan(Fres[0]/Fres[1])
15 winkel=np.degrees(winkel)
16 #Ausgabe
17 print("Koordinaten von F1:",F1)
18 print("Koordinaten von F2:",F2)
19 print("Koordinaten von F3:",F3)
20 print("Betrag von F1      :",F_1)
21 print("Betrag von F2      :",F_2)
22 print("Betrag von F3      :",F_3)
23 print("resultierende Kraft:",Fres)
24 print("Betrag von Fres    :",F_res)
25 print("Winkel von Fres    :",winkel,"°")
```

Listing 3.7 Addition von drei Vektoren

Ausgabe

```
Koordinaten von F1: [-6  4]
Koordinaten von F2: [ 4 -8]
Koordinaten von F3: [4 2]
Betrag von F1      : 7.211102550927978
Betrag von F2      : 8.94427190999916
Betrag von F3      : 4.47213595499958
resultierende Kraft: [ 2 -2]
Betrag von Fres    : 2.8284271247461903
Winkel von Fres    : -45.0 °
```

Analyse

In den Zeilen 03 bis 05 werden die x-y-Komponenten der drei Kräfte den Variablen `F1` bis `F3` als Tupel übergeben. Die Anweisungen in den Zeilen 06 bis 08 erstellen jeweils ein eindimensionales NumPy-Array aus den Kräftekomponenten.

In Zeile 09 erfolgt die Vektoraddition. Die Kräfte werden elementweise addiert. Die internen Vorgänge bleiben dem Anwender verborgen. Das Programm rechnet intern `Fres[0]=F1[0]+F2[0]+F3[0]` und `Fres[1]=F1[1]+F2[1]+F3[1]`. Zeile 23 gibt das Ergebnis aus. Das Programm berechnet die Beträge der drei Kräfte mit dem Satz des Pythagoras aus (Zeile 10 bis 12). Zeile 14 berechnet den Winkel der resultierenden Kraft mit der NumPy-Funktion `arctan(Fres[0]/Fres[1])`. Die NumPy-Funktion `degrees(winkel)` in Zeile 15 sorgt dafür, dass der Winkel in Grad umgerechnet wird.

Die Ausgaben des Programms in den Zeilen 17 bis 25 lassen sich anhand von Abbildung 3.2 leicht überprüfen. Auf die Angaben der Einheiten wurde bewusst verzichtet.

3.2.2 Skalarprodukt

In der Mechanik wird die Arbeit als Produkt aus der Kraft F mal dem Weg s mal dem Kosinus des Winkels α zwischen den beiden Größen definiert:

$$W = F \cdot s \cdot \cos \alpha$$

Aus dieser Definition kann mit dem Kosinussatz die Koordinatenform des Skalarprodukts hergeleitet werden:

$$W = F_x s_x + F_y s_y + F_z s_z = \begin{pmatrix} F_x \\ F_y \\ F_z \end{pmatrix} \cdot \begin{pmatrix} s_x \\ s_y \\ s_z \end{pmatrix}$$

Das *Skalarprodukt* wird als Summe der Produkte aus Kraft- und Wegkomponenten berechnet.

In abgekürzter Schreibweise gilt für die Definition des Skalarprodukts:

$$W = \vec{F} \cdot \vec{s}$$

Der Betrag der Kraft wird aus der Wurzel des Skalarprodukts des Kraftvektors mit sich selbst berechnet:

$$F = \sqrt{\vec{F} \cdot \vec{F}}$$

Und der Betrag des Weges wird aus der Wurzel des Skalarprodukts des Wegvektors mit sich selbst berechnet:

$$s = \sqrt{\vec{s} \cdot \vec{s}}$$

Für den Winkel zwischen Kraftvektor und Wegvektor gilt:

$$\alpha = \arccos\left(\frac{\vec{F} \cdot \vec{s}}{Fs}\right)$$

An einem Beispiel für $\vec{F} = (2,7,-3)$ N und $\vec{s} = (-2,3,4)$ m soll gezeigt werden, wie das Skalarprodukt für dreidimensionale Vektoren berechnet wird. Es gilt:

$$W = \begin{pmatrix} F_x \\ F_y \\ F_z \end{pmatrix} \cdot \begin{pmatrix} s_x \\ s_y \\ s_z \end{pmatrix} = \begin{pmatrix} 2 \\ 7 \\ -3 \end{pmatrix} \mathrm{N} \cdot \begin{pmatrix} -2 \\ 3 \\ 4 \end{pmatrix} \mathrm{m} = 5\ \mathrm{Nm}$$

Für die angegebenen Komponenten des Vektors der Kraft und des Vektors des Weges wird also eine Arbeit von 5 Nm verrichtet. Die NumPy-Funktion `dot(F,s)` berechnet das Skalarprodukt. Listing 3.8 zeigt, wie die mechanische Arbeit aus dem Skalarprodukt des Kraft- und Wegvektors berechnet wird:

```
#08_skalarprodukt.py
import numpy as np
```

```
03 F=2,7,-3
04 s=-2,3,4
05 F_B=np.sqrt(np.dot(F,F))
06 s_B=np.sqrt(np.dot(s,s))
07 cos_Fs=np.dot(F,s)/(F_B*s_B)
08 winkel=np.degrees(np.arccos(cos_Fs))
09 W=np.dot(F,s)
10 #Ausgabe
11 print("Betrag der Kraft:",F_B,"N")
12 print("Betrag des Weges:",s_B,"m")
13 print("Winkel zwischen F und s:",winkel,"°")
14 print("Arbeit:",W,"Nm")
```

Listing 3.8 Skalarprodukt

Ausgabe

```
Betrag der Kraft: 7.874007874011811 N
Betrag des Weges: 5.385164807134504 m
Winkel zwischen F und s: 83.22811782220313 °
Arbeit: 5 Nm
```

Analyse

In den Zeilen 03 und 04 werden den Variablen `F` und `s` drei Kraft- bzw. drei Wegkomponenten als Tupel übergeben. Das erste Element eines Tupels enthält die x-Komponente, das zweite die y-Komponente und das dritte die z-Komponente der Vektoren Kraft `F` und Weg `s`.

Die Zeilen 05 und 06 berechnen die Beträge der Vektoren mit dem Skalarprodukt der NumPy-Funktion `dot(F,F)` bzw. `dot(s,s)`. Der Winkel zwischen dem Kraft- und dem Wegvektor wird ebenfalls mit der `dot`-Funktion berechnet (Zeile 07). Zeile 09 berechnet die mechanische Arbeit `W` mit dem Skalarprodukt `W=np.dot(F,s)`. Das Programm berechnet intern die mechanische Arbeit durch die elementweise Multiplikation, wie es die Definition des Skalarprodukts verlangt: `W=F[0]s[0]+F[1]s[1]+F[2]s[2]`.

Zeile 14 gibt die an einem im Raum bewegten Massepunkt verrichtete mechanische Arbeit `W` aus. Das Ergebnis von `5 Nm` stimmt mit dem zuvor ermittelten Wert überein.

3.2.3 Kreuzprodukt

Der Betrag des Drehmoments M wird definiert als Produkt aus der Kraft F mal dem Hebelarm l mal dem Sinus des Winkels α zwischen den beiden Größen:

$$M = F \cdot l \cdot \sin\alpha$$

Aus dieser Definition kann die Koordinatenform des *Kreuzprodukts* hergeleitet werden:

$$\vec{M} = \begin{pmatrix} F_y l_z - F_z l_y \\ F_z l_x - F_x l_z \\ F_x l_y - F_y l_x \end{pmatrix} = \begin{pmatrix} F_x \\ F_y \\ F_z \end{pmatrix} \times \begin{pmatrix} l_x \\ l_y \\ l_z \end{pmatrix}$$

Abgekürzt formuliert, gilt für die Definition des Kreuzprodukts:

$$\vec{M} = \vec{F} \times \vec{l}$$

Für $\vec{F} = (2{,}7,-3)$ und $\vec{l} = (-2{,}3{,}4)$ ergibt sich der Drehmomentvektor:

$$\vec{M} = \begin{pmatrix} F_y l_z - F_z l_y \\ F_z l_x - F_x l_z \\ F_x l_y - F_y l_x \end{pmatrix} = \begin{pmatrix} 7 \cdot 4 & -(-3) \cdot 3 \\ -3 \cdot -2 & -2 \cdot 4 \\ 2 \cdot 3 & -7 \cdot -2 \end{pmatrix} \mathrm{Nm} = \begin{pmatrix} 37 \\ -2 \\ 20 \end{pmatrix} \mathrm{Nm}$$

Listing 3.9 berechnet das Drehmoment aus dem Kraft- und dem Hebelvektor im dreidimensionalen Raum mit der NumPy-Funktion `cross(F,l)`:

```
#09_kreuzprodukt.py
import numpy as np
F=2,7,-3
l=-2,3,4
F_B=np.sqrt(np.dot(F,F))
l_B=np.sqrt(np.dot(l,l))
cos_Fl=np.dot(F,l)/(F_B*l_B)
winkel=np.degrees(np.arccos(cos_Fl))
M=np.cross(F,l)
M_B=np.sqrt(np.dot(M,M))
#Ausgabe
print("Betrag der Kraft        :",F_B,"N")
print("Betrag des Hebelarms    :",l_B,"m")
print("Winkel zwischen F und l:",winkel,"°")
print("Drehmoment M            :",M,"Nm")
print("Betrag des Drehmoments :",M_B,"Nm")
```

Listing 3.9 Kreuzprodukt

Ausgabe

```
Betrag der Kraft        : 7.874007874011811 N
Betrag des Hebelarms    : 5.385164807134504 m
Winkel zwischen F und l: 83.22811782220313 °
Drehmoment M            : [37 -2 20] Nm
Betrag des Drehmoments : 42.1070065428546 Nm
```

Analyse

Der Kraftvektor `F` und der Vektor des Hebelarms `l` werden in den Zeilen 03 und 04 wieder als Tupel festgelegt.

In Zeile 09 berechnet das Programm das Kreuzprodukt mit der NumPy-Funktion `M=np.cross(F,l)`. Das Ergebnis ist wieder ein Vektor `[37 -2 20] Nm` (Ausgabe in Zeile 15). Der Betrag des Drehmoments von `42.1 Nm` entspricht dem Flächeninhalt des Parallelogramms, das durch den Kraftvektor `F` und den Vektor des Hebelarms `l` umspannt wird.

3.2.4 Spatprodukt

Das *Spatprodukt* berechnet das Volumen eines Spats (Parallelepiped) aus dem Kreuzprodukt und dem Skalarprodukt:

$$V = \vec{c} \cdot (\vec{a} \times \vec{b})$$

Listing 3.10 berechnet das Volumen eines Quaders mithilfe des Spatprodukts `dot(c, np.cross(a,b))`:

```
#10_spatprodukt.py
import numpy as np
a=2,0,0
b=0,3,0
c=0,0,4
a_B=np.sqrt(np.dot(a,a))
b_B=np.sqrt(np.dot(b,b))
c_B=np.sqrt(np.dot(c,c))
V=np.dot(c,np.cross(a,b))
#Ausgabe
print("Betrag von a:",a_B)
print("Betrag von b:",b_B)
print("Betrag von c:",c_B)
print("Spatprodukt :",V)
```

Listing 3.10 Spatprodukt

Ausgabe

```
Betrag von a: 2.0
Betrag von b: 3.0
Betrag von c: 4.0
Spatprodukt : 24
```

Analyse

Die Komponenten der drei Vektoren a, b und c wurden so gewählt, dass sie einen Quader mit den Seiten a=2, b=3 und c=4 bilden.

Zeile 09 berechnet das Spatprodukt aus den NumPy-Funktionen `dot()` und `cross()`. Der `dot`-Funktion werden die Variable c für die Höhe des Quaders und die `cross(a,b)`-Funktion für die Berechnung der Grundfläche als Argumente übergeben.

Die Ausgabe in Zeile 14 liefert das richtige Ergebnis von 24 Raumeinheiten.

3.2.5 Dyadisches Produkt

Beim *dyadischen Produkt*, auch äußeres Produkt genannt, werden die Zeilenvektoren mit dem Spaltenvektoren multipliziert:

$$(1 \quad 2 \quad 3) \otimes \begin{pmatrix} 4 \\ 5 \\ 6 \end{pmatrix} = \begin{pmatrix} 4 & 5 & 6 \\ 8 & 10 & 12 \\ 12 & 15 & 18 \end{pmatrix}$$

Listing 3.11 berechnet das dyadische Produkt für die angegebenen Matrizen.

```
#11_outer.py
import numpy as np
A=np.array([[1,2,3]])
B=np.array([[4],[5],[6]])
C=np.outer(A,B)
print("Matrix A")
print(A)
print("Matrix B")
print(B)
print("dyadisches Produkt")
print(C)
```

Listing 3.11 Dyadisches Produkt

Ausgabe

```
Matrix A
[[1 2 3]]
Matrix B
[[4]
 [5]
 [6]]
dyadisches Produkt
[[ 4  5  6]
 [ 8 10 12]
 [12 15 18]]
```

Analyse

In Zeile 03 wird ein Zeilenvektor `A` und in Zeile 04 wird ein Spaltenvektor `B` definiert. Das dyadische Produkt berechnet die NumPy-Funktion `outer(A,B)` in Zeile 05. Das Ergebnis stimmt mit dem manuell berechneten Wert überein.

3.3 Matrizenmultiplikation

Die *Matrizenmultiplikation* wird beispielsweise bei der Berechnung von elektrischen Netzwerken benötigt. Wenn mehrere Zweitore hintereinandergeschaltet werden (Kettenschaltung), dann können mit der Kettenform (A-Parameter) für eine vorgegebene Ausgangsspannung und einen vorgegebenen Ausgangsstrom die erforderliche Eingangsspannung und der erforderliche Eingangsstrom durch Matrizenmultiplikation berechnet werden.

Zwei Matrizen werden miteinander multipliziert, indem die Zeilen der ersten Matrix mit den Spalten der zweiten Matrix elementweise multipliziert und die einzelnen Produkte addiert (*falksches Schema*) werden:

$$\begin{pmatrix} a_{11} & a_{12} \\ a_{21} & a_{22} \end{pmatrix} \cdot \begin{pmatrix} b_{11} & b_{12} \\ b_{21} & b_{22} \end{pmatrix} = \begin{pmatrix} a_{11}.b_{11} + a_{12} \cdot b_{21} & a_{11}.b_{12} + a_{12} \cdot b_{22} \\ a_{21}.b_{11} + a_{22} \cdot b_{21} & a_{21}.b_{12} + a_{22} \cdot b_{22} \end{pmatrix}$$

Ein einfaches Beispiel soll die Matrizenmultiplikation anhand eines Schemas demonstrieren (siehe Tabelle 3.1). Die beiden folgenden Matrizen sollen multipliziert werden:

$$\begin{pmatrix} 1 & 2 \\ 3 & 4 \end{pmatrix} \cdot \begin{pmatrix} 5 & 6 \\ 7 & 8 \end{pmatrix} = \begin{pmatrix} 19 & 22 \\ 43 & 50 \end{pmatrix}$$

Die erste Matrix wird in der ersten und zweiten Spalte und der dritten und vierten Zeile einer Tabelle eingetragen. Die zweite Matrix wird in der dritten und vierten Spalte und in der ersten und zweiten Zeile einer Tabelle eingetragen.

		5	6
		7	8
1	2	$1 \cdot 5 + 2 \cdot 7 =$ **19**	$1 \cdot 6 + 2 \cdot 8 =$ **22**
3	4	$3 \cdot 5 + 4 \cdot 7 =$ **43**	$3 \cdot 6 + 4 \cdot 8 =$ **50**

Tabelle 3.1 Schema für die Matrizenmultiplikation

Die erste Zeile der ersten Matrix wird mit der ersten Spalte der zweiten Matrix elementweise multipliziert. Die beiden Produkte werden addiert. Die zweite Zeile der ersten Matrix wird mit der ersten Spalte der zweiten Matrix multipliziert. Die beiden

Produkte werden wiederum addiert. Die zweite Spalte wird nach dem gleichen Schema berechnet.

NumPy stellt die Funktion `array([[a11,a12],[a21,a22]])` für die Erzeugung der Matrizen zur Verfügung. Die Anzahl der Zeilen und Spalten können Sie bei Bedarf anpassen.

Die Matrizenmultiplikation kann am einfachsten mit dem Infixoperator `@` durchgeführt werden. Alternativen sind `matmul(A,B)` oder `multi_dot([A,B,C,...])`.

Listing 3.12 zeigt die Durchführung der Matrizenmultiplikation anhand der Zahlen aus dem obigen Beispiel:

```
#12_mulmatrix1.py
import numpy as np
A=np.array ([[1, 2],
             [3, 4]])
B=np.array ([[5, 6],
             [7, 8]])
C=A@B
D=B@A
#Ausgabe
print(type(A))
print("Matrix A\n",A)
print("matrix B\n",B)
print("Produkt A*B\n",C)
print("Produkt B*A\n",D)
```

Listing 3.12 Matrizenmultiplikation

Ausgabe

```
<class 'numpy.ndarray'>
Matrix A
 [[1 2]
 [3 4]]
Matrix B
 [[5 6]
 [7 8]]
Produkt A*B
 [[19 22]
 [43 50]]
Produkt B*A
 [[23 34]
 [31 46]]
```

Analyse

Die Zeilen 03 bis 06 definieren Matrizen mit jeweils zwei Zeilen und zwei Spalten. Die Werte der einzelnen Koeffizienten werden in die Variablen `A` und `B` gespeichert.

Zeile 07 führt die Matrizenmultiplikation `C=A@B` durch und Zeile 08 führt die Multiplikation mit vertauschter Reihenfolge der Faktoren `D=B@A` durch.

Das Produkt für `C` gibt Zeile 13 korrekt so aus, wie es manuell in Tabelle 3.1 berechnet wurde. Das Ergebnis aus Zeile 14 weicht dagegen hiervon ab. Dieses Ergebnis ist ebenfalls korrekt, wie Sie leicht durch Nachrechnen überprüfen können. Sie lernen daraus, dass für das Matrizenprodukt das Kommutativgesetz nicht gilt.

Anwendungsbeispiel: Analyse einer π-Ersatzschaltung

Ein Python-Programm soll für eine π-Ersatzschaltung aus Abbildung 3.3 die Matrix der Kettenparameter und die erforderlichen Eingangsgrößen U_1 und I_1 für gegebene Ausgangsgrößen U_2 und I_2 berechnen.

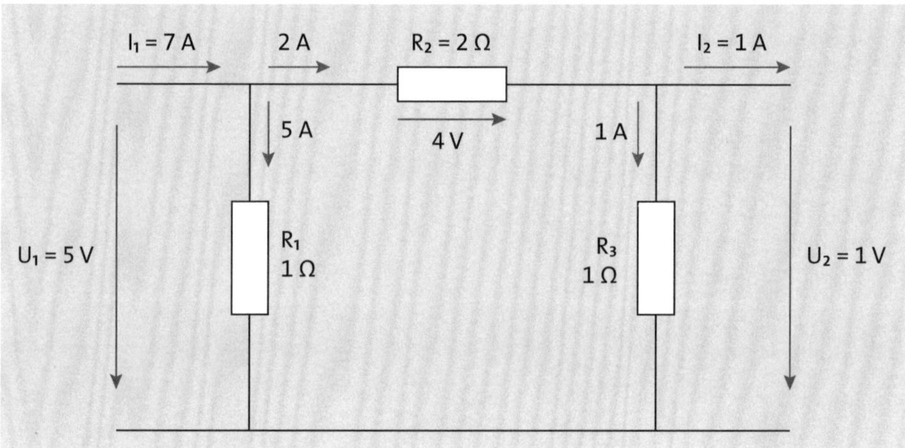

Abbildung 3.3 π-Ersatzschaltung

Jedes passive Zweitor lässt sich allgemein durch ein lineares Gleichungssystem mit einer Matrix aus vier Parametern und den Spaltenvektoren aus Spannungen oder Strömen beschreiben.

Kettenform mit A-Parametern

Für das gestellte Problem muss die sogenannte Kettenform gewählt werden. Auf der linken Seite des Gleichungssystems steht der Spaltenvektor der gesuchten Eingangsgrößen. Auf der rechten Seite steht die Kettenmatrix mit den vier Koeffizienten A_{11} bis A_{22}. Die Kettenmatrix wird mit dem Spaltenvektor der Ausgangsgrößen multipliziert. Wenn die Koeffizienten der Kettenmatrix und der Spaltenvektor der Ausgangsgrößen bekannt sind, können die Eingangsgrößen U_1 und I_1 berechnet werden.

$$\begin{pmatrix} U_1 \\ I_1 \end{pmatrix} = \begin{pmatrix} A_{11} & A_{12} \\ A_{21} & A_{22} \end{pmatrix} \cdot \begin{pmatrix} U_2 \\ I_2 \end{pmatrix}$$

Für die Querwiderstände R_1 und R_3 lassen sich folgende A-Parameter aus der Schaltung aus Abbildung 3.3 ermitteln:

$$A_{1q} = \begin{pmatrix} 1 & 0 \\ \frac{1}{R_1} & 1 \end{pmatrix}, A_{2q} = \begin{pmatrix} 1 & 0 \\ \frac{1}{R_3} & 1 \end{pmatrix}$$

Für den Längswiderstand R_2 ergibt sich folgende Matrix:

$$A_l = \begin{pmatrix} 1 & R_2 \\ 0 & 1 \end{pmatrix}$$

Um die Systemmatrix der gesamten Schaltung aus Abbildung 3.3 zu erhalten, müssen Sie alle drei Teilmatrizen miteinander multiplizieren.

Listing 3.13 führt die Matrizenmultiplikation aus den drei Teilmatrizen für die π-Ersatzschaltung durch. Die Werte für die Widerstände können Sie natürlich für weitere Testzwecke ändern.

```
#13_mulmatrix2.py
import numpy as np
R1=1
R2=2
R3=1
U2=1
I2=1
A1q=np.array([[1, 0],
               [1/R1, 1]])
Al=np.array([[1, R2],
              [0, 1]])
A2q=np.array([[1, 0],
               [1/R3, 1]])
A=A1q@Al@A2q
b=np.array([[U2],[I2]])
E=A@b
print("Kettenform A\n",A)
print("Eingangsgrößen\n",E)
print("Eingangsspannung U1=%3.2f V" %E[0])
print("Eingangsstrom    I1=%3.2f A" %E[1])
```

Listing 3.13 Matrizenmultiplikation mit A-Kettenparametern

Ausgabe

```
Kettenform A
 [[3. 2.]
 [4. 3.]]
Eingangsgrößen
 [[5.]
 [7.]]
Eingangsspannung U1=5.00 V
Eingangsstrom    I1=7.00 A
```

Analyse

Die Werte für die Ausgangsspannung U_2, die Ausgangsstromstärke I_2 und die drei Widerstände R_1, R_2, R_3 wurden aus den Vorgaben der Schaltung aus Abbildung 3.3 übernommen.

In den Zeilen 08 bis 13 werden die drei Teilmatrizen `A1q`, `Al` und `A2q` für die Querwiderstände R_1 und R_3 sowie den Längswiderstand R_2 definiert. Zeile 14 führt die Matrizenmultiplikation `A=A1q@Al@A2q` durch. Dabei ist auf die richtige Reihenfolge der Faktoren zu achten. Wie in Listing 3.12 gezeigt wurde, gilt das Kommutativgesetz für die Matrizenmultiplikation nicht! Eine veränderte Anordnung der Reihenfolge der Teilmatrizen würde auch eine andere Schaltungsstruktur repräsentieren.

Zeile 15 erzeugt den Spaltenvektor `b=np.array([[U2],[I2]])` für die Ausgangsgrößen. In Zeile 16 wird die Systemmatrix `A` mit dem Spaltenvektor `b` multipliziert. Das Ergebnis der Matrizenmultiplikation wird dem Spaltenvektor `E` zugewiesen.

Die Eingangsspannung muss 5 V betragen, damit am Ausgang der π-Ersatzschaltung eine Spannung von $U_2 = 1\,\text{V}$ anliegt. Am Eingang der Schaltung muss ein Strom von $I_1 = 7\,\text{A}$ fließen, damit am Ausgang ein Strom von $I_2 = 1\,\text{A}$ fließt. Die Ergebnisse können Sie anhand der Schaltung aus Abbildung 3.3 überprüfen.

Kettenform mit B-Parametern

Die Ausgangsgrößen U_2 und I_2 eines Zweitors werden mit den B-Kettenparametern berechnet. Für eine π-Ersatzschaltung ergeben sich dann folgende Zweitorgleichungen:

$$\begin{pmatrix} U_2 \\ I_2 \end{pmatrix} = \begin{pmatrix} B_{11} & B_{12} \\ B_{21} & B_{22} \end{pmatrix} \cdot \begin{pmatrix} U_1 \\ I_1 \end{pmatrix}$$

Für die Querwiderstände R_1 und R_3 lassen sich die B-Parameter aus der Schaltung aus Abbildung 3.3 wie folgt ermitteln:

$$B_{1q} = \begin{pmatrix} 1 & 0 \\ -\frac{1}{R_1} & 1 \end{pmatrix}, \quad B_{2q} = \begin{pmatrix} 1 & 0 \\ -\frac{1}{R_3} & 1 \end{pmatrix}$$

Für den Längswiderstand R_2 ergibt sich folgende Matrix:

$$B_l = \begin{pmatrix} 1 & -R_2 \\ 0 & 1 \end{pmatrix}$$

Allgemein lassen sich die B-Parameter aus der inversen Matrix von A ermitteln. Es gilt:

$$B = A^{-1}$$

Listing 3.14 berechnet die Ausgangsspannung U_2 und den Ausgangsstrom I_2 einer π-Ersatzschaltung mit den B-Kettenparametern:

```
#14_mulmatrix3.py
import numpy as np
R1=1
R2=2
R3=1
U1=5
I1=7
B1q=np.array([[1, 0],
              [-1/R1, 1]])
B2l=np.array([[1, -R2],
              [0, 1]])
B3q=np.array([[1, 0],
              [-1/R3, 1]])
B=B1q@B2l@B3q
b=np.array([[U1],[I1]])
E=B@b
print("Kettenform B\n",B)
print("Ausgangsgrößen\n",E)
print("Ausgangsspannung U2=%3.2fV" %E[0])
print("Ausgangsstrom    I2=%3.2fA" %E[1])
```

Listing 3.14 Matrizenmultiplikation mit B-Kettenparametern

Ausgabe

```
Kettenform B
 [[ 3. -2.]
 [-4.  3.]]
Ausgangsgrößen
 [[1.]
 [1.]]
Ausgangsspannung U2=1.00V
Ausgangsstrom    I2=1.00A
```

Analyse

Das Programm ist im Prinzip genauso aufgebaut wie in Listing 3.13, nur haben die Parameter in der Nebendiagonale ein negatives Vorzeichen.

Das Ergebnis für die Ausgangsspannung U_2 und den Ausgangsstrom I_2 stimmt mit den Werten überein, die anhand der kirchhoffschen Gesetze in der Schaltung in Abbildung 3.3 ermittelt wurden.

Anwendungsbeispiel: Die Energie eines rotierenden starren Körpers im Raum berechnen

Das nächste Beispiel zeigt die Multiplikation des Zeilenvektors einer Winkelgeschwindigkeit mit einem Trägheitstensor I (3×3-Matrix) und dem Spaltenvektor einer Winkelgeschwindigkeit.

Für die Rotationsenergie gilt:

$$E_{\text{rot}} = \frac{1}{2}\vec{\omega}^T \cdot I \cdot \vec{\omega}$$

Das hochgestellte T bedeutet, dass der Vektor der Winkelgeschwindigkeit *transponiert* werden muss, das heißt, der Spaltenvektor wird in einen Zeilenvektor umgewandelt. In Komponentenschreibweise erhält man:

$$E_{\text{rot}} = \frac{1}{2}(\omega_x \quad \omega_y \quad \omega_z) \cdot \begin{pmatrix} I_{xx} & -I_{xy} & -I_{xz} \\ -I_{yx} & I_{yy} & -I_{yz} \\ -I_{zx} & -I_{zy} & I_{zz} \end{pmatrix} \cdot \begin{pmatrix} \omega_x \\ \omega_y \\ \omega_z \end{pmatrix}$$

Für den Trägheitstensor einer Punktmasse m gilt:

$$I = m \cdot \begin{pmatrix} y^2 + z^2 & -xy & -xz \\ -yx & x^2 + z^2 & -yz \\ -zx & -zy & x^2 + y^2 \end{pmatrix}$$

Das Produkt aus der Masse m und der Matrix mit den Ortskoordinaten wird als Trägheitstensor bezeichnet. Wenn Sie die Matrizenmultiplikation durchführen, erhalten Sie die Rotationsenergie, die in dem rotierenden Körper gespeichert ist.

Für den Fall, dass die Punktmasse m mit dem Radius $x = r$ um die z-Achse in der x-y-Ebene rotiert, gilt vereinfacht:

$$I = m \cdot \begin{pmatrix} 0 & 0 & 0 \\ 0 & r^2 & 0 \\ 0 & 0 & r^2 \end{pmatrix}$$

Listing 3.15 berechnet die Rotationsenergie einer Punktmasse mit der Masse von $m = 6$ kg, die mit einer Winkelgeschwindigkeit von $\vec{\omega} = (0{,}0{,}1)s^{-1}$ im Raum um die z-Achse rotiert:

```
01 #15_mulmatrix4.py
02 import numpy as np
03 x=1 #Abstand in m
04 y=0
05 z=0
06 wx=0
07 wy=0
08 wz=1 #Winkelgeschwindigkeit
09 m=6  #Masse in kg
10 w_Z=np.array([wx,wy,wz])
11 I=m*np.array([[y**2+z**2, -x*y, -x*z],
12               [-x*y, x**2+z**2, -y*z],
13               [-x*z, -y*z, x**2+y**2]])
14 w_S=np.array([[wx],
15               [wy],
16               [wz]])
17 #Berechnung der Rotationsenergie
18 Erot=0.5*w_Z@I@w_S
19 #Erot=0.5*w_S.T@I@w_S
20 #Ausgabe
21 print("Rotationsenergie: %3.2f Joule" %Erot)
```

Listing 3.15 Matrixmultiplikation mit drei Vektoren

Ausgabe

```
Rotationsenergie: 3.00 Joule
```

Analyse

Die Rotationsenergie wird nach der Vorschrift »Zeilenvektor mal 3×3-Matrix mal Spaltenvektor« berechnet. Diese Reihenfolge muss zwingend eingehalten werden. Hier gilt das Kommutativgesetz nicht! In Zeile 10 steht der Zeilenvektor der Winkelgeschwindigkeit, die Zeilen 11 bis 13 enthalten die 3×3-Matrix des Trägheitstensors, und in den Zeilen 14 bis 16 steht der Spaltenvektor der Winkelgeschwindigkeit.

Die Anweisung in Zeile 18 führt die Matrizenmultiplikation durch und speichert das Ergebnis in die Variable `Erot`. Alternativ können Sie die Zeilen 10 und 18 auskommentieren und den Kommentar in Zeile 19 entfernen. In dieser Zeile wird der Spaltenvektor aus Zeile 14 mit der Eigenschaft `T` in einen Zeilenvektor transponiert.

3.4 Lineare Gleichungssysteme

Die Elektrotechnik verwendet lineare Gleichungssysteme, um Maschenströme und Knotenspannungen in Netzwerken zu berechnen. Die Statik verwendet für die Berechnung von Stabkräften in Fachwerken ebenfalls lineare Gleichungssysteme. Das Lösen von linearen Gleichungssystemen mit n-Unbekannten ist also ein wichtiges und unverzichtbares Instrument der Ingenieurwissenschaften. Mit der NumPy-Funktion `solve()` lassen sich Gleichungssysteme mit reellen und komplexen Koeffizienten genauso einfach und ohne großen Aufwand lösen wie beispielsweise mit dem Programm MATLAB.

3.4.1 Gleichungssysteme mit reellen Koeffizienten

Ein lineares Gleichungssystem kann allgemein als Matrixprodukt aus Koeffizientenmatrix (Systemmatrix) a_{11} bis a_{mn} und Lösungsvektor x als Gleichung dargestellt werden. Auf der rechten Seite des Gleichungssystems steht der Inhomogenitätsvektor b.

$$\begin{pmatrix} a_{11} & a_{12} & a_{13} \\ a_{21} & a_{22} & a_{23} \\ a_{31} & a_{32} & a_{33} \end{pmatrix} \cdot \begin{pmatrix} x_1 \\ x_2 \\ x_3 \end{pmatrix} = \begin{pmatrix} b_1 \\ b_2 \\ b_3 \end{pmatrix}$$

Abgekürzt ist folgende Schreibweise üblich:

$$A \cdot x = b$$

Um den Lösungsvektor x zu bestimmen, muss die inverse Matrix A^{-1} gebildet und mit dem Inhomogenitätsvektor b multipliziert werden:

$$x = A^{-1} \cdot b$$

Anhand eines einfachen Beispiels soll die Lösung eines einfachen Gleichungssystems mit drei Unbekannten gezeigt werden:

$$\begin{pmatrix} 1 & 1 & 1 \\ 2 & -2 & 3 \\ 3 & -4 & 2 \end{pmatrix} \cdot \begin{pmatrix} x_1 \\ x_2 \\ x_3 \end{pmatrix} = \begin{pmatrix} 6 \\ 7 \\ 1 \end{pmatrix}$$

Listing 3.16 löst ein lineares Gleichungssystem für drei Unbekannte mit der NumPy-Funktion `solve(A,b)`:

```
#16_gleichungssystem.py
import numpy as np
from numpy.linalg import solve
#Koeffizientenmatrix
A = np.array([[1,  1, 1],
              [2, -2, 3],
              [3, -4, 2]])
```

```
08 #Inhomogenitätsvektor
09 b = np.array([6, 7, 1])
10 #Lösung
11 loesung=solve(A,b)
12 #Ausgabe
13 print("Lösung eines linearen Gleichungssystems")
14 print("Koeffizientenmatrix\n",A)
15 print("Inhomogenitätsvektor\n",b)
16 print("Lösung:\n",loesung)
```

Listing 3.16 Lösung eines linearen Gleichungssystems

Ausgabe

```
Lösung eines linearen Gleichungssystems
Koeffizientenmatrix
 [[ 1  1  1]
 [ 2 -2  3]
 [ 3 -4  2]]
Inhomogenitätsvektor
 [6 7 1]
Lösung:
 [1. 2. 3.]
```

Analyse

Zeile 03 importiert das Untermodul `linalg` mit der Funktion `solve`.

In den Zeilen 05 bis 07 wird die Koeffizientenmatrix `A` des Gleichungssystems als zweidimensionales NumPy-Array erzeugt.

In Zeile 09 wird der Inhomogenitätsvektor `array([6,7,1])` der Variablen `b` zugewiesen.

In Zeile 11 berechnet die NumPy-Funktion `solve(A,b)` die Lösung des linearen Gleichungssystems. Der Lösungsvektor ist in der Variablen `loesung` gespeichert.

Der Lösungsvektor enthält Gleitpunktzahlen, obwohl die Koeffizientenmatrix und der Inhomogenitätsvektor aus Ganzzahlen bestehen. Wenn Sie sich mit

```
print(type(A[0,0]))
print(type(b[0]))
print(type(loesung[0]))
```

die Datentypen ausgeben lassen, erhalten Sie diese Ausgabe:

```
<class 'numpy.int64'>
<class 'numpy.int64'>
<class 'numpy.float64'>
```

Wenn bei einer mathematischen Operation auf Arrays Gleitpunktzahlen entstehen, werden alle Ganzzahlen des Arrays in Gleitpunktzahlen umgewandelt. Wenn Sie eine einzige beliebige Ganzzahl eines Arrays als Gleitpunktzahl deklarieren (z. B. `2.` statt `2`), dann werden alle anderen Elemente des Arrays automatisch in Gleitpunktzahlen umgewandelt.

3.4.2 Gleichungssysteme mit komplexen Koeffizienten

In einem Wechselstromnetzwerk besteht ein komplexer Widerstand entweder aus einer induktiv oder kapazitiv wirkenden Impedanz:

$$Z_L = R + \mathrm{j}\omega L \quad Z_C = R - \mathrm{j}\frac{1}{\omega C}$$

Für ein Netzwerk mit vier Maschen gilt allgemein:

$$\begin{pmatrix} Z_{11} & Z_{12} & Z_{13} & Z_{14} \\ Z_{21} & Z_{22} & Z_{23} & Z_{24} \\ Z_{31} & Z_{32} & Z_{33} & Z_{34} \\ Z_{41} & Z_{42} & Z_{43} & Z_{44} \end{pmatrix} \cdot \begin{pmatrix} I_1 \\ I_2 \\ I_3 \\ I_4 \end{pmatrix} = \begin{pmatrix} U_1 \\ U_2 \\ U_3 \\ U_4 \end{pmatrix}$$

Am Beispiel des Netzwerks aus Abbildung 3.4 wird gezeigt, wie ein Gleichungssystem nach dem Maschenstromverfahren direkt aus der Schaltung abgelesen wird.

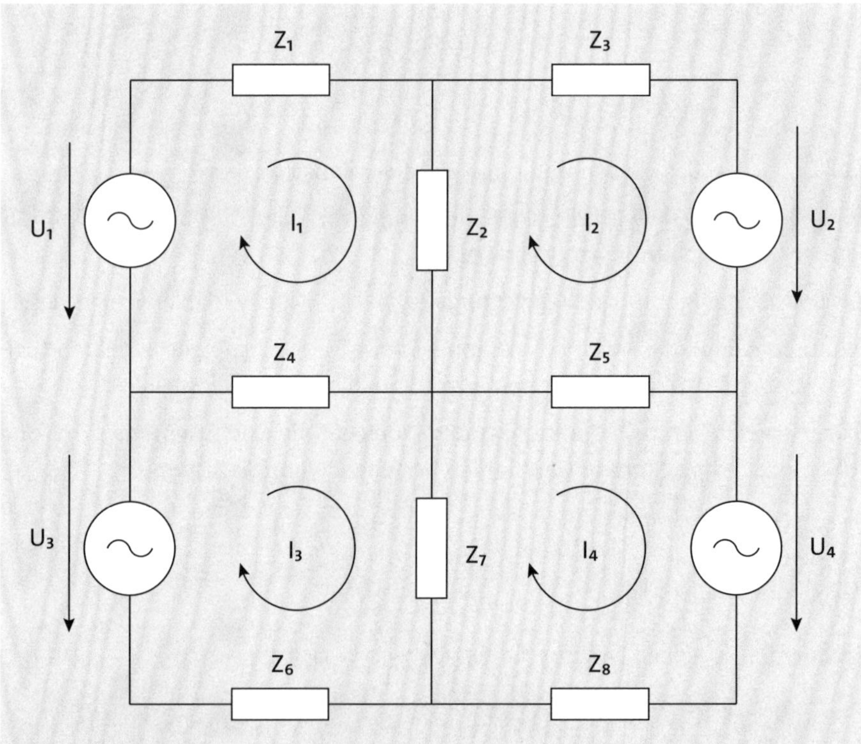

Abbildung 3.4 Wechselstromnetzwerk mit vier Maschen

Die Koeffizientenmatrix wird in Tabelle 3.2 eingetragen. Diese Tabelle besteht aus vier Zeilen und fünf Spalten. Die fünfte Spalte ist für den Vektor der Quellspannungen vorgesehen.

	I_1	I_2	I_3	I_4	U
1	$Z_1 + Z_2 + Z_4$	$-Z_2$	$-Z_4$	0	U_1
2	$-Z_2$	$Z_2 + Z_3 + Z_5$	0	$-Z_5$	$-U_2$
3	$-Z_4$	0	$Z_4 + Z_6 + Z_7$	$-Z_7$	U_3
4	0	$-Z_5$	$-Z_7$	$Z_5 + Z_7 + Z_8$	$-U_4$

Tabelle 3.2 Gleichungssystem nach dem Maschenstromverfahren

In der Hauptdiagonalen stehen jeweils die Summen der Impedanzen aus den einzelnen Maschen. In den Nebendiagonalen stehen die gemeinsamen Impedanzen von zwei Maschen. Wenn zwei Maschen keine gemeinsamen Impedanzen haben, wird in die Tabelle eine 0 eingetragen. Alle Koeffizienten der Nebendiagonalen haben ein negatives Vorzeichen und spiegeln sich an der Hauptdiagonalen der Impedanzmatrix. In Listing 3.17 wird die Koeffizientenmatrix der Zeilen 1 bis 4 und der Spalten 1 bis 4 aus Tabelle 3.2 direkt in ein NumPy-Array übertragen.

```
#17_masche4c.py
import numpy as np
import numpy.linalg
U1=230
U2=-230
U3=230
U4=-230
Z1=1+2j
Z2=2-4j
Z3=3+4j
Z4=2+5j
Z5=1+5j
Z6=2+5j
Z7=4-5j
Z8=1+5j
Z=np.array([[Z1+Z2+Z4,-Z2,-Z4, 0],
            [-Z2,Z2+Z3+Z5, 0,-Z5],
            [-Z4, 0,Z4+Z6+Z7,-Z7],
            [0,-Z5,-Z7,Z5+Z7+Z8]])
U=np.array([U1,-U2,U3,-U4])
```

```
21 strom=np.linalg.solve(Z,U) #numpy.ndarray
22 for k, I in enumerate(strom,start=1):
23     print("I%d = (%0.2f, %0.2fj)A" %(k,I.real,I.imag))
```

Listing 3.17 Netzwerk mit komplexen Widerständen

Ausgabe

```
I1 = (33.16, -52.04j)A
I2 = (19.63, -49.35j)A
I3 = (20.09, -41.98j)A
I4 = (18.09, -51.66j)A
```

Analyse

In den Zeilen 04 bis 15 stehen die Werte für die Spannungen und Impedanzen des Netzwerks. Die Koeffizientenmatrix `Z` wird in den Zeilen 16 bis 19 definiert. Die Zeilen und Spalten der Matrix sind entsprechend Tabelle 3.2 in einem NumPy-Array `array([[],...,[]])` angeordnet. Für die Berechnung des Lösungsvektors `I` muss noch in Zeile 20 der Inhomogenitätsvektor `U` definiert werden. Die Lösung wird mit der NumPy-Funktion `linalg.solve(Z,U)` in Zeile 21 berechnet. Der Lösungsvektor `strom` enthält die vier Maschenströme `I[0]`, `I[1]`, `I[2]` und `I[3]`.

Mit der Python-Funktion `enumerate(strom)` ist es möglich, die einzelnen Maschenströme innerhalb einer `for`-Schleife auszugeben (Zeile 23). Jeder einzelne Maschenstrom `I` wird mit dem Index `k` gekennzeichnet. Mit jeder Iteration gibt die Funktion `enumerate(strom)` ein Tupel zurück, das den Index `k` und das entsprechende Element `I` des Arrays `strom` enthält.

3.5 Projektaufgabe: Blitzschutzsystem

Für ein quaderförmiges Gebäude sollen die Stromstärken in den Fang- und Ableitungen berechnet werden. Das Gebäude hat eine Länge von 10 m, eine Breite von 5 m und eine Höhe von 3 m. Die Fang- und Ableitungen aus Stahl mit einem Leiterquerschnitt von $A = 50\ \text{mm}^2$ werden an den Kanten des Gebäudes angebracht. Für die Draufsicht ergibt sich somit ein Netzwerk mit vier Knoten und acht Widerständen (siehe Abbildung 3.5). Der zeitliche Verlauf eines Blitzstroms kann annähernd durch ein Dreieck mit einer Anstiegszeit von etwa 10 µs und einer Abfallzeit von etwa 1 ms beschrieben werden. Die Maxima der Stromstärken liegen etwa zwischen 10.000 A und 300.000 A.

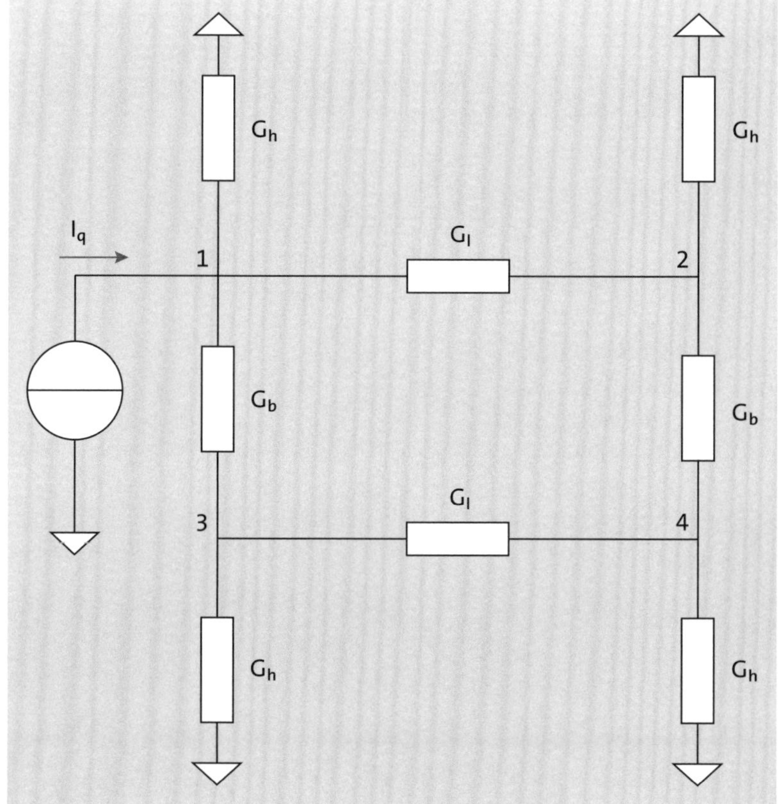

Abbildung 3.5 Ersatzschaltung für ein Blitzschutzsystem

Die Spannungsfälle zwischen den Knoten werden mit dem Knotenpotenzialverfahren berechnet. Das Gleichungssystem können Sie direkt aus der Schaltung ablesen und als Matrixform darstellen:

$$\begin{pmatrix} G_b + G_h + G_l & -G_l & -G_b & 0 \\ -G_l & G_b + G_h + G_l & 0 & -G_b \\ -G_b & 0 & G_b + G_h + G_l & -G_l \\ 0 & -G_b & -G_l & G_b + G_h + G_l \end{pmatrix} \cdot \begin{pmatrix} U_{10} \\ U_{20} \\ U_{30} \\ U_{40} \end{pmatrix} = \begin{pmatrix} I_q \\ 0 \\ 0 \\ 0 \end{pmatrix}$$

Für die Leitwerte der Fang- und Ableitungen gilt:

$$G = \frac{\gamma A}{l}$$

Die Stromstärken in den Fang- und Ableitungen berechnen Sie mit dem ohmschen Gesetz aus den Potenzialdifferenzen der Knotenspannungen und den Leitwerten der Fang- und Ableitungen.

Listing 3.18 löst das Gleichungssystem für die vier unbekannten Knotenspannungen mit der NumPy-Funktion `U=linalg.solve(G,I)`:

```
#18_projekt_blitzschutz.py
import numpy as np
Iq=1e5 #Stromstärke des Blitzes in A
g=10   #Leitwert für Stahl S*m/mm^2
A=50   #Leiterquerschnitt in mm^2
l=10   #Länge in m
b=5    #Breite in m
h=3    #Höhe in m
Gh=g*A/h   #Leitwert für Höhe in S
Gl=g*A/l   #Leitwert für Länge in S
Gb=g*A/b   #Leitwert für Breite in S
G=np.array([[Gb+Gh+Gl, -Gl, -Gb, 0],
            [-Gl, Gb+Gh+Gl, 0,-Gb],
            [-Gb, 0, Gb+Gh+Gl,-Gl],
            [ 0,-Gb,-Gl, Gb+Gh+Gl]])
I=np.array([Iq,0,0,0])
U=np.linalg.solve(G,I)
I10=U[0]*Gh
I20=U[1]*Gh
I30=U[2]*Gh
I40=U[3]*Gh
I12=(U[0]-U[1])*Gl
I13=(U[0]-U[2])*Gb
I34=(U[2]-U[3])*Gl
I24=(U[1]-U[3])*Gb
print("--Spannungsfälle der Ableitungen--")
print("Spannung U10: %3.2f V" %U[0])
print("Spannung U20: %3.2f V" %U[1])
print("Spannung U30: %3.2f V" %U[2])
print("Spannung U40: %3.2f V" %U[3])
print("--Stromstärken in den Ableitungen--")
print("Stromstärke I10: %3.2f A" %I10)
print("Stromstärke I20: %3.2f A" %I20)
print("Stromstärke I30: %3.2f A" %I30)
print("Stromstärke I40: %3.2f A" %I40)
print("--Stromstärken in den Fangleitungen--")
print("Stromstärke I12: %3.2f A" %I12)
print("Stromstärke I13: %3.2f A" %I13)
print("Stromstärke I34: %3.2f A" %I34)
print("Stromstärke I24: %3.2f A" %I24)
```

Listing 3.18 Stromverteilung in den Fang- und Ableitungen

Ausgabe

```
--Spannungsfälle der Ableitungen--
Spannung U10: 365.50 V
Spannung U20: 70.86 V
Spannung U30: 122.00 V
Spannung U40: 41.64 V
--Stromstärken in den Ableitungen--
Stromstärke I10: 60917.21 A
Stromstärke I20: 11810.06 A
Stromstärke I30: 20332.79 A
Stromstärke I40: 6939.94 A
--Stromstärken in den Fangleitungen--
Stromstärke I12: 14732.14 A
Stromstärke I13: 24350.65 A
Stromstärke I34: 4017.86 A
Stromstärke I24: 2922.08 A
```

Analyse

Zeile 03 gibt den Spitzenwert des Blitzstroms von 100.000 A vor. Der Querschnitt der Fang- und Ableitungen beträgt in der Regel 50 mm^2 (Zeile 05). Die Zeilen 06 bis 08 legen die Länge, Breite und Höhe des Gebäudes in Metern fest.

In den Zeilen 09 bis 11 werden die Leitwerte der Fang- und Ableitungen berechnet. Die Koeffizientenmatrix der Leitwerte steht in den Zeilen 12 bis 15. In Zeile 16 wird mit dem Inhomogenitätsvektor festgelegt, dass der Blitz in den Knoten 1 einschlägt. Der Lösungsvektor für die Spannungsfälle wird in Zeile 17 mit der NumPy-Funktion `linalg.solve(G,I)` berechnet und der Variablen `U` zugewiesen. Die Berechnung der Ströme in den Ableitungen erfolgt in den Zeilen 18 bis 21. Die Zeilen 22 bis 25 berechnen die Ströme in den Fangleitungen aus den Potenzialdifferenzen.

Die Ausgaben in den Zeilen 26 bis 40 zeigen, dass sehr hohe Ströme mit einer maximalen Stromdichte von etwa 1.218 A/mm^2 fließen können. Diese hohen Stromdichten sind deshalb noch akzeptabel, weil der Strom nur wenige Millisekunden fließt.

3.6 Aufgaben

1. Das Volumen eines Spats (*Parallelepiped*) soll mit einer Determinante und der Funktion `dot(cross(a,b),c)` berechnet werden.
2. Eine Kettenschaltung setzt sich aus drei Spannungsteilern (Längsglied R_1, Querglied R_2) zusammen. Alle Widerstände haben den gleichen Wert von 1 Ω. Die Ausgangsspannung beträgt $U_2 = 1$ V. Berechnen Sie mit der Methode der Kettenparameter die Eingangsspannung U_1 und den Eingangsstrom I_1.

3. Berechnen Sie das dyadische Produkt für:

$$\begin{pmatrix}1 & 2 & 3 & 4\end{pmatrix} \otimes \begin{pmatrix}5\\6\\7\\8\end{pmatrix}$$

4. Gegeben ist die erweiterte Koeffizientenmatrix eines linearen Gleichungssystems:

$$\left(\begin{array}{ccc|c}3 & 2 & 1 & 10\\1 & 2 & 3 & 14\\2 & 1 & 4 & 16\end{array}\right)$$

   Lösen Sie dieses Gleichungssystem mit der NumPy-Funktion `solve()`. Die Koeffizientenmatrix und der Inhomogenitätsvektor sollen durch Slicing aus der erweiterten Koeffizientenmatrix ermittelt werden.

5. Ein lineares Gleichungssystem mit sehr vielen Unbekannten (50 bis 1000) soll mit der NumPy-Funktion `solve()` gelöst werden. Erzeugen Sie die Koeffizientenmatrix und den Inhomogenitätsvektor mit der NumPy-Funktion `random.normal()`. Testen Sie die Grenzen von `solve()`, indem Sie die Anzahl der Unbekannten schrittweise erhöhen.

6. Berechnen Sie alle Maschenströme für die Kettenschaltung aus Aufgabe 2 mit dem Maschenstromverfahren. Die Eingangsspannung beträgt 13 V.

7. Berechnen Sie alle Knotenspannungen für die Kettenschaltung aus Aufgabe 2 mit dem Knotenpotenzialverfahren. Der Eingangsstrom hat einen Wert von 8 A.

Kapitel 4

Funktionsdarstellungen und Animationen mit Matplotlib

In diesem Kapitel lernen Sie, wie Sie mit dem Modul Matplotlib mathematische Funktionen, Vektoren und geometrische Figuren in verschiedenen Varianten darstellen und animieren können.

Matplotlib ist eine Programmbibliothek für die Darstellung mathematischer Funktionen und geometrischer Figuren. Mit nur wenigen Anweisungen lassen sich aussagekräftige Diagramme für wissenschaftliche Arbeiten und Veröffentlichungen erstellen.

Das Modul `matplotlib` wird in der Regel zusammen mit dem Untermodul `pyplot` importiert. Das Untermodul `pyplot` dient als Schnittstelle (API) zu dem Modul `matplotlib`. Matplotlib enthält eine Sammlung von Funktionen, die der Funktionalität von MATLAB ähneln. Matplotlib-Methoden erstellen Zeichenbereiche für Diagramme, zeichnen Linien oder Punkte in einem zuvor festgelegten Zeichenbereich, legen Linienstile fest und stellen zahlreiche Möglichkeiten für Beschriftungen und Skalierungen von Koordinatenachsen zur Verfügung. Mehrere mathematische Funktionen lassen sich in einem Diagramm oder in verschiedenen Unterdiagrammen (engl. *subplots*) darstellen. Dabei unterstützen umfangreiche Gestaltungsmöglichkeiten für Beschriftungen (Legenden) der einzelnen Funktionsplots den Leser bei der Orientierung.

Das Modul wird mit der Anweisung `import matplotlib.pyplot as plt` eingebunden. Der Alias `plt` hat sich als Konvention durchgesetzt.

4.1 2D-Funktionsplots

Matplotlib bietet die Möglichkeit, 2D-Funktionsplots entweder in kartesischen oder in Polarkoordinaten darzustellen. Wie Sie solche Funktionsplots implementieren und in ihrem Darstellungsstil variieren können, zeige ich Ihnen anhand praxisnaher Beispiele aus der Mathematik, der Elektrotechnik und der Physik.

4.1.1 Grundstruktur eines Funktionsplots

Für die Darstellung von Funktionsplots nimmt die Matplotlib-Methode `plot(x_Koordinate,y_Koordinate)` einen zentralen Stellenwert ein. Mit dieser Methode werden die mathematischen Funktionen allerdings noch nicht auf dem Bildschirm dargestellt, sondern zunächst einmal in ein zweidimensionales Array abgespeichert. Dieser Vorgang läuft im Hintergrund ab und ist für den Anwender nicht sichtbar.

Funktionsplot mit for-Schleife erzeugen

Listing 4.1 zeigt die Implementierung eines Funktionsplots mit einer `for`-Schleife und zwei Listen. Die einzelnen Funktionswerte der x- und der y-Koordinate einer Parabel werden in zwei Listen gespeichert und anschließend dargestellt.

```
#01_plotschleife.py
import matplotlib.pyplot as plt
lx,ly = [],[]
for x in range(11):
    y=x**2
    lx.append(x)
    ly.append(y)
plt.plot(lx,ly)
plt.show()
```

Listing 4.1 Funktionsplot mit Schleife

Ausgabe

Die Ausgabe der Parabel, deren Funktionsplot mit einer Schleife programmiert wurde, sehen Sie in Abbildung 4.1.

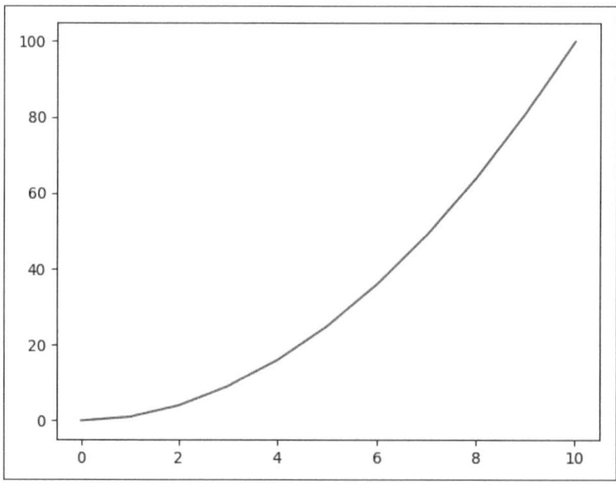

Abbildung 4.1 Funktionsplot einer Parabel

Analyse

In Zeile 02 wird das Modul `matplotlib` mit dem Untermodul `pyplot` importiert. Mit dem Alias `plt` können Sie auf alle im Programm verwendeten Matplotlib-Methoden zugreifen.

Zeile 03 legt zwei leere Listen an. Innerhalb der `for`-Schleife (Zeilen 04 bis 07) wird in Zeile 05 die Parabel definiert. Die x- und y-Werte der Parabel werden in den Zeilen 06 und 07 in den Listen `lx` und `ly` gespeichert. In Zeile 08 werden die Werte der x-y-Koordinaten mit der Methode `plot(lx,ly)` für die Darstellung vorbereitet. In Zeile 09 bewirkt die Methode `show()`, dass die Parabel auf dem Bildschirm angezeigt wird.

Der Ansatz nach Listing 4.1 ist umständlich, weil eine Schleife implementiert werden muss. In manchen Programmiersprachen, z. B. in Java, C, C++ und Delphi, ist ein Schleifenkonstrukt für die Erstellung von Funktionsplots notwendig. In Python können Sie auf ein Schleifenkonstrukt verzichten, wenn Sie zusätzlich zum Modul `matplotlib.pyplot` noch das Modul `numpy` importieren.

Die objektorientierte Variante eines Funktionsplots

Damit man die objektorientierte Variante von Matplotlib besser versteht, müssen zuvor die Begriffe *Figure* und *Axes* geklärt werden. Abbildung 4.2 veranschaulicht diese Begriffe.

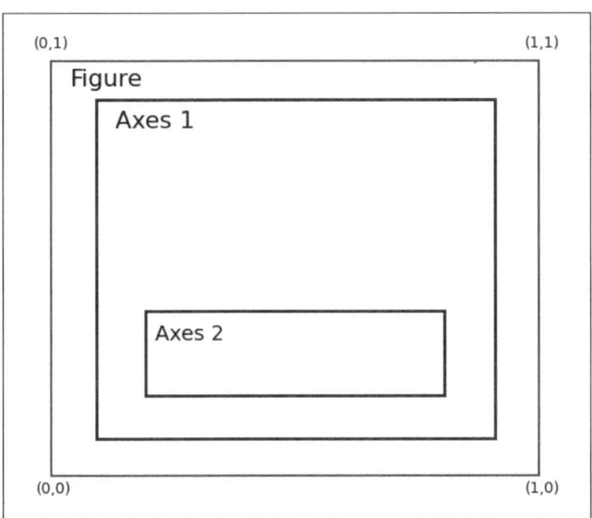

Abbildung 4.2 Veranschaulichung der Begriffe »Figure« und »Axes«

Figure

In der Matplotlib-Dokumentation wird ein *Figure* als Container für die oberste Ebene aller Plot-Elemente bezeichnet. Ein Figure-Objekt legt den gesamten Zeichenbereich fest.

In einem *Figure* können ein oder mehrere *Axes*-Objekte eingebettet werden.

Ein Figure-Objekt `fig` wird mit der Anweisung `fig = plt.figure()` erzeugt.

Die Koordinatendaten eines Figure-Objekts lassen sich nicht ändern, sie sind, wie Abbildung 4.2 zeigt, fest vorgegeben. Mit den Anweisungen `print(fig.get_figwidth())` und `print(fig.get_figheight())` können Sie sich die Breite und Höhe des Figure-Objekts ausgeben lassen. Die Standardwerte sind 6.4 für die Breite und 4.8 für die Höhe (in inch). Wenn Sie diese Werte mit der Standardauflösung von 100 dpi multiplizieren, erhalten Sie eine Zeichenfläche von 640×480 Pixel.

Mit den Anweisungen `fig.set_figwidth(12)` und `fig.set_figheight(10)` können Sie die Breite und die Höhe der Zeichenfläche vergrößern. Mit diesen Werten erhalten Sie eine Zeichenfläche von 1200×1000 Pixel.

Axes

Das wichtigste Containerelement ist ein *Axes*. Darunter versteht die Dokumentation ein Koordinatensystem, in dem ein oder mehrere Funktionsplots dargestellt werden können. In ein Figure-Objekt können mehrere Axes-Objekte (Unterdiagramme) eingebettet werden.

Mit der Anweisung

```
fig.subplots_adjust(left=0.15,bottom=0.15,right=0.7,top=0.8)
```

können Sie die Koordinaten der Axes-Objekte ändern. Für die Argumente dürfen Sie nur Werte zwischen 0 und 1 einsetzen. In der Regel müssen Sie sich nicht um die Koordinatendaten eines Axes kümmern, denn es werden zweckmäßige Standardwerte festgelegt.

Die Rahmenlinien (Achsen) eines Axes-Objekts werden in der Matplotlib-Dokumentation als *spines* bezeichnet. Mit den Methoden der Axes-Klasse können Sie Koordinatenachsen beschriften, Legenden und beliebigen Text in ein Diagramm einfügen und ein Diagramm mit einem aussagekräftigen Titel versehen. Die LaTeX-Notation bietet sogar die Möglichkeit, komplizierte mathematische Ausdrücke darzustellen, wie Formeln, griechische Buchstaben und Operatoren.

Ein Koordinatensystem erzeugt man mit der Anweisung `ax=fig.add_subplot()` oder mit `ax=fig.subplots()`.

Ein Figure- und ein Axes-Objekt können Sie auch mit einer einzigen Anweisung erzeugen: `fig,ax = fig.subplots()`. Die Methode `subplots()` gibt das Tupel `fig,ax` zurück. Die Bezeichner `fig` und `ax` stammen aus der Matplotlib-Dokumentation. Sie haben sich mittlerweile als Konvention durchgesetzt.

Mit dem Konsolenprogramm

```
>>> import matplotlib.pyplot as plt
>>> fig, ax = plt.subplots()
>>> print(ax.get_position())
Bbox(x0=0.125, y0=0.10999999999999999, x1=0.9, y1=0.88)
```

können Sie sich die Standardkoordinatendaten des Axes-Objekts anzeigen lassen.

Mit der Anweisung

```
ax.spines[['top', 'right']].set_visible(False)
```

können Sie die obere und rechte Rahmenlinie unsichtbar machen.

In Tabelle 4.1 sind die wichtigsten Figure-Methoden zusammengestellt.

Methode	Beschreibung
`add_axes([l,u,b,h])`	Erzeugt ein Koordinatensystem: linker Rand, Rand links unten, Breite, Höhe. Die Werte müssen zwischen 0 und 1 liegen.
`add_subplot(z,s,n)`	Erzeugt Unterdiagramme mit *z* Zeilen und *s* Spalten. Die Zahl *n* gibt die Anzahl der Unterdiagramme an. Wenn keine Parameter eingetragen werden, wird nur ein Diagramm erzeugt.
`savefig("name.png")`	Speichert eine Grafik im PNG-Format. Die Dateiendung legt das Dateiformat fest. Folgende Formate sind auch möglich: EPS (`eps`), JPEG (`jpeg`), JPG (`jpg`), PDF (`pdf`), PGF (`pgf`), PNG (`png`), PS (`ps`), RAW (`raw`), RGBA (`rgba`), SVG (`svg`), SVGGZ (`svgz`), TIF (`tif`), TIFF (`tiff`) und WEBP (`webp`).
`show()`	Veranlasst, dass das Diagramm auf dem Bildschirm angezeigt wird.
`subplots_adjust(par)`	Legt die Position der Zeichenfläche fest. Als Parameter `par` sind möglich: `left`, `right`, `bottom` und `top`.
`subplots(z,s)`	Erzeugt Unterdiagramme mit *z* Zeilen und *s* Spalten.
`tight_layout()`	Erzeugt Abstände zwischen Unterdiagrammen.

Tabelle 4.1 Figure-Methoden (Auswahl)

Tabelle 4.2 listet eine Auswahl von wichtigen Axes-Methoden auf.

Methode	Beschreibung
annotate(parameter)	Beschriftet eine hervorzuhebende Stelle eines Funktionsplots.
axis([x1,x2,y1,y2])	Legt den Wertebereich für einen Funktionsplot innerhalb eines Axes-Objekts fest.
grid()	Zeichnet Gitternetzlinien in ein Diagramm.
legend()	Platziert eine Legende auf der Zeichenfläche.
plot(x,f(x), ...)	Erzeugt intern eine Wertetabelle für einen Funktionsplot. Die show-Methode stellt den Funktionsplot auf dem Bildschirm dar.
set_title('Text')	Fügt in einem Diagramm eine Überschrift ein.
set_xlabel('Text')	Beschriftet die x-Achse.
set_ylabel("Text")	Beschriftet die y-Achse.
set_xlim(x1,x2)	Legt den Darstellungsbereich für die x-Achse fest.
set_ylim(y1,y2)	Legt den Darstellungsbereich für die y-Achse fest.
set_xticks([0,1,2, ...])	Legt die Skalierung der x-Achse fest. Wenn keine Einträge in der Liste vorhanden sind, wird die Anzeige der Skalierung unterdrückt.
set_yticks([0,1,2, ...])	Legt die Skalierung der y-Achse fest.
set_text('y=%3.2f'%x)	Gibt den Wert der Variablen x als formatierten Text aus.
text(x,y,'Text')	Platziert einen Text an der x- und y-Position auf dem Diagramm.

Tabelle 4.2 Wichtige Axes-Methoden (Auswahl)

Darstellung einer mathematischen Funktion

Die Darstellung einer mathematischen Funktion erfolgt in sieben Schritten:

1. das Modul numpy importieren
2. das Modul matplotlib.pyplot importieren
3. ein Array mit np.linspace(start,stop,anzahl) oder np.arange(start,stop,dx) für den Wertebereich der unabhängigen Variablen anlegen
4. eine oder mehrere mathematische Funktionen definieren

5. ein `fig`- und ein `ax`-Objekt erzeugen
6. das Funktionsdiagramm mit der Methode `ax.plot(x,y)` für die Darstellung vorbereiten
7. das Funktionsdiagramm mit der Methode `fig.show()` auf dem Bildschirm anzeigen

Eine objektorientierte Minimalversion eines Funktionsplots besteht also aus nur sieben Programmzeilen.

Listing 4.2 zeigt die im objektorientierten Stil programmierte Version für den Funktionsplot der Parabel aus Listing 4.1:

```
01  #02_plotnumpy.py
02  import numpy as np
03  import matplotlib.pyplot as plt
04  x=np.linspace(0,10,10)
05  y=x**2
06  fig, ax = plt.subplots(figsize=(6.4,4.8),dpi=100)#640x480 Pixel
07  ax.plot(x,y)
08  fig.show()
```

Listing 4.2 Parabel mit NumPy-Array

Das Programm erzeugt die gleiche Ausgabe wie Abbildung 4.1.

Analyse

Zeile 02 importiert das NumPy-Modul für die Erstellung eines Arrays. Das eindimensionale Array für den Wertebereich der unabhängigen Variablen `x` wird in Zeile 04 mit der NumPy-Funktion `linspace()` angelegt. Der Wertebereich der x-Achse wird durch diese Funktion automatisch festgelegt. In Zeile 05 steht die mathematische Funktionsdefinition für eine Parabel. Hier können auch andere mathematische Funktionen stehen. Die Anzahl der Funktionen ist nur durch die Darstellbarkeit begrenzt. Um die Skalierung der Achsen und deren Beschriftung mit Zahlen braucht sich der Anwender nicht zu kümmern, sie wird von der `plot`-Methode automatisch durchgeführt.

In Zeile 06 erzeugt die Methode `subplots(figsize=(6.4,4.8))` die Objekte `fig` und `ax`. Der Parameter `figsize(breite, hohe)` bestimmt die Größe der Grafik. Die erste Zahl legt die Breite und die zweite Zahl legt die Höhe des Fensters (Figure) fest. Bei den angegebenen Zahlen handelt es sich um die Standardwerte. Sie können diesen Parameter auch weglassen, wenn die Standardwerte für ihren Anwendungszweck ausreichen. Das `fig`-Objekt ermöglicht den Zugriff auf die Methoden, die für den gesamten Zeichenbereich zuständig sind. Über das `ax`-Objekt können Sie auf die Methoden für die Achsengestaltung zugreifen.

In Zeile 07 berechnet die die Methode `plot(x,y)` eine Wertetabelle für die Koordinatendaten der mathematischen Funktion. Dieser Vorgang bleibt dem Anwender verborgen.

Die Methode `fig.show()` (Zeile 08) bewirkt, dass der Funktionsplot auf dem Bildschirm dargestellt wird. Allerdings verwenden die Matplotlib-Dokumentation und die Fachliteratur die Schreibweise `plt.show()`. Diese Konvention übernehme ich für alle folgenden Programmbeispiele.

Sie können das Programm mit `plt.show(fig)` testen. So wird deutlicher, dass das gesamte Fenster auf dem Bildschirm angezeigt wird. Es aber allgemein üblich, diesen Parameter nicht zu benutzen.

Die Programmierung von Grafikanwendungen im objektorientierten Stil ist nicht zwingend notwendig, wie das folgende Konsolenprogramm zeigt:

```
>>> import numpy as np
>>> import matplotlib.pyplot as plt
>>> x=np.linspace(0,10,10)
>>> plt.plot(x,x**2)
[<matplotlib.lines.Line2D object at 0x13195e980>]
>>> plt.show()
```

Man könnte also für die Darstellung eines einfachen Funktionsplots mit nur fünf Programmzeilen auskommen. Um aber eine umfangreichere Funktionalität für die Präsentation von Grafiken zur Verfügung zu stellen, ist in Matplotlib-Programmen der objektorientierte Stil zu bevorzugen.

Die beiden Objekte `fig` und `ax` müssen nicht wie in Zeile 06 mit

```
fig, ax=plt.subplots()
```

innerhalb einer Programmzeile implementiert werden. Das `fig`- und das `ax`-Objekt lassen sich auch mit den Methoden `figure()` und `fig.add_subplot()` erzeugen:

```
fig=plt.figure(parameter) #Gestaltung der Benutzeroberfläche
ax=fig.add_subplot(parameter) #Gestaltung des Koordinatensystems
#ax=fig.subplots(parameter) #Für mehrere Unterdiagramme
```

Welche Parameter im Einzelnen möglich sind, zeige ich Ihnen in den folgenden Beispielen. Dabei kann bei der Vielzahl der Optionen nur eine kleine Auswahl getroffen werden. Näheres erfahren Sie in der Matplotlib-Dokumentation.

Vorschläge für den Programmtest

Um alle Einzelheiten des Programms besser zu verstehen, sollten Sie in Zeile 04 die Parameter in der NumPy-Funktion `linspace(par1,par2,par3)` ändern und die Auswirkungen auf die Darstellung des Funktionsplots genauer beobachten. Alternativ können Sie das Programm auch mit der NumPy-Funktion `arange(0,10,0.1)` testen. Wenn Sie den Wertebereich für die x-Achse ändern, werden Sie feststellen, dass sich die Skalierung der y-Achse automatisch anpasst.

In Zeile 05 können Sie das Programm auch mit einer anderen Funktion testen, z. B. mit `np.sin(x)`. Sie werden beobachten, dass die Skalierung der y-Achse automatisch angefasst wird.

In Zeile 06 können Sie die verschiedenen Möglichkeiten der Objekterzeugung ausprobieren. Vor allem sollten Sie die Parameter `figsize` und `dpi` variieren, um die Auswirkung auf die Diagrammgröße zu beobachten. Die eingetragenen Werte sind Standardwerte.

Wenn Sie die Anzeige der oberen und rechten Rahmenlinie des Axes-Objekts verbergen wollen, dann müssen Sie die Anweisung

```
ax.spines[['top', 'right']].set_visible(False)
```

zwischen Zeile 06 und 08 einfügen.

Unter der Zeile 07 können Sie die Anweisung `fig.savefig("parabel.png")` einfügen. Mit der Methode `savefig("name.dateiendung",dpi=zahl)` können Sie den Funktionsplot in einem wählbaren Dateiformat abspeichern. Die Dateiendung legt den Dateityp fest. Neben dem PNG-Dateiformat sind unter anderem noch die Formate PDF (`pdf`), EPS (`eps`), JPG (`jpg`) und SVG (`svg`) möglich. Der Parameter `dpi` legt die Auflösung fest. Die Standardeinstellung ist 100. Damit hat die Grafik eine Größe von 640×480 Pixel. Mit `dpi=200` können Sie die Größe der Grafik verdoppeln.

4.1.2 Gitternetzlinien

Um Funktionswerte besser ablesen zu können, ist die Einbindung von Gitternetzlinien (engl. *grid*) in das Funktionsdiagramm hilfreich. Die Methode `grid()` stellt hierfür zahlreiche Gestaltungsmöglichkeiten bereit, die in Listing 4.3 gezeigt werden:

```
#03_grid.py
import numpy as np
import matplotlib.pyplot as plt
t=np.linspace(0,20,500)
u=325*np.sin(2*np.pi*50*t/1000)
fig, ax = plt.subplots()
ax.plot(t,u,linewidth=2)
ax.grid(color='black',linestyle='solid',lw=0.5)
#ax.grid(color='black',ls='dashed',lw=0.5)
#ax.grid(color='black',ls='dotted',lw=0.5)
```

```
11 #ax.grid(color='black',ls='dashdot',lw=0.5)
12 #ax.grid(True)
13 plt.show()
```

Listing 4.3 Gitternetzlinien

Ausgabe

Ein Funktionsplot mit eingebundenem Gitternetz könnte so aussehen wie in Abbildung 4.3.

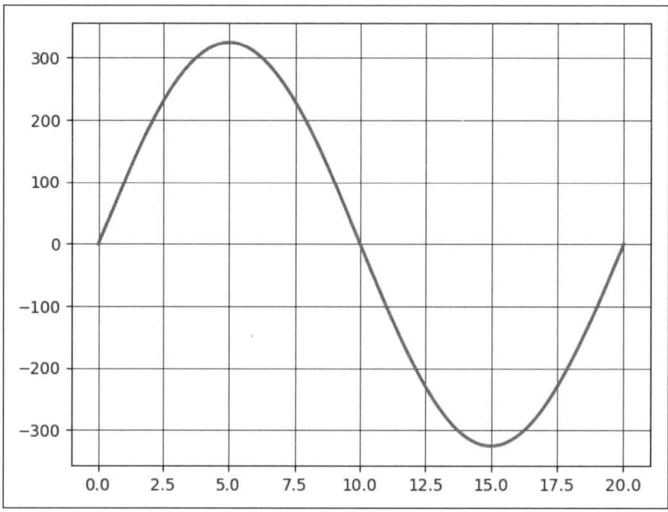

Abbildung 4.3 Gitternetzlinien

Analyse

Das Programm stellt den Verlauf *u(t)* einer 50-Hz-Wechselspannung dar. Der Parameter `linewidth=2` in Zeile 07 legt die Linienstärke des Funktionsplots fest. Die abgekürzte Schreibweise `lw=2` hat den gleichen Effekt.

Die Zeilen 08 bis 12 zeigen die verschiedenen Stile möglicher Gitternetzlinien. Durch Entfernen der Kommentare können Sie deren Aussehen testen. Die einfachste Möglichkeit, Gitternetzlinien in Funktionsplots darzustellen, zeigt die auskommentierte Zeile 12. Die Eigenschaft `linestyle` kann auch durch die abgekürzte Schreibweise `ls` ersetzt werden.

Das `fig`-Objekt wird in diesem Programm zwar nicht benötigt. Wenn man es aber weglässt, wird nach dem Programmstart eine Fehlermeldung ausgegeben. Außerdem kann es dazu benutzt werden, den Funktionsplot mit `fig.savefig('name.dateiformat')` als Datei abzuspeichern.

Zur Syntax in Zeile 06 gibt es auch die Alternative, die Objekte `fig` und `ax` mit `fig=plt.figure()` oder `ax=fig.add_subplot()` separat zu erzeugen.

4.1.3 Beschriftungen

Für die Beschriftungen von Funktionsplots stellt Matplotlib die Methoden `legend()` und `annotate()` bereit. Mit der Methode `set()` können Sie die x- und y-Achsen beschriften. Außerdem kann diese Methode noch den Titel eines Diagramms mit aufnehmen. Mit den Methoden `set_title()`, `set_xlabel` und `set_ylabel()` lassen sich diese Angaben auch separat implementieren.

Legenden und Beschriftung der Achsen

Sollen von einer mathematischen Funktion besondere Merkmale gekennzeichnet werden, ist es zweckmäßig, diese im Funktionsplot mit *Legenden* näher zu erläutern. Matplotlib bietet hierfür die Methode `legend(location)` an. Der Parameter `location` gibt die Position der Legende an. Außerdem sollten auch die x- und die y-Achse beschriftet werden, um den Zusammenhang zwischen unabhängigen und abhängigen Variablen deutlich herauszustellen. Hierfür stellt Matplotlib die Methoden `set_xlabel()` und `set_ylabel()` zur Verfügung. Die separate Beschriftung der Achsen lässt sich zusammen mit dem Diagrammtitel auch mit der Methode `set(xlabel='x', ylabel='y',title='Titel')` in nur einer Programmzeile unterbringen. Listing 4.4 zeigt am Beispiel einer 50-Hz-Wechselspannung die Implementierung einer Legende und die Achsenbeschriftungen.

```
#04_beschriftungen_legende.py
import numpy as np
import matplotlib.pyplot as plt
t=np.arange(0,20,0.001)
Ueff=[230,230]
u=325*np.sin(2*np.pi*50*t*1e-3)
fig, ax = plt.subplots()
ax.plot(t,u,'b',lw=2,label='Momentanwert: u(t)')
ax.plot([0,20],Ueff,'r--',label='Effektivwert: 230V')
ax.plot(5,325,'ro',label='Spitzenwert:325V')
ax.set(xlabel='t in ms',ylabel='u(t) in V',title='50 Hz Wechselspannung')
#ax.legend(loc='upper right')
#ax.legend(loc='lower left')
ax.legend(loc='best')
ax.grid(color='g',ls='dashed',lw='0.5')
plt.show()
```

Listing 4.4 Legende

Ausgabe

Die Einbindung einer Legende zeigt Ihnen Abbildung 4.4.

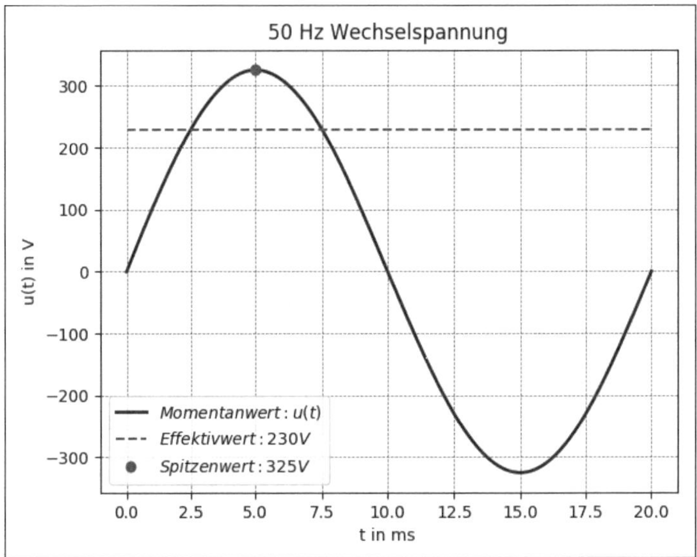

Abbildung 4.4 Legende

Analyse

Die Anweisung `Ueff=[230,230]` in Zeile 05 legt die y-Koordinaten einer konstanten Spannung fest. Der Methode `plot()` werden als dritter Parameter die Linienfarben (`b` steht für `blue`) übergeben (Zeile 08). Der fünfte Parameter `label='Momentanwert: u(t)'` enthält die Beschriftung der Legende.

Der dritte Parameter `'ro'` in Zeile 10 bewirkt, dass an der Stelle `t=5ms` und `u=325V` ein roter Punkt gezeichnet wird. Das `r` steht für die Farbe `red`. Das `o` bedeutet, dass ein Punkt gezeichnet werden soll.

Die Methode `set()` in Zeile 11 erstellt die Beschriftungen für die x- und die y-Achse sowie den Titel des Diagramms. Die Methode `ax.legend(loc='best')` sucht die optimale Stelle für die Platzierung der Legende (Zeile 14). Die auskommentierten Zeilen 12 und 13 zeigen Alternativen.

Die Beschriftungen können Sie auch mit

```
ax.set_title('50 Hz Wechselspannung')
ax.set_xlabel('t in ms')
ax.set_ylabel('u(t) in V')
```

auf drei Programmzeilen aufteilen. Diese Variante bietet mehr Möglichkeiten für die Positionierung und farbliche Gestaltung der Achsenbeschriftungen.

Beschriftungen mit der Methode annotate()

Das folgende Programmbeispiel in Listing 4.5 zeigt, wie mehrere mathematische Funktionen in einem Diagramm dargestellt und mit der Methode `annotate()` gekennzeichnet werden können. Das Programm stellt drei Widerstandskennlinien und eine Leistungshyperbel dar.


```
01 #05_beschriftungen_funktionen.py
02 import numpy as np
03 import matplotlib.pyplot as plt
04 R1,R2,R3=2,4,8
05 I=0.2
06 P=1
07 I=np.linspace(0.1, 1, 100)
08 U1=R1*I
09 U2=R2*I
10 U3=R3*I
11 U=P/I
12 fig, ax = plt.subplots()
13 ax.plot(I,U1,I,U2,I,U3,lw=2,color='blue')
14 ax.plot(I,U,lw=2,color='green')
15 ax.set(xlabel='I in A',ylabel='U in V',title='Leistungshyperbel U=P/I')
16 ax.annotate(r'$R_1$',xy=(1,2),xytext=(+2,-3),textcoords='offset points')
17 ax.annotate(r'$R_2$',xy=(1,4),xytext=(+2,-3),textcoords='offset points')
18 ax.annotate(r'$R_3$',xy=(1,8),xytext=(+2,-3),textcoords='offset points')
19 ax.grid(True)
20 plt.show()
```

Listing 4.5 Bezeichnen von Funktionen

Ausgabe

Wie mehrere Funktionen im Funktionsplot dargestellt und bezeichnet werden können, zeigt Abbildung 4.5.

Analyse

In den Zeilen 08 bis 11 werden die Funktionen für die Widerstandskennlinien und die Leistungshyperbel definiert. Die Zeilen 13 und 14 erzeugen die Funktionsplots für die Widerstandskennlinien und die Leistungshyperbel.

Die Anweisungen in den Zeilen 16 bis 18 erzeugen die Beschriftungen mit der Methode `annotate(param1,param2,param3,param4)`. Als erster Parameter wird die Beschriftung `$R_1$` der Widerstandskennlinie übergeben. Der Unterstrich der LaTeX-Notation bewirkt die Tiefstellung des Index. Der zweite Parameter legt die x-y-Koordinaten der Beschriftung fest. Der dritte Parameter bestimmt den Offset. Die Beschriftung wird um zwei Punkt in x-Richtung nach rechts und um drei Punkte nach unten in y-Richtung verschoben. Der vierte Parameter legt fest, dass die Verschiebung der Beschriftung in Punkt erfolgen soll.

Innerhalb der Zeichenfläche können Sie auch einen kommentierenden Text oder auch Formeln mit der Methode `text()` platzieren, zum Beispiel mit:

```
ax.text(0.2,9,r'Spannung $U=\frac{P}{I}$',fontsize=12)
```

Dabei bestimmt die erste Zahl die x- und zweite Zahl die y-Koordinate, an der der Text positioniert werden soll.

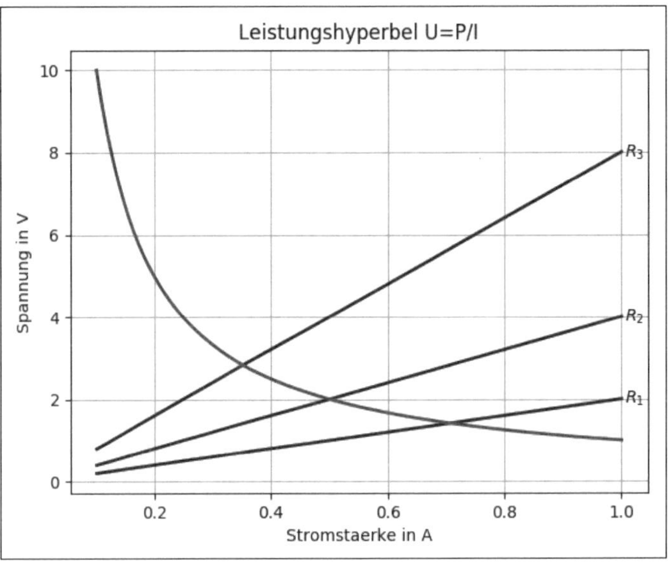

Abbildung 4.5 Kennzeichnen von Funktionen

4.1.4 Linienstile

Damit bei der Darstellung mehrerer Funktionen in einem Funktionsplot die einzelnen Funktionen besser identifiziert werden können, kann jeder einzelnen mathematischen Funktion ein besonderer Linienstil zugeordnet werden. Listing 4.6 zeigt vier verschiedene Linienstile für die Grundschwingung und drei Oberschwingungen einer Rechteckfunktion:

```
#06_linienstil.py
import numpy as np
import matplotlib.pyplot as plt
x=np.linspace(0,6.3,500)
y1=np.sin(x)
y3=np.sin(3*x)/3
y5=np.sin(5*x)/5
```

```
08 y7=np.sin(7*x)/7
09 y=y1+y3+y5+y7
10 fig, ax = plt.subplots()
11 ax.plot(x,y1,color='b',lw=2,linestyle='-') #blau
12 ax.plot(x,y3,color='r',lw=2,linestyle='--')#rot
13 ax.plot(x,y5,color='m',lw=2,linestyle=':') #magenta
14 ax.plot(x,y7,color='g',lw=2,linestyle='-.')#grün
15 ax.plot(x,y,color='black',lw=3)
16 ax.set_xlabel('x')
17 ax.set_ylabel('y')
18 ax.grid(True)
19 plt.show()
```

Listing 4.6 Linienstile

Ausgabe

Welche Linienstile zur Unterscheidung verschiedener Funktionen möglich sind, zeigt Abbildung 4.6.

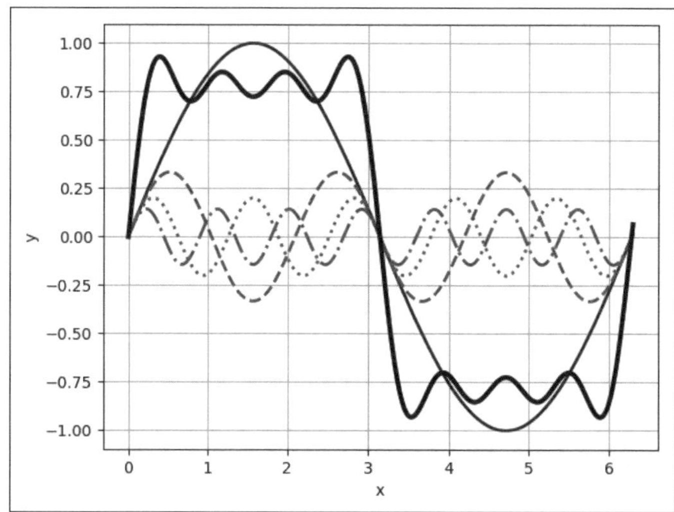

Abbildung 4.6 Verschiedene Linienstile

Analyse

Die Zeilen 11 bis 14 legen die Linienstile fest. Für eine durchgezogene Linie wird der Eigenschaft `linestyle='-'` ein Strich zugewiesen. Ein Doppelstrich `'--'` zeichnet eine gestrichelte Linie. Ein Doppelpunkt `':'` zeichnet eine gepunktete Linie. Ein Strich und ein Punkt `'-.'` zeichnen eine Strich-Punkt-Linie. Wenn keine Eigenschaft für den Linienstil angegeben wird (Zeile 15), dann wird standardmäßig eine durchgezogene Linie gezeichnet. Die Eigenschaft `linestyle` kann auch mit `ls` abgekürzt werden.

Die Linienstile und Linienfarben können Sie auch mit den Abkürzungen `'b-'`, `'r--'`, `'m:'` und `'g-.'` ändern.

4.1.5 Achsengestaltung

Bisher hat Matplotlib die Achsenskalierung automatisch durchgeführt und den äußeren Rahmen des Funktionsplots vorgegeben. In vielen Fällen ist es aber notwendig oder wünschenswert, die Achsenskalierung oder die Gestalt der Koordinaten in Form eines Kreuzes zu ändern.

Achsenskalierung ändern

Listing 4.7 zeigt, wie Sie die Achsenskalierung ändern können. Die Daten stammen aus einem Zugversuch. Dargestellt wird der Zusammenhang zwischen der Länge des Probestabes und der aufgewendeten Zugkraft.

```
01 #07_achsenskalierung.py
02 import matplotlib.pyplot as plt
03 l=[0,0.02,0.1,0.2,1.15,2.2,3.25,4.3,5.4,6.4]
04 F=[5.7,7.5,7.2,7.3,8.9,10.4,11.3,12,11.4,9.3]
05 fig, ax = plt.subplots()
06 ax.plot(l, F,'ro-')
07 ax.set_xticks([0,1,2.2,3.25,4.3,5.4,6.4])
08 ax.set_yticks([0,5.7,7.5,8.9,10.4,12,9.3])
09 #ax.axis([-0.5,7,5,13])
10 ax.set_xlabel("l in mm")
11 ax.set_ylabel("F in kN")
12 plt.show()
```

Listing 4.7 Individuelle Achsenskalierung

Ausgabe

Die Ausgabe der individuellen Achsenskalierung aus Listing 4.7 sehen Sie in Abbildung 4.7.

Analyse

In den Zeilen 03 und 04 stehen die aus einem Zugversuch stammenden Daten für die Stablänge und die Zugkraft. Zeile 06 legt fest, dass die Zugkraft als roter Linienzug mit ebenfalls roten Markierungen der Messpunkte über die Stablänge dargestellt wird.

Mit den Methoden `set_xticks([])` und `set_yticks([])` in den Zeilen 07 und 08 wird die Skalierung für markante Funktionswerte festgelegt. Die Alternative in der auskommentierten Zeile 09 bewirkt, dass die Funktion auf der x-Achse für den Wertebereich von –0,5 bis 7 und auf der y-Achse für den Wertebereich von 5 bis 13 dargestellt wird.

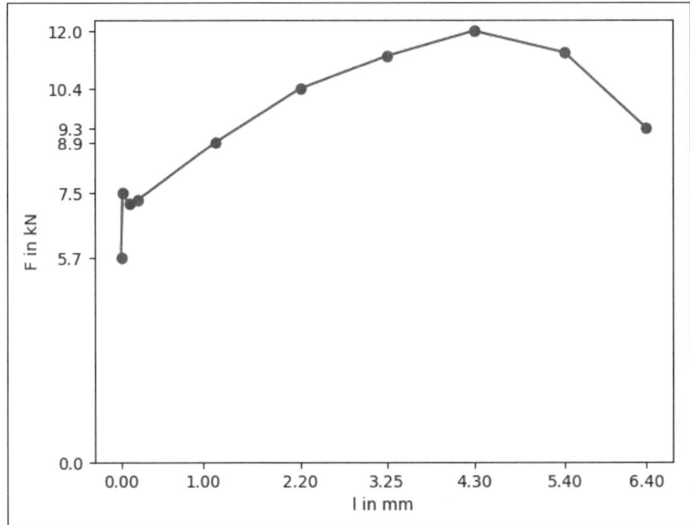

Abbildung 4.7 Individuelle Achsenskalierung

Achsenkreuz erzeugen

Listing 4.8 zeigt, wie Sie mit der Methode `spines` ein Achsenkreuz erzeugen können. Mit den Anweisungen

```
spines['top'].set_visible(False)
spines['right'].set_visible(False)
```

werden die Randlinien `top` und `right` des Axes-Objekts mit `set_visible(False)` unsichtbar gemacht.

Mit den Anweisungen

```
spines['left'].set_position(("data", 0))
spines[,'bottom']].set_position(("data", 0))
```

werden die linke und die rechte Randlinie in den Koordinatenursprung verschoben.

Eine auf der y-Achse verschobene Parabel $y = x^2 - 4$ dient als Demonstrationsobjekt.

```
#08_achsenstil.py
import numpy as np
import matplotlib.pyplot as plt
#Funktionsdefinition
def f(x):
    #y=np.sin(np.pi*x)
```

```
07         y=x**2-4
08         return y
09 #Grafikbereich
10 fig, ax = plt.subplots()
11 ax.spines[['top', 'right']].set_visible(False)
12 ax.spines[['left', 'bottom']].set_position(("data", 0))
13 x = np.linspace(-5, 5, 100)
14 ax.plot(x,f(x),'r-',lw=2)
15 ax.set_xlabel('x',loc='right')
16 ax.set_ylabel('f(x)',loc='top',rotation=0)
17 plt.show()
```

Listing 4.8 Achsenkreuz

Ausgabe

Das Ergebnis der Umwandlung in ein Achsenkreuz sehen Sie in Abbildung 4.8.

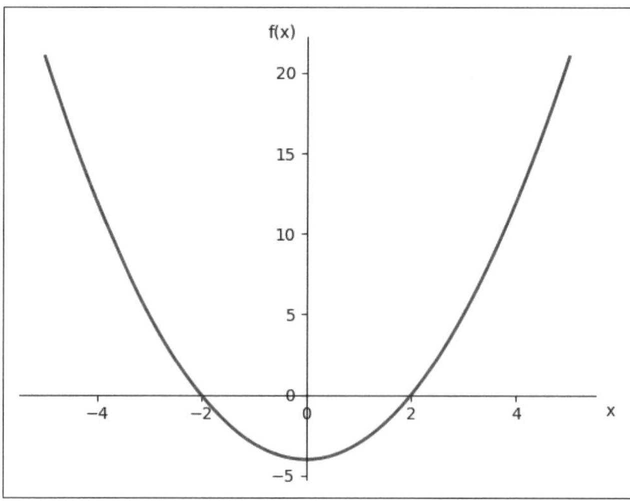

Abbildung 4.8 Achsenkreuz

Analyse

Die Anweisung in Zeile 11 bewirkt, dass die obere und rechte Rahmenlinie nicht angezeigt wird.

In Zeile 12 wird die linke und untere Achse in den Koordinatenursprung verschoben.

Wenn Sie die x- und die y-Achse mit Pfeilen verschönern wollen, dann müssen Sie in den Grafikbereich die folgenden Zeilen einfügen:

```
ax.plot(1,0,'>k',transform=ax.get_yaxis_transform(), clip_on=False)
ax.plot(0,1,'^k',transform=ax.get_xaxis_transform(), clip_on=False)
```

Logarithmische Skalenteilung

Eine logarithmische Skalenteilung ist nützlich, wenn der Wertebereich der darzustellenden Daten viele Größenordnungen umfasst. Durch die logarithmische Darstellung werden Zusammenhänge im Bereich der kleinen Werte besser sichtbar. Für die Darstellung des Übertragungsverhaltens von Tiefpässen wird in der Regel immer eine logarithmische Skalenteilungen der Frequenzachse gewählt. Das Übertragungsverhalten (Frequenzgang) eines Butterworth-Tiefpasses n-ten Grades wird durch folgende Formel beschrieben:

$$A = \frac{1}{\sqrt{1 + \Omega^{2n}}}$$

Dabei steht Ω für die auf 1 Hz normierte Frequenz und n für den Grad des Filters. Bis zu der Grenzfrequenz von 1 Hz bleibt der Übertragungsfaktor nahezu konstant, besonders dann, wenn der Grad des Filters erhöht wird.

Listing 4.9 zeigt, wie das Übertragungsverhalten $A = f(\Omega)$ eines Butterworth-Tiefpasses ersten bis dritten Grades mit logarithmischer Skalenteilung dargestellt wird. Mit der Methode `semilogx()` erhält die x-Achse eine logarithmische Skaleneinteilung.

```
01 #09_logachse.py
02 import numpy as np
03 import matplotlib.pyplot as plt
04 omega=np.linspace(0.1,100,1000)
05 fig, ax = plt.subplots()
06 for n in range(1,4):
07     A=1./(np.sqrt(1.+omega**(2*n)))
08     ax.semilogx(omega,A)
09 ax.set_xlabel('Frequenz in Hz')
10 ax.set_ylabel('A')
11 ax.grid(True)
12 plt.show()
```

Listing 4.9 Logarithmische Skalenteilung

Ausgabe

Die mit der Methode `semilogx()` generierte logarithmische Skaleneinteilung zeigt Abbildung 4.9.

Analyse

Das dargestellte Übertragungsverhalten zeigt deutlich, dass sich der Übertragungsfaktor bis zur Grenzfrequenz von 1 Hz kaum ändert. Die Methode `semilogx(omega,A)` in Zeile 08 bewirkt, dass die x-Achse in dem Bereich von 0,1 Hz bis 100 Hz logarithmisch skaliert wird. Zwischen den Frequenzen von 0,1 bis 1 Hz, 1 Hz bis 10 Hz und 10 Hz bis 100 Hz haben die Abschnitte auf der x-Achse die gleiche Länge.

Wenn Sie unter der Zeile 05 die Methode `ax.set_xscale('log')` einfügen und die Anweisung `ax.semilogx(omega,A)` in `ax.plot (omega,A)` ändern, dann erhält die x-Achse ebenfalls eine logarithmische Skalenteilung.

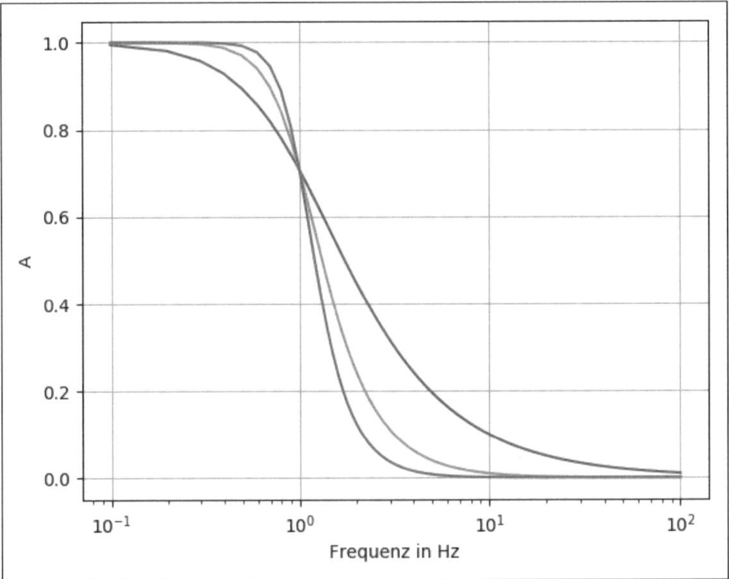

Abbildung 4.9 Logarithmische Skalenteilung

Polarkoordinaten

Unter einem Polarkoordinaten- oder Kreiskoordinatensystem versteht die Mathematik ein zweidimensionales Koordinatensystem, in dem jeder Punkt durch den Abstand vom Mittelpunkt und einem Winkel festgelegt wird. Linien werden mit der Methode `polar(w1,w2,r1,r2)` dargestellt. Die Abkürzungen `w` und `r` stehen für Winkel bzw. Radius. Listing 4.10 demonstriert, wie ein Quadrat und eine Linie in einem Polarkoordinatensystem dargestellt werden:

```
#10_polar_koordinaten.py
import numpy as np
import matplotlib.pyplot as plt

def theta_rad(winkel1,winkel2):
    theta=[winkel1,winkel2]
    return np.radians(theta)

fig, ax = plt.subplots(subplot_kw={'projection': 'polar'})
```

```
10 ax.polar(theta_rad(0,90),[1,1],'r',lw=3)
11 ax.polar(theta_rad(90,180),[1,1],'g',lw=3)
12 ax.polar(theta_rad(180,270),[1,1],'m',lw=3)
13 ax.polar(theta_rad(270,0),[1,1],'b',lw=3)
14 ax.polar(theta_rad(0,45),[0,0.6],'black',lw=3)
15 ax.grid(True)
16 plt.show()
```

Listing 4.10 Polarkoordinaten

Ausgabe

Abbildung 4.10 zeigt Linien in einem Diagramm mit Polarkoordinaten.

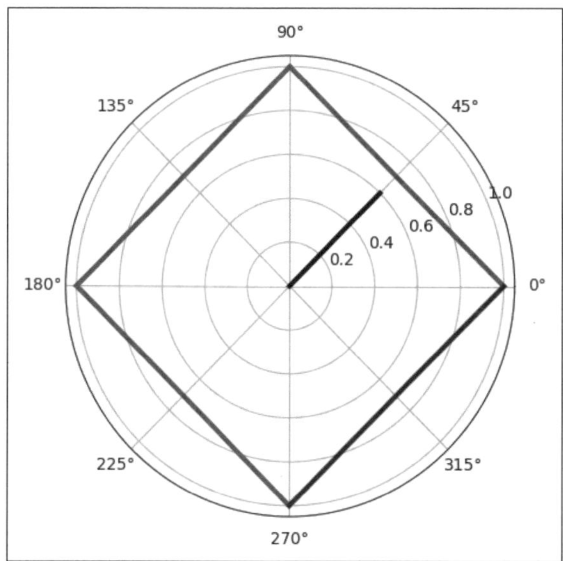

Abbildung 4.10 Polarkoordinaten

Analyse

In Zeile 09 legt der Parameter `subplot_kw={'projection': 'polar'}` in der Methode `subplots()` fest, dass das voreingestellte kartesische Koordinatensystem in ein Polarkoordinatensystem umgewandelt wird. Die Beschriftungen für die Winkel und Radien werden automatisch erzeugt. Mithilfe der Zeilen 10 bis 13 zeichnet die `plot`-Methode die vier Linien eines Quadrats. Die Methode

```
ax.polar(theta_rad(0,45),[0,0.6],'black',lw=3)
```

in Zeile 14 zeichnet eine schwarze Linie (Radius) mit den Polarkoordinaten 45° und 0,6.

4.1.6 Flächen einfärben

Es ist in einigen Fällen zweckmäßig, die Fläche durch eine Einfärbung hervorzuheben, die entsteht, wenn sich eine in Richtung der positiven y-Achse geöffnete Parabel und eine in Richtung der negativen y-Achse geöffnete Parabel in zwei Punkten schneiden. Ebenso nützlich ist die Einfärbung der Fläche unter einem Funktionsgraphen und seinen Schnittpunkten mit der x-Achse. Diese Aufgabe können Sie mit die Methode `fill_between()` erledigen.

Flächen zwischen zwei Funktionsgraphen einfärben

Durch das Einfärben von Flächen zwischen zwei Funktionsgraphen kann die Berechnung eines Flächenintegrals veranschaulicht werden. Listing 4.11 zeigt, wie Sie die Flächen zwischen den Schnittpunkten der Parabeln

$$y_1 = (x-3)^2$$

und

$$y_2 = -(x-2)^2 + 8$$

einfärben können:

```
01 #11_einfaerben_parabel.py
02 import numpy as np
03 import matplotlib.pyplot as plt
04 x = np.linspace(0,5,100)
05 y1 = (x-3)**2
06 y2 = -(x-2)**2+8
07 fig, ax=plt.subplots()
08 ax.plot(x, y1, x, y2, color='black')
09 ax.fill_between(x,y1,y2,where=y2>=y1,facecolor='b',alpha=0.2)
10 ax.set_xlabel('x')
11 ax.set_ylabel('y')
12 plt.show()
```

Listing 4.11 Flächen zwischen Funktionsgraphen einfärben

Ausgabe

Das Ergebnis der Einfärbung zwischen den Funktionsgraphen aus Listing 4.11 sehen Sie in Abbildung 4.11.

Analyse

In Zeile 09 wird mit der Methode

```
ax.fill_between(x,y1,y2,where=y2>=y1,facecolor='b',alpha=0.2)
```

die Fläche zwischen den Schnittpunkten der beiden Parabeln blau eingefärbt. Den Bereich der Einfärbung legt die Bedingung `where=y2>=y1` fest. Das bedeutet, nur für den Wertebereich, in dem `y2` größer gleich `y1` ist, soll die Einfärbung erfolgen. Der Parameter `alpha=0.2` legt die Transparenz (Durchsichtigkeit) der Einfärbung fest. Je kleiner der Wert ist, desto höher ist die Transparenz.

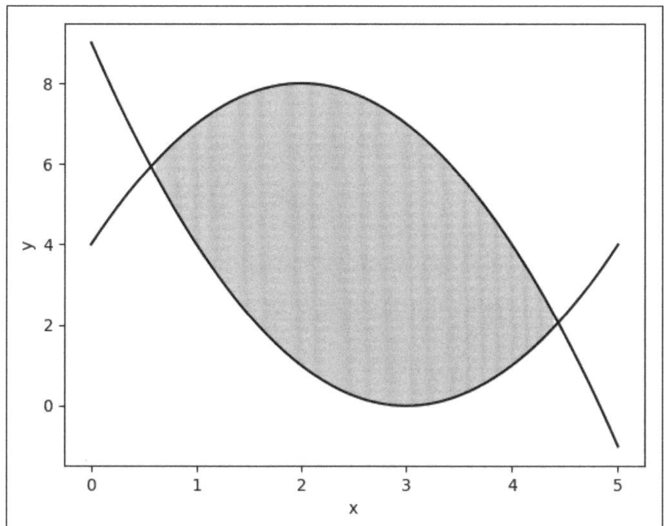

Abbildung 4.11 Flächen zwischen Funktionsgraphen einfärben

Flächen ober- und unterhalb der x-Achse einer Sinus-Funktion einfärben

Listing 4.12 zeigt am Beispiel der Wechselstromleistung die Einfärbung zwischen dem Funktionsgraphen des Leistungsverlaufs $p(t)$ und der x-Achse:

```
#12_einfaerben_leistung.py
import numpy as np
import matplotlib.pyplot as plt
f=50
URms=230
R=10
Xc=10
XL=0
Z=np.sqrt(R**2 + (XL-Xc)**2)
phi=np.arctan((XL-Xc)/R)
I=URms/Z
t=np.linspace(0,20,500)
u=np.sqrt(2)*URms*np.sin(2*np.pi*f*t*1e-3)
i=np.sqrt(2)*I*np.sin(2*np.pi*f*t*1e-3-phi)
p=u*i
```

```
16 fig, ax=plt.subplots()
17 ax.plot(t, p, color='black')
18 ax.fill_between(t,0,p,where=p >=0,facecolor='r',alpha=0.2,
   label='positiver Anteil')
19 ax.fill_between(t,0,p,where=p <=0,facecolor='g',alpha=0.2,
   label='negativer Anteil')
20 ax.set(xlabel='t in ms',ylabel='p(t) in Watt',title= Wechselstromleistung)
21 ax.legend(loc='best')
22 plt.show()
```

Listing 4.12 Einfärben zwischen dem Funktionsgraphen und der x-Achse

Ausgabe

Wie hilfreich dieses Einfärben für die Visualisierung und das schnelle Erfassen des Inhalts mithilfe des Moduls `matplotlib` sein kann, stellt Abbildung 4.12 unter Beweis.

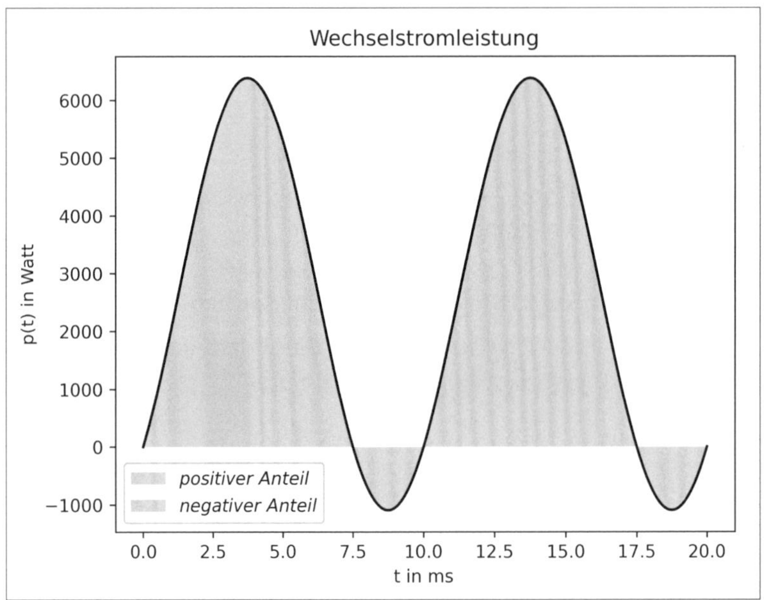

Abbildung 4.12 Einfärben zwischen Funktionsgraph und x-Achse

Analyse

Die Anweisung in Zeile 18 färbt den Bereich der Leistungskurve für den positiven Bereich `where=p>=0` rot ein, und Zeile 19 färbt den negativen Bereich `where=p<=0` der Leistungskurve grün ein. Die Legende unten links im Diagramm kennzeichnet die beiden Bereiche.

4.1.7 Unterdiagramme

Matplotlib bietet mit der Methode

```
fig,ax = plt.subplots(zeilen,spalten)
```

die Möglichkeit, mehrere mathematische Funktionen mit unterschiedlichen Wertebereichen in Unterdiagrammen (engl. *subplots*) darzustellen.

Diese Methode gibt das Tupel fig,ax zurück. Das Objekt fig bestimmt die Abmessungen des gesamten Zeichenbereichs, und mit dem Objekt ax können Sie auf die Eigenschaften der Achsen zugreifen.

Zeilen- und Spaltenanordnung

Listing 4.13 stellt vier Funktionsplots dar: eine lineare Funktion mit positiver Steigung, eine lineare Funktion mit negativer Steigung, eine Parabel und eine Hyperbel. Die vier Unterdiagramme werden mit der Anweisung ax= subplots(2,2) intern angelegt. Das Objekt ax ist vom Typ <class 'numpy.ndarray'>. Es kann wie eine 2×2-Matrix behandelt werden. Die Indices bestimmen die Position des Unterdiagramms auf dem Bildschirm.

```
#13_subplot_funktionen.py
import numpy as np
import matplotlib.pyplot as plt
x = np.linspace(0, 10, 100)
y1=x
y2=5-x
y3=x**2
y4=1/(0.2*x+1)
fig, ax = plt.subplots(2, 2)
#1. Zeile, 1. Spalte
ax[0,0].set(ylabel='y',title='lineare Funktion')
ax[0,0].plot(x,y1,'b',lw=2)#Blau
ax[0,0].grid(True)
#1. Zeile, 2. Spalte
ax[0,1].set(title='negative Steigung')
ax[0,1].plot(x,y2,'r',lw=2)#rot
ax[0,1].grid(True)
#2. Zeile, 1. Spalte
ax[1,0].set(xlabel='x',ylabel='y',title='Parabel')
ax[1,0].plot(x,y3,'g',lw=2)#gruen
ax[1,0].grid(True)
#2. Zeile, 2. Spalte
ax[1,1].set(xlabel='x',title='Hyperbel')
```

```
24 ax[1,1].plot(x,y4,'k',lw=2)#schwarz
25 ax[1,1].grid(True)
26 fig.tight_layout()
27 plt.show()
```

Listing 4.13 Funktionsdarstellung in vier Unterdiagrammen

Ausgabe

Wie die vier Funktionen in vier Unterdiagrammen dargestellt werden, sehen Sie in Abbildung 4.13.

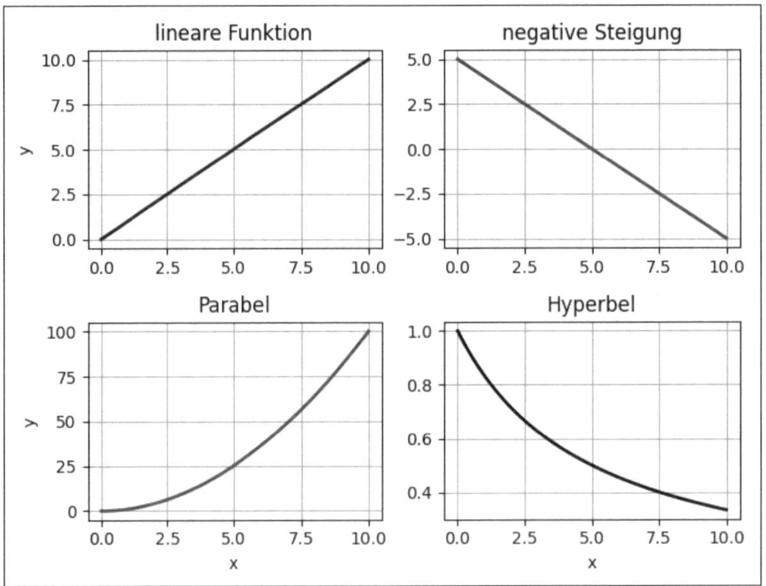

Abbildung 4.13 Funktionsdarstellung in vier Unterdiagrammen

Analyse

In den Zeilen 05 bis 08 werden die vier mathematischen Funktionen definiert. Die ersten beiden Parameter der Methode `subplots(2,2)` in Zeile 09 legen fest, dass das Diagramm aus Unterdiagrammen mit zwei Zeilen und zwei Spalten besteht. Die erste Zahl bestimmt die Anzahl der Zeilen und die zweite Zahl legt die Anzahl der Spalten fest.

Die Anordnung der Unterdiagramme wird durch die Indexierung festgelegt. Das Indexpaar `[0,0]` legt z. B. fest, dass das erste Unterdiagramm in der ersten Zeile und Spalte platziert wird. Das zweite Unterdiagramm in der ersten Zeile und zweiten Spalte wird mit `[0,1]` indiziert usw.

Die Methode `tight_layout()` in Zeile 26 hat die Aufgabe, genügend Abstand zwischen den vier Funktionsplots zu schaffen. Die Abstände können Sie durch die Parameter pad, w_pad und h_pad ändern. Die Eigenschaft pad bestimmt den Abstand zwischen den Rändern der Zeichenfläche und den Rändern der Unterdiagramme als Bruchteil der Schriftgröße. Der Standardwert von pad ist 1,08. Die Eigenschaften w_pad und h_pad legen die vertikalen und horizontalen Abstände zwischen den Unterdiagrammen fest.

Anwendungsbeispiel: Wechselstromleistung

Das nächste Beispiel in Listing 4.14 stellt den zeitlichen Verlauf der Spannung, der Stromstärke und der Leistung in einem 50-Hz-Wechselstromkreis dar. Die Unterdiagramme werden untereinander in drei Zeilen angeordnet.

```
#14_subplot_leistung.py
import numpy as np
import matplotlib.pyplot as plt
f=50
URms=230
R=0.001
Xc=10
XL=0
Z= np.sqrt(R**2+(XL-Xc)**2)
phi=np.arctan((XL-Xc)/R)
I=URms/Z
t = np.linspace(0.0, 20, 1000)
u=np.sqrt(2)*URms*np.sin(2*np.pi*f*t*1e-3)
i=np.sqrt(2)*I*np.sin(2*np.pi*f*t*1e-3-phi)
p=u*i
fig, ax = plt.subplots(3,1)
#Spannung
ax[0].plot(t, u,'b',lw=2)
ax[0].set_ylabel('u(t)')
ax[0].grid(True)
#Strom
ax[1].plot(t,i,'r',lw=2)
ax[1].set_ylabel('i(t)')
ax[1].grid(True)
#Leistung
ax[2].plot(t,p,'g',lw=2)
ax[2].set(xlabel='Zeit in ms',ylabel='p(t)')
ax[2].grid(True)
fig.tight_layout()
plt.show()
```

Listing 4.14 Funktionsdarstellung in drei Reihen

Ausgabe

Wie die Funktionen des Beispiels in drei Unterdiagrammen in drei Reihen untereinander dargestellt werden, sehen Sie in Abbildung 4.14.

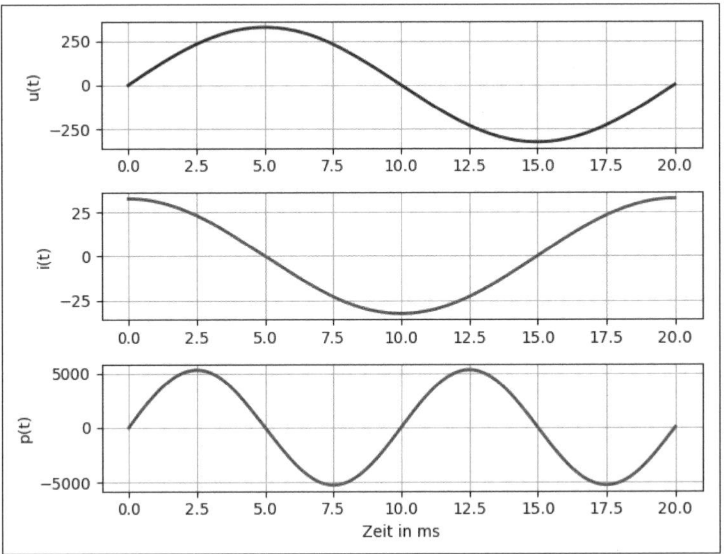

Abbildung 4.14 Funktionsdarstellung in drei Reihen

Analyse

In der Zeile 16 werden das `fig`- und das `ax`-Objekt mit der Methode `subplots(3,1)` erzeugt. Die beiden Parameter legen fest, dass die Unterdiagramme in drei Zeilen und einer Spalte angeordnet werden. Der Index von `ax` bestimmt die Reihenfolge der dazustellenden Unterdiagramme. Zuerst wird der Verlauf der Spannung mit der Linienfarbe Blau, dann der Verlauf der Stromstärke mit der Linienfarbe Rot und zum Schluss in der dritten Zeile der Verlauf der Leistung mit der Linienfarbe Grün dargestellt. Sie können den Code für die Unterdiagramme in einer anderen Reihenfolge anordnen, die beschriebene Darstellung ändert sich nicht.

Ein Axes-Objekt in ein anderes Axes-Objekt einfügen

Mitunter ist es hilfreich, ein bestimmtes Detail eines Funktionsplots besonders hervorzuheben. Mit der Anweisung

```
ax2=fig.add_axes([links,unten,breite,hoehe])
```

können Sie ein Unterdiagramm in ein bereits bestehendes Diagramm einbetten. Die Zahlenwerte für die Parameter müssen zwischen 0 und 1 liegen.

Listing 4.15 zeigt, wie ein kleiner Ausschnitt aus einem verrauschten Sinussignal in einem eingebetteten Diagramm (Unterdiagramm) verdeutlicht wird. Dieser Ausschnitt wird vergrößert dargestellt (gezoomt), um die Details des Signals deutlich sichtbarer zu machen.

```
#15_axes_axes.py
import numpy as np
import matplotlib.pyplot as plt
f=50     #Frequenz in Ht
tmax=20 #Zeit in ms
t = np.linspace(0, tmax, 500)
ut=5*np.sin(2*np.pi*f*t*1e-3) + 0.8*np.random.randn(t.size)
fig=plt.figure()
#left, bottom, width, height
ax1=fig.add_axes([0.12,0.1,0.8,0.8]) #außen
ax2=fig.add_axes([0.6,0.6,0.28,0.25])#innen
#x1,x2,y1,y2
ax1.axis([0,tmax,-10,10])
ax2.axis([2.5,3.5,0,10])
#Grafik-Ausgabe
ax1.plot(t,ut,"b-")
ax1.set_xlabel('t in ms')
ax1.set_ylabel('u(t)')
ax2.plot(t,ut,"b-")
plt.show()
```

Listing 4.15 Einfügen eines Axes-Objekts in ein anderes Axes-Objekt

Ausgabe

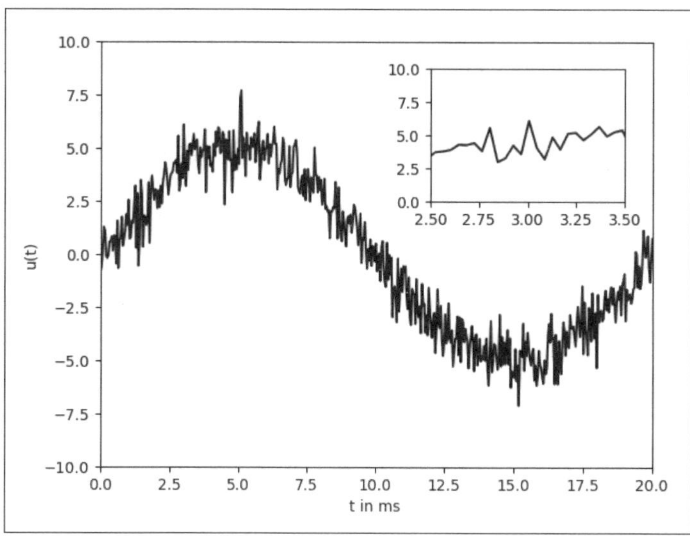

Abbildung 4.15 Ein Unterdiagramm einbetten

Analyse

In Zeile 08 erzeugt die Methode `figure()` das Objekt `fig`. Mit diesem Objekt können Sie auf die Methode `add_axes()` zugreifen.

In Zeile 11 erzeugt die Methode `add_axes([0.6,0.6,0.28,0.25])` das Objekt `ax2`. Für das Unterdiagramm gilt bei den Standardwerten von 640×480 Pixel und einer Auflösung von 100 dpi: Der linke Abstand beträgt 0,6 · 640 Pixel = 384 Pixel und die linke untere Ecke hat einen Abstand von 0,6 · 480 Pixel = 288 Pixel vom unteren Rand. Das entspricht jeweils 60 % der Gesamtbreite und -höhe des Plot-Bereichs. Die Breite hat einen Wert von 0,28 · 640 Pixel = 179 Pixel und die Höhe hat einen Wert von 0,25 · 480 Pixel = 120 Pixel. Das entspricht 28 % der Gesamtbreite und 25 % der Gesamthöhe des Plot-Bereichs.

In Zeile 13 und 14 legt die Methode `axis()` den Wertebereich für die x- und die y-Achse fest. In Zeile 14 können Sie durch Änderung der Argumente `x1`, `x2`, `y1` und `y2` den Zoomeffekt beeinflussen.

Das Objekt `ax1` in Zeile 10 können Sie auch mit der Anweisung `ax1=fig.add_subplot()` einfacher erzeugen. In diesem Fall gelten die Standardwerte. Diese können Sie mit `print(ax1.get_position())` abfragen. Sie erhalten dann diese Ausgabe:

```
Bbox(x0=0.125, y0=0.10999999999999999, x1=0.9, y1=0.88)
```

Kombination von Polar- und kartesischen Koordinaten

Im dritten Beispiel zu Unterdiagramen (siehe Listing 4.16) wird ein Polarkoordinatensystem mit einem kartesischen Koordinatensystem kombiniert. Das kartesische Koordinatensystem wird diesmal mit der Methode `spines()` erzeugt. Eigentlich hat das englische Wort *spine* die Bedeutung *Rückgrat* oder *Wirbelsäule*. Die Matplotlib-Dokumentation versteht unter *spines* aber Linien, die den Zeichenbereich eingrenzen. Diese Linien können mit `spines['ort'].set_visible(False)` unsichtbar gemacht werden. Mit `spines[ort].set_position(('data',0))` können Linien in den Ursprung des Koordinatensystems verschoben werden. Für `ort` sind nur die Parameter `top`, `bottom`, `left` und `right` zulässig.

```
#16_subplot_polar_sinus.py
import numpy as np
import matplotlib.pyplot as plt

def theta_rad(winkel1,winkel2):
    theta=[winkel1,winkel2]
    return np.radians(theta)

winkel=45
```

```
10 x=np.linspace(0, 360, 500)
11 y=np.sin(np.pi*x/180)
12 r=[np.cos(np.radians(winkel)),1]
13 fig=plt.figure(figsize=(8,4))
14 #Polarkoordinaten
15 ax1=fig.add_subplot(1,2,1,projection='polar')
16 ax1.set_rticks([])
17 ax1.plot(theta_rad(0,winkel),[0,1],'b',lw=2)
18 ax1.plot(theta_rad(0,winkel),r,'b',lw=2)
19 ax1.plot(theta_rad(0,winkel),[0,1],'ro')
20 ax1.grid(True)
21 #kartesische Koordinaten
22 ax2=fig.add_subplot(1,2,2)
23 ax2.spines[['top', 'right']].set_visible(False)
24 ax2.spines[['bottom', 'left']].set_position(('data',0))
25 ax2.plot(x, y,'b',linewidth=2)
26 ax2.plot(winkel,np.sin(np.radians(winkel)),'ro')
27 ax2.plot(0,np.sin(np.radians(0)),'ro')
28 wg=[]
29 for w in range(0,361,45):
30     wg.append(w)
31 ax2.set_xticks(wg[1:])
32 ax2.set_xlabel('x in °',loc='right')
33 ax2.set_ylabel('f(x)',loc='top',rotation=0)
34 plt.show()
```

Listing 4.16 Kombination von Polar- und kartesischen Koordinaten

Ausgabe

Die Ausgabe der Kombination von Polar- und kartesischen Koordinaten in zwei Unterdiagrammen nebeneinander sehen Sie in Abbildung 4.16.

Analyse

Die wichtigsten Implementierungsdetails sind aus den obigen Beispielen schon bekannt. In Zeile 15 erzeugt die Methode `add_subplot(1,2,1,projection='polar')` das Objekt `ax1`. Die zwei Unterdiagramme werden in einer Zeile und zwei Spalten dargestellt. Der vierte Parameter `projection='polar'` legt fest, dass das erste Unterdiagramm mit Polarkoordinaten dargestellt wird.

In Zeile 22 erzeugt die Methode `add_subplot(1,2,2)` das Objekt `ax2`. Dieses Objekt greift auf die `spines`-Methode in den Zeilen 23 und 24 zu.

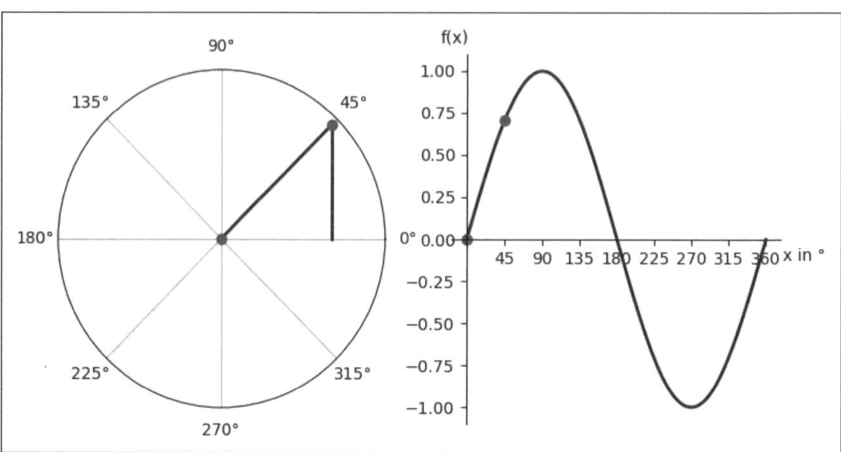

Abbildung 4.16 Polar- und kartesische Koordinaten

Die Anweisung in Zeile 23 bewirkt, dass die obere und rechte Rahmenlinie (*spine*) des Zeichenrahmens nicht dargestellt wird. In Zeile 24 veranlasst `set_position(('data', 0))`, dass die untere Linie des Zeichenrahmens in den Ursprung des Koordinatensystems verschoben wird. Testen Sie das Programm, indem Sie für die Position in Zeile 24 einen anderen Wert als 0 einsetzen, und Sie werden feststellen, wie sich die x-Achse nach oben oder nach unten verschiebt.

Die Methode `set_xticks()` legt die individuelle Beschriftung der x-Achse fest (Zeile 31). Das hier verwendete, bei Mathematikern nicht sehr beliebte Gradmaß können Sie mit der LaTeX-Notation auch als Radiant darstellen:

```
ax2.set_xticks([45,90,135,180,225,270,315,360],
          [r'$\frac{1}{4}\pi$',r'$\frac{1}{2}\pi$',
           r'$\frac{3}{4}\pi$',r'$\pi$',r'$\frac{5}{4}\pi$',
           r'$\frac{3}{2}\pi$',r'$\frac{7}{4}\pi$',r'$2\pi$'])
```

4.1.8 Parameterdarstellung

Unter einer Parameterdarstellung versteht die Mathematik die Darstellung einer mathematischen Funktion, bei der die Punkte (x|y) einer Kurve als Funktion einer Variablen, dem Parameter, durchlaufen werden. Als Beispiele für die Parameterdarstellung wurden der *schiefe Wurf* und die *Lemniskate* ausgewählt.

Schiefer Wurf

Beim schiefen Wurf ist die Zeit *t* der Parameter, von dem die x- und y-Komponenten der Flugbahn (Wurfparabel) abhängig sind. Das Ort-Zeit-Gesetz wird durch die Anfangsgeschwindigkeit v_0 sowie durch den Kosinus und Sinus des Wurfwinkels α bestimmt:

$$x = v_0 \cdot t \cdot \cos \alpha$$

$$y = v_0 \cdot t \cdot \sin \alpha - \frac{g}{2} t^2$$

Die Wurfzeit beträgt:

$$t_{\max} = \frac{2v_0 \cdot \sin \alpha}{g}$$

Listing 4.17 zeigt, wie die Parametergleichungen als Python-Quelltext implementiert werden. Dargestellt wird der Verlauf der Flugbahn eines schiefen Wurfs für einen Wurfwinkel von 45° mit einer Anfangsgeschwindigkeit von 20 m/s:

```
01 #17_parameter_wurf.py
02 import numpy as np
03 import matplotlib.pyplot as plt
04 g=9.81   #Erdbeschleunigung in m/s^2
05 v0=20    #Anfangsgeschwindigkeit in m/s
06 alpha=45 #Wurfwinkel in °
07 alpha=np.radians(alpha)
08 tmax=2*v0*np.sin(alpha)/g
09 t=np.linspace(0,tmax,100)
10 #Parametergleichungen
11 x=v0*np.cos(alpha)*t
12 y=v0*np.sin(alpha)*t-0.5*g*t**2
13 #Darstellung
14 fig, ax=plt.subplots()
15 ax.plot(x,y,linewidth=2)
16 ax.set(xlabel='x in m',ylabel='y in m')
17 ax.grid(True)
18 plt.show()
```

Listing 4.17 Schiefer Wurf

Ausgabe

Die Ausgabe der Flugbahn des schiefen Wurfs sehen Sie in Abbildung 4.17.

Analyse

Zeile 08 berechnet die Wurfzeit `tmax`. Diese Zeit wird benötigt, um in Zeile 09 das Array für den Parameter `t` festzulegen. In den Zeilen 11 und 12 werden die x- und y-Komponenten der Flugbahn berechnet und als Array mit jeweils 100 Werten in die

Variablen x und y gespeichert. Die Vorbereitung für die Darstellung des Funktionsplots erfolgt wieder mit der Methode `plot(x,y,...)`.

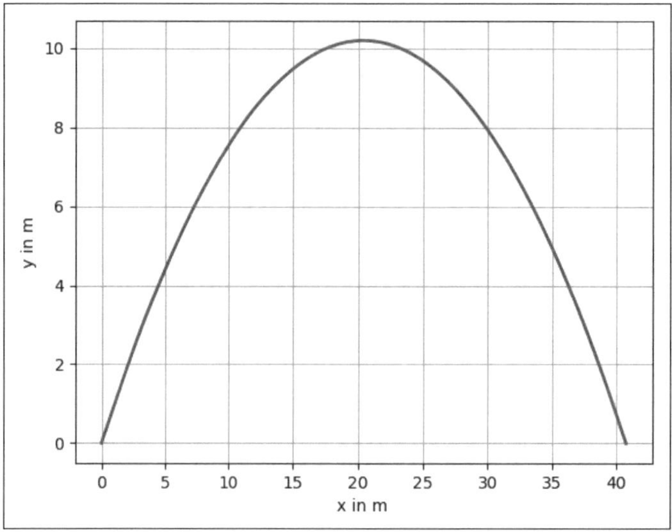

Abbildung 4.17 Flugbahn eines schiefen Wurfs

Lemniskate

Die *Lemniskate* von Bernoulli (Jakob Bernoulli, 1654–1705) ist eine ebene Kurve in der Form einer liegenden Acht. Sie beschreibt die Bewegungskurve im wattschen Parallelogramm (James Watt, 1736–1819). Mit folgenden Parametergleichungen lässt sich die Lemniskate als Funktionsplot darstellen:

$$x = \frac{a\sqrt{2}\cos t}{\sin^2 t + 1}$$

$$y = \frac{a\sqrt{2}\cos t \cdot \sin t}{\sin^2 t + 1}$$

Listing 4.18 zeigt den Quelltext für die grafische Darstellung einer Lemniskate:

```
#18_parameter_lemniskate.py
import numpy as np
import matplotlib.pyplot as plt
t=np.linspace(-np.pi,np.pi,200)
a=1
#Parametergleichungen
x=a*np.sqrt(2)*np.cos(t)/(np.sin(t)**2+1)
y=a*np.sqrt(2)*np.cos(t)*np.sin(t)/(np.sin(t)**2+1)
#Darstellung
fig, ax=plt.subplots()
```

```
11 ax.plot(x,y,linewidth=2)
12 ax.set(xlabel='x',ylabel='y')
13 ax.grid(True)
14 plt.show()
```

Listing 4.18 Lemniskate

Ausgabe

Abbildung 4.18 zeigt die grafische Darstellung der Lemniskate.

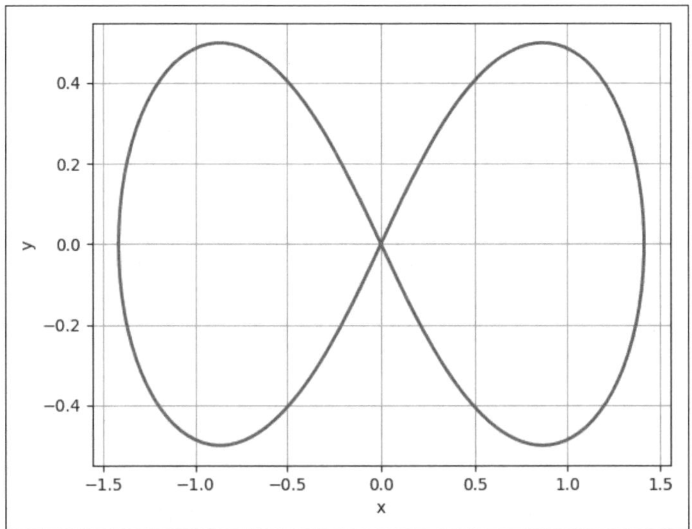

Abbildung 4.18 Lemniskate

Analyse

Der Parameter `t` in Zeile 04 hat hier nicht die Bedeutung einer Zeit, sondern die eines Wertebereichs. In der Variablen `t` werden 200 Werte von $-\pi$ bis $+\pi$ gespeichert. Die Zeilen 07 und 08 berechnen jeweils für den Parameter `t` die 200 Werte für die x- und y-Komponenten, die dann in Zeile 11 mit `ax.plot(x,y,...)` für die Anzeige mit `plt.show()` in Zeile 14 zwischengespeichert werden. Die Variable `a` in Zeile 05 bestimmt die Ausdehnung der Lemniskate auf der x-Achse.

4.1.9 Funktionsparameter interaktiv ändern

Das Modul `matplotlib` bietet mit dem Untermodul `widgets` auch die Möglichkeit, interaktive Programme zu schreiben. Zur Verfügung stehen die üblichen Steuerelemente wie Befehlsbutton (`Button`), Auswahlsteuerelemente (`CheckButton`, `RadioButton`), Schieberegler (`Slider`) und Textfelder (`TextBox`). Importiert werden die Steuerelemente mit folgender Anweisung:

```
from matplotlib.widgets import Slider, Button, ...
```

Eine Übersicht über die Steuerelemente von `matplotlib.widgets` finden Sie unter folgender URL: *https://matplotlib.org/stable/api/widgets_api.html*

Allerdings sind die Möglichkeiten, »echte« interaktive Programme mit dem Untermodul `widgets` zu schreiben, eher begrenzt. Möchten Sie komplexere interaktive Programme mit grafischer Bedienoberfläche schreiben, so sollten Sie z. B. `tkinter` oder `PyQt5` verwenden.

Die Implementierung eines interaktiven Matplotlib-Programms erfolgt in sechs Schritten:

1. `matplotlib.widgets` mit den Klassen für die Steuerelemente importieren
2. eine mathematische Funktion definieren, deren Parameter geändert werden sollen
3. die Steuerelemente platzieren
4. Objekte für Steuerelemente erzeugen
5. Funktionen für die Ereignisverarbeitung definieren
6. Ereignisse mit den eingebauten Methoden `on_changed()` und `on_clicked()` abfragen

Das Beispiel in Listing 4.19 stammt aus der Matplotlib-Dokumentation. Es zeigt, wie die Amplitude und Frequenz einer Sinusfunktion während der Laufzeit mit zwei Schiebereglern (engl. *slider*) interaktiv geändert werden können:

```
#19_slider_sinus.py
import numpy as np
import matplotlib.pyplot as plt
from matplotlib.widgets import Slider,Button
fig,ax=plt.subplots()
fig.subplots_adjust(left=0.2,bottom=0.25)
t=np.linspace(0.0,1.0,200)
a0=5
f0=5
s=a0*np.sin(2*np.pi*f0*t)
kurve, = ax.plot(t,s,lw=2,color='blue')
ax.axis([0, 1, -10, 10])
#Objekte für Steuerelemente platzieren
#linker Rand, unterer Rand, Länge, Höhe
xyAmp =  fig.add_axes([0.25, 0.15, 0.65, 0.03])
xyFreq = fig.add_axes([0.25, 0.1, 0.65, 0.03])
xyReset= fig.add_axes([0.8,0.025,0.1,0.04])
```

```
#Objekte für Steuerelemente erzeugen
sldAmp=Slider(xyAmp,'Amplitude',1,10,valinit=a0,valstep=0.1)
sldFreq=Slider(xyFreq,'Frequenz',1,10,valinit=f0,valstep=0.1)
cmdReset=Button(xyReset,'Reset')

def update(val):
    A = sldAmp.val
    f = sldFreq.val
    kurve.set_data(t,A*np.sin(2*np.pi*f*t))

def reset(event):
    sldFreq.reset()
    sldAmp.reset()
#Ereignisverarbeitung
sldAmp.on_changed(update)
sldFreq.on_changed(update)
cmdReset.on_clicked(reset)
plt.show()
```

Listing 4.19 Funktionsparameter interaktiv ändern

Ausgabe

Abbildung 4.19 zeigt die Ausgabe der interaktiv änderbaren Funktionsparameter.

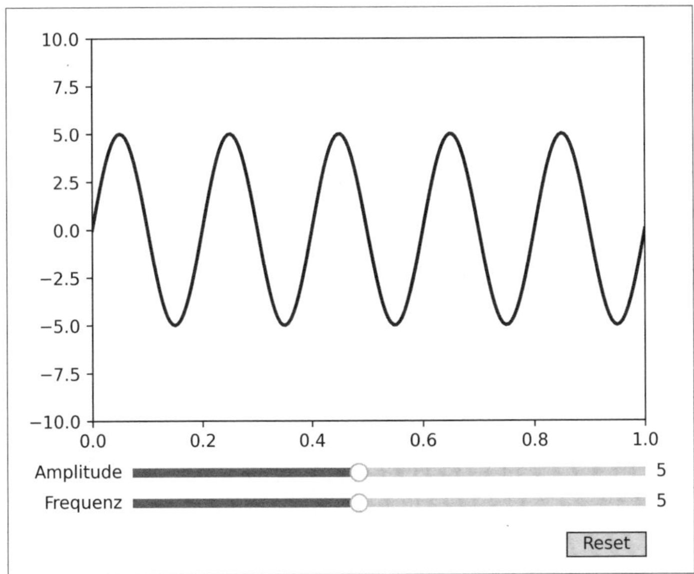

Abbildung 4.19 Funktionsparameter interaktiv ändern

Analyse

In Zeile 04 wird das Untermodul widgets mit den Klassen Slider und Button importiert. Zeile 10 definiert eine Sinusfunktion mit den Parametern Amplitude a0 und Frequenz f0. Die Funktionskoordinaten mit den Initialisierungswerten werden in Zeile 11 der Variablen kurve zugewiesen. Beim Start des Programms wird die Sinusfunktion mit der Amplitude 5 und der Frequenz 5 angezeigt.

Die Koordinaten für den Schieberegler sldAmp, der die Amplitude verändern soll, werden in Zeile 15 der Variablen xyAmp zugewiesen. Für die Koordinaten des Schiebereglers sldFreq, der die Frequenz ändern soll, gilt in Zeile 16 Entsprechendes.

In den Zeilen 19 bis 21 werden die Objekte für die beiden Schieberegler sldAmp und sldFreq sowie für den Befehlsbutton cmdReset erzeugt. Der Konstruktor Slider() der Klasse Slider erwartet als ersten Parameter die x-y-Koordinaten des Steuerelements, der zweite Parameter bestimmt die Beschriftung, der dritte und der vierte Parameter legen den Stellbereich fest, der fünfte Parameter valinit=5 bestimmt den Initialisierungswert und der sechste und letzte Parameter legt die Schrittweite der Wertveränderung fest.

In den Zeilen 23 bis 26 wird die Funktion update(val) definiert. Sie hat die Aufgabe, die von den Schiebereglern eingestellten Werte den Variablen A und f zuzuweisen. Der Zugriff auf die Variable val erfolgt über die Schiebereglerobjekte sldAmp und sldFreq. In Zeile 26 werden die Werte für die Amplitude und Frequenz mit der Methode set_data() aktualisiert und für die Darstellung auf dem Bildschirm vorbereitet.

In den Zeilen 28 bis 30 wird die Reset-Funktion definiert. Die Objekte sldAmp und sldFreq werden durch die eingebaute Methode reset() zurückgesetzt. Wenn diese Funktion in Zeile 34 durch einen Mausklick auf den Befehlsbutton RESET aufgerufen wird, dann wird die Sinusfunktion wieder mit ihren Initialisierungswerten dargestellt.

In den Zeilen 32 bis 34 erfolgt die Ereignisabfrage mit der eingebauten Methode on_changed(update). Zugegriffen wird auf diese Methode mit dem Namen des Objekts. Die im Original nicht vorhandenen Präfixe sld und cmd wurden vergeben, um im Quelltext die Steuerelemente besser identifizieren zu können.

Dieses Programm ist ein Negativ-Beispiel für einen Programmierstil, den Sie vermeiden sollten! Die Anordnung von Eingaben (Zeile 08 und 09), Grafikelementen (Zeile 05, Zeilen 11 bis 21) und Funktionsdefinitionen (Zeilen 23 bis 30) entspricht nicht der wünschenswerten Anordnung der Programmteile, die so aussieht: 1. Eingaben, 2. Funktionsdefinitionen und 3. Grafikbereich. Änderungsvorschlag: Ändern Sie die Reihenfolge der Anweisungen so, dass diese Kriterien erfüllt werden, und testen Sie das Programm.

Anwendungsbeispiel: Phasenanschnittsteuerung

Die Ausgangsspannung einer Brückengleichrichterschaltung wird mit einer Phasenanschnittsteuerung geändert. Der Spannungsverlauf $u = f(\alpha)$ soll in Abhängigkeit vom Steuerwinkel α simuliert werden. Abbildung 4.20 veranschaulicht den Verlauf der Ausgangsspannung einer solchen Steuerung.

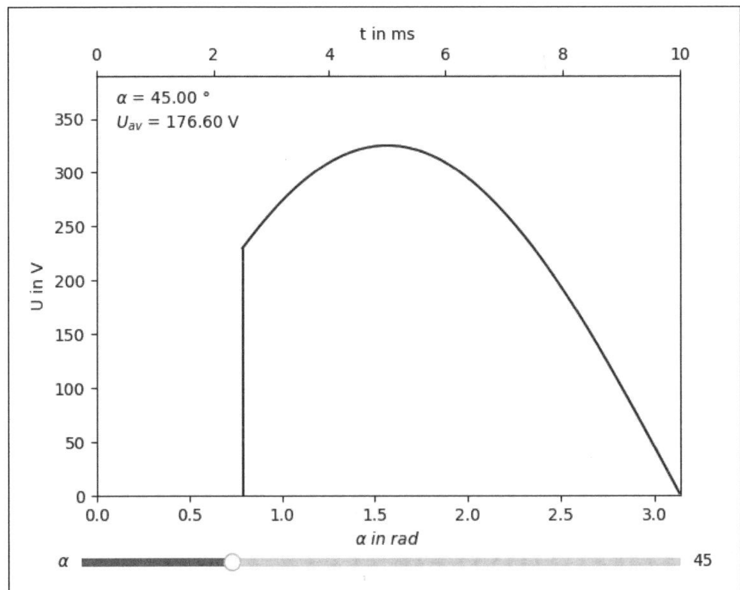

Abbildung 4.20 Phasenanschnittsteuerung

Mit dem Slider wird der Steuerwinkel von 0 bis 180° verstellt. Der aktuelle Wert des arithmetischen Mittelwerts U_{AV} der Ausgangsspannung und des Steuerwinkels α sollen auf der Programmoberfläche angezeigt werden.

Für den arithmetischen Mittelwert der Ausgangsspannung gilt:

$$U_{AV}(\alpha) = \frac{\hat{u}}{\pi} \int_{\alpha}^{\pi} \sin(x)\mathrm{d}x = \frac{\hat{u}}{\pi}(1 + \cos\alpha)$$

Mit Listing 4.20 können Sie die Phasenanschnittsteuerung simulieren:

```
#20_sld_phasenanschnittsteuerung.py
import numpy as np
import matplotlib.pyplot as plt
from matplotlib.widgets import Slider
Us=325      #Spitzenwert in V
a0=np.pi/4 #Anfangswert 45°
xmax=np.pi
```

```
08 #u(x), x ist ein Winkel
09 def u(x):
10     return Us*np.sin(x)
11 #Slider abfragen
12 def update(val):
13     alpha = sldAlpha.val #Steuerwinkel in °
14     a=np.radians(alpha) #Steuerwinkel in rad
15     x = np.arange(a,xmax,0.01)
16     y.set_data(x,u(x))
17     linie.set_data([a,a],[u(0),u(a)])
18     Uav=Us*(1.0 + np.cos(a))/np.pi
19     txtWinkel.set_text(r'$\alpha$ = %.2f °' %alpha)
20     txtUav.set_text(r'$U_{av}$ = %.2f V' %Uav)
21 #Grafikbereich
22 fig, ax = plt.subplots()
23 txtWinkel=ax.text(0.1,1.12*Us,r'$\alpha$ = %.2f °' %45)
24 txtUav=ax.text(0.1,1.05*Us,r'$U_{av}$ = 176.60 V')
25 fig.subplots_adjust(left=0.12,bottom=0.15)
26 ax.set_xlim(0,xmax)
27 ax.set_ylim(0,1.2*Us)
28 x0 = np.arange(a0,xmax,0.01) #für Anfangswerte
29 linie, = ax.plot([a0,a0],[u(0),u(a0)],'b-')
30 y, = ax.plot(x0,u(x0),'b-')
31 xyAlpha = fig.add_axes([0.1, 0.02, 0.8, 0.03])
32 sldAlpha=Slider(xyAlpha,r'$\alpha$',0,180,valinit=np.degrees(a0),
   valstep=1)
33 sldAlpha.on_changed(update)
34 ax.set(xlabel=r'$\alpha \  in\  rad$',ylabel='U in V')
35 secax = ax.secondary_xaxis('top',functions=(lambda x:10*x/np.pi,
   lambda x:np.pi*x))
36 secax.set_xlabel('t in ms')
37 plt.show()
```

Listing 4.20 Phasenanschnittsteuerung

Analyse

In Zeile 15 aktualisiert die NumPy-Funktion `arange(a,xmax,0.01)` den Wertebereich für den Steuerwinkel `a` auf der x-Achse. Dieser Wert wird in Zeile 16 von der Matplotlib-Methode `set_data(x,u(x))` übernommen. In dem Bereich von 0 bis `a` wird die Sinus-Funktion nicht dargestellt. Damit der Phasenanschnitt deutlich sichtbar wird, erzeugt die Methode `set_data([a,a],[u(0),u(a)])` in Zeile 17 eine senkrechte Linie. Die Anweisung in Zeile 18 berechnet den arithmetischen Mittelwert `Uav` der Ausgangsspannung.

Neu ist die dynamische Ausgabe des Steuerwinkels `alpha` in Zeile 19 auf der Zeichenfläche (Objekt `ax`). Dort gibt die Methode `set_text()` die aktualisierte Slider-Einstellung von `alpha` an der in Zeile 23 angegebenen x,y-Position des Axes-Objekts `ax` aus. Entsprechendes gilt für die Ausgabe der Ausgangsspannung `Uav` in den Zeilen 20 und 24. Eine dynamische Textausgabe besteht immer aus zwei Teilen: 1. Platzierung des statischen Textobjekts mit `text(x-position,y-position,'text')` auf der Zeichenoberfläche und 2. die dynamische Ausgabe mit der Methode `set_text('y=%.2f'%x)`.

Die Anweisung in Zeile 35 bewirkt, dass dem Steuerwinkel `a` die entsprechenden Zeitabschnitte in ms zugeordnet werden. Die neue Skalierung wird auf der oberen x-Achse (Eigenschaft `'top'`) angezeigt. Die Angaben gelten für 50 Hz Wechselstrom.

4.1.10 Konturplots

Eine Konturlinie ist ein ebener Schnitt durch einen dreidimensionalen Graphen der Funktion $f(x, y)$ parallel zur (x,y)-Ebene. Sie beschreibt also den Verlauf eines dreidimensionalen Graphen in der Ebene. Die Punkte mit gleichen Werten werden zu einer Kurve verbunden. In der Kartografie stellt eine Konturkarte die Tiefen von Tälern und die Höhen von Bergen als Konturlinien dar. Für die Darstellung von Konturplots benötigen Sie die NumPy-Funktion `meshgrid()` und die Matplotlib-Methode `contour()`.

Veranschaulichung der Funktion meshgrid

Damit mit Pyplot Konturlinien dargestellt werden können, müssen mit der NumPy-Funktion `meshgrid(x,y)` alle relevanten Punkte in der (x,y)-Ebene erfasst werden. Listing 4.21 zeigt die Arbeitsweise dieser Funktion:

```
#21_meshgrid_demo.py
import numpy as np
import matplotlib.pyplot as plt
x=y=np.linspace(1,6,6)
x,y=np.meshgrid(x,y)
fig, ax=plt.subplots()
plt.plot(x,y,marker='x',color='red',ls='none')
plt.show()
```

Listing 4.21 Maschengitter

Ausgabe

Wie sich das Maschengitter auf der Benutzeroberfläche präsentiert, sehen Sie in Abbildung 4.21.

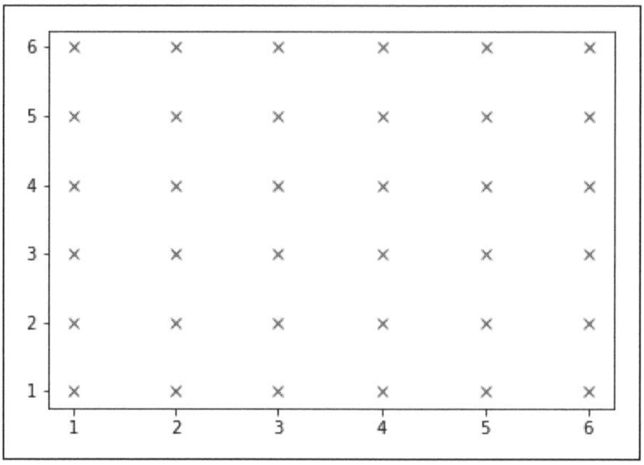

Abbildung 4.21 Maschengitter für magnetische Feldlinien

Analyse

Zeile 04 legt jeweils ein Array für die Variablen x und y mit den Zahlen von 1 bis 6 an. In Zeile 05 erzeugt die NumPy-Funktion `meshgrid(x,y)` daraus eine Matrix mit sechs Zeilen und sechs Spalten. In Zeile 07 erzeugt die Methode `plot(x,y,marker='x', color='red',ls='none')` eine quadratische Matrix als Grafik mit 36 roten Kreuzen.

Wenn Sie unter der Zeile 06 die folgenden Anweisungen einfügen

```
ax.set_xticks([])
ax.set_yticks([])
ax.set_frame_on(False)
```

wird die x- und die y-Achse nicht beschriftet und die Ränder (*frame*) werden nicht dargestellt. Sie können dann die Grafik zur Veranschaulichung von magnetischen Feldlinien verwenden.

Konturplot für den Feldstärkeverlauf

Das nächste Programmbeispiel zeigt als Konturplot, wie das magnetische Feld eines geraden stromdurchflossenen Leiters verläuft. Die magnetische Feldstärke H steigt proportional zur Stromstärke I und fällt umgekehrt proportional zum Abstand r des Leiters ab:

$$H = \frac{I}{2\pi \cdot r}$$

Damit alle Punkte in der (x,y)-Ebene erfasst werden, müssen die Radien für die einzelnen x-y-Koordinaten berechnet werden:

$$r = \sqrt{x^2 + y^2}$$

Ein Konturplot wird mit der Matplotlib-Methode `contour()` erzeugt (Listing 4.22):

```
01 #22_konturplot_kreise.py
02 import numpy as np
03 import matplotlib.pyplot as plt
04 I=62.8 #Stromstärke
05 rmax=10
06 n=100
07 lev=[1,2,4,8,16]
08 x=y=np.linspace(-rmax,rmax,n)
09 x,y=np.meshgrid(x,y)
10 H=I/(2*np.pi*np.hypot(x,y))
11 fig,ax=plt.subplots()
12 cp=ax.contour(x,y,H,levels=lev,colors='red')
13 ax.clabel(cp,inline=True)
14 ax.set(xlabel='x', ylabel='y')
15 ax.set_aspect('equal')
16 plt.show()
```

Listing 4.22 Konturplot eines magnetischen Feldes

Ausgabe

Wie sich der Konturplot für ein magnetisches Feld in der Ausgabe grafisch darstellt, zeigt Abbildung 4.22.

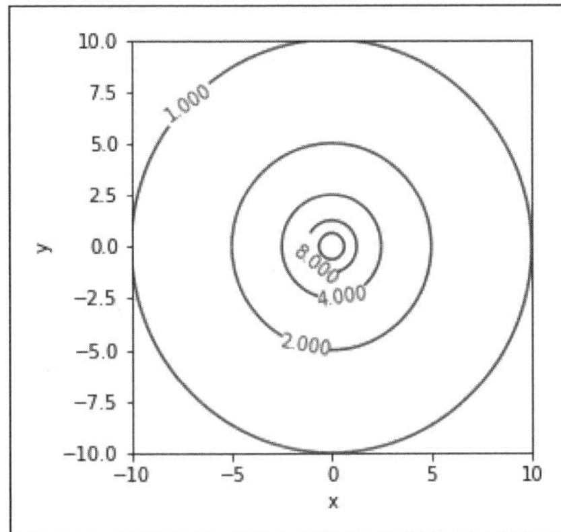

Abbildung 4.22 Konturplot für ein magnetisches Feld

Analyse

In Zeile 08 erzeugt die NumPy-Funktion `linspace()` ein Array von 100 Werten im Wertebereich ±10 für die x- und y-Koordinaten. Die Funktion `np.meshdrid(x,y)` erstellt daraus in Zeile 09 eine Matrix aus 100 Zeilen und 100 Spalten.

Zeile 10 berechnet die magnetische Feldstärke `H`. Die NumPy-Funktion `hypot(x,y)` ermittelt nach dem Satz des Pythagoras für jeden Punk an der Stelle (x|y) den Abstand

(Hypotenuse) der Feldlinien vom Mittelpunkt. Da die von `np.meshgrid(100,100)` erzeugte Matrix 100 Zeilen und 100 Spalten enthält, werden in der Variablen `H` insgesamt 10.000 Werte gespeichert.

In Zeile 12 berechnet die Matplotlib-Methode

```
contour(x,y,H,levels=lev,colors='red')
```

die Kreise (Konturlinien) der magnetischen Feldlinien. Die ersten beiden Parameter enthalten alle x-y-Koordinatendaten. Die Daten der Variablen `H` für den Konturplot stehen an dritter Stelle der Parameterliste. Dem vierten Parameter `levels` wird die Liste `lev=[1,2,4,8,16]` aus Zeile 07 zugewiesen. Das Auseinanderziehen der Abstände verhindert eine zu dichte Darstellung der Feldlinnen in der Umgebung des Mittelpunktes. Alle Daten der Konturlinien werden in die Variable `cp` gespeichert, damit sie in Zeile 13 der Matplotlib-Methode `clabel(cp,inline=True)` als erster Parameter zur Verfügung gestellt werden kann. Der Parameter `inline=True` bewirkt, dass die Werte der Feldstärken in der Grafik angezeigt werden. Damit die äußeren Abmessungen der Konturgrafik bei der Bildschirmausgabe gleich lang bleiben, wird in Zeile 15 die Methode `set_aspect('equal')` in den Quelltext eingefügt.

Testen Sie die Methode `set_aspect('equal')`, indem Sie die Zeile 16 auskommentieren.

4.2 3D-Funktionsplots

Bisher wurden mathematische oder physikalische Zusammenhänge mit der Methode `plot(x,y)` in der Ebene visualisiert. Die Realität zeigt aber, dass sich beispielsweise elektromagnetische Wellen im dreidimensionalen Raum ausbreiten und Körper nur mit räumlicher Ausdehnung existieren können. Es müsste also eine Option bereitgestellt werden, die die x-y-Ebene um eine dritte Dimension erweitert. Matplotlib bietet mit der Anweisung `plt.figure().add_subplot(projection='3d')` die Möglichkeit, 3D-Plots zu erstellen. Mathematische Funktionen der Form $f(x,y,z)$ werden in eine 2D-Ebene projiziert. Mit dem Mauszeiger (linke Maustaste gedrückt halten) lassen sich die Bildschirmausgaben in eine gewünschte Position drehen. Als Beispiele wurden eine Schraubenlinie und ein Kreisring ausgewählt.

4.2.1 Schraubenlinie

Ein Elektron, das in ein homogenes Magnetfeld mit der Geschwindigkeit v_0 geschossen wird, rotiert mit der Winkelgeschwindigkeit ω auf der Bahn einer Schraubenlinie mit dem Radius R. Die räumliche Darstellung einer Schraubenlinie wird durch drei Parametergleichungen beschrieben:

$x = R \cdot \cos \omega t$

$y = R \cdot \sin \omega t$

$z = v_0 \cdot t$

Die beiden ersten Parametergleichungen beschreiben eine Kreisbahn. Die dritte Gleichung legt die Steigung der Schraubenlinie in z-Richtung fest.

Listing 4.23 zeigt, wie eine Schraubenlinie mit der Funktion `plot(x,y,z)` dargestellt werden kann:

```
#23_3d_schraube.py
import numpy as np
import matplotlib.pyplot as plt
R=6
v0=5
omega=3
t=np.linspace(0,2*np.pi,500)
x=R*np.cos(omega*t)
y=R*np.sin(omega*t)
z=v0*t
ax = plt.figure(figsize=(6,6)).add_subplot(projection='3d')
ax.plot(x,y,z,lw=2)
ax.set(xlabel='x',ylabel='y',zlabel='z',title='Elektron im Magnetfeld')
plt.show()
```

Listing 4.23 Schraubenlinie

Ausgabe

Die grafische Umsetzung der Schraubenlinie im Koordinatensystem sehen Sie in Abbildung 4.23.

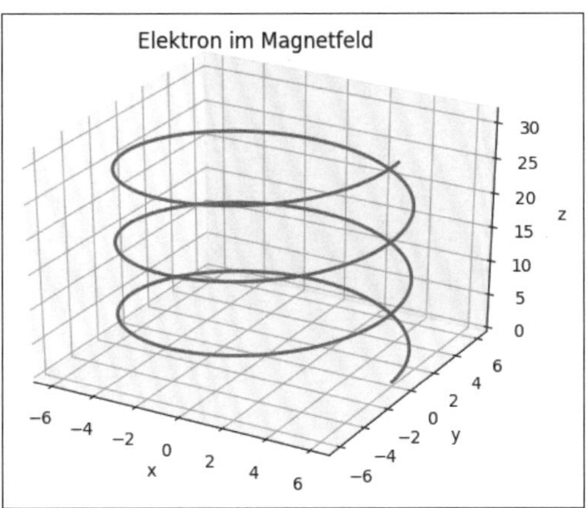

Abbildung 4.23 Schraubenlinie

Analyse

In Zeile 07 werden in der Variablen `t` 500 Werte im Bereich zwischen 0 bis 2π gespeichert. Mit diesen Werten berechnen die Funktionen `np.cos()`, `np.sin()` und `v0*t` in Zeile 08 bis 10 die Werte für die x-, y- und z-Koordinaten. Die Variable `R` bestimmt den Radius der Schraubenlinie.

Der Parameter `projection='3d'` in Zeile 11 bewirkt, dass im weiteren Verlauf des Programms auf die für den 3D-Plot notwendigen Funktionen und Eigenschaften mit dem Objekt `ax` zugegriffen werden kann.

Mit der Methode `plot(x,y,z, ...)` wird in Zeile 12 der 3D-Plot für die Ausgabe vorbereitet und mit `show()` in Zeile 14 auf dem Bildschirm angezeigt.

4.2.2 Kreisring

Das zweite Beispiel zeigt, wie Sie mit Matplotlib einen Kreisring (Torus) in einem 3D-Koordinatensystem darstellen können. Ein Torus wird durch folgendes Gleichungssystem beschrieben:

$$x = (R + r \cdot \cos p) \cdot \cos t$$

$$y = (R + r \cdot \cos p) \cdot \sin t$$

$$z = r \cdot \sin p$$

R ist der mittlere Durchmesser und r der Durchmesser des Kreisquerschnitts eines Kreisringes.

Da die Oberfläche (engl. *surface*) eines Körpers dargestellt werden soll, muss statt `plot()` die Methode `plot_surface()` benutzt werden. Listing 4.24 zeigt die Anwendung dieser Funktion.

```
#24_3d_torus.py
import numpy as np
import matplotlib.pyplot as plt
n=100
R=2 #mittlerer Radius
r=1 #Querschnittsradius
p=np.linspace(0,2*np.pi,n)
t=np.linspace(0,2*np.pi,n)
p,t=np.meshgrid(p,t)
#Parametergleichungen
x=(R+r*np.cos(p))*np.cos(t)
y=(R+r*np.cos(p))*np.sin(t)
z=r*np.sin(p)
#Kreisring zeichnen
ax = plt.figure().add_subplot(projection='3d')
```

```
16 ax.plot_surface(x,y,z,rstride=5,cstride=5,color='y',edgecolors='r')
17 ax.set(xlabel='x',ylabel='y',zlabel='z',title='Torus')
18 ax.set_zlim(-3,3)
19 plt.show()
```

Listing 4.24 Kreisring

Ausgabe

Den mit der Methode `plot_surface()` generierten Kreisring zeigt Abbildung 4.24.

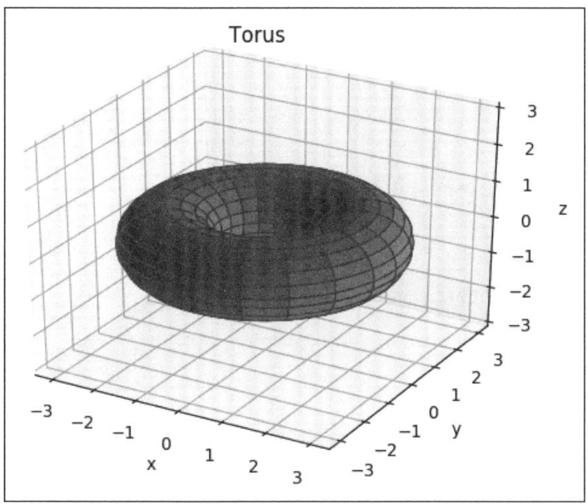

Abbildung 4.24 Kreisring

Analyse

In den Zeilen 11 bis 13 stehen die drei Parametergleichungen. Neu ist die Methode in Zeile 16:

```
plot_surface(x,y,z,rstride=5,cstride=5,color='y',
edgecolors='r')
```

Der Parameter `rstride=5` legt die Schrittweite der horizontalen Linien fest und `cstride=5` legt die Schrittweite der vertikalen Linien fest.

4.2.3 Kombination eines 3D-Plots mit einem Konturplot

Ein 3D-Funktionsplot kann auch mit einem Konturplot kombiniert werden. Listing 4.25 zeigt, wie die 3D-Darstellung eines Paraboloids, der durch die Gleichung

$$z = 100 - x^2 - y^2$$

beschrieben wird, mit den dazugehörigen Niveaulinien implementiert werden kann:

```
#25_3d_berg.py
import numpy as np
import matplotlib.pyplot as plt
breite=10
h=100
x=y=np.linspace(-breite,breite,100)
x,y=np.meshgrid(x,y)
#Gleichung für Paraboloid
z=h-x**2-y**2
#Paraboloid darstellen
fig=plt.figure(figsize=(4.2,8))
ax1=fig.add_subplot(2,1,1,projection='3d')
ax1.plot_surface(x,y,z,rstride=5,cstride=5,color='g',edgecolors='y')
ax1.set_zlim(-h,h)
ax1.set(xlabel='x',ylabel='y',zlabel='z',title='Paraboloid')
#Niveaulinien
ax2=fig.add_subplot(2,1,2)
hl=ax2.contour(x,y,z,levels=10,colors='b')
ax2.clabel(hl,inline=True)
ax2.set_xlim(-breite,breite)
ax2.set_ylim(-breite,breite)
ax2.set(xlabel='x',ylabel='y',title='Niveaulinien')
ax2.set_aspect('equal')
plt.show()
```

Listing 4.25 Kombination von »plot_surface« und »contour«

Ausgabe

Die Ausgabe des Paraboloids und der Niveaulinien des Konturplots nach Listing 4.25 sehen Sie in Abbildung 4.25.

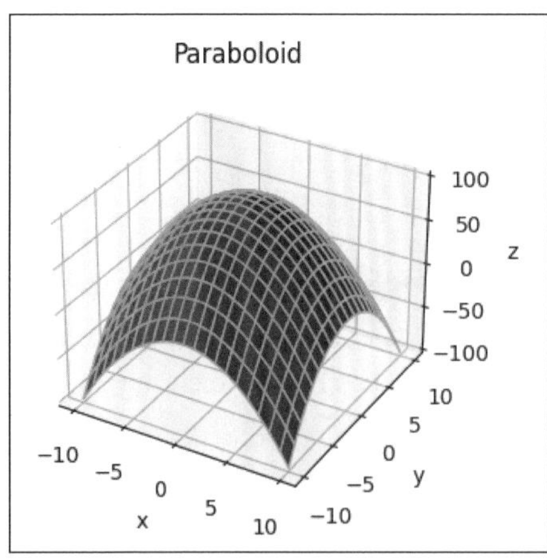

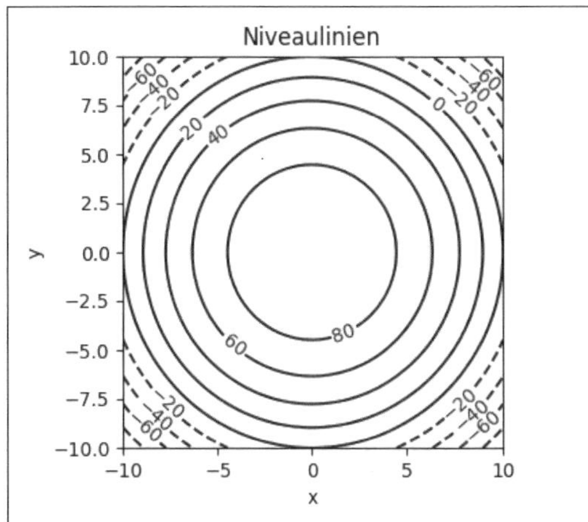

Abbildung 4.25 Berg mit Höhenlinien

Analyse

Fast alle Programmierelemente sind aus den vorherigen Beispielen bekannt. In Zeile 12 erzeugt die Methode `add_subplot(2,1,1,projection='3d')` das Unterdiagramm für den 3D-Plot. In Zeile 17 erzeugt die Methode `add_subplot(2,1,2)` das Unterdiagramm für den Kontor-Plot.

Die Methode `set_aspect('equal')` in Zeile 23 skaliert die x- und y-Achse des zweiten Unterdiagramms mit gleichen Zeichnungseinheiten.

Sie können auch die Methode `figure()` mit dem Parameter `figsize=plt.figaspect(2)` testen (Zeile 11). Dann wird die Grafik zweimal so hoch wie breit dargestellt.

4.3 Vektoren

Vektoren beschreiben in der Physik gerichtete Größen, wie z. B. Kräfte oder Feldstärken. Für die Darstellung von Vektoren stellt das Modul Matplotlib die Methode `quiver([X,Y],U,V,[C],**kwargs)` zur Verfügung.

Die Liste `[X,Y]` legt die Anfangskoordinaten des Vektors fest. Der Parameter `U` bestimmt die x-Komponente, und der Parameter `V` legt die y-Komponente des Vektorpfeils fest. Wenn Sie den Parameter `[X,Y]` weglassen, dann wird der Pfeilanfang automatisch in den Ursprung des Koordinatensystems gelegt, und die Pfeilspitze zeigt auf die angegebene u-v-Koordinate. Mit dem Parameter `C` können Sie die Farbe des Vektorpfeils festlegen. Der optionale Parameter `**kwargs` stellt ergänzende Eigenschaften bereit. Weitere Informationen finden Sie unter der URL:

https://matplotlib.org/stable/api/_as_gen/matplotlib.pyplot.quiver.html

4.3.1 Addition von Vektoren

Listing 4.26 zeigt, wie mit der Matplotlib-Methode `quiver()` drei Kraftvektoren addiert werden:

```
01 #26_vektor_add.py
02 import matplotlib.pyplot as plt
03 xmin, xmax=-8, 5
04 ymin, ymax=-6,6
05 F1x,F1y=-4,4
06 F2x,F2y=-4,-4
07 F3x,F3y=2,0
08 Fresx=F1x+F2x+F3x
09 Fresy=F1y+F2y+F3y
10 fig, ax=plt.subplots()
11 #Vektoren
12 ax.quiver(F1x,F1y,angles='xy',scale_units='xy',scale=1,color='m')
13 ax.quiver(F2x,F2y,angles='xy',scale_units='xy',scale=1,color='g')
14 ax.quiver(F3x,F3y,angles='xy',scale_units='xy',scale=1,color='b')
15 ax.quiver(Fresx,Fresy,angles='xy',
16           scale_units='xy',scale=1,color='r',label="$F_{res}$")
17 ax.axis([xmin,xmax,ymin,ymax])
18 ax.set(xlabel="$F_{x}$",title="Vektoraddition ")
19 ax.set_ylabel("$F_{y}$",rotation=True)
20 ax.legend(loc='best')
21 plt.show()
```

Listing 4.26 Addition von drei Kraftvektoren

Ausgabe

Die grafische Ausgabe der Vektoraddition sehen Sie in Abbildung 4.26.

Analyse

In den Zeilen 05 bis 07 werden die x-y-Komponenten für drei Kraftvektoren vorgegeben. Zeile 08 berechnet die Summe der x-Komponenten, und Zeile 09 berechnet die Summe der y-Komponenten.

Die Methode

```
quiver(F1x,F1y,angles='xy',scale_units='xy',scale=1)
```

in den Zeilen 12 bis 15 definiert Kraftvektoren.

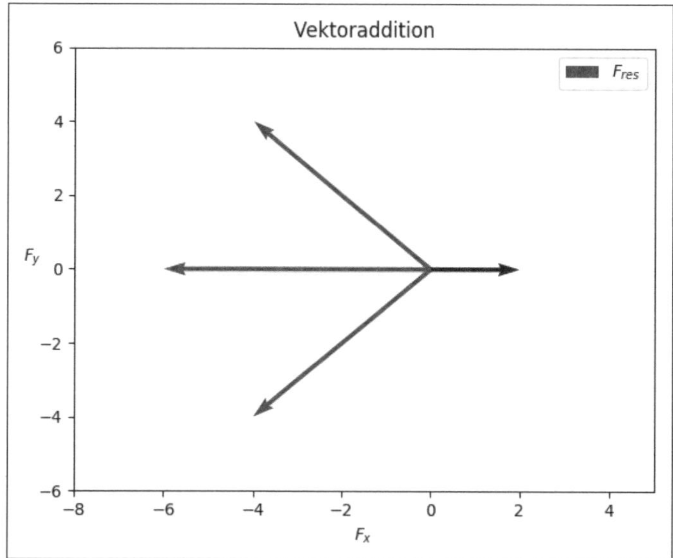

Abbildung 4.26 Addition von drei Kraftvektoren

Dabei haben die einzelnen Parameter folgende Bedeutung:

- `F1x,F1y`: Endpunkte der Vektorpfeile
- `angles='xy'`: Die Pfeile zeigen von (x,y) nach $(x + u, y + v)$. Da im Programm x und y nicht verwendet wurden, also null sind, zeigen die Pfeile vom Koordinatenursprung nach (u,v).
- `scale_units='xy'`: Die Einheiten der vorgegebenen Achsenskalierungen werden übernommen.
- `scale=1`: Der Skalierungsfaktor beträgt 1, das heißt, die vorgegebene Achsenskalierung wird nicht geändert. Eine kleinere Zahl vergrößert die Länge des Vektorpfeils.

4.3.2 Vektorfeld

Mit Listing 4.27 kann ein Vektorfeld dargestellt werden. Das Programm zeichnet 90 parallel verlaufende Vektoren in x-Richtung.

```
#27_vektorfeld.py
import numpy as np
import matplotlib.pyplot as plt
n=10
x1,x2=0, 10
u=2 #Länge
v=0 #Richtung
xk=yk=np.linspace(x1,x2+u,n)
```

```
09 x,y=np.meshgrid(xk,yk)
10 fig, ax=plt.subplots()
11 #Vektoren definieren
12 ax.quiver(x,y,u,v,units='xy',scale=2,color='blue')
13 #Bereich der x-Achse
14 ax.set_xlim(x1-u/2,x2+u)
15 plt.show()
```

Listing 4.27 Homogenes Vektorfeld

Ausgabe

Die grafische Ausgabe des Vektorfeldes sehen Sie in Abbildung 4.27.

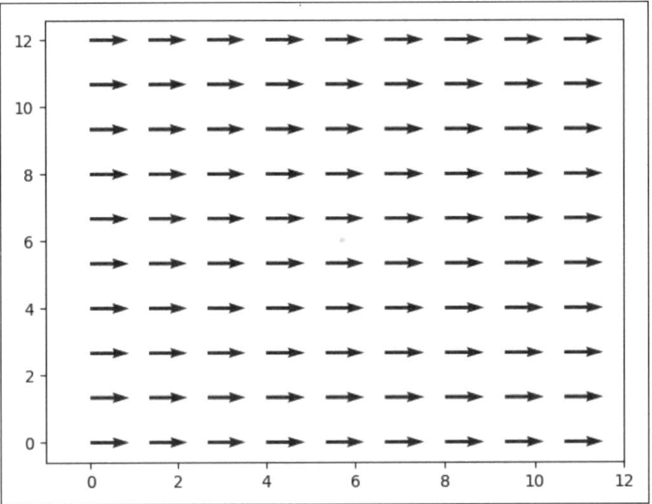

Abbildung 4.27 Homogenes Vektorfeld

Analyse

In Zeile 09 erzeugt die NumPy-Funktion `meshgrid()` die Matrix für die x-y-Koordinaten der Vektoren (Pfeilanfänge). In Zeile 12 definiert die Methode

```
quiver(x,y,u,v,units='xy',scale=2,color='blue')
```

das Vektorfeld. Die Parameter `x,y` legen die Koordinaten der Pfeilanfänge der einzelnen Vektoren fest. Die Länge eines Vektors wird in Zeile 06 auf zwei Längeneinheiten festgelegt. Durch den Skalierungsfaktor `scale=2` wird die Länge eines Vektors um den Faktor 0,5 verkürzt. Das gleiche Ergebnis hätten Sie auch mit `u=1` und `scale=1` erreichen können.

4.4 Figuren, Linien und Pfeile darstellen

Mit dem Modul `matplotlib` lassen sich auch geometrische Figuren wie Rechtecke, Kreise und Dreiecke darstellen. Mit diesen Figuren können mathematische, technische und physikalische Zusammenhänge veranschaulicht werden. Anhand von drei Beispielen sollen die gestalterischen Möglichkeiten von `matplotlib` demonstriert werden: anhand der Veranschaulichung des Satzes des Pythagoras, einer Getriebedarstellung, eines Zeigerdiagramms und eines stromdurchflossenen Leiters in einem homogenen Magnetfeld.

4.4.1 Rechtecke

Rechteckobjekte `r` werden mit der Methode

```
r=patches.Rectangle((x1,y1),b,h,fill,edgecolor,angle)
```

erzeugt und mit `add_patch(r)` in die Zeichenfläche eingefügt.

Das Tupel `x1,y1` legt die linke untere Ecke des Rechtecks fest. Die Parameter `b` und `h` bestimmen seine Breite und Höhe. Der Parameter `fill` ist standardmäßig auf `True` eingestellt und bietet die Option, das Rechteck mit einer bestimmten Farbe `facecolor=farbe` auszufüllen. Mit dem Parameter `edgecolor` kann die Kantenfarbe geändert werden, und der Parameter `angle` ermöglicht eine Drehung des Rechtecks um einen bestimmten Winkel in Grad.

Listing 4.28 zeigt, wie mithilfe der Funktion `Rectangle()` drei Rechtecke in einer Zeichenfläche mit vorgegebenen Abmessungen dargestellt werden können:

```
#28_pythagoras.py
import numpy as np
import matplotlib as mlt
import matplotlib.pyplot as plt
x1,x2=-3,8
y1,y2=-1,11
a,b=3,4
alpha=np.degrees(np.arctan(b/a))
beta=90-np.degrees(np.arctan(a/b))
c=np.hypot(a,b)
fig,ax=plt.subplots()
ax.axis([x1,x2,y1,y2])
#(x1,y1),Breite,Höhe
ra=mlt.patches.Rectangle((0,c),a,a,fill=False,lw=2,edgecolor='b',
    angle=alpha)
rb=mlt.patches.Rectangle((c,c),b,b,fill=False,lw=2,edgecolor='b',
    angle=beta)
```

```
16 rc=mlt.patches.Rectangle((0,0),c,c,fill=False,lw=2,edgecolor='b')
17 ax.add_patch(ra)
18 ax.add_patch(rb)
19 ax.add_patch(rc)
20 ax.set_aspect('equal')
21 ax.set_xticks([])
22 ax.set_yticks([])
23 ax.set_frame_on(False)
24 plt.show()
```

Listing 4.28 Darstellung von drei Rechtecken

Ausgabe

Abbildung 4.28 zeigt, wie das Programm aus Listing 4.28 den Satz des Pythagoras veranschaulicht.

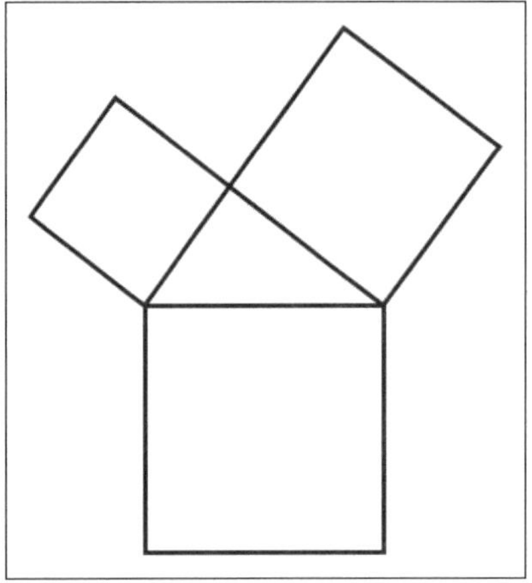

Abbildung 4.28 Veranschaulichung des Satzes des Pythagoras

Analyse

Die Zeilen 05 und 06 geben zusammen mit der Methode `axis([x1,x2,y1,y2])` in Zeile 12 die Abmessungen der Zeichenfläche vor. In den Zeilen 14 bis 16 werden die drei Rechteckobjekte `ra`, `rb` und `rc` mit der Methode

```
Rectangle((x1,y1),b,h,fill=False,lw=2,edgecolor='b',angle=...)
```

erzeugt. Der Parameter `fill` ist auf `False` gesetzt. Die Kanten der Rechtecke werden mit `edgecolor='b'` blau gezeichnet. Das linke obere Rechteck wird um den Winkel `alpha` in die mathematisch positive Richtung, also linksherum gedreht. Das rechte obere Rechteck wird um den Winkel `beta` gedreht. Die Berechnungen der Winkel erfolgen mit der NumPy-Funktion `arctan()` in den Zeilen 08 und 09.

Die Methode add_patch() in den Zeilen 17 bis 19 platziert die Rechtecke auf der Zeichenfläche.

4.4.2 Kreise und Linien

Kreisobjekte kreis werden mit der Methode

```
kreis=patches.Circle((x,y),radius,fill,lw,edgecolor)
```

erzeugt und mit der Funktion add_patch(kreis) in die Zeichenfläche eingebettet. Dabei steht das Tupel (x,y) für die Koordinaten des Mittelpunktes eines Kreises. Der dritte Parameter bestimmt den Radius.

Linien werden mit der bekannten Methode plot([x1,x2],[y1,y2]) erstellt. Zur Veränderung der Linienstile und -breiten können die bekannten Eigenschaften verwendet werden.

Listing 4.29 demonstriert am Beispiel eines Getriebes mit drei Zahnrädern, wie Kreise und Linien mit den Methoden Circle() und plot() dargestellt werden können. Die vereinfachte Darstellung von Zahnrädern als Kreisen mit den mittleren Durchmessern wird immer dann verwendet, wenn die Struktur und das Übersetzungsverhältnis von Getrieben veranschaulicht werden soll.

```
#29_getriebe.py
import matplotlib as mlt
import matplotlib.pyplot as plt
x1,x2=-12,22
y1,y2=-17,12
fig,ax=plt.subplots()
ax.axis([x1,x2,y1,y2])
#(x,y),Radius
k1=mlt.patches.Circle((-5,5),5,fill=False,lw=2,edgecolor='b')
k2=mlt.patches.Circle((-5,-5),5,fill=False,lw=2,edgecolor='b')
k3=mlt.patches.Circle((10,-5),10,fill=False,lw=2,edgecolor='b')
ax.add_patch(k1)
ax.add_patch(k2)
ax.add_patch(k3)
#x1,x2,y1,y2
ax.plot([-5,-5],[-5, 5],lw=1,color='black',ls='-.')
ax.plot([-5,10],[-5,-5],lw=1,color='black',ls='-.')
ax.plot([-5,10],[5,-5],lw=1,color='black',ls='-.')
ax.set_aspect('equal')
ax.set_xticks([])
ax.set_yticks([])
```

```
22 ax.set_frame_on(False)
23 plt.show()
```

Listing 4.29 Kreise mit Dreieck

Ausgabe

Als Ergebnis von Listing 4.29 werden auf der Zeichenfläche drei Kreise und ein Dreieck als Technologieschema eines Getriebes ausgegeben (siehe Abbildung 4.29).

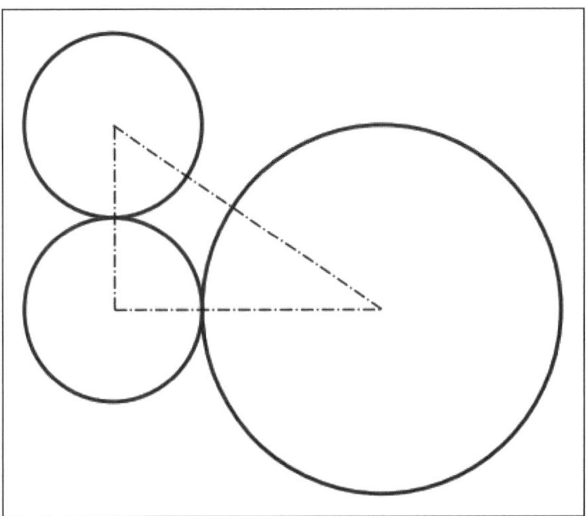

Abbildung 4.29 Technologieschema eines Getriebes

Analyse

Die Linien des Dreiecks veranschaulichen die Abstände der Zahnräder. Die drei Kreisobjekte `k1`, `k2` und `k3` werden in den Zeilen 09 bis 11 mit der Methode

```
mlt.patches.Circle((x,y),radius,fill=False,lw=2,edgecolor='b')
```

erzeugt und in den Zeilen 12 bis 14 mit der Methode `add_patch()` in die Zeichenfläche eingebettet.

Wenn Sie für weitere Programmtests die Durchmesser der Kreise verändern wollen, dann ist es zweckmäßig, die Anweisungen in den Zeilen 20 bis 22 auszukommentieren, und unter der Zeile 22 sollten Sie die Anweisung `ax.grid()` einfügen. So können Sie die Koordinatenänderungen besser überprüfen.

Mit der Anweisung `kreis.center=(x,y)` kann das Objekt `kreis` auf die gewünschte x,y-Position verschoben werden. Diese Anweisung wird in Listing 4.35 für die Animation von Kreis-Objekten verwendet.

4.4.3 Pfeile

Zeigerdiagramme werden in der Wechselstromlehre benötigt, um die Phasenverschiebung zwischen Spannung und Stromstärke zu veranschaulichen. Listing 4.30 demonstriert, wie mit der Methode `arrow()` ein Zeigerdiagramm aus Pfeilen für eine Reihenschaltung aus einem ohmschen Widerstand und einer Induktivität erzeugt werden kann:


```
#20_zeigerdiagramm.py
import matplotlib.pyplot as plt
x1,x2=0,12
y1,y2=0,8
lb=2   #Linienbreite
pb=0.5 #Pfeilbreite
pl=1   #Pfeillänge
U_R=10 #ohmscher Spannungsfall
U_L=5  #induktiver Spannungsfall
I=12   #Stromstärke
fig,ax=plt.subplots()
ax.axis([x1,x2,y1,y2])
#Pfeile: x,y,x+dx,y+dy
ax.arrow(0,1.8,I,0,color='r',lw=lb,length_includes_head=True,
         head_width=pb,head_length=pl)
ax.arrow(0,2,U_R,0,color='b',lw=lb,length_includes_head=True,
         head_width=pb,head_length=pl)
ax.arrow(U_R,2,0,U_L,color='b',lw=lb,length_includes_head=True,
         head_width=pb,head_length=pl)
ax.arrow(0,2,U_R,U_L,color='b',lw=lb,length_includes_head=True,
         head_width=pb,head_length=pl)
#Beschriftungen
ax.annotate("$I$",xy=(5,1),xytext=(5,1),fontsize=12)
ax.annotate("$U_g$",xy=(5,5),xytext=(5,5.5),fontsize=12)
ax.annotate("$U_L$",xy=(10.5,4),xytext=(10.5,4),fontsize=12)
ax.annotate("$U_R$",xy=(5,3),xytext=(5,2.5),fontsize=12)
ax.set_xticks([])
ax.set_yticks([])
ax.set_frame_on(False)
ax.set_aspect('equal')
plt.show()
```

Listing 4.30 Zeigerdiagramm

Ausgabe

In Abbildung 4.30 sehen Sie das ausgegebene Zeigerdiagramm.

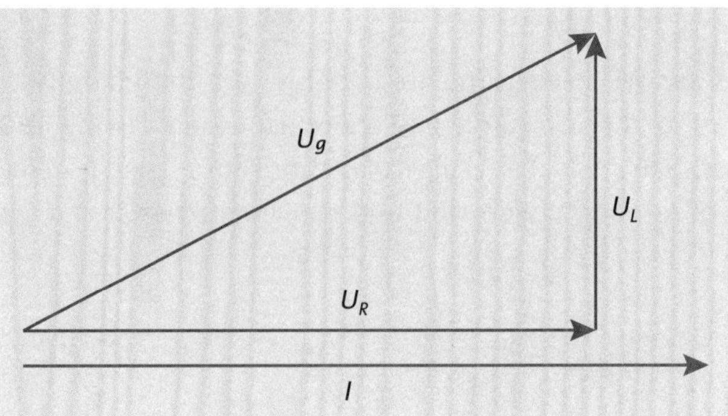

Abbildung 4.30 Zeigerdiagramm für R-L-Reihenschaltung

Analyse

Pfeile werden mit der Methode

```
arrow(x,y,x+dx,y+dy,color,lw,length_includes_head=True,
head_width,head_length)
```

dargestellt. Auf die Methode `arrow()` wird mit dem in Zeile 11 erzeugten Objekt `ax` zugegriffen. Die ersten beiden Parameter `x` und `y` legen die Koordinaten des Pfeilanfangs fest. Die Parameter `dx` und `dy` bestimmen Richtung und Länge des Pfeils. Die Eigenschaften `head_width` und `head_length` legen Breite und Länge der Pfeilspitze fest. Besonders wichtig ist, dass die Eigenschaft `length_includes_head` auf `True` gesetzt wird, damit bei der Darstellung ein geschlossenes Zeigerdreieck dargestellt wird.

4.4.4 Polygone

Ein Polygon (Vieleck) ist eine ebene geometrische Figur, die durch einen geschlossenen Streckenzug gebildet wird. Ein Polygon wird mit dem Konstruktor `Polygon(xy)` der Klasse

```
class matplotlib.patches.Polygon(xy, closed=True, **kwargs)
```

erstellt. Der erste Parameter `xy` ist ein Array, das die Koordinaten der Eckpunkte eines Polygons enthält.

Mit Listing 4.31 können Polygone mit beliebig vielen Ecken gezeichnet werden.

```
#31_polygon.py
import numpy as np
import matplotlib.pyplot as plt
from matplotlib.patches import Polygon
r=10
```

```
06 n=6
07 R=1.1*r
08 fig,ax=plt.subplots()
09 ax.axis([-R,R,-R,R])
10 for k in range(n):
11     w=2*np.pi/n
12     x1,y1=r*np.cos(k*w),r*np.sin(k*w)
13     x2,y2=r*np.cos((k+1)*w),r*np.sin((k+1)*w)
14     ax.plot([0,x2],[0,y2],lw=1,color='b')
15     p=Polygon([[x1,y1],[x2,y2]],fill=False,lw=2)
16     ax.add_patch(p)
17 ax.set_aspect('equal')
18 ax.grid(True)
19 plt.show()
```

Listing 4.31 Polygone zeichnen

Ausgabe

In Abbildung 4.31 sehen Sie ein Beispiel für ein mit der Methode Polygon gezeichnetes Polygon.

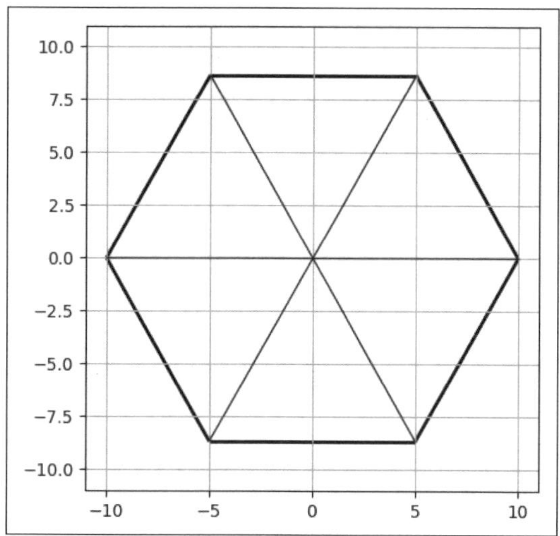

Abbildung 4.31 Sechseck

Analyse

Zeile 04 importiert das Untermodul patches mit der Klasse Polygon. In Zeile 05 können Sie den Radius r des Umkreises und in Zeile 06 die Anzahl der Ecken n des Polygons festlegen.

Die wichtigsten Programmaktionen finden innerhalb der `for`-Schleife (Zeile 10 bis 16) statt. Zeile 11 berechnet den Winkel `w` eines Kreissektors (Kreisausschnitts). In den Zeilen 12 und 13 werden die Koordinaten der Eckpunkte berechnet. Die Methode `plot()` in Zeile 14 markiert die Begrenzungen der Kreissektoren. In Zeile 15 erzeugt der Konstruktor `Polygon([[x1,y1],[x2,y2]], ...)` der Klasse `Polygon` das Objekt `p`. Die Methode `add_patch(p)` in Zeile 16 fügt das Objekt `p` in die Zeichenfläche ein.

Ein regelmäßiges Polygon hätten Sie auch mit

```
p=RegularPolygon((x,y),n,radius=10,fill=False)
ax.add_patch(p)
```

ohne Schleifenkonstrukt einfacher darstellen können. Das Tuple `(x,y)` gibt den Mittelpunkt des Polynoms vor. Die Parameter `n` und `radius` legen die Anzahl der Ecken und den Radius des Polygons fest. Der Aufwand des auf den ersten Blick kompliziert erscheinenden Algorithmus für die Berechnung der x-y-Koordinaten ist aber deshalb gerechtfertigt, weil er in vielen Anwendungen, etwa für die Darstellung von Zeigern in der komplexen Ebene, zwingend notwendig ist.

4.4.5 Anwendungsbeispiel: Metallstab im magnetischen Feld

Mit Matplotlib können Sie auch Zeichnungen erstellen, die physikalische Zusammenhänge veranschaulichen. Listing 4.32 demonstriert, wie Sie ein homogenes magnetisches Feld mit einem stromdurchflossenen Leiter, der auf zwei Stromschienen liegt, darstellen können.

```
#32_mag_feld.py
import numpy as np
import matplotlib as mlt
import matplotlib.pyplot as plt
x1,x2=0,12
y1,y2=0,7
x=np.linspace(1,9,9)
y=np.linspace(1,6,6)
x,y=np.meshgrid(x,y)
fig,ax=plt.subplots()
ax.axis([x1,x2,y1,y2])
stab=mlt.patches.Rectangle((1.4,0.25),0.2,6.5,color='black')#Breite,Höhe
kreis=mlt.patches.Circle((10,3.5),0.8,fill=False,lw=2,edgecolor='black')
ax.add_patch(kreis)
ax.add_patch(stab)
ax.plot([1,10],[6.5,6.5],lw=2,color='black') #obere Linie
ax.plot([1,10],[0.5,0.5],lw=2,color='black') #untere Linie
ax.plot([10,10],[0.5,6.5],lw=2,color='black') #rechte Linie
```

```
ax.plot(x,y,marker='x',color='red',ls='none') #magnetische Feldlinien
ax.arrow(1.6,3.5,1,0,color='k',lw=2,head_width=0.15)#x,y,x+dx,y+dy
ax.arrow(11,6,0,-4.5,color='b',lw=2,head_width=0.16,head_length=0.5)
ax.annotate("v",xy=(3,3),xytext=(3,3.4),fontsize=12) #Beschriftungen
ax.annotate("$U_q$",xy=(11.2,3),xytext=(11.3,3.2),fontsize=12)
ax.set_xticks([])#keine Achsenbeschriftung
ax.set_yticks([])#keine Achsenbeschriftung
ax.set_frame_on(False)
ax.set_aspect('equal')
plt.show()
```

Listing 4.32 Stromdurchflossener Leiter im Magnetfeld

Ausgabe

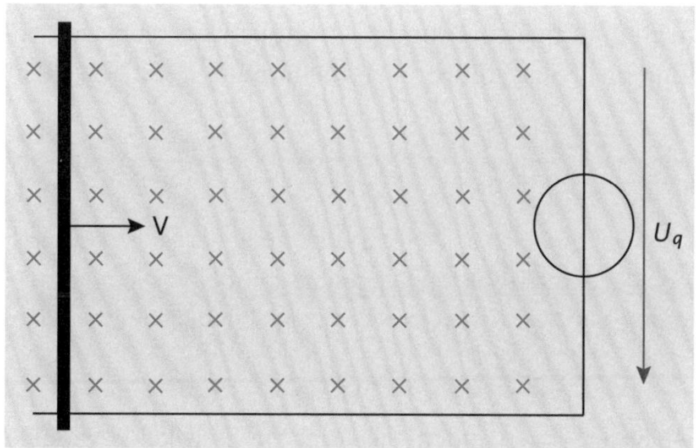

Abbildung 4.32 Stromdurchflossener Leiter im Magnetfeld

Analyse

Abbildung 4.32 zeigt die Draufsicht auf ein homogenes magnetisches Feld mit zwei parallel verlaufenden Stromschienen, einem Stab aus leitendem Material und einer Spannungsquelle. Die magnetischen Feldlinien werden durch rote Kreuze dargestellt, was bedeuten soll, dass die magnetischen Feldlinien im rechten Winkel zur Zeichenebene stehen und gemäß der Konvention in Richtung der Zeichenebene zeigen.

Aus den obigen Beispielen sind fast alle Darstellungselemente bekannt.

4.5 Animationen

Die Computeranimation ist ein Verfahren, bei dem aus einer Sequenz von Einzelbildern ein bewegtes Bild erzeugt wird. Ein Algorithmus verändert die Positionen der Einzelbilder kontinuierlich. Dabei muss jedes Einzelbild gelöscht werden, bevor es dann in eine neue Position gebracht und dort angezeigt wird. Wenn der Algorithmus etwa in 1 Sekunde 24 neue Bilder generiert, dann entsteht beim Betrachter die Illusion einer annähernd flüssigen Bewegung. Mit Computeranimationen lassen sich physikalische Phänomene veranschaulichen, die für die menschliche Wahrnehmung nicht mehr erfassbar sind, indem schnelle Vorgänge in ihren Abläufen verlangsamt und sehr langsame Vorgänge schneller dargestellt werden.

Mit der Anweisung `from matplotlib.animation import FuncAnimation` wird die Methode `FuncAnimation` importiert.

Die Methode

```
ani=FuncAnimation(fig, func, frames=None, init_func=None, fargs=None,
save_count=None, cache_frame_data=True)
```

erzeugt das Objekt `ani`. Es sind nicht alle möglichen Parameter angegeben. Obwohl dieses Objekt im Animationsprogramm nicht benötigt wird, muss es erzeugt werden. Ansonsten wird die Animation nicht ausgeführt: Es erscheint nur ein statisches Bild auf dem Monitor.

Hinweis

Sie müssen die Animation in einer Variablen speichern, also immer ein explizites Objekt erzeugen. Andernfalls wird ein implizit erzeugtes Animationsobjekt einer automatischen Speicherbereinigung (*Garbage Collection*) unterzogen und die Animation wird angehalten.

Ein implizites Objekt können Sie erzeugen, indem Sie einer Methode keine Variable zuweisen. Das folgende Konsolenbeispiel erzeugt ein implizites Objekt:

```
>>> import matplotlib.pyplot as plt
>>> from matplotlib.animation import FuncAnimation
>>> fig=plt.Figure()
>>> def func():pass
>>> FuncAnimation(fig,func) #keine Variable vorhanden
<matplotlib.animation.FuncAnimation object at 0x135e65c30>
```

Die Warnung, die dieses Konsolenprogramm erzeugt, wurde nicht mit angegeben.

Der zweite Parameter `func` steht für den Namen einer selbst definierten Python-Funktion, die animiert werden soll. Diese Funktion wird ohne Angabe eines Parameters aufgerufen. Die anderen Parameter werden bei der Programmanalyse besprochen.

Als Beispiele wurden die zeitliche Verschiebung einer Sinusschwingung auf der x-Achse, der schiefe Wurf und die Bewegung eines Planeten auf einer elliptischen Umlaufbahn ausgewählt.

4.5.1 Eine einfache Animation: Verschieben einer Sinusfunktion

Listing 4.33 zeigt, wie mit der Methode `FuncAnimation()` eine Sinusschwingung in Richtung der x-Achse bewegt wird:

```
#33_animation_sinus.py
import numpy as np
import matplotlib.pyplot as plt
from matplotlib.animation import FuncAnimation

def f(x,k):
    return np.sin(x-k/20)

def v(k):
    y.set_data(x,f(x,k))
    return y,

fig,ax=plt.subplots()
x=np.linspace(0,4*np.pi,200)
y, = ax.plot(x,f(x,0),r-,lw=3)
#Animation
ani=FuncAnimation(fig,v,
                    interval=20,
                    #frames=200,
                    blit=True,
                    # save_count=50,
                    # cache_frame_data=False
                    )
plt.show()
```

Listing 4.33 Bewegte Sinusschwingung in positiver x-Richtung

Ausgabe

In Abbildung 4.33 sehen Sie eine Momentaufnahme der Animation.

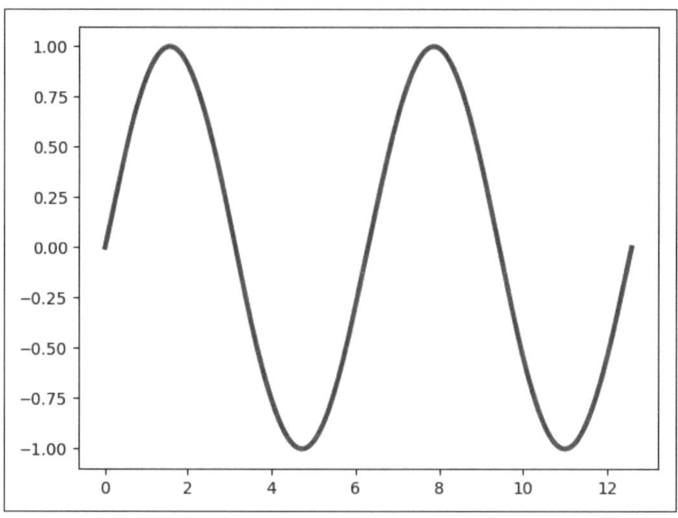

Abbildung 4.33 Momentaufnahme einer Sinusschwingung

Analyse

Das Programm zeichnet eine Sinuskurve, die sich auf dem Bildschirm in x-Richtung bewegt. Die Bewegungsrichtung kann durch das Vorzeichen in Zeile 07 geändert werden. Wenn der Parameter `k` negativ ist, bewegt sich die Kurve von links nach rechts. Wenn der Parameter `k` positiv ist, bewegt sie sich von rechts nach links.

Das Programm besteht aus drei Teilen: aus der Funktion `v(k)` in Zeile 09, dem Initialisierungsteil in Zeile 15 und der Animation in Zeile 17.

Damit eine Animation durchgeführt werden kann, muss das Modul `matplotlib.animation` importiert werden (Zeile 4).

In den Zeilen 06 und 07 wird die Sinusfunktion `sin(x-k/20)` mit den Variablen `x` und `k` definiert. Die Variable `x` ändert den Winkel, und die Variable `k` bewirkt die Verschiebung der Sinusfunktion auf der x-Achse.

In Zeile 09 wird die für die Animation wichtigste Funktion `v(k)` definiert. Die Methode `y.set_data(x,f(x,k))` in Zeile 10 ändert bei jedem Funktionsaufruf von `v(k)` in Zeile 17 den Wert `k` für die Verschiebung auf der x-Achse. Das Objekt `y`, das in Zeile 11 zurückgegeben wird, muss mit einem Komma abgeschlossen werden, weil der Rückgabewert ein Tupel sein muss. Wenn Sie das Komma weglassen, wird eine Fehlermeldung ausgegeben.

Zeile 13 erzeugt die beiden Objekte `fig` und `ax`. Das Objekt `fig` wird für die Animation in Zeile 17 benötigt. Mit dem Objekt `ax` wird auf die `plot`-Methode zugegriffen.

In Zeile 14 speichert die NumPy-Funktion `linspace(0,4*np.pi,200)` 200 Werte in die Variable `x` für den Bereich 0 bis 4π. Bei der Initialisierung des Objekts `y` in Zeile 15 werden in diesem Objekt die 200 Werte für die Winkel `x` und für `k=0` gespeichert. Das Objekt `y` enthält also ein statisches Abbild für zwei Sinusschwingungen. Hinter dem Objekt `y` muss wieder ein Komma stehen, sonst wird die Animation nicht durchgeführt.

In Zeile 17 führt die Methode

```
ani=FuncAnimation(fig,v,interval=20,blit=True)
```

die Animation durch.

Auffällig ist, dass ein explizites Objekt `ani` erzeugt werden muss (Zeile 17), obwohl es im Programm nicht benutzt wird. Der Bezeichner dieses Objekts ist frei wählbar. Wenn Sie kein explizites Objekt erzeugen, dann wird die Animation nicht ausgeführt. Das Objekt hat die Aufgabe, einen internen Zähler (*Timer*) zu steuern, der auf das explizit erzeugte Animationsobjekt `ani` zugreift. Wenn dieses fehlt, dann wird das implizite Animationsobjekt von der automatischen Speicherverwaltung (*Garbage Collection*) als Datenmüll gesammelt und die Animation wird gestoppt. Es erscheint ein statisches Bild auf dem Monitor.

Der erste Parameter `fig` legt die Eigenschaften der Zeichenfläche fest, in der die Animation stattfinden soll.

Als zweiten Parameter erwartet die Methode `FuncAnimation()` die selbst definierte Animationsfunktion `v(k)`, die ohne das Argument `k` aufgerufen werden muss.

Der Parameter `interval` bestimmt, mit welcher Verzögerung in Millisekunden die einzelnen Bilder erzeugt werden sollen. Der Standardwert ist 200 ms. Je größer dieser Wert gewählt wird, desto größer sind die Pausen zwischen der Erzeugung neuer Bilder. Die Animation läuft nicht mehr so »flüssig« und zeigt deutliche Anzeichen von »Ruckeln«.

Der Parameter `frames=200` legt die Anzahl der Bilder (*frames*) fest, die gezeichnet werden sollen. In dieser Animation wird er nicht benötigt und soll in den nächsten Beispielen näher erläutert werden.

Der Parameter `blit` legt fest, ob zum Optimieren des dynamischen Zeichnens Blitting verwendet werden soll. Der Standardwert ist `False`. *Blitting* bedeutet das schnelle Kopieren und Verschieben des zu bewegenden Objekts. Wenn `blit=True` ist, dann werden nur die Bereiche des Bildes neu gezeichnet, die sich auch verändert haben. Die Animationen sollen durch Blitting weitgehend »ruckelfrei« ablaufen. Wenn Sie diesen Parameter auskommentieren, werden Sie aber feststellen, dass kaum eine Änderung wahrnehmbar ist. Mehr über das Blitting erfahren Sie unter folgender URL:

https://matplotlib.org/stable/tutorials/advanced/blitting.html

Der Parameter `save_count` legt die Anzahl der Bilder (*frames*) fest, die im Cache gespeichert werden sollen. Dieser Parameter wird nur verwendet, wenn dem Parameter `frames` kein Wert zugewiesen wird.

Der Parameter `cache_frame_data` verhindert, dass es zu einem Speicherüberlauf im Cache kommt. Der Standardwert ist `True`. Für den Fall, dass dem Parameter `frames` kein Wert zugewiesen wird, sollten Sie ab der Matplotlib-Version 3.7 `cache_frame_data=False` setzen, sonst gibt der Python-Interpreter eine Warnung aus:

```
UserWarning: frames=None which we can infer the length of, did not pass an
explicit *save_count* and passed cache_frame_data=True. To avoid a possibly
unbounded cache, frame data caching has been disabled. To suppress this
warning either pass `cache_frame_data=False` or `save_count=MAX_FRAMES`.
ani=FuncAnimation(fig,v,
```

Sie sollten dieses Programm ausführlich testen, indem Sie die einzelnen Parameter ändern und die Auswirkungen auf die Animation genau beobachten.

4.5.2 Animierter schiefer Wurf

Der animierte schiefe Wurf zeigt den Bewegungsablauf eines Balls, der mit einer bestimmten Anfangsgeschwindigkeit unter einem bestimmten Wurfwinkel geworfen wird. Die Parametergleichungen können aus Listing 4.17 übernommen werden. Für die Ermittlung des Zeichenbereichs müssen noch die Wurfweite

$$x_{\max} = \frac{v_0^2 \cdot \sin 2\alpha}{g}$$

und die Steighöhe

$$y_{\max} = \frac{v_0^2 \cdot \sin^2 2\alpha}{2g}$$

berechnet werden.

Mit Listing 4.34 wird der Bewegungsablauf des schiefen Wurfs animiert:

```
#34_animation_wurf.py
import numpy as np
import matplotlib.pyplot as plt
from matplotlib.animation import FuncAnimation
g=9.81
v0=10
wurfwinkel=45
alpha=np.radians(wurfwinkel)
tmax=2*v0*np.sin(alpha)/g
xmax=v0**2*np.sin(2*alpha)/g
ymax=v0**2*np.sin(alpha)**2/(2*g)
```

```
12 #Wurfbahn berechnen
13 def wurf(t):
14     x = v0*np.cos(alpha)*t
15     y = v0*np.sin(alpha)*t-0.5*g*t**2
16     ball.set_data([x],[y])
17     return ball,
18 #Objekte erzeugen
19 fig,ax=plt.subplots()
20 ax.axis([0,xmax+0.5,0,ymax+0.5])
21 ball, = ax.plot([],[],'ro')
22 t=np.linspace(0,tmax,100)
23 ani=FuncAnimation(fig,wurf,frames=t,interval=20,blit=True)
24 ax.set(xlabel="x in m",ylabel="y in m",title="Schiefer Wurf")
25 plt.show()
```

Listing 4.34 Animierter schiefer Wurf

Ausgabe

In Abbildung 4.34 sehen Sie eine Momentaufnahme der Animation des schiefen Wurfs.

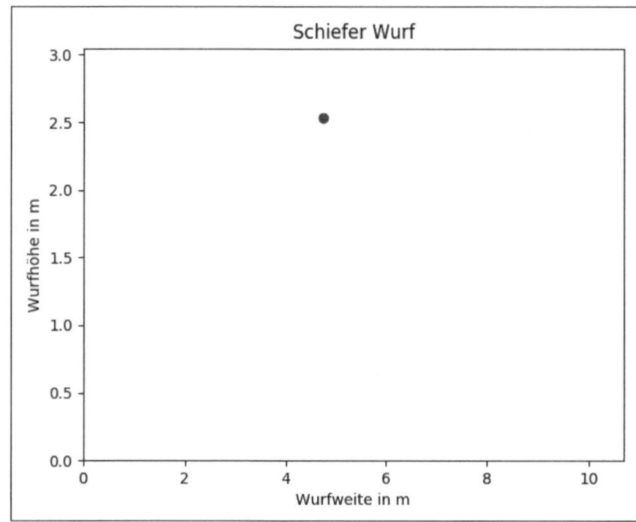

Abbildung 4.34 Momentaufnahme für die Animation des schiefen Wurfs

Analyse

Der animierte Wurfverlauf kann hier natürlich nicht dargestellt werden. Für Testzwecke können Sie das Programm mit verschiedenen Anfangsgeschwindigkeiten in Zeile 06 und Wurfwinkeln in Zeile 07 ausführen.

Die selbst definierte Funktion `wurf(t)` in den Zeilen 13 bis 17 berechnet für jeden neuen Funktionsaufruf durch die Methode `FuncAnimation()` die neuen Positionen der x- und y-Koordinaten und speichert sie in das Objekt `ball`. Ab der Matplotlib-Version 3.7 müssen die Argumente `x` und `y` in eckige Klammern eingeschlossen werden (Zeile 16), weil die Methode `set_data()` nur noch Sequenzen als Argumente akzeptiert. Wenn Sie die Klammern weglassen, erscheint der Warnhinweis: `MatplotlibDeprecationWarning: Setting data with a non sequence type is deprecated since 3.7 and will be remove two minor releases later.`

Zeile 21 initialisiert das Objekt `ball` mit einer leeren Liste für die `plot`-Methode. Der Parameter `ro` bewirkt, dass der Ball als roter Punkt dargestellt wird. Wenn Sie den Parameter `markersize='15'` einfügen, dann vergrößert sich der Durchmesser des Balls.

Die Methode `FuncAnimation()` in Zeile 23 führt die Animation aus. Der Parameter `frames` legt die Anzahl der Bilder fest, die pro Sekunde dargestellt werden sollen, wenn ihm eine Ganzzahl zugewiesen wird. In dieser Animation wird `frames` eine Sequenz `t` von `0` bis `tmax` aus 100 Werten zugewiesen, was eine fast ruckelfreie Darstellung garantiert. Würden Sie dem Parameter `frames` eine ganze Zahl zuweisen, dann würde der Ball an einer festen Position der Flugbahn blinken und sich nicht bewegen.

4.5.3 Animierte Planetenbahn

Planeten bewegen sich auf einer elliptischen Umlaufbahn. Die Form einer Ellipse wird durch die beiden Achsen a und b beschrieben. Die x-y-Komponenten werden durch die Parametergleichungen

$$x = a \cdot \cos t$$

$$y = b \cdot \sin t$$

beschrieben.

Mit Listing 4.35 können Sie den Bewegungsablauf eines Planeten um einen Stern animieren:

```
#35_animation_elipse.py
import numpy as np
import matplotlib as mlt
import matplotlib.pyplot as plt
from matplotlib.animation import FuncAnimation
#Daten
r1,r2=0.5,0.25
a,b=8,4 #Ellipsenachsen
breite=10
```

```
#Initialisierung
def init():
    planet.center=(1,2)
    ax.add_patch(planet)
    return planet,
#Bahnberechnung
def bahn(t):
    x,y=a*np.cos(np.radians(t)),b*np.sin(np.radians(t))
    planet.center=(x,y)
    return planet,
#Grafikbereich
fig,ax=plt.subplots()
ax.axis([-breite,breite,-breite,breite])
planet= mlt.patches.Circle((0,0),radius=r2, color='blue')
stern= mlt.patches.Circle((2.5,0),radius=r1, color='red')
ax.add_artist(stern)
ani=FuncAnimation(fig,bahn,
                  init_func=init,frames=360,interval=20,blit=True)
ax.set_aspect('equal')
ax.set(xlabel='x',ylabel='y',title='elliptische Umlaufbahn')
plt.show()
```

Listing 4.35 Animierte Planetenbahn

Ausgabe

In Abbildung 4.35 sehen Sie eine Momentaufnahme der Animation einer Planetenbahn.

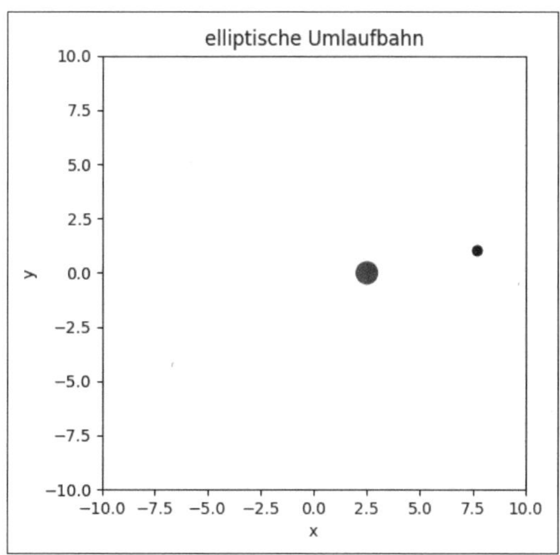

Abbildung 4.35 Momentaufnahme der Animation einer Planetenbahn

Analyse

Prinzipiell hat das Programm die gleiche Struktur wie die Animation der Wurfparabel. Die Zeile 08 legt die Achsen `a` und `b` der elliptischen Umlaufbahn fest.

In den Zeilen 11 bis 14 wird in der Funktion `init()` das in Zeile 23 erzeugte Kreisobjekt `planet` auf die Werte $x = 1$ und $y = 2$ (Zeile 12) mit der Anweisung `planet.center=(1,2)` initialisiert. Diese Werte sind willkürlich gewählt. Beim Programmstart kann diese Platzierung nicht wahrgenommen werden.

Die selbst definierte Funktion `bahn(t)` in Zeile 16 bis 19 enthält die Parametergleichungen der Ellipse. Die Koordinatendaten werden in Zeile 17 berechnet. Die Anweisung `planet.center=(x,y)` übernimmt die Koordinaten der Umlaufbahn und speichert sie in das Objekt `planet`.

Die Methode `FuncAnimation()` in Zeile 26 ruft die Funktion `bahn` und die Funktion `init` ohne Parameter auf und erzeugt die Animation. In Zeile 24 wird das Objekt `stern` erzeugt und in Zeile 25 mit der Methode `add_artist(stern)` in der Mitte der Zeichenfläche eingefügt. Die Festlegung der Anzahl der `frames` ist wichtig. Testen Sie das Programm z. B. mit `frames=300`. Dann werden Sie nach 300° eine sprunghafte Bewegung des Planeten beobachten.

4.6 Projektaufgabe: Stirling-Kreisprozess

Für einen Stirling-Motor soll der Kreisprozess in einem *p*-*V*-Zustandsdiagramm dargestellt werden. Zunächst soll der Kreisprozess statisch mit Matplotlib visualisiert werden. Die einzelnen Zustände sind durch Punkte und Zahlen zu kennzeichnen. Darauf aufbauend soll ein Simulationsprogramm mit Slider-Steuerelementen für die Temperatur- und Volumenänderung des Kreisprozesses entwickelt werden. Das Programm soll den Betrag der abgegebenen Volumenarbeit und den Wirkungsgrad des Stirling-Motors berechnen. Die Ergebnisse sollen zeitgleich bei jeder Slider-Änderung auf der Programmoberfläche angezeigt werden.

Der Stirling-Motor ist ein Heißluftmotor, der 1816 von dem schottischen Geistlichen Robert Stirling (1790 bis 1878) erfunden wurde. Abbildung 4.36 zeigt einen Zylinder mit einem nach oben und unten frei beweglichen Kolben. Das Modell ist stark vereinfacht und soll nur die prinzipielle Funktionsweise des Stirling-Motors verdeutlichen. Auf technische Details soll hier nicht weiter eingegangen werden. Aus einem Wärmereservoir wird dem Gas des Zylinders Wärmeenergie zugeführt. Anschließend wird dem Gas durch Verschieben des Kältereservoirs nach links die Wärmenergie wieder entzogen.

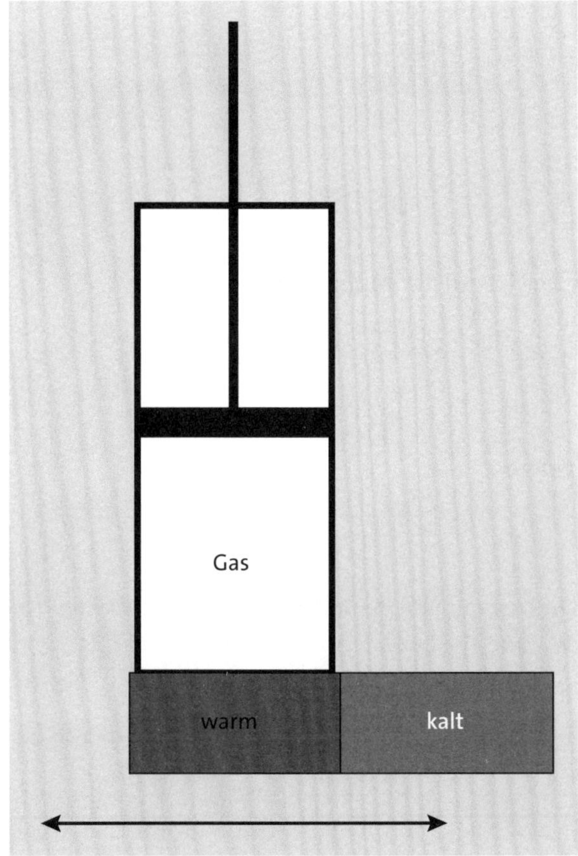

Abbildung 4.36 Prinzipielle Funktionsweise eines Stirling-Motors

Der Zylinder wird abwechselnd erwärmt und abgekühlt. Bei der Erwärmung dehnt sich das Gas im Zylinder aus und der Kolben wird nach oben bewegt. Es wird also mechanische Arbeit (Volumenarbeit) verrichtet. Bei der Abkühlung verringert sich das Volumen des Gases und der Kolben bewegt sich wieder nach unten. Als Gas wird in der Regel Luft verwendet. Wenn die Luft nicht zu stark komprimiert wird, verhält sie sich wie ein ideales Gas und die allgemeinen Gasgesetze können angewendet werden.

Der Druck p im Zylinder ist proportional zur absoluten Temperatur T und umgekehrt proportional zum Volumen V des Gases (*Boyle-Mariotte-Gesetz*):

$$p = \frac{n \cdot R \cdot T}{V}$$

Bei dem Formelzeichen n handelt es sich um die Stoffmenge des Gases in mol. Die Konstante R ist die allgemeine Gaskonstante für ideale Gase (R = 8,31446261815324 $\mathrm{J \cdot mol^{-1} \cdot K^{-1}}$).

Für die am Kolben verrichtete Volumenarbeit gilt:

$$dW = p \cdot dV$$

Durch Integration ergibt sich:

$$W = n \cdot R \cdot T \int_{V_1}^{V_2} \frac{1}{V} dV = n \cdot R \cdot T \cdot \ln \frac{V_2}{V_1}$$

Bei Erwärmung mit der Temperatur T_w wird die Volumenarbeit

$$W_{12} = n \cdot R \cdot T_w \cdot \ln \frac{V_2}{V_1}$$

verrichtet.

Für die Abkühlung auf die Temperatur T_k gilt:

$$W_{34} = n \cdot R \cdot T_k \cdot \ln \frac{V_2}{V_1}$$

Der Index *w* steht für den warmen Zustand und der Index *k* steht für den kalten Zustand. Die Indices für die Arbeit W_{12} und W_{34} beziehen sich auf Abbildung 4.37.

Die nutzbare mechanische Arbeit ΔW berechnet sich aus der Differenz:

$$\Delta W = W_{12} - W_{34} = n \cdot R \cdot (T_w - T_k) \cdot \ln \frac{V_2}{V_1}$$

Der sonst üblichen Konvention, dass in der Thermodynamik die abgegebene Arbeit W_{12} mit einem negativen Vorzeichen zu versehen ist, wird hier ausnahmsweise einmal nicht Folge geleistet. Stellen Sie sich die Volumenarbeiten einfach als Beträge vor.

Für den Wirkungsgrad gilt:

$$\eta = \frac{W_{12} - W_{34}}{W_{12}} = 1 - \frac{T_w}{T_k}$$

Darstellung des Stirling-Kreisprozesses

Abbildung 4.37 zeigt die einzelnen Prozesszustände 1 bis 4 für die Drücke und Volumen der expandierten und komprimierten Luft des Stirling-Kreisprozesses. Sie wurde mit Listing 4.36 erstellt.

Die Punkte symbolisieren die jeweiligen Zustände für die Drücke, Volumen und Temperaturen. Die Übergänge von einem Zustand zu einem anderen Zustand werden als *Prozess* bezeichnet. Die einzelnen Prozessschritte laufen wie folgt ab:

- **1 nach 2**: Die Luft wird durch Zufuhr von Wärmeenergie bei gleichbleibender Temperatur T_w erwärmt. Sie dehnt sich aus, das Luftvolumen wird also größer und der

Kolben bewegt sich nach oben. Wegen $p \cdot V = const.$ verringert sich der Druck (isotherme Zustandsänderung).

- **2 nach 3**: Die Luft wird abgekühlt. Das Volumen ändert sich nicht (isochore Zustandsänderung).
- **3 nach 4**: Das Volumen verringert sich von V_2 auf V_1 bei konstant gehaltener niedriger Temperatur T_k, und der Druck nimmt wegen $p \cdot V = const.$ zu (isotherme Zustandsänderung).
- **4 nach 1**: Die Temperatur der Luft wird durch Zufuhr von Wärmenergie von der niedrigen Temperatur T_k auf eine höhere Temperatur T_w vergrößert. Das Volumen bleibt konstant (isochore Zustandsänderung).

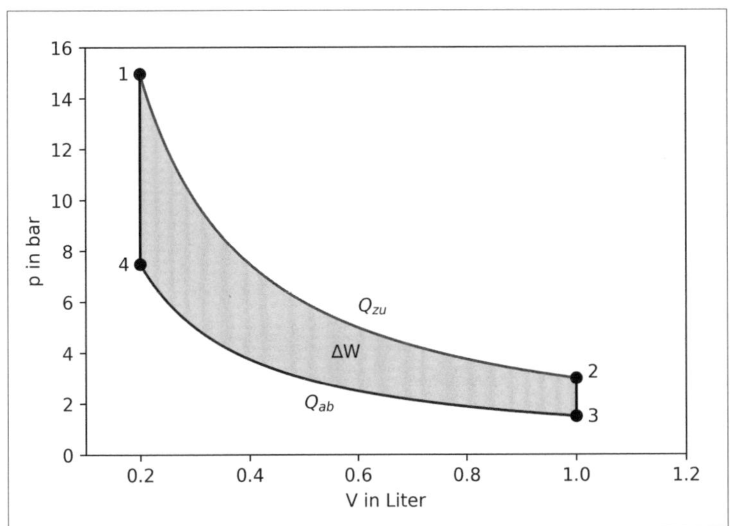

Abbildung 4.37 Stirling-Kreisprozess im p-V-Zustandsdiagramm

Mit Listing 4.36 wird das Zustandsdiagramm aus Abbildung 4.37 erzeugt. Die Angabe der Stoffmenge in Zeile 09 von $n = 0{,}045$ mol entspricht dem Volumen von einem Liter Luft unter Normalbedingungen ($T = 273{,}15$ K, $p = 1$ bar).

```
01  #36_plot_kreisprozess.py
02  import numpy as np
03  import matplotlib.pyplot as plt
04  Tw, Tk= 800, 400 #K
05  V1,V2=0.2,1 #dm^3
06  #Funktionsdefinition p=f(V)
07  def p(V,T):
08      R=8.314   #J/(mol*K)
09      n=0.045   #mol
10      return 1e-2*n*R*T/V
```

```
11 #Grafikbereich
12 fig, ax = plt.subplots()
13 V=np.linspace(V1,V2,100)
14 ax.plot(V,p(V,Tw),'r-') #warm
15 ax.plot(V,p(V,Tk),'b-') #kalt
16 #Punkte
17 ax.plot([V1,V1],[p(V1,Tw),p(V1,Tk)],'ko')
18 ax.plot([V2,V2],[p(V2,Tw),p(V2,Tk)],'ko')
19 #vertikale Linien
20 ax.plot([V1,V1],[p(V1,Tk),p(V1,Tw)],'k-')
21 ax.plot([V2,V2],[p(V2,Tk),p(V2,Tw)],'k-')
22 ax.set_xlim(0.1,1.2)
23 ax.set_ylim(0,16)
24 #x,y Beschriftung
25 ax.text(V1-0.04,p(V1,Tw)-0.25,'1')
26 ax.text(V2+0.02,p(V2,Tw),'2')
27 ax.text(V2+0.02,p(V2,Tk)-0.25,'3')
28 ax.text(V1-0.04,p(V1,Tk)-0.25,'4')
29 ax.text(0.6,5.6,r'$Q_{zu}$')
30 ax.text(0.5,1.8,r'$Q_{ab}$')
31 ax.text(0.55,3.8,'ΔW')
32 ax.set(xlabel='V in Liter',ylabel='p in bar')
33 ax.fill_between(V,p(V,Tw),p(V,Tk),alpha=0.2,color='green')
34 plt.show()
```

Listing 4.36 Erzeugen eines p-V-Zustandsdiagramms

Analyse

Die Temperaturen müssen in Kelvin angegeben werden (Zeile 4). Der Faktor in Zeile 10 `1e-2` bewirkt, dass der Druck von Pa in bar umgerechnet wird.

In den Zeilen 14 und 15 berechnet die `plot`-Methode die Koordinatendaten für die warme und kalte Temperatur. Die Parameter `'r-'` und `'b-'` erzeugen eine rote bzw. blaue durchgezogene Linie.

Der Parameter `'ko'` in den Zeilen 17 und 18 bewirkt, dass vier schwarze Punkte gezeichnet werden. In den Zeilen 20 und 21 legt die `plot`-Methode die Koordinatendaten für die Volumenbegrenzung zwischen den Volumen `V1` und `V2` fest. Es werden zwei vertikale Linien gezeichnet.

In den Zeilen 25 bis 28 markiert die Methode `text(x,y,'zahl')` die Nummerierungen für die einzelnen Prozesszustände von 1 bis 4.

Simulation des Stirling-Kreisprozesses

Abbildung 4.38 zeigt die Matplotlib-Programmoberfläche mit vier Slider-Steuerelementen. Mit diesem Programm können Sie die Auswirkungen der einzelnen Zustandsänderungen auf die abgegebene Volumenarbeit und den Wirkungsgrad simulieren. Die abgegebene Volumenarbeit und der Wirkungsgrad werden in der oberen rechten Ecke der Programmoberfläche angezeigt.

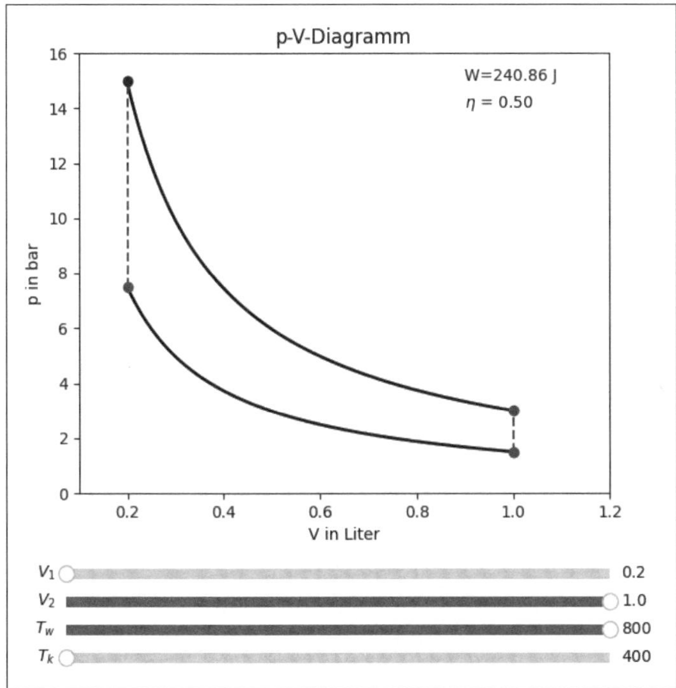

Abbildung 4.38 Simulation des Stirling-Kreisprozesses

Wenn Sie die Slider-Markierungen (Kreise) der Volumen V_1 und V_2 ändern, werden Sie feststellen, dass sich nur die vom System verrichtete Arbeit ändert; der Wirkungsgrad bleibt konstant. Durch Ändern der Temperaturen können Sie den Wirkungsgrad beeinflussen. Nach oben ist die Temperatur durch die Materialeigenschaften des Systems begrenzt. Tiefere Temperaturen unterhalb von 400 K zu erzeugen, ist physikalisch nicht mehr sinnvoll, weil der hierzu notwendige Energieaufwand nicht mehr vertretbar wäre. In der Praxis erreicht der Stirling-Motor Wirkungsgrade von etwa 20 % bis 30 %.

Listing 4.37 erzeugt die Programmoberfläche aus Abbildung 4.38. Es wird wieder ein Luftvolumen von einem Liter angenommen, was einer Stoffmenge von n=0,045 mol entspricht (Zeile 05). Die Gaskonstante `R` und die Stoffmenge `n` werden schon am Anfang des Programms in Zeile 05 und 06 deklariert, weil sie in der Python-Funktion `update(val)` für die Berechnung der Volumenarbeit (Zeile 23) benötigt werden.

```
#37_sld_p_V_Diagramm.py
import numpy as np
import matplotlib.pyplot as plt
from matplotlib.widgets import Slider
n=0.045  #mol
R=8.314  #J/(mol*K)
#p=f(V), isotherm, T als Parameter
def p(V,T):
    return 1e-2*n*R*T/V
#Grafikbereich
def update(val):
    Tw, Tk = sldTw.val, sldTk.val #warm, kalt
    V1, V2 = sldV1.val,sldV2.val
    Vx = np.arange(V1,V2,0.001)
    y1.set_data(Vx,p(Vx,Tw)) #Isotherme
    y2.set_data(Vx,p(Vx,Tk))
    punkt1.set_data([V1],[p(V1,Tw)]) #Punkt1
    punkt2.set_data([V2],[p(V2,Tw)]) #Punkt2
    punkt3.set_data([V2],[p(V2,Tk)]) #Punkt3
    punkt4.set_data([V1],[p(V1,Tk)]) #Punkt4
    linie1.set_data([V1,V1],[p(V1,Tk),p(V1,Tw)]) #vertikale Linie
    linie2.set_data([V2,V2],[p(V2,Tk),p(V2,Tw)]) #vertikale Linie
    W=n*R*(Tw-Tk)*np.log(V2/V1)
    eta=1-Tk/Tw
    txtW.set_text('W = %.2f J' %W)
    txtEta.set_text(r'$\eta$ = %.2f' %eta)
#Grafikbereich
fig, ax = plt.subplots(figsize=(6,6))
txtW=ax.text(0.9,15,'')
txtEta=ax.text(0.9,14,'')
fig.subplots_adjust(left=0.12,bottom=0.25)
ax.set_xlim(0.1,1.2)
ax.set_ylim(0,16)
ax.set(xlabel='V in Liter',ylabel='p in bar',title='p-V-Diagramm')
y1, = ax.plot([],[],'k-',lw=2) #Ordinate
y2, = ax.plot([],[],'k-',lw=2) #Ordinate
linie1,linie2 = ax.plot([],[],'r--',[],[],'r--')
punkt1,punkt2 = ax.plot([],[],'bo',[],[],'ro')
punkt3,punkt4 = ax.plot([],[],'go',[],[],'mo')
#x-, y-Position, Laenge, Hoehe
xyV1 = fig.add_axes([0.1, 0.12, 0.8, 0.03])
xyV2 = fig.add_axes([0.1, 0.08, 0.8, 0.03])
xyTw = fig.add_axes([0.1, 0.04, 0.8, 0.03])
```

```
44 xyTk = fig.add_axes([0.1, 0.0,  0.8, 0.03])
45 #Slider Objekte erzeugen
46 sldTw=Slider(xyTw,r'$T_{w}$',501,800,valinit=800,valstep=1)   #warm
47 sldTk=Slider(xyTk,r'$T_{k}$',400,500, valinit=400,valstep=1)  #kalt
48 sldV1=Slider(xyV1,r'$V_{1}$',0.2,0.5, valinit=0.2,valstep=0.01)
49 sldV2=Slider(xyV2,r'$V_{2}$',0.6,1, valinit=1.0,valstep=0.01)
50 #Änderungen abfragen
51 sldTw.on_changed(update)
52 sldTk.on_changed(update)
53 sldV1.on_changed(update)
54 sldV2.on_changed(update)
55 plt.show()
```

Listing 4.37 Simulation eines Stirling-Kreisprozesses

Analyse

Die Variablen `n` und `R` werden schon am Programmanfang (Zeile 05 und 06) deklariert, damit sie innerhalb der Python-Funktion `update(val)` verfügbar sind (Zeile 11). Sie könnten alternativ auch in der selbst definierten Python-Funktion `p(V,T,R=8.314,n)` (Zeile 08) zusätzlich als Parameter eingefügt werden. Das wäre zwar ein besser Programmierstil, erhöht aber den Programmieraufwand, weil für die Berechnung der Volumenarbeit (Zeile 23) eine Python-Funktion definiert werden müsste.

In den Zeilen 12 und 13 werden die aktuellen Werte der Slider-Einstellungen den Zustandsvariablen `Tw`, `Tk`, `V1` und `V2` zugewiesen. In der Zeile 14 werden die Volumengrenzen für `V1` und `V2` angepasst.

Die Berechnungen für die Volumenarbeit `W` und den Wirkungsgrad `eta` erfolgen in den Zeilen 23 und 24. Die Methode `set_text()` bewirkt, dass die aktuell berechneten Ergebnisse (Zeile 25 und 26) an den Positionen auf der Programmoberfläche ausgegeben werden, die in den Zeilen 29 und 30 angegeben wurden.

Die Methode `on_changed(update)` (Zeile 51 bis 54) ruft die Python-Funktion `update` auf und übergibt ihr die aktuellen Zahlenwerte der Slider-Einstellungen.

4.7 Projektaufgabe: Animation eines Fadenpendels

In dieser Projektaufgabe soll die Bewegung eines Fadenpendels nach Abbildung 4.39 animiert werden.

Die aktuelle potenzielle Energie $E_{pot} = m \cdot h$ und die aktuelle kinetische Energie $E_{kin} = 0{,}5 \cdot m \cdot v^2$ sollen auf der Programmoberfläche angezeigt werden. Die Höhe h können Sie mithilfe der Abbildung 4.40 berechnen.

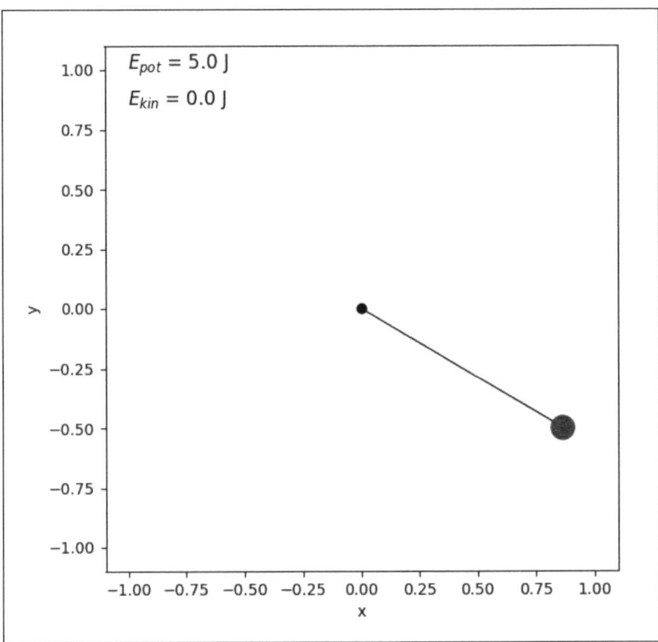

Abbildung 4.39 Momentaufnahme der Animation

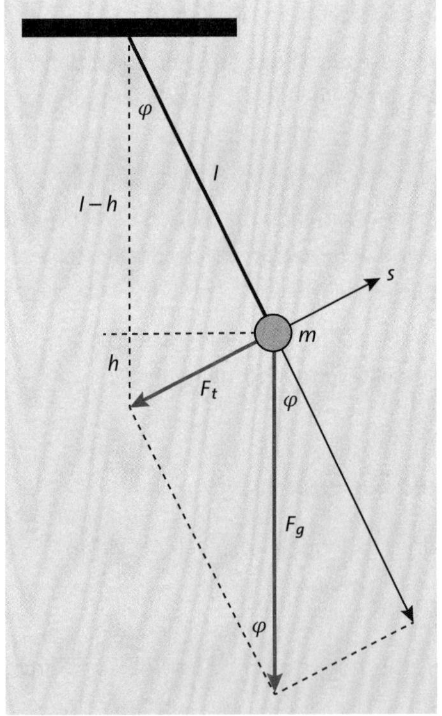

Abbildung 4.40 Kräfte am Fadenpendel

Die Summe aus der Beschleunigungskraft $F_a = m{\cdot}a$ und der tangential wirkenden Rückstellkraft F_t muss zu jedem Zeitpunkt der Pendelbewegung gleich 0 sein:

$$F_a + F_t = 0$$

Mit $F_a = m \cdot l \cdot \ddot{\varphi}$ und $F_t = m \cdot g \cdot \sin\varphi$ erhält man die nichtlineare Differenzialgleichung (DGL) 2. Ordnung:

$$m \cdot l \cdot \ddot{\varphi} + m \cdot g \cdot \sin\varphi = 0$$

Durch Umstellung ergibt sich mit der Abkürzung $\omega_0^2 = g/l$:

$$\ddot{\varphi} + \omega_0^2 \cdot \sin\varphi = 0$$

Um diese DGL numerisch lösen zu können, muss sie in ein Differenzialgleichungssystem 2. Ordnung umgewandelt werden:

$$\frac{\mathrm{d}\varphi}{\mathrm{d}t} = \omega$$

$$\frac{\mathrm{d}\omega}{\mathrm{d}t} = -\omega_0^2 \cdot \sin\varphi$$

Mit dem Summenalgorithmus (Euler-Verfahren) kann dieses DGL-System besonders einfach numerisch gelöst werden:

```
wiederhole für t=0 bis tmax mit der Schrittweite dt
      phi = phi + w*dt
        w = w - w0^2*sin(phi)*dt - d*w*dt
```

Der zusätzlich hinzugefügte Term `d*w*dt` soll die Einwirkung der Dämpfung d berücksichtigen. Für die Dämpfung soll die vereinfachte Annahme gelten, dass sie die Schwingungen proportional zur Winkelgeschwindigkeit ω dämpft.

Der Summenalgorithmus wird innerhalb einer `for`-Schleife ausgeführt.

Listing 4.38 zeigt die Lösung der Projektaufgabe *Animation eines Fadenpendels*. In Zeile 07 können Sie den Auslenkwinkel ändern.

```
01  #38_animation_fadenpendel.py
02  import numpy as np
03  import matplotlib.pyplot as plt
04  from matplotlib.animation import FuncAnimation
05  #Daten
06  l = 1.0           #Pendellänge in m
07  winkel = 60       #Auslenkwinkel
08  d = 0.0           #Dämpfung
09  m=10              #Masse in kg
10  tmax = 50         #Simulationsdauer
```

```
g = 9.81        #m/s^2
w02=g/l  #Quadrat der Kreisfrequenz
#Lösung der DGL mit dem Euler-Verfahren
dt = 1e-3 #Schrittweite
phi,w=np.radians(winkel), 0.0  #Anfangswerte
t = np.arange(0, tmax, dt)
x,y = np.empty((len(t))),np.empty((len(t)))
v=np.empty((len(t)))
x[0]=y[0]=0
for i in range(len(t)):
    phi = phi + w*dt           #Auslenkung
    w = w - w02*np.sin(phi)*dt - d*w*dt
    v[i]=l*w
    x[i],y[i] = l*np.sin(phi),-l*np.cos(phi) #x-y-Koordinaten
#Animationsfunktion
def pendel(j):
    h=l+y[j]
    Epot=m*h
    Ekin=m*v[j]**2/2.0
    txtEpot.set_text(f'$E_{{pot}}$={Epot:3.1f} J')
    txtEkin.set_text(f'$E_{{kin}}$={Ekin:3.1f} J')
    stange.set_data([0,x[j]],[0,y[j]])
    kugel.set_data([x[j]],[y[j]])
    return stange,kugel,txtEpot,txtEkin
#Grafikbereich
fig,ax= plt.subplots(figsize=(6, 6))
txtEpot=ax.text(-l,l,'',fontsize=12)
txtEkin=ax.text(-l,0.85,'',fontsize=12)
ival=1e3*dt
n=len(y)-1
breite=1.1*l
ax.axis([-breite,breite,-breite,breite])
ax.set(xlabel='x',ylabel='y')
ax.set_aspect('equal')
ax.plot(0,0,'ko') #Lager
stange, = ax.plot([],[], 'b-', lw=1) #Stange
kugel, =  ax.plot([],[], 'ro', markersize='15') #Kugel
ani = FuncAnimation(fig, pendel,frames=n,interval=ival,blit=True)
plt.show()
```

Listing 4.38 Animation eines Fadenpendels

Analyse

Das Programm besteht aus vier Teilen: 1. Eingaben (Zeile 06 bis 09), 2. Lösung der DGL (Zeile 14 bis 24), 3. Definition der Animationsfunktion (Zeile 26 bis 34) und 4. Grafikbereich (Zeile 36 bis 49).

Um verschiedene Szenarien zu animieren, können Sie in Zeile 07 den Auslenkwinkel, in Zeile 08 die Dämpfung und in Zeile 09 die Masse ändern. Die Einstellung für die Pendellänge sollten Sie nicht verlängern, weil sonst die Animation nicht mehr so flüssig läuft.

In Zeile 14 können Sie die Schrittweite `dt` anpassen, um die Geschwindigkeit der Animation zu optimieren. Selbst auf dem gleichen Rechner unterscheiden sich die Ausführungsgeschwindigkeiten des Programms, wenn es mit unterschiedlichen Entwicklungsumgebungen getestet wird. In den Zeilen 20 bis 22 wird der Summenalgorithmus ausgeführt. Für jeden einzelnen Stützpunkt `i` wird in Zeile 23 die Bahngeschwindigkeit `v[i]` des Pendels aus der Winkelgeschwindigkeit `w` und der Pendellänge `l` berechnet. In Zeile 24 werden die aktuellen Bahnkoordinaten `x[i]` und `y[i]` berechnet.

Innerhalb der selbst definierten Animationsfunktion `pendel(j)` (Zeile 26 bis 34) werden die aktuellen Werte für die potenzielle und die kinetische Energie (Zeile 28 und 29) berechnet und in den Zeilen 30 und 31 mit der Methode `set_text()` für die Ausgabe auf dem Bildschirm vorbereitet. In den Zeilen 32 und 33 werden die aktuellen Koordinatendaten `x[j]` und `y[j]` der Methode `set_data()` übergeben und in die Objekte `stange` und `kugel` gespeichert.

In Zeile 48 verarbeitet die Methode `FuncAnimation()` die von der Funktion `pendel()` zurückgegebenen Werte der Objekte `stange`, `kugel`, `txtEpot` und `txtEkin`. In Zeile 49 stellt die Methode `show()` die Animation auf dem Bildschirm dar.

4.8 Projektaufgabe: Animation eines Getriebes

Ein Zahnradgetriebe soll die Drehfrequenz eines Elektromotors von $n_1 = 1500\ \text{min}^{-1}$ auf $n_2 = 750\ \text{min}^{-1}$ reduzieren. Als Modul wird $m = 0{,}5$ gewählt. Der Teilkreisdurchmesser (mittlere Durchmesser) d_1 des ersten Zahnrades beträgt 8 cm. Zur Veranschaulichung der Bewegungsabläufe soll das Getriebe animiert werden.

Die für die Dimensionierung des Getriebes notwendigen Formeln sind in Tabelle 4.3 aufgelistet. Das Übersetzungsverhältnis ist $i = 2$.

Bedeutung	Formel
Teilkreisdurchmesser des zweiten Zahnrades (mittlerer Durchmesser)	$d_2 = i \cdot d_1$
Abstand zwischen den Zahnrädern	$a = \frac{d_1 + d_2}{2}$
Anzahl der Zähne des ersten Zahnrades	$z_1 = \frac{d_1}{m}$
Anzahl der Zähne des zweiten Zahnrades	$z_2 = i \cdot z_1$
Zahnhöhe	$h = \frac{13}{6} m$
Zahnspiel	$c = 0{,}2 \cdot m$

Tabelle 4.3 Dimensionierung eines zweistufigen Zahnradgetriebes

Das Animationsprogramm beruht auf der Vorlage von Magnus Benjes. Es wurden lediglich die Bezeichner einiger Variablen geändert, ein Berechnungsteil für die Dimensionierung des Getriebes eingefügt und kompakte Anweisungen auf mehrere Programmzeilen verteilt.

Im Programm wird die sonst übliche Evolventenverzahnung durch ein Trapez ersetzt. Der Teilkreis des Zahnrades wird durch ein Polygon nachgebildet. Die Anzahl der Polygonseiten entspricht der Anzahl der Zähne eines Zahnrades.

Die x-y-Koordinaten der Polygonecken werden mit der eulerschen Formel

$$e^{j\alpha} = \cos\alpha + \mathrm{j}\sin\alpha$$

berechnet.

Die Animation wird mit der Methode `ArtistAnimation(fig,img,intv)` durchgeführt. Das Objekt `img` muss eine Liste sein. Diese Methode wird immer dann angewendet, wenn geometrische Figuren animiert werden sollen. Mit Listing 4.39 können Sie die Bewegungsabläufe eines Zahnradgetriebes animieren:

```
#39_animation_getriebe.py
import numpy as np
import matplotlib.pyplot as plt
import matplotlib.animation as ani
from matplotlib.patches import Polygon
m=0.5   #Modul
i=2     #Übersetzungsverhältnis
d1=8    #mittlerer Durchmesser
```

```
d2=i*d1
a=(d1+d2)/2
z1=d1/m #Anzahl der Zähne
z2=i*z1
h=13*m/6 #Zahnhöhe
c=0.2*m  #Zahnspiel
i=complex(0,i)
x1=1/7
x2=1/3
zahnform=np.array([-x2,-x1,x1,x2])
frames=60
xmax=-11/16*d2,22/16*d2
ymax=-10/16*d2,10/16*d2
#Funktionsdefinition für ein Zahnrad
def zahnrad(d,z,h):
    r=d/2
    alpha=2*np.pi/z #Winkelbereich
    sektor=zahnform*alpha
    zahnradausschnitt=np.array([r-h/2,r+h/2,r+h/2,r-h/2])-c
    zahn=zahnradausschnitt*np.exp(1j*sektor)
    return np.outer(np.exp(1j*alpha*np.arange(z)),zahn).ravel('C')
#Zahnrad-Objekte erzeugen
zr1=zahnrad(d1,z1,h)
zr2=zahnrad(d2,z2,h)*np.exp(1j*np.pi/z2)
schritt=2*np.pi/(z2*frames)
fig=plt.figure(figsize=(6,4))
ax=fig.add_axes([-0.2,-0.1,1.2,1.2])
bild=[] #leere Liste
for k in range(frames):
    zr1=zr1*np.exp(-i*schritt) #rechts drehend
    zr2=zr2*np.exp(1j*schritt) #links drehend
    P1=Polygon(zr1.view(float).reshape(zr1.size,2),color='grey')
    P2=Polygon(zr2.view(float).reshape(zr2.size,2)+[a,0],color='k')
    bild.append([ax.add_patch(P1),ax.add_patch(P2)])
an=ani.ArtistAnimation(fig,bild,interval=20)
ax.set_aspect("equal")
ax.set_xlim(xmax)
ax.set_ylim(ymax)
plt.show()
```

Listing 4.39 Animation eines Zahnradgetriebes

Ausgabe

In Abbildung 4.41 sehen Sie eine Momentaufnahme der Animation eines Zahnradgetriebes.

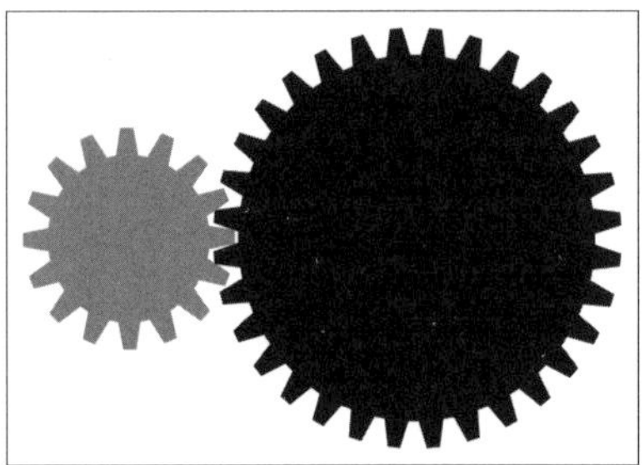

Abbildung 4.41 Momentaufnahme der Animation eines Zahnradgetriebes

Analyse

Das Programm besteht aus insgesamt sechs Teilen:

1. aus der Eingabe der Getriebedaten für das Modul `m`, das Übersetzungsverhältnis `i` und den Teilkreisdurchmesser `d1` des ersten Zahnrades (Zeile 06 bis 08)
2. aus der Berechnung des Teilkreisdurchmessers `d2` des zweiten Zahnrades, des Abstandes `a` zwischen den Zahnrädern, der Anzahl der Zähne `z1` und `z2`, der Zahnhöhe `h` und dem Zahnspiel `c` (Zeile 09 bis 14)
3. aus der Definition der Funktion `zahnrad(d,z,h)` für die Berechnung der geometrischen Daten eines Zahnrades (Zeile 23 bis 29). Die Funktion erwartet beim Aufruf drei Parameter: den Durchmesser `d` des Zahnrades, die Anzahl `z` der Zähne und die Höhe `h` eines Zahns. Die Funktion `zahnrad()` gibt das mit der NumPy-Methode `ravel()` flach gemachte dyadische Produkt aus dem Term `np.exp(1j*alpha*np.arange(z))` und das Objekt `zahn` zurück.
4. aus der Erzeugung von zwei Zahnradobjekten `zr1` und `zr2` (Zeile 31 und 32). Das zweite Zahnrad wird durch die Multiplikation mit dem Drehfaktor `np.exp(1j*np.pi/z2)` um eine Zahnposition weitergedreht, damit sich die Zähne nicht überschneiden.
5. aus der Erzeugung der Bilder aus zwei Polygonen (Zeile 36 bis 42). Innerhalb der `for`-Schleife erzeugen die Konstruktoren `Polygon()` der Klasse `Polygon` die Objekte `P1` und `P2` für die Bilder der beiden Zahnräder. Als erster Parameter werden die in den Zeilen 38 und 39 berechneten x- und y-Koordinaten für die Polygonecken übergeben. Die NumPy-Methode `.reshape(zr1.size,2)` transformiert die Koordinatendaten in ein zwei-dimensionales Array. Die Methode `bild.append()` erzeugt aus den zwei Polygonen ein Array mit 60 Bildern, weil der Variablen `frames` in Zeile 19 der Wert 60 zugewiesen wurde.

6. aus der Methode `ArtistAnimation(fig,bild,interval=20)`, die die Animation durchführt (Zeile 43). Als erster Parameter wird das Objekt `fig` aus Zeile 34 übergeben. Der zweite Parameter `bild` enthält alle innerhalb der `for`-Schleife erzeugten 60 Bilder. Sie werden mit einer Verzögerung von 20 ms wiederholt angezeigt.

4.9 Aufgaben

1. Schreiben Sie ein Programm, das die zwei Funktionen
   $y_1 = \cos x$
   $y_2 = x$
   in einem Diagramm darstellt.
2. Schreiben Sie ein Programm, das den Spannungsfall $U = f(I)$ und die Leistung $P = f(I)$ für einen 1-Ω-Widerstand in einem Funktionsplot darstellt. Auf der linken Achse soll die Spannung U in Volt und auf der rechten Achse soll die Leistung P in Watt aufgetragen werden. Um die rechte Achse mit einer Skalierung zu versehen, müssen Sie ein neues Objekt mit der `twinx`-Methode `a2=a1.twinx()` erstellen.
3. Der Gasverbrauch einer Heizungsanlage soll für eine Woche von Montag bis Sonntag in einem Diagramm als Linienzug dargestellt werden. Für diesen Zeitraum soll der gesamte Gasverbrauch und dessen Mittelwert berechnet und innerhalb des Diagramms angezeigt werden. Die Wochentage können Sie in eine Liste speichern:

   ```
   tage=['Mo','Di','Mi','Do','Fr','Sa','So']#x-Achse beschriften
   ```

   Mit der Methode `set_xticks(np.arange(n),tage)` können Sie die x-Achse beschriften. Schreiben Sie ein Programm, das diese Anforderungen erfüllt.
4. Eine Rechteckfunktion soll durch die Fourier-Reihe $y = \sum 10 \cdot \sin(kx)/k$ (für k = 1, 3, 5, ...) approximiert werden. Die Reihe können Sie innerhalb einer `for`-Schleife mit `for k in range(1,n,2)` berechnen lassen. Es sollen die einzelnen Oberschwingungen und die Summe dieser Oberschwingungen dargestellt werden. Schreiben Sie ein entsprechendes Programm.
5. Der Wechselstromwiderstand für eine Induktivität, $X_L = 2\pi f L$ und eine Kapazität $X_C = \frac{1}{2\pi f C}$ soll in zwei Unterdiagrammen untereinander dargestellt werden. Schreiben Sie ein entsprechendes Programm.
6. Schreiben Sie ein Programm, das das Zeit- und Ortsbild einer Schallwelle (f = 440 Hz) in zwei Unterdiagrammen nebeneinander als Achsenkreuz darstellt. Es gilt:
   $y(t) = 10 \sin(\omega t)$, $y(x) = 10 \sin(kx)$

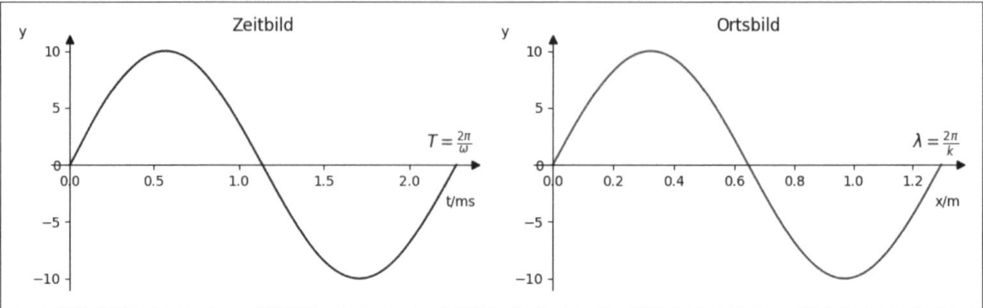

Abbildung 4.42 Zeit- und Ortsbild einer Schallwelle

7. Die Funktion $y = \cos(1/x)$ soll in dem Intervall $10^{-6} \leq x \leq 1$ dargestellt werden. In einem innen liegenden Koordinatensystem soll ein Detail dieser Funktion für den Bereich von 0 bis 0,2 dargestellt werden. Für die Axes-Objekte soll gelten:

   ```
   ax1=fig.add_axes([0.1,0.1,0.8,0.8])#außen
   ax2=fig.add_axes([0.58,0.18,0.28,0.25])#innen
   ```

   Schreiben Sie ein Programm, das diese Anforderungen erfüllt.
8. Schreiben Sie ein Programm, das eine Kreisevolvente zeichnet.
9. Eine Kugel soll mit einem 3D-Funktionsplot dargestellt werden. Schreiben Sie ein entsprechendes Programm.
10. Für einen Reihenschwingkreis soll ein Zeigerdreieck gezeichnet werden. Schreiben Sie entsprechendes Programm.
11. Ein regelmäßiges Polygon soll mit der Methode RegularPolygon() dargestellt werden. Schreiben Sie entsprechendes Programm. Die Anzahl der Ecken soll frei wählbar sein.
12. Für eine gedämpfte Schwingung

    $$y(t) = A \cdot e^{-\delta \cdot t} \cos\left(\frac{2\pi}{T} \cdot t\right)$$

    soll mit einem Slider-Steuerelement die Amplitude, die Dämpfung und die Periodendauer geändert werden. Schreiben Sie ein Programm, das diese Anforderungen erfüllt.
13. Für ein rechteckförmiges Signal soll eine Fourier-Synthese mit einem Slider-Steuerelement simuliert werden. Es sollen nur die Summen der einzelnen Oberschwingungen angezeigt werden. Schreiben Sie ein Programm, das diese Anforderungen erfüllt.

14. Mit dem Slider-Steuerelement soll die Überlagerung von zwei Schwingungen simuliert werden. Die Periodendauer beträgt 20 ms. Beide Schwingungen haben eine Amplitude von 10. Es soll nur der Phasenwinkel der zweiten Schwingung geändert werden. Schreiben Sie ein entsprechendes Programm.
15. Ändern Sie Listing 4.20 so, dass die Schaltung als Phasenabschnittsteuerung arbeitet.
16. Schreiben Sie ein Programm, das die Bewegung von zwei Sinus-Funktionen in Richtung der x-Achse animiert. Die erste Sinus-Funktion soll sich von links nach rechts bewegen, und die zweite Sinus-Funktion soll sich von rechts nach links bewegen. Die Summe beider Funktionen soll ebenfalls dargestellt werden.
17. Ein Punkt soll sich auf einer Sinuskurve ($0 \le x \le 2\pi$) bewegen. Schreiben Sie ein Animationsprogramm.
18. Die Erde und der Mars bewegen sich auf elliptischen Bahnen um die Sonne. Die Bewegung von Erde und Mars soll mit einer Phasenverschiebung und mit unterschiedlichen Geschwindigkeiten animiert werden. Die genauen astronomischen Maße müssen Sie nicht berücksichtigen. Es sollen nur die qualitativen Zusammenhänge veranschaulicht werden. Schreiben Sie ein Programm, das die Planeten mit der Methode `mlt.patches.Circle()` darstellt und mit der Methode `FuncAnimation()` animiert.
19. Animieren Sie mit der Methode `FuncAnimation()` das Mond-Erde-Sonne-Rotationssystem. Alle drei Objekte sollen mit der Methode `mlt.patches.Circle()` dargestellt werden. Sie sollten nur die qualitativen Zusammenhänge berücksichtigen.
20. Die Sinuskurve schwingt in Richtung der y-Achse auf und ab. Der Vorgang wird durch folgende Gleichung beschrieben:

    $y(x,t) = 2y_m \sin(kx) \cdot \cos(\omega t)$ mit $k = 1, 2, 3, \ldots$

    Schreiben Sie das Animationsprogramm.

Kapitel 5
Symbolisches Rechnen mit SymPy

In diesem Kapitel lernen Sie, wie Sie mit dem Modul SymPy symbolische Berechnungen durchführen können. Es werden Standardthemen der Ingenieurmathematik behandelt: differenzieren, integrieren, Differenzialgleichungen und die Laplace-Transformation.

SymPy ist eine Python-Bibliothek für symbolische Mathematik. Das Modul SymPy ist vollständig in Python geschrieben. Es besteht aus mehreren Hunderttausend Programmzeilen. Die Entwickler von SymPy verfolgen das Ziel, ein vollständiges *Computeralgebrasystem* (CAS) zu schaffen.

Ein Computeralgebrasystem ist ein Computerprogramm zur Berechnung algebraischer Ausdrücke. Die mathematischen Operationen werden nicht mit Zahlen durchgeführt, sondern mit Symbolen. Ein minimales CAS besteht aus einer Benutzerschnittstelle (fensterbasierte Version, Terminalversion), einem Interpreter für die Auswertung der mathematischen Befehle und einem Systemkern, der die Befehle ausführt. Sie geben einen Befehl ein, z. B. `diff(x^2,x);`, drücken [⇧] + [↵] (beim CAS *Maxima*), und das Ergebnis `2x` erscheint auf der Benutzeroberfläche. Auf diese Weise lassen sich auch umfangreiche mathematische Abhandlungen verfassen: Variablen und Funktionen müssen definiert werden, danach werden sie entsprechend den zuvor konzipierten Vorgaben manipuliert, verknüpft und ausgewertet. Zwischen den symbolischen Berechnungen können Kommentare eingefügt werden. Ein so entstandenes *Arbeitsblatt* (engl. *Worksheet*) kann der Benutzer dann im LaTeX-Format oder in anderen Formaten abspeichern.

Für eigene Erweiterungen stellen alle CAS eine Skriptsprache zur Verfügung, die sich in ein Arbeitsblatt integrieren lässt. Das Computeralgebrasystem ist das Basissystem, und die Skriptsprache hat eine ergänzende Funktion.

Python geht den umgekehrten Weg: Die Programmiersprache ist das Basissystem, die jeweils gewünschte Funktionalität wird als Modul bereitgestellt und je nach Bedarf in das Python-Programm importiert. Der besondere Vorteil des Modulkonzepts besteht also in seiner Flexibilität.

Mit dem Modul SymPy kann Python auch wie ein herkömmliches CAS (z. B. Maxima) im Terminal genutzt werden. Dies soll an einem einfachen Beispiel erläutert werden. Für die Funktion

$$y = x^3 - 2x^2 + 10$$

sollen die erste und die zweite Ableitung sowie die Stammfunktion berechnet werden. Geben Sie die folgenden Anweisungen in die Python-Konsole ein:

```
>>> from sympy import *
>>> x=symbols('x')
>>> y=x**3-2*x**2+10
>>> diff(y,x)
3*x**2 - 4*x
>>> diff(y,x,2)
2*(3*x - 2)
>>> integrate(y,x)
x**4/4 - 2*x**3/3 + 10*x
```

Als Erstes wird das Modul SymPy importiert. Der Sternoperator * gibt vor, dass alle Funktionen, Methoden und mathematische Konstanten des Moduls `sympy` geladen werden. Diese Art des Modulimports sollten Sie als Anfänger bevorzugen, damit die Ausführung Ihrer Skripte nicht wegen fehlender Methoden blockiert wird. Mit steigender Erfahrung können Sie dann gezielt die Untermodule und Methoden einbinden, die Sie für Ihre Projekte benötigen.

Die zweite Anweisung legt die Namen der mathematischen Variablen fest. Wenn mehrere Variablen genutzt werden sollen, lautet die Anweisung z. B. `x,y,z=symbols('x y z')`.

Die Konsoleneingabe in der dritten Zeile definiert – wie auch in anderen CAS üblich – die Funktion, auf der die mathematischen Operationen ausgeführt werden sollen.

Der Befehl `diff(y,x)` berechnet die erste Ableitung des Polynoms. Nach Drücken der [↵]-Taste erscheint direkt in der nächsten Zeile die Lösung. Die Berechnung der zweiten Ableitung erfolgt nach dem gleichen Muster, mit dem Unterschied, dass hinter der unabhängigen Variablen `x`, durch Komma getrennt, eine `2` stehen muss. Auffällig ist, dass der Term der zweiten Ableitung bereits vereinfacht wurde.

Der Befehl `integrate(y,x)` berechnet die Stammfunktion des Polynoms `y`. Eine Integrationskonstante gibt SymPy nicht aus.

Für das Verständnis der nachfolgenden Beispiele ist es hilfreich, sich einen Überblick über die wichtigsten Funktionen von SymPy zu verschaffen, die Sie in Tabelle 5.1 finden.

Funktion	Beschreibung
`apart(p)`	Zerlegt das Polynom `p` in seine Partialbrüche.
`cancel(p)`	Erzeugt aus Partialbrüchen `p` eine ganzrationale Funktion.
`diff(f,x,k)`	Berechnet die k-te Ableitung der Funktion `f`.
`dsolve(eq,f(x))`	Löst eine gewöhnliche Differenzialgleichung `eq` für die Funktion `f(x)`.
`N(Z,n)`	Erzeugt für die Zahl `Z` vom Typ `Float` eine Zahl mit `n` Stellen.
`expand(T)`	Berechnet den Term `T`.
`integrate(f,x)`	Berechnet die Stammfunktion `F(x)` der Funktion `f(x)`.
`integrate(f,(x,a,b))`	Berechnet das bestimmte Integral der Funktion `f` in den Grenzen von `a` bis `b`.
`limit(y,x,0)`	Berechnet den Grenzwert einer Funktion.
`simplify(term)`	Vereinfacht einen Term.
`solve(F,x)`	Löst eine Gleichung.
`together()`	Fasst zwei Ausdrücke zusammen.

Tabelle 5.1 Ausgewählte Funktionen von SymPy

In Tabelle 5.2 finden Sie eine Auswahl häufig verwendeter SymPy-Methoden.

Methode	Beschreibung
`obj.doit()`	Wertet Objekte `obj` aus, die nicht standardmäßig ausgewertet werden, wie Summen, Produkte, Grenzwerte, Ableitungen und Integrale. Die Auswertung erfolgt rekursiv.
`Z.evalf(n)`	Erzeugt für die Zahl `Z` vom Typ `Float` eine Gleitpunktzahl mit `n` Stellen.
`f.series(x,0,n)`	Entwickelt eine Reihe für die mathematische Funktion `f` mit `n` Gliedern an der Stelle x_0=0.
`s.subs(x,y)`	Ersetzt Ausdrücke.

Tabelle 5.2 Ausgewählte Methoden von SymPy

Man kann bestimmte SymPy-Funktionen so verwenden, als ob sie Methoden wären, wie folgender Konsolendialog zeigt:

```
>>> from sympy import *
>>> x=symbols('x')
>>> y=x**2
>>> y.diff(x)
2*x
>>> y.integrate(x)
x**3/3
```

Deshalb ist es sinnvoll, zugunsten einer besseren Lesbarkeit alle SymPy-Funktionen durchgehend als Methoden zu bezeichnen.

Hinweis

Im nachfolgenden Text werden alle SymPy-Funktionen durchgehend als *Methoden* bezeichnet. Diese Begriffswahl hat außerdem noch den Vorteil, dass Verwechslungen mit dem mathematischen Begriff *Funktion* vermieden werden.

SymPy stellt auch eigene mathematische Konstanten bereit (siehe Tabelle 5.3). Mit der Methode `pi.evalf(10)` kann z. B. der Wert von π mit neun Nachkommastellen angezeigt werden.

Konstante	Symbol	Bedeutung
$\pi = 3{,}141592654$	`pi`	Kreiszahl
$e = 2{,}718281828$	`E`	eulersche Zahl
$\phi = 1{,}618033989$	`GoldenRatio`	Goldener Schnitt
∞	`oo`	unendlich

Tabelle 5.3 Konstanten von SymPy

SymPy stellt neben den trigonometrischen Funktionen `cos`, `sin`, `tan` auch noch die die e-Funktion `exp()` und die hyperbolischen Funktionen `sinh`, `cosh` und `tanh` zur Verfügung, sodass diese nicht aus dem Modul NumPy benutzt werden müssen. Es wird sogar davon abgeraten, die entsprechenden NumPy-Funktionen zu benutzen, um Konflikte zwischen den Namensräumen beider Module zu vermeiden.

Merke: NumPy und SymPy nicht mischen

Benutzen Sie keine NumPy-Funktion im Modul SymPy.

Weitere gebräuchliche mathematische Funktionen sind in Tabelle 5.4 aufgelistet.

Funktion	Beschreibung
`Abs(x)`	Betragsfunktion
`binomial(n,k)`	Binomialkoeffizient
`factorial(n)`	Fakultät
`fibonacci(n)`	*n*-tes Element einer Fibonacci-Folge
`log(x)`	natürlicher Logarithmus
`log(x,a)`	Logarithmus zur Basis *a*

Tabelle 5.4 Wichtige eingebaute Funktionen von SymPy

5.1 Mathematische Grundoperationen

SymPy beherrscht ebenso wie andere CAS das symbolische Addieren, Subtrahieren, Multiplizieren, Dividieren und Potenzieren. Für die grundlegenden mathematischen Operationen stehen die bekannten Operatoren +, -, / und * zur Verfügung. Intern verwendet SymPy die Methoden `Add()` und `Mul()` für die Grundrechenarten:

```
>>> Add(2,3)
5
>>> Mul(2,3)
6
>>> Mul(6,1/3)
2.00000000000000
```

Diese praxisferne Notation müssen Sie aber nicht nutzen. Sie können alle Grundrechenarten mit den Infix-Operatoren durchführen.

Die folgenden Beispiele zeigen, wie SymPy diese Operationen auf symbolischen Variablen durchführt.

5.1.1 Addition

Listing 5.1 zeigt, wie die vier Terme `T1`, `T2`, `T3` und `T4`, die sich aus den Variablen `a`, `b`, `c` und `d` zusammensetzen, addiert werden:

```
#01_add.py
from sympy import *
a,b,c,d=symbols("a b c d")
```

```
04 T1=9*a+7*b-2*c+3*d
05 T2=8*a+2*b+3*c+4*d
06 T3=7*a-3*b+2*c+5*d
07 T4=4*a+2*b+5*c-6*d
08 T=T1+T2+T3+T4
09 print("Summe der Terme")
10 pprint(T)
```

Listing 5.1 Zusammenfassen von Ausdrücken

Ausgabe

```
Summe der Terme
28⋅a + 8⋅b + 8⋅c + 6⋅d
```

Analyse

Zeile 02 importiert alle Methoden des Moduls SymPy, ohne zu berücksichtigen, dass in diesem Beispiel eigentlich nur die Methoden `symbols` und `pprint` benötigt werden. Diese Vorgehensweise ist gerechtfertigt, denn wenn SymPy sich mit anderen CAS messen lassen will, dann wäre für einen Anfänger der Aufwand nicht mehr vertretbar, wenn er für jede neue Aufgabenstellung die erforderlichen Methoden explizit importieren müsste.

In Zeile 02 könnten Sie mit der Anweisung

```
from sympy import symbols, pprint
```

auch nur die benötigten Methoden importieren. Diese Option ist allerdings bei komplexen Programmen aufwendiger und fehleranfälliger.

Zeile 03 legt die Symbole für die mathematischen Variablen fest, mit denen das Programm die Berechnungen durchführen soll. An dieser Stelle wird schon deutlich, dass Sie die aus der Mathematik bekannten Variablenbezeichner benutzen können. SymPy erlaubt also benutzerdefinierte Variablennamen. Sie können frei darüber entscheiden, welche Variablennamen Sie benutzen möchten; Sie sind nicht auf die x-y-Mathematik festgelegt.

Die Zuweisungen in den Zeilen 04 bis 07 definieren die Terme, die in Zeile 08 addiert werden. Zwischen den Faktoren und den Variablen muss der Multiplikationsoperator * stehen, z. B. `7*b`. Die Schreibweise `7b` würde eine Fehlermeldung auslösen.

In Zeile 10 gibt die Methode `pprint()` das Ergebnis mit Unicode-Zeichen formatiert aus. Das erste `p` soll für *pretty* stehen.

Durch eigenes Nachrechnen können Sie die Korrektheit des Ergebnisses überprüfen.

Mit `print(type(a))` und `print(type(T))` können Sie sich die Typen der Variablen `a` und `T` ausgeben lassen:

```
<class 'sympy.core.symbol.Symbol'> #a
<class 'sympy.core.add.Add'>       #T
```


Mit `print(srepr(T))` können Sie sich den inneren Aufbau des Term T anzeigen lassen:

```
Add(Mul(Integer(28), Symbol('a')), Mul(Integer(8), Symbol('b')),
Mul(Integer(8), Symbol('c')), Mul(Integer(6), Symbol('d')))
```

Die Klammerebenen können durch eine Baumstruktur visualisiert werden. Ein Beispiel für die Visualisierung einer Baumstruktur finden Sie unter:

https://docs.sympy.org/latest/tutorials/intro-tutorial/manipulation.html

5.1.2 Multiplikation von Termen

Selbstverständlich beherrscht SymPy auch die symbolische Multiplikation. Listing 5.2 zeigt, wie zwei Terme `T1` und `T2` mit den symbolischen Variablen `a`, `b` und `c` ausmultipliziert werden.

```
#02_mul.py
from sympy import *
a,b,c=symbols("a b c")
T1=2*a+4*b-5*c
T2=4*a+2*b+3*c
T=T1*T2
print("Produkte der Terme")
pprint(T)
print("Terme ausmultipliziert")
print(expand(T))
print("Formatierte Ausgabe")
pprint(expand(T))
```

Listing 5.2 Multiplikation von Ausdrücken

Ausgabe

```
Produkte der Terme
(2·a + 4·b - 5·c)·(4·a + 2·b + 3·c)
Terme ausmultipliziert
8*a**2 + 20*a*b - 14*a*c + 8*b**2 + 2*b*c - 15*c**2
Formatierte Ausgabe
   2                     2            2
8·a  + 20·a·b - 14·a·c + 8·b  + 2·b·c - 15·c
```

Analyse

In Zeile 06 wird die Multiplikation zwar ausgeführt, doch das Ergebnis, das in Zeile 08 ausgegeben wird, entspricht nicht der Erwartung. Damit die Klammern ausmultipliziert werden, muss das Objekt `T` der Methode `expand(T)` übergeben werden (Zeile 12).

Mit `print(type(T))` können Sie sich den Typ der Variablen `T` ausgeben lassen: `<class 'sympy.core.mul.Mul'>`.

5.1.3 Multiplikation von Linearfaktoren

Durch das Ausmultiplizieren von *n* Linearfaktoren `(x+x1)*(x+x2)*` ... `*(x+xn)` entstehen Polynome *n*-ten Grades. `x1` bis `xn` repräsentieren die Nullstellen des Polynoms. Die Anzahl der Linearfaktoren bestimmt den Grad des Polynoms. Listing 5.3 erzeugt mit der Methode `expand()` aus drei Linearfaktoren ein Polynom vierten Grades:

```
01 #03_mul_linearfaktoren.py
02 from sympy import *
03 x=symbols("x")
04 lf=(x-1)*(x-2)*(x-3)*(x-4)
05 p=expand(lf)
06 print("\nDas Ausmultiplizieren der Linearfaktoren")
07 pprint(lf)
08 print("erzeugt das Polynom 4. Grades")
09 pprint(p)
```

Listing 5.3 Ausmultiplizieren von Linearfaktoren

Ausgabe

```
Das Ausmultiplizieren der Linearfaktoren
(x - 4)⋅(x - 3)⋅(x - 2)⋅(x - 1)
erzeugt das Polynom 4. Grades
 4        3         2
x  - 10⋅x  + 35⋅x  - 50⋅x + 24
```

Analyse

In Zeile 05 werden die Linearfaktoren aus Zeile 04 mit der Methode `expand(lf)` ausmultipliziert und in das Objekt `p` gespeichert. Die Ausgabe in Zeile 09 bestätigt das erwartete Ergebnis.

5.1.4 Division

Listing 5.4 demonstriert die Division von Termen. Die symbolische Division wird mit dem /-Operator durchgeführt.

```
01 #04_div.py
02 from sympy import *
03 a,b,c=symbols("a b c")
04 T1=2*a+4*b-5*c
05 T2=4*a+2*b+3*c
06 T3=5*a-3*b+4*c
07 T=T1/(T2*T3)
08 print("Division der Terme")
09 pprint(T)
10 print("Terme ausmultipliziert")
11 print(expand(T))
```

Listing 5.4 Division von Ausdrücken

Ausgabe

```
Division der Terme
          2·a + 4·b - 5·c
──────────────────────────────────
(4·a + 2·b + 3·c)·(5·a - 3·b + 4·c)
Terme ausmultipliziert
2*a/(20*a**2 - 2*a*b + 31*a*c - 6*b**2 - b*c + 12*c**2) +
4*b/(20*a**2 - 2*a*b + 31*a*c - 6*b**2 - b*c + 12*c**2) -
5*c/(20*a**2 - 2*a*b + 31*a*c - 6*b**2 - b*c + 12*c**2)
```

Analyse

Zeile 07 führt die symbolische Division durch. Mit der Methode expand(T) werden in Zeile 11 drei Brüche mit den ausmultiplizierten Nennertermen berechnet. Das Beispiel zeigt deutlich, wie mit den CAS-Methoden von SymPy die die Rechenarbeit erheblich erleichtert werden kann.

Wenn Sie sich den Typ der Variablen T mit print(type(T)) ausgeben lassen, erhalten Sie die Ausgabe: <class 'sympy.core.mul.Mul'>. Daraus schließen wir, das es keine Methode Div()gibt.

5.1.5 Potenzieren

Das symbolische Potenzieren wird am Beispiel der binomischen Formel

$$(a+b)^n$$

gezeigt. Listing 5.5 berechnet die Binome für $n = 1$ bis 6.

```
01 #05_binom.py
02 from sympy import *
03 a,b=symbols("a b")
04 for n in range(7):
05     p=(a+b)**n
06     print(expand(p))
```

Listing 5.5 Potenzen von Summen

Ausgabe

```
1
a + b
a**2 + 2*a*b + b**2
a**3 + 3*a**2*b + 3*a*b**2 + b**3
a**4 + 4*a**3*b + 6*a**2*b**2 + 4*a*b**3 + b**4
a**5 + 5*a**4*b + 10*a**3*b**2 + 10*a**2*b**3 + 5*a*b**4 + b**5
a**6 + 6*a**5*b + 15*a**4*b**2 + 20*a**3*b**3 + 15*a**2*b**4 +
6*a*b**5 + b**6
```

Analyse

Das Programm zeigt, dass auch mit SymPy das symbolische Potenzieren möglich ist. Die Methode expand(p) berechnet in Zeile 06 die Potenzen der Binome aus Zeile 05. Auch dieses Beispiel zeigt wieder die Leistungsfähigkeit der CAS-Funktionalität von SymPy.

Wenn Sie sich den Typ der Variablen p mit print(type(p)) ausgeben lassen, erhalten Sie die Ausgabe <class 'sympy.core.power.Pow'>. Es gibt also eine Methode für die Potenzoperation. Diese Methode können Sie z. B. mit Pow(2,100) testen.

5.1.6 Anwendungsbeispiel: Analyse eines elektrischen Energieübertragungssystems

Das Rechnen mit symbolischen Variablen kann auch für die Analyse beliebiger elektrischer Netzwerke genutzt werden. An einem einfachen Beispiel zeige ich Ihnen, wie Sie mit SymPy den Wirkungsgrad eines elektrischen Energieübertragungssystems (siehe Abbildung 5.1) für Gleichstrom allgemein berechnen können. Dazu müssen Sie den Gesamtwiderstand und die Stromstärke berechnen.

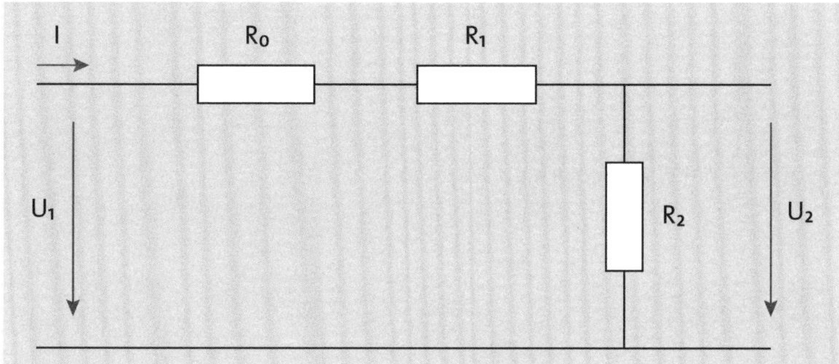

Abbildung 5.1 Ersatzschaltbild für ein Energieübertragungssystem

Jedes Gleichstrom-Energieübertragungssystem besteht aus dem Innenwiderstand der Spannungsquelle R_0, dem Leiterwiderstand R_1 und dem Verbraucherwiderstand R_2. Aus diesen Angaben kann eine Formel für den Wirkungsgrad hergeleitet werden. Für den Gesamtwiderstand gilt:

$$R_g = R_0 + R_1 + R_2$$

Der Gesamtstrom I_g wird aus der Eingangsspannung und dem Gesamtwiderstand berechnet:

$$I_g = \frac{U_1}{R_g}$$

Für die Eingangsleistung P_1 gilt:

$$P_1 = R_g \cdot I_g^2$$

Für die Ausgangsleistung P_2 gilt entsprechend:

$$P_2 = R_2 \cdot I_g^2$$

Mit den obigen Gleichungen erhalten Sie die Formel für den Wirkungsgrad:

$$\eta = \frac{P_2}{P_1} = \frac{R_2}{R_0 + R_1 + R_2}$$

SymPy führt diese symbolischen Rechenoperationen durch (siehe Listing 5.6) und stellt eine allgemeine Formel für die Berechnung des Wirkungsgrades eines Energieübertragungssystems für Gleichstrom auf.

```
#06_wirkungsgrad.py
from sympy import *
R0,R1,R2,U1,U2=symbols("R0 R1 R2 U1 U2")
```

```
04 Rg=R0+R1+R2
05 Ig=U1/Rg
06 P1=Rg*Ig**2
07 P2=R2*Ig**2
08 eta=P2/P1
09 print(u"\N{GREEK SMALL LETTER ETA}= ",eta)
```

Listing 5.6 Wirkungsgrad einer Gleichstromleitung

Ausgabe

```
η = R2/(R0 + R1 + R2)
```

Analyse

Dieses Beispiel zeigt, dass beliebige Bezeichner für die benötigten symbolischen Variablen vereinbart werden können (Zeile 03). In den Zeilen 04 bis 08 werden die symbolischen Berechnungen nach den Vorgaben ausgeführt. Zeile 09 gibt das erwartete Ergebnis aus.

5.2 Matrizen multiplizieren

SymPy beherrscht auch alle auf Matrizen definierten Rechenoperationen. In der Elektrotechnik lässt sich die Analyse und Synthese von Zweitoren mit der Addition und Multiplikation von Matrizen besonders elegant durchführen. Für die Analyse von Kettenschaltungen aus Elementarzweitoren wird nur die Matrizenmultiplikation benötigt.

5.2.1 Rechenregel

Matrizen werden mit dem Schema »Zeilenvektor mal Spaltenvektor« multipliziert:

$$\begin{pmatrix} a & b \\ c & d \end{pmatrix} \cdot \begin{pmatrix} e & f \\ g & h \end{pmatrix} = \begin{pmatrix} ae + bg & af + bh \\ ce + dg & cf + dh \end{pmatrix}$$

Listing 5.7 zeigt, wie mit SymPy Matrizen symbolisch miteinander multipliziert werden:

```
#07_matrix_mul1.py
from sympy import *
a,b,c,d = symbols("a,b,c,d")
e,f,g,h = symbols("e,f,g,h")
A=Matrix([[a,b],
          [c,d]])
```

```
07 B=Matrix([[e,f],
08           [g,h]])
09 C=A*B
10 D=B*A
11 print("Produkt A*B\n")
12 pprint(C)
13 print("\nProdukt B*A\n")
14 pprint(D)
```

Listing 5.7 Matrizenmultiplikation

Ausgabe

```
Produkt A*B
⎡a⋅e + b⋅g  a⋅f + b⋅h⎤
⎣c⋅e + d⋅g  c⋅f + d⋅h⎦

Produkt B*A
⎡a⋅e + c⋅f  b⋅e + d⋅f⎤
⎣a⋅g + c⋅h  b⋅g + d⋅h⎦
```

Analyse

Die symbolische Definition einer Matrix erfolgt in den Zeilen 05 und 07 mit der Methode `Matrix([[zeile1],[[zeile2]])`. Die Multiplikationen der Matrizen `A` und `B` in den Zeilen 09 und 10 zeigen, dass das *Kommutativgesetz* für Matrizen nicht gilt.

5.2.2 Übertragungsfunktion einer Kettenschaltung

Eine Übertragungsfunktion beschreibt das Verhältnis der Ausgangsspannung zur Eingangsspannung eines Zweitors:

$$H(s) = \frac{U_2(s)}{U_1(s)}$$

Wenn die Übertragungsfunktion und die Eingangsspannung gegeben sind, dann können Sie die Ausgangsspannung mit

$$U_2(s) = H(s) \cdot U_1(s)$$

berechnen.

Abbildung 5.2 zeigt eine Kettenschaltung aus drei Induktivitäten als Längsgliedern und zwei Kapazitäten als Quergliedern. Der Abschlusswiderstand $R = 1\,\Omega$ ist ebenfalls ein Querglied.

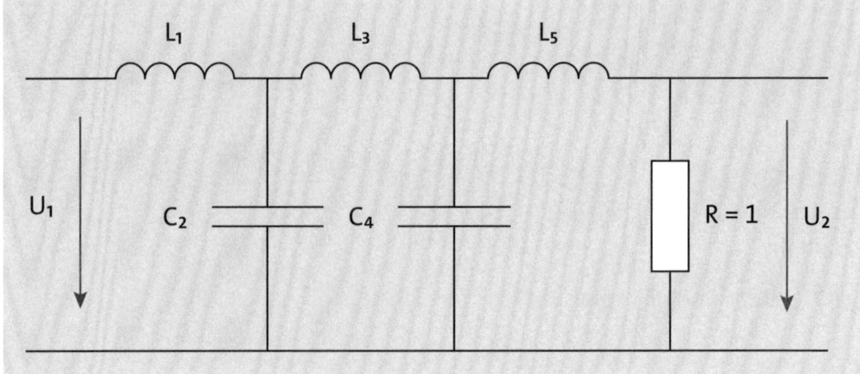

Abbildung 5.2 Kettenschaltung für Tiefpass fünften Grades

Eine Kettenschaltung setzt sich aus *n* Quergliedern und *m* Längsgliedern zusammen. Die Kettenparameter dieser Glieder sind in Tabelle 5.5 angegeben.

Querglied	Längsglied
$\begin{pmatrix} 1 & 0 \\ Y & 1 \end{pmatrix}$	$\begin{pmatrix} 1 & Z \\ 0 & 1 \end{pmatrix}$

Tabelle 5.5 Kettenparameter für Elementarglieder

Z kann ein ohmscher, kapazitiver oder induktiver Wechselstromwiderstand (Impedanz) sein. Für den induktiven Blindwiderstand X_L gilt:

$$X_L = s \cdot L \quad \text{mit } s = j\omega$$

Für den kapazitiven Leitwert Y_C gilt:

$$Y_C = s \cdot C \quad \text{mit } s = j\omega$$

Für die Berechnung der resultierenden Kettenmatrix müssen Sie die Matrizen der Quer- und Längsglieder miteinander multiplizieren.

Listing 5.8 multipliziert die einzelnen Teilmatrizen miteinander. Ausgegeben wird die resultierende Kettenmatrix und das Nennerpolynom der Übertragungsfunktion.

```
#08_matrix_mul2.py
from sympy import *
s,L1,C2,L3,C4,L5 = symbols("s L1 C2 L3 C4 L5")
A1=Matrix([[1, L1*s],
           [0, 1]])
A2=Matrix([[1,  0],
           [C2*s,1]])
A3=Matrix([[1,L3*s],
```

```
09              [0, 1]])
10 A4=Matrix([[1,    0],
11              [C4*s, 1]])
12 A5=Matrix([[1,L5*s],
13              [0,    1]])
14 A6=Matrix([[1, 0],
15              [1, 1]])
16 A=A1*A2*A3*A4*A5*A6
17 print("Kettenparameter")
18 print(A)
19 print("Nennerpolynom der Übertragungsfunktion")
20 print(expand(A[0,0]))
```

Listing 5.8 Parameter einer Kettenschaltung

Ausgabe

```
Kettenparameter
Matrix([[C2*L1*s**2 + C4*s*(L1*s + L3*s*(C2*L1*s**2 + 1)) + L1*s +
L3*s*(C2*L1*s**2 + 1) + L5*s*(C2*L1*s**2 + C4*s*(L1*s + L3*s*(C2*L1*s**2 + 1))
+ 1) + 1, L1*s + L3*s*(C2*L1*s**2 + 1) + L5*s*(C2*L1*s**2 + C4*s*(L1*s +
L3*s*(C2*L1*s**2 + 1)) + 1)], [C2*L3*s**2 + C2*s + C4*s*(C2*L3*s**2 + 1) +
L5*s*(C2*s + C4*s*(C2*L3*s**2 + 1)) + 1, C2*L3*s**2 + L5*s*(C2*s +
C4*s*(C2*L3*s**2 + 1)) + 1]])
Nennerpolynom der Übertragungsfunktion
C2*C4*L1*L3*L5*s**5 + C2*C4*L1*L3*s**4 + C2*L1*L3*s**3 + C2*L1*L5*s**3 +
C2*L1*s**2 + C4*L1*L5*s**3 + C4*L1*s**2 + C4*L3*L5*s**3 + C4*L3*s**2 + L1*s +
L3*s + L5*s + 1
```

Analyse

Die Definition der Matrizen für die einzelnen Elementarzweitore erfolgt in den Zeilen 04 bis 15. Die Matrizenmultiplikation wird in Zeile 16 durchgeführt. Dabei ist besonders darauf zu achten, dass die Reihenfolge der Multiplikatoren der Schaltungsstruktur entspricht. Die Ausgaben zeigen, dass solche komplexen Operationen kaum noch manuell durchgeführt werden können.

5.3 Gleichungen

Bei der Berechnung von Knotenspannungen und Maschenströmen in elektrischen Netzwerken und der Kräfteverteilung in Fachwerken spielen lineare Gleichungssysteme eine zentrale Rolle. In der Mathematik müssen bei der Partialbruchzerlegung und dem Lösen von linearen Differenzialgleichungen mit konstanten Koeffizienten und höherer Ordnung ebenfalls Gleichungen gelöst werden.

5.3.1 Lineare Gleichungssysteme

SymPy löst ein lineares Gleichungssystem mit folgender Methode:

```
solve((g1, g2, g3, g4), x1, x2, x3, x4)
```

Die Objekte g1 bis gn repräsentieren die Zeilen eines linearen Gleichungssystems. Die Variablen x1 bis xn sind die Unbekannten.

Die einzelnen Zeilen des Gleichungssystems, z. B.

```
7*x1+5*x2-2*x3+7*x4=9
```

werden so umgeformt, dass die Zeilenelemente des Ergebnisvektors auf der linken Seite des Gleichungssystems stehen:

7*x1+5*x2-2*x3+7*x4-9=0, wobei die Null in der solve-Methode nicht mehr berücksichtigt wird. Listing 5.9 zeigt die Umsetzung:

```
01 #09_solve1.py
02 from sympy import *
03 x1,x2,x3,x4 = symbols('x1 x2 x3 x4')
04 #lineares Gleichungssystem
05 g1=7*x1+5*x2-2*x3+7*x4-9
06 g2=6*x1+3*x2-4*x3+6*x4-8
07 g3=3*x1+2*x2-5*x3+5*x4-4
08 g4=2*x1+9*x2-6*x3+3*x4-2
09 #Lösung
10 L=solve((g1,g2,g3,g4),x1,x2,x3,x4)
11 #Ausgabe
12 print("Lösungsmenge\n",L)
```

Listing 5.9 Lineares Gleichungssystem

Ausgabe

```
Lösungsmenge
 {x1: 431/305, x2: -34/305, x3: -19/305, x4: -4/61}
```

Analyse

Die Zeilen des umgestellten Gleichungssystems werden in den Zeilen 05 bis 08 den Objekten g1 bis g4 zugewiesen. Die Lösung erfolgt in Zeile 10 mit der Methode solve((g1,g2,g3,g4),x1,x2,x3,x4). Die Zeilen des Gleichungssystems werden als

Tupel übergeben. Durch Komma getrennt folgen die Parameter der unbekannten Variablen x1 bis x4. Erwartungsgemäß besteht die Lösungsmenge nicht aus reellen, sondern aus rationalen Zahlen. SymPy rechnet in diesem Fall also genau.

Anwendungsbeispiel: Knotenpotenzialverfahren

Am Beispiel eines Tiefpasses in π-Schaltung soll gezeigt werden, wie ein Gleichungssystem mit zwei Unbekannten allgemein gelöst werden kann.

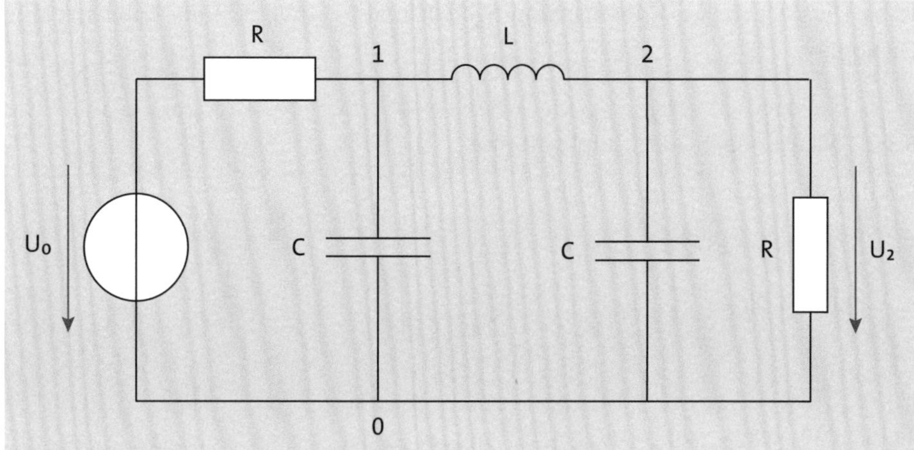

Abbildung 5.3 Tiefpass in π-Schaltung

Aus der Schaltung aus Abbildung 5.3 können Sie mithilfe des Knotenpotenzialverfahrens das Gleichungssystem für die Knotenspannungen $U_{1,0}$ und $U_{2,0}$ aufstellen:

$$\left(\frac{1}{R}+C\cdot s+\frac{1}{L\cdot s}\right)U_{1,0}-\frac{1}{L\cdot s}U_{2,0}=\frac{U_0}{R}$$

$$-\frac{1}{L\cdot s}U_{1,0}+\left(\frac{1}{R}+C\cdot s+\frac{1}{L\cdot s}\right)U_{2,0}=0$$

Listing 5.10 berechnet diese Knotenspannungen als allgemeine Ausdrücke.

```
#10_solve2.py
from sympy import *
s,U0,U1,U2,R,C,L = symbols("s,U0,U1,U2,R,C,L")
#Knotengleichungen
I1=(1/R+C*s+1/(L*s))*U1-U2/(L*s)-U0/R
I2=-U1/(L*s)+(1/R+C*s+1/(L*s))*U2
#Lösung der Knotengleichungen
U=solve((I1,I2),U1,U2)
print(U)
```

Listing 5.10 Allgemeine Lösung eines Gleichungssystems zweiten Grades

Ausgabe

```
{U1:-L*U0*s*(C*L*R*s**2+L*s+R)/(R**2-(C*L*R*s**2+L*s+R)**2),
 U2:-L*R*U0*s/(R**2-(C*L*R*s**2+L*s+R)**2)}
```

Analyse

In den Zeilen 05 und 06 werden die Zeilen des Gleichungssystems den Objekten I1 und I2 zugewiesen. Zeile 08 berechnet die allgemeine Lösung des Gleichungssystems. Die Ausgabe der Knotenspannungen U1 und U2 erfolgt mit der Datenstruktur Dictionary.

5.3.2 Nichtlineare Gleichungssysteme

Für die nichtlinearen Gleichungen

$$y_1 = x^4 - 7x^3 - 13x^2 + 79x + 84 = 0$$

$$y_2 = \ln(\sqrt{x} - 2) = 1$$

$$y_3 = e^{\sqrt{x}-2} = 1$$

$$y_4 = \sinh x = 10$$

$$y_5 = \cosh x = 10$$

berechnet Listing 5.11 die Nullstellen:

```
#11_solve3.py
from sympy import *
a,b,x=symbols("a,b,x")
#Gleichungen
y1=x**4-7*x**3-13*x**2+79*x+84
y2=log(sqrt(x)-2)-1
y3=exp(sqrt(x)-2)-1
y4=sinh(x)-10
y5=cosh(x)-10
#Ausgaben
print("Lösungen")
print("f(x)=%s|f(x=0)=%s" %(y1,solve(y1,x)))
print("f(x)=%s|f(x=0)=%s" %(y2,solve(y2,x)))
print("f(x)=%s|f(x=0)=%s" %(y3,solve(y3,x)))
print("f(x)=%s|f(x=0)=%s" %(y4,solve(y4,x)))
print("f(x)=%s|f(x=0)=%s" %(y5,solve(y5,x)))
```

Listing 5.11 Nichtlineare Gleichungssysteme

Ausgabe

```
Lösungen
f(x)=x**4 - 7*x**3 - 13*x**2 + 79*x + 84|f(x=0)=[-3, -1, 4, 7]
f(x)=log(sqrt(x) - 2) - 1|f(x=0)=[(2 + E)**2]
f(x)=exp(sqrt(x) - 2) - 1|f(x=0)=[4]
f(x)=sinh(x)-10|f(x=0)=[log(-10+sqrt(101))+I*pi,
log(10 + sqrt(101))]
f(x)=cosh(x) - 10|f(x=0)=[log(10 - 3*sqrt(11)),
log(3*sqrt(11) + 10)]
```

Analyse

Die in den Zeilen 05 bis 09 definierten mathematischen Funktionen werden in den Zeilen 12 bis 16 mit der SymPy-Methode `solve()` gelöst und ausgegeben. Die Ausgaben liefern die exakten Werte, also keine Gleitpunktzahlen.

Bei der Ausgabe `I*pi` steht `I` für die imaginäre Einheit. Mit `plot(yi,(x,ug,og))` können Sie anhand der Funktionsplots die Lösungen veranschaulichen (Schnittpunkte mit der x-Achse).

Anwendungsbeispiel: Butterworth-Tiefpass dimensionieren

Eine Methode, um Tiefpässe zu dimensionieren, besteht darin, die elektrischen Bauteile L und C mit den Koeffizienten der Übertragungsfunktion zu vergleichen. Die Anzahl der Gleichungen, die beim Koeffizientenvergleich aufgestellt werden, entspricht dabei dem Grad des Filters. Soll z. B. ein Butterworth-Tiefpass fünften Grades dimensioniert werden, dann erhalten Sie ein nichtlineares Gleichungssystem mit fünf Gleichungen. Solch ein Gleichungssystem lässt sich sehr wahrscheinlich manuell nicht mehr lösen.

Für die Butterworth-Koeffizienten finden Sie in der Literatur folgende normierte Übertragungsfunktion:

$$\frac{1}{s^5 + 3{,}236s^4 + 5{,}236s^3 + 5{,}236s^2 + 3{,}236s + 1}$$

Mit Listing 5.11 wurde das Nennerpolynom der Übertragungsfunktion für einen Tiefpass fünften Grades berechnet:

```
C2*C4*L1*L3*L5*s**5 + C2*C4*L1*L3*s**4 + C2*L1*L3*s**3 + C2*L1*L5*s**3 +
C2*L1*s**2 + C4*L1*L5*s**3 + C4*L1*s**2 + C4*L3*L5*s**3 + C4*L3*s**2 + L1*s +
L3*s + L5*s + 1
```

Durch Koeffizientenvergleich ergibt sich folgendes Gleichungssystem:

$$
\begin{aligned}
L_1 + L_3 + L_5 &= 3{,}236 \\
C_2L_1 + C_4L_1 + C_4L_3 &= 5{,}236 \\
C_2L_1L_3 + C_2L_1L_5 + C_4L_1L_5 + C_4L_3L_5 &= 5{,}236 \\
C_2C_4L_1L_3 &= 3{,}236 \\
C_2C_4L_1L_3L_5 &= 1
\end{aligned}
$$

Für den ohmschen Widerstand wird der Wert von 1 Ω festgelegt. Die berechneten Werte für die Induktivitäten und Kapazitäten haben die Einheit 1 H (Henry) bzw. 1 F (Farad). Listing 5.12 löst das oben aufgestellte nichtlineare Gleichungssystem und gibt die Werte für die Bauelemente als Dictionary aus:

```
#12_solve4.py
from sympy import *
s,L1,C2,L3,C4,L5 = symbols("s L1 C2 L3 C4 L5")
#Butterworth-Koeffizienten
a=[0,3.236,5.236,5.236,3.236,1]
#nichtlineares Gleichungssystem
g1=L1+L3+L5-a[1]
g2=C2*L1 + C4*L1 + C4*L3-a[2]
g3=C2*L1*L3 + C2*L1*L5 + C4*L1*L5-a[3]
g4=C2*C4*L1*L3-a[4]
g5=C2*C4*L1*L3*L5-a[5]
bauteile=solve((g1,g2,g3,g4,g5),L1,C2,L3,C4,L5,dict=True)
#Ausgabe
print(bauteile[1])
print(bauteile[1].keys())
print(bauteile[1].values())
for item in bauteile[1].items():
    print("%s = %.3f"%item)
```

Listing 5.12 Dimensionierung eines Butterworth-Tiefpasses

Ausgabe

```
{C2: 1.85739429156729, C4: 0.815341330818977, L1: 1.53414656573512,
L3: 1.39282994847996, L5: 0.309023485784920}
dict_keys([C2, C4, L1, L3, L5])
```

```
dict_values([1.85739429156729, 0.815341330818977, 1.53414656573512,
1.39282994847996, 0.309023485784920])
C2 = 1.857
C4 = 0.815
L1 = 1.534
L3 = 1.393
L5 = 0.309
```


Analyse

Zeile 05 speichert die Butterworth-Koeffizienten in das Array-Objekt a. Als erstes Element wurde der Wert null vorgegeben, damit die Python-Indizierung mit der Indizierung der Butterworth-Koeffizienten übereinstimmt.

Die Zeilen 07 bis 11 enthalten die einzelnen Gleichungen des nichtlinearen Gleichungssystems. In Zeile 12 wird das Gleichungssystem gelöst. Der letzte Parameter `dict=True` legt fest, dass die Lösungsmenge als Dictionary in dem Objekt `bauteile` gespeichert wird.

Zeile 14 gibt die vollständige Lösungsmenge als Dictionary aus. Zeile 15 gibt die Schlüssel und Zeile 16 gibt die Werte des Dictionarys aus. In der Zeile 18 werden die Werte für die einzelnen Bauteile ausgegeben.

Bei den Werten für die Bauteile handelt es sich wieder um die auf 1 Ω, 1 F und 1 H normierten Werte.

5.4 Vereinfachungen von Ausdrücken

Bei der Herleitung physikalischer Gesetze oder der Berechnung von Übertragungsfunktionen für elektrische Wechselstromnetzwerke können mathematische Ausdrücke entstehen, die sich noch stark vereinfachen lassen. SymPy stellt hierfür die Methode `simplify(term)` zur Verfügung. Listing 5.13 soll die folgenden fünf Terme vereinfachen:

$$e^{lnx+lny}$$

$$\frac{nx^n}{x}$$

$$\frac{a^3}{(a-b)\cdot(a-c)}+\frac{b^3}{(b-a)\cdot(b-c)}+\frac{c^3}{(c-a)\cdot(c-b)}$$

$$2\sqrt{\frac{1}{x}} - \frac{1}{\sqrt{x}}$$

$$\frac{y^2 + y}{y \cdot \sin^2 a + y \cdot \cos^2 a}$$

```
#13_vereinfachen.py
from sympy import *
a,b,c,n,x,y=symbols("a b c n x y")
#Terme
t1=exp(log(x)+log(y))
t2=n*x**n/x
t3=a**3/((a-b)*(a-c))+b**3/((b-c)*(b-a))+c**3/((c-a)*(c-b))
t4=2*sqrt(1/x)-1/sqrt(x)
t5=(y**2 + y)/(y*sin(a)**2 + y*cos(a)**2)
#Ausgaben
print("1: exp(log(x)+log(y)), vereinfacht:",t1)
print("2:",t2,",vereinfacht:",simplify(t2))
print("3:",t3,"\n   vereinfacht:",simplify(t3))
print("4:",t4,",vereinfacht",simplify(t4))
print("5:",t5,",vereinfacht:",simplify(t5))
```

Listing 5.13 Vereinfachung mathematischer Ausdrücke

Ausgabe

```
1: exp(log(x)+log(y)), vereinfacht: x*y
2: n*x**n/x, vereinfacht: n*x**(n - 1)
3: a**3/((a-b)*(a-c))+b**3/((-a + b)*(b-c))+c**3/((-a+c)*(-b+c))
   vereinfacht: a + b + c
4: 2*sqrt(1/x) - 1/sqrt(x), vereinfacht 2*sqrt(1/x) - 1/sqrt(x)
5: (y**2 + y)/(y*sin(a)**2 + y*cos(a)**2), vereinfacht: y + 1
```

Analyse

SymPy vereinfacht mit der Methode `simplify()` alle Terme bis auf den dritten Term erwartungsgemäß richtig. Bei dem dritten Term `2*sqrt(1/x)-1/sqrt(x)` würde man als Ausgabe `1/sqrt(x)` erwarten. Maple z. B. liefert dieses Ergebnis. Genau genommen ist dieses Ergebnis aber nur korrekt, wenn man unterstellt, dass das positive Vorzeichen des Wurzelausdrucks gemeint war. Auf dieses Problem wird auch in der Dokumentation von SymPy hingewiesen. Den ersten Term vereinfacht SymPy automatisch, wenn er mit `print()` ausgegeben wird.

5.5 Reihenentwicklung

Mit der Methode `f(x).series(x,x0,n)` berechnet SymPy n Glieder für die Reihe der Funktion `f(x)` an der Stelle `x0`. Listing 5.14 beweist mit der Reihenentwicklung für die Sinus- und Kosinusfunktion die eulersche Formel:

$$e^{jx} = \cos x + j \sin x$$

```
01 #14_reihenentwicklung.py
02 from sympy import *
03 x=symbols('x')
04 n=10
05 a=cos(x).series(x,0,n)
06 b=(sin(x)*I).series(x,0,n)
07 c=exp(x*I).series(x,0,n)
08 d=a+b
09 #Ausgabe
10 print("Reihenentwicklung cos\n",a)
11 print("\nReihenentwicklung sin\n",b)
12 print("\nReihenentwicklung cos+sin\n",c)
13 print("\nReihenentwicklung e-Funktion\n",d)
```

Listing 5.14 Reihenentwicklung

Ausgabe

```
Reihenentwicklung cos
1 - x**2/2 + x**4/24 - x**6/720 + x**8/40320 + O(x**10)
Reihenentwicklung sin
I*x - I*x**3/6 + I*x**5/120 - I*x**7/5040 + I*x**9/362880 + O(x**10)
Reihenentwicklung cos+sin
1 + I*x - x**2/2 - I*x**3/6 + x**4/24 + I*x**5/120 - x**6/720 -
I*x**7/5040 + x**8/40320 + I*x**9/362880 + O(x**10)
Reihenentwicklung e-Funktion
1 + I*x - x**2/2 - I*x**3/6 + x**4/24 + I*x**5/120 - x**6/720 -
I*x**7/5040 + x**8/40320 + I*x**9/362880 + O(x**10)
```

Analyse

In den Zeilen 06 und 07 werden die Sinusfunktion und die Exponentialfunktion mit der imaginären Einheit `I` multipliziert. In Zeile 08 erfolgt die Addition der Reihen für die Kosinus- und die Sinusfunktion. Die Ausgaben in den Zeilen 10 bis 13 bestätigen die Ergebnisse aus der Fachliteratur. Die Werte für die Glieder aus Zeile 12 stimmen mit den Werten der Reihenglieder aus Zeile 13 überein. In den Gliedern mit geraden Exponenten verschwindet erwartungsgemäß die imaginäre Einheit `I`.

5.6 Partialbrüche

Jede rationale Funktion lässt sich in n Partialbrüche zerlegen. Wenn Sie für diese Partialbrüche den Hauptnenner berechnen, erhalten Sie wieder die ursprüngliche rationale Funktion mit ihrem Zähler- und Nennerpolynom. Bei der Synthese elektrischer Eintore sind Übertragungsfunktionen des komplexen Leitwertes (Admittanz) *Y(s)* oder des komplexen Widerstandes (Impedanz) *Z(s)* in der Form einer rationalen Funktion gegeben. Aus diesen Vorgaben können die einzelnen Elemente der Schaltung mithilfe der Partialbruchzerlegung dimensioniert werden. Wie die Synthese von Eintoren mit der Methode der Partialbruchzerlegung durchgeführt wird, soll anhand von zwei einfachen elektrischen Netzwerken demonstriert werden. Abbildung 5.4 zeigt eine Parallelschaltung aus drei R-L-Reihenschaltungen. Für den ohmschen Widerstand wird wieder $R = 1\,\Omega$ festgelegt.

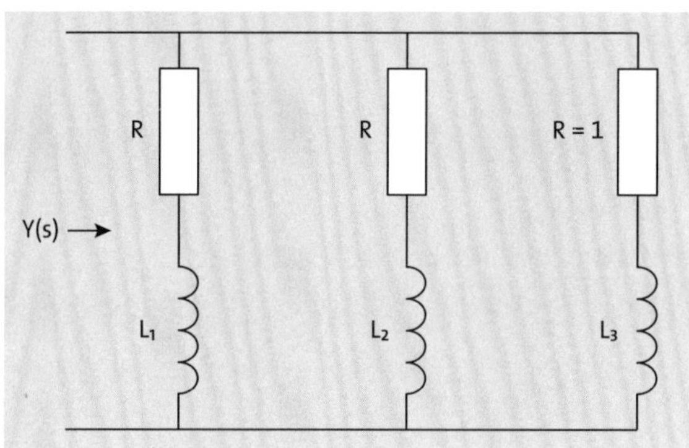

Abbildung 5.4 Parallelschaltung aus R-L-Gliedern

Aus der Schaltung kann direkt der Gesamtleitwert abgelesen werden:

$$Y(s) = \frac{1}{L_1 s + 1} + \frac{1}{L_2 s + 1} + \frac{1}{L_3 s + 1}$$

Durch Berechnung des Hauptnenners entsteht für $L_1 = 3$ H, $L_2 = 2$ H, $L_3 = 1$ H die rationale Funktion für den komplexen Leitwert:

$$Y(s) = \frac{11s^2 + 12s + 3}{6s^3 + 11s^2 + 6s + 1}$$

Bei der Netzwerksynthese sind die Übertragungsfunktionen in dieser Form vorgegeben. Mithilfe der Partialbruchzerlegung sollen dann die einzelnen Bauelemente der Schaltung berechnet werden. Der hier beschriebene Weg, die Übertragungsfunktion aus einer gegebenen Schaltung zu berechnen, dient nur zur Veranschaulichung des Syntheseverfahrens und zur Kontrolle der Ergebnisse für die Schaltungssynthese. Der umgekehrte Weg, die Werte für die Bauteile einer Schaltung aus einer Übertragungsfunktion *Y*(*s*) oder *Z*(*s*) zu berechnen, lässt sich so leichter nachvollziehen.

In der nächsten Schaltung, die Sie in Abbildung 5.5 sehen, sind drei Parallelschwingkreise in Reihe geschaltet.

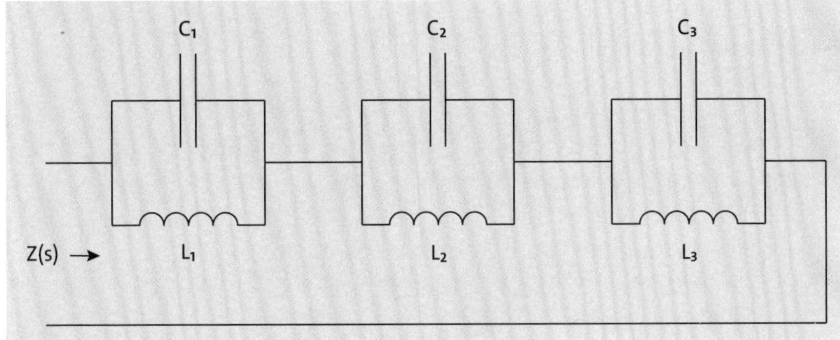

Abbildung 5.5 Reihenschaltung aus L-C-Gliedern

Aus der Schaltung lassen sich leicht die Partialbrüche für die Übertragungsfunktion der Impedanz ermitteln:

$$Z(s) = \frac{L_1 s}{C_1 L_1 s^2 + 1} + \frac{L_2 s}{C_2 L_2 s^2 + 1} + \frac{L_3 s}{C_3 L_3 s^2 + 1}$$

Für $L_1 = 3\,\mathrm{H}, C_1 = 4/3\,\mathrm{F}, L_2 = 2\,\mathrm{H}, C_2 = 3/2\,\mathrm{F}, L_3 = 1\,\mathrm{H}, C_3 = 2\,\mathrm{F}$ ergibt sich die Übertragungsfunktion der Impedanz als rationale Funktion zu:

$$Z(s) = \frac{46s^5 + 34s^3 + 6s}{24s^6 + 26s^4 + 9s^2 + 1}$$

Listing 5.15 berechnet aus den Partialbrüchen für *Y*(*s*) und *Z*(*s*) die rationalen Funktionen und aus den rationalen Funktionen wieder die Partialbrüche mit der Methode `apart(rationaleFunktion)`. Durch Koeffizientenvergleich können die normierten Werte der Induktivitäten und Kapazitäten berechnet werden.

```
#15_partialbruch.py
from sympy import *
s=symbols("s")
#Parallelschaltung aus R-L-Reihenschaltungen
Yb1=1/(s+1)+1/(2*s+1)+1/(3*s+1)
Yp1=cancel(Yb1)
#Reihenschaltung aus L-C-Parallelschaltungen
Zb2=s/(2*s**2+1)+2*s/(3*s**2+1)+3*s/(4*s**2+1)
Zp2=cancel(Zb2)
#Berechnung der Partialbrüche
pb1=apart(Yp1)
pb2=apart(Zp2)
```

```
13 #Ausgabe
14 print(Yp1,"=\n",pb1)
15 print("\n",Zp2,"=\n", pb2)
```

Listing 5.15 Partialbruchentwicklung

Ausgabe

```
(11*s**2 + 12*s + 3)/(6*s**3 + 11*s**2 + 6*s + 1) =
1/(3*s + 1) + 1/(2*s + 1) + 1/(s + 1)
(46*s**5 + 34*s**3 + 6*s)/(24*s**6 + 26*s**4 + 9*s**2 + 1) =
3*s/(4*s**2 + 1) + 2*s/(3*s**2 + 1) + s/(2*s**2 + 1)
```

Auswertung und Analyse

Für die Admittanz berechnet das Programm die drei Partialbrüche:

$$Y(s) = \frac{1}{3s+1} + \frac{1}{2s+1} + \frac{1}{s+1}$$

Durch Vergleich der Koeffizienten erhalten Sie für die Induktivitäten:

$$L_1 = 3\ \mathrm{H}, \qquad L_2 = 2\ \mathrm{H}, \qquad L_3 = 1\ \mathrm{H}$$

Für die Impedanz berechnet das Programm die drei Partialbrüche:

$$Z(s) = \frac{3s}{4s^2+1} + \frac{2s}{3s^2+1} + \frac{s}{2s^2+1}$$

Durch Vergleich der Koeffizienten erhalten Sie für die Induktivitäten und Kapazitäten:

$$L_1 = 3\ \mathrm{H}, \qquad C_1 = \frac{4}{3}\,\mathrm{F}, \qquad L_2 = 2\ \mathrm{H}, \qquad C_2 = \frac{3}{2}\,\mathrm{F}, \qquad L_3 = 1\ \mathrm{H}, \qquad C_3 = 2\ \mathrm{F}$$

In den Zeilen 05 und 08 werden jeweils drei Partialbrüche vorgegeben, um das Ergebnis der Partialbruchberechnung besser überprüfen zu können. In den Zeilen 06 und 09 werden diese Partialbrüche mit der Methode `cancel()` so ausmultipliziert, dass die beiden gebrochen rationalen Funktionen $Y(s)$ und $Z(s)$ entstehen. In den Zeilen 11 und 12 erfolgt dann die Partialbruchzerlegung mit der Methode `apart()`. Die Ausgaben in den Zeilen 14 und 15 bestätigen die erwarteten Ergebnisse.

5.7 Kettenbrüche

Angenommen, Sie benötigen einen ohmschen Widerstand von genau 37/14 Ω und Sie haben nur 1-Ω-Widerstände zur Verfügung. Mit einer Kettenschaltung aus sechs Widerständen kann dieses Problem gelöst werden. Abbildung 5.6 zeigt eine solche Schaltung.

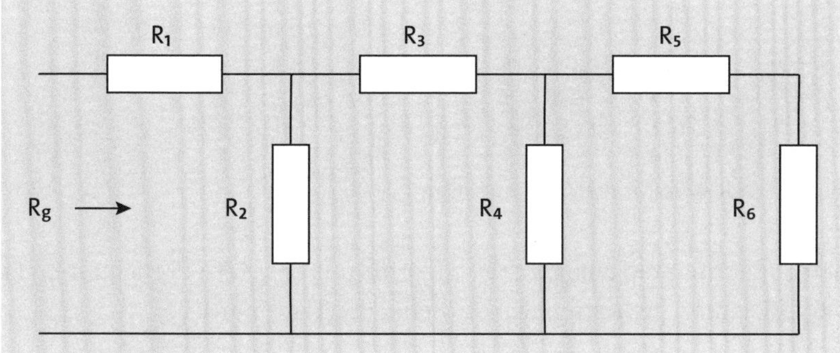

Abbildung 5.6 Kettenbruchschaltung

Aus der Schaltung lässt sich der Kettenbruch

$$R_g = R_1 + \cfrac{1}{\cfrac{1}{R_2} + \cfrac{1}{R_3 + \cfrac{1}{\cfrac{1}{R_4} + \cfrac{1}{R_5 + R_6}}}}$$

ablesen.

Den Kettenbruch für 37/14 können Sie mit dem euklidischen Algorithmus berechnen:

$$a = 37 = 2 \cdot 14 + 9$$

$$b = 14 = 1 \cdot 9 + 5$$

$$9 = 1 \cdot 5 + 4$$

$$5 = 1 \cdot 4 + 1$$

$$4 = 4 \cdot 1$$

Daraus ergibt sich der Kettenbruch zu:

$$\frac{37}{14} = 2 + \cfrac{1}{1 + \cfrac{1}{1 + \cfrac{1}{1 + \frac{1}{4}}}}$$

Oder in Kurzschreibweise formuliert:

$$\frac{37}{14} = [2; 1, 1, 1, 4]$$

Indem Sie die Kettenbruchentwicklung der Schaltung aus Abbildung 5.6 mit der Kettenbruchdarstellung vergleichen, erhalten Sie die Werte für die Widerstände (siehe Tabelle 5.6).

R_1	R_2	R_3	R_4	R_5	R_6
2	1/1	1	1/1	2	2

Tabelle 5.6 Widerstandwerte für die Kettenschaltung

Listing 5.16 berechnet mit dem euklidischen Algorithmus den Kettenbruch für 37/14 und aus den Koeffizienten des Kettenbruchs wieder den Kettenbruch:

```
#16_kettenbruch1.py
from sympy import *
z=37 #Zähler
n=14 #Nenner
#Kettenbruch berechnen
def kb(z,n):
    r=[]
    while n>0:
        r.append(z//n)
        z=z%n
        z,n=n,z
    return r
#Umwandlung in Bruch
def ikb(ls):
    a = Integer(0)
    for i in reversed(ls[1:]):
        a=a+i
        a=1/a
    return ls[0] + a
#berechnet Kettenbruch
kb1=kb(z,n)
#berechnet Bruch
ikb1=ikb(kb1)
#Ausgabe
print("Koeffizienten:",kb1)
print("Bruch:",ikb1)
```

Listing 5.16 Algorithmen für die Kettenbruchentwicklung

Ausgabe

```
Koeffizienten: [2, 1, 1, 1, 4]
Bruch: 37/14
```

Analyse

In den Zeilen 06 bis 12 wird eine Funktion definiert, die nach dem euklidischen Algorithmus die Koeffizienten für einen Kettenbruch berechnet. Beim Aufruf der Funktion `kb(z,n)` in Zeile 21 werden der Zähler `z` und der Nenner `n` des Bruchs als Parameter übergeben. Die in den Zeilen 14 bis 19 definierte Funktion `ikb(ls)` berechnet aus den Koeffizienten des Kettenbruchs wieder den Bruch.

Mit SymPy lässt sich ein Kettenbruch wesentlich einfacher berechnen. Listing 5.17 berechnet mit der Methode `continued_fraction_periodic(z,n)` die Koeffizienten eines Kettenbruchs und mit der Methode `continued_fraction_reduce(kettenbruch)` aus den Koeffizienten wieder den Kettenbruch:

```
01 #17_kettenbruch2.py
02 from sympy import *
03 z=37 #Zähler
04 n=14 #Nenner
05 #Kettenbruch berechnen
06 kb=continued_fraction_periodic(z,n)
07 #Bruch berechnen
08 bruch=continued_fraction_reduce(kb)
09 #Ausgabe
10 print("Koeffizienten:",kb)
11 print("Bruch:",bruch)
```

Listing 5.17 Kettenbruchentwicklung mit SymPy

Ausgabe

```
Koeffizienten: [2, 1, 1, 1, 4]
Bruch: 37/14
```

Analyse

Der Methode `continued_fraction_periodic(z,n)` werden in Zeile 06 der Zähler `z` und der Nenner `n` des Bruchs übergeben. Das Ergebnis der Kettenbruchentwicklung wird in das Objekt `kb` gespeichert. Dieses Objekt wird in Zeile 08 der Methode `continued_fraction_reduce(kb)` übergeben. Die Ausgaben bestätigen das erwartete Ergebnis.

5.8 Grenzwerte

Der Begriff des *Grenzwertes* ist fundamental für das Verständnis der Differenzial- und Integralrechnung. Durch die Bildung des Grenzwertes kann aus der Sekantensteigung einer Funktion die Steigung der Tangente (erste Ableitung) allgemein berechnet werden. Viele Stammfunktionen (Integrale) lassen sich ebenfalls aus den Grenzwerten für die Ober- und Untersummen berechnen. SymPy berechnet den Grenzwert einer Folge oder Funktion mit der Methode `limit(f,x,g)`. Das Objekt `f` steht für eine mathematische Folge oder Funktion, `x` ist die unabhängige Variable, und für `g` kann der Grenzwert angegeben werden.

5.8.1 Grenzwerte von Folgen

SymPy soll die Grenzwerte der fünf Folgen aus Tabelle 5.7 berechnen.

n	1	2	3	4	5	6	7	8	9	10
a_n	1	4	6	8	10	12	14	16	18	20
b_n	1	4	9	16	25	36	49	64	81	100
c_n	1	0,5	0.33	0,25	0,2	0,16	0,143	0,125	0,111	0,1
d_n	-1,33	2,57	1,81	1,73	1,74	1,75	1,78	1,8	1,81	1,828
e_n	2	2,25	2,37	2,44	2,49	2,52	2,55	2,57	2,58	2,59

Tabelle 5.7 Beispiele für Folgen

Die Folgen aus Tabelle 5.7 gehorchen folgenden Bildungsgesetzen:

$$a_n = 2n$$

$$b_n = n^2$$

$$c_n = \frac{1}{n}$$

$$d_n = \frac{2n^2 + 2}{n^3 + n^2 - 5}$$

$$e_n = \left(1 + \frac{1}{n}\right)^n$$

Für die letzte Folge

$$e_n = \left(1 + \frac{1}{n}\right)^n$$

kann das Bildungsgesetz nicht aus der Wertetabelle abgelesen werden. Der Grenzwert dieser Folge für $n \to \infty$ ist die eulersche Zahl e.

$$e = \lim_{n\to\infty} \left(1 + \frac{1}{n}\right)^n \approx 2.7182818284590452354\ldots$$

Listing 5.18 berechnet die Grenzwerte der Folgen a_n, b_n, c_n, d_n und e_n.

```
01 #18_grenzwert1.py
02 from sympy import *
03 n=symbols("n")
04 #Folgen
05 a1=2*n
06 a2=n**2
07 a3=1/n
08 a4=(2*n**3+2)/(n**3+n**2-5)
09 a5=(1+1/n)**n
10 #Ausgabe
11 print("Grenzwerte für n gegen ∞")
12 print("Grenzwert von %s ist: %s" %(a1,limit(a1,n,oo)))
13 print("Grenzwert von %s ist: %s" %(a2,limit(a2,n,oo)))
14 print("Grenzwert von %s ist: %s" %(a3,limit(a3,n,oo)))
15 print("Grenzwert von %s ist: %s" %(a4,limit(a4,n,oo)))
16 print("Grenzwert von %s ist: %s" %(a5,limit(a5,n,oo)))
```

Listing 5.18 Grenzwerte von Folgen

Ausgabe

```
Grenzwerte für n gegen ∞
Grenzwert von 2*n ist: oo
Grenzwert von n**2 ist: oo
Grenzwert von 1/n ist: 0
Grenzwert von (2*n**3 + 2)/(n**3 + n**2 - 5) ist: 2
Grenzwert von (1 + 1/n)**n ist: E
```

Analyse

In den Zeilen 12 bis 16 werden die Grenzwerte der in den Zeilen 05 bis 09 definierten Folgen mit der Methode `limit(a1,n,oo)` berechnet und ausgegeben. Als ersten Parameter erwartet diese Methode den Namen der Folge, der zweite Parameter gibt die Variable des Grenzwertes vor und der dritte Parameter gibt an, gegen welchen Grenzwert die Folge streben soll. Die Ausgaben bestätigen die erwarteten Ergebnisse.

5.8.2 Grenzwerte von Funktionen

SymPy berechnet auch die Grenzwerte von Funktionen. Für die nachfolgenden Funktionen sollen die Grenzwerte berechnet werden:

$$\lim_{x \to 0} \frac{\sin x}{x} = 1$$

$$\lim_{x \to 0} \frac{\tan x}{x} = 1$$

$$\lim_{x \to \infty} a(1 - e^{-x}) = a$$

$$\lim_{x \to \infty} \frac{1}{x + 2} = 2$$

$$\lim_{x \to 1} \frac{x^2 - 1}{x - 1} = 2$$

Listing 5.19 berechnet die Grenzwerte der aufgelisteten Funktionen:

```
#19_grenzwert.py
from sympy import *
a,x=symbols("a x")
#Funktionen
y1=sin(x)/x
y2=tan(x)/x
y3=a*(1-exp(-x))
y4=1/x+2
y5=(x**2-1)/(x-1)
#Ausgabe
print("Grenzwert von %s gegen 0 ist: %s" %(y1,limit(y1,x,0)))
print("Grenzwert von %s gegen 0 ist: %s" %(y2,limit(y2,x,0)))
print("Grenzwert von %s gegen ∞ ist: %s" %(y3,limit(y3,x,oo)))
print("Grenzwert von %s gegen ∞ ist: %s" %(y4,limit(y4,x,oo)))
print("Grenzwert von %s gegen 1 ist: %s" %(y5,limit(y5,x,1)))
```

Listing 5.19 Grenzwerte von Funktionen

Ausgabe

```
Grenzwert von sin(x)/x gegen 0 ist: 1
Grenzwert von tan(x)/x gegen 0 ist: 1
Grenzwert von a*(1 - exp(-x)) gegen ∞ ist: a
Grenzwert von 2 + 1/x gegen ∞ ist: 2
Grenzwert von (x**2 - 1)/(x - 1) gegen 1 ist: 2
```

Analyse

In den Zeilen 05 bis 09 werden die Funktionen definiert, deren Grenzwerte die Methode `limit()` berechnen soll. Die Übergabe der Argumente erfolgt in der gleichen Reihenfolge wie bei den Folgen. Die Ausgaben in den Zeilen 11 bis 15 bestätigen wieder die erwarteten Ergebnisse.

5.8.3 Differenzialquotient

Für die folgenden Funktionen soll SymPy den Differenzialquotienten durch Bildung der Grenzwerte aus dem Differenzenquotient berechnen:

$$(x^n)' = \lim_{h\to 0} \frac{(x+h)^n - x^n}{h} = nx^{n-1}$$

$$(a^x)' = \lim_{h\to 0} \frac{a^{x+h} - a^x}{h} = a^{xlna}$$

$$(\sin x)' = \lim_{h\to 0} \frac{\sin(x+h) - \sin x}{h} = \cos x$$

$$(\sinh x)' = \lim_{h\to 0} \frac{\sinh(x+h) - \sinh hx}{h} = \cosh x$$

$$(\sin x \cos x)' = \lim_{h\to 0} \frac{\sin(x+h)\cos(x+h) - \sin x \cos x}{h} = \cos 2x$$

Listing 5.20 zeigt die Umsetzung:

```
01 #20_grenzwert3.py
02 from sympy import *
03 a,x,h,n=symbols('a x h n')
04 f1_1=((x+h)**n-x**n)/h       #Potenzregel
05 f1_2=(a**(x+h)-a**x)/h       #Exponentialfunktion
06 f1_3=(sin(x+h)-sin(x))/h     #trigonometrische Funktion
07 f1_4=(sinh(x+h)-sinh(x))/h   #hyberbolische Funktion
08 f1_5=(sin(x+h)*cos(x+h)-sin(x)*cos(x))/h #Produktregel
09 #Ausgabe
10 print("Grenzwerte für h gegen null")
11 print("limes",f1_1," = ",simplify(limit(f1_1,h,0)))
12 print("limes",f1_2," = ",simplify(limit(f1_2,h,0)))
13 print("limes",f1_3," = ",simplify(limit(f1_3,h,0)))
14 print("limes",f1_4," = ",simplify(limit(f1_4,h,0)))
15 print("limes",f1_5," = ",simplify(limit(f1_5,h,0)))
```

Listing 5.20 Grenzwerte von Differenzenquotienten

Ausgabe

```
limes (-x**n + (h + x)**n)/h  =  n*x**(n - 1)
limes (-a**x + a**(h + x))/h  =  a**x*log(a)
limes (-sin(x) + sin(h + x))/h  =  cos(x)
limes (-sinh(x) + sinh(h + x))/h  =  cosh(x)
limes (-sin(x)*cos(x) + sin(h + x)*cos(h + x))/h  =  cos(2*x)
```

Analyse

Die Zeilen 04 bis 08 definieren fünf aus der Schulmathematik bekannte Differenzenquotienten. Die Methode `limit()` berechnet in den Zeilen 11 bis 15 die Grenzwerte dieser Differenzenquotienten für h gegen null. Die mit `simplify()` vereinfachten Ausgaben bestätigen die erwarteten Ergebnisse.

5.9 Differenzieren

SymPy berechnet die Ableitungen von Funktionen mit der Methode `diff(f,x,k)`, wobei das Objekt `f` die Funktion ist, die abgeleitet werden soll. Mit `x` wird die unabhängige Variable festgelegt, und die natürliche Zahl `k` steht für die k-te Ableitung der zu differenzierenden Funktion. Wenn `k` nicht vorkommt, berechnet SymPy die erste Ableitung. Listing 5.21 berechnet für die Funktionen

$$y_1 = x^4 - 3x^3 + x^2 - 20$$

$$y_2 = \sin x \cos x$$

$$y_3 = \frac{x^3 - 4x + 3}{x + 4}$$

jeweils die erste Ableitung und für die Funktion

$$y_4 = Ae^{-ax} \sin bx$$

die erste, zweite und die dritte Ableitung:

```
#21_differential.py
from sympy import *
x,a,b,A=symbols("x a b A")
y1=x**4-3*x**3+x**2-20  #Potenzregel
y2=sin(x)*cos(x)        #Produktregel
y3=(x**3-4*x+3)/(x+4)   #Quotientenregel
y4=A*exp(-a*x)*sin(b*x) #Kettenregel
#Berechnungen und Ausgaben
print("1. Ableitung von:",y1,"\n", diff(y1,x))
print("1. Ableitung von:",y2,"\n", diff(y2,x))
```

```
11 print("1. Ableitung von:",y3,"\n", diff(y3,x))
12 print("1. Ableitung von:",y4,"\n", diff(y4,x,1))
13 print("2. Ableitung von:",y4,"\n", diff(y4,x,2))
14 print("3. Ableitung von:",y4,"\n", diff(y4,x,3))
```

Listing 5.21 Differenzieren

Ausgabe

```
1. Ableitung von: x**4-3*x**3+x**2-20
4*x**3 - 9*x**2 + 2*x
1. Ableitung von: sin(x)*cos(x)
-sin(x)**2 + cos(x)**2
1. Ableitung von: (x**3-4*x+3)/(x+4)
(3*x**2 - 4)/(x + 4) - (x**3 - 4*x + 3)/(x + 4)**2
1. Ableitung von: A*exp(-a*x)*sin(b*x)
-A*a*exp(-a*x)*sin(b*x) + A*b*exp(-a*x)*cos(b*x)
2. Ableitung von: A*exp(-a*x)*sin(b*x)
A*(a**2*sin(b*x) - 2*a*b*cos(b*x) - b**2*sin(b*x))*exp(-a*x)
3. Ableitung von: A*exp(-a*x)*sin(b*x)
A*(-a**3*sin(b*x) + 3*a**2*b*cos(b*x) + 3*a*b**2*sin(b*x) -
 b**3*cos(b*x))*exp(-a*x)
```

Analyse

Die in den Zeilen 04 bis 07 definierten Funktionstypen wurden danach ausgewählt, dass sie die bekannten Differenziationsregeln repräsentieren. Ob SymPy überhaupt diese Regeln benutzt, bleibt dem Anwender verborgen. An den Ergebnissen kann er aber überprüfen, dass SymPy richtig differenziert hat. Allerdings ist die Überprüfung der höheren Ableitungen der gedämpften Sinusfunktion `y4` mit einigem Aufwand verbunden.

Alternativ können Sie die Ableitung einer Funktion $y=f(x)$ auch mit den folgenden Anweisungen berechnen:

```
>>> from sympy import *
>>> x=symbols('x')
>>> y=x**2
>>> y.diff(x)
2*x
>>> Derivative(y,x).doit()
2*x
```

Die Methode `Derivative(y,x)` übernimmt den Term `x**2` zunächst einmal, ohne zu prüfen, ob die Ableitung überhaupt berechnet werden kann (*unevaluated derivative*).

Erst die Methode `doit()` überprüft (*evaluate*), ob die Berechnung durchgeführt werden kann, und die Ableitung wird dann gegebenenfalls berechnet. Diese verzögerte Ausführung einer symbolischen Berechnung ist hilfreich, wenn ein Term noch vereinfacht werden kann.

Anwendungsbeispiel: Kurvendiskussion

Wenn eine mathematische Funktion $y = f(x)$ gegeben ist und deren prinzipieller Verlauf in einem kartesischen Koordinatensystem untersucht werden soll, spricht der Mathematiker von *Kurvendiskussion*. Der Verlauf einer Funktion kann anhand der Achsenschnittpunkte mit der x- und y-Achse, der lokalen Stellen für die Minima und Maxima, der Grenzwerte für x gegen $\pm\infty$ und der Wendepunkte grob abgeschätzt werden. Auf eine ausführliche Kurvendiskussion wird im folgenden Beispiel bewusst verzichtet, um den Quelltext möglichst übersichtlich zu gestalten. Listing 5.22 berechnet für das Polynom

$$y = -x^4 + 20x^2 - 64$$

die Nullstellen, die Extremstellen und die Wendepunkte. Zur Kontrolle kann der Funktionsplot auf dem Bildschirm angezeigt werden.

```
#22_kurvendiskussion.py
from sympy import *
x=symbols("x")

def f(x):
    #y=4*x**3-16*x
    #y=x**3-x**2-4*x+4
    y=-x**4+20*x**2-64
    return y
#Ableitungen
f_1=diff(f(x),x,1)
f_2=diff(f(x),x,2)
x0=solve(f(x),x) #Nullstellen
xe=solve(f_1,x)  #Extremstellen
xw=solve(f_2,x)  #Wendepunkte
#Ausgabe
print(f(x))
print("Nullstellen:",x0)
print("Extremstellen:",xe)
print("Wendepunkte",xw)
#plot(f(x),(x,-5,5))
```

Listing 5.22 Kurvendiskussion

Ausgabe

```
-x**4 + 20*x**2 - 64
Nullstellen: [-4, -2, 2, 4]
Extremstellen: [0, -sqrt(10), sqrt(10)]
Wendepunkte [-sqrt(30)/3, sqrt(30)/3]
```

Analyse

In den Zeilen 05 bis 09 wird die zu untersuchende Funktion definiert. Sollen die auskommentierten Funktionen getestet werden, brauchen nur die entsprechenden Kommentare entfernt zu werden. In den Zeilen 11 und 12 berechnet die `diff`-Methode die erste und zweite Ableitung. Zeile 13 berechnet mit der `solve`-Methode die Nullstellen des Polynoms. In Zeile 14 werden die Extremstellen berechnet, indem die erste Ableitung gleich null gesetzt wird. Zeile 15 berechnet die Wendepunkte, indem die zweite Ableitung gleich null gesetzt wird. Auf eine Fallunterscheidung wurde zugunsten der besseren Übersichtlichkeit bewusst verzichtet. Die »genauen« Zahlen der Ausgaben erinnern den Nutzer daran, dass die Berechnungen mit einem CAS durchgeführt wurden.

5.10 Integrieren

Das Integrieren ist die Umkehroperation des Differenzierens. Wenn Sie von einer Funktion die Ableitung bilden, dann ist diese ursprüngliche Funktion die Stammfunktion, das heißt das Integral der abgeleiteten Funktion. Allerdings ist die Umkehrung nicht immer eindeutig. Das heißt, nicht für jede Funktion $f(x)$ existiert auch eine Stammfunktion $F(x)$.

Mathematisch lässt sich dieser Zusammenhang durch Umstellen des Differenzialquotienten nach dy beschreiben. Für die Ableitung gilt:

$$f'(x) = \frac{\mathrm{d}y}{\mathrm{d}x}$$

Durch Umstellen nach dy und Integration auf beiden Seiten erhalten Sie:

$$\mathrm{d}y = f'(x)\mathrm{d}x \Leftrightarrow y = \int f'(x)\mathrm{d}x$$

Das Produkt $f'(x)\mathrm{d}x$ kann als Flächenelement dA interpretiert werden. Durch Aufsummierung, also durch Integration, erhalten Sie die Gesamtfläche unter einer Kurve.

Die Integralrechnung benötigen Sie nicht nur, um Flächen unter nichtlinearen Funktionsgraphen zu berechnen, sondern auch für die Berechnung von Linienlängen, Volumina und für das Lösen von Differenzialgleichungen.

5.10.1 Unbestimmtes Integral

Listing 5.23 berechnet die Stammfunktionen für die folgenden fünf Funktionen:

$$f_1(x) = \frac{1}{x}$$

$$f_2(x) = e^{-x}$$

$$f_3(x) = x^2 e^{-x}$$

$$f_4(x) = \sin x$$

$$f_5(x) = e^{-x} \sin x$$

```
01 #23_integral1.py
02 from sympy import *
03 x=symbols("x")
04 print("∫%sdx=%s" %(1/x,integrate(1/x)))
05 print("∫%sdx=%s" %(exp(-x),integrate(exp(-x))))
06 print("∫%sdx=%s" %(exp(-x)*x**2,integrate(exp(-x)*x**2)))
07 print("∫%sdx=%s" %(sin(x),integrate(sin(x))))
08 print("∫%sdx=%s" %(exp(-x)*sin(x),simplify(integrate(exp(-x)*sin(x)))))
09 #plot(exp(-x),integrate(exp(-x)),(x,0,10))
```

Listing 5.23 Unbestimmte Integrale

Ausgabe

```
∫1/xdx=log(x)
∫exp(-x)dx=-exp(-x)
∫x**2*exp(-x)dx=(-x**2 - 2*x - 2)*exp(-x)
∫sin(x)dx=-cos(x)
∫exp(-x)*sin(x)dx=-sqrt(2)*exp(-x)*sin(x + pi/4)/2
```

Analyse

SymPy berechnet in den Zeilen 04 bis 08 die unbestimmten Integrale (Stammfunktionen) mit der Methode `integrate()`. Mit der `plot`-Methode können Sie die Funktionsgraphen und die Graphen der Stammfunktion ausgeben lassen.

Sie können Integrale auch alternativ mit den folgenden Anweisungen berechnen:

```
>>> from sympy import *
>>> x=symbols('x')
>>> y=x**2
>>> y.integrate(x)
x**3/3
>>> Integral(y).doit()
x**3/3
```

5.10.2 Bestimmtes Integral

Mithilfe des bestimmten Integrals können Sie den Flächeninhalt der Fläche berechnen, die von der unteren Grenze a, der Linie des Funktionsgraphen, der oberen Grenze b und dem x-Achsenabschnitt umschlossen wird. Listing 5.24 berechnet den Flächeninhalt der fünf Funktionen aus Listing 5.23 in den Grenzen von $a = 1$ bis $b = 2$. Für weitere Testzwecke können Sie die Grenzen natürlich nach individuellen Wünschen ändern.


```
01 #24_integral2.py
02 from sympy import *
03 x=symbols("x")
04 a,b=1,2 #untere Grenzen
05 F1=integrate(1/x,(x,a,b))
06 F2=integrate(exp(-x),(x,0,oo))
07 F3=integrate(exp(-x)*x**2,(x,0,oo))
08 F4=integrate(sin(x),(x,0,pi))
09 F5=integrate(exp(-x)*sin(x),(x,0,oo))
10 #Ausgabe
11 print("∫%s von %s bis %s = %s" %(1/x,a,b,F1))
12 print("∫%s von 0 bis ∞ = %s" %(exp(-x),F2))
13 print("∫%s von 0 bis ∞ = %s" %(exp(-x)*x**2,F3))
14 print("∫%s von 0 bis π = %s" %(sin(x),F4))
15 print("∫%s von 0 bis ∞ = %s" %(exp(-x)*sin(x),F5))
16 #plot(exp(-x)*sin(x),(x,0,10))
```

Listing 5.24 Bestimmte Integrale

Ausgabe

```
∫1/x von 1 bis 2 = log(2)
∫exp(-x) von 0 bis ∞ = 1
∫x**2*exp(-x) von 0 bis ∞ = 2
∫sin(x) von 0 bis π = 2
∫exp(-x)*sin(x) von 0 bis ∞ = 1/2
```

Analyse

In den Zeilen 05 bis 09 werden die bestimmten Integrale der Testfunktionen mit der Methode `integrate(func,(x,a,b))` berechnet. Als erstes Argument wird die Funktion `func` übergeben, gefolgt von der Integrationsvariablen `x`, der unteren Grenze `a` und der oberen Grenze `b`. Die Integrationsvariable und die Integrationsgrenzen müssen in Klammern gesetzt werden. Auch dieses Beispiel zeigt wieder, dass Sie für die Integrationsgrenzen auch Konstanten einsetzen können, z. B. `pi` (π) und `oo` (unendlich).

5.10.3 Anwendungsbeispiel: Gespeicherte elektrische Energie

Ein Kondensator mit der Kapazität C wird in Reihe mit einem Widerstand R an eine Spannungsquelle mit der Spannung U_0 angeschlossen (siehe Abbildung 5.7). Gesucht wird die im Kondensator gespeicherte elektrische Energie W_{el}.

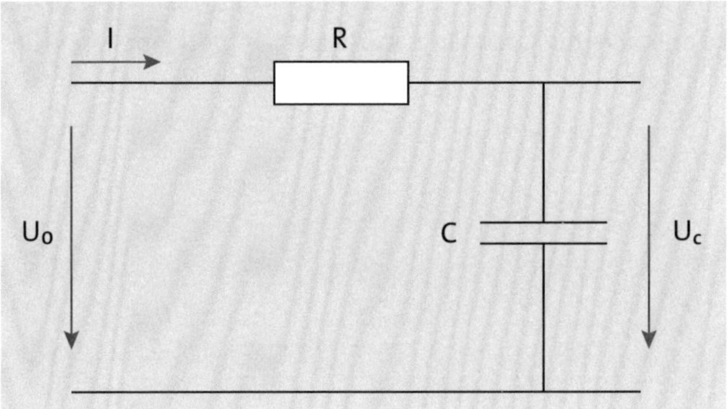

Abbildung 5.7 R-C-Glied

Für die Kondensatorspannung u_c gilt während des Aufladens:

$$u_c = U_0\left(1 - e^{-\frac{t}{\tau}}\right) \text{ mit } \tau = RC$$

Der Kondensatorstrom i_c nimmt exponentiell ab:

$$i_c = \frac{U_0}{R} e^{-\frac{t}{\tau}}$$

Die elektrische Leistung *p(t)* ist das Produkt aus Spannungs- und Stromverlauf:

$$p(t) = u_c \cdot i_c$$

Um die gespeicherte elektrische Energie W_{el} zu berechnen, muss der Flächeninhalt unter der Leistungskurve berechnet werden:

$$W_{el} = \int_0^{\infty} p(t)\mathrm{d}t$$

Listing 5.25 berechnet die gespeicherte elektrische Energie für einen Kondensator mit einer Kapazität von 1 F, der an eine 10-V-Spannungsquelle angeschlossen wird:

```
#25_integral3.py
from sympy import *
t = symbols('t')
U0=10
R,C =1,1
```

```
IO=U0/R
tau=R*C
uc=U0*(1-exp(-t/tau))       #Spannungsverlauf
ic=I0*exp(-t/tau)           #Stromverlauf
p=uc*ic                     #el. Leistung
Wel=integrate(p,(t,0,oo)) #el. Energie
#Ausgabe
print("gespeicherte el. Energie:",Wel.evalf(3),"Ws")
plt=plot(uc,ic,p,(t,0,5*tau),show=False,legend=True)
plt[0].line_color = 'b'
plt[0].label='Spannung'
plt[1].line_color = 'r'
plt[1].label='Strom'
plt[2].line_color = 'g'
plt[2].label='Leistung'
#plt.save('leistung.png')
plt.show()
```

Listing 5.25 Gespeicherte Energie eines Kondensators

Ausgabe

```
gespeicherte el. Energie: 50.0 Ws
```

Wie sich die Ausgabe im Funktionsplot darstellt, sehen Sie in Abbildung 5.8.

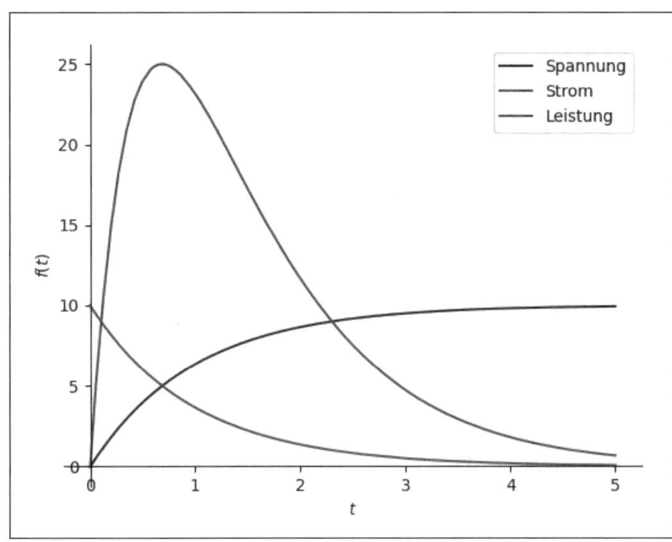

Abbildung 5.8 Gespeicherte elektrische Energie eines Kondensators

Analyse

In Zeile 08 wird der Spannungsverlauf in das Objekt `uc` gespeichert. In Zeile 09 wird der Stromverlauf in das Objekt `ic` gespeichert. Um den Leistungsverlauf zu berechnen, braucht dann nur noch in Zeile 10 die Multiplikation `p=uc*ic` durchgeführt zu werden. Auffällig ist, dass – anders als es bei NumPy noch notwendig war – kein Array definiert werden muss, um alle Leistungswerte für die Integration in Zeile 11 zur Verfügung zu stellen. Als obere Integrationsgrenze wird auch bei dieser numerischen Aufgabenstellung nicht, wie sonst üblich, das Fünffache der Zeitkonstante, sondern `oo` (∞) eingesetzt. Als Ergebnis berechnet das Programm für die gespeicherte elektrische Energie mit 50 Ws den »genauen« Wert ohne Rundungsfehler.

Zur Veranschaulichung wird in Zeile 14 der Spannungs-, der Strom- und der Leistungsverlauf in die Variable `plt` gespeichert. Wollen Sie alle drei Funktionsplots in einem Diagramm darstellen, müssen Sie bei der `plot`-Methode die Parameter `show=False` setzen. Dann werden alle drei Funktionsplots in eine Liste gespeichert und Sie können jedem einzelnen Funktionsplot eine individuelle Farbe zuweisen. Die gespeicherte elektrische Energie entspricht der Fläche unter der grünen Kurve.

In Zeile 21 können Sie die Grafik abspeichern. Unterstützt werden die Dateiformate `eps`, `jpeg`, `jpg`, `pdf`, `pgf`, `png`, `ps`, `raw`, `rgba`, `svg`, `svgz`, `tif`, `tiff` und `webp`.

5.11 Differenzialgleichungen

Gewöhnliche Differenzialgleichungen (DGL) enthalten neben der unabhängigen Variablen x und der abhängigen Variablen y auch noch die Ableitungen $y^{(n)}(x)$ der Funktion $y(x)$. Die höchste vorkommende Ableitungsordnung bestimmt die Ordnung einer DGL. Für die DGL erster Ordnung wird formal geschrieben:

$$y'(x) + f(x) \cdot y(x) = g(x)$$

Die Funktion $f(x)$ kann eine beliebige stetige Funktion oder auch eine Konstante sein. Die Funktion $g(x)$ wird Störfunktion genannt.

Eine lineare DGL zweiter Ordnung mit konstanten Koeffizienten kann wie folgt dargestellt werden:

$$a_2 y''(x) + a_1 y'(x) + a_o y(x) = g(x)$$

Die Lösung einer DGL ist eine Funktion. Gelöst wird eine DGL durch Integration. Da bei jeder Integration Integrationskonstanten entstehen, gibt es theoretisch unendlich viele Lösungsfunktionen einer DGL. Bei der Lösung einer DGL erster Ordnung entsteht *eine* Integrationskonstante, und bei der Lösung einer DGL n-ter Ordnung entstehen *n* Integrationskonstanten. Wenn die Konstanten nicht näher spezifiziert werden, spricht die Mathematik von einer *allgemeinen* Lösung der DGL. Werden die

Integrationskonstanten durch die Anfangsbedingungen festgelegt, so ist die Lösungsfunktion $y(x)$ eine *spezielle* Lösung der DGL. Wenn die Störfunktion $g(x)$ null ist, dann bezeichnet die Mathematik die DGL als *homogen*, ansonsten als *inhomogen*.

Elektrische Netzwerke, Antriebssysteme und physikalische Vorgänge lassen sich durch Differenzialgleichungen beschreiben. Wenn das Eingangssignal eines technischen Systems und die DGL des Systems bekannt sind, kann daraus das Ausgangssignal berechnet werden.

Wenn Sie ein technisches System mathematisch beschreiben wollen, ist dies nur mit Differenzialgleichungen möglich. Denn jedes nicht triviale technische System besteht aus Energiespeichern, wie z. B. rotierenden Massen mit dem Trägheitsmoment J, Kondensatoren mit der Kapazität C und Spulen mit der Induktivität L. Für diese Energiespeicher gelten folgende Gesetzmäßigkeiten:

$$M_b = J\frac{\mathrm{d}\omega}{\mathrm{d}t}, \quad i_C = C\frac{\mathrm{d}u_c}{\mathrm{d}t}, \quad u_L = L\frac{\mathrm{d}i}{\mathrm{d}t}$$

Die aufgezählten Energiespeicher differenzieren also die Winkelgeschwindigkeit $\omega(t)$ der rotierenden Masse, die Spannung $u_c(t)$ an einem Kondensator und den Strom $i(t)$, der durch eine Spule fließt. Dieser Zusammenhang scheint trivial zu sein. Aber reale Systeme können sehr komplex sein. Die Kunst, ein komplexes technisches Systems zu modellieren, besteht darin, die adäquaten DGLs aufzustellen. Dazu brauchen Sie ein umfangreiches Fachwissen und viel Übung. Haben Sie die DGL gefunden, dann nimmt SymPy Ihnen die oft mühselige Arbeit ab, die DGL zu lösen. SymPy löst Differenzialgleichungen mit der Methode `dsolve(dgl,y)`.

Hinweis

SymPy kann nur **lineare** Differenzialgleichungen lösen.

5.11.1 Lineare DGL erster Ordnung

Die Lösung einer DGL erster Ordnung soll am Beispiel der Entladung und Aufladung eines Kondensators besprochen werden. Ein Kondensator wird auf die Spannung U_0 aufgeladen und anschließend über den Widerstand R entladen.

Während des Entladevorgangs muss zu jedem Zeitpunkt die Kondensatorspannung gleich dem Spannungsfall am Widerstand sein:

$$u_c = R \cdot i$$

Für die Stromstärke *i(t)* kann der Kondensatorstrom eingesetzt werden:

$$i = -C\frac{\mathrm{d}u_c}{\mathrm{d}t}$$

Beim Entladen des Kondensators fließt der Strom in die entgegengesetzte Richtung als beim Aufladevorgang, deshalb erhält die Stromstärke ein negatives Vorzeichen. Durch Einsetzen des Kondensatorstroms in die Ausgangsgleichung erhalten Sie eine Differenzialgleichung erster Ordnung:

$$RC\frac{\mathrm{d}u_c}{\mathrm{d}t} = -u_c$$

Durch Umstellen ergibt sich mit der Zeitkonstanten $\tau = RC$:

$$\frac{\mathrm{d}u_c}{u_c} = -\frac{1}{\tau}\mathrm{d}t$$

Durch Integration auf beiden Seiten erhalten Sie:

$$\ln u_c = -\frac{1}{\tau}t + K_1$$

Die Integrationskonstante K_1 darf nicht null werden, weil sie die Anfangsbedingung U_0 repräsentiert. Beide Seiten der Gleichung müssen Sie mit der Basis e potenzieren, und Sie erhalten so die allgemeine Lösung der Differenzialgleichung mit der neuen Integrationskonstanten K:

$$u_c = e^{-\frac{1}{\tau}t+K_1} = e^{K_1}e^{-\frac{1}{\tau}t} = Ke^{-\frac{1}{\tau}t}$$

Zu dem Zeitpunkt, an dem die Entladung beginnt, ist der Kondensator auf die Spannung U_0 aufgeladen. Für die Anfangsbedingung gilt also $u_c(0) = U_0$:

$$U_0 = Ke^0 = K$$

Daraus ergibt sich die spezielle Lösung der Differenzialgleichung zu:

$$u_c = U_0 e^{-\frac{1}{\tau}t}$$

Wenn Sie eine Reihenschaltung aus Kondensator und Widerstand an eine Spannungsquelle mit der Spannung U_0 anschließen, dann erhalten Sie folgende Differenzialgleichung:

$$RC\frac{\mathrm{d}u_c}{\mathrm{d}t} + u_c = U_0$$

In der Sprache der Mathematik wird die Spannung U_0 auch als *Störfunktion* bezeichnet. Durch Trennung der Variablen ergibt sich:

$$\frac{\mathrm{d}u_c}{U_0 - u_c} = \frac{1}{\tau}\mathrm{d}t$$

Beide Seiten werden integriert:

$$-\ln|U_0 - u_c| = \frac{1}{\tau}t + K_1$$

Durch Potenzieren auf beiden Seiten erhalten Sie die allgemeine Lösung der DGL:

$$u_c = U_0 - e^{-\frac{1}{\tau}t+K_1} = U_0 - e^{K_1}e^{-\frac{1}{\tau}t} = U_0 - Ke^{-\frac{1}{\tau}t}$$

Und für die Anfangsbedingung $u_c(0) = 0$ erhalten Sie die spezielle Lösung:

$$u_c = U_0\left(1 - e^{-\frac{1}{\tau}t}\right)$$

Für jede lineare DGL erster Ordnung mit der Störfunktion $g(x)$

$$\frac{\mathrm{d}y}{\mathrm{d}x} = f(x) \cdot y + g(x)$$

finden Sie in der Literatur die allgemeine Lösungsformel

$$y(x) = e^{F(x)} \cdot \int g(x) \cdot e^{-F(x)}\,\mathrm{d}x$$

wobei $F(x)$ eine Stammfunktion von $f(x)$ ist.

Listing 5.26 berechnet die Spannung $u_c(t)$ am Kondensator für den Entladevorgang und für die Fälle, dass die RC-Reihenschaltung an eine Spannungsquelle mit

- konstanter Spannung (Spannungssprung, Sprungfunktion)
- linear ansteigender Spannung
- exponentiell ansteigender Spannung
- sinusförmiger Erregung

angeschlossen wird. Diese Spannungsquellen repräsentieren die Störfunktionen (sind die Störglieder) der DGL.

```
#26_dgl_erster_ordnung.py
from sympy import *
t=symbols("t")
u=Function("f")(t)
R,C=1,2
U0=10
tau=R*C
#DGL 1. Ordnung
dgl1=tau*Derivative(u,t)+u
dgl2=tau*Derivative(u,t)+u-U0
dgl3=tau*Derivative(u,t)+u-U0*t
dgl4=tau*Derivative(u,t)+u-U0*exp(t)
```

```
13 dgl5=tau*Derivative(u,t)+u-U0*sin(t)
14 #Lösung der DGL
15 L1=dsolve(dgl1,u)
16 L2=dsolve(dgl2,u)
17 L3=simplify(dsolve(dgl3,u))
18 L4=dsolve(dgl4,u)
19 L5=simplify(dsolve(dgl5,u))
20 #Ausgabe der Lösung
21 print(L1,"\n",L2,"\n",L3,"\n",L4,"\n",L5)
```

Listing 5.26 Lösungen einer DGL erster Ordnung mit verschiedenen Störfunktionen

Ausgabe

```
Eq(f(t), C1*exp(-t/2))
Eq(f(t), C1*exp(-t/2) + 10)
Eq(f(t), C1*exp(-t/2) + 10*t - 20)
Eq(f(t), (C1 + 10*exp(3*t/2)/3)*exp(-t/2))
Eq(f(t), C1*exp(-t/2) + 2*sin(t) - 4*cos(t))
```

Analyse

In Zeile 04 legt die Methode `Function("f")(t)` fest, dass die abhängige Variable `u` eine Funktion der Zeit `t` sein soll. In den Zeilen 09 bis 13 werden die Differenzialgleichungen definiert und den Objekten `dgl1` bis `dgl5` zugewiesen. Die Definition einer DGL erfolgt mit der Methode `Derivative(u,t)`. Diese Methode repräsentiert die erste Ableitung der DGL. Als erster Parameter wird die unabhängige Variable `u` und als zweiter Parameter wird die abhängige Variable `t` notiert. Der ersten Ableitung folgt die unabhängige Variable `u`. Die Syntax von SymPy entspricht also formal der üblichen mathematischen Notation einer DGL. Die Störfunktionen sind alle mit einem negativen Vorzeichen zu versehen, denn sie wurden von der rechten Seite der DGL auf die linke Seite umgestellt.

In den Zeilen 15 bis 19 löst die Methode `dsolve(dgl,u)` die fünf Differenzialgleichungen. Dieser Methode wird als erster Parameter das Objekt `dgl` übergeben. Anstelle des Objekts `dgl` könnte hier auch die vollständige Notation der DGL stehen. Als zweiter Parameter erwartet `dsolve()` die unabhängige Variable `u`. Die Lösungen werden in die Objekte `L1` bis `L5` gespeichert.

Die Ausgaben (Zeile 21) bestätigen die erwarteten Lösungen. Sie erfolgen mit der Methode `Eq(f(t),...)`, wobei die Abkürzung `Eq` für *equation* (dt. *Gleichung*) stehen soll. `C1` steht für die Integrationskonstante. Sie darf nicht mit einer Kapazität *C* verwechselt werden. Ein Verfahren, wie diese Integrationskonstante bestimmt werden kann, wird weiter unten besprochen.

5.11.2 Allgemeine Lösung einer DGL zweiter Ordnung

Die allgemeine Lösung einer DGL zweiter Ordnung soll am Beispiel eines Reihenschwingkreises (siehe Abbildung 5.9) gezeigt werden.

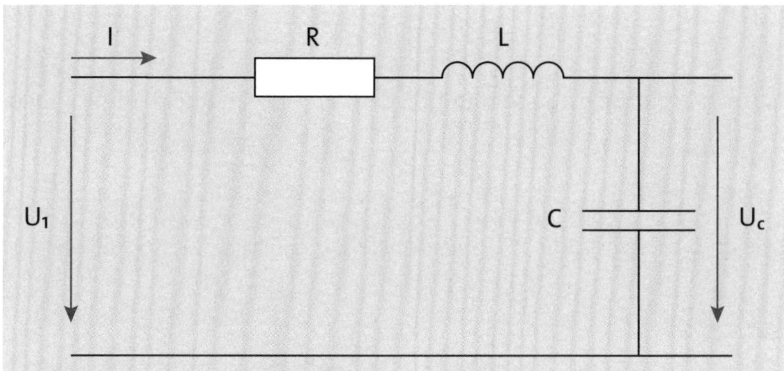

Abbildung 5.9 Reihenschwingkreis

Aus der Schaltung kann mithilfe der Maschenregel für die Spannungsfälle Folgendes abgelesen werden:

$$u_L + u_R + u_c = U_1$$

Mit dem Induktionsgesetz und dem Spannungsfall am ohmschen Widerstand ergibt sich:

$$L\frac{\mathrm{d}i}{\mathrm{d}t} + R \cdot i + u_c = U_1$$

Durch Einsetzen des Kondensatorstroms erhalten Sie eine DGL zweiter Ordnung:

$$LC\frac{\mathrm{d}^2 u_c}{\mathrm{d}t^2} + RC\frac{\mathrm{d}u_c}{\mathrm{d}t} + u_c = U_1$$

Beide Seiten durch LC geteilt, ergibt:

$$\frac{\mathrm{d}^2 u_c}{\mathrm{d}t^2} + \frac{R}{L}\frac{\mathrm{d}u_c}{\mathrm{d}t} + \frac{1}{LC}u_c = \frac{U_1}{LC}$$

Mit der charakteristischen Gleichung können Sie die allgemeine Lösung der DGL ermitteln:

$$\lambda_{1,2} = -\frac{R}{2L} \pm \sqrt{\frac{R^2}{4L^2} - \frac{1}{LC}}$$

Die homogene Lösung lautet:

$$u_{ch} = K_1 e^{\lambda_1 t} + K_2 e^{\lambda_2 t}$$

Für die inhomogene Lösung gilt, wenn es sich bei der Störfunktion $g(x)$ um eine Konstante K handelt:

$$u_{cinh} = \frac{K}{a_0} = \frac{\frac{U_1}{LC}}{\frac{1}{LC}} = U_1$$

Die spezielle Lösung ergibt sich aus der Summe der homogenen und der inhomogenen Lösung:

$$u_c = K_1 e^{\lambda_1 t} + K_2 e^{\lambda_2 t} + U_1$$

Je nachdem, wie groß die Werte für R, L und C ausfallen, müssen Sie drei Fälle unterscheiden:

Fall 1: Wenn gilt

$$\frac{R^2}{4L^2} > \frac{1}{LC}$$

dann hat die DGL die allgemeine Lösung

$$u_c = K_1 e^{\lambda_1 t} + K_2 e^{\lambda_2 t} + U_1$$

Fall 2: Wenn der Fall eintritt, dass

$$\frac{R^2}{4L^2} = \frac{1}{LC}$$

hat die DGL die allgemeine Lösung

$$u_c = (K_1 + K_2 t) e^{\lambda_1 t} + U_1$$

mit

$$\lambda_1 = -\frac{R}{2L}$$

Fall 3: Wenn gilt

$$\frac{R^2}{4L^2} < \frac{1}{LC}$$

dann nimmt die DGL die folgende Form an

$$u_c = e^{at} \cdot [K_1 \sin bt + K_2 \cos bt] + U_1$$

wobei der Parameter a immer einen negativen Wert haben muss.

Listing 5.27 berechnet für alle drei Fälle die Spannung am Kondensator für einen Reihenschwingkreis:

```
01 #27_dgl_zeiter_ordnung.py
02 from sympy import *
03 t=symbols("t")
04 u=Function("f")(t)
05 U1=10 #Eingangsspannung
06 R1,L1,C1=5/2,1,1
07 R2,L2,C2=2,1,1
08 R3,L3,C3=2,1/2,1/4
09 #DGL 2. Ordnung
10 dgl1=L1*C1*Derivative(u,t,t)+R1*C1*Derivative(u,t)+u-U1
11 dgl2=L2*C2*Derivative(u,t,t)+R2*C2*Derivative(u,t)+u-U1
12 dgl3=L3*C3*Derivative(u,t,t)+R3*C3*Derivative(u,t)+u-U1
13 #Lösung der DGL
14 L1=dsolve(dgl1,u)
15 L2=dsolve(dgl2,u)
16 L3=dsolve(dgl3,u)
17 #Ausgabe der Lösung
18 print(L1,"\n",L2,"\n",L3)
```

Listing 5.27 Allgemeine Lösung einer DGL zweiter Ordnung

Ausgabe

```
Eq(f(t),  C1*exp(-2.0*t) + C2*exp(-0.5*t) + 10)
Eq(f(t), (C1 + C2*t)*exp(-t) + 10)
Eq(f(t), (C1*sin(2.0*t) + C2*cos(2.0*t))*exp(-2.0*t) + 10)
```

Analyse

In den Zeilen 06 bis 08 wurden die Werte für *R*, *C* und *L* so gewählt, dass alle drei Lösungsmöglichkeiten vorkommen. Um zu verdeutlichen, dass es sich bei der Lösung der DGL um ein symbolisches Verfahren handelt, wurden bewusst keine reellen Zahlen gewählt.

Die Definitionen der Differenzialgleichungen in den Zeilen 10 bis 12 erfolgen nach dem gleichen Muster wie in Listing 5.26, mit dem einen Unterschied, dass für die zweite Ableitung in der Methode `Derivative(u,t,t)` die unabhängige Variable `t` zweimal vorkommen muss.

Die berechneten Lösungen entsprechen den Erwartungen. `C1` und `C2` sind wieder die Integrationskonstanten.

5.11.3 Spezielle Lösung einer DGL zweiter Ordnung

Die Lösungsmenge der allgemeinen Lösung einer DGL kann theoretisch unendlich groß sein. Der Praktiker interessiert sich aber für die spezielle Lösung einer DGL. Die spezielle Lösung einer DGL wird durch Anfangsbedingungen (engl. *Initial Conditions*) festgelegt. War z. B. vor der Zuschaltung des Störgliedes $g(t)$ im Kondensator oder der Spule elektrische bzw. magnetische Energie gespeichert? War das nicht der Fall, dann haben alle Anfangsbedingungen den Wert null.

Die DGL für einen Schwingkreis kann mit der Dämpfung D und der Kreisfrequenz ω_0 in eine allgemeingültige Form gebracht werden:

$$\frac{\mathrm{d}^2 u_c}{\mathrm{d}t^2} + 2D\omega_0\frac{\mathrm{d}u_c}{\mathrm{d}t} + \omega_0^2 u_c = g(t)$$

Diese DGL wird als harmonischer Oszillator bezeichnet. Sie gilt auch für ein gedämpftes Federpendel, das in horizontaler oder vertikaler Richtung schwingt. Zur besseren Nachvollziehbarkeit sollten Sie bei der DGL, die die Bewegung eines Federpendels beschreibt, die Variable u_c durch x für eine horizontale oder durch y für eine vertikale Bewegung der Masse ersetzen.

In der Praxis kommen als Störfunktionen $g(t)$ Spannungssprünge oder periodische Funktionen vor.

Durch Koeffizientenvergleich erhalten Sie für die Kreisfrequenz

$$\omega_0 = \frac{1}{\sqrt{LC}}$$

und für die Dämpfung

$$D = \frac{R}{2\omega_0 L}$$

Für die Notation der DGL stellt SymPy auch eine andere Syntax zur Verfügung:

```
dgl=Eq(uc(t).diff(t,2)+2*D*w0*uc(t).diff(t,1)+w0**2*uc(t),Us)
```

Wenn die Anfangsbedingungen berücksichtigt werden sollen, dann müssen Sie der Methode `dsolve()` zusätzlich zum Objekt `dgl` noch den Parameter `ics={...}` übergeben:

```
dsolve(dgl,uc(t),ics=aw)
```

Die Abkürzung `ics` steht für *initial conditions* (dt. *Anfangsbedingungen*). SymPy legt die Anfangsbedingungen mit einem Dictionary

```
aw={uc(0):0, uc(t).diff(t,1).subs(t,0):0}
```

fest. Für die mit Listing 5.28 gelöste DGL gelten die Anfangsbedingungen $\dot{u}_c(0) = 0$ und $u_c(0) = 0$.

```
01 #28_dgl_spezielle_loesung.py
02 from sympy import *
03 t=symbols("t")
04 uc=Function("uc")
05 U1=10
06 R=2
07 L=1/2
08 C=1/4
09 Us=U1/(L*C)       #Störfunktion
10 w0=sqrt(1/(L*C)) #Kreisfrequenz
11 D=R/(2*L*w0)     #Dämpfung
12 dgl=Eq(uc(t).diff(t,2)+2*D*w0*uc(t).diff(t,1)+w0**2*uc(t),Us)
13 #Anfangswerte
14 aw={uc(0):0, uc(t).diff(t,1).subs(t,0):0}
15 ua_t=dsolve(dgl,uc(t))  #allgemeine Lösung
16 us_t=dsolve(dgl,uc(t),ics=aw)#spez. Lösung
17 uc_t=us_t.rhs
18 #plot(uc_t,(t,0,5))
19 #Ausgabe
20 print("allgemeine Lösung\n",ua_t)
21 print("spezielle Lösung\n",us_t)
22 print("rechte Seite der Funktion\n uc(t) =",uc_t)
```

Listing 5.28 Spezielle Lösung einer DGL zweiter Ordnung

Ausgabe

```
allgemeine Lösung
 Eq(uc(t), (C1*sin(2.0*t) + C2*cos(2.0*t))*exp(-2.0*t) + 10.0)
spezielle Lösung
 Eq(uc(t), (-10.0*sin(2.0*t) - 10.0*cos(2.0*t))*exp(-2.0*t) + 10.0)
rechte Seite der Funktion
 uc(t) = (-10.0*sin(2.0*t) - 10.0*cos(2.0*t))*exp(-2.0*t) + 10.0
```

Analyse

In Zeile 12 wird die DGL mit der Methode `diff()` innerhalb der Methode `Eq()` definiert und dem Objekt `dgl` zugewiesen. Die gesuchte Funktion `uc(t)` wird über den Punktoperator mit der Methode `diff()` zu `uc(t).diff(t,2)` verknüpft. Als erster Parameter wird die unabhängige Variable `t` angegeben, der zweite Parameter gibt an, welche Ableitung gemeint sein soll. Eine 2 steht für die zweite Ableitung, eine 1 steht für die erste Ableitung. Die Parameter für die Dämpfung und die Kreisfrequenz der DGL werden entsprechend der mathematischen Darstellung übernommen. Die Störfunktion `Us` steht als zweiter Parameter, durch Komma getrennt, hinter der Definition der DGL in den Klammern der Methode `Eq()`. Die Anfangswerte werden in Zeile 14 als Dictionary festgelegt und dem Objekt `aw` zugewiesen. Für $t = 0$ soll die erste Ableitung der Kondensatorspannung und die Spannung am Kondensator null sein. `uc(0)` und `uc(t).diff(t,1).subs(t,0)` sind die Schlüssel des Dictionarys.

In Zeile 16 löst die Methode `dsolve(dgl,uc(t),ics=aw)` die DGL mit den vorgegebenen Anfangswerten. Der dritte Parameter enthält die Anfangswerte: Dem Objekt `ics` werden die Anfangswerte `aw` zugewiesen, wobei `ics` für *initial conditions* (dt. *Anfangsbedingungen*) stehen soll.

In Zeile 17 wird mit `rhs` (*right hand side*) die rechte Seite der Funktionsgleichung $u_C = f(t)$ ermittelt. Wenn Sie in Zeile 18 den Kommentar entfernen, dann können Sie den Funktionsverlauf auch grafisch darstellen.

In den Zeilen 20 und 21 werden die allgemeine und die spezielle Lösung ausgegeben. In Zeile 22 wird die rechte Seite der Funktionsgleichung ausgegeben.

5.12 Laplace-Transformation

Die *Laplace-Transformation* ist eine Integraltransformation, die das Lösen von Differenzialgleichungen und die Analyse von Wechselstromnetzwerken enorm vereinfacht. In beiden Fällen brauchen Sie nur algebraische Gleichungen nach den Rechenvorschriften der Laplace-Transformation bzw. den Theoremen der Netzwerktheorie im sogenannten Bildbereich aufzustellen. Die Lösung im Bildbereich ist eine algebraische Funktion, die aus einem Zähler- und Nennerpolynom besteht. Diese algebraische Funktion wird dann anschließend wieder mithilfe von Korrespondenztabellen in den Zeitbereich zurücktransformiert.

5.12.1 Lösen von Differenzialgleichungen

Betrachten wir folgende lineare DGL mit konstanten Koeffizienten dritter Ordnung:

$$f'''(t) + Af''(t) + Bf'(t) + C = g(t)$$

Für die Lösung dieser und jeder anderen DGL dieses Typs werden drei Schritte benötigt:

1. Transformation der DGL in den Bildbereich
2. Lösen der DGL im Bildbereich
3. Rücktransformation der Bildfunktion in den Originalbereich

Schritt 1: Transformation in den Bildbereich

Die Transformation der Ableitungen und der Störfunktion $g(t)$ in den Bildbereich erfolgt mit dem uneigentlichen Integral, das die Transformation von dem Zeitbereich in den Bildbereich durchführt:

$$\mathcal{L}\{f(t)\} = \int_0^\infty f(t) \cdot e^{-st}\mathrm{d}t = F(s)$$

Die Transformation der ersten Ableitung lautet:

$$\mathcal{L}\{f'(t)\} = \int_0^\infty f'(t) \cdot e^{-st}\mathrm{d}t = sF(s) - f(0)$$

Die Transformation der zweiten Ableitung lautet:

$$\mathcal{L}\{f''(t)\} = \int_0^\infty f''(t) \cdot e^{-st}\mathrm{d}t = s^2F(s) - sf(0) - f'(0)$$

Die Transformation der dritten Ableitung lautet:

$$\mathcal{L}\{f'''(t)\} = \int_0^\infty f'''(t) \cdot e^{-st}\mathrm{d}t = s^3F(s) - s^2f(0) - sf'(0) - f''(0)$$

Transformation der Störfunktion g(t)

Als Störfunktion kommen in elektrischen Netzwerken Spannungsquellen mit konstanter, linear ansteigender und sinusförmiger Spannung vor. Besonders häufig wird in der Praxis die sogenannte Sprungfunktion $\sigma(t)$ verwendet:

$$\sigma(t) = \begin{cases} 0 & \text{für } t \leq 0 \\ 1 & \text{für } t \geq 0 \end{cases}$$

Der Eingang eines Netzwerks (Zweitor) wird zum Zeitpunkt $t = 0$ an eine Spannungsquelle mit der Spannung $U_1 = a$ angeschlossen. Berechnet werden soll der Verlauf der Ausgangsspannung $U_2(t)$, die sogenannte Sprungantwort.

Für einen Spannungssprung $\sigma(t)$ gilt:

$$\mathcal{L}\{a\} = \int_0^\infty a \cdot e^{-st}\mathrm{d}t = \frac{a}{s}$$

Diese und andere wichtige Transformationen von Störfunktionen berechnet SymPy wie folgt:

```
>>> from sympy import *
>>> a,s,t = symbols("a,s,t")
```

```
>>> laplace_transform(a, t, s)
(a/s, 0, True)
>>> laplace_transform(a*t, t, s)
(a/s**2, 0, True)
>>> laplace_transform(exp(-a*t), t, s)
(1/(a + s), 0, Abs(arg(a)) < pi/2)
>>> laplace_transform(sin(a*t), t, s)
(a/(a**2 + s**2), 0, Eq(2*Abs(arg(a)), 0))
>>> laplace_transform(cos(a*t), t, s)
(s/(a**2 + s**2), 0, Eq(2*Abs(arg(a)), 0))
```

Die mit SymPy berechneten Störfunktionen sind in Tabelle 5.8 aufgelistet.

Originalfunktion $g(t)$	**Bildfunktion $F(s)$**
a	$\frac{a}{s}$
$a \cdot t$	$\frac{a}{s^2}$
e^{-at}	$\frac{1}{s+a}$
$\sin at$	$\frac{a}{s^2+a^2}$
$\cos at$	$\frac{s}{s^2+a^2}$

Tabelle 5.8 Korrespondenztabelle für die Transformation der Störfunktionen in den Bildbereich

Schritt 2: Lösen der DGL im Bildbereich

Als allgemeine Lösung für eine gewöhnliche DGL dritter Ordnung gilt die gebrochen rationale Funktion:

$$F(s) = \frac{\mathcal{L}\{f(t)\} + s^2 f(0) + sf'(0) + f''(0)}{s^3 + As^2 + Bs + C}$$

Schritt 3: Rücktransformation der Bildfunktion in den Zeitbereich

Die inverse Laplace-Transformation $\mathcal{L}^{-1}$ erfolgt mit dem Umkehrintegral:

$$\mathcal{L}^{-1}\{F(s)\} = \frac{1}{2\pi j} \int\limits_{c-j\infty}^{c+j\infty} F(s) \cdot e^{st} \mathrm{d}t = f(t)$$

SymPy berechnet die inverse Laplace-Transformation mit dieser Methode:

```
>>>inverse_laplace_transform(Fs,s,t)
```

Bis auf Gleichung Nr. 9 aus Tabelle 5.9 wurden alle Transformationen von dem Bildbereich in den Zeitbereich mit SymPy durchgeführt und mit den Angaben aus der Literatur verglichen.

Nr	Bildfunktion $F(s)$	Originalfunktion $f(t)$
1	$\frac{a}{s}$	a
2	$\frac{a}{s^2}$	$a \cdot t$
3	$\frac{1}{s+a}$	e^{-at}
4	$\frac{a}{s(s+a)}$	$1-e^{-at}$
5	$\frac{a}{s^2+a^2}$	$\sin at$
6	$\frac{s}{s^2+a^2}$	$\cos at$
7	$\frac{b}{(s+a)^2+b^2}$	$e^{-at}\sin bt$
8	$\frac{s+a}{(s+a)^2+b^2}$	$e^{-at}\cos bt$
9	$\frac{\omega_0^2}{s(s^2+2D\omega_0+\omega_0^2)}$	$1-\frac{e^{-\delta t}}{\omega_e}(\delta\sin\omega_e t+\omega_e\cos\omega_e t)$
	mit $\delta = D\omega_0$ und $\omega_e = \omega_0\sqrt{1-D^2}$ für $D<1$	

Tabelle 5.9 Korrespondenztabelle für die Transformation in den Zeitbereich

SymPy berechnet zwar alle Transformationen der Bildfunktionen Nr. 1 bis 8 (siehe Tabelle 5.9) problemlos in einer noch akzeptablen Laufzeit. An der Transformation des Polynoms dritten Grades (Nr. 9) mit den symbolischen Variablen D und ω_0 scheitert SymPy jedoch. Werden dagegen numerische Werte für die Dämpfung und die Kreisfrequenz eingesetzt, liefert SymPy, wie das folgende Beispiel zeigt, das richtige Ergebnis.

Anwendungsbeispiel: Kondensatorspannung am Reihenschwingkreis

Ein einfaches Beispiel soll die Transformation des Originalbereichs (Zeitbereich) in den Bildbereich verdeutlichen. Ein Reihenschwingkreis wird an eine Spannungsquelle mit der Spannung U_1 = 8 V angeschlossen. Die Sprungfunktion ist also eine Konstante für $t \geq 0$. Gesucht wird die Sprungantwort $u_c(t)$ für die Spannung am Kondensator. Nach der Maschenregel ergibt sich folgende DGL:

$$\ddot{u}_c + \frac{R}{L}\dot{u}_c + \frac{1}{LC}u_c = \frac{U_1}{LC}$$

Die Spannung u_c ist eine Funktion der Zeit $u_c = f(t)$ im Originalbereich (Zeitbereich).

Diese DGL muss nun vom Originalbereich in den Bildbereich transformiert werden. Dazu werden als Erstes die Anfangsbedingungen festgelegt. Zum Zeitpunkt t = 0 sollen folgende Anfangsbedingungen gelten: $\ddot{u}_c(0) = 0$, $\dot{u}_c(0) = 0$ und $u_c(0) = 0$.

Als Nächstes werden die Differenzialoperatoren durch die Laplace-Operatoren ersetzt. Für die zweite Ableitung wird $s^2U_C(s)$, für die erste Ableitung wird $sU_C(s)$ und für u_c wird $U_C(s)$ eingesetzt. Zu jedem Term wird die zugehörige Anfangsbedingung mit aufgeschrieben:

$$\mathcal{L}\left\{\frac{\mathrm{d}u_c^2}{\mathrm{d}t^2}\right\} = s^2U_c(s) - s \cdot u_c(0) - \dot{u}_c(0) = s^2U_C(s) - 0 - 0 = s^2U_C(s)$$

$$\mathcal{L}\left\{\frac{R}{L}\frac{\mathrm{d}u_c}{\mathrm{d}t}\right\} = \frac{R}{L}sU_C(s) - u_c(0) = \frac{R}{L}sU_C(s) - 0 = \frac{R}{L}sU_C(s)$$

$$\mathcal{L}\left\{\frac{1}{LC}u_c\right\} = \frac{1}{LC}U_C(s)$$

$$\mathcal{L}\left\{\frac{U_1}{LC}\right\} = \frac{U_1}{LCs}$$

Durch Zusammensetzen der einzelnen Transformationen ergibt sich die Bildfunktion der Differenzialgleichung:

$$s^2U_C(s) + \frac{R}{L}sU_C(s) + \frac{1}{LC}U_C(s) = \frac{U_1}{LCs}$$

Durch Umstellen erhalten Sie mit den Werten für die Bauteile R = 2 Ω, L = ½ H und C = ¼ F die Bildfunktion:

$$U_C(s) = \frac{\frac{U_1}{LC}}{s\left(s^2 + \frac{R}{L}s + \frac{1}{LC}\right)} = \frac{10 \cdot 8}{s(s^2 + 4s + 8)}$$

Die Rücktransformation in den Zeitbereich erfolgt mit Gleichung Nr. 9 aus der Korrespondenztabelle:

$$\mathcal{L}^{-1}\left\{\frac{\omega_0^2}{s(s^2+2D\omega_0+\omega_0^2)}\right\} = 1 - \frac{e^{-\delta t}}{\omega_e}(\delta \sin \omega_e t + \omega_e \cos \omega_e t)$$

Die Dämpfung D wird durch Koeffizientenvergleich ermittelt:

$$D = \frac{4}{2\omega_0} = \frac{2}{\sqrt{8}} = \frac{\sqrt{2}}{2}$$

Für die Abklingkonstante δ gilt:

$$\delta = D\omega_0 = \frac{\sqrt{2}}{2}\sqrt{8} = 2$$

Und es gilt für die Eigenfrequenz:

$$\omega_e = \omega_0\sqrt{1-D^2} = \sqrt{8}\sqrt{1-\left(\frac{\sqrt{2}}{2}\right)^2} = 2$$

Durch Einsetzen in die Zeitfunktion aus der Korrespondenztabelle ergibt sich dann für den Spannungsverlauf am Kondensator die Zeitfunktion:

$$u(t) = 10\text{ V}[1 - e^{-2t}(\sin 2t + \cos 2t)]$$

SymPy berechnet für die Rücktransformation in den Zeitbereich:

```
>>> from sympy import *
>>> s,t=symbols("s t", positive=True)
>>> Fs=80/(s*(s**2+4*s+8))
>>> LT_inv=inverse_laplace_transform(Fs,s,t)
>>> LT_inv
10 - 10*exp(-2*t)*sin(2*t) - 10*exp(-2*t)*cos(2*t)
>>> simplify(LT_inv)
10 - 10*sqrt(2)*exp(-2*t)*sin(2*t + pi/4)
```

5.12.2 Analyse von Netzwerken mit Übertragungsfunktion

Die Sprungantwort von Zweitoren kann auch ohne Aufstellen einer DGL berechnet werden. Dazu werden lediglich die Übertragungsfunktion des Zweitors und die Bildfunktion der Eingangsspannung $U_1(s)$ benötigt. Die Übertragungsfunktion $H(s)$ ist das Verhältnis von Ausgangsspannung zur Eingangsspannung:

$$H(s) = \frac{U_2(s)}{U_1(s)}$$

Durch Umstellen erhalten Sie die Ausgangsspannung $U_2(s)$ im Bildbereich:

$$U_2(s) = H(s) \cdot U_1(s)$$

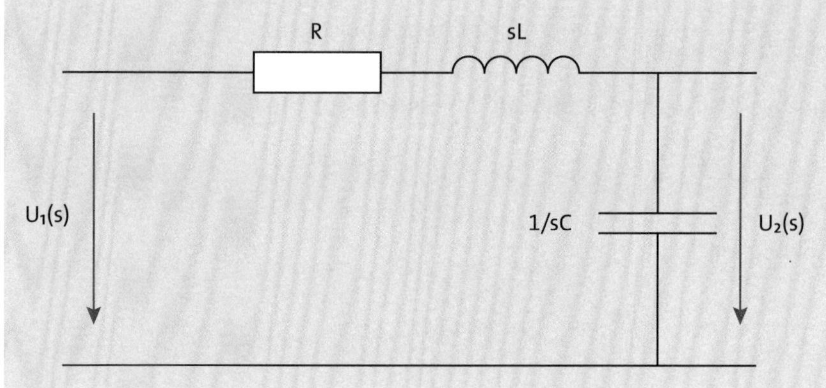

Abbildung 5.10 R-L-C-Zweitor

Mit der Spannungsteilerregel kann aus Abbildung 5.10 die Übertragungsfunktion *H*(*s*) aufgestellt werden:

$$H(s) = \frac{\frac{1}{Cs}}{R + Ls + \frac{1}{Cs}} = \frac{1}{LCs^2 + RCs + 1} = \frac{1}{s^2 + \frac{R}{L}s + \frac{1}{LC}}$$

Mit der Eingangsspannung im Bildbereich

$$U_2(s) = \frac{U_1}{s}$$

erhalten Sie für den Bildbereich die Ausgangsspannung:

$$U_2(s) = \frac{U_1}{s} \cdot \frac{1}{s^2 + \frac{R}{L}s + \frac{1}{LC}}$$

Im Bildbereich lässt sich auch der Strom *I*(*s*) mit dem ohmschen Gesetz berechnen:

$$I(s) = \frac{U_1(s)}{Z(s)} = \frac{\frac{U_1}{s}}{R + Ls + \frac{1}{Cs}}$$

Die Rücktransformation in den Zeitbereich erfolgt mit dieser Methode:

```
inverse_laplace_transform(F(s),s,t)
```

Listing 5.29 berechnet für die Schaltung aus Abbildung 5.10 mit der Methode der inversen Laplace-Transformation die Sprungantwort der Ausgangsspannung und des Kondensatorstroms:

```
01 #29_inv_laplace1.py
02 from sympy import *
03 s,C,L,R = symbols("s C L R")
04 t = symbols("t",positive=True)
05 U1=10
06 R=2
07 L=Rational(1,2)
08 C=Rational(1,4)
09 U1_s=U1/s
10 Z_s=R+L*s+1/(C*s)
11 I_s=U1_s/Z_s
12 H_s=1/(R + L*s + 1/(C*s))/(C*s)
13 H_s=expand(H_s) #Übertragungsfunktion
14 U2_s=U1_s*H_s    #Sprungantwort
15 uc=inverse_laplace_transform(U2_s,s,t)
16 ic=inverse_laplace_transform(I_s,s,t)
17 #Ausgaben
18 print("Übertragungsfunktion\n",H_s)
19 print("Spannung am Kondensator\n","uc =",simplify(uc))
20 print("Kondensatorstrom\n","ic =",ic)
21 plt=plot(uc,ic,(t, 0, 20),show=False)
22 plt[0].line_color = 'b'
23 plt[1].line_color = 'r'
24 plt.show()
```

Listing 5.29 Inverse Laplace-Transformation

Ausgabe

```
Übertragungsfunktion
 4/(s**2/2 + 2*s + 4)
Spannung am Kondensator
 uc = 10 - 10*sqrt(2)*exp(-2*t)*sin(2*t + pi/4)
Kondensatorstrom
 ic = 10*exp(-2*t)*sin(2*t)
```

Wie sich die Ausgabe im Funktionsplot darstellt, sehen Sie in Abbildung 5.11.

Analyse

In Zeile 03 werden die Symbole für die Bauteile und die Variablen für den Zeit- und Bildbereich definiert. Der Parameter `positive=True` bewirkt die Unterdrückung der Ausgabe des Ausdrucks `Heaviside(t)`. In Zeile 05 wird die Höhe des Spannungssprungs für die Eingangsspannung auf 10 V festgelegt.

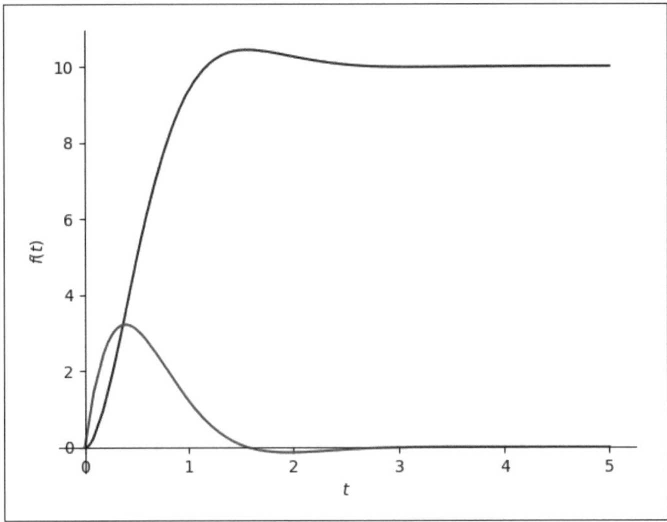

Abbildung 5.11 Sprungantwort für ein R-L-C-Zweitor

In den Zeilen 06 bis 08 können Sie andere Werte für die Bauteile eintragen. Es dürfen nur Werte vom Typ `int` verwendet werden. Wenn Sie z. B. der Variablen `R` den Wert `2.` zuweisen, wird das Programm nicht ausgeführt. Wenn Sie den Bauteilen rationale Zahlen als Werte zuweisen wollen, müssen Sie diese mit der Methode `Rational(zaehler,nenner)` in einen Bruch umwandeln. Mit `print(type(L))` können Sie sich den Typ der Variablen `L` anzeigen lassen: `<class 'sympy.core.numbers.Half'>`.

Zeile 09 definiert die Sprungfunktion für den Bildbereich. In Zeile 10 steht der Gesamtwiderstand im Bildbereich. Der Strom, der im Bildbereich durch alle Bauteile fließt (Reihenschaltung), wird in Zeile 11 mit dem ohmschen Gesetz berechnet. In Zeile 12 steht die Übertragungsfunktion. Sie wurde bewusst nicht auf die übliche Form als gebrochen rationale Funktion gebracht, um zu zeigen, dass SymPy hier mit elementaren Ausdrücken (Doppelbrüche, Partialbrüche) zurechtkommt. In Zeile 13 wandelt die Methode `expand()` den Term aus Zeile 12 in die gebräuchliche gebrochen rationale Funktion um. In Zeile 14 wird die Sprungantwort im Bildbereich berechnet. In den Zeilen 13 und 14 erfolgt die Transformation vom Bildbereich in den Zeitbereich mit der Methode `inverse_laplace_transform(F(s),s,t)`.

Die durch die inverse Laplace-Transformation berechneten Ergebnisse für den Strom- und Spannungsverlauf am Kondensator werden auch als Funktionsplot ausgegeben (Zeilen 21 bis 24).

Das Beispiel zeigt deutlich, wie effektiv eine Sprungantwort mit der inversen Laplace-Transformation simuliert werden kann: Die Übertragungsfunktion wird nach den Regeln der Netzwerktheorie direkt im Bildbereich aufgestellt, mit der Bildfunktion 1/s für den Einheitssprung multipliziert und anschließend mit der Methode `inverse_` laplace_transform() in den Zeitbereich transformiert. So elegant und effektiv dieses Verfahren auch erscheint, es stößt leider an die begrenzten Ressourcen von SymPy, wie das nächste Beispiel der Projektaufgabe zeigt.

5.13 Projektaufgabe: Sprungantwort einer Kettenschaltung

Für eine Kettenschaltung (siehe Abbildung 5.12) aus drei Kondensatoren (als Querglieder) und zwei Spulen (als Längsglieder) sollen die Übertragungsfunktion und die Sprungantwort der Ausgangsspannung mit der Methode der Laplace-Transformation berechnet werden. Bei der Schaltung handelt es sich also um einen Tiefpass fünfter Ordnung. Für den Innenwiderstand der Spannungsquelle und den Abschlusswiderstand werden jeweils $R = 1\,\Omega$ festgelegt.

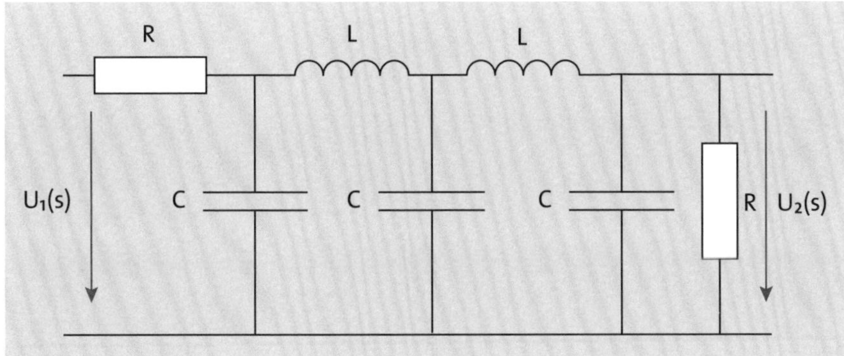

Abbildung 5.12 L-C-Kettenschaltung als Tiefpass fünften Grades

Listing 5.30 berechnet für die Schaltung aus Abbildung 5.12 die Übertragungsfunktion mithilfe der symbolischen Matrizenmultiplikation aus den elementaren Zweitoren der Kettenschaltung (Längs- und Querglieder). Den Verlauf der Ausgangsspannung (Sprungantwort) berechnet SymPy mit der inversen Laplace-Transformation.

```
#30_inv_laplace2.py
from sympy import *
s,C,L,R = symbols("s C L R")
t = symbols("t",positive=True)
#Werte der Bauteile
R=1
L=5
C=10
#Matrizen der Längs- und Querglieder
A1=Matrix([[1, R],
           [0, 1]])
```

```
12 A2=Matrix([[1,  0],
13             [C*s,1]])
14 A3=Matrix([[1,L*s],
15             [0, 1]])
16 A4=Matrix([[1,   0],
17             [C*s, 1]])
18 A5=Matrix([[1, L*s],
19             [0,   1]])
20 A6=Matrix([[1,  0],
21             [C*s,1]])
22 A7=Matrix([[1,  0],
23             [1/R,1]])
24 #Matrizenmultiplikation
25 A=A1*A2*A3*A4*A5*A6*A7
26 #Übertragungsfunktion
27 H_s=1/A[0,0]
28 U2_s=H_s/s
29 u2=inverse_laplace_transform(U2_s,s,t)
30 #Ausgaben
31 print("Übertragungsfunktion\",expand(H_s))
32 plot(u2,(t,0,100))
```

Listing 5.30 Sprungantwort einer Kettenschaltung

Ausgabe

```
Übertragungsfunktion
1/(25000*s**5+5000.0*s**4+2250.0*s**3+300.0*s**2+40.0*s+2.0)
```

Wie sich die Sprungantwort grafisch darstellt, sehen Sie in Abbildung 5.13.

Analyse

Die Schaltung besteht aus drei Kondensatoren als Quergliedern und zwei Spulen als Längsgliedern, die elektrische Energie bzw. magnetische Energie speichern können. Also handelt es sich bei dem Nennerpolynom der Übertragungsfunktion um ein Polynom fünften Grades.

Die Projektaufgabe vereinigt alle bisher behandelten Programmiertechniken: die symbolische Multiplikation von Matrizen und die inverse Laplace-Transformation. Die Matrizen der A-Parameter für die Längs- und Querglieder werden in den Zeilen 10 bis 23 definiert. Die Multiplikation erfolgt in Zeile 25. Für die Berechnung der Übertragungsfunktion in Zeile 27 wird nur der Parameter `A[0,0]` benötigt. In Zeile 28 wird die Übertragungsfunktion mit der Sprungfunktion des Einheitssprungs `1/s` multipliziert. Die Transformation in den Zeitbereich erfolgt in Zeile 29.

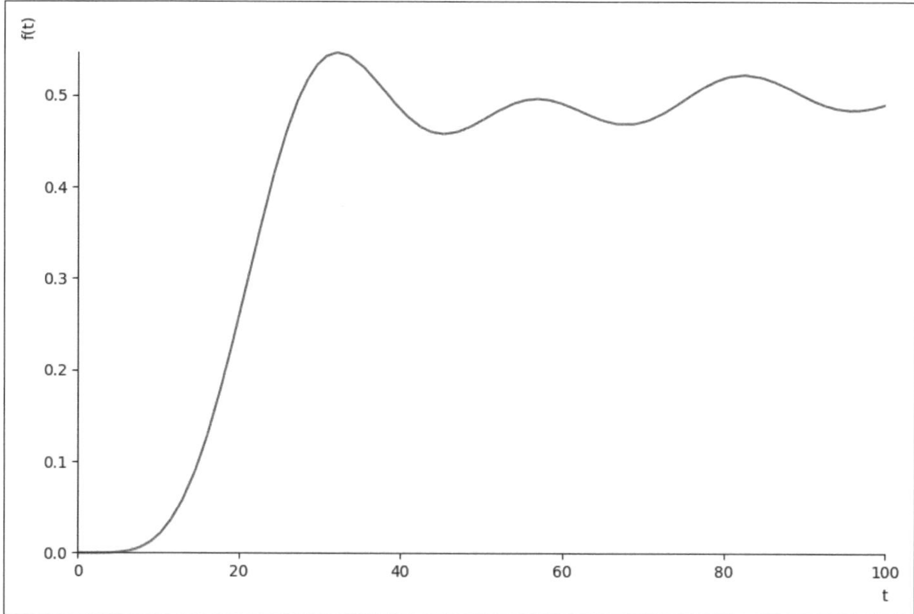

Abbildung 5.13 Sprungantwort für einen Tiefpass fünften Grades

Bei der Ausführung des Programms zeigt sich an der langen Übersetzungszeit, dass SymPy bei der Transformation einer Übertragungsfunktion fünften Grades in den Zeitbereich seine Grenzen fast erreicht hat.

5.14 Projektaufgabe: Durchbiegung eines einseitig eingespannten Balkens

Für einen einseitig eingespannten Balken mit der Länge l soll die Durchbiegung $w = f(x)$ berechnet werden. Die Durchbiegung (Biegelinie) ist abhängig vom Querschnitt und der Länge des Balkens, dem Elastizitätsmodul E des Materials und der Kraft F, die auf den Balken einwirkt. Der Einfluss des Querschnitts auf die Durchbiegung wird durch das axiale Flächenmoment 2. Grades I_y bestimmt. Das Flächenmoment 2. Grades und die Durchbiegung eines Balkens sollen symbolisch mit SymPy berechnet werden. Die Durchbiegung soll auch als Funktionsgraph dargestellt werden.

5.14.1 Flächenmoment 2. Grades

Das Flächenmoment 2. Grades bestimmt, wie sich die Form der Querschnittsfläche eines Balkens (Trägers) auf seine Steifigkeit auswirkt. Abbildung 5.14 zeigt einen Balken mit rechteckförmigem Querschnitt. Die Belastung soll nur in z-Richtung wirken.

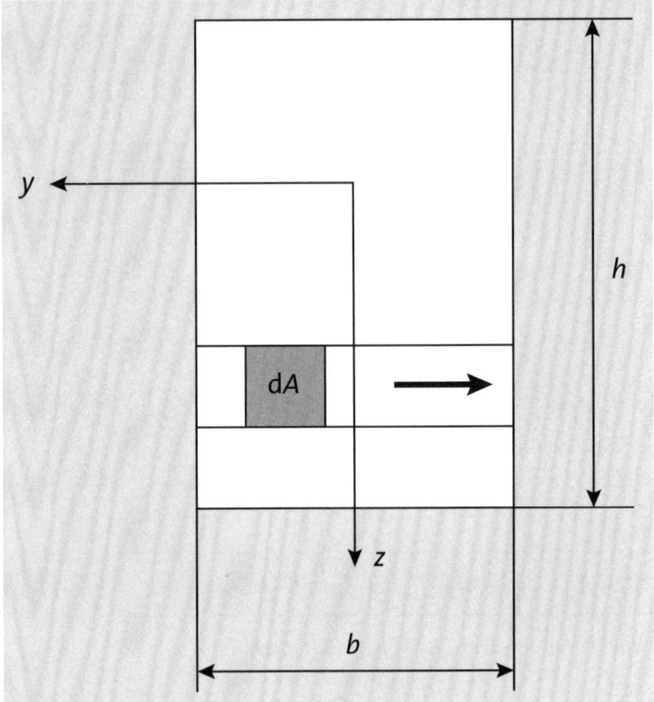

Abbildung 5.14 Balkenquerschnitt

Das Flächenmoment 2. Grades I_y wird als Flächenintegral von z^2 definiert:

$$I_y = \int_A z^2 \, \mathrm{d}A$$

Damit die gesamte Querschnittsfläche erfasst wird, muss in *y*- und *z*-Richtung integriert werden. Es muss also ein Zweifachintegral berechnet werden:

$$I_y = \int_{z=-\frac{h}{2}}^{\frac{h}{2}} \left(\int_{y=-\frac{b}{2}}^{\frac{b}{2}} z^2 \, \mathrm{dy} \right) \mathrm{dz} = \int_{-\frac{h}{2}}^{\frac{h}{2}} b \cdot z^2 \, \mathrm{dz} = \frac{b \cdot h^3}{12}$$

SymPy berechnet dieses Zweifachintegral mit der Methode `integrate(fz,(y,y1,y2),(z,z1,z2))`. Als erstes Argument wird die zu integrierende Funktion `fz` übergeben, dann erfolgt die Übergabe der Integrationsvariable y mit der zugehörigen unteren und oberen Grenze für das innere Integral als Tupel. Als drittes Argument wird das Tupel für die Integrationsvariable `y` des äußeren Integrals mit den zugehörigen Grenzen übergeben. Der Index 1 steht für die untere und der Index 2 für die obere Integrationsgrenze. Anstelle der runden Klammern können Sie auch eckige Klammern verwenden.

Listing 5.31 berechnet mit dem Zweifachintegral (Zeile 05) die allgemeine Formel für das Flächenmoment 2. Grades Iy eines Balkens mit rechteckförmigem Querschnitt.

```
01 #31_flaechenmoment.py
02 from sympy import *
03 Iy,y,z,h,b =symbols('Iy,y,z,h,b')
04 Iy=z**2
05 zI=integrate(Iy,(y,-b/2,b/2),(z,-h/2,h/2))
06 print("Flächenmoment\n Iy =",zI)
```

Listing 5.31 Flächenmoment für rechteckigen Querschnitt

Ausgabe

```
Flächenmoment
 Iy = b*h**3/12
```

Analyse

In Zeile 03 werden die symbolischen Variablen deklariert. In Zeile 04 steht die Rechenvorschrift für das Flächenmoment 2. Grades. In Zeile 05 erfolgt die Integration mit der Methode `integrate(Iy,(y,-b/2,b/2),(z,-h/2,h/2))`. Als Erstes wird das innere Integral mit der Integrationsvariablen `y` und anschließend das äußere Integral mit der Integrationsvariablen `z` eingetragen. Die Integrale müssen mit ihren unteren und oberen Grenzen in runde oder eckige Klammern eingeschlossen werden. Wenn Sie die Reihenfolge von innerem und äußerem Integral vertauschen, erhalten Sie das gleiche Ergebnis.

5.14.2 Gleichung der Biegelinie

Abbildung 5.15 zeigt einen fest in der Wand eingespannten Balken (Kragträger) mit rechteckigem Querschnitt. Er hat die Länge l und wird mit der Kraft F belastet.

Die Biegelinie des Trägers wird durch die lineare DGL 2. Ordnung beschrieben:

$$\frac{\mathrm{d}^2 w}{\mathrm{d}x^2} = -\frac{M}{E \cdot I_y}$$

Für die Berechnung von Biegeträgern ist es üblich, ein Koordinatensystem zu wählen, bei dem die x-Achse in Richtung des Balkens zeigt. Die y-Achse steht senkrecht auf der Zeichenebene und die z-Achse zeigt nach unten.

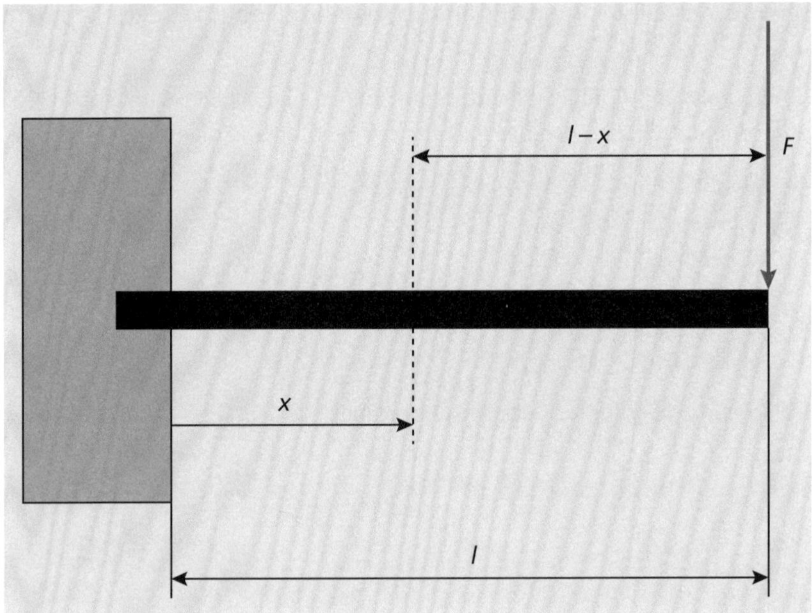

Abbildung 5.15 Balken, einseitig befestigt

Die Durchbiegung $w(x)$ ist abhängig vom Elastizitätsmodul E, dem Flächenmoment 2. Grades I_y und dem Biegemoment M. Das Biegemoment, das an der Stelle x wirkt, wird durch die lineare Gleichung

$$M(x) = -F(l - x)$$

beschrieben. An der Befestigungsstelle $x = 0$ ist das Biegemoment am größten. Sein Betrag nimmt linear bis an die Stelle $x = l$ ab. Dort hat es den Wert null.

Wird diese Drehmomenten-Gleichung in die obige DGL eingesetzt, so ergibt sich:

$$\frac{\mathrm{d}^2 w}{\mathrm{d}x^2} = \frac{F \cdot (l - x)}{E \cdot I_y}$$

Diese DGL kann einfach durch zweimaliges Integrieren gelöst werden. Mit den beiden Randbedingungen $w(0) = 0$ und $w'(0) = 0$ kann die spezielle Lösung ermittelt werden.

Listing 5.32 berechnet die allgemeine und die spezielle Lösung der DGL. Der Verlauf der Biegelinie wird auch als Funktionsplot $w = f(x)$ dargestellt. Für das Elastizitätsmodul wird der Wert für Stahl $E = 2{,}1 \cdot 10^5\ \mathrm{N/mm^2}$ (siehe Zeile 21) eingesetzt.

```
01  #32_biegelinie.py
02  from sympy import *
03  F,Iy,E,l=symbols('F,Iy,E,l')
```

```
x = symbols('x')
w = Function('w')(x)
#Eingaben
b=20   #Breite in mm
h=30   #Höhe in mm
lx=1e3 #Länge in mm
Fz=1e2 #Kraft in N
#Lösung der DGL
dgl=Eq(w.diff(x,2),F/(E*Iy)*(l-x))
aL=dsolve(dgl)         #allgemeine Lösung der DGL
rb={                   #Randbedingungen
    w.subs(x,0):0,
    w.diff(x,1).subs(x,0):0
    }
sL=dsolve(dgl,ics=rb) #spez. Lösung
rL=sL.rhs              #rechte Seite der Gleichung
mL=sL.rhs.subs(x,l)
wmax=mL.subs(F,Fz).subs(l,lx).subs(E,2.1e5).subs(Iy,b*h**3/12)
wx=rL.subs(F,Fz).subs(l,lx).subs(E,2.1e5).subs(Iy,b*h**3/12)
#Ausgaben
print("Breite b =",b,"mm")
print("Höhe   h =",h,"mm")
print("Länge  l =",lx,"mm")
print("Kraft  F =",Fz,"N")
print("allgemeine Lösung\n",aL)
print("spezielle Lösung\n",sL)
print("rechte Seite der Gleichung\n w(x) =",rL)
print(" w(x) =",wx)
print("maximale Durchbiegung\n w(x=l) =",mL,"=",N(wmax,3),"mm")
p=plot(wx,(x,0,lx),ylabel='w(x)',show=False)
#p.save('biegelinie.png')
#p.save('biegelinie.svg')
p.show()
```

Listing 5.32 Berechnung der Biegelinie

Ausgabe

```
Breite b = 20 mm
Höhe   h = 30 mm
Länge  l = 1000.0 mm
Kraft  F = 100.0 N
allgemeine Lösung
 Eq(w(x), C1 + C2*x + F*l*x**2/(2*E*Iy) - F*x**3/(6*E*Iy))
```

```
spezielle Lösung
 Eq(w(x), F*l*x**2/(2*E*Iy) - F*x**3/(6*E*Iy))
rechte Seite der Gleichung
 w(x) = F*l*x**2/(2*E*Iy) - F*x**3/(6*E*Iy)
 w(x) = -1.7636684303351e-9*x**3 + 5.29100529100529e-6*x**2
maximale Durchbiegung
 w(x=l) = F*l**3/(3*E*Iy) = 3.53 mm
```

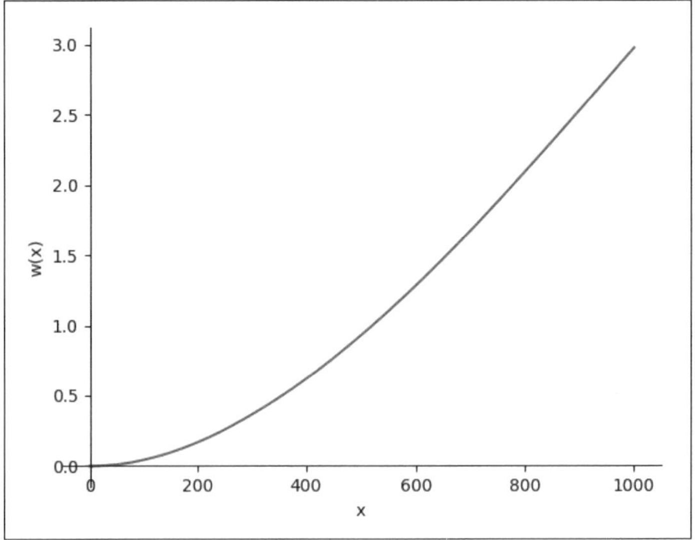

Abbildung 5.16 Verlauf der Biegelinie w=f(x) in mm

Analyse

In Zeile 03 werden die symbolischen Variablen vereinbart. Für die unabhängige Variable `x` wird eine separate Zeile reserviert, um ihre Bedeutung hervorzuheben (Zeile 04). Zeile 05 legt den funktionalen Zusammenhang zwischen der Durchbiegung `w` und der Variable `x` fest.

In den Zeilen 07 bis 09 können Sie die geometrischen Daten des Balkens ändern. Die Zeile 10 legt die Belastung `Fz` am Ende des Balkens in Richtung der z-Achse fest.

In Zeile 12 steht der mathematische Term der DGL, er wird dem Objekt `dgl` zugewiesen. In Zeile 13 löst die Methode `dsolve(dgl)` die DGL, es handelt sich um die allgemeine Lösung.

In den Zeilen 14 bis 17 werden die Randbedingungen für die Durchbiegung an der Stelle $x = 0$, also $w(0) = 0$, und für die erste Ableitung an der Stelle $x = 0$, also $w'(0) = 0$, festgelegt. Sie werden in einem Dictionary `{w.subs(x,0):0, w.diff(x,1).subs(x, 0):0}` gespeichert. In Zeile 18 berechnet die Methode `dsolve()` die spezielle Lösung der

DGL. Der Ausdruck `ics` (*initial conditions*) steht für die Randbedingungen der Differentialgleichung.

Mit `rhs` (*right hand side*) wird die rechte Seite der speziellen Lösung `sL` ermittelt (Zeile 19). Die Zeilen 20 und 21 berechnen mithilfe des Objekts `mL` die maximale Durchbiegung des Balkens an der Stelle $x = l$. In Zeile 22 wird der Funktionsverlauf $w = f(x)$ mithilfe der Notation `rL.subs(variable,wert)` berechnet.

In Zeile 33 werden die `plot`-Daten in das Objekt `p` gespeichert. Die Methode `p.show()` bewirkt, dass die Grafik auf dem Bildschirm dargestellt wird (Zeile 36). Das Objekt `p` können Sie auch benutzen, um den Funktionsplot in einem gewünschten Dateiformat (`png` oder `svg`) abzuspeichern (Zeile 34 und 35). Um festzustellen, welche Dateiformate noch unterstützt werden, können Sie versuchen, die Grafik im `gif`-Format abzuspeichern. Dieses Format wird nicht unterstützt und Sie erhalten eine Fehlermeldung, die angibt, welche anderen Dateiformate als Speichermöglichkeit noch zur Verfügung stehen.

5.15 Projektaufgabe: Reaktionskinetik

In dieser Projektaufgabe soll ein lineares Differenzialgleichungssystem mit drei Differenzialgleichungen gelöst werden. Es wird ein Beispiel aus der physikalischen Chemie gewählt. Betrachten wir die Folgereaktion:

$$A \overset{k_1}{\rightarrow} B \overset{k_2}{\rightarrow} C$$

Bei einer chemischen Reaktion entsteht aus dem Stoff A (Edukt) der Stoff B (Intermediat) und daraus der Stoff C (*Produkt*). Jeder Stoff hat zu einem bestimmten Zeitpunkt die Stoffmengenkonzentration c. Darunter versteht man das Verhältnis aus Stoffmenge n und dem Volumen V des Stoffes:

$$c = \frac{n}{V}$$

Für die Stoffmengenkonzentration wird häufig die Einheit mol/Liter verwendet.

Mit welchen Geschwindigkeiten die Reaktionen ablaufen, wird durch die Reaktionsgeschwindigkeitskonstante k bestimmt. Sie hat die Einheit s^{-1}.

Durch eine chemische Folgereaktion entsteht aus dem Stoff A der Stoff B und daraus der Stoff C. Während des Ablaufs dieser Reaktion ändern sich die Stoffmengenkonzentrationen c_A, c_B und c_C dieser Reaktionspartner. Die Reaktionsgeschwindigkeitskonstanten k_1 und k_2 beeinflussen den zeitlichen Verlauf der Stoffmengenkonzentrationen. Diese kinetische Reaktion kann durch folgendes lineares Differenzialgleichungssystem beschrieben werden:

$$\frac{\mathrm{d}c_A}{\mathrm{d}t} = -k_1 \cdot c_A$$

$$\frac{\mathrm{d}c_B}{\mathrm{d}t} = k_1 \cdot c_A - k_2 \cdot c_B$$

$$\frac{\mathrm{d}c_C}{\mathrm{d}t} = k_2 \cdot c_B$$

Am Beispiel der Erbrütung von Plutonium-239 aus Uran-238 soll gezeigt werden, wie ein solches Differenzialgleichungssystem mit SymPy gelöst werden kann. Für die Startreaktion gilt:

$${}^{238}_{92}U + n \rightarrow {}^{239}_{92}U$$

Daraus ergibt sich die Folgereaktion:

$${}^{239}_{92}U \xrightarrow{23{,}5\ \text{min}} {}^{239}_{93}Np \xrightarrow{3384\ \text{min}} {}^{239}_{94}Pu$$

Über den Pfeilen sind die Halbwertzeiten angegeben. Aus den Halbwertzeiten können die Geschwindigkeitskonstanten berechnet werden:

$$k = \frac{\ln 2}{T_{1/2}}$$

Für die Geschwindigkeitskonstanten k_1 und k_2 ergeben sich dann die Werte:

$$k_1 = \frac{\ln 2}{23{,}5\ \text{min}} = 0{,}0295\ \frac{1}{\text{min}}$$

$$k_2 = \frac{\ln 2}{3384\ \text{min}} = 2{,}0483 \cdot 10^{-4}\ \frac{1}{\text{min}}$$

In Listing 5.33 löst die SymPy-Methode `dsolve_system(gleichungen)` das lineare DGL-System für die Erbrütung von Plutonium-239 aus Uran-238. In den Zeilen 08 und 09 können Sie für andere Folgereaktionen die entsprechenden Geschwindigkeitskonstanten eintragen.

```
01 #33_dgl_system.py
02 from sympy import symbols,Eq,Function,plot,N
03 from sympy.solvers.ode.systems import dsolve_system
04 t = symbols("t")
05 cA = Function("cA") #mol/dm^3
06 cB = Function("cB")
07 cC = Function("cC")
08 k1=0.0295      #1/min, U in Np
09 k2=2.0483e-4   #1/min, Np in Pu
```

```
#DGL-System
dgl1=Eq(cA(t).diff(t,1),-k1*cA(t)) #Edukt
dgl2=Eq(cB(t).diff(t,1), k1*cA(t)-k2*cB(t)) #Intermediat
dgl3=Eq(cC(t).diff(t,1), k2*cB(t)) #Produkt
#Anfangswerte
aw={
    cA(0): 1,
    cB(0): 0,
    cC(0): 0
    }
#Lösung des DGL-Systems
gleichungen = [dgl1,dgl2,dgl3]
aL=dsolve_system(gleichungen)       #allgemeine Lösung
sL=dsolve_system(gleichungen,ics=aw) #spezielle Lösung
gA=sL[0][0].rhs #Edukt
gB=sL[0][1].rhs #Intermediat
gC=sL[0][2].rhs #Produkt
#Ausgaben
print("allgemeine Lösung\n",aL)
print("spezielle Lösung")
print("cA(t) =",N(gA,3))
print("cB(t) =",N(gB,3))
print("cC(t) =",N(gC,3))
p=plot(gA,gB,gC,(t,0,600),show=False,legend=True)
p.title='Folgereaktion'
p.xlabel='t in min'
p.ylabel='Konzentration'
p[0].line_color='blue'
p[0].label='Uran'
p[1].line_color='green'
p[1].label='Neptunium'
p[2].line_color='red'
p[2].label='Plutonium'
p.show()
```

Listing 5.33 Lösen eines linearen DGL-Gleichungssystems mit SymPy

Ausgabe

```
allgemeine Lösung
 [[Eq(cA(t), 143.021871796124*C1*exp(-0.0295*t)), Eq(cB(t),
-144.021871796124*C1*exp(-0.0295*t) - 1.0*C2*exp(-0.00020483*t)), Eq(cC(t),
1.0*C1*exp(-0.0295*t) + 1.0*C2*exp(-0.00020483*t) + 1.0*C3)]]
```

```
spezielle Lösung
cA(t) = 1.0*exp(-0.0295*t)
cB(t) = -1.01*exp(-0.0295*t) + 1.01*exp(-0.00020483*t)
cC(t) = 1.0 + 0.00699*exp(-0.0295*t) - 1.01*exp(-0.00020483*t)
```

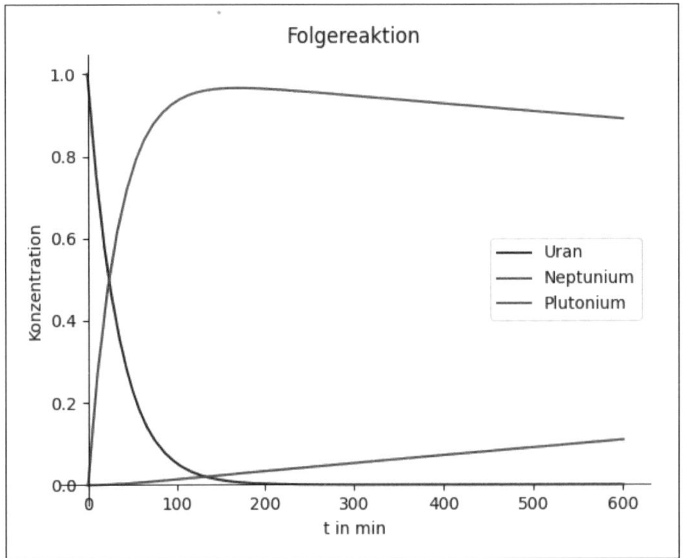

Abbildung 5.17 Folgereaktion für Uran → Neptunium → Plutonium

Analyse

In Zeile 02 werden alle für das Programm notwendigen Methoden importiert. Zeile 03 importiert die Methode `dsolve_system`, die das DGL-System lösen soll. Als unabhängige Variable wird `t` festgelegt (Zeile 04). In den Zeilen 05 bis 07 werden die Konzentrationen `cA`, `cB` und `cC` als Funktionen deklariert.

In den Zeilen 08 und 09 können Sie für andere Folgereaktionen den Geschwindigkeitskonstanten `k1` und `k2` andere Werte zuweisen.

In den Zeilen 11 bis 13 stehen die Terme der Differenzialgleichungen des DGL-Systems. Die Daten der einzelnen Differenzialgleichungen werden in die Objekte `dgl1`, `dgl2` und `dgl3` gespeichert.

In den Zeilen 15 bis 19 werden die Anfangswerte für die einzelnen Konzentrationen vorgegeben. Nur das Edukt *A* hat einen Anfangswert. Die Konzentrationen des Intermediats *B* und des Produkts *C* sind am Anfang der Reaktion null.

In Zeile 21 werden die Objekte `dgl1`, `dgl2` und `dgl3` zu einer Liste zusammengefasst und in das Objekt `gleichungen` gespeichert.

In Zeile 22 und 23 berechnet die Methode `dsolve_system(gleichungen)` die allgemeine und spezielle Lösung des DGL-Systems.

In den Zeilen 24 bis 26 werden die Daten der rechten Gleichungsseite ermittelt und in die Objekte `gA`, `gB` und `gC` gespeichert. Die in diesen Objekten gespeicherte allgemeine und spezielle Lösung gibt die `print`-Funktion in den Zeilen 28 bis 32 aus.

In Zeile 33 werden die Daten des Funktionsplots in das Objekt `p` gespeichert. Die Zeilen 34 bis 42 benutzen dieses Objekt, um die Farben der Funktionsgraphen und die Beschriftungen für die Legende festzulegen.

5.16 Projektaufgabe: Zweimassenschwinger

Mit dem Modell des Mehrmassenschwingers können komplexe technische Systeme wie elektromechanische Antriebe und Bauwerke untersucht werden. In dieser Aufgabe soll ein Zweimassenschwinger nach Abbildung 5.18 untersucht werden.

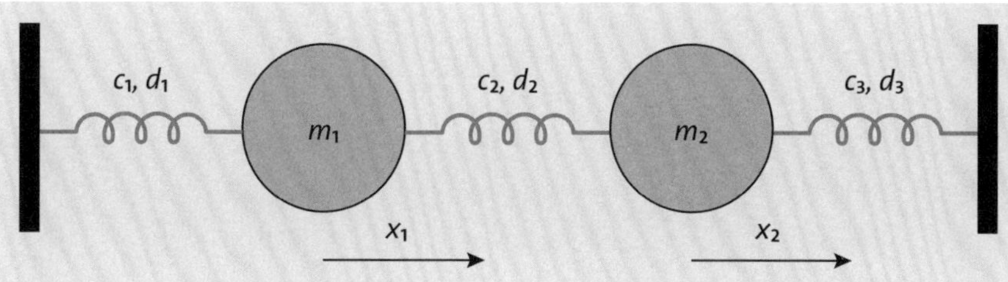

Abbildung 5.18 Zweimassenschwinger

Der Zweimassenschwinger besteht aus den zwei Massen m_1 und m_2, die durch drei Federn miteinander verbunden (gekoppelt) sind. Das Schwingverhalten des Systems wird durch die Massen m, Federkonstanten c und durch die Dämpfung d beeinflusst.

Das Schwingungsverhalten des Zweimassenschwingers kann durch das DGL-System

$$m_1\ddot{x}_1 + d_1\dot{x}_1 + d_2(\dot{x}_1 - \dot{x}_2) + c_1x_1 + c_2(x_1 - x_2) = 0$$
$$m_2\ddot{x}_2 + d_3\dot{x}_2 + d_2(\dot{x}_2 - \dot{x}_1) + c_3x_2 + c_2(x_2 - x_1) = 0$$

beschrieben werden [vgl. Vöth: 80]. Die SymPy-Methode `dsolve_system()` berechnet die Auslenkung $x(t)$, die Geschwindigkeit $v(t)$ und die Beschleunigung der Massen $a(t)$. Die linke Seite der Gleichungsterme können Sie dieser Methode als Argumente ohne Umformungen übergeben.

Listing 5.34 löst das DGL-System des Zweimassenschwingers und stellt die Auslenkungen x_1 und x_2 der Massen grafisch auf dem Bildschirm dar:

```
#34_dgl_zweimassenschwinger.py
from sympy import symbols,Eq,Function,plot,N
from sympy.solvers.ode.systems import dsolve_system
t = symbols("t")
```

```
x1 = Function("x1")(t)
x2 = Function("x2")(t)
m=1000 #kg
c=1e7  #N/m
d=1e3  #kg/s
m1,m2=m,2*m
c1,c2,c3=c,c,c
d1,d2,d3=d,d,d
#DGL-System
dgl1=Eq(m1*x1.diff(t,2)+d1*x1.diff(t,1)+d2*(x1.diff(t,1)\
        -x2.diff(t,1))+c1*x1+c2*(x1-x2),0)
dgl2=Eq(m2*x2.diff(t,2)+d2*(x2.diff(t,1)-x1.diff(t,1))\
        +d3*x2.diff(t,1)+c2*(x2-x1)+c3*x2,0)
#Anfangswerte
aw={
    x1.subs(t,0): 0.01, #m
    x2.subs(t,0): 0,
    x1.diff(t,1).subs(t,0):0,
    x2.diff(t,1).subs(t,0):0
    }
#Lösung des DGL-Systems
gleichungen = [dgl1,dgl2]
aL=dsolve_system(gleichungen)        #allgemeine Lösung
sL=dsolve_system(gleichungen,ics=aw) #spezielle Lösung
gX1=sL[0][0].rhs #Auslenkung für m1
gX2=sL[0][1].rhs #Auslenkung für m2
#Ausgaben
#print("allgemeine Lösung\n",aL)
#print("spezielle Lösung")
#print("x1(t) =",N(gX1,3))
#print("x2(t) =",N(gX2,3))
p=plot(gX1,gX2,(t,0,0.2),show=False,legend=True)
p.xlabel='t'
p.ylabel='Auslenkung in m'
p[0].line_color='blue'
p[0].label='x1'
p[1].line_color='red'
p[1].label='x2'
p.show()
```

Listing 5.34 Lösung des DGL-Systems für den Zweimassenschwinger

Die allgemeine und die spezielle Lösung wurden nicht mit ausgedruckt, weil diese sehr umfangreich sind.

Ausgabe

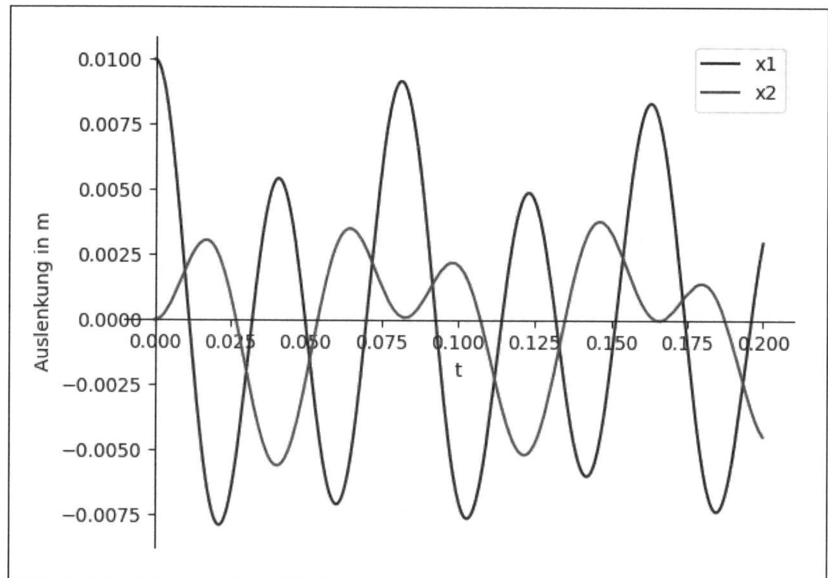

Abbildung 5.19 Auslenkung des Zweimassenschwingers

Analyse

Die Zahlenwerte für die Massen, Federkonstanten und Dämpfungen stammen aus [Vöth: 79f] (Zeilen 07 bis 09). Dort wird für die Federkonstanten $c_2 = 2c$, $c_3=3c$ und für die Dämpfung $d_2= 2d$, $d_3 =3d$ eingesetzt. Wenn Sie das Programm mit diesen Werten testen, werden Sie feststellen, dass das DGL-System nicht mehr gelöst wird oder dass die Berechnung eine nicht mehr zu akzeptierende Zeit in Anspruch nimmt.

In den Zeilen 14 und 16 werden der Methode `Eq()` die beiden Differenzialgleichungen als Argumente übergeben. Alle symbolischen Daten dieser DGLs sind in den Objekten `dgl1` und `dgl2` gespeichert.

In den Zeilen 19 bis 24 werden die Anfangswerte festgelegt. Nur die Masse m_1 wird mit dem Anfangswert x_1=0,01 m verschoben. Alle anderen Anfangswerte sind auf 0 gesetzt.

In den Zeilen 27 und 28 löst die SymPy-Methode `dsolve_system()` das DGL-System. Die allgemeine Lösung und die spezielle Lösung werden in die Objekte `aL` und `sL` gespeichert.

Die Anweisungen in den Zeilen 29 und 30 bewirken, dass nur die Auslenkungen x_1 und x_2 aus der gesamten Lösungsmenge ausgewählt wird.

In den Zeilen 36 bis 43 stehen die Anweisungen für die grafische Ausgabe. Mit `p.save('zweimassenschwinger.png')` können Sie die Grafik im PNG-Format speichern.

Hinweis

Mit SymPy sollten Sie keine DGL-Systeme lösen, wenn deren Gleichungen sich aus komplizierten mathematischen Ausdrücken zusammensetzen. In Kapitel 6, »Numerische Berechnungen und Simulationen mit SciPy«, zeige ich Ihnen, wie Sie das DGL-System des Zweimassenschwingers numerisch mit der SciPy-Funktion `solve_ivp()` effektiver lösen können.

5.17 Aufgaben

1. Der folgende Ausdruck soll vereinfacht werden:

   $$3x^4 + 6x^2 + 3 + 3x^4 + 3x^2 + 3x^2 + 3 - 6x^4 - 6x^2 + 2x^2 + 2 - 8x^2$$

2. Berechnen Sie die Grenzwerte für die folgenden Funktionen:

   $$\lim_{x\to 0}\frac{\sin nx}{x}$$

   $$\lim_{x\to 0}\frac{\tan nx}{x}$$

   $$\lim_{x\to 0}\frac{\sin x}{x\sqrt[3]{\cos x}}$$

   $$\lim_{x\to 0}\frac{\sin 2x - 2\sin x}{2e^x - x^2 - 2x - 2}$$

3. Berechnen Sie die folgenden Ableitungen:

   $$y_1 = \sin ax \cdot \cos bx$$

   $$y_2 = \frac{\sin ax}{\cos bx}$$

   $$y_3 = \frac{x^3 + 2x}{4x^2 - 7}$$

   $$y_4 = (1 - \cos^4 x)^2$$

   $$y_5 = \arctan x$$

4. Berechnen Sie die folgenden Integrale:

$$\int e^{\mathrm{ax}} \mathrm{d}x$$

$$\int x^2 e^{\mathrm{x}} \cos x \, \mathrm{d}x$$

$$\int \frac{1}{1+\cos x} \mathrm{d}x$$

$$\int \tan x \, \mathrm{d}x$$

$$\int \sin x \cos x \, \mathrm{d}x$$

5. Lösen Sie die folgenden Differenzialgleichungen:

$$2y' + 8y = 0$$

$$\frac{1}{5}y' = 6y$$

$$3y' = 6y$$

$$7y'' - 4y' - 3y = 6$$

$$y'' - 10y' + 9y = 9x$$

6. Zerlegen Sie die Bildfunktion

$$F(s) = \frac{s^3 + 16s - 24}{s^4 + 20s^2 + 64}$$

in ihre Partialbrüche und transformieren Sie die einzelnen Partialbrüche anhand einer Korrespondenztabelle in den Zeitbereich.

Überprüfen Sie das Ergebnis anhand folgender Methode:

```
inverse_laplace_transform(Fs,s,t)
```

7. Berechnen Sie für einen unsymmetrischen Tiefpass dritter Ordnung die Übertragungsfunktion. Der Innenwiderstand der Spannungsquelle und der Abschlusswiderstand haben jeweils einen Wert von 1 Ω.

Kapitel 6
Numerische Berechnungen und Simulationen mit SciPy

In diesem Kapitel lernen Sie, wie Sie mit SciPy numerisch differenzieren und integrieren, wie Sie Differenzialgleichungen numerisch lösen und die Analyse von nicht sinusförmigen Signalen durchführen können.

Das Akronym SciPy steht für **Sci**entific **Py**thon (dt. *wissenschaftliches Python*). SciPy ist eine Python-basierte Sammlung von Open-Source-Software für Mathematik, Naturwissenschaften und Ingenieurwissenschaften.

Dieses Modul stellt dem Anwender viele benutzerfreundliche und effiziente numerische Routinen für die numerische Differenziation, Integration, Interpolation, Optimierung, lineare Algebra und Statistik zur Verfügung.

Im Gegensatz zu SymPy werden mit dem SciPy-Modul ingenieurmathematische Berechnungen nicht symbolisch, sondern numerisch durchgeführt. Da die numerische Darstellung der Ergebnisse von umfangreichen numerischen Berechnungen (wie z. B. dem Lösen von Differenzialgleichungen) nicht besonders aussagekräftig ist, wird das Modul SciPy fast immer zusammen mit den Modul Matplotlib zur Visualisierung der Lösungen benutzt. Das Modul NumPy stellt die Funktionen `linspace()` und `arange()` für die Erzeugung eindimensionaler Arrays zur Verfügung. Für die Visualisierungen der Ergebnisse wird die Matplotlib-Methode `plot()` benutzt. Die Module NumPy und Matplotlib bilden also die Basis von SciPy.

Aus dem großen Funktionsumfang kann hier nur eine begrenzte Auswahl getroffen werden, die ein möglichst breites Themengebiet der Ingenieurmathematik abdeckt. Das Kapitel beschränkt sich deshalb auf die exemplarische Behandlung der ingenieur- und naturwissenschaftlich relevanten Untermodule `optimize`, `interpolate`, `integrate`, `fft` und `signal`.

Die Module für NumPy und Matplotlib werden der Konvention entsprechend mit den Namen `np` und `plt` in einen Python-Quelltext eingebunden:

```
import numpy as np
import matplotlib.pylot as plt
```

Für den Import der Untermodule ist die folgende Notation üblich:

```
from scipy.untermodul import funktion1, funktion2, usw.
```

6.1 Nullstellen numerisch berechnen

Es gibt viele mathematische Funktionen, deren Nullstellen nicht analytisch berechnet werden können. In diesen Fällen müssen die Nullstellen, also die Schnittpunkte mit der x-Achse, mit numerischen Verfahren berechnet werden, z. B. mit dem Sekanten- oder Newton-Verfahren. SciPy stellt neben dem Newton-Verfahren auch noch andere Verfahren zur Verfügung. Die SciPy-Funktionen zur Nullstellenberechnung sind Bestandteil des Unterpakets `optimize`. Wenn Sie das Newton-Verfahren nutzen wollen, dann müssen Sie der SciPy-Funktion `newton(fun, x0, ...)` die mathematische Funktion `fun` und die Startwerte `x0` übergeben. Wenn Sie dagegen andere Verfahren nutzen wollen, dann müssen Sie der SciPy-Funktion `root(fun,x0, method,...)` zusätzlich noch den Namen der mathematischen Methode `method` übergeben, mit der die Nullstellen berechnet werden sollen. Die möglichen mathematischen Methoden, wie z. B. `hybr`, `lm` usw., sind in den auskommentierten Zeilen 13 und 14 aufgelistet. Sie können bei Bedarf getestet werden.

Listing 6.1 berechnet für die gedämpfte Sinusschwingung

$$y = 10e^{-\frac{x}{2}}\sin x$$

die Nullstellen:

```
01 #01_nullstellen.py
02 import numpy as np
03 import matplotlib.pyplot as plt
04 from scipy.optimize import root
05 
06 def f(x):
07     #y=(x-1)*(x-2)*(x-5)*(x-10)
08     y=10*np.exp(-0.5*x)*np.sin(x)
09     return y
10 
11 x = np.linspace(0,15,100)
12 x0=[0,2,6,9,12] #Startwerte
13 #hybr,lm,broyden1,broyden2,anderson
14 #linearmixing,diagbroyden,excitingmixing,krylov,df-sane
15 xn=root(f,x0,method='hybr')
16 print(xn.x)
17 fig, ax = plt.subplots()
```

```
18 ax.plot(x,f(x),"r-",lw=2)
19 ax.scatter(xn.x,[0,0,0,0,0],color="k",marker="x")
20 ax.set(xlabel="x",ylabel="y")
21 ax.grid(True)
22 plt.show()
```

Listing 6.1 Berechnung von Nullstellen

Ausgabe

```
[0. 3.14159265 6.28318531 9.42477796 12.5663707]
```

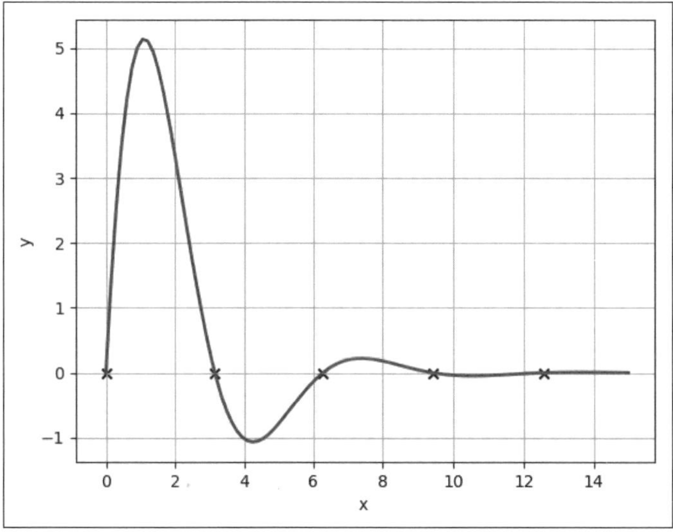

Abbildung 6.1 Nullstellen einer gedämpften Sinusschwingung

Analyse

Zeile 04 importiert die Funktion `root` aus dem Untermodul `optimize`. Das auskommentierte Polynom in Zeile 07 dient als Testfunktion. Die Liste in Zeile 12 enthält die Startwerte für die Berechnung der Nullstellen. Die Vorgabe der Startwerte ist der eigentlich kritische Teil des Programms, denn deren ungefähre Lage muss vor der Berechnung der exakten Werte bekannt sein. Hier hilft der Funktionsplot aus Abbildung 6.1 weiter. Die auskommentierten Zeilen 13 und 14 enthalten die Namen der möglichen mathematischen Methoden, mit denen Nullstellen berechnet werden können. Zu Testzwecken können Sie diese in Zeile 15 anstelle von `hybr` einsetzen. In dieser Zeile berechnet die SciPy-Funktion `root(f,x0,method='hybr')` die Nullstellen der Funktion `f` mit der mathematischen Methode `hybr`. Nähere Angaben zu den mathematischen Methoden der Nullstellenberechnung finden Sie in der SciPy-Dokumentation. Der Parameter x0 enthält die Liste der Startwerte. Die Nullstellen werden in dem Objekt xn abgespeichert und in Zeile 16 mit xn.x ausgegeben.

Die Matplotlib-Methode scatter() in Zeile 19 markiert die Nullstellen mit einem Kreuz. Die Länge der Liste mit den Nullstellen (zweiter Parameter) muss der Länge der Liste x0[ ] aus Zeile 12 entsprechen.

6.2 Optimierungen

Aus der Schulmathematik ist die Aufgabenstellung bekannt, wie für eine Konservendose (Zylinder) die kleinstmögliche Oberfläche berechnet werden muss, um den Materialverbrauch zu minimieren. SciPy stellt für solche Optimierungsaufgaben die Funktion minimize(fun,x0,...) aus dem Untermodul optimize zur Verfügung. Dieser Funktion muss zusätzlich zu einer mathematischen Funktion fun, die das Optimierungsproblem beschreibt, ein Startwert x0 übergeben werden.

Für das Volumen eines Zylinders gilt:

$$V = \pi \cdot r^2 \cdot h$$

Die Oberfläche setzt sich aus den beiden Grundflächen und der Mantelfläche zusammen:

$$O = 2\pi \cdot r^2 + 2\pi \cdot r \cdot h$$

Die Höhe h kann durch $\frac{2 \cdot V}{r}$ ersetzt werden:

$$O(r) = 2\pi \cdot r^2 + \frac{2 \cdot V}{r}$$

Wenn Sie die erste Ableitung der Oberflächenfunktion

$$O'(r) = 4\pi \cdot r - \frac{2 \cdot V}{r^2} = 0$$

gleich null setzen, erhalten Sie den optimalen Radius

$$r_{\text{opt}} = \sqrt[3]{\frac{V}{2\pi}}$$

einer Konservendose mit minimaler Oberfläche. Die Berechnung aus Listing 6.2 bestätigt dieses Ergebnis:

```
#02_minimum.py
import numpy as np
import matplotlib.pyplot as plt
from scipy.optimize import minimize
```

```
V=1 #Volumen

def f(r):
    h=V/(np.pi*r**2)
    O=2*np.pi*r**2+2*np.pi*r*h
    return O

x = np.linspace(0.1, 2, 100)
opt=minimize(f,0.5)
#Ausgabe
print("r=%4.6f LE O=%4.6f FE" %(opt.x,opt.fun))
fig, ax = plt.subplots()
ax.plot(x,f(x),"b-",lw=2)
ax.plot(opt.x,opt.fun,"rx",lw=2)
ax.set_xlabel(xlabel="r",ylabel="O")
ax.grid(True)
plt.show()
```

Listing 6.2 Optimierung einer Zylinderoberfläche

Ausgabe

```
r=0.541926 LE O=5.535810 FE
```

Der Funktionsplot in Abbildung 6.2 weist den optimalen Radius aus.

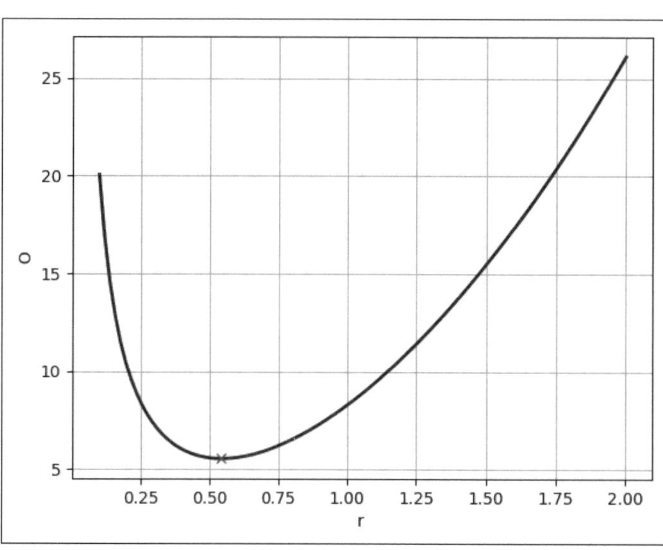

Abbildung 6.2 Optimaler Radius

Analyse

In Zeile 04 wird aus dem Untermodul `optimize` die SciPy-Funktion `minimize` importiert. Zeile 05 legt das Volumen des Zylinders auf 1 Volumeneinheit (VE) fest. Die Funktion `minimize(f,0.5)` berechnet in Zeile 13 für die in Zeile 07 definierte Funktion `f(r)` den optimalen Radius für eine minimale Zylinderoberfläche und speichert das Ergebnis in das Objekt `opt`. Mithilfe dieses Objekts können in Zeile 15 die optimalen Werte `opt.x`, `opt.fun` für den Radius `x` und die Zylinderoberfläche `fun` ausgegeben und in Zeile 18 für die Markierung des Minimums verwendet werden.

6.3 Interpolationen

Bei der *Interpolation* wird ein Wert zwischen zwei Punkten auf einer Kurve ermittelt. Zu gegebenen diskreten Daten (z. B. Messwerten) soll eine stetige Funktion gefunden werden, die diese Daten abbildet. Die Interpolation dient dazu, Trends oder Kurvenverläufe vorherzusagen.

Mit der SciPy-Funktion `interp1d(x,y,kind='linear',...)` aus dem Untermodul `interpolate` können Interpolationsprobleme in der Ebene gelöst werden. Bei den Parametern *x* und *y* handelt es sich um Arrays mit den x-y-Koordinaten der Messpunkte. Der dritte Parameter legt die Interpolationsmethode fest, z. B. `linear`, `next`, `previous`, `quadratic`, `cubic`.

Bei den in Abbildung 6.3 dargestellten diskreten Daten handelt es sich um abgetastete Werte eines Sinussignals. Gesucht wird die interpolierende Funktion.

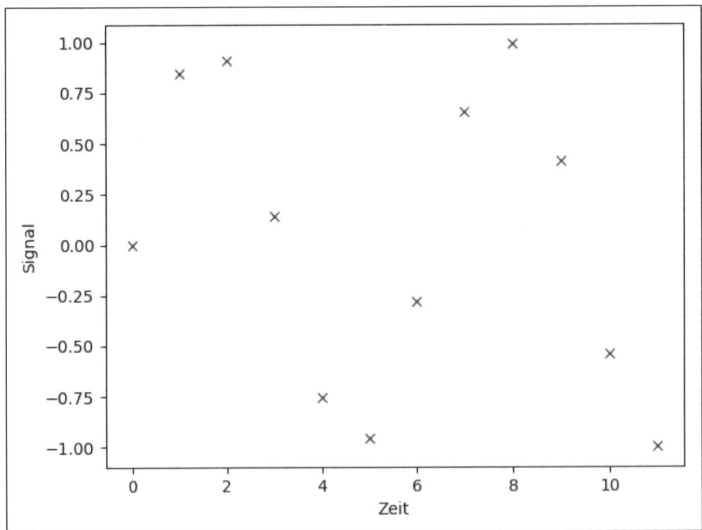

Abbildung 6.3 Abgetastetes Signal

Listing 6.3 berechnet die interpolierende Funktion mit der Interpolationsmethode `kind='cubic'`:


```
#03_interpolation.py
import numpy as np
import matplotlib.pyplot as plt
from scipy.interpolate import interp1d
ta=np.arange(0,12)
ti=np.arange(0,11,0.01)
#abgetastetes Signal
s=np.sin(ta)
#Interpolationsmethoden
#linear,next,previous,quadratic,cubic
f = interp1d(ta, s, kind='cubic')
fig, ax = plt.subplots()
ax.plot(ta,s, 'rx')     #Punkte
ax.plot(ti,f(ti),'b-') #interpoliert
ax.set(xlabel='Zeit', ylabel='Signal')
plt.show()
```

Listing 6.3 Interpolation von Tastsignalen

Ausgabe

In Abbildung 6.4 sehen Sie das rekonstruierte Signal.

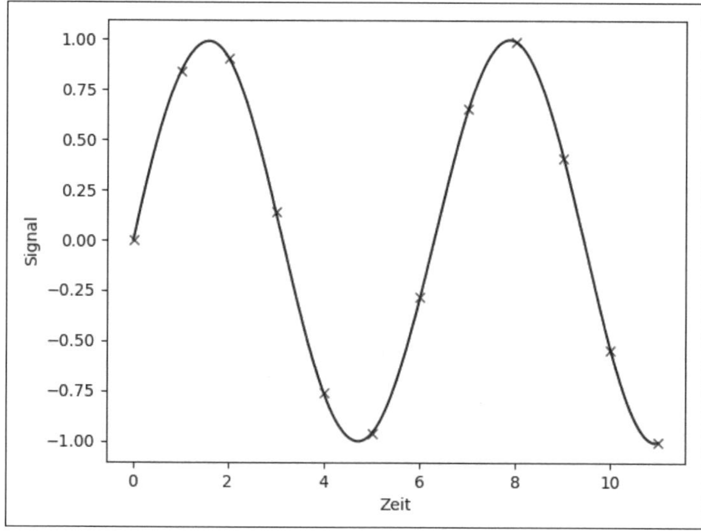

Abbildung 6.4 Wiederhergestelltes Signal durch Interpolation

Analyse

Zeile 04 importiert die SciPy-Funktion `interp1d`. Das Array in Zeile 05 enthält zwölf Stützwerte. Aus diesen Werten erzeugt die Sinusfunktion in Zeile 08 die abgetasteten Amplituden. In Zeile 11 wird mit der SciPy-Funktion `interp1d(ta,s,kind='cubic')` aus diesen abgetasteten Amplitudenwerten das ursprüngliche Signal wieder rekonstruiert. Als Interpolationsmethode wird die kubische Interpolation `cubic` verwendet, die als Interpolationsfunktion ein Polynom dritten Grades verwendet. Für weitere Testzwecke können Sie die in Zeile 10 auskommentierten Interpolationsmethoden ausprobieren.

6.4 Numerisches Differenzieren

Bei der numerischen Differenziation handelt es sich um die näherungsweise Berechnung der Steigung einer mathematischen Funktion für einen bestimmten Punkt (x_s, y_s). Da die Steigungen mit dem Differenzenquotienten Δy/Δx berechnet werden, entsteht immer ein Fehler, der auch maschinenbedingt durch die Verkleinerung von Δx nicht behoben werden kann.

6.4.1 Methoden der numerischen Differenziation

Die Genauigkeit der numerischen Differenziation durch die Berechnung des Differenzenquotienten

$$\frac{y_2 - y_1}{x_2 - x_1} = \frac{\Delta y}{\Delta x} = \frac{f(x+h) - f(x)}{h}$$

kann mit dem zentralen Differenzenquotienten

$$\frac{f(x+h) - f(x-h)}{2h}$$

verbessert werden.

Hinweis

Ab der SciPy-Version 12 wird das Untermodul `misc` aus SciPy entfernt. Damit steht auch die Funktion `derivative()` nicht mehr zur Verfügung. Die SciPy-Dokumentation empfiehlt, stattdessen die Funktion `Deriavative()` aus dem Modul `numdifftools` zu benutzen. Im Downloadbereich finden Sie die Quelltexte-Versionen, in denen die Ableitungen noch mit der SciPy-Funktion `derivative()` berechnet werden.

Die `numdifftools`-Funktion

```
Derivative(fun,n=1)
```

erwartet mindestens die Übergabe eines Arguments: eine mathematische Funktion fun. Der Parameter n legt fest, dass die n-te Ableitung berechnet werden soll. Er ist optional. Wenn man diesen Parameter weglässt, wird die erste Ableitung berechnet.

Wenn Sie das Modul numdifftools nicht installieren können oder nicht benutzen möchten, können Sie die hier behandelten Beispiele zum Differenzieren auch mit der selbst definierten Python-Funktion


```
def derivative(f,x,h=1e-9):
    return (f(x+h)-f(x-h))/(2.0*h)
```

testen.

Listing 6.4 berechnet für die Parabel

$$y = 0{,}25x^2$$

die Steigung der Sekante bzw. Tangente an der Stelle $x_s = 2$ für den Abstand $h = 10^{-6}$ auf der x-Achse mithilfe des zentralen Differenzenquotienten und der Funktion Derivative() aus dem Modul numdifftools:

```
#04_steigung1.py
import numpy as np
from numdifftools import Derivative
#Funktion
def f(x):
    return 0.25*x**2
#zentraler Differenzenquotient
def df(x,h):
    return (f(x+h)-f(x-h))/(2*h)

xs=2   #Stelle der Steigung
h=1e-6 #Genauigkeit
mS=df(xs,h) #Sekantensteigung
mT=Derivative(f,n=1) #Tangentensteigung
a1=np.degrees(np.arctan(mS))
a2=np.degrees(np.arctan(mT(xs)))
print("Sekantensteigung  m=%2.6f %s=%2.1f°"%(mS,chr(945),a1))
print("Tangentensteigung m=%2.6f %s=%2.1f°"%(mT(xs),chr(945),a2))
```

Listing 6.4 Vergleich der Sekanten- und Tangentensteigung

Ausgabe

```
Sekantensteigung  m=1.000000 α=45.0°
Tangentensteigung m=1.000000 α=45.0°
```

Analyse

Zeile 03 importiert die Funktion `Derivative` aus dem Modul `numdifftools`. Die Steigung an der Stelle `xs=2` (Zeile 11) wird in Zeile 13 mit der selbst definierten Python-Funktion `df()` und in Zeile 14 mit der Funktion `Derivative(f,n=1)` berechnet. Die Genauigkeit (Schrittweite) der Steigungsberechnung wurde in Zeile 12 auf einen sehr kleinen Wert von `h=1e-6` festgelegt. Überraschend ist, dass die selbst gebaute Funktion `df(x,h)` aus Zeile 08 das gleiche Ergebnis liefert wie die Funktion `Derivative`.

6.4.2 Tangentensteigung zeichnen

Zur Veranschaulichung der numerischen Differenziation soll die Steigungstangente im Punkt (x_s, y_s) einer Parabel grafisch dargestellt werden.

Für den Schnittpunkt der Tangente mit der x-Achse gilt:

$$x_0 = x_s - \frac{y_s}{m} = x_s - \frac{f(x_s)}{y'}$$

Aus der Steigung m im Punkt (x_s, y_s)

$$m = \frac{y_s}{x_s - x_0}$$

kann die Geradengleichung der Tangente

$$y_s = m(x - x_0)$$

hergeleitet werden. Abbildung 6.5 zeigt für die Parabel

$$y = \frac{1}{2}x^2$$

die mit Listing 6.5 berechnete Tangente im Punkt $x = 2$.

```
#05_steigung2.py
import numpy as np
import matplotlib.pyplot as plt
from numdifftools import Derivative
#Funktion
def f(x):
    return x**2/2
#Tangente
def f2(x,xs):
    m=Derivative(f,n=1)
    x0=xs-f(xs)/m(xs)
    return m(xs)*(x-x0)
```

```
14 x = np.linspace(0, 5, 100)
15 xs=2 #Stelle der Steigung
16 fig, ax = plt.subplots()
17 ax.plot(x, f(x),"g-", lw=2) #Funktion
18 ax.plot(x, f2(x,xs),"b-", lw=1) #Tangente
19 ax.plot(xs, f(xs), "or") #roter Punkt
20 ax.set(xlabel="x",ylabel="y")
21 ax.grid(True)
22 plt.show()
```

Listing 6.5 Tangentensteigung

Ausgabe

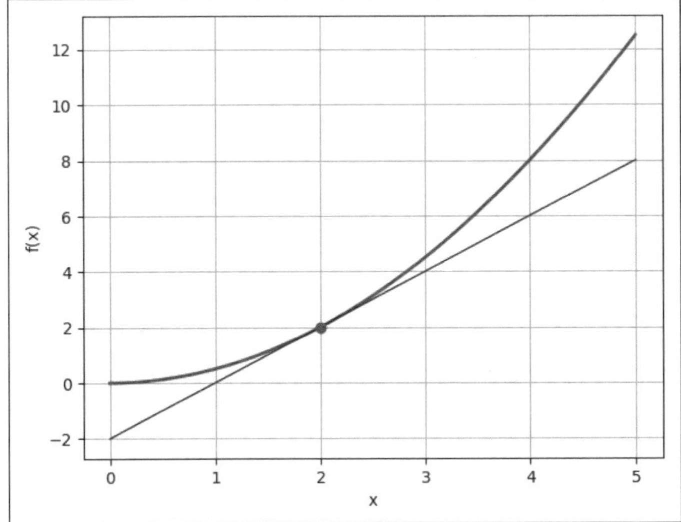

Abbildung 6.5 Tangentensteigung

Analyse

In den Zeilen 09 bis 12 wird die Funktion `f2(x,xs)` für die Berechnung der Tangentensteigung definiert. Abbildung 6.5 stellt das Ergebnis dar.

Die Tangente hat an der Stelle $x_s = 2$ eine Steigung von 2, was einem Steigungswinkel von 63,43° entspricht. Beachten Sie, dass die x- und y-Achsen ungleich skaliert sind.

6.4.3 Ableitung einer Sinusfunktion

Abbildung 6.6 zeigt eine Spule, durch die ein eingeprägter Strom fließt. Eingeprägte Ströme werden durch Stromquellen erzeugt.

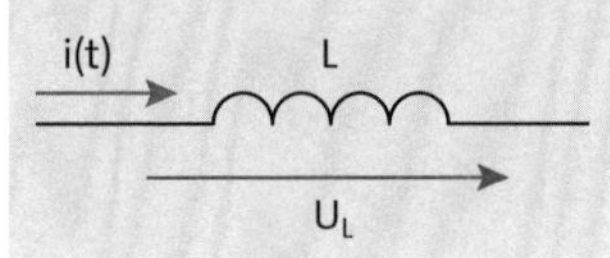

Abbildung 6.6 Induktiver Spannungsfall

Wenn ein eingeprägter Strom $i = f(t)$ durch eine Spule mit der Induktivität L fließt, dann entsteht nach dem Induktionsgesetz

$$u_L(t) = L\frac{\mathrm{d}i_L}{\mathrm{d}t}$$

an der Spule ein induktiver Spannungsfall.

Listing 6.6 berechnet und visualisiert diesen induktiven Spannungsfall:

```
#06_steigung3.py
import numpy as np
import matplotlib.pyplot as plt
from numdifftools import Derivative
L=1    #H
f=50   #Frequenz in Hz
omega=2*np.pi*f #1/s
imax=1. #A
#Stromquelle
def i(t):
    return imax*np.sin(omega*t*1e-3)#t in ms!
#induktiver Spannungsfall
def u(t):
    df=Derivative(i)
    return 1e3*L*df(t)

t = np.linspace(0,20,500) #ms
fig,(ax1,ax2)=plt.subplots(2,1)
ax1.plot(t, i(t), 'r-', lw=2)
ax1.set(ylabel='Strom in A',title='eingeprägter Strom')
ax1.grid(True)
#induktiver Spannungsfall
ax2.plot(t, u(t), 'b-',lw=2)
ax2.set(xlabel='t ms',ylabel='Spannug in V',title='induktiver Spannungsfall')
ax2.grid(True)
```

```
26 fig.tight_layout()
27 plt.show()
```

Listing 6.6 Ableitung des Stroms: induktiver Spannungsfall

Ausgabe

Die Ausgabe von Listing 6.6 sehen Sie in Abbildung 6.7.

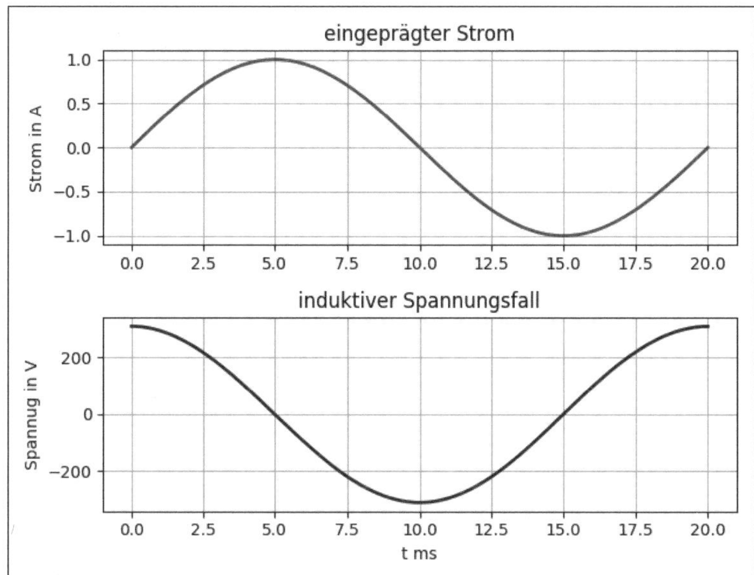

Abbildung 6.7 Ableitung einer Sinusfunktion

Analyse

In Zeile 14 ruft die Funktion `Derivative(i)` die Funktion `i(t)` aus Zeile 10 auf. Der Parameter `t` darf nicht mit übergeben werden. Alle Informationen der Funktion `i(t)` sind in dem Objekt `df` gespeichert. In Zeile 15 wird diesem Objekt `df(t)` das Argument `t` übergeben, und es berechnet für die Werte des Arrays aus Zeile 17 die erste Ableitung für den Strom `i(t)`. Der Skalierungsfaktor `1e3` macht die Skalierung der Zeitachse in ms aus Zeile 11 wieder rückgängig.

Als Ergebnis wird wie erwartet in Zeile 23 eine Kosinus-Funktion dargestellt.

6.4.4 Anwendungsbeispiel: freier Fall

Galileo Galilei (1564–1641) soll angeblich das Fallgesetz durch eine Versuchsanordnung mit einer schiefen Ebene herausgefunden haben: Der zurückgelegte Weg einer Kugel gehorcht dem Gesetz einer geometrischen Zeit-Reihe. Dass diese Erkenntnis prinzipiell richtig ist, kann zwar mit den heutigen technischen Mitteln experimentell nachgewiesen werden. Aber durch bloße Messungen, und seien sie noch so genau, kann die Formel

$$s = \frac{1}{2} g \cdot t^2$$

nicht präzise bestätigt werden. Die exakte Formulierung des Weg-Zeit-Gesetzes lässt sich nur mithilfe der Integralrechnung aus der gemessenen Erdbeschleunigung g herleiten. Hier wird das Weg-Zeit-Gesetz dazu benutzt, um zu zeigen, wie mit der Funktion `Derivative()` aus dem Weg s die Geschwindigkeit

$$v = \frac{\mathrm{d}s}{\mathrm{d}t}$$

und aus der Geschwindigkeit

$$a = \frac{\mathrm{d}v}{\mathrm{d}t}$$

die Beschleunigung a einer fallenden Kugel berechnet werden kann. Listing 6.7 zeigt die Umsetzung:

```
#07_steigung4.py
import numpy as np
import matplotlib.pyplot as plt
from numdifftools import Derivative
g=9.81
#Weg
def s(t):
    return g*t**2/2
#Geschwindigkeit
def v(t):
    df=Derivative(s,n=1)
    return df(t)
#Beschleunigung
def a(t):
    df=Derivative(v,n=1)
    return df(t)
#Zeit
t = np.linspace(0,5,100)#Sekunden
fig, ax = plt.subplots(3,1,figsize=(6,6))
#Weg
ax[0].plot(t, s(t), 'b-', lw=2)
ax[0].set(ylabel='s in m',title='Weg')
#Geschwindigkeit
ax[1].plot(t, v(t), 'r-', lw=2)
```

```
ax[1].set(ylabel='v in m/s',title='Geschwindigkeit')
#Beschleunigung
ax[2].plot(t, a(t), 'g-', lw=2)
ax[2].set(xlabel='t in s',ylabel='a',title='Beschleunigung')
ax[2].set_ylim(0,12)
[ax[i].grid(True) for i in range(len(ax))]
fig.tight_layout()
plt.show()
```

Listing 6.7 Freier Fall

Ausgabe

Den freien Fall der Kugel fassen die Diagramme zu Weg, Geschwindigkeit und Beschleunigung in Abbildung 6.8 grafisch zusammen.

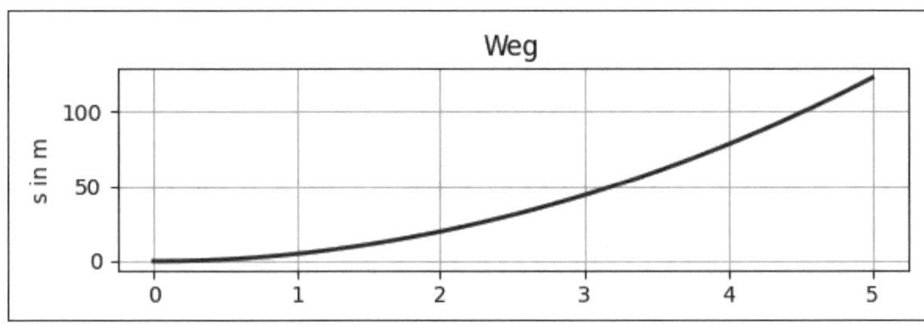

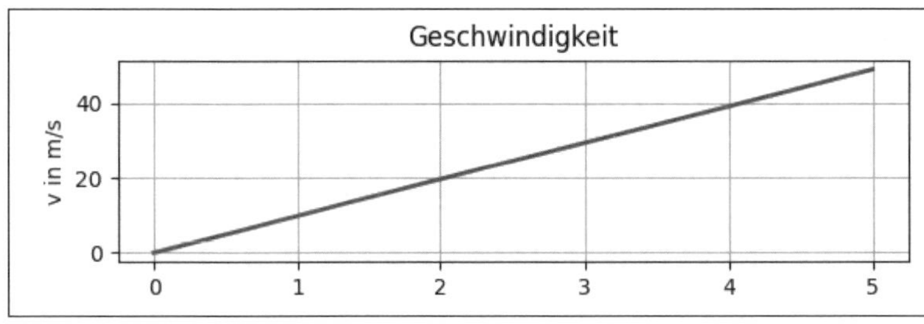

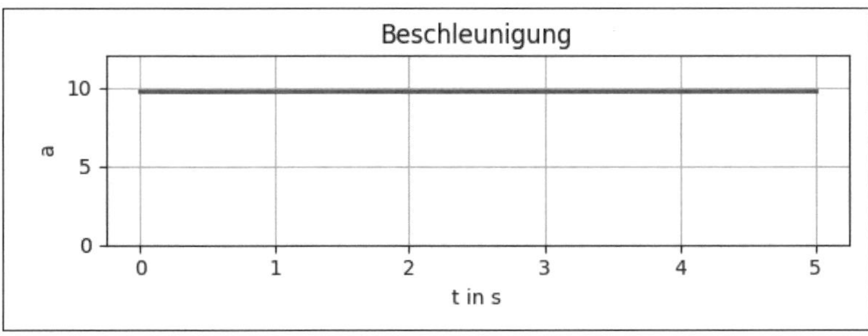

Abbildung 6.8 Freier Fall: Weg, Geschwindigkeit, Beschleunigung

Analyse

In den Zeilen 12 und 16 werden die Ableitungen für die Geschwindigkeit `v(t)` und die Beschleunigung `a(t)` berechnet und mit der `return`-Anweisung bei den Funktionsaufrufen in den Zeilen 24 und 27 zurückgegeben. Sie werden wie erwartet dargestellt.

In Zeile 15 können Sie auch die Beschleunigung `a(t)` aus der zweiten Ableitung der Weg-Funktion `s(t)` mit der Anweisung `df=Derivative(s,n=2)` berechnen.

6.5 Numerisches Integrieren

Bei der numerischen Integration handelt es sich um die näherungsweise Berechnung von bestimmten Integralen. Numerische Verfahren kommen immer dann zum Einsatz, wenn Integrale nicht analytisch gelöst werden können oder wenn nur die numerischen Lösungen von Interesse sind. Letzteres ist bei den Aufgabenstellungen der Ingenieurwissenschaften der Fall.

SciPy stellt in dem Untermodul `integrate` viele numerische Integrationsverfahren zur Verfügung, die auch Zweifach- und Dreifachintegrale berechnen können. Dem Anwender ist es also freigestellt, ein für seine Zwecke passendes Verfahren auszuwählen. Mit der Anweisung

```
import scipy.integrate as integral
```

kann das Untermodul `integrate` importiert werden.

6.5.1 Methoden der numerischen Integration

Aus der Schulmathematik ist das numerische Verfahren der Rechtecksummen bekannt. Auch bei sehr klein gewählten Achsenabschnitten auf der x-Achse ist dieses Verfahren für praktische Zwecke zu ungenau. Deshalb gleichen optimierte Verfahren den Kurvenabschnitt der zu integrierenden Funktion durch geeignete Polynome an. Tabelle 6.1 zeigt eine Übersicht über die numerischen Integrationsverfahren des Untermoduls `integrate` von SciPy.

Verfahren	Beschreibung
`quad`	Standardverfahren für die Einfachintegration
`dblquad`	Standardverfahren für die Doppelintegration
`tplquad`	Standardverfahren für die Dreifachintegration

Tabelle 6.1 Numerische Integrationsverfahren von SciPy

Verfahren	Beschreibung
fixed_quad	Berechnet ein bestimmtes Integral mit der gaußschen Quadratur bei vorgegebener Ordnung n.
quadrature	Berechnet ein bestimmtes Integral mit der gaußschen Quadratur bei vorgegebener Toleranz.
romberg	Berechnet ein bestimmtes Integral mit dem Romberg-Verfahren.

Tabelle 6.1 Numerische Integrationsverfahren von SciPy (Forts.)

Die SciPy-Funktion `quad(func, a, b, ...)` erwartet drei Parameter. Als erster Parameter wird der Name der mathematischen Funktion `func` ohne Funktionsargument übergeben, also wird statt `f(x)` einfach `f` übergeben. Der zweite und der dritte Parameter legen die untere und die obere Integrationsgrenze fest. Weitere Parameter sind optional. Sie können der SciPy-Dokumentation entnommen werden.

Listing 6.8 berechnet das bestimmte Integral

$$\int_0^2 x^2 \mathrm{d}x = \frac{8}{3} \approx 2{,}6666666667$$

mit einer selbst definierten Funktion aus Rechtecksummen und den oben aufgelisteten Integrationsverfahren:

```
#08_integral_vergleich.py
import scipy.integrate as integral

def f(x):
    return x**2
#Rechtecksummen
def rect(f,a,b,h=1e-6):
    n=int((b-a)/h)
    s=0
    for k in range(1,n):
        x=a+k*h
        s=s+f(x)
    return s*h

a=0 #untere Grenze
b=2 #obere Grenze
A1=rect(f,a,b)
A2=integral.quad(f,a,b)#[0]
A3=integral.fixed_quad(f,a,b,n=4)#[0]
```

```
20 A4=integral.quadrature(f,a,b,tol=1e-6)#[0]
21 A5=integral.romberg(f,a,b,tol=1e-6,show=False)
22 #Ausgaben
23 print("Rechtecksummen\t: ",A1)
24 print("quad\t\t:",A2)
25 print("fixed_quad\t:",A3)
26 print("quadrature\t:",A4)
27 print("romberg\t\t: ",A5)
```

Listing 6.8 Methoden der numerischen Integration

Ausgabe

```
Rechtecksummen: 2.6666646666669664
quad          : (2.666666666666667, 2.960594732333751e-14)
fixed_quad    : (2.6666666666666665, None)
quadrature    : (2.6666666666666665, 4.440892098500626e-16)
romberg       :  2.6666666666666665
```

Analyse

Erwartungsgemäß berechnet die selbst definierte Funktion `rect()` das Integral ungenauer als die SciPy-Funktionen. Zeile 02 importiert das Untermodul `integrate` und legt den Alias `integral` fest. In den Zeilen 18 bis 21 erfolgt mit diesem Alias der Zugriff auf die SciPy-Integrationsfunktionen. Die Ergebnisse werden in die Objekte `A2` bis `A5` abgespeichert. Bei der Funktion `quadrature()` und `romberg()` kann noch ein Wert für die Fehlertoleranz angegeben werden. In den Zeilen 24 und 26 wird bei der Funktion `quad()` und `quadrature()` neben den Flächeninhalten noch ein zweiter Wert mit einer Fehlerabschätzung ausgegeben. Die Ausgabe dieser Fehlerabschätzung können Sie unterdrücken, wenn Sie in den Zeilen 18 bis 20 die Kommentare entfernen.

6.5.2 Bestimmtes Integral

Das nächste Beispiel (siehe Listing 6.9) berechnet für die Parabel

$$y = -(x-4)^2 + 10$$

das bestimmte Integral zwischen den Grenzen x_{01} und x_{02}:

$$\int_{x_{01}}^{x_{02}} [-(x-4)^2 + 10]\,\mathrm{d}x$$

Als Integrationsgrenzen wurden die Nullstellen der Parabel gewählt.

```
#09_flaeche_parabel.py
import numpy as np
import matplotlib.pyplot as plt
import scipy.integrate as integral
from scipy.optimize import root

def f(x):
    return -(x-4)**2+10

x = np.linspace(0,8,100)
x0=[0,5]
xn=root(f,x0,method='hybr')
a,b=xn.x[0],xn.x[1]
A=integral.quad(f,a,b)[0]
#Ausgabe
print("Nullstellen:",a,b)
print("Fläche:",A,"FE")
#Darstellung
fig, ax = plt.subplots()
ax.plot(x, f(x), "b-", lw=2)
ax.grid(True)
ax.set(xlabel="x",ylabel="f(x)"))
ax.fill_between(x,f(x),where=f(x)>=0,color='g',alpha=0.2)
plt.show()
```

Listing 6.9 Fläche zwischen Nullstellen

Ausgabe

```
Nullstellen: 0.8377223398316203 7.162277660168379
Fläche: 42.1637021355784 FE
```

Abbildung 6.9 zeigt die Fläche zwischen den Nullstellen eingefärbt an.

Analyse

Dieses Beispiel soll einerseits veranschaulichen, wie Sie ein bestimmtes Integral mit SciPy berechnen müssen, und anderseits, wie Sie den Flächeninhalt zwischen den Nullstellen einfärben können. Die vom Programm berechneten Werte für die Nullstellen und den Flächeninhalt erfüllen erwartungsgemäß die Anforderungen an eine hinreichende Genauigkeit.

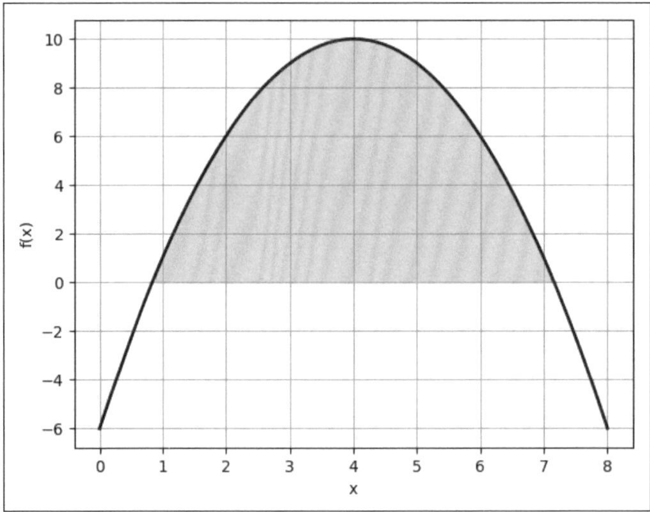

Abbildung 6.9 Fläche unter einer Parabel

6.5.3 Eine Konstante integrieren

Die Integration einer Konstanten ergibt eine ansteigende Gerade. Ein nicht aufgeladener Kondensator wird an eine Konstantstromquelle angeschlossen, die einen konstanten Strom von $i(t) = 10$ A liefert (siehe Abbildung 6.10).

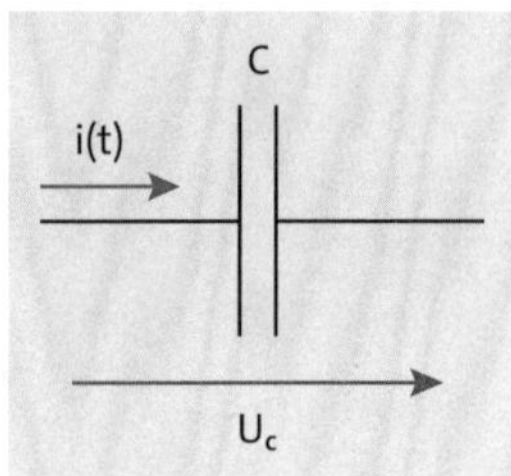

Abbildung 6.10 Spannung am Kondensator

Mit einem Oszilloskop können Sie dann eine linear ansteigende Spannung messen.

Um diesen Spannungsverlauf zu simulieren, wird mit Listing 6.10 das bestimmte Integral

$$u_c(t) = \frac{1}{C}\int_0^t i_c \mathrm{d}\tau$$

berechnet.

```
#10_ konstante_integrieren1.py
import numpy as np
```

```
import matplotlib.pyplot as plt
import scipy.integrate as integral
C=1 #F
imax=10
#Konstantstromquelle
@np.vectorize
def i(t):
    return imax
#Kondensatorspannung
@np.vectorize
def u(t):
    uc=(1/C)*integral.quad(i,0,t)[0]
    return uc

x = np.linspace(0, 20, 500)
fig, (ax1,ax2)=plt.subplots(2,1)
ax1.plot(x, i(x), 'r-', lw=2)
ax1.set(ylabel='Strom in A',title='Spannung am Kondensator')
ax2.plot(x, u(x),'b-',lw=2)
ax2.set(xlabel='t in s',ylabel='$u_c(t)$ in V')
ax1.grid(True);ax2.grid(True)
plt.show()
```

Listing 6.10 Spannung am Kondensator simulieren

Ausgabe

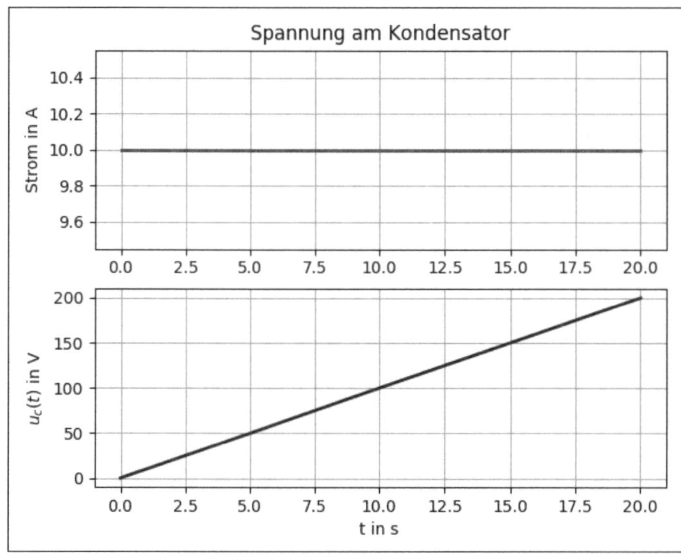

Abbildung 6.11 Spannungsverlauf am Kondensator

Analyse

Die Integration einer Konstanten ist keineswegs trivial. In Zeile 10 gibt die selbst definierte Funktion `i(t)` eine Konstante `imax` zurück. Diese Konstante muss mit `@np.vectorize` in ein Array umgewandelt werden, damit sie numerisch integriert und mit der `plot`-Funktion dargestellt werden kann (siehe Abbildung 6.11). In den Zeilen 08 und 12 erzeugt die Anweisung `@np.vectorize` aus den selbst definierten Funktionen `i(t)` und `u(t)` ein NumPy-Array mit 500 Elementen. Die Anzahl der Elemente wird mit der NumPy-Funktion `np.linspace(0, 20, 500)` in Zeile 17 vorgegeben.

6.5.4 Anwendungsbeispiel: Freier Fall

In Abschnitt 6.4.4 wurde dieses Problem schon mit den Mitteln der Differenzialrechnung gelöst. Diesmal sollen durch die Integration der Erdbeschleunigung die Fallgeschwindigkeit und der zurückgelegte Weg berechnet werden. Für die Geschwindigkeit gilt dann:

$$v(t) = \int_0^t g \mathrm{d}\tau = gt$$

Und für den Weg gilt:

$$s(t) = \int_0^t v \mathrm{d}\tau = \frac{1}{2} g t^2$$

Listing 6.11 zeigt die Umsetzung:

```
#11_ konstante_integrieren2.py
import numpy as np
import matplotlib.pyplot as plt
import scipy.integrate as integral
g=9.81
@np.vectorize
def a(t):
    return g
@np.vectorize
def v(t):
    return integral.quad(a, 0, t)[0]
@np.vectorize
def s(t):
    return integral.quad(v, 0, t)[0]
#Zeit-Werte
t = np.linspace(0,5,100)
fig, ax=plt.subplots(3,1,figsize=(6,8))
```

```
ax[0].plot(t, a(t), 'g-', lw=2)
ax[0].set(ylabel='a in $m/s^2$',title='Beschleunigung')
ax[0].set_ylim(0,12)
ax[1].plot(t, v(t), 'r-',lw=2)
ax[1].set(ylabel='v in m/s',title='Geschwindigkeit')
ax[2].plot(t, s(t), 'b-', lw=2)
ax[2].set(xlabel='t in s',ylabel='s in m',title='Weg')
[ax[i].grid(True) for i in range(len(ax))]
fig.tight_layout()
plt.show()
```

Listing 6.11 Freier Fall: Beschleunigung, Geschwindigkeit, Weg

Ausgabe

Die grafische Ausgabe dieser Berechnung des freien Falls finden Sie in Abbildung 6.12.

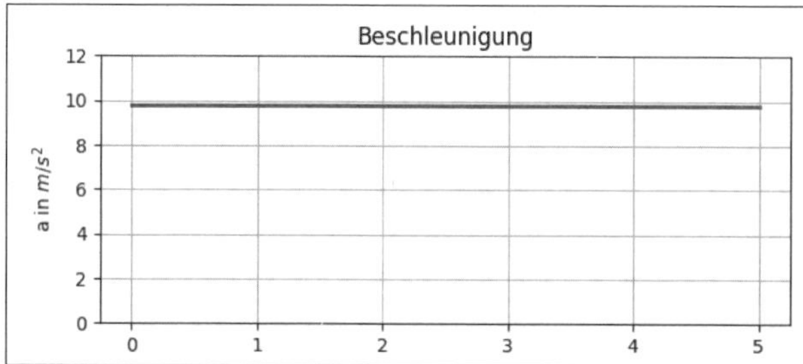

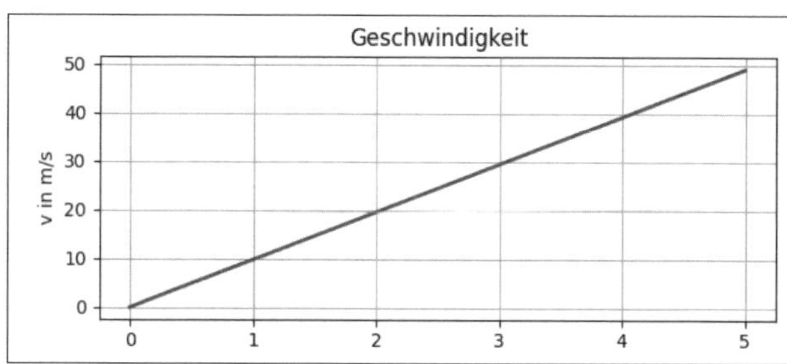

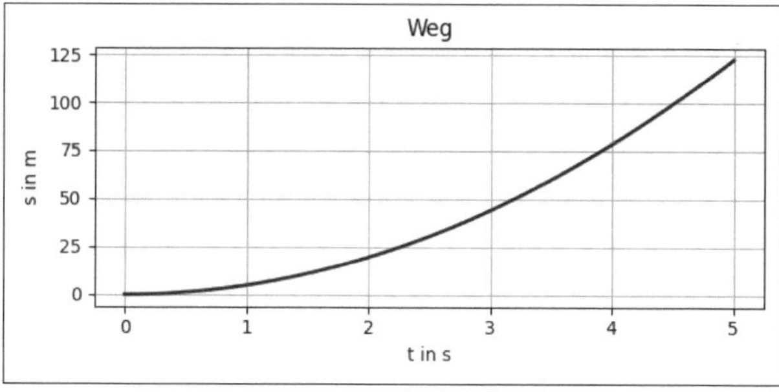

Abbildung 6.12 Freier Fall: Beschleunigung, Geschwindigkeit, Weg

Analyse

Prinzipiell enthält das Programm keine neuen Programmierelemente. Die selbst definierten Funktionen `a(t)`, `v(t)` und `s(t)` müssen wieder mit `@np.vectorize` vektorisiert werden, damit sie numerisch integriert und ihre zeitlichen Verläufe dargestellt werden können. Die Funktionen `a(t)` und `v(t)` können direkt hinter der `return`-Anweisung aufgerufen und integriert werden (Zeilen 11 und 14).

6.5.5 Uneigentliches Integral

Ein uneigentliches Integral ist, einfach formuliert, ein Integral, bei dem die Integrationsgrenzen zwischen $-\infty$ und $+\infty$ liegen können. Wenn beispielsweise ein Kondensator aufgeladen wird (siehe Abbildung 6.13), dann endet der Aufladevorgang theoretisch nie. Die praktische Alltagserfahrung zeigt allerdings, dass ein Kondensator nach etwa dem Fünffachen der Zeitkonstante RC aufgeladen ist.

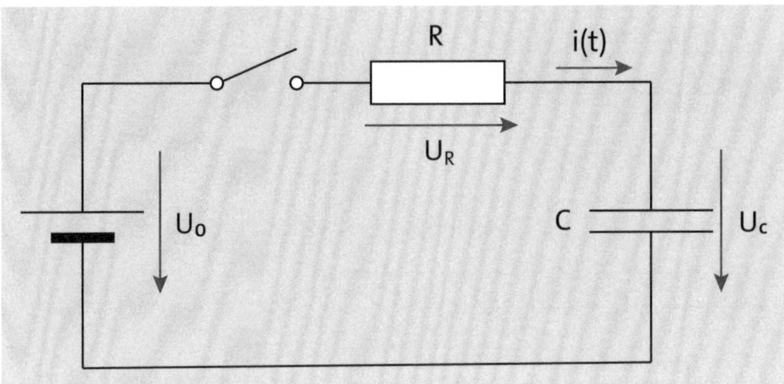

Abbildung 6.13 Aufladen eines R-C-Gliedes

Die gespeicherte elektrische Energie können Sie mit dem uneigentlichen Integral aus der elektrischen Leistung berechnen:

$$W_{el} = \int_0^\infty p(t)\mathrm{d}t$$

Als obere Grenze für den Ausdruck ∞ wird die NumPy-Konstante `np.inf` eingesetzt. Listing 6.12 zeigt die Umsetzung:

```
#12_uneigentliches_integral.py
import numpy as np
import matplotlib.pyplot as plt
import scipy.integrate as integral
U0=10
R=1
```

```
07 C=1
08 tau=R*C
09 #Spannungsverlauf am Kondensator
10 def u(t):
11     return U0*(1-np.exp(-t/tau))
12 #Kondensatorstrom
13 def i(t):
14     return U0*np.exp(-t/tau)/R
15 #Leistung
16 def p(t):
17     return u(t)*i(t)
18 #obere Grenze->unendlich
19 g=np.inf
20 t = np.linspace(0,5,1000)
21 W=integral.quad(p,0,g)[0]
22 print("gespeicherte el. Energie:",W,"Ws")
23 fig, ax = plt.subplots()
24 ax.plot(t,u(t),"b-",lw=2,label="Spannung")
25 ax.plot(t,i(t),"r-",lw=2,label="Strom")
26 ax.plot(t,p(t),"k-",lw=1,label="Leistung")
27 ax.fill_between(t,p(t),where=p(t)>=0,color='g',alpha=0.2)
28 ax.legend(loc="best")
29 ax.annotate(r"$W_{el}$",xy=(2,1),xytext=(1,10))
30 ax.set(xlabel="Zeit",ylabel="i, u, p")
31 plt.show()
```

Listing 6.12 Fläche unter einer Kurve berechnen

Ausgabe

```
gespeicherte el. Energie: 50.00000000000001 Ws
```

Wie sich das Ganze im Funktionsplot darstellt, sehen Sie in Abbildung 6.14.

Analyse

Die selbst definierten Funktionen `u(t)` und `i(t)` für den Spannungs- und Stromverlauf enthalten bereits die NumPy-Funktion `np.exp()` als Array, sie brauchen deshalb nicht mehr vektorisiert zu werden. Zeile 19 legt den Grenzwert `g=np.inf` fest. In Zeile 21 wird dieser Wert der SciPy-Funktion `integral.quad(p,0,g)[0]` übergeben. Die Null `[0]` unterdrückt die Ausgabe der Fehlerabschätzung. Der numerisch berechnete Wert für die gespeicherte elektrische Energie stimmt sehr genau mit dem theoretisch berechneten Wert von 50 Ws überein.

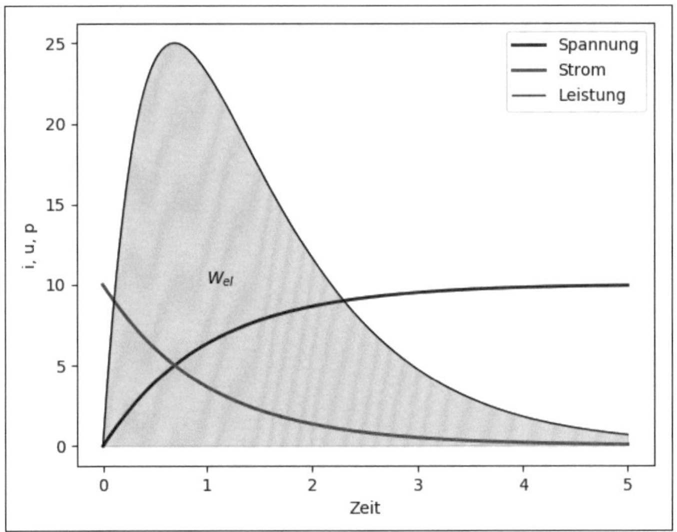

Abbildung 6.14 Gespeicherte elektrische Energie

6.5.6 Bogenlängen berechnen

Die Berechnung von Bogenlängen ist auch eine typische Aufgabe der Integralrechnung. Die Formel

$$l = \int_a^b \sqrt{1 + [f'(x)]^2}\, \mathrm{d}x$$

für die Berechnung der Bogenlängen wird von dem Satz des Pythagoras hergeleitet. Integriert werden muss ein Wurzelausdruck, der die erste Ableitung einer Funktion $f(x)$ enthält, die den Linienverlauf beschreibt. Eine typische Anwendung ist die Berechnung der Länge einer Kettenlinie, die mathematisch durch den *Kosinus hyperbolicus* mit dem Krümmungsradius a beschrieben wird:

$$f(x) = a \cosh \frac{x}{a}$$

Listing 6.13 zeigt, wie die Länge eines Seils berechnet wird, das zwischen zwei Pfosten mit dem Abstand von 20 m aufgehängt ist:

```
#13_kettenlinie.py
import numpy as np
import scipy.integrate as integral
from numdifftools import Derivative
a=10 #Krümmungsradius
def k(x):
```

```
07       return a*np.cosh(x/a)
08 #Länge berechnen
09 def dl(x):
10       df=Derivative(k)
11       return np.sqrt(1+df(x)**2)
12 #Abstände
13 x1,x2=-10,10
14 laenge=integral.quad(dl,x1,x2)[0]
15 print("Länge der Kettenlinie %3.2f m" %laenge)
```


Listing 6.13 Bogenlänge einer Kettenlinie

Ausgabe

```
Länge der Kettenlinie 23.50 m
```

Analyse

Die Zeilen 06 und 07 enthalten die Funktionsdefinition für die Kettenlinie `a*np.cosh(x/a)`. In den Zeilen 09 bis 11 wird die Funktion `dl(x)` für ein Linienelement der Kettenlinie definiert. In Zeile 10 ruft die Funktion `Derivative(k)` die selbst definierte Python-Funktion `k(x)` aus Zeile 06 auf. Der Parameter `x` muss weggelassen werden. Die Daten der `cosh`-Funktion werden in das Objekt `df` gespeichert. In Zeile 11 wird die Ableitung quadriert. Die Zeile 14 berechnet mit der Funktion `quad(dl,x1,x2)[0]` das bestimmte Integral der Kettenlinie für die vorgegebenen Grenzen zwischen ±10 m. Die Kette ist also um 3,5 m länger als der Abstand.

6.5.7 Volumen und Oberflächen von Rotationskörpern

Das Volumen eines symmetrischen Körpers, der die x-Achse rotiert, wird mit dem Integral

$$V_x = \pi \int_a^b [f(x)]^2 \mathrm{d}x$$

berechnet. Für die Mantelfläche gilt:

$$M_x = 2\pi \int_a^b f(x)\sqrt{1 + [f'(x)]^2}\mathrm{d}x$$

Listing 6.14 zeigt, wie das Volumen und die Mantelfläche eines Rotationsparaboloids in den Grenzen von 0 bis 1 berechnet werden:

```
01 #14_integral7.py
02 import numpy as np
03 import scipy.integrate as integral
04 from numdifftools import Derivative
05 #Funktionsdefinition
06 def f(x):
07     #return x
08     return np.sqrt(x)
09 #Funktion f(x) quadrieren
10 def f2(x):
11     return f(x)**2
12 #für Mantelfläche
13 def m(x):
14     df=Derivative(f)
15     return f(x)*np.sqrt(1+df(x)**2)
16 #Grenzen
17 a,b=0,1
18 V=np.pi*integral.quad(f2,a,b)[0]  #Volumen
19 M=2*np.pi*integral.quad(m,a,b)[0] #Mantelfläche
20 print("Volumen      %3.6f VE" %V)
21 print("Mantelfläche %3.6f FE" %M)
```

Listing 6.14 Volumen und Mantelfläche von Rotationskörpern

Ausgabe

```
Volumen      1.570796 VE
Mantelfläche 5.330414 FE
```

Analyse

In Zeile 18 wird das Volumen `V` und in Zeile 19 die Mantelfläche `M` des Rotationsparaboloids für die Grenzen 0 bis 1 mit der Funktion `quad()` berechnet. Die auskommentierte Funktion in Zeile 07 `f(x)=x` erzeugt einen Kegel, der um die x-Achse rotiert. Mit dieser Funktion kann leicht überprüft werden, ob das Programm richtig rechnet.

6.5.8 Zweifachintegrale

Ein typischer Anwendungsfall für ein Zweifachintegral ist die Berechnung des axialen Flächenmoments 2. Grades. Das Flächenmoment 2. Grades gibt an, wie steif ein Träger aufgrund seiner Querschnittsfläche ist. Für das axiale Flächenmoment 2. Grades eines rechteckförmigen Trägers mit der Breite b und der Höhe h gilt:

$$I_y = \int_{z=-\frac{h}{2}}^{\frac{h}{2}} \left(\int_{y=-\frac{b}{2}}^{\frac{b}{2}} z^2 \,\mathrm{dy} \right) \mathrm{dz} = \int_{-\frac{h}{2}}^{\frac{h}{2}} b \cdot z^2 \,\mathrm{dz} = \frac{b \cdot h^3}{12}$$

SciPy berechnet ein Zweifachintegral mit der folgenden Funktion:

```
dblquad(func, a, b, c, d, ...)
```


Dabei erwartet der Parameter func eine mathematische Funktion der Form $z = f(x,y)$. Die Parameter a und b stehen für die äußeren Integrationsgrenzen, und die Parameter c und d repräsentieren die inneren Integrationsgrenzen.

Listing 6.15 berechnet das Flächenmoment 2. Grades für einen Träger mit rechteckförmigem Querschnitt. Der Träger hat eine Breite von 5 cm und eine Höhe von 10 cm.

```
01 #15_zweifach_integral.py
02 import scipy.integrate as integral
03 b=5   #Breite in cm
04 h=10  #Höhe in  cm
05 #Funktionsdefinition
06 def f(y,z):
07     return z**2
08 #Berechnung
09 Iy=integral.dblquad(f,-h/2,h/2,-b/2,b/2)[0]
10 print("Iy =",Iy,"cm^4")
11 print("Iy =",b*h**3/12,"cm^4 genau")
```

Listing 6.15 Volumenberechnung mit Doppeltintegral

Ausgabe

```
Iy = 416.66666666666674 cm^4
Iy = 416.6666666666667 cm^4 genau
```

Analyse

In den Zeilen 06 und 07 wird die Python-Funktion f(y,z) für die Berechnung des Flächenmoments 2. Grades definiert. In Zeile 09 berechnet die SciPy-Funktion dblquad(f,-h/2,h/2,-b/2,b/2)[0] das Flächenmoment 2. Grades Iy. Die Genauigkeit des Ergebnisses ist erstaunlich.

Vorschlag zum Programmtest: Vertauschen Sie die Reihenfolge der Argumente in Zeile 06 und der Integrationsgrenzen in Zeile 09.

6.5.9 Dreifachintegrale

Dreifachintegrale haben die allgemeine Form

$$\int_e^f \int_c^d \int_a^b u(x,y,z)\mathrm{d}x\mathrm{d}y\mathrm{d}z$$

Ein typisches Beispiel für die Anwendung eines Dreifachintegrals ist die Berechnung der Luftmasse für eine gegebene Grundfläche und Höhe einer Luftsäule. Die Dichte ρ der Luft nimmt mit zunehmender Höhe h exponentiell ab:

$$\rho = \rho_0 e^{-\alpha h}$$

Dabei steht α für:

$$\alpha = \frac{\rho_0}{p_0} g$$

Die Masse m einer Luftsäule mit der Grundfläche ab und der Höhe h wird mit dem Dreifachintegral

$$m = \int_0^h \int_0^b \int_0^a \rho_0 e^{-\alpha z} \mathrm{d}x\mathrm{d}y\mathrm{d}z = \frac{ab\rho_0}{\alpha}\left(1 - e^{-\alpha h}\right)$$

berechnet.

SciPy berechnet Dreifachintegrale mit folgender Funktion:

```
tplquad(func, x1, x2, y1, y2, z1, z2, ...)
```

Der Parameter `func` erwartet eine mathematische Funktion der Form:

$$u = f(z,x,y)$$

Die Parameter `x1` und `x2` legen die Integrationsgrenzen auf der x-Achse fest. Die Parameter `y1` und `y2` bestimmen die Integrationsgrenzen auf der y-Achse. Die Parameter `z1` und `z2` legen die Integrationsgrenzen auf der z-Achse fest.

Listing 6.16 berechnet die Masse einer Luftsäule für eine Höhe von 8.223 m bei einer Grundfläche von 1 m^2 und vergleicht das Ergebnis mit dem analytisch berechneten Wert:

```
#16_dreifach_integral.py
import numpy as np
import scipy.integrate as integral
g=9.81       #Erdbeschleunigung
rho_0=1.28 #Luftdichte
p0=10e5     #Luftdruck
```

```
07 alpha=g*rho_0/p0
08
09 def dichte(z,x,y):
10     return rho_0*np.exp(-alpha*z)
11
12 a=1 #x2
13 b=1 #y2
14 h=8.223e3 #z2 Höhe der Luftsäule in m
15 #Masse der Luftsäule
16 m1=a*b*rho_0*(1-np.exp(-alpha*h))/alpha
17 #x1,x2,y1,y2,z1,z2
18 m2=integral.tplquad(dichte,0,a,0,b,0,h)[0]
19 print("Masse der Luftsäule m1:",m1,"kg")
20 print("Masse der Luftsäule m2:",m2,"kg")
```


Listing 6.16 Dreifachintegral

Ausgabe

```
Masse der Luftsäule m1: 10000.269980245075 kg
Masse der Luftsäule m2: 10000.269980245075 kg
```

Analyse

In Zeile 09 wird die Funktion `dichte(z,x,y)` für die Berechnung der Luftmasse definiert. Wichtig ist, dass die Übergabe der Funktionsargumente in der angegebenen Reihenfolge erfolgt. Die SciPy-Funktion `tplquad(dichte,0,a,0,b,0,h)[0]` berechnet in Zeile 18 die Luftmasse für eine Höhe von 8.223 m auf 1 m^2 Grundfläche. Der Vergleich mit der Berechnung in Zeile 16 zeigt, dass das Dreifachintegral richtig berechnet wurde.

6.6 Differenzialgleichungen numerisch lösen

Viele Typen von Differenzialgleichungen lassen sich nicht analytisch lösen. Dazu zählen unter anderem auch die nichtlinearen Differenzialgleichungen. Diese DGL-Typen können aber mit relativ geringem Aufwand hinreichend genau numerisch gelöst werden. Ein besonderer Vorteil numerischer Lösungsverfahren besteht darin, dass die Anfangswerte ein notwendiger Bestandteil des Lösungsalgorithmus sind. Das Anfangswertproblem muss also nicht mehr explizit gelöst werden. Ein weiterer Vorteil numerischer Lösungsverfahren besteht darin, dass die berechnete Lösungsmenge als Array für die Visualisierung mit der `plot`-Methode zur Verfügung steht.

6.6.1 Numerische Lösung von Differenzialgleichungen

Soll eine DGL numerisch gelöst werden, dann muss sie zunächst in die explizite Form

$$y' = f(x, y)$$

umgewandelt werden, das heißt, y' muss auf der linken Seite vom Gleichheitszeichen und der Term der DGL muss auf der rechten Seite vom Gleichheitszeichen (engl. *right hand side*, rhs) stehen. Betrachten wir zur Einführung die analytische, leicht zu lösende lineare DGL erster Ordnung

$$y' = \frac{\mathrm{d}y}{\mathrm{d}x} = x \cdot y$$

die als Testfunktion für die Überprüfung der Genauigkeit der numerischen Lösungsverfahren dienen soll. Die Lösungsfunktion $y = f(x)$ lässt sich durch Trennung der Variablen ermitteln:

$$y = e^{\frac{x^2}{2}}$$

Das einfachste numerische Verfahren für die Lösung von Differenzialgleichungen erster Ordnung ist das *eulersche Polygonzugverfahren*. Es beruht auf der Grundidee, den Verlauf der Lösungsfunktion durch einen Polygonzug anzugleichen.

Der Euler-Algorithmus berechnet die Werte für die unabhängige Variable x_k aus dem k-Fachen der Schrittweite h:

$$x_k = x_0 + k \cdot h$$

Der Algorithmus kann von dem Ansatz

$$\frac{y_{k+1} - y_k}{h} = f(x_k, y_k)$$

hergeleitet werden. Durch Umstellen ergibt sich:

$$y_{k+1} = y_k + f(x_k, y_k)h$$

Der jeweils neue diskrete Funktionswert y_{k+1} der Lösungsfunktion wird mit dem Summenalgorithmus aus der Summe des alten Funktionswertes y_k und der Steigung $f(x_k, y_k)$ berechnet:

Es werden also zu den jeweiligen Funktionswerten der Lösungsfunktion die Steigungen addiert. Listing 6.17 und Abbildung 6.15 visualisieren diesen Vorgang:

```
#17_dgl1.py
import math as math
import matplotlib.pyplot as plt

def f(x,y):
```

```
    return x*y

x0=0
xk=2
y=1    #Anfangswert
h=0.25 #Schrittweite
n=int((xk-x0)/h)
lx,lyu,lyg =[],[],[]
for k in range(n):
    x=x0+k*h
    y=y+h*f(x,y) #Euler-Verfahren
    yg=math.exp(x**2/2) #genau
    lx.append(x)
    lyu.append(y)
    lyg.append(yg)
fig, ax = plt.subplots()
ax.plot(lx,lyu,"b--",label="ungenau")
ax.plot(lx,lyg,"r-",label="genau")
ax.set(xlabel="x",ylabel="y")
ax.legend(loc="best")
plt.show()
```

Listing 6.17 Numerische Integration nach dem Euler-Verfahren

Ausgabe

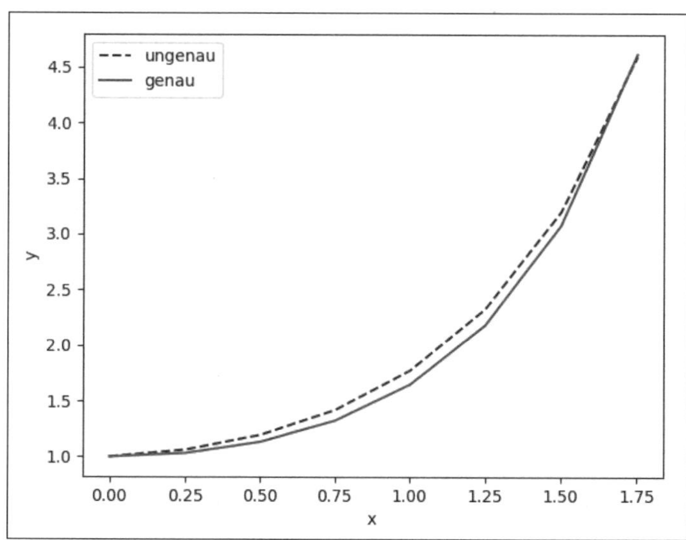

Abbildung 6.15 Numerische Lösung einer DGL mit dem Euler-Verfahren

Analyse

Zeile 11 legt die Schrittweite `h` fest. Sie darf in diesem Fall nicht zu klein gewählt werden, damit die Linienzüge auch deutlich erkennbar sind. Die in Zeile 13 angelegten leeren Listen dienen dazu, die Ergebnisse für die Abspeicherung der genauen und der mit dem Euler-Verfahren berechneten Werte zu abzuspeichern. In den Zeilen 14 bis 20 werden dann die Berechnungen innerhalb der `for`-Schleife durchgeführt und deren Ergebnisse in die leeren Listen abgespeichert. In den Zeilen 22 und 23 folgt dann die Ausgabe mit der `plot`-Methode. Es ist deutlich sichtbar, dass die mit dem Euler-Verfahren berechneten Werte etwas kleiner ausfallen als die genauen Werte der Lösung.

Vergleich der SciPy-Funktionen: »odeint« versus »solve_ivp«

Das Untermodul `integrate` stellt eine Vielzahl von Funktionen und Methoden für die numerische Lösung von Differenzialgleichungen bereit. Da fast alle Methoden auf dem *Runge-Kutta-Algorithmus* beruhen, soll dieser kurz vorgestellt werden.

Das Runge-Kutta-Verfahren vierter Ordnung arbeitet mit dem Algorithmus

$$y_{k+1} = y_k + \frac{h}{6}(a_k + 2b_k + 2c_k + d_k)$$

mit

$$a_k = f(x_k, y_k)$$

$$b_k = f\left(x_k + \frac{h}{2},\ y_k + h\frac{a_k}{2}\right)$$

$$c_k = f\left(x_k + \frac{h}{2},\ y_k + h\frac{b_k}{2}\right)$$

$$d_k = f(x_k + h,\ y_k + hc_k)$$

Den Runge-Kutta-Algorithmus gibt es in vielen verschiedenen Varianten. An seinem Aufbau lässt sich leicht erkennen, dass er den Euler-Algorithmus hinsichtlich der Genauigkeit optimiert, die Laufzeit dagegen verschlechtert. Wichtig für die Anwendung ist die Einschränkung, dass mit diesen Algorithmen nur Differenzialgleichungen erster Ordnung gelöst werden können. Differenzialgleichungen höherer Ordnung müssen in ein System erster Ordnung umgewandelt werden. Sie müssen in der expliziten Form vorliegen.

Merke

- Alle Differenzialgleichungen höherer Ordnung müssen in ein Differenzialgleichungssystem erster Ordnung umgewandelt werden.
- Diese Differenzialgleichungen müssen in expliziter Form vorliegen.

Mit den SciPy-Funktionen `odeint()` und `solve_ivp()` können Sie Differenzialgleichungen und Differenzialgleichungssysteme numerisch lösen. Bei der Funktion `odeint()` handelt es sich um eine Schnittstellenfunktion, die auf die Fortran-Bibliothek ODEPACK zugreift. Aus dieser Bibliothek benutzt `odeint()` die Lösungsmethode LSODA, die bei Problemverhalten (numerische Instabilität, zu großer Fehler) zwischen optimalen Lösungsmethoden wechselt.

Die Funktion `odeint()` gilt allerdings inzwischen als veraltet. Die SciPy-Dokumentation empfiehlt stattdessen, für neuen Code die Funktion `solv_ivp()` zu benutzen. Obwohl `odeint()` für veraltet erklärt wurde, sollen hier dennoch beide Verfahren miteinander verglichen werden.

Die Funktion `odeint(func, y0, t, args=(...), ...)` verlangt mindestens drei Parameter. Als erster Parameter wird der Name `func` einer DGL erster Ordnung übergeben. Als zweiter Parameter erwartet `odeint()` ein Array mit den Anfangswerten `y0`. Der dritte Parameter steht für die unabhängige Variable `t`. Der vierte Parameter ist optional, er kann zusätzliche Argumente enthalten, die für die Lösung der DGL notwendig sind.

Der SciPy-Funktion `solve_ivp(fun, t_span, y0, method='RK45', ...)` müssen beim Aufruf mindestens die ersten drei Argumente übergeben werden. Der erste Parameter `fun` steht für den Namen der DGL. Bei dem zweiten Parameter `t_span` handelt es sich um das Integrationsintervall. Als dritter Parameter `y0` muss ein Array mit den Anfangswerten der DGL übergeben werden. Als Standardwert für die Integrationsmethode ist das Runge-Kutta-Verfahren `RK45` der Ordnung 5(4) voreingestellt.

Listing 6.18 löst die DGL $y' = xy$ in dem Intervall `[0,1]` mit `odeint()` und `solve_vp()`. Der exakte Wert wird ebenfalls ausgegeben, damit die Genauigkeit beider Integrationsmethoden miteinander verglichen werden kann.

```
#18_dgl_vergleich.py
import numpy as np
from scipy.integrate import odeint,solve_ivp

def dgl(x,y):
    dy_dx=y*x
    return dy_dx

n=5
xmax=1
y0=[1]        #Anfangswert
xi=[0,xmax] #Integrationsbereich
x = np.linspace(0,xmax,n)
#Lösungen
y1 = np.exp(x**2/2)#genau
```

```
16 y2 = odeint(dgl,y0,x)
17 #Methoden für solve_ivp
18 #RK45, RK23, DOP853, Radau, BDF, LSODA
19 z = solve_ivp(dgl,xi,y0,method='RK45',dense_output=True)
20 y3 = z.sol(x)
21 #Vergleich
22 print("genau :",y1)
23 print("odeint:",y2.reshape(n,))
24 print("ivp   :",y3.reshape(n,))
```

Listing 6.18 Vergleich von odeint() und solve_ivp()

Ausgabe

```
genau : [1. 1.03174341 1.13314845 1.32478476 1.64872127]
odeint: [1. 1.03174355 1.13314863 1.32478499 1.6487216 ]
ivp   : [1. 1.03209666 1.13355731 1.32438841 1.64883123]
```

Analyse

Ein Vergleich der Ausgaben zeigt deutlich, dass die veraltete Schnittstellenfunktion `odeint()` wesentlich genauere Werte liefert als die SciPy-Funktion `solve_ivp()`. Diesen Mangel können Sie aber beheben, indem Sie in Zeile 19 der Funktion `solve_ivp()` zwei zusätzliche Argumente übergeben, nämlich die Konstante für die relative Toleranz `rtol=1e-12` und die Konstante für die absolute Toleranz `atol=1e-12`. In diesem Fall berechnet die Funktion `solve_ivp()` den genauen Wert. Die auskommentierten Lösungsmethoden in Zeile 18 können Sie zu Testzwecken in Zeile 19 einsetzen.

Der Parameter `dense_output=True` und die Anweisung `y3 = z.sol(x)` in Zeile 20 werden im nächsten Beispiel erklärt.

In den Zeilen 23 und 24 werden die Ausgaben linearisiert. Testen Sie die Ausgaben auch ohne Linearisierung und mit der NumPy-Methode `flatten()`.

6.6.2 Lineare DGL erster Ordnung

Wie eine lineare DGL erster Ordnung mit der SciPy-Funktion `solve_ivp()` gelöst werden kann, soll am Beispiel einer Reihenschaltung aus einem Widerstand und einer Spule beschrieben werden (siehe Abbildung 6.16).

Zum Zeitpunkt $t = 0$ wird der Schalter geschlossen. Gesucht wird der Stromverlauf $i(t)$.

Zu jedem Zeitpunkt des Ausgleichvorgangs gilt:

$$u_L + u_R = U_0$$

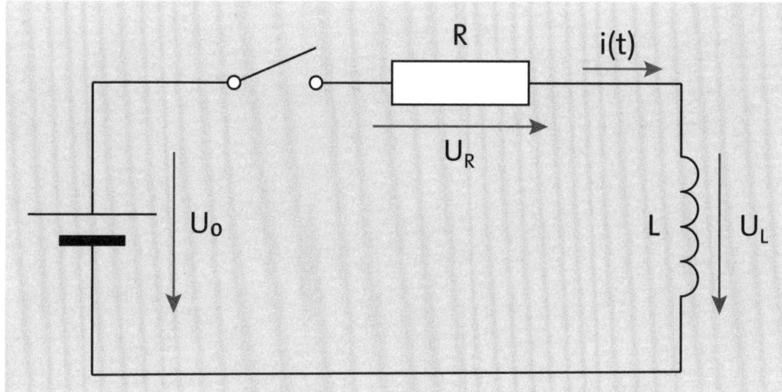

Abbildung 6.16 Einschalten einer Spule

Mit den Spannungsfällen an der Spule und am Widerstand ergibt sich:

$$L\frac{\mathrm{d}i}{\mathrm{d}t} + R \cdot i = U_0$$

Durch Umstellen erhalten Sie die explizite Form der DGL für den Stromverlauf:

$$\frac{\mathrm{d}i}{\mathrm{d}t} = \frac{U_0 - R \cdot i}{L}$$

Listing 6.19 löst die DGL und stellt sie grafisch dar (siehe Abbildung 6.17):

```
#19_dgl3.py
import numpy as np
import matplotlib.pyplot as plt
from scipy.integrate import solve_ivp
U0=10
R,L=1,1
Tau=L/R
tmax=5*Tau
ti=[0,tmax] #Integrationsintervall
IL0 =[0]    #Anfangswert
#DGL 1. Ordnung
def dgl(t,ia):
    i=ia #Anfangswert
    di_dt=(U0-R*i)/L
    return di_dt
#t.shape (500, )
t = np.linspace(0,tmax,500)
#Lösung der DGL
z = solve_ivp(dgl,ti,IL0,dense_output=True)
iL = z.sol(t) #iL.shape (1,500)
```

```
21 #Darstellung der Lösung
22 fig, ax = plt.subplots()
23 ax.plot(t, iL.flatten(),"r-",lw=2) #iL.flatten().shape (500, )
24 ax.set(xlabel="t",ylabel="$I_L(t)$")
25 ax.grid(True)
26 plt.show()
```

Listing 6.19 Einschalten einer Spule

Ausgabe

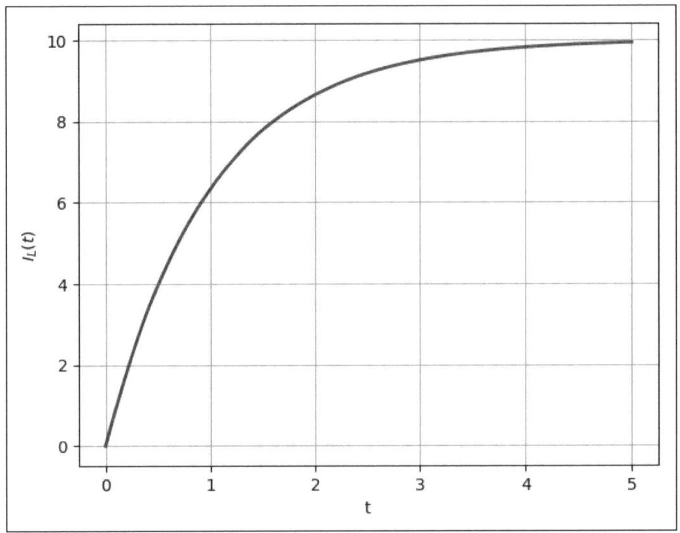

Abbildung 6.17 Einschalten einer Spule

Analyse

Zeile 09 legt das Integrationsintervall `ti=[0,tmax]` fest, und Zeile 10 bestimmt den Anfangswert `IL0=[0]` des Stroms. Zu beachten ist, dass die Anfangswerte in eckigen Klammern eingeschlossen sind.

Zeile 19 löst die DGL und speichert die Daten der Lösung in das Objekt `z`. Mit diesem Objekt kann dann in Zeile 20 auf die Funktion `sol(t)` zugegriffen werden. Der Lösungsvektor wird in das Objekt `iL` gespeichert und in Zeile 23 mit der Matplotlib-Methode `plot(t,iL.flatten())` für die Darstellung vorbereitet. Die NumPy-Methode `flatten()` wandelt das zweidimensionale Array `iL` mit dem `shape (1,500)` in ein eindimensionales Array mit dem `shape (500, )` um. Wenn Sie diese Operation nicht durchführen, kommt es zu einer Fehlermeldung, denn in der `plot`-Methode sind für die unabhängigen und abhängigen Variablen nur eindimensionale Arrays als Argumente zulässig. Die Dimension und den Typ (die Gestalt) der Arrays können Sie mit `print(name.ndim)` bzw. mit `print(name.shape)` ermitteln.

Der Parameter dense_output=True ist besonders wichtig. Der Default-Wert von dense_output ist False. Wenn Sie diesen Parameter weglassen oder auf False setzen, kommt es zu der Fehlermeldung:

```
TypeError: 'NoneType' object is not callable
```

Dieser Parameter ermöglicht es, die Funktion sol(t) zu verwenden. In der Dokumentation wird diese Funktion als Objekt (*Found solution as `OdeSolution` instance*) bezeichnet. Eigentlich müsste sol() als Methode bezeichnet werden, weil sie auf das Objekt z zugreift. sol(t) berechnet die numerische Lösung der DGL für die im NumPy-Array t vorgegebenen Zeit-Werte. Mit print(z) können Sie sich den Inhalt des Objekts z anzeigen lassen:

```
message: The solver successfully reached the end of the integration interval.
  success: True
   status: 0
        t: [0.000e+00  1.000e-04 ... 5.000e+00]
        y: [[ 0.000e+00  1.000e-03 ... 9.735e+00  9.931e+00]]
        sol: <scipy.integrate._ivp.common.OdeSolution object at 0x141659c30>
 t_events: None
 y_events: None
     nfev: 56
     njev: 0
      nlu: 0
```

Die Inhalte von z können mit print(z.meldung) auch einzeln in der Python-Shell ausgegeben werden. Die Bedeutung der einzelnen Angaben können Sie in Erfahrung bringen, indem Sie in die Python-Shell help(solve_ivp) eingeben.

6.6.3 Lineare DGL zweiter Ordnung

Wie eine lineare DGL zweiter Ordnung gelöst werden kann, soll am Beispiel eines Reihenschwingkreises demonstriert werden (siehe Abbildung 6.18). Berechnet werden soll der Spannungsverlauf $u_C(t)$ für den Ausgleichsvorgang (Sprungantwort).

Die Reihenschaltung aus einem Widerstand, einer Spule und einem Kondensator kann das dynamische Verhalten eines fremderregten Gleichstrommotors modellieren. Der Widerstand R, die Induktivität L und die Kapazität C repräsentieren den ohmschen Widerstand der Kupferwicklung, die Ankerinduktivität und die sogenannte *dynamische Kapazität* eines fremderregten Gleichstrommotors. Die dynamische Kapazität beschreibt die mechanische Trägheit des Ankers (Läufers) eines Gleichstrommotors. Die in dem Anker gespeicherte Rotationsenergie ist gleich der in einem Kondensator gespeicherten elektrischen Energie.

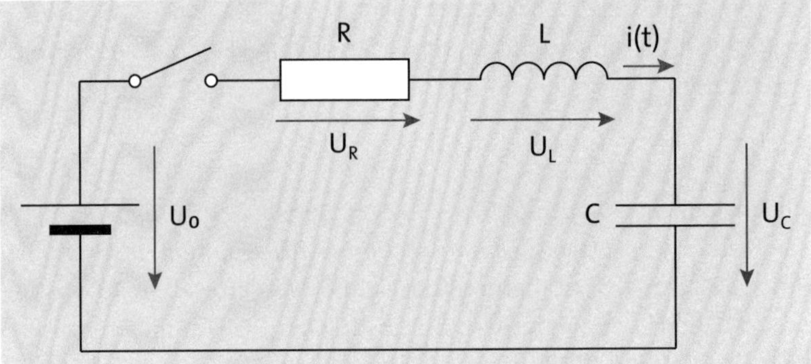

Abbildung 6.18 Ersatzschaltbild für einen fremderregten Gleichstrommotor

Die dynamische Kapazität wird aus dem Trägheitsmoment der Arbeitsmaschine J, dem Ankerbemessungsstrom I_{AN} und dem Bemessungsmoment M_N berechnet:

$$C = J\left(\frac{I_{\mathrm{AN}}}{M_N}\right)^2$$

Der Verlauf der Drehfrequenz $n(t)$ entspricht dem Spannungsverlauf am Kondensator $i_c(t)$. Wenn die Batteriespannung U_0 einen Wert von 100 V hat, dann kann der normierte Drehfrequenzverlauf auf der y-Achse als Prozentwert für jeden Zeitpunkt des Ausgleichvorgangs abgelesen werden.

Um die DGL für die Kondensatorspannung zu erhalten, müssen Sie als Erstes die Maschengleichung für die Spannungsfälle an den Bauteilen aufstellen:

$$u_L + u_R + u_C = U_0$$

Für den Kondensatorstrom gilt:

$$i = C\frac{\mathrm{d}u_C}{\mathrm{d}t}$$

Der Spannungsfall an der Spule wird durch das Induktionsgesetz bestimmt:

$$u_L = L\frac{\mathrm{d}i}{\mathrm{d}t}$$

Durch Einsetzen der Spulenspannung in die Maschengleichung erhalten Sie:

$$L\frac{\mathrm{d}i}{\mathrm{d}t} + Ri + u_C = U_0$$

Und durch Einsetzen des Kondensatorstroms in die Maschengleichung ergibt sich:

$$L\frac{\mathrm{d}i}{\mathrm{d}t} + RC\frac{\mathrm{d}u_C}{\mathrm{d}t} + u_C = U_0$$

Durch Umstellen erhalten Sie ein System aus zwei Differenzialgleichungen für die Kondensatorspannung

$$\frac{\mathrm{d}u_C}{\mathrm{d}t} = \frac{1}{C} i$$

und den Spulenstrom:

$$\frac{\mathrm{d}i}{\mathrm{d}t} = \frac{1}{L}\left(U_0 - RC\frac{\mathrm{d}u_C}{\mathrm{d}t} - u_C\right)$$

Weil dieses Differenzialgleichungssystem in expliziter Form aufgestellt wurde, kann es in Listing 6.20 direkt als Quelltext codiert werden:

```
#20_dgl_zweiter_ordnung.py
import numpy as np
import matplotlib.pyplot as plt
from scipy.integrate import solve_ivp
U0 = 100  #Eingangsspannung in V
R = 1.5   #Ankerwiderstand in Ohm
L = 0.025 #Ankerinduktivität in H
Mn=150    #Bemessungsmoment in Nm
In=50     #Bemessungsstrom in A
J=0.2     #Trägheitsmoment in kgm^2
tmax=0.5  #Zeit in Sekunden
#DGL-System
def dgl(t,anfangswerte,R,L,C):
    uc,i = anfangswerte
    duc_dt = i/C
    di_dt = (U0 - R*C*duc_dt-uc)/L
    return [duc_dt, di_dt]

C = J*(In/Mn)**2 #dynamische Kapazität
a0 = [0,0]       #Anfangswerte
ti=[0,tmax]      #Integrationsintervall
t = np.linspace(0,tmax,500)
z=solve_ivp(dgl,ti,a0,args=(R,L,C),dense_output=True)
uc,ic = z.sol(t)
fig,axes=plt.subplots(2,1,figsize=(6,6))
#Kondensatorspannung
axes[0].plot(t, uc,'b-',lw=2)
axes[0].set_title("Sprungantwort eines fremderregten Gleichstrommotors")
axes[0].set_ylabel('Ausgangsspannung in V')
#Stromverlauf
axes[1].plot(t, ic,'r-',lw=2)
```

```
32 axes[1].set(xlabel='Zeit in Sekunden',ylabel='Ankerstrom in A')
33 axes[0].grid(True);axes[1].grid(True)
34 print("dynamische Kapazität:",C,"F")
35 fig.tight_layout()
36 plt.show()
```

Listing 6.20 Sprungantwort eines fremderregten Gleichstrommotors

Ausgabe

```
dynamische Kapazität: 0.0222 F
```

Die grafische Ausgabe der Sprungantwort sehen Sie in Abbildung 6.19.

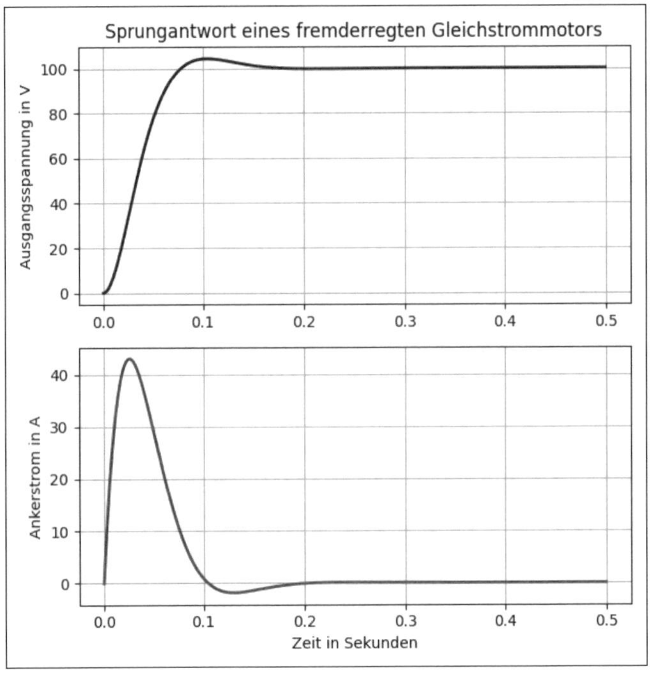

Abbildung 6.19 Sprungantwort eines fremderregten Gleichstrommotors

Analyse

In den Zeilen 13 bis 17 wird die Funktion für das DGL-System `dgl(t,anfangswerte,R,L,C)` definiert. Diese Funktion gibt das Array `[duc_dt, di_dt]` als Lösungsmenge zurück.

In Zeile 23 wird diese DGL gelöst. Die zusätzlichen Parameter für die Werte der Bauteile werden als Tupel `args=(R,L,C)` übergeben. Da das Objekt `z` die Lösungsmenge für den Spannungs- und Stromverlauf enthält, müssen diese in den Zeile 24 getrennt werden. Die Lösung der DGL wird in das Tupel `uc, ic` gespeichert.

6.6.4 Nichtlineare DGL zweiter Ordnung

Die besonderen Stärken numerischer Lösungsverfahren bestehen darin, auch nichtlineare Differenzialgleichungen lösen zu können. Beispielsweise wird die Pendelbewegung eines mathematischen Pendels durch eine nichtlineare DGL beschrieben. Die Pendelbewegung des Pendels aus Abbildung 6.20 soll simuliert werden. Dazu muss die DGL des Schwingungssystems aufgestellt und in die explizite Form umgewandelt werden.

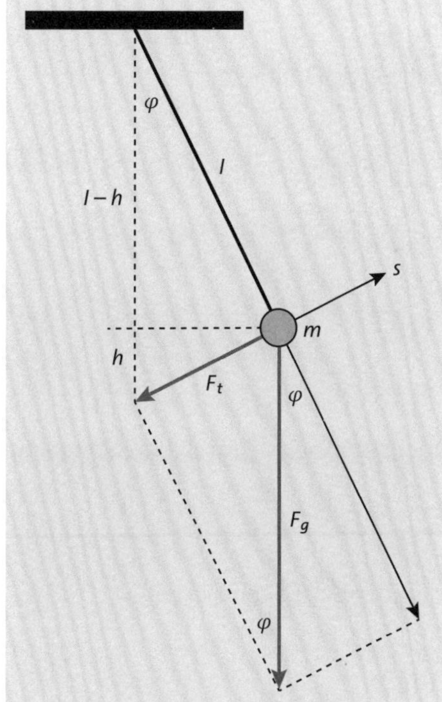

Abbildung 6.20 Fadenpendel

Eine Kugel mit der Masse m ist an einer Stange befestigt. Die Stange wird als masselos angenommen, die gesamte Masse des Systems konzentriert sich als Punktmasse in der Kugel. Die Lagerreibung wird ebenfalls vernachlässigt. Nicht vernachlässigt werden soll dagegen die Luftreibung der Kugel, die durch folgende Gleichung beschrieben wird:

$$F_r = -\frac{1}{2} \cdot \rho \cdot c_w \cdot A \cdot v^2 = -\frac{1}{2} \cdot \rho \cdot c_w \cdot A \cdot l^2 \cdot \omega^2$$

Dabei bedeuten im Einzelnen:

- ρ: Dichte der Luft 1,28 kg/m^3
- c_w: Widerstandsbeiwert

- A: Querschnitt der Kugel
- l: Länge des Pendels
- ω: Winkelgeschwindigkeit des Pendels in 1/s

Die Tangentialkraft F_t wirkt entgegen der Beschleunigung:

$$F_t = -F_g \cdot \sin\varphi = -m \cdot g \cdot \sin\varphi$$

Für die Kraftkomponente der Beschleunigung gilt:

$$F_b = m \cdot a = m \cdot l \cdot \ddot{\varphi}$$

Zu jedem Zeitpunkt muss die Summe aller Kräfte gleich null sein:

$$F_b(t) + F_r(t) + F_t(t) = 0$$

Durch Einsetzen erhalten Sie eine nichtlineare DGL zweiter Ordnung:

$$m \cdot l \cdot \ddot{\varphi} + \frac{1}{2} \cdot \rho \cdot c_w \cdot A \cdot l^2 \cdot |\dot{\varphi}|\dot{\varphi} + m \cdot g \cdot \sin\varphi = 0$$

Durch ml dividiert, ergibt sich:

$$\ddot{\varphi} + \frac{\rho \cdot c_w \cdot A \cdot l}{2m}|\dot{\varphi}|\dot{\varphi} + \frac{g}{l}\sin\varphi = 0$$

Mit den Abkürzungen $b = \frac{\rho \cdot c_w \cdot A \cdot l}{2m}$ für die Reibung und $\omega_0^2 = \frac{g}{l}$ für die Kreisfrequenz ergibt sich die übersichtliche Form:

$$\ddot{\varphi} + b|\dot{\varphi}|\dot{\varphi} + \omega_0^2 \sin\varphi = 0$$

Die Frequenz der Pendelbewegung verringert sich mit der Pendellänge

$$f = \frac{1}{2\pi}\sqrt{\frac{g}{l}}$$

und die Periodendauer steigt mit der Länge des Pendels:

$$T = 2\pi\sqrt{\frac{l}{g}}$$

Das Pendel schwingt auf einer Kreisbahn hin und her, nachdem es ausgelenkt wurde, weil die potenzielle Energie der Kugel in Bewegungsenergie umgewandelt wird und die Bewegungsenergie der Kugel wiederum in potenzielle Energie umgewandelt wird. Dieser Vorgang wird durch die Luft- und Lagerreibung gedämpft.

Die Kugel des Pendels bewegt sich auf einer Kreisbahn. Die maximale Bahngeschwindigkeit kann aus der Energiebilanz berechnet werden:

$$v_{\max} = \sqrt{2gl(1 - \cos\varphi_0)}$$

Die DGL zweiter Ordnung der Pendelbewegung kann mit der Funktion `solve_ivp()` nur gelöst werden, wenn sie in ein System von zwei Differenzialgleichungen erster Ordnung umgewandelt wird.

Mit $\dot{\varphi} = \omega$ erhalten Sie das explizite DGL-System erster Ordnung:

$$\frac{\mathrm{d}\varphi}{\mathrm{d}t} = \omega$$

$$\frac{\mathrm{d}\omega}{\mathrm{d}t} = -b|\omega|\omega - \omega_0^2 \sin\varphi$$

Mit Listing 6.21 können Sie ein foucaultsches Pendel simulieren. Das foucaultsche Pendel in dem berühmten Versuch im Pariser Panthéon vom 26. März 1851 hatte eine Länge von 67 m und eine Kugelmasse von 28 kg.

Der in Zeile 07 vorgegebene Auslenkungswinkel von 179° ist zwar bei einer Pendellänge von 10 m unrealistisch (Zeile 05), er wurde aber bewusst so gewählt, damit die Nichtlinearitäten des Bewegungsablaufs deutlich sichtbar werden (siehe Abbildung 6.21).

```
01 #21_dgl_fadenpendel.py
02 import numpy as np
03 import matplotlib.pyplot as plt
04 from scipy.integrate import solve_ivp
05 l=10          #Länge des Pendels in m
06 d=1           #Durchmesser der Kugel in dm
07 phi0=179      #Auslenkung
08 cw=0.3        #Widerstandsbeiwert für Kugel
09 rho_K=7.85    #Dichte von Stahl kg/dm^2
10 rho_L=1.28    #Dichte von Luft kg/m^3
11 g=9.81        #Erdbeschleunigung
12 tmax=50
13 #DGL-System
14 def dgl(t,ya,b,w02):
15     phi, w = ya
16     dphi_dt = w
17     dw_dt = -b*np.abs(w)*w-w02*np.sin(phi)
18     return [dphi_dt,dw_dt]
19 #Berechnungen
20 r=d/2                    #Radius der Kugel in dm
21 A=np.pi*(0.1*r)**2       #Kreisfläche in m^2
22 m=rho_K*4/3*np.pi*r**3 #Masse der Kugel in kg
23 b=cw*rho_L*A*l/(2*m)     #Dämpfungskonstante
24 w02=g/l
25 T=2.0*np.pi*np.sqrt(l/g)
```

```
26 f=1.0/T     #Frequenz
27 vmax=np.sqrt(2*g*l*(1-np.cos(np.radians(phi0))))
28 #Lösung der DGL
29 y0 = [np.radians(phi0),0]
30 t = np.linspace(0, tmax, 500)
31 z=solve_ivp(dgl,[0,tmax],y0,args=(b,w02),dense_output=True)
32 phi, w = z.sol(t)
33 v=l*w
34 #Ausgabe
35 fig,ax=plt.subplots(2,1)
36 #Auslenkung
37 ax[0].plot(t, np.degrees(phi),'r-',lw=2)
38 ax[0].set(ylabel=r"$\varphi$ in °",title="Fadenpendel")
39 #Geschwindigkeit
40 ax[1].plot(t, v,'b-',lw=2)
41 ax[1].set(xlabel='Zeit in s',ylabel="v in m/s")
42 [ax[i].grid(True) for i in range(len(ax))]
43 fig.tight_layout()
44 print("Masse der Kugel %3.2f kg"%m)
45 print("Periodendauer %3.2f s"%T)
46 print("Frequenz %3.2f Hz"%f)
47 print("Dämpfung %3.4f"%b)
48 print("maximale Geschwindigkeit %3.2f m/s"%vmax)
49 plt.show()
```

Listing 6.21 Fadenpendel

Ausgabe

In Abbildung 6.21 sehen Sie die grafische Ausgabe des Programms.

```
Masse der Kugel 4.11 kg
Periodendauer 6.34 s
Frequenz 0.16 Hz
Dämpfung 0.0037
maximale Geschwindigkeit 19.81 m/s
```

Analyse

Die Struktur des Simulationsprogramms ergibt sich aus den zuvor abgeleiteten Formeln. Bei einem Auslenkwinkel von 179° ist die Nichtlinearität der Kurvenverläufe deutlich sichtbar. Wenn Sie den Winkel in Zeile 07 auf etwa unter 90° verringern, dann ist die Nichtlinearität mit bloßem Auge schon nicht mehr zu erkennen. Für die Variation der Simulationen können noch der Durchmesser der Kugel in Zeile 06 und die Dichte des Materials in Zeile 09 geändert werden.

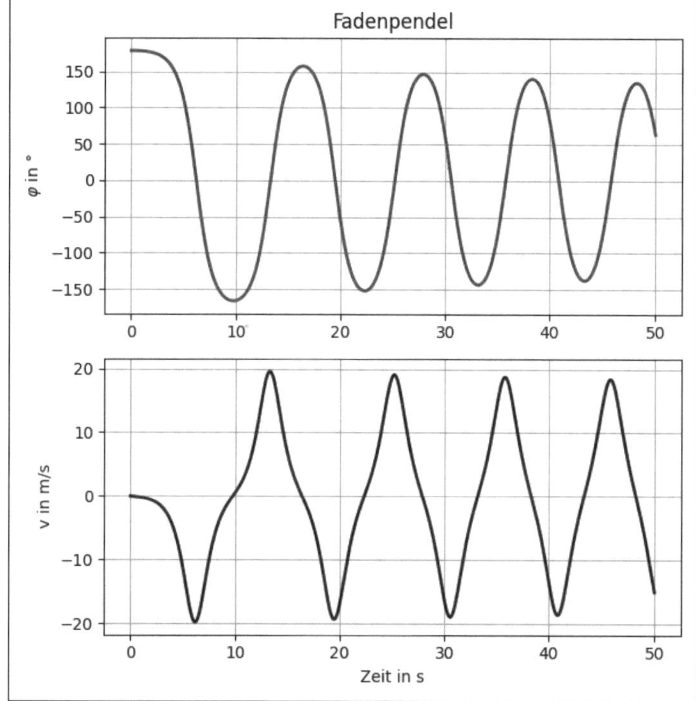

Abbildung 6.21 Auslenkung und Geschwindigkeit eines Fadenpendels

Wenn Sie das foucaultsche Pendel simulieren wollen, dann müssen Sie für die Pendellänge 67 m und für den Kugeldurchmesser 1,896 dm eingeben. Ein Auslenkwinkel von 1,71° entspricht einer Auslenkung von etwa 2 m.

6.6.5 DGL-System zweiter Ordnung: Gekoppeltes Federpendel

Ein gekoppeltes Federpendel nach Abbildung 6.22 bildet ein schwingungsfähiges System, in dem die beiden Massen sich in ihren Bewegungen gegenseitig beeinflussen.

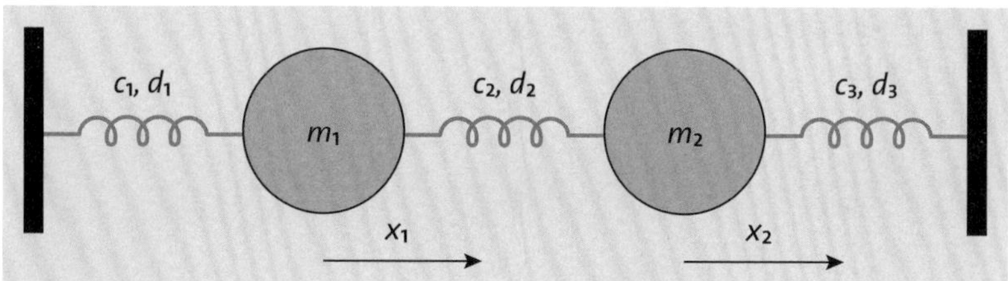

Abbildung 6.22 Zweimassenschwinger mit Dämpfung

Die Massen m_1 und m_2 sollen sich nur waagerecht auf der x-Achse in horizontaler Richtung bewegen. Die Auslenkungen x_1 und x_2 beziehen sich auf den Ruhezustand.

Das physikalische Verhalten der beiden Federn wird durch die Dämpfungskonstanten d_1, d_2 und d_3 sowie durch die Federkonstanten c_1, c_2 und c_3 bestimmt.

Das Feder-Masse-System wird durch folgendes Differenzialgleichungssystem beschrieben:

$$m_1\ddot{x}_1 = -d_1\dot{x}_1 - d_2(\dot{x}_1 - \dot{x}_2) - c_1x_1 - c_2(x_1 - x_2)$$
$$m_2\ddot{x}_2 = -d_3\dot{x}_2 - d_2(\dot{x}_2 - \dot{x}_1) - c_3x_2 - c_2(x_2 - x_1)$$

[vgl. Vöth: 80].

Beide Seiten müssen durch die Massen geteilt werden, um die explizite Form zu erhalten:

$$\ddot{x}_1 = -\frac{1}{m_1}[d_1\dot{x}_1 + d_2(\dot{x}_1 - \dot{x}_2) + c_1x_1 + c_2(x_1 - x_2)]$$
$$\ddot{x}_2 = -\frac{1}{m_2}[d_3\dot{x}_2 + d_2(\dot{x}_2 - \dot{x}_1) + c_3x_2 + c_2(x_2 - x_1)]$$

Mit den Substitutionen

$$\dot{x}_1 = v_1\,, \quad \ddot{x}_1 = \dot{v}_1, \quad \dot{x}_2 = v_2, \quad \ddot{x}_2 = \dot{v}_2$$

ergibt sich das DGL-System:

$$\dot{x}_1 = v_1$$
$$\dot{v}_1 = -\frac{1}{m_1}[d_1v_1 + d_2(v_1 - v_2) + c_1x_1 + c_2(x_1 - x_2)]$$
$$\dot{x}_2 = v_2$$
$$\dot{v}_2 = -\frac{1}{m_2}[d_3v_2 + d_2(v_2 - v_1) + c_3x_2 + c_2(x_2 - x_1)]$$

Listing 6.22 löst dieses Differenzialgleichungssystem mit der Funktion `solve_ivp()` und visualisiert die Bewegungsabläufe des gekoppelten Feder-Masse-Systems in Abbildung 6.23:

```
#22_dgl_zweimassenschwinger.py
import numpy as np
import matplotlib.pyplot as plt
from scipy.integrate import solve_ivp
m=1e3     #Masse in kg
c=1e7     #Federkonstante N/m
d=1e3     #Dämpfung kg/s
m1,m2=m,2*m
c1,c2,c3=c,2*c,3*c
d1,d2,d3=d,2*d,3*d
tmax=0.2 #Sekunden
```

```
#DGL-System
def dgl(t,xa,c1,c2,c3,d1,d2,d3,m1,m2):
    x1,v1,x2,v2=xa
    dx1_dt=v1
    dv1_dt=-(d1*v1+d2*(v1-v2)+c1*x1+c2*(x1-x2))/m1
    dx2_dt=v2
    dv2_dt=-(d3*v2+d2*(v2-v1)+c3*x2+c2*(x2-x1))/m2
    return np.array([dx1_dt,dv1_dt,dx2_dt,dv2_dt])
#Lösung des DGL-Systems
t = np.linspace(0,tmax,500)
x0 = [0.1, 0.0, 0.0, 0.0]#Anfangswerte
parameter=(c1,c2,c3,d1,d2,d3,m1,m2)
z=solve_ivp(dgl,[0,tmax],x0,args=parameter,dense_output=True)
x1,v1,x2,v2 = z.sol(t)
fig,ax=plt.subplots()
#Auslenkung m1
ax.plot(t, 1e3*x1,'r-',lw=1.5,label=r'$m_{1}$')
#Auslenkung m2
ax.plot(t, 1e3*x2,'b-',lw=1.5,label=r'$m_{2}$')
ax.legend()
ax.set(xlabel='t in s',ylabel='Auslenkung in mm')
ax.grid(True)
plt.show()
```

Listing 6.22 Lösung des DGL-Systems für Zweimassenschwinger

Ausgabe

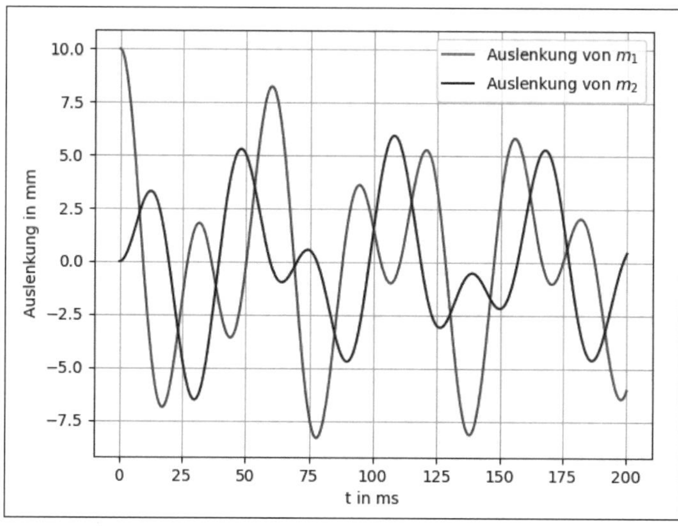

Abbildung 6.23 Bewegungsverlauf eines Zweimassenschwingers

Analyse

Die Werte für die Massen, die Dämpfungs- und Federkonstanten wurden aus [Vöth: 79f.] entnommen (Zeilen 05 bis 10).

Die Funktionsdefinition `dgl()` in den Zeilen 13 bis 19 enthält den Code für das DGL-System in expliziter Form. Die Ableitungen werden in Zeile 19 als NumPy-Array zurückgegeben. Das verkürzt die Rechenzeit gegenüber der Rückgabe mit Listen.

In Zeile 24 löst die Funktion `solve_ivp()` das DGL-System. Die Lösungsdaten werden in das Objekt `z` gespeichert. In Zeile 25 werden die Lösungen getrennt und in das Tupel `x1,v1,x2,v2` gespeichert.

Ab Zeile 26 beginnt der Grafikbereich für die grafische Darstellung der Massenauslenkungen m_1 und m_2. Der Faktor `1e3` in den Zeilen 28 und 30 bewirkt, dass die Werte für die x-Achse in ms und die Werte für die y-Achse in mm umgewandelt werden.

Im Vergleich zur SymPy-Methode `dsolve_system()` ist die numerische Berechnung mit der SciPy-Funktion `solve_ivp()` deutlich schneller und effektiver.

6.6.6 Nichtlineares DGL-System zweiter Ordnung: Doppelpendel

In dem folgenden Beispiel sollen die Bewegungsabläufe eines Doppelpendels nach Abbildung 6.24 simuliert werden.

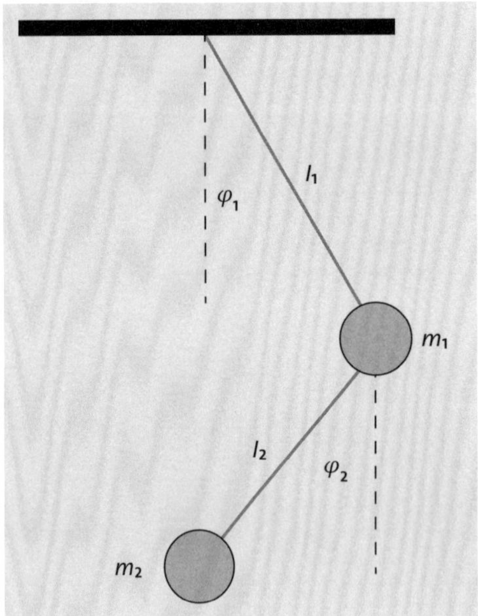

Abbildung 6.24 Doppelpendel

Die beiden Massen sind durch starre Stangen miteinander verbunden. Die Lager- und Luftreibung sowie das Trägheitsmoment der Stangen sollen vernachlässigt werden.

Ein Doppelpendel ist ein komplexes Schwingungssystem, dessen Bewegungsabläufe durch zwei nichtlineare Differenzialgleichungen beschrieben werden können:

Für das 1. Pendel gilt:

$$\dot{\varphi}_1 = \omega_1$$

$$\dot{\omega}_1 = \frac{m_2 l_1 \omega_1^2 \sin\Delta\cos\Delta + m_2 g \sin\varphi_2 \cos\Delta + m_2 l_2 \omega_2^2 \sin\Delta - mg\sin\varphi_1}{m l_1 - m_2 l_1 \cos^2\Delta}$$

Für das 2. Pendel gilt:

$$\dot{\varphi}_2 = \omega_2$$

$$\dot{\omega}_2 = \frac{-m_2 l_2 \omega_2^2 \sin\Delta\cos\Delta + m(g\sin\varphi_1\cos\Delta - l_1\omega_1^2\sin\Delta - g\sin\varphi_2)}{m l_2 - m_2 l_2 \cos^2\Delta}$$

Dabei stehen die Abkürzungen Δ und m für $\Delta = \varphi_2 - \varphi_1$ und $m = m_1 + m_2$.

[Quelle: *http://www.physics.usyd.edu.au/~wheat/dpend_html/*].

Listing 6.23 löst dieses Differenzialgleichungssystem mit der Funktion `solve_ivp()` und visualisiert die Auslenkungen eines Doppelpendels in x- und y-Richtung (siehe Abbildung 6.25) als Funktion der Zeit und als Bahnkurve (Trajektorie).

```
#23_dgl_doppelpendel.py
import numpy as np
from numpy import sin,cos
import matplotlib.pyplot as plt
from scipy.integrate import solve_ivp
#Pendeldaten
g = 9.81     #Erdbeschleunigung
l1,l2 = 2,1 #Pendellaengen
m1,m2 = 5,1 #Pendelmassen
phi1, phi2 = 120, -10 #Auslenkung
tmax=20
#DGL-System
def dgl(t,ya,l1, l2, m1, m2):
    phi1,w1,phi2,w2 = ya
    delta=phi2-phi1; m=m1+m2 #Abkuerzung fuer Winkel u. Masse
    phi1_dt = w1 #1. Ableitung Winkel oben
    w1_dt=(m2*l1*w1**2*sin(delta)*cos(delta)\
      +m2*g*sin(phi2)*cos(delta)+m2*l2*w2**2*sin(delta)-m*g*sin(phi1))\
           /(m*l1-m2*l1*cos(delta)**2)
```

```
    phi2_dt = w2 #1. Ableitung Winkel unten
    w2_dt=(-m2*l2*w2**2*sin(delta)*cos(delta)\
       + m*(g*sin(phi1)*cos(delta)-l1*w1**2*sin(delta)-g*sin(phi2)))\
           /(m*l2-m2*l2*cos(delta)**2)
    return np.array([phi1_dt, w1_dt, phi2_dt, w2_dt])
#Lösung des DGL-Systems
omega1 = omega2 = 0
ya =[np.radians(phi1),omega1,np.radians(phi2),omega2]
t = np.linspace(0,tmax,1000)
z=solve_ivp(dgl,[0,tmax],ya,args=(l1,l2,m1,m2),dense_output=True)
phi1, w1, phi2, w2 = z.sol(t) #Lösungen
#Berechnung der x,y-Koordinaten, l1 ist im Ursprung verankert
x1,y1 =    l1*sin(phi1),  -l1*cos(phi1) #1. Pendel
x2,y2 = x1+l2*sin(phi2),y1-l2*cos(phi2) #2. Pendel
fig, ax = plt.subplot_mosaic([['upper left', 'right'],
                              ['lower left', 'right']],
                              figsize=(8,4), layout="constrained")
#Auslenkung Pendel l1 (oben)
breite=1.1*(l1+l2)
ax['upper left'].plot(t,x1,'r-',lw=1)#x-Richtung oben
ax['upper left'].plot(t,y1,'b-',lw=1)#y-Richtung oben
ax['upper left'].set(ylabel='$x_1, y_1$',title='Pendel 1')
#Auslenkung Pendel l2 (unten)
ax['lower left'].plot(t,x2,'r-',lw=1) #x-Richtung unten
ax['lower left'].plot(t,y2,'b-',lw=1) #y-Richtung unten
ax['lower left'].set(xlabel='t',ylabel='$x_2, y_2$',title='Pendel 2')
#Bahnkurven
breite=1.1*(l1+l2)
ax['right'].plot(x1,y1,'r-',lw=1,label='Pendel 1')
ax['right'].plot(x2,y2,'b-',lw=1,label='Pendel 2')
ax['right'].set(xlabel='x',ylabel='y',title='Bahnkurven')
ax['right'].legend(loc='best')
ax['right'].set_xlim(-breite,breite)
ax['right'].set_ylim(-breite,breite)
plt.show()
```

Listing 6.23 Doppelpendel

Ausgabe

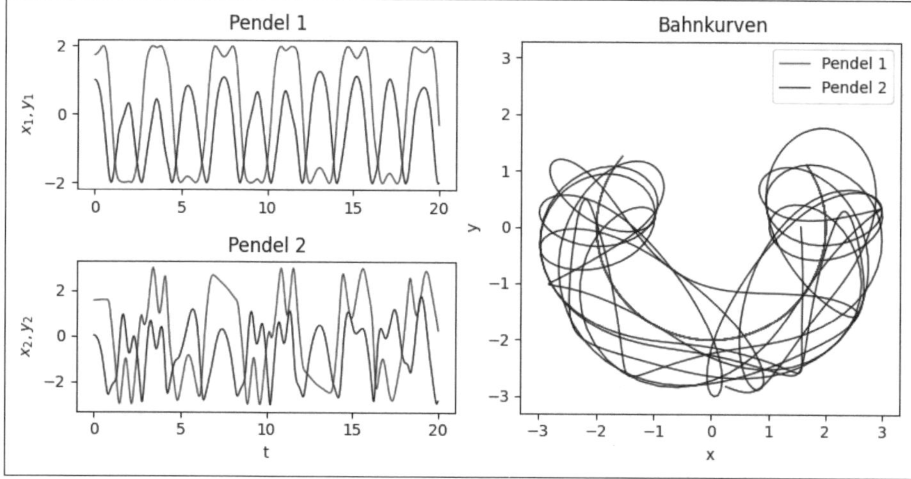

Abbildung 6.25 Bewegungsverlauf eines Doppelpendels

Analyse

Wie aus den Bahnkurven der Abbildung 6.25 deutlich hervorgeht, bewegt sich das Pendel 1 gezwungenermaßen auf einer Kreisbahn. Das Pendel 2 führt chaotische Bewegungen aus. Durch Änderung der Pendellängen in Zeile 08 und der Pendelmassen in Zeile 09 können Sie verschiedene Simulationen durchführen.

In den Zeilen 13 bis 24 wird das Differenzialgleichungssystem `dgl` für die Pendelbewegungen so implementiert, wie es die Vorgaben verlangen. In Zeile 29 löst die Funktion `solve_ivp()` dieses Differenzialgleichungssystem und speichert den Lösungsvektor in das Objekt `z`.

In Zeile 30 werden die Lösungen getrennt und in das Tupel `phi1, w1, phi2, w2` gespeichert.

In Zeile 32 werden die x-y-Koordinaten der Pendelbewegung für das Pendel 1 berechnet und in Zeile 33 für das Pendel 2.

6.7 Diskrete Fourier-Transformation

Jedes periodische nicht sinusförmige Signal lässt sich durch eine unendliche Reihe von Sinusschwingungen approximieren. So besteht z. B. ein rechteckiges periodisches Signal aus einer Grundschwingung und einer Summe aus unendlich vielen Oberschwingungen, deren Frequenzen aus einem ungeradzahligen Vielfachen der Grundfrequenz bestehen. Die Amplituden der Oberschwingung verringern sich um einen ungeradzahligen Bruchteil:

$$u(t) = \frac{4\hat{u}}{\pi}\left[1 + \sin\omega t + \frac{1}{3}\sin 3\omega t + \frac{1}{5}\sin 5\omega t + \ldots\right]$$

In Verstärkern werden sinusförmige Signale (Spannungen oder Ströme) durch die nichtlinearen Kennlinien der Transistoren verzerrt. Dadurch entstehen Oberschwingungen. Um die Abweichung eines Signals von der Sinusform beurteilen zu können, wurde der Begriff des *Klirrfaktors* eingeführt:

$$k_u = \frac{\sqrt{\hat{u}_2^2 + \hat{u}_3^2 + \hat{u}_4^2 + \hat{u}_5^2 + \ldots + \hat{u}_n^2}}{\hat{u}_1^2}$$

Je kleiner der Klirrfaktor ist, desto besser ist die »Qualität« des Sinussignals.

Für eine Rechteckfunktion gilt:

$$k_u = \sqrt{\frac{\pi^2}{8} - 1} = 0{,}483$$

Um diese Oberschwingungen zu ermitteln, muss das Signal nach dem *shannonschen Abtasttheorem* mindestens mit der doppelten Frequenz abgetastet werden. Die Abtastung wird mathematisch durch die *diskrete Fourier-Transformation* beschrieben. Diese Transformation ermittelt die Frequenzanteile eines nicht sinusförmigen Signals. Sie transformiert ein Signal $s(t)$ aus dem Zeitbereich in den Frequenzbereich $\underline{S}(\omega)$, und zwar mit dem folgenden Algorithmus:

$$\underline{S}(\omega) = \underline{S}\left(\frac{2\pi k}{NT_a}\right) = \sum_{n=0}^{N-1} s(nT_a)\, e^{-\frac{j2\pi kn}{N}}$$

Die Rücktransformation in den Zeitbereich erfolgt mit der inversen Fourier-Transformation:

$$s(nT_a) = \frac{1}{N}\sum_{n=0}^{N-1} \underline{S}\left(\frac{2\pi k}{NT_a}\right) e^{\frac{j2\pi kn}{N}}$$

Die Funktionen für die Fourier-Transformation stellt SciPy in dem Unterpaket `fft` zur Verfügung. Mit der Funktion `fft(x)` wird das Array `x` von dem Zeitbereich in den Frequenzbereich transformiert. Sie berechnet die eindimensionale diskrete Fourier-Transformation (DFT) für N Abtastpunkte mit dem effizienten FFT-Algorithmus (**F**ast **F**ourier **T**ransform). Der erste Buchstabe f (engl. *fast*) im Bezeichner der Funktion `fft()` bezieht sich auf die Effizienz des Algorithmus.

Die inverse Funktion `ifft(x)` transformiert das Signal $\underline{S}(\omega)$ wieder in den Zeitbereich $s(t)$ zurück.

6.7.1 Grundsätzliche Verwendung der FFT

Listing 6.24 zeigt, wie die diskreten Spannungswerte `u_t1` mit der Funktion `fft(u_t1)` vom Zeitbereich in den Frequenzbereich transformiert werden und dann mit der Funktion `ifft(U_fft)` wieder zurück in den Zeitbereich transformiert werden:

```
01 #24_fourier1.py
02 from scipy.fft import fft,ifft
03 u_t1=[0,1,2,3,4,5]
04 #Transformation in den Frequenzbereich
05 U_fft=fft(u_t1)
06 #Transformation in den Zeitbereich
07 u_t2=ifft(U_fft)
08 print("ursprüngliches Signal :\n",u_t1)
09 print("transformiertes Signal:\n",U_fft)
10 print("wiederhergestelltes Signal:\n",u_t2.real)
```

Listing 6.24 Fourier-Transformation und Rücktransformation

Ausgabe

```
ursprüngliches Signal:
 [0, 1, 2, 3, 4, 5]
transformiertes Signal:
[15.-0.j  -3.+5.19615242j -3.+1.73205081j -3.-0.j
 -3.-1.73205081j -3.-5.19615242j]
wiederhergestelltes Signal:
 [0. 1. 2. 3. 4. 5.]
```

Analyse

In Zeile 05 transformiert die Funktion der schnellen Fourier-Transformation `fft(u_t1)` aus dem Untermodul `fft` die Liste `u_t1` aus Zeile 03 in den Frequenzbereich. Bei der Ausgabe in Zeile 09 handelt es sich um ein Array mit komplexen Zahlen, deren praktische Verwertbarkeit an dieser Stelle noch nicht eingesehen werden kann. In Zeile 07 transformiert die Funktion für die inverse Fourier-Transformation `ifft(U_fft)` die Funktion `U_fft` von dem Frequenzbereich wieder zurück in den Zeitbereich. Dass die Rücktransformation exakt erfolgt, zeigt die Ausgabe in Zeile 10. Durch die Angabe der Eigenschaft `real` werden die Ausgaben der Imaginäranteile, die ohnehin null sind, unterdrückt.

6.7.2 Frequenzspektren von nicht sinusförmigen periodischen Signalen

Das nächste Beispiel (siehe Listing 6.25) zeigt die Berechnung der Frequenzspektren und Klirrfaktoren für rechteckige, sägezahnförmige, dreieckige und parabelförmige

Signale mit der Fourier-Transformation. In Zeile 43 kann durch Änderung des Funktionsnamens die gewünschte Signalform getestet werden.

```
01 #25_fourier_rechteck.py
02 import numpy as np
03 import matplotlib.pyplot as plt
04 from scipy.fft import fft,fftfreq
05 f=50      #Frequenz in Hz
06 T=1/f     #Periodendauer
07 umax=325 #Amplitude
08 N=6000    #Anzahl der Abtastungen
09 Ta=T/N    #Abtastzeit
10 t=np.linspace(0,T,N)
11 #Klirrfaktor berechnen
12 def klirrfaktor(u):
13     z=0
14     for i in range(1,len(u)):
15         z=z+u[i]**2
16     return np.sqrt(z)/u[0]
17 #Rechteckfunktion
18 @np.vectorize
19 def ur(t):
20     if t < T/2:
21         return umax
22     else:
23         return -umax
24 #Sägezahn
25 @np.vectorize
26 def us(t):
27     return 1e4*(t-T/2)
28 #Dreieck
29 @np.vectorize
30 def ud(t):
31     m=100
32     if t < T/2:
33         return m*t
34     else:
35         return -m*(t-T/2)+m*T/2
36 #Parabelbögen
37 @np.vectorize
38 def up(t):
39     if t < T/2:
40         return -(t-T/4)**2+(T/4)**2
```

```
41      else:
42          return (t-3*T/4)**2-(T/4)**2
43  u_t=ur(t)
44  #Transformation in den Frequenzbereich
45  U_fft = fft(u_t)
46  #Beträge der Amplituden im Frequenzbereich
47  U_f=2*np.abs(U_fft)/N
48  #Oberschwingungen berechnen
49  fk=fftfreq(N,Ta)
50  pos=np.where(fk>0) #nur positve Frequenzen
51  #Unterdiagramme erzeugen
52  print("Klirrfaktor %2.3f"%klirrfaktor(U_f[pos]))
53  fig,ax=plt.subplots(2,1)
54  #Rechteckspannung darstellen
55  ax[0].plot(1e3*t,u_t,"b-",lw=2)
56  ax[0].set(xlabel="t in ms",ylabel="U in V")
57  #Frequenzspektrum darstellen
58  ax[1].stem(fk[pos],U_f[pos])
59  ax[1].set(xlabel="f in Hz",ylabel="Amplituden")
60  ax[1].set_xlim(0,1000)
61  fig.tight_layout()
62  plt.show()
```

Listing 6.25 Frequenzspektren von nicht sinusförmigen Signalen berechnen

Ausgabe

In Abbildung 6.26 sehen Sie die grafische Ausgabe des Programms.

```
Klirrfaktor 0.483
```

Analyse

Alle selbst definierten Funktionen müssen mit `@np.vectorize` vektorisiert werden, damit sie auf der Zeitachse darstellbar sind. In Zeile 43 erfolgt der Funktionsaufruf der selbst definierten Signalfunktion. Durch Änderung des Funktionsnamens können Sie die gewünschte Signalform (Rechteck `ur(t)`, Sägezahn `us(t)`, Dreieck `ud(t)` oder Parabelbögen `up(t)`) für die Berechnung des Klirrfaktors und die Darstellung des Frequenzspektrums auswählen.

Die Funktion `klirrfaktor(u)` für die Berechnung des Klirrfaktors wird in den Zeilen 12 bis 16 definiert. Der Algorithmus summiert die einzelnen Amplituden des Frequenzspektrums (sogenannte *Harmonische*) innerhalb einer `for`-Schleife auf. Beachten Sie, dass der Schleifendurchlauf mit dem Index 1 beginnen muss, damit die Grundschwingung `u[0]` nicht mit aufaddiert wird.

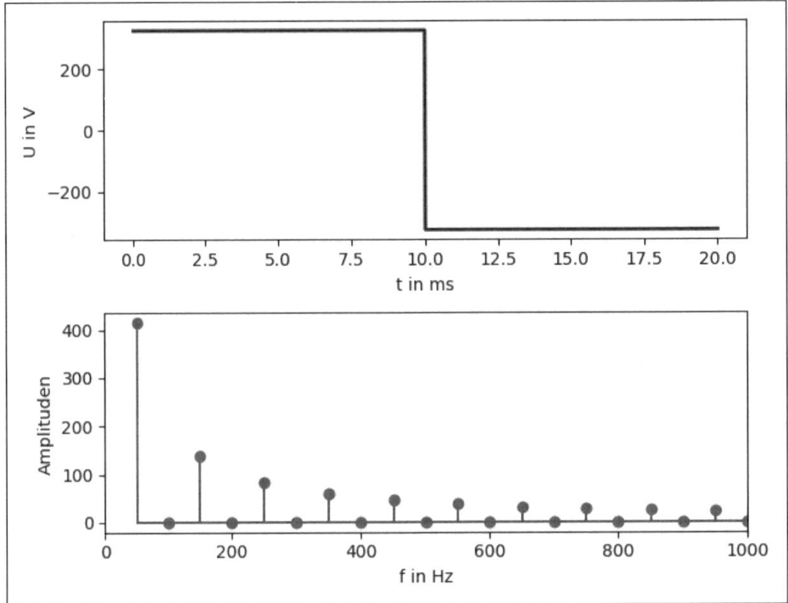

Abbildung 6.26 Frequenzspektrum einer 50-Hz-Rechteckschwingung

In Zeile 45 transformiert die SciPy-Funktion `fft(u_t)` die Zeitfunktion `u_t` in den Frequenzbereich. Da bei der Transformation komplexe Frequenzen entstehen, berechnet die NumPy-Funktion `abs()` in Zeile 47 die Beträge der Amplituden. In Zeile 49 ermittelt die Funktion `fftfreq(N,Ta)` aus der Anzahl der Stützstellen `N` und aus der Abtastzeit `Ta` die Harmonischen. In Zeile 50 unterdrückt die NumPy-Funktion `where(fk>0)` alle negativen Harmonischen und speichert sie in die Variable `pos`.

In Zeile 55 bereitet die `plot`-Methode die Darstellung des zeitlichen Signalverlaufs `u_t` vor. Die Zeitachse wurde realitätsnah auf Millisekunden skaliert. In Zeile 58 stellt die Matplotlib-Methode `stem(x,y)` die Amplituden des Frequenzspektrums, also die Harmonischen, als vertikale Linien für jede berechnete x-y-Position dar (siehe auch Abbildung 6.26).

Der für die Rechteckfunktion berechnete Klirrfaktor von 0,483 entspricht dem theoretisch ermittelten Wert.

6.7.3 Verrauschtes Signal rekonstruieren

Wenn für jede periodische nicht sinusförmige Funktion das Frequenzspektrum mit der Fourier-Transformation berechnet werden kann, dann muss es auch möglich sein, unerwünschte Frequenzen (etwa Rauschen) im Frequenzbereich zu unterdrücken. Diese Frequenzen werden ab einer bestimmten Frequenz, der sogenannten

Grenzfrequenz f_g, im Frequenzbereich durch einen Vergleich $f < f_g$ bei der Rücktransformation in den Zeitbereich nicht mehr berücksichtigt. Mit dieser Methode können Sie bestimmte Oberschwingungen oder Rauschen unterdrücken. Listing 6.26 zeigt, wie ein verrauschtes Sinussignal im Frequenzbereich gefiltert wird und mit der inversen Fourier-Transformation `ifft(F)` wieder in den Zeitbereich zurücktransformiert wird:

```
#26_tiefpass.py
import numpy as np
from matplotlib import pyplot as plt
from scipy.fft import fft,ifft,fftfreq
f=50      #Frequenz in Hz
T = 1/f  #Periodendauer
fg=1.1*f #Grenzfrequenz
N=6000   #Anzahl Abtastungen
Ta=T/N   #Abtastzeit
t = np.linspace(0,T,N)
u_t=10*np.sin(2*np.pi*f*t)+8*np.random.randn(t.size)
#Transformation in den Frequenzbereich
U_fft = fft(u_t)
#Abtastfrequenz berechnen
fk = fftfreq(u_t.size,Ta)
#Signal filtern
F_g=U_fft*(np.abs(fk) < fg)
#Rücktransformation in den Zeitbereich
u_to = ifft(F_g)
fig, ax=plt.subplots(2,1,figsize=(6,6))
#verrauschtes Signal
ax[0].plot(1e3*t, u_t)
ax[0].set(xlabel="t in ms",ylabel="u(t)",title="verrauschtes Signal")
#gefiltertes Signal
ax[1].plot(1e3*t, u_g.real,lw=2)
ax[1].set(xlabel="t in ms",ylabel="u(t)",title="gefiltertes Signal")
fig.tight_layout()
plt.show()
```

Listing 6.26 Simulation eines Tiefpasses

Ausgabe

Die grafische Ausgabe des verrauschten und gefilterten Signals sehen Sie in Abbildung 6.27.

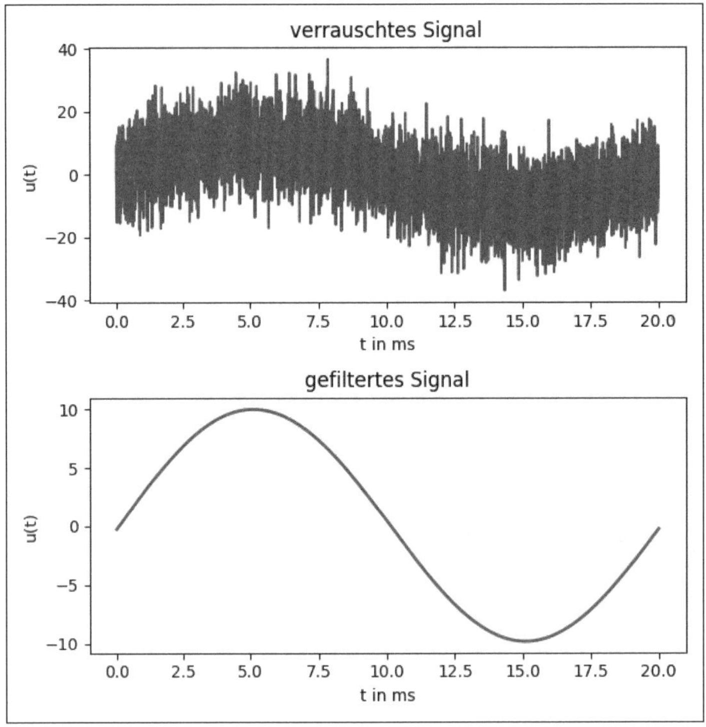

Abbildung 6.27 Rekonstruktion eines verrauschten Signals

Analyse

In Zeile 11 wird eine Sinusfunktion `u_t` mit einem überlagerten verrauschten Signal definiert. In Zeile 13 erfolgt die Transformation in den Frequenzbereich.

Die entscheidende Operation findet in Zeile 17 statt. Dort werden alle Oberschwingungen, die größer als die Grenzfrequenz `fg` sind, durch eine einfache mathematische Vergleichsoperation unterdrückt. In der Variablen `F_g` werden nur noch alle Harmonischen gespeichert, die unterhalb der Grenzfrequenz liegen.

Durch die Rücktransformation in den Zeitbereich (Zeile 19) wird das ursprüngliche Sinussignal rekonstruiert.

6.8 Schreiben und Auslesen von Sounddateien

SciPy verfügt über viele Untermodule, Klassen und Funktionen, mit denen Daten aus verschiedenen Dateiformaten (z. B. MATLAB- oder Fortran-Dateien) gelesen und geschrieben werden können. Dieser Abschnitt beschränkt sich auf die Behandlung der Schreib- und Lesefunktionen `write()` und `read()` des Untermoduls `io` für das Abspeichern und Auslesen von Sounddateien im WAV-Format.

6.8.1 Signale erzeugen und abspeichern

Die Funktion `write(filename,rate,data)` erwartet beim Aufruf drei Argumente. Der erste Parameter `filename` erzeugt aus einem NumPy-Array eine `wav`-Datei. Als zweites Argument erwartet die Funktion die Abtastrate `rate`. Der dritte Parameter `data` erwartet ein NumPy-Array, das die abgetasteten Tonsignale enthält.

Listing 6.27 erzeugt den Kammerton a (440 Hz). Mit einem Programm, das WAV-Dateien abspielen kann, lässt sich dieser Ton hörbar machen. Das Programm kann auch für einen Gehörtest benutzt werden, wenn Sie die Frequenzen in Zeile 05 schrittweise bis etwa 20.000 Hz erhöhen.

```
01  #27_tonerzeugen.py
02  import numpy as np
03  from scipy.io import wavfile
04  abtastrate = 44100
05  f=440 #Frequenz in Hz
06  t = np.linspace(0,1,abtastrate)
07  amp = np.iinfo(np.int16).max
08  ton = amp*np.sin(2*np.pi*f*t)
09  print("Amplitude:",amp)
10  wavfile.write("sinus440Hz.wav", abtastrate, ton)
```

Listing 6.27 Kammerton a erzeugen und abspeichern

Ausgabe

```
Amplitude: 32767
```

Analyse

Zeile 04 legt fest, dass das Signal in einer Sekunde 44.100-mal abgetastet wird. Zeile 05 bestimmt die Frequenz `f` des zu erzeugenden Tons. Bei Bedarf können Sie hier die Frequenz des Tons variieren. In Zeile 06 muss für die Dauer des Tons 1 Sekunde eingetragen werden, denn die Abtastrate bezieht sich auf das Intervall von 0 bis 1 Sekunde. In Zeile 07 können Sie für die Amplitude `amp` des Signals auch andere Werte eingeben. Durch Überlagerung verschiedener Sinusschwingungen lassen sich in Zeile 08 auch andere Töne erzeugen. In Zeile 10 erzeugt die SciPy-Funktion

```
wavefile.write("sinus440Hz.wav",abtastrate,ton)
```

eine Sounddatei im WAV-Format. Diese Datei wird unter dem Namen `sinus440Hz.wav` im Binärformat auf die Festplatte gespeichert. Die Abtastrate `abtastrate` und das Objekt `ton` müssen der Funktion `wavefile.write()` mit übergeben werden.

6.8.2 Signale auslesen und darstellen

Mit der Funktion `read(filename)` werden WAV-Dateien ausgelesen. Listing 6.28 liest die Signaldaten aus der Datei `sinus440Hz.wav` aus und stellt sie als Funktion der Zeit grafisch dar (siehe Abbildung 6.28):

```
#28_tonauslesen.py
import numpy as np
import matplotlib.pyplot as plt
from scipy.io import wavfile
abtastrate,daten = wavfile.read("sinus440Hz.wav")
t = np.linspace(0, 1, abtastrate)
fig, ax=plt.subplots()
ax.plot(t,daten)
ax.set_xlim(0,0.01)
ax.set(xlabel="Zeit in Sekunden")
plt.show()
```

Listing 6.28 Klangdaten auslesen und grafisch darstellen

Ausgabe

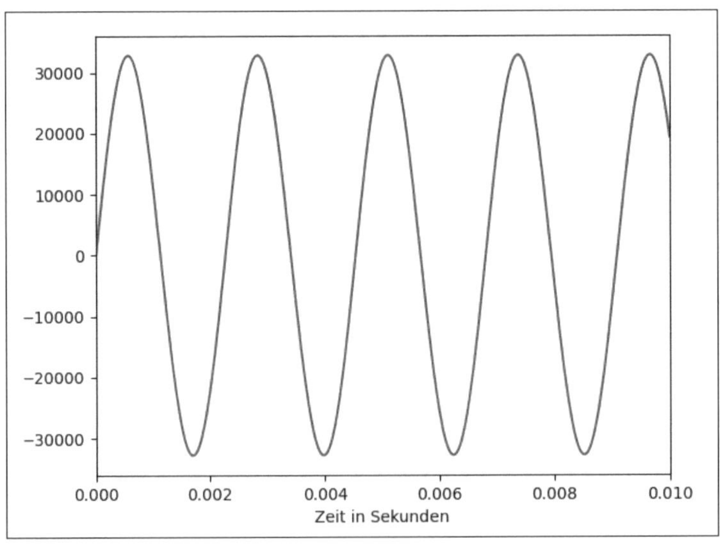

Abbildung 6.28 440-Hz-Signal einer WAV-Datei

Analyse

Die Ausgabe zeigt, dass die Daten der Sounddatei `sinus440Hz.wav` richtig ausgelesen wurden: In 10 ms werden etwa vier Perioden des 440-Hz-Signals mit der Amplitude von etwa 33000 dargestellt.

In Zeile 05 liest die SciPy-Funktion `wavfile.read("sinus440Hz.wav")` die Daten der Datei `sinus440Hz.wav` aus und speichert sie in das Tupel `abtastrate,daten`. Die Abtastrate `abtastrate` wird in Zeile 06 benötigt, um die Abstände auf der t-Achse festzulegen.

In Zeile 08 werden der `plot`-Methode die Koordinatendaten `t,daten` übergeben. Damit einzelne Schwingungen des Signals erkennbar bleiben, wurde in Zeile 09 die t-Achse auf einen Endwert von 10 ms begrenzt.

6.9 Signalverarbeitung

Das Unterpaket `signal` stellt eine Vielzahl von Funktionen für die Signalverarbeitung bereit, wie z. B. Faltung, B-Splines, Spektralanalyse, Filterdesign und viele andere mehr. Für weitere Informationen empfehle ich Ihnen die SciPy-Dokumentation. Hier wird nur der Butterworth-Filter behandelt.

6.9.1 Frequenzgang eines Butterworth-Tiefpasses

Die Funktion

```
b,a=butter(N,Wn,btype='low',analog=False,output='ba',fs=None)
```

berechnet die Zähler- und Nennerkoeffizienten eines Butterworth-Filters. Die Bedeutung der einzelnen Parameter wird in Tabelle 6.2 beschrieben.

Parameter	Beschreibung
`N`	Grad des Filters
`Wn`	Grenzfrequenz (–3 dB bei Butterworth-Filtern). Für analoge Filter ist `Wn` eine Winkelfrequenz (rad/s). Für Tiefpass- und Hochpassfilter ist `Wn` ein Skalar. Für Bandpass- und Bandsperrfilter ist `Wn` ein Array, das die untere und obere Grenzfrequenz enthält.
`btype`	Typ des Filters: `lowpass`, `highpass`, `bandpass`, `bandstop`. Die Standardeinstellung ist `lowpass`.
`analog=False`	Einen analogen oder digitalen Filter auswählen. Wenn der Parameter weggelassen wird, wird ein digitaler Filter implementiert.

Tabelle 6.2 Parameter für einen Butterworth-Filter

Parameter	Beschreibung
output='ba'	Art der Ausgabe: ▶ ba: Zähler-/Nennerkoeffizienten (Standardeinstellung) ▶ zpk: Pol- und Nullstellen ▶ sos: Wird für die Filterfunktion verwendet (second order section).
fs=None	Abtastfrequenz eines digitalen Filters

Tabelle 6.2 Parameter für einen Butterworth-Filter (Forts.)

Für die Darstellung des Frequenzganges eines Filters benötigen Sie die Funktion `w,h=freqs(b,a)`. Diese Funktion gibt zwei Arrays mit den aus den Zähler- und Nennerkoeffizienten `b` und `a` berechneten Werten des Frequenzganges `h` und den zugehörigen Frequenzwerten `w` als Tupel zurück. Mit der Matplotlib-Methode `plot()` oder besser mit `semilogx()` kann der Frequenzgang eines Analogfilters als Funktionsplot dargestellt werden.

Listing 6.29 stellt den Frequenzgang eines Butterworth-Tiefpasses dritten Grades für die Grenzfrequenz 1 Hz mit logarithmischer Skalenteilung dar. Der Parameter `'lowpass'` in Zeile 08 legt fest, dass ein Tiefpass simuliert werden soll:

```
01 #29_tpfrequenzgang.py
02 import numpy as np
03 import matplotlib.pyplot as plt
04 from scipy.signal import butter,freqs
05 g=3      #Grad des Filters
06 fg=1     #Grenzfrequenz in Hz
07 #Zähler-, Nennerkoeffizienten
08 b,a=butter(g,fg,'lowpass',analog=True)
09 #Kreisfrequenz, Frequenzgang
10 omega,h_t = freqs(b,a)
11 fig, ax=plt.subplots(figsize=(8,6))
12 ax.semilogx(omega, 20*np.log10(abs(h_t)))
13 #ax.plot(omega, 20*np.log10(abs(h_t)))
14 ax.set_title('Butterworth Tiefpass')
15 ax.set_xlabel('f in Hz')
16 ax.set_ylabel('Amplitude in dB')
17 ax.margins(0, 0.1)
18 ax.grid(which='both', axis='both')
```

```
19 ax.axvline(fg, color='red') #Grenzfrequenz
20 plt.show()
```

Listing 6.29 Frequenzgang eines Butterworth-Tiefpasses

Ausgabe

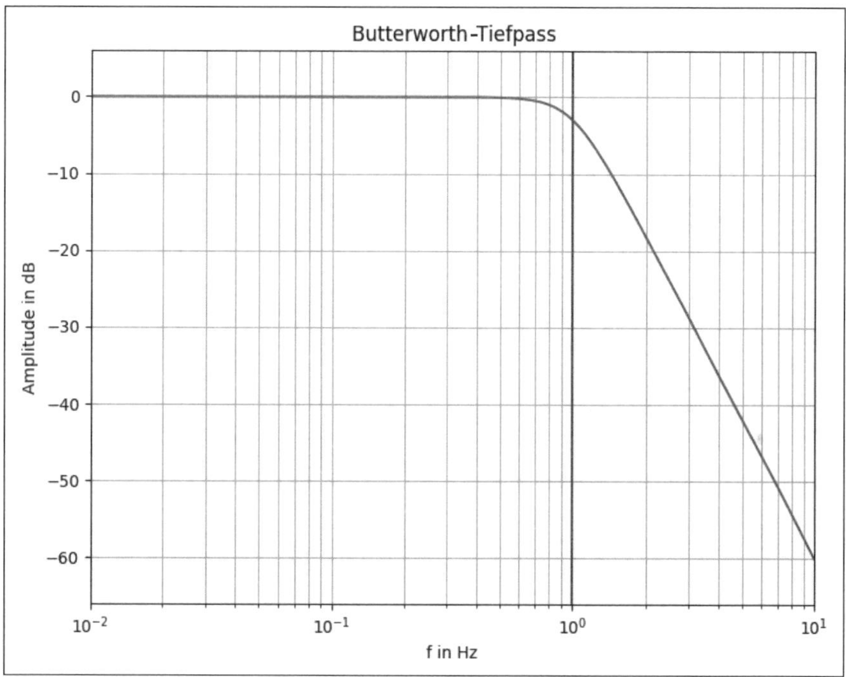

Abbildung 6.29 Frequenzgang eines Butterworth-Tiefpasses

Analyse

Ein Tiefpass dritten Grades hat eine Dämpfung von 60 dB pro Dekade. Dies bestätigt Abbildung 6.29.

Streng genommen handelt es sich bei der Grenzfrequenz `fg` in Zeile 06 um eine Kreisfrequenz. Da aber auf der Frequenzachse die Kreisfrequenz aufgetragen wird, hebt sich der »Fehler« wieder auf.

In Zeile 08 berechnet die Funktion `butter(g,fg,'lowpass',analog=True)` aus dem Untermodul `signal` die Koeffizienten `a` des Nennerpolynoms und die Koeffizienten `b` des Zählerpolynoms des Butterworth-Tiefpasses der Übertragungsfunktion. Diese Koeffizienten werden in Zeile 10 von der Funktion `freqs(b,a)` genutzt, um den Frequenzgang zu berechnen. Die Daten des Frequenzganges werden in das Tupel `omega,h_t` gespeichert und in Zeile 12 der Matplotlib-Methode `semilogx()` übergeben.

Mit der Funktion `butter()` können Sie sich auch die Butterworth-Koeffizienten für verschiedene Filtertypen wie Tiefpass, Hochpass, Bandpass und Bandsperre berechnen lassen. Die Ergebnisse lassen sich als `numpy.ndarray` mit der `print`-Funktion ausgeben.

6.9.2 Frequenzgang einer Frequenzweiche

Frequenzweichen für Drei-Wege-Lautsprecherboxen filtern aus dem gesamten Signal des Verstärkers die tiefen Frequenzen für den Tieftonlautsprecher (bis etwa 500 Hz), die mittleren Frequenzen (etwa 500 bis 5.000 Hz) für den Mitteltonlautsprecher und die hohen Frequenzen (ab etwa 5.000 Hz) für den Hochtonlautsprecher.

Listing 6.30 simuliert den Frequenzgang einer solchen Frequenzweiche mit Butterworth-Filtern:

```
#30_frequenzweiche.py
import numpy as np
import matplotlib.pyplot as plt
from scipy.signal import butter,freqs
g=3      #Grad des Filters
fgu=500  #untere Grenzfrequenz in Hz
fgo=5000 #obere Grenzfrequenz in Hz
#Zähler-, Nennerkoeffizienten
bt,at=butter(g,fgu,'lowpass',analog=True)
bb,ab=butter(g,[fgu,fgo],'bandpass',analog=True)
bh,ah=butter(g,fgo,'highpass', analog=True)
#Kreisfrequenz, Frequenzgang
f1, ht_t = freqs(bt,at)
f2, hb_t = freqs(bb,ab)
f3, hh_t = freqs(bh,ah)
fig, ax = plt.subplots(figsize=(8,6))
ax.semilogx(f1,20*np.log10(abs(ht_t)))
ax.semilogx(f2,20*np.log10(abs(hb_t)))
ax.semilogx(f3,20*np.log10(abs(hh_t)))
ax.set_title('Frequenzweiche')
ax.set_xlabel('f in Hz')
ax.set_ylabel('Amplitude in dB')
ax.set_xlim(50,20e3)
ax.set_ylim(-20,3)
ax.margins(0, 0.1)
ax.grid(which='both', axis='both')
ax.axvline(fgu, color='red')
```

```
28 ax.axvline(fgo, color='red')
29 plt.show()
```

Listing 6.30 Frequenzgang einer Frequenzweiche

Ausgabe

Abbildung 6.30 zeigt den Frequenzgang der Frequenzweiche.

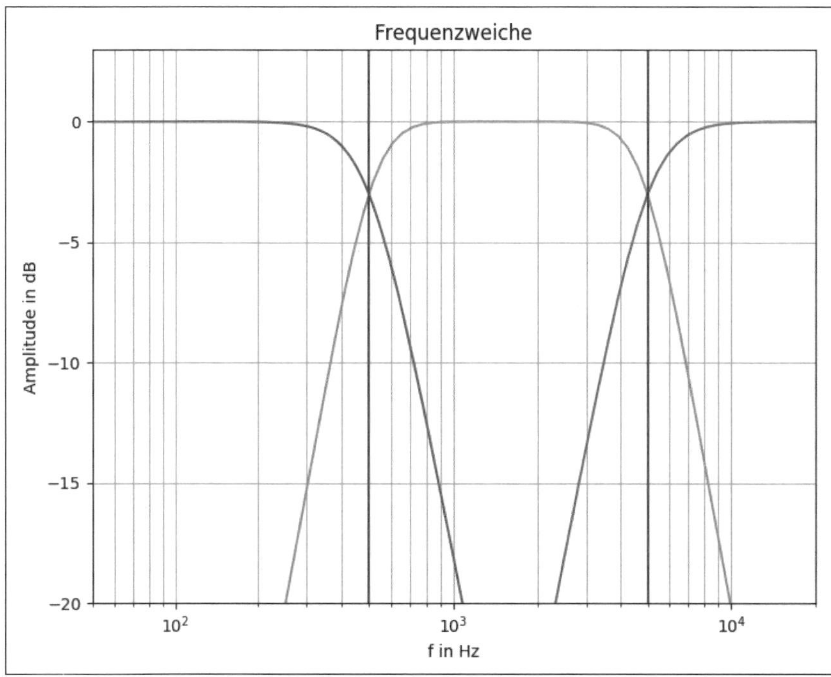

Abbildung 6.30 Frequenzgang einer Frequenzweiche

Analyse

Prinzipiell enthält das Programm keinen neuen Code. In den Zeilen 09 bis 11 berechnet die Funktion `butter()` die Koeffizienten der Übertragungsfunktionen für den Tiefpass, den Bandpass und den Hochpass. In den Zeilen 13 bis 15 berechnet die Funktion `freqs()` die Frequenzgänge der Filter.

6.9.3 Signale filtern

Die Funktion `sosfilt(sos,x)` filtert aus einem Array `x` die Signalanteile heraus, die durch die Filterkoeffizienten `sos` einer bestimmten Filtercharakteristik vorgegeben wurden. Listing 6.31 zeigt, wie ein digitaler Butterworth-Tiefpass aus einem 10-Hz- und 30-Hz-Frequenzgemisch die tiefe Frequenz herausfiltert:

```
01 #31_tpfilter.py
02 import numpy as np
03 import matplotlib.pyplot as plt
04 import scipy.signal as signal
05 g=10  #Grad des Filters
06 f1=10
07 f2=30
08 fs=1e3     #Abtastfrequenz
09 fg=1.1*f1 #Grenzfrequenz
10 tmaxes=1
11 t = np.linspace(0,tmaxes,2000)
12 u_t = np.sin(2*np.pi*f1*t) + np.sin(2*np.pi*f2*t)/3
13 #u_t = 10*np.sin(2*np.pi*f1*t) + 5*np.random.randn(t.size)
14 TPK = signal.butter(g,fg,'low',analog=False,output='sos',fs=fs)
15 filtern = signal.sosfilt(TPK, u_t)
16 fig, ax = plt.subplots(2, 1)
17 #gemischtes Signal
18 ax[0].plot(t, u_t)
19 ax[0].set(ylabel='u(t)',title='10-Hz und 30-Hz Signal')
20 #gefiltertes Signal
21 ax[1].plot(t, filtern)
22 ax[1].set(xlabel='t in s',ylabel='u(t)',title='gefiltertes Signal:
   10 Hz')
23 plt.tight_layout()
24 plt.show()
```

Listing 6.31 Mit einem Tiefpass gefiltertes Signal

Ausgabe

Abbildung 6.31 zeigt das verzerrte und das gefilterte Signal.

Analyse

Wie erwartet stellt Abbildung 6.31 zehn Perioden innerhalb einer Zeit von 1 Sekunde dar. Das gefilterte Signal hat also eine Frequenz von 10 Hz.

In Zeile 14 berechnet die Funktion

```
butter(g,fg,'low',analog=False,output='sos',fs=fs)
```

die Daten für das gefilterte Signal und speichert sie in das Objekt `TPK`. Dem Parameter `output` muss der Wert `sos` (*second order sections*) zugewiesen werden. Das bedeutet, dass die Filterfunktion von `butter()` aktiviert wird. Bei dem Tiefpass handelt es sich um einen digitalen Filter, weil der Parameter `analog` nicht auf `True` gesetzt wurde.

Dem letzten Parameter wird die in Zeile 08 festgelegte Abtastfrequenz `fs` zugewiesen. In Zeile 15 unterdrückt die Funktion `sosfilt(TPK,u_t)` alle Frequenzanteile, die oberhalb der Grenzfrequenz von 11 Hz liegen.

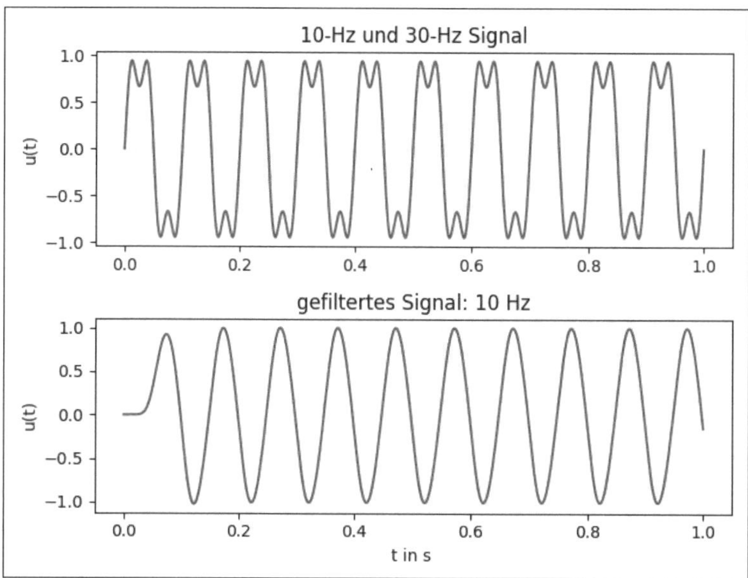

Abbildung 6.31 Mit einem Tiefpass gefiltertes Signal

6.10 Projektaufgabe: Simulation eines Wälzlagerschadens

Jede Werkzeugmaschine erzeugt im Betrieb mechanische Schwingungen, die durch die Drehbewegungen der Wellen zustande kommen. Diese Schwingungen können mit einem Mikrofon erfasst, durch einen Analog-digital-Wandler in digitale Signale umgewandelt und mit einer speziellen Software auf dem Bildschirm eines Laptops angezeigt werden. Bei diesen Schwingungen handelt es sich um Beschleunigungen, die auf dem Bildschirm wegen der großen Anzahl der Lager und der Komplexität der Bewegungen als unspezifische Signale, als sogenanntes »Rauschen«, sichtbar werden. Lagerschäden erzeugen zusätzliche Maschinengeräusche, die in dem Frequenzgemisch des Zeitsignals nicht erkannt werden können. Genau hier findet die Fourier-Transformation eine wichtige Anwendung. Eine spezielle Software transformiert die verrauschten Zeitsignale der Maschinenschwingungen in den Frequenzbereich. Die Diagnose, ob überhaupt ein Lagerschaden vorliegt, erfolgt anhand der Verteilung der Amplituden des Frequenzspektrums, also der Harmonischen. Gibt es nur eine besondere Ausprägung einer Amplitude, der Grundschwingung, dann ist das Lager nicht beschädigt. Im Fall eines Lagerschadens kommen neben der Grundschwingung mehrere Harmonische vor.

In dieser Projektaufgabe soll nun ein Programm entwickelt werden, das Lagerschäden simuliert. Dazu müssen lediglich zwei Signalformen, eine mit Oberschwingungen und eine mit wenig Oberschwingungen, aus Sinusfunktionen erzeugt werden. Die SciPy-Funktion `fft()` transformiert anschließend beide Signalformen in den Frequenzbereich. Durch Darstellung der Harmonischen erfolgt dann die Diagnose, ob ein Lager beschädigt ist. Lägen die Signale im WAV-Format vor, dann könnten diese auch mit der `read`-Funktion eingelesen und mit der Funktion `fft()` ausgewertet werden. Listing 6.32 simuliert das Frequenzspektrum eines Lagerschadens und vergleicht es mit dem Frequenzspektrum eines unbeschädigten Lagers. Die Welle rotiert mit einer Drehfrequenz von 1.200 U/min.

```
#32_lagerschaden.py
import numpy as np
import matplotlib.pyplot as plt
from scipy.fft import fft,fftfreq
f1=20 #1200 1/min
fn=[f1,2*f1,3*f1,4*f1,5*f1]
a1=[4,5,4,3,2,1] #defekt
a2=[4,0.22,0.21,0.15,0.11] #unbeschädigt
#Frequenz
T=20
N=5000
Ta=T/N #Abtastzeit
t = np.linspace(0,T,N)
#verrauschte Signale
ur = a1[0]*np.sin(2*np.pi*fn[0]*t)\
     +a1[1]*np.sin(2*np.pi*fn[1]*t)\
     +a1[2]*np.sin(2*np.pi*fn[2]*t)\
     +a1[3]*np.sin(2*np.pi*fn[3]*t)\
     +a1[4]*np.sin(2*np.pi*fn[4]*t)\
     +np.random.normal(size=N)

ug = a2[0]*np.sin(2*np.pi*fn[0]*t)\
     +a2[1]*np.sin(2*np.pi*fn[1]*t)\
     +a2[2]*np.sin(2*np.pi*fn[2]*t)\
     +a2[3]*np.sin(2*np.pi*fn[3]*t)\
     +a2[4]*np.sin(2*np.pi*fn[4]*t)\
     +np.random.normal(size=N)
#Transformation in den Frequenzbereich
U_fftd = fft(ur) #defekt
U_fftg = fft(ug)
fk=fftfreq(N,Ta)
pos=np.where(fk>0)
```

```
#Beträge der Amplituden
Usd=2.0/N*np.abs(U_fftd) #defekt
Usf=2.0/N*np.abs(U_fftg)
#Frequenzspektrum
fig,ax=plt.subplots(3,1,figsize=(6,6))
#Zeitbereich
ax[0].plot(t,ur,"b-",lw=1)
ax[0].set_xlim(0,10)
ax[0].set(xlabel="t in s",ylabel="a",title="verrauschtes Signal")
#beschädigtes Lager
ax[1].plot(fk[pos],Usd[pos],"r-",lw=2)
ax[1].set(xlabel="f in Hz",ylabel="a",title="beschädigtes Lager")
#unbeschädigtes Lager
ax[2].plot(fk[pos],Usf[pos],"g-",lw=2)
ax[2].set(xlabel="f in Hz",ylabel="a",title="unbeschädigtes Lager")
fig.tight_layout()
plt.show()
```

Listing 6.32 Simulation eines Lagerschadens

Ausgabe

Abbildung 6.32 zeigt das Frequenzspektrum eines unbeschädigten und eines beschädigten Lagers.

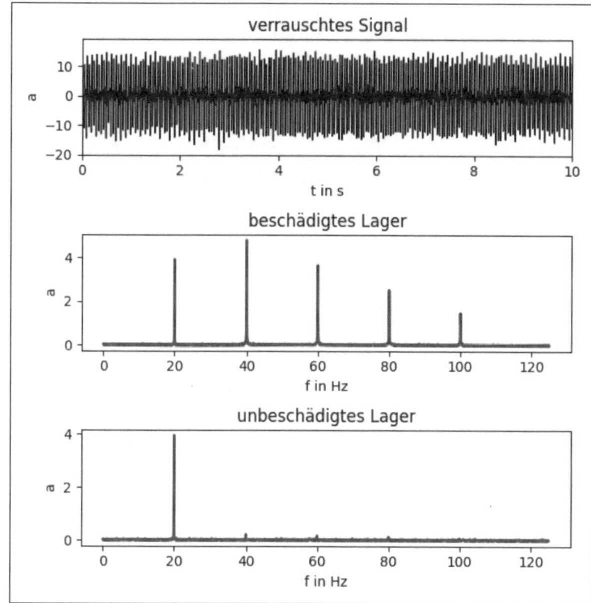

Abbildung 6.32 Frequenzspektrum eines beschädigten und eines unbeschädigten Wälzlagers

Analyse

Die in Zeile 05 festgelegte Drehfrequenz von 20 Hz entspricht einer Drehzahl von 1.200 U/min. In Zeile 06 können Sie in die Liste `fn` eintragen, welche Harmonischen für die Simulation eines beschädigten Lagers vorkommen sollen. Die Liste `a1` in Zeile 07 enthält die Fourier-Koeffizienten für die Simulation eines defekten Lagers, und in der Liste `a2` in Zeile 08 sind die Fourier-Koeffizienten für ein unbeschädigtes Lager gespeichert.

Die Zeilen 15 bis 20 enthalten den Code für die Fourier-Reihe des defekten Lagers. In den Zeilen 22 bis 27 steht der Code für die Fourier-Reihe des unbeschädigten Lagers. Beiden Signalen wird ein verrauschtes Signal überlagert, um die Störungen des realen Betriebs nachbilden zu können.

In den Zeilen 29 und 30 transformiert die Funktion `fft()` beide Zeitsignale `ur` und `ug` in den Frequenzbereich. In den Zeilen 34 und 35 werden die Amplituden für die Amplitudenspektren berechnet.

An der Ausgabe in Abbildung 6.32 können Sie deutlich den Unterschied zwischen dem defekten und dem unbeschädigten Lager erkennen. Das unbeschädigte Lager hat nur eine Amplitude bei 20 Hz, also bei der vorgegebenen Drehfrequenz, während bei dem defekten Lager mehrere Oberschwingungen ausgeprägt sind.

6.11 Projektaufgabe: Räuber-Beute-Modell

Es gibt Tierarten, die sich ausschließlich rein pflanzlich ernähren. Andere Tierarten (Räuber) sind dagegen auf lebendige Tiere (Beute) als Nahrungsquelle angewiesen. In dieser Projektaufgabe soll das Verhältnis zwischen der Räuber- und der Beutepopulation in seiner zeitlichen Entwicklung untersucht werden. Diese Entwicklung lässt sich mit einem nichtlinearen Differenzialgleichungssystem erster Ordnung beschreiben. Dabei soll von folgenden idealisierten Annahmen ausgegangen werden:

- In dem betrachteten Gebiet gibt es keine Zuwanderung und keine Abwanderungen beider Populationen.
- Weder Räuber noch Beutetiere werden durch Krankheitserreger dezimiert.
- Die Räuber sind auf eine Beutetierart spezialisiert.

Für die Herleitung des Differenzialgleichungssystems ist der Begriff der *Wachstumsrate* von entscheidender Bedeutung. Darunter versteht man die Anzahl der Geburten abzüglich der Sterbefälle bezogen auf einen bestimmten Zeitabschnitt, geteilt durch die Gesamtzahl der Population.

Nehmen wir z. B. an, eine Population von 1.000 Individuen (entspricht 500 Paaren) würde in einem Jahr 1.000 Nachkommen haben, dann würde sich bei 500 Sterbefällen folgende Wachstumsrate ergeben:

$$r = \frac{\frac{\Delta N}{\Delta t}}{N} = \frac{\frac{1000 - 500}{1J}}{1000} = 0{,}5\frac{1}{J}$$

6.11.1 Exponentielles Wachstum

Für $\Delta t \to 0$ erhalten Sie durch Umstellen die Grundgleichung der Populationsdynamik

$$\frac{\mathrm{d}N}{\mathrm{d}t} = rN$$

mit der Lösung

$$N = N_0 e^{rt}$$

Diese Gleichung beschreibt für eine positive Wachstumsrate exponentielles Wachstum, das realistisch in der Natur nur ausnahmsweise und vorübergehend vorkommen kann.

6.11.2 Logistisches Wachstum

Jedes reale Wachstum wird durch eine Kapazitätsgrenze K beschränkt. Für die Wachstumsrate gilt dann:

$$\frac{\frac{\mathrm{d}N}{\mathrm{d}t}}{N} = r\frac{K - N}{K}$$

Durch Umstellen erhalten Sie die DGL für das sogenannte logistische Wachstum:

$$\frac{\mathrm{d}N}{\mathrm{d}t} = r\frac{K - N}{K}N = rN - \frac{r}{K}N^2$$

Für den Zeitpunkt $t = 0$ und dann, wenn die Anzahl N einer Population die Kapazitätsgrenze K erreicht hat, nimmt die Steigung der gesuchten Funktion $N(t)$ den Wert null an. Zu vermuten ist also ein S-förmiger Verlauf für $N(t)$ zwischen den Schranken $N = 0$ und $N = K$.

In Aufgabe 10 (siehe Abschnitt 6.13) soll das exponentielle und das logistische Wachstum simuliert werden.

6.11.3 Räuber-Beute-Beziehung für exponentielles Wachstum

Wenn N_1 Beutetiere in einem Territorium leben, in dem es auch N_2 Räuber gibt, dann wird ihre Wachstumsrate nicht nur durch die Kapazitätsgrenze der vorhandenen Ressourcen begrenzt, sondern auch durch die Existenz der Räuber. Und zwar wird ihre Wachstumsrate durch den Jagderfolg der Räuber begrenzt. Dass Räuber und Beutetiere zusammentreffen und der Räuber bei seiner Jagd erfolgreich ist, soll durch die Beutewahrscheinlichkeit b des Jagderfolgs modelliert werden:

$$\frac{\frac{\mathrm{d}N_1}{\mathrm{d}t}}{N_1} = r - bN_2$$

Durch Umstellen erhalten Sie die DGL für die Beutetiere:

$$\frac{\mathrm{d}N_1}{\mathrm{d}t} = rN_1 - bN_2N_1$$

Für den Räuber wird anstelle der Wachstumsrate eine Sterberate s angenommen. Denn ohne Existenz der Beutetiere würde er aussterben. Die Population der Räuber kann nur wachsen, wenn auch Beutetiere existieren und diese erfolgreich gejagt werden konnten. Die Wahrscheinlichkeit des Jagderfolgs soll wieder mit der Beutewahrscheinlichkeit b beschrieben werden. Für die Wachstumsrate der Räuber gilt:

$$\frac{\frac{\mathrm{d}N_2}{\mathrm{d}t}}{N_2} = -s + bN_1$$

Durch Umstellen erhalten Sie die DGL für die Räuber:

$$\frac{\mathrm{d}N_2}{\mathrm{d}t} = -sN_2 + bN_1N_2$$

Dieses DGL-System wird auch als *Lotka-Volterra-System* bezeichnet. In der SciPy-Dokumentation finden Sie unter der URL

https://docs.scipy.org/doc/scipy/reference/generated/scipy.integrate.solve_ivp.html

ein Quelltextbeispiel, das demonstriert, wie Sie dieses DGL-System prinzipiell mit der SciPy-Funktion `solve_ivp()` lösen können. Sie können aber auch die Räuber-Beute-Beziehung für exponentielles Wachstum mit Listing 6.33 simulieren, indem Sie in Zeile 12 die Konstanten c und d gleich 0 setzen.

6.11.4 Räuber-Beute-Beziehung für logistisches Wachstum

Steigt die Anzahl der Pflanzenfresser und die der Räuber an, dann verschlechtert sich auch für beide Gattungen die Konkurrenzsituation: Das knapper werdende Nahrungsangebot vermindert die Wachstumsraten. Für beide Gattungen werden unterschiedliche Kapazitätsgrenzen angenommen. Für die Beute reduziert sich die Wachstumsrate um $c = \frac{r}{K_1}$ und für die Räuber um $d = \frac{s}{K_2}$. Diese Überlegungen präzisieren das Räuber-Beute-Modell für das logistische Wachstum:

$$\frac{\mathrm{d}N_1}{\mathrm{d}t} = rN_1 - bN_1N_2 - cN_1^2$$

$$\frac{\mathrm{d}N_2}{\mathrm{d}t} = -sN_1 + bN_1N_2 - dN_2^2$$

Listing 6.33 simuliert das Räuber-Beute-Verhältnis für die Annahme, dass das Wachstum beider Populationen durch Kapazitätsgrenzen beschränkt wird:

```
#33_raeuber_beute.py
import numpy as np
import matplotlib.pyplot as plt
from scipy.integrate import solve_ivp
K1=10e3 #Kapazitätsgrenze für Beutetiere
K2=1e3  #Kapazitätsgrenze für Raubtiere
beute=500
raeuber=50
r=0.25   #Reproduktionsrate Beute
b=0.001  #Beutewahrscheinlichkeit
s=0.5    #Sterberate Räuber
c,d = r/K1, s/K2
tmax=50 #Zeitraum
xy0=[beute,raeuber]
#DGL-System
def dgl(t,xy,r,b,s,c,d):
    N1,N2 = xy  #Anfangswerte
    dN1_dt= r*N1-b*N1*N2-c*N1**2 #Beute
    dN2_dt=-s*N2+b*N1*N2-d*N2**2 #Räuber
    return [dN1_dt,dN2_dt]
#Lösung des DGL-Systems
t = np.linspace(0,tmax,500)
z=solve_ivp(dgl,[0,tmax],xy0,args=(r,b,s,c,d),dense_output=True)
N1, N2 = z.sol(t) #Trennung der Lösung
mbmean=int(np.mean(N1)) #Beute, Mittelwert
mrmean=int(np.mean(N2)) #Räuber, Mittelwert
fig,ax=plt.subplots(2,1,figsize=(6,6))
#Zeit-Diagramm
ax[0].plot(t, N1,"g--",lw=2,label="Beute")
ax[0].plot(t, N2,"r-",lw=2,label="Räuber")
ax[0].plot([0,tmax],[mbmean,mbmean],"g-.",lw=1)
ax[0].plot([0,tmax],[mrmean,mrmean],"r-.",lw=1)
```

```
33 ax[0].set(xlabel="Zeit",ylabel="$N_{1}, N_{2}$")
34 ax[0].legend(loc="best")
35 #Phasendiagramm
36 ax[1].plot(N1, N2,'b-',lw=1)
37 ax[1].set(xlabel="Beute",ylabel="Räuber",title="Phasendiagramm")
38 fig.tight_layout()
39 plt.show()
```

Listing 6.33 Simulation des Räuber-Beute-Modells mit logistischem Wachstum

Ausgabe

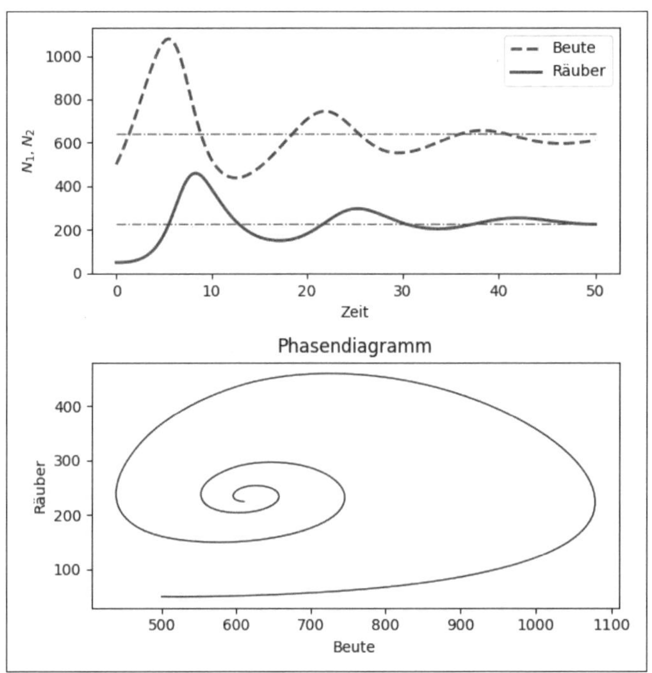

Abbildung 6.33 Simulation des Räuber-Beute-Modells mit logistischem Wachstum

Analyse

Das Räuber-Beute-Verhältnis wird in dem Phasendiagramm durch eine von außen nach innen verlaufende Spirale beschrieben (siehe Abbildung 6.33). Die Anzahl `N1` der Beutetiere stabilisiert sich auf einen Mittelwert von 644 Individuen und die Anzahl `N2` der Räuber auf einen Mittelwert von 229 Individuen. Diese Werte werden durch den Endpunkt des Räuber-Beute-Verhältnisses in dem Phasendiagramm veranschaulicht.

In den Zeilen 16 bis 20 wird das Differenzialgleichungssystem `dgl` für das logistische Wachstum entsprechend den Vorgaben implementiert und in der Zeile 23 gelöst. Die

Trennung der Lösung erfolgt in Zeile 24: `N1,N2= z.sol(t)`. In den Zeilen 29 und 30 bereitet die `plot`-Methode die Visualisierung für die Beziehung $N_1, N_2 = f(t)$ vor.

In dem ersten Diagramm wird der Mittelwert beider Populationen durch eine Strich-Punkt-Linie visualisiert.

6.12 Projektaufgabe: Simulation einer Epidemie

Die Ausbreitung einer Epidemie lässt sich mit einem Differenzialgleichungssystem aus drei Differenzialgleichungen beschreiben. Dabei wird eine Population N in drei Gruppen aufgeteilt: Die Gesunden S (*Susceptibles*), die Infizierten I (*Infective*) und die wieder Genesenen R (*Removed*).

Bei der Modellbildung sollen folgende Voraussetzungen gelten:

- Sterbefälle und Geburten sollen unberücksichtigt bleiben. Es gilt also zu jedem Zeitpunkt: $N = S(t) + I(t) + R(t)$
- Infizierte sind sofort ansteckend.
- Gesunde erkranken mit der Infektionsrate $b > 0$.
- Infizierte erholen sich mit der Genesungsrate $g > 0$.

Das Differenzialgleichungssystem des SIR-Modells (*Susceptible-Infected-Removed Model*) von Kermack und McKendrick (1927)

$$\frac{\mathrm{d}S}{\mathrm{d}t} = -b\frac{S \cdot I}{N}$$

$$\frac{\mathrm{d}I}{\mathrm{d}t} = b\frac{S \cdot I}{N} - g \cdot I$$

$$\frac{\mathrm{d}R}{\mathrm{d}t} = g \cdot I$$

beschreibt die Ausbreitung von Infektionskrankheiten. Listing 6.34 simuliert das Infektionsgeschehen für eine Population von $N = 1.000$ Individuen in einem Zeitraum von 120 Tagen. Für die Genesungsrate und die Infektionsrate gelten die Annahmen: $g = 0{,}04$ und $b = 0{,}4$.

```
#34_epidemie.py
import numpy as np
import matplotlib.pyplot as plt
from scipy.integrate import solve_ivp
tmax=120
S0=997  #nicht immune Gesunde
I0=3    #Infizierte
R0=0    #Genesene
```

```
N=S0+I0+R0 #Population
b=0.4  #Infektionsrate
g=0.04 #Genesungsrate
#DGL-System
def dgl(t,ya):
    S,I,R=ya
    dS_dt=-b*S*I/N     #nicht immune Gesunde
    dI_dt=b*S*I/N-g*I #Infizierte
    dR_dt=g*I          #Genesene, Recover
    return [dS_dt,dI_dt,dR_dt]
#Anfangswerte
y0 = [S0,I0,R0]
t = np.linspace(0, tmax, 500)
z=solve_ivp(dgl,[0,tmax],y0,dense_output=True)
S, I, R = z.sol(t)
fig, ax = plt.subplots()
ax.plot(t, S,'b-',label="Gesunde")
ax.plot(t, I,'r--',label="Infizierte")
ax.plot(t, R,'g-.',label="Genesene")
ax.legend(loc='best')
ax.set(xlabel="Zeit",ylabel="Individuen")
ax.grid(True)
plt.show()
```

Listing 6.34 Simulation einer Epidemie

Ausgabe

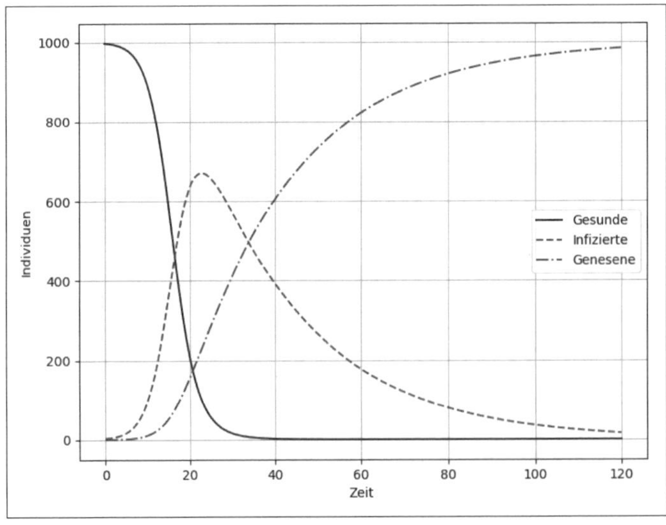

Abbildung 6.34 Simulation einer Epidemie

Analyse

In den Zeilen 06 bis 08 werden die Anfangswerte für die Gesunden `S0`, Infizierten `I0` und Genesenen `R0` festgelegt. Zeile 09 berechnet aus diesen Werten die Gesamtzahl `N` der Population, in der sich die Epidemie ausbreitet. Durch Änderung der Infektionsrate `b` in Zeile 10 und der Genesungsrate `g` in Zeile 11 können Sie verschiedene Infektionsverläufe simulieren.

Der Code des DGL-Systems besteht aus drei Zeilen (Zeilen 15 bis 17). In Zeile 23 wird die gesamte Lösungsmenge des DGL-Systems dem Tupel `S, I, R` zugewiesen.

Die Ausgabe in Abbildung 6.34 zeigt deutlich und plausibel nachvollziehbar, dass während des Infektionsverlaufs die Anzahl der Nicht-Infizierten `S` sinkt und die Anzahl der Infizierten `I` bis zu einem Maximum steigt. Die Anzahl der Genesenen `R` steigt in Form einer S-Kurve so lange an, bis sie den Grenzwert von `N` erreicht hat.

6.13 Aufgaben

1. Durch eine Spule fließt ein dreieckiger Strom mit i_{max} = 1 A. Die Periodendauer beträgt 20 ms. Schreiben Sie ein Programm, das den Stromverlauf visualisiert und den Spannungsverlauf berechnet und grafisch darstellt.
2. Schreiben Sie ein Programm, das die Länge einer logarithmischen Spirale

   $$r = ae^{b\varphi}$$

   mit der SciPy-Funktion `quad()` in den Grenzen zwischen 0 bis 2π berechnet.
3. Schreiben Sie ein Programm, das die Fläche eines Kreises mit der SciPy-Funktion `quad()` berechnet. Das Programm soll auch den Fehler berechnen, der bei der numerischen Integration entsteht.
4. Schreiben Sie ein Programm, das den Umfang eines Kreises mit der SciPy-Funktion `quad()` berechnet. Das Programm soll auch den Fehler berechnen, der bei der numerischen Integration entsteht.
5. Schreiben Sie ein Programm, das die Oberfläche und das Volumen einer Kugel mit der SciPy-Funktion `quad()` berechnet. Das Programm soll auch den Fehler berechnen, der bei der numerischen Integration entsteht.
6. In einem rechteckigen Leiter mit a = 4 mm und b = 2 mm fließt ein Strom mit der Stromdichte von $J(x,y) = x^2 y \frac{\mathrm{A}}{\mathrm{mm}^5}$. Scheiben Sie ein Programm, das die Stromstärke mit der Funktion `dblquad()` berechnet.
7. Ein Quader mit den Maßen x = 0,3 m, y = 0,4 m, z = 0,5 m enthält die Volumenladungsdichte

$$\rho = (xy + xz + yz)\frac{\mathrm{As}}{\mathrm{m}^3}$$

Schreiben Sie ein Programm, das die in dem Quader enthaltene Ladungsmenge Q mit der Funktion `tplquad()` berechnet.

8. Schreiben Sie ein Programm, das folgende Differenzialgleichungen

$$y' = -\frac{x}{y}$$

$$y' = 1 + x - y$$

$$y' = \tan x - \sin x$$

$$y' = e^{-xy}$$

in dem Intervall [–1,1] numerisch löst. Die Ergebnisse sollen als Funktionsplot dargestellt werden. Für die Anfangswerte gilt: $y(0) = 1$.

9. Die Pendelbewegung eines Stabes mit der Länge l wird durch die DGL

$$\ddot{\varphi} + d\dot{\varphi} + \frac{3g}{2l}\sin\varphi = 0$$

beschrieben. Die Dämpfung d hat den Wert 0,5. Schreiben Sie ein Programm, das die Auslenkung φ, die Winkelgeschwindigkeit $\dot{\varphi}$ und die Bahnkurve berechnet. Die Lösungen der DGL sollen jeweils in einem Unterdiagramm dargestellt werden.

10. Schreiben Sie ein Programm, das das exponentielle und das logistische Wachstum simuliert. Die Differenzialgleichungen sollen mit der Funktion `solve_ivp()` gelöst werden.

11. Ein Federpendel, das in Richtung der y-Achse schwingt, wird durch folgende Differenzialgleichung $m \cdot \ddot{y} + d \cdot \dot{y} + c \cdot y = 0$ beschrieben. Die Masse beträgt m = 0,5 kg. Die Dämpfung hat einen Wert von d = 0,5. Der Wert der Federkonstanten beträgt c = 10 N/m. Lösen Sie das Anfangswertproblem mit `solve_ivp()` für y_0 = 0,1 m und v_0 = 0. Die Auslenkung $y(t)$, die Geschwindigkeit $v(t)$ und das Phasendiagramm $v=f(y)$ sollen jeweils in einem Unterdiagramm dargestellt werden.

12. Das foucaultsche Pendel soll simuliert werden. Das Pendel hat eine Länge von l = 67 m. Die Stahlkugel hat einen Durchmesser von d = 1,896 dm. Das Pendel wird aus der Ruhelage um 2 m in Richtung der x-Achse ausgelenkt. Zusätzlich soll in zwei weiteren Unterdiagrammen die Bahnkurve und das Phasendiagramm $v = f(x)$ dargestellt werden. Ergänzen Sie Listing 6.21 entsprechend.

13. Ein schwingungsfähiges System aus zwei Fadenpendeln, deren Massen mit einer Schraubenfeder gekoppelt sind, wird durch folgendes Differenzialgleichungssystem beschrieben:

$$\dot{\varphi}_1 = \omega_1$$

$$\dot{\omega}_1 = -\frac{g}{l}\varphi_1 - \frac{c}{m}(\varphi_1 - \varphi_2)$$

$$\dot{\varphi}_2 = \omega_2$$

$$\dot{\omega}_2 = -\frac{g}{l}\varphi_2 + \frac{c}{m}(\varphi_1 - \varphi_2)$$

Die Federkonstante hat einen Wert von $c = 1$ N/m. Die beiden Massen haben jeweils einen Wert von $m = 0{,}2$ kg. Die Fäden haben beide eine Länge von $l = 0{,}2$ m. Das DGL-System soll mit der Funktion `solve_ivp()` gelöst werden. Die Auslenkungen der Winkel φ_1 und φ_2 sollen jeweils in einem Unterdiagramm dargestellt werden. Schreiben Sie ein entsprechendes Programm.

14. Schreiben Sie ein Programm, das das Differenzialgleichungssystem

$$y_1'(x) = ay_1 - by_1y_2$$

$$y_2'(x) = cy_1 - dy_1y_2x^2$$

in dem Intervall von [0,10] mit der Funktion `solve_ivp()` für $y_1(0) = y_2(0) = 1$ löst. Für die Koeffizienten gilt: $a = b = c = 1$ und $d = 0{,}1$. Das Ergebnis soll als Funktionsplot dargestellt werden.

15. Schreiben Sie ein Programm, das das Differenzialgleichungssystem

$$y_1'(x) = y_2 + 2y_3$$

$$y_2'(x) = -xy_1 + y_2$$

$$y_3'(x) = y_1 + y_2$$

in dem Intervall von [0,1] mit der Funktion `solve_ivp()` für $y_1(0) = y_3(0) = 1$ und $y_2(0) = 0$ löst. Das Ergebnis soll in drei Unterdiagrammen dargestellt werden.

16. Schreiben Sie ein Programm, das die Differenzialgleichung vierter Ordnung

$$3y'''' + 2y'' + y' + 4y = \cos x$$

in dem Intervall von [0,5] mit der Funktion `solve_ivp()` löst. Alle Anfangswerte sind null.

17. Erweitern Sie das SIR-Modell zu einem SIRD-Modell, in dem auch die Sterbefälle *D* (*death*) berücksichtigt werden sollen:

$$\frac{\mathrm{d}S}{\mathrm{d}t} = -b\frac{S \cdot I}{N}$$

$$\frac{\mathrm{d}I}{\mathrm{d}t} = b\frac{S \cdot I}{N} - g \cdot I - m \cdot I$$

$$\frac{\mathrm{d}R}{\mathrm{d}t} = g \cdot I$$

$$\frac{\mathrm{d}D}{\mathrm{d}t} = m \cdot I$$

Es sollen folgende Annahmen gelten: N = 1.000, t = 120 Tage, Genesungsrate g = 0,035, Infektionsrate b = 0,4 und Mortalitätsrate m = 0,005.

18. Schreiben Sie ein Programm, das den Klirrfaktor und das Frequenzspektrum einer durch eine Einweggleichrichtung gleichgerichteten sinusförmigen Wechselspannung berechnet.
19. Schreiben Sie ein Programm, das die Butterworth-Koeffizienten für einen Tiefpass fünften Grades und die Grenzfrequenz 1 Hz mit der Funktion `butter()` berechnet.
20. Simulieren Sie den Frequenzgang einer Butterworth-Bandsperre dritten Grades mit der Funktion `butter()` für die Grenzfrequenzen 50 Hz und 500 Hz.

Kapitel 7
3D-Grafik und Animationen mit VPython

In diesem Kapitel lernen Sie, wie Sie mit dem Modul VPython Körper im 3D-Raum darstellen und auch bewegen können. Anspruchsvolle Animationen physikalischer Vorgänge demonstrieren die Leistungsfähigkeit von VPython.

Der Buchstabe V im Namen des Moduls VPython steht für *visual*, was wörtlich mit »visuell«, also »sichtbar«, übersetzt werden kann. Gemeint ist damit die Darstellung und Bewegung von Körpern im 3D-Raum. Die Dynamik physikalischer Zusammenhänge und Vorgänge wird nicht mehr wie mit dem Modul SciPy als Funktionsplot dargestellt, sondern so, wie der Beobachter sie in der Realität wahrnimmt. Dabei ist zu berücksichtigen, dass viele physikalische Vorgänge, z. B. ein schiefer Wurf, mit dem menschlichen Auge nicht mehr im Detail erfasst werden können. Hier bietet VPython die Möglichkeit, Vorgänge mit der Funktion `rate(frequenz)` je nach Bedarf zu verlangsamen (Zeitlupe) oder auch schneller darzustellen. Wenn reale Bewegungen mit dem Computer nachgebildet werden, spricht die Fachwelt der Computergrafik von Animation. Das heißt, den Körpern wird »Leben eingehaucht«.

Die Zeichenfläche, innerhalb derer die Körper dargestellt werden, wird als `scene` (dt. *Schauplatz, Bild, Landschaft, Anblick, Ort der Handlung* ...) bezeichnet. Innerhalb einer Szene kann man den dargestellten Körper um die *x*-*y*-*z*-Achse drehen, wenn man die rechte Maustaste gedrückt hält und den Mauszeiger bewegt. So kann der Beobachter einen Körper aus verschiedenen Perspektiven betrachten.

Ab der Version 7 erfolgt der Import des Moduls VPython mit der Anweisung `from vpython import *`. Andere Module müssen nicht importiert werden. Nach dem Programmstart öffnet sich der Standardbrowser, und das Programm wird innerhalb von WebGL (*Web Graphics Library*) ausgeführt. Dabei handelt es sich um eine JavaScript-Programmierschnittstelle, mit der 3D-Grafiken hardwarebeschleunigt ohne zusätzliche Erweiterungen im Webbrowser dargestellt werden können.

Die Position eines Körpers wird im 3D-Raum mit der Methode `vector(x,y,z)` festgelegt, und falls der Körper sich bewegen soll, auch verändert. Da der Begriff des Vektors in VPython eine zentrale Rolle einnimmt, soll er kurz anhand eines kleinen Konsolenbeispiels besprochen werden.

```
>>> from vpython import *
>>> v1=vector(1,2,3)
>>> v2=vector(4,5,6)
>>> v1+v2
<5, 7, 9>
>>> type(v1)
<class 'vpython.cyvector.vector'>
```

In der zweiten und dritten Zeile erzeugt die Methode `vector(x,y,z)` die Objekte `v1` und `v2` als dreidimensionale Vektoren mit den Daten für die x-y-z-Koordinaten. In der vierten Zeile erfolgt die Addition dieser Vektoren. Zusätzlich zur Addition sind auch das Skalar- und das Kreuzprodukt implementiert. Anstelle von `vector()` ist auch die Abkürzung `vec()` erlaubt.

Ein Körperobjekt `obj` wird mit

```
obj=koerper(pos=vec,size=vec,axis=vec,color=color.farbe,...)
```

erzeugt. Dabei steht die Methode `koerper` für die Grundkörper `box()`, `sphere()`, `cylinder()`, `cone()` usw., die das Modul VPython zur Verfügung stellt. Benötigen Sie andere Körper, können Sie diese aus den Grundkörpern `k1`, `k2` mit der Methode `compound([k1,k2, ...])` erzeugen.

7.1 Das Koordinatensystem

Abbildung 7.1 zeigt das mit Listing 7.1 erzeugte Koordinatensystem von VPython. Der Koordinatenursprung liegt in der Mitte der Zeichenfläche (engl. *canvas*). Die x-Achse zeigt von links nach rechts, die y-Achse von unten nach oben und die z-Achse steht senkrecht auf der Zeichenfläche.

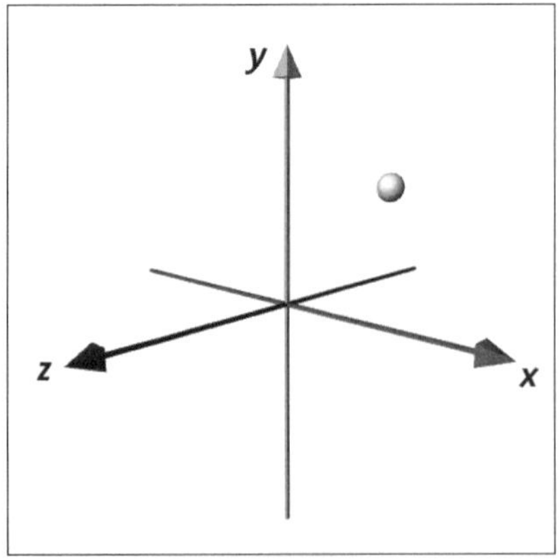

Abbildung 7.1 Koordinatensystem von VPython

Starten Sie das Programm. Es wird nach einer kurzen Zeitverzögerung in Ihrem Standardbrowser ausgeführt. Klicken Sie nun mit der rechten Maustaste auf die Zeichenfläche, und drehen Sie das Koordinatensystem so, dass Sie möglichst viele Perspektiven beobachten können. Der im Koordinatensystem eingefügte graue Punkt mit den Koordinaten (5,5,0) soll die Orientierung im Raum erleichtern und die Wirkungsweise der Koordinatentransformation in VPython verdeutlichen.


```
01  #01_koordinaten.py
02  from vpython import *
03  h=10. #Hoehe
04  b=10. #Breite
05  t=10. #Tiefe
06  scene.title="<h2>Koordinatensystem von VPython</h2>"
07  scene.width=scene.height=600
08  scene.background=color.white
09  scene.center=vector(0,0,0)
10  scene.range=1.5*b
11  x0=vector(-b,0,0)
12  y0=vector(0,-h,0)
13  z0=vector(0,0,-t)
14  #x-Achse ist rot
15  arrow(pos=x0,axis=vector(2*b,0,0),shaftwidth=0.15,color=color.red)
16  #y-Achse ist grün
17  arrow(pos=y0,axis=vector(0,2*h,0),shaftwidth=0.15,color=color.green)
18  #z-Achse ist blau
19  arrow(pos=z0,axis=vector(0,0,2*t),shaftwidth=0.15,color=color.blue)
20  label( pos=vec(b,-1,0),text="x",height=30,box=False,opacity=0)
21  label( pos=vec(-1,h,0),text="y",height=30,box=False,opacity=0)
22  label( pos=vec(-1,0,t),text="z",height=30,box=False,opacity=0)
23  points(pos=vector(5,5,0))
24  scene.caption="\nRechte Maustaste drücken und ziehen"
```

Listing 7.1 Das Koordinatensystem von VPython

Analyse

In Zeile 02 wird das Modul `vpython` mit allen verfügbaren Methoden und Eigenschaften importiert.

Die Zeilen 03 bis 05 legen die Höhe, Breite und Tiefe des Darstellungsfensters (Zeichenfläche) fest.

Der Befehl `scene.title="..."` in Zeile 06 gibt die Überschrift des Programms mit dem HTML-Tag `<h2> ... </h2>` im Browser aus.

In Zeile 07 legt der Befehl `scene.width=scene.height=600` die Breite und Höhe des Darstellungsfensters auf jeweils 600 Pixel fest.

In Zeile 08 wird mit `scene.background=color.white` der Hintergrund der Zeichenfläche auf die Farbe Weiß eingestellt. Die Standardeinstellung ist die Farbe Schwarz.

Die Anweisung `scene.center=vector(0,0,0)` in Zeile 09, die den Ursprung des Koordinatensystems festlegt, ist eigentlich nicht erforderlich, weil der Standardwert den Ursprung genau in den Mittelpunkt der Zeichenfläche legt. Sie wurde hier lediglich mit angegeben, um damit weitere Programmtests durchführen zu können.

Mit `scene.range=1.5*b` (Zeile 10) wird der Darstellungsbereich vergrößert, damit beim Drehen des Koordinatensystems genug Platz auf der Zeichenfläche zur Verfügung steht.

In den Zeilen 11 bis 13 werden mit der VPython-Methode `vector()` die Koordinatenachsen verschoben. Ein negatives Vorzeichen bewirkt eine Verschiebung in positiver Richtung der Koordinatenachse nach rechts (x-Achse) bzw. nach oben (y-Achse) oder nach vorne (z-Achse). Alle drei Achsen haben eine Länge von 20 Einheiten.

Die Methode `arrow()` zeichnet in den Zeilen 15, 17 und 19 die Koordinatenachsen als Pfeilobjekte.

Die Methode `label()` beschriftet die Koordinatenachsen (Zeilen 20 bis 22).

Der mit der Methode `points(pos=vector(5,5,0))` erzeugte Punkt soll die Richtigkeit der Koordinatentransformationen bestätigen: Der Punkt liegt genau auf der Hälfte des Achsenabschnitts der x- und y-Achse.

Mit `scene.caption="..."` kann ein beliebiger Text im Browser ausgegeben werden (Zeile 24).

Übung

Der Punkt soll im zweiten, dritten und vierten Quadranten dargestellt werden. Ändern Sie jeweils den Quelltext, und starten Sie das Programm neu. Überprüfen Sie die Positionen des Punktes, indem Sie das Koordinatensystem innerhalb der Szene drehen.

7.2 Grundkörper, Punkte und Linien

Mit VPython lassen sich folgende Grundkörper erstellen: Quader, Kugel, Zylinder, Kegel, Pyramide, Ellipsoid und Kreisring. Die allgemeine Syntax für die Erzeugung eines Körperobjekts lautet:

```
obj=koerper(pos=vec(x0,y0,z0),axis=vec(x,y,z),size=vec(a,b,c),
color=color.red)
```

Der erste Parameter gibt die Position des Körpers im 3D-Raum an. Die Standardeinstellung für die Position ist `pos=vector(0,0,0)`. Die Position kann innerhalb der Animationsschleife mit `obj.pos=vector(x,y,z)` geändert werden. Soll nur die Position in x-Richtung geändert werden, reicht die Anweisung `obj.pos.x= wert`.

Der Vektor `axis` legt die Ausrichtung des Körperobjekts fest. Wird z. B. `axis` der `vector(1,0,0)` zugewiesen, wird der Körper in Richtung der x-Achse ausgerichtet. Entsprechendes gilt für die y- und z-Achse.

Der Vektor `size` bestimmt die Abmessungen des Körperobjekts. Die Methode `box(size=vector(10,5,2)` erzeugt z. B. ein Quaderobjekt mit der Breite von 10 Längeneinheiten (LE), einer Höhe von 5 LE und einer Tiefe von 2 LE.

Die Eigenschaft `color` lässt sich mit dem Vektor `obj.color=vector(R,G,B)` variieren. Die Farben **R**ot (engl. *red*), **G**rün (*green*) und **B**lau (*blue*) können Werte zwischen 0 und 1 annehmen. Die Standardeinstellung für die Farbe ist Grau (*gray*).

7.2.1 Zylinder

Ein Zylinderobjekt hat die Eigenschaften Position, Länge, Ausrichtung, Radius und Farbe. Der Vektor `pos=vector(x0,y0,z0)` legt die Position (Mittelpunkt der Grundfläche des Zylinders) im Raum fest. Der Vektor `axis=vector(x,y,z)` bestimmt die Länge und die Ausrichtung eines Zylinderobjekts. Mit der Methode

```
cylinder(pos=vector(x0,y0,z0),axis=vector(x,y,z),radius=r,...)
```

wird ein Zylinderobjekt der Klasse `cylinder()` aus dem Modul VPython erstellt. Die Standardfarbe (der Default-Wert) ist Grau. Der Radius hat den Default-Wert `radius=1`.

Wenn z. B. `x0=-20`, `x=40` und alle anderen Werte des Positions- und Achsenvektors null sind, dann wird ein Zylinderobjekt mit der Länge von 40 Längeneinheiten (LE) erzeugt, das um 20 LE auf der x-Achse nach links verschoben ist. Die Mittellinie des Zylinders liegt genau auf der x-Achse.

Alternativ können die Maße eines Zylinderobjekts mit der Eigenschaft `size=vector(laenge,hoehe,breite)` festgelegt werden.

Listing 7.2 zeigt, wie ein Zylinderobjekt mit VPython erzeugt wird:

```
#02_zylinder.py
from vpython import *
scene.title="<h2>Zylinder</h2>"
scene.autoscale=True
scene.background=color.white
scene.width=600
scene.height=600
scene.center=vector(0,0,0)
```

```
09 scene.range=30
10 #Position: x0,y0,z0
11 p=vector(-20,0,0)
12 #Ausrichtung und Länge
13 a=vector(40,0,0)
14 r=10.  #Radius
15 #col=color.gray(0.5)
16 #red, green, blue
17 col=vector(1,0,0)
18 cylinder(pos=p,axis=a,radius=r,color=col,opacity=0.5)
19 #Länge, Höhe, Breite
20 #cylinder(pos=p,size=vector(40,20,20),color=col)
21 scene.caption="\nRechte Maustaste drücken und das Objekt drehen"
```

Listing 7.2 Zylinder

Ausgabe

Abbildung 7.2 zeigt den mit Listing 7.2 erstellten Zylinder in der Zeichenfläche.

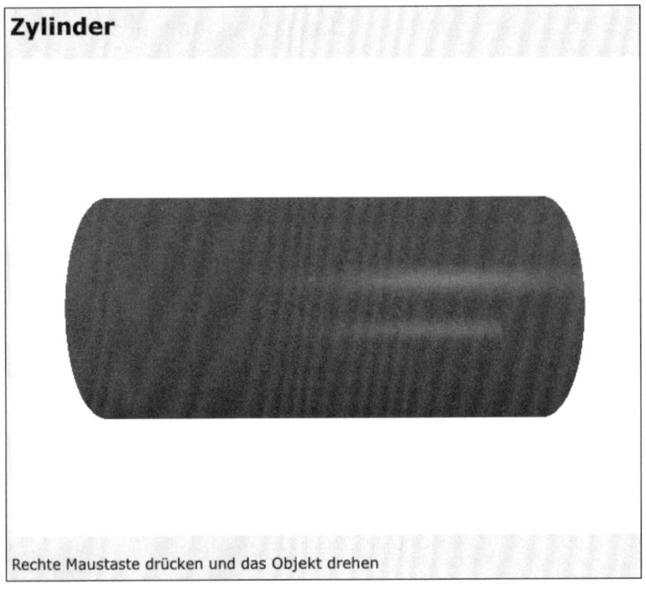

Abbildung 7.2 Zylinder

Analyse

Mit der Eigenschaft `scene.range=30` (Zeile 09) wird die Breite des Darstellungsbereichs verändert. Ein Wert kleiner als 30 (Zeile 09) vergrößert das Zylinderobjekt, und ein Wert größer als 30 verkleinert das Zylinderobjekt.

Der Vektor `p=vector(-20,0,0)` in Zeile 11 legt fest, dass der Zylinder um 20 LE auf der x-Achse nach links verschoben wird. Mit dem Vektor `a=vector(40,0,0)` (Zeile 13) wird die Länge des Zylinders von 40 LE festgelegt. Die Mittellinie des Zylinders liegt auf der x-Achse, weil die y- und z-Komponente des Ausrichtungsvektors `axis` den Wert null haben.

Die Farbe eines Körpers wird in Zeile 17 durch den Vektor `col=vector(1,0,0)` als RGB-Wert bestimmt. Die Farbsättigung kann mit Werten von 0 bis 1 eingestellt werden. Die Eigenschaft `opacity` bestimmt die Deckkraft einer Farbe. Der Wert kann zwischen 0 und 1 liegen. Wenn `opacity` den Wert 0 hat, ist der Körper völlig durchsichtig (transparent).

In Zeile 18 erzeugt die Methode

```
cylinder(pos=p,axis=a,radius=r,color=col,opacity=0.5)
```

ein Zylinderobjekt mit den Eigenschaften, die in den Objekten `p`, `a`, `r` und `col` (Zeilen 11, 13, 14 und 17) gespeichert wurden.

Übung

Ändern Sie die Eigenschaft der Zeichenfläche `scene.range` in Zeile 09 auf 40, 50 und 60. Was passiert?

Ändern Sie die Farben, die Positionen und die Abmessungen des Zylinders. Starten Sie das Programm nach jeder einzelnen Änderung jeweils neu. Überprüfen Sie, ob die Änderungen die erwarteten Effekte zeigen.

Kommentieren Sie Zeile 18 aus, und entfernen Sie den Kommentar in Zeile 20. Starten Sie das Programm neu, und beobachten Sie das Resultat, indem Sie den Zylinder innerhalb der Szene drehen. Variieren Sie die Werte des Vektors `size()`, und starten Sie das Programm nach jeder Änderung neu.

7.2.2 Quader

Ein Quaderobjekt wird mit der Methode

```
box(pos=vec(x0,y0,z0),axis=vec(x,y,z),size=vec(L,H,B), ...)
```

erzeugt. Der Vektor `pos` legt die Position des Quaders fest. Dabei bezieht sich hier im Gegensatz zum Zylinderobjekt die Position nicht auf ein Ende des Objekts, sondern auf den Mittelpunkt des Quaders. Der Vektor `axis` bestimmt die Ausrichtung, und der Vektor `size` legt die Abmessungen (Länge, Höhe, Breite) des Quaderobjekts fest.

Listing 7.3 erzeugt einen Quader mit der Länge 40, der Höhe 20 und der Breite 10:

```
01 #03_quader.py
02 from vpython import *
03 scene.title="<h2>Quader und andere Körper</h2>"
04 scene.autoscale=True
05 scene.background=color.white
06 scene.width=600
07 scene.height=600
08 scene.center=vector(0,0,0)
09 #x0,y0,z0
10 p=vector(0,0,0)
11 #Ausrichtung
12 a=vector(1,0,0)
13 #Abmessungen: Länge, Höhe, Breite
14 dim=vector(40,20,10)
15 scene.range=30
16 #Drehung
17 d=vector(0,0,0)
18 c=color.gray(0.5)
19 box(pos=p,axis=a,size=dim,up=d,color=c)
20 #cone(pos=vector(-5,0,0),axis=vector(10,0,0),radius=5,color=c)
21 #ellipsoid(pos=vector(0,0,0),axis=vector(1,0,0),
             size=vector(10,5,5),color=c)
22 #pyramid(pos=vector(0,5,0),axis=vector(0,1,0),
           size=vector(10,12,12),color=c)
23 #ring(pos=vector(0,0,0),axis=vector(0,0,1),
        radius=10,thickness=3,color=c)
24 scene.caption="\nRechte Maustaste drücken und das Objekt drehen"
```

Listing 7.3 Quader und andere Körper

Ausgabe

Den Quader, der auf der Zeichenfläche ausgegeben wird, sehen Sie in Abbildung 7.3.

Analyse

In Zeile 10 legt der Vektor `p=vector(0,0,0)` fest, dass der Quader genau im Mittelpunkt der Zeichenfläche positioniert wird. Der Vektor `a=vector(1,0,0)` (Zeile 12) bestimmt die Ausrichtung des Quaders: Seine Mittellinie liegt auf der x-Achse. Der Vektor `dim=vector(40,20,10)` in Zeile 14 gibt die Abmessungen des Quaders vor: Er hat eine Länge von 40 LE, eine Höhe von 20 LE und eine Breite von 10 LE. Mit den Vektor `d=vector(0,0,0)` in Zeile 17 kann das Objekt um seine eigene Achse gedreht werden.

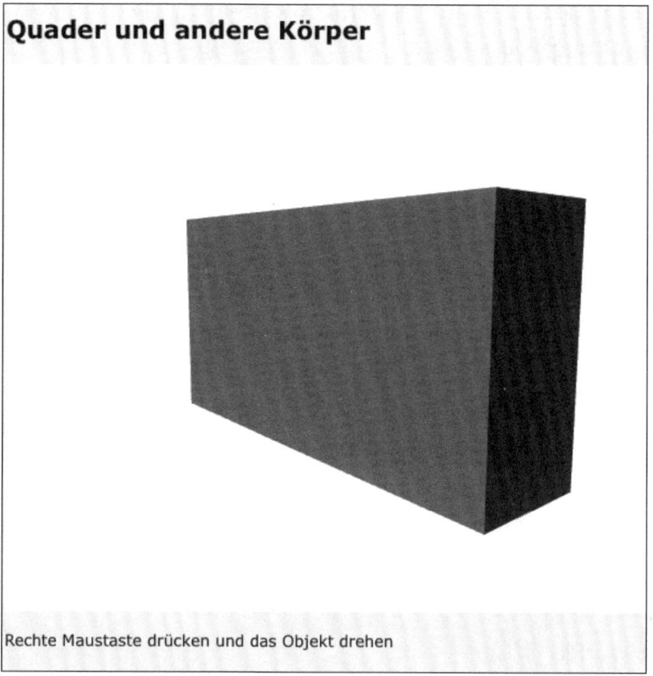

Abbildung 7.3 Quader

In Zeile 19 erzeugt die Methode `box()` das Quaderobjekt mit den vorgegebenen Eigenschaften.

Übung

Ändern Sie den Ausrichtungsvektor in Zeile 12 `a=vector(0,1,1)`, und starten Sie das Programm neu. Was passiert?

Ändern Sie den Vektor `d=vector(0,0,1)` in Zeile 17 für die Eigenschaft `up` in Zeile 19, und starten Sie das Programm neu. Was passiert?

Testen Sie das Programm mit den auskommentierten Grundkörpern.

7.2.3 Punkte

Punktobjekte werden mit der Methode

```
points(pos=[vector(-1,0,0), vector(1,0,0)], radius=0, ...)
```

angelegt. Die Eigenschaft `pos` erwartet eine Liste von Vektoren, die die Positionen der Punktobjekte enthalten. Die Angabe der Eigenschaft `radius` ist nicht notwendig. Laut

VPython-Dokumentation soll der Radius einen Standardwert von 2,5 Pixeln haben, auch wenn ihm der Wert null zugewiesen wird.

Listing 7.4 stellt den Mittelpunkt und die Eckpunkte eines Würfels als Punktobjekte dar, die grafische Ausgabe sehen Sie in Abbildung 7.4:

```
01 #04_punkte.py
02 from vpython import *
03 scene.width=600
04 scene.height=600
05 scene.background=color.white
06 e=1.
07 scene.center=vector(e/2,e/2,e/2)
08 scene.range=1.2*e
09 v=[(0,0,0),(0,0,e),(0,e,0),(0,e,e),
10    (e,0,0),(e,0,e),(e,e,0),(e,e,e),(e/2,e/2,e/2)]
11 box(pos=vector(e/2,e/2,e/2),size=vector(e,e,e),
12     axis=vector(1,0,0),opacity=0.5)
13 points(pos=v,color=color.red)
```

Listing 7.4 Eckpunkte eines Würfels

Ausgabe

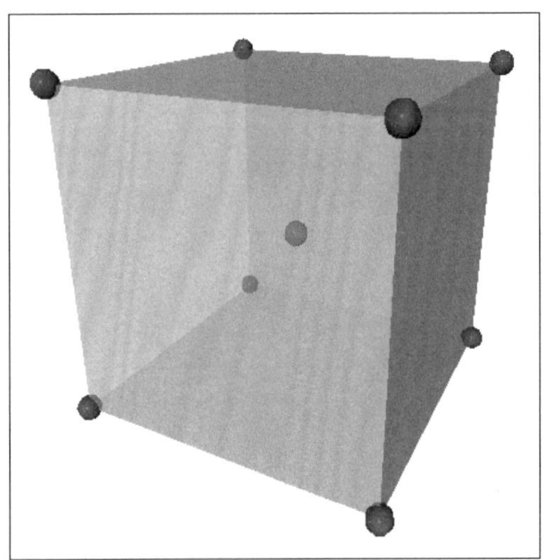

Abbildung 7.4 Eckpunkte eines Würfels

Analyse

Zeile 06 legt die Kantenlänge e des Würfels fest. In Zeile 07 wird der Mittelpunkt des Koordinatensystems auf die halbe Kantenlänge skaliert. Zeile 09 enthält eine Liste v mit den Positionen für den Mittelpunkt und die Eckpunkte des Würfels. In Zeile 11 erzeugt die Methode `box()` einen transparenten Würfel mit der Kantenlänge `e`. In Zeile 13 erzeugt die Methode `points()` neun rote Punktobjekte mit dem Standardradius.

7.2.4 Linien

Die Methode

```
curve(vector(-1,0,0), vector(1,0,0), ...)
```

zeichnet eine Linie zwischen zwei Punkten.

Wenn z. B. zwei Vektoren `v1` und `v2` gegeben sind, kann eine Verbindungslinie zwischen den beiden Vektoren mit fünf verschiedenen Syntaxvarianten gezeichnet werden:

```
>>> curve(v1,v2)          #1
>>> curve([v1,v2])        #2
>>> curve(pos=[v1,v2]) #3
>>> c = curve(v1)         #4
>>> c.append(v2)
>>> c=curve()             #5
>>> c.append(v1,v2)
```

Listing 7.5 zeigt, wie die Methode `curve()` die Eckpunkte eines Tetraeders mit Linien der Länge e verbindet. Die Grundfläche des Tetraeders wird in die x-y-Ebene gelegt. Aus dem Radius r des Umkreises der Grundfläche kann die Kantenlänge

$$e = \sqrt{3}r$$

berechnet werden.

Die Höhe des Tetraeders

$$z = \sqrt{6}\frac{e}{3}$$

zeigt in Richtung der positiven z-Achse.

```
#05_linien.py
from vpython import *
scene.width=600
scene.height=600
scene.background=color.white
r=10. #Radius der Ebene
e=sqrt(3.)*r #Kantenlänge
scene.center=vector(0,0,0)
scene.range=1.8*r
x=r*cos(pi/6.)
```

```
11 y=r*sin(pi/6.)
12 z=sqrt(6.)*e/3. #Höhe
13 #Dreieck: links unten-oben, rechts unten-links unten
14 v1=[(-x,-y,0),(0,r,0),(x,-y,0),(-x,-y,0)]
15 #Stern: links unten-Mitte, oben-Mitte, rechts unten-Mitte
16 v2=[(-x,-y,0),(0,0,z),(0,r,0),(0,0,z),(x,-y,0)]
17 points(pos=v2,radius=10.,color=color.red)
18 c=curve(pos=v1,color=color.green)
19 c.append(v2,color=color.yellow)
```

Listing 7.5 Eckpunkte eines Tetraeders, durch Linien verbunden

Ausgabe

Wie sich Listing 7.5 auf der Zeichenfläche darstellt, sehen Sie in Abbildung 7.5.

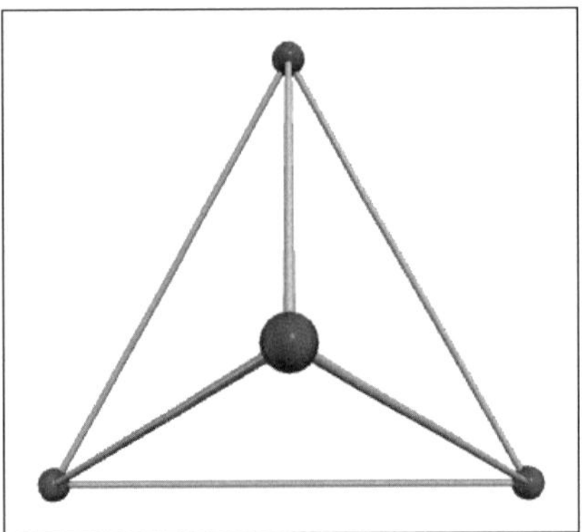

Abbildung 7.5 Eckpunkte eines Tetraeders

Analyse

Zeile 06 legt den Radius `r` des Umkreises der x-y-Ebene auf 10 LE fest. Zeile 07 berechnet die Kantenlänge `e`. In den Zeilen 10 und 11 werden die x- und y-Koordinaten der x-y-Ebene berechnet. Die Anweisung in Zeile 12 berechnet die Höhe `z` des Tetraeders in Richtung der z-Achse. Die Liste `v1` in Zeile 14 enthält die Koordinatendaten der dreieckförmigen Grundfläche der x-y-Ebene. Die Liste `v2` in Zeile 16 enthält die x-y-z-Koordinaten der Tetraederecken. In Zeile 17 zeichnet die Methode `points()` die vier Eckpunkte des Tetraeders. Die Methode `curve()` zeichnet in Zeile 18 die Linienobjekte der Liste `v1` als Dreieck. In Zeile 19 werden die sternförmigen Linien der Liste `v2` dem Linienzug `c` hinzugefügt.

> **Übung**
>
> Kommentieren Sie die Zeilen 17 und 19 aus, und starten Sie das Programm neu. Was wird jetzt dargestellt?

Nur der Linienzug von v2 soll dargestellt werden. Ändern Sie das Programm entsprechend, und starten Sie das Programm neu.

7.2.5 Kugel

Die Methode `sphere(pos=vector(x0,y0,z0),radius=r,...)` erzeugt ein Kugelobjekt. Der Vektor `pos` legt die Koordinaten des Mittelpunktes einer Kugel im Raum fest, und die Eigenschaft `radius` bestimmt ihren Radius.

Listing 7.6 zeigt, wie mit der Methode `sphere()` neun Kugeln im Raum symmetrisch angeordnet werden können:

```
#06_kugeln1.py
from vpython import *
scene.width=600
scene.hight=600
scene.background=color.white
x0=5.
y0=5.
z0=5.
R1=1.
R2=0.25
#Mitte
sphere(pos=vector(0,0,0),radius=R1,color=color.red)
#oben
sphere(pos=vector(0,y0,0),radius=R2,color=color.blue)
#unten
sphere(pos=vector(0,-y0,0),radius=R2,color=color.blue)
#links
sphere(pos=vector(-x0,0,0),radius=R2,color=color.blue)
#rechts
sphere(pos=vector(x0,0,0),radius=R2,color=color.blue)
#hinten
sphere(pos=vector(0,0,-z0),radius=R2,color=color.blue)
#vorne
sphere(pos=vector(0,0,z0),radius=R2,color=color.blue)
label( pos=vec(0,0,0), text="0",height=30,box=False,opacity=0)
sphere(pos=vector(x0/2,0,0),radius=R2,color=color.blue)
sphere(pos=vector(-x0/2,0,0),radius=R2,color=color.blue)
```

Listing 7.6 Neun Kugeln im Raum

Ausgabe

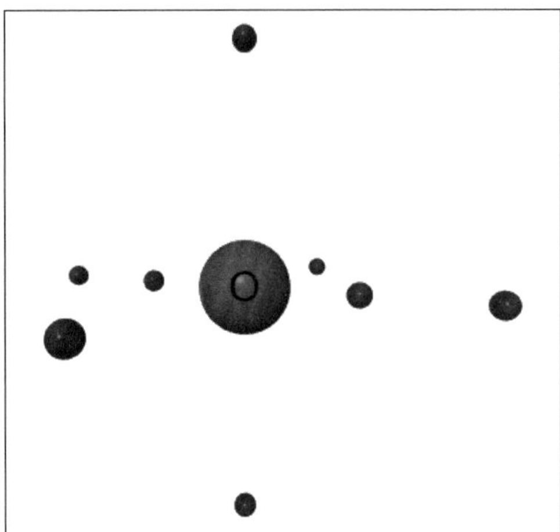

Abbildung 7.6 Kugeln im Raum

Analyse

Die Zeilen 06 bis 08 legen die Koordinaten der kleinen blauen Kugeln im Raum fest. Die mittlere rote Kugel hat einen Radius von `R1=1.` (Zeile 09), und die sechs anderen Kugeln haben einen Radius von jeweils `R2=0.25`. In den Zeilen 12 bis 24 erzeugt die Methode `sphere()` die einzelnen Kugelobjekte. Die Kommentare beschreiben die Positionen der einzelnen Kugeln. In Zeile 25 wird ein `label`-Objekt mit der Bezeichnung O erzeugt. Es soll andeuten, dass hier das bohrsche Modell eines Sauerstoffatoms (ohne die innere Schale) dargestellt wird (siehe Abbildung 7.6).

Übung

Starten Sie das Programm, und betrachten Sie die Szene aus verschiedenen Perspektiven.

Fügen Sie noch die Anweisungen für die beiden Elektronen der inneren Schale des Sauerstoffatoms in den Quelltext ein, und starten Sie das Programm.

Kristallgitter

Das Beispiel in Listing 7.7 zeigt, wie mit drei verschachtelten `for`-Schleifen und der Methode `sphere()` Kugeln im Raum platziert werden können:

```
#07_kugeln2.py
from vpython import *
scene.background=color.white
scene.width=600
```

```
05 scene.height=600
06 e = 5   #Gitterabstand
07 R = 0.5 #Radius eines Atomrumpfes
08 for x in range(-e,e):
09     for y in range(-e,e):
10         for z in range(-e,e):
11             sphere(pos=vector(x,y,z),radius=R,color=color.red)
```

Listing 7.7 Kugeln als Gitterstruktur

Ausgabe

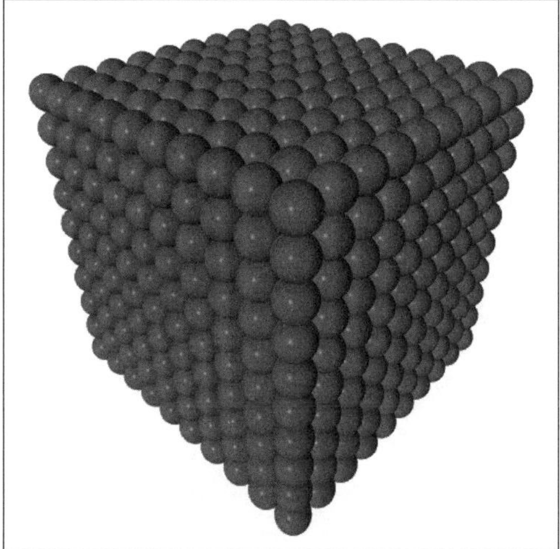

Abbildung 7.7 Kristallgitter

Analyse

Drei verschachtelte `for`-Schleifen (Zeilen 08 bis 11) berechnen die x-y-z-Koordinaten für die roten Kugeln. Die erste `for`-Schleife in Zeile 08 legt die Positionen der Kugelobjekte auf der x-Achse fest. Die zweite `for`-Schleife in Zeile 09 legt die Positionen auf der y-Achse fest. Die dritte `for`-Schleife in Zeile 10 legt die Positionen auf der z-Achse fest. In Zeile 11 erzeugt die Methode `sphere(pos=vector(x,y,z),...)` die einzelnen roten Kugelobjekte. Die Darstellung in Abbildung 7.7 kann man als Modell für ein Kristallgitter interpretieren. Die roten Kugeln sollen die positiv geladenen Atomrümpfe repräsentieren.

> **Übung**
>
> Starten Sie das Programm, und betrachten Sie die Szene aus verschiedenen Perspektiven.
>
> Wie viele Kugeln werden dargestellt?

7.2.6 Durchdringung

Das aus der darstellenden Geometrie bekannte Problem, wie sich gegenseitig durchdringende Körper in drei Ansichten dargestellt werden müssen, bereitet Anfängern nicht selten Schwierigkeiten. Hier könnte ein Programm, das die räumliche Darstellung sich gegenseitig durchdringender Körper veranschaulicht, eine Hilfestellung für den Lernenden sein. Listing 7.8 stellt mit seiner grafischen Ausgabe in Abbildung 7.8 die Durchdringung eines Kegels und eines Zylinders räumlich dar. Mit diesem Programm lassen sich die verschiedenen Ansichten der Durchdringung simulieren.

```
#08_durchdringung.py
from vpython import *
rc=10.    #Radius des Kegels
hc=3.*rc  #Höhe des Kegels
scene.background=color.white
scene.width=600
scene.hight=600
scene.range=2.1*rc
rz=rc/2.  #Radius des Zylinders
lz=2.5*rc #Länge des Zylinders
z=rc/1.5  #Verschiebung des Zylinders
cone(pos=vec(0,-hc/2.5,0),axis=vec(0,hc,0),radius=rc)
cylinder(pos=vec(-lz/2.,0,z),axis=vec(lz,0,0),radius=rz)
```

Listing 7.8 Durchdringung von Kegel und Zylinder

Ausgabe

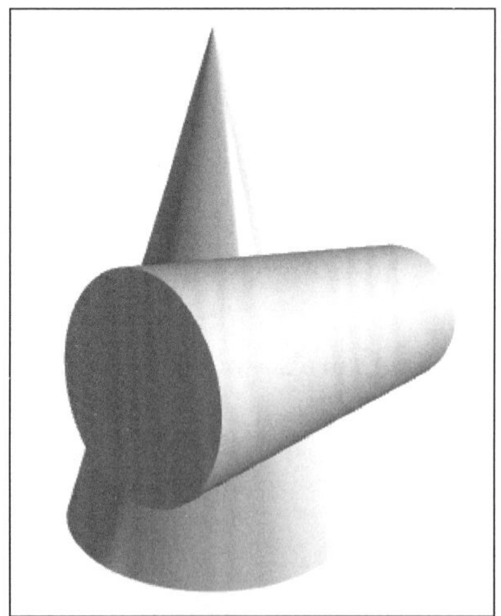

Abbildung 7.8 Durchdringung von Zylinder und Kegel

Analyse

Der Radius rc und die Höhe hc des Kegels sind die Referenzgrößen (Zeilen 03 und 04). Der Radius rz und die Länge lz des Zylinders (Zeilen 09 und 10) sind von diesen Größen abhängig.

In Zeile 12 wird ein Kegelobjekt mit der Methode `cone()` erzeugt. Der Vektor `axis=vec(0,hc,0)` legt seine Ausrichtung in Richtung der y-Achse fest.

In Zeile 13 wird ein Zylinderobjekt mit der Methode `cylinder()` erzeugt. Der Vektor `axis=vec(lz,0,0)` legt seine Ausrichtung in Richtung der x-Achse fest.

Übung

Starten Sie das Programm, und betrachten Sie die Szene der Kegel-Zylinder-Durchdringung aus der Perspektive der Vorderansicht, der Seitenansicht von links und aus der Draufsicht.

Simulieren Sie verschiedene Abstände auf der z-Achse und unterschiedliche Durchdringungswinkel.

7.2.7 Zusammengesetzte Körper

Mit der Methode `compound([G1,G2,G3, ...])` lassen sich Körperobjekte aus den Grundkörpern G1, G2 und G3 erstellen. Listing 7.9 zeigt, wie ein zusammengesetzter Körper aus der Kombination der Grundkörper Würfel und Pyramide entsteht.

```
#09_verbindung.py
from vpython import *
scene.background=color.white
scene.width=scene.height=600
a=5.
b=10.
scene.range=1.5*b
scene.autocenter=True
p1=pyramid(pos=vec(0,a,0),axis=vec(0,1,0),size=vec(a,a,a),color=
color.green)
q1=box(pos=vector(0, a/2,0),size=vector(a,a,a),color=color.red)
q2=box(pos=vector(0,-b/2,0),size=vector(b,b,b),color=color.blue)
werkstueck=compound([p1,q1,q2])
```

Listing 7.9 Zusammengesetzter Körper

Ausgabe

In Abbildung 7.9 ist der aus zwei Würfeln und einer Pyramide zusammengesetzte Körper dargestellt.

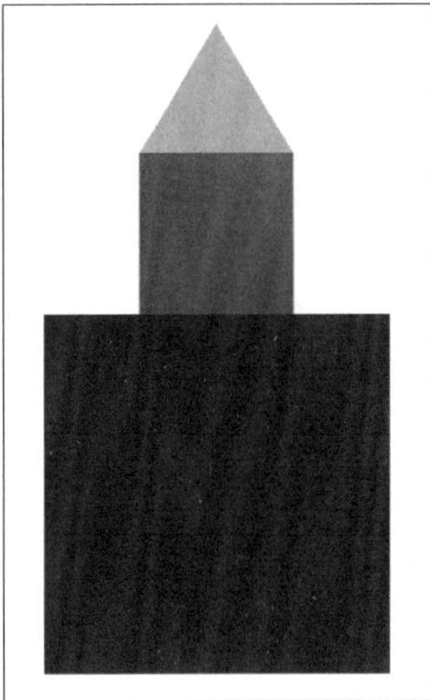

Abbildung 7.9 Zusammengesetzter Körper

Analyse

In Zeile 09 wird das Objekt `p1` mit der Methode

```
pyramid(pos=vec(0,a,0),axis=vec(0,1,0),size=vec(a,a,a)
```

erzeugt. Das Pyramidenobjekt `p1` wird um 5 LE in Richtung der positiven y-Achse nach oben verschoben. Die Ausrichtung erfolgt in Richtung der y-Achse. Die Länge, Breite und Höhe der Pyramide haben einen Wert von jeweils 5 LE.

Der Würfel `q1` wird um 2,5 LE auf der positiven y-Achse nach oben verschoben (Zeile 10). Der Würfel `q2` wird um 5 LE auf der negativen y-Achse nach unten verschoben (Zeile 11).

In Zeile 12 erzeugt die Methode `compound([p1,q1,q2])` das Objekt `werkstueck` als zusammengesetzten Körper.

Übung

Starten Sie das Programm, und betrachten Sie den zusammengesetzten Körper in der Vorderansicht, in der Seitenansicht und in der Draufsicht.

Testen Sie das Programm mit verschiedenen Abmessungen.

7.3 Körper bewegen sich

Der Hauptzweck einer Animation ist die Bewegung von Körpern. Wie in der realen Welt sollen sich die mit VPython-Methoden erstellten Körperobjekte entsprechend den physikalischen Gesetzen durch den 3D-Raum bewegen können. Alle mathematischen Operationen der Ortsveränderungen laufen in der Regel innerhalb einer Endlosschleife, die ich im weiteren Text auch als Animationsschleife bezeichne. Mit der Methode `rate(frequenz)` lässt sich einstellen, wie oft die Animation in 1 Sekunde ausgeführt werden soll. Die Eigenschaft `koerper.pos=vector(x,y,z)` legt die momentane Position des Körpers im 3D-Raum fest.

7.3.1 Senkrechte Bewegung

Bei einer senkrechten Bewegung haben die x- und z-Komponenten der 3D-Koordinaten den Wert null. Mit der Eigenschaft `koerper.v=vector(0,0,0)` wird der Geschwindigkeitsvektor initialisiert. Mit der Eigenschaft `koerper.v*dt` wird die aktuelle Position aus dem Produkt der aktuellen Geschwindigkeit und einem frei wählbaren Zeitabschnitt `dt` berechnet. Der Bezeichner `v` ist frei wählbar.

Listing 7.10 animiert den Bewegungsablauf eines springenden Balls. Dämpfungseinflüsse wurden nicht berücksichtigt. Das Ergebnis sehen Sie in Abbildung 7.10.

```
#10_ball_senkrecht.py
from vpython import *
r=1. #Radius
h=5. #Höhe
scene.background=color.white
scene.center=vector(0,h,0)
box(pos=vector(0,0,0),size=vector(2*h,r/2,h), color=color.green)
ball = sphere(radius=r, color=color.yellow)
ball.pos=vector(0,2*h,0)
ball.v = vector(0,0,0) #Geschwindigkeitsvektor
g=9.81 #Erdbeschleunigung
dt = 0.01
while True:
    rate(100)
    ball.pos = ball.pos + ball.v*dt
    if ball.pos.y < r:
        ball.v.y = abs(ball.v.y)   #nach oben
    else:
        ball.v.y = ball.v.y - g*dt #nach unten
```

Listing 7.10 Springender Ball

Ausgabe

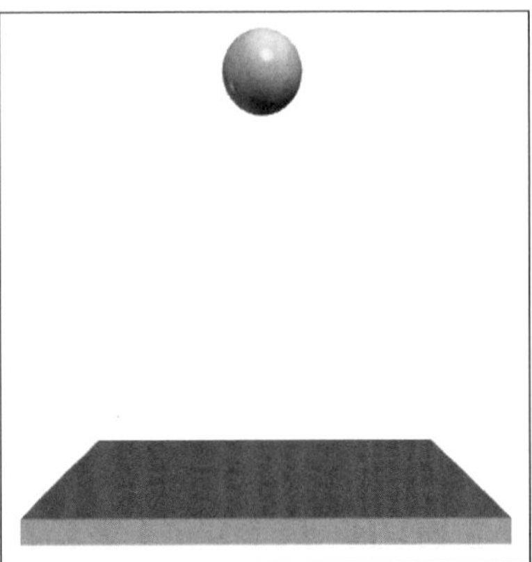

Abbildung 7.10 Animation eines springenden Balls

Analyse

Zeile 06 bewirkt, dass das Bodenobjekt `box()` aus Zeile 07 um 5 LE nach unten verschoben wird. In Zeile 08 wird das Objekt `ball` erzeugt. Zeile 09 bestimmt die Fallhöhe mit 10 LE. In Zeile 10 wird die Geschwindigkeit des Balls mit der Eigenschaft `ball.v=vector(0,0,0)` initialisiert. Der Zeitabschnitt `dt=0.01` wurde in Zeile 12 auf einen praxistauglichen Wert festgelegt.

Zwischen den Zeilen 13 bis 19 läuft die Endlosschleife. Sie wird wegen `rate(100)` 100-mal in der Sekunde ausgeführt (Zeile 14). In Zeile 15 wird aus der alten Ballposition und dem Produkt aus Geschwindigkeit `ball.v` und Zeitabschnitt `dt` die neue Ballposition `ball.pos` berechnet. Ist die Ballposition kleiner als der Ballradius `r`, bewegt sich das Ballobjekt `ball` nach oben (Zeilen 16 und 17), ansonsten bewegt es sich nach unten (Zeilen 18 und 19).

Übung

Testen Sie das Programm mit verschiedenen Zeitabschnitten und Bildwiederholungsraten.

Testen Sie das Programm mit verschiedenen Radien und Höhen.

Testen Sie das Programm mit unterschiedlichen Beschleunigungen (z. B. Mond und Jupiter).

7.3.2 Waagerechte Bewegung

Als Beispiel für eine waagerechte Bewegung wurde der Vorgang der Induktion gewählt (siehe Listing 7.11): Ein Stabmagnet bewegt sich in Richtung der x-Achse im Inneren einer Spule hin und her. Das Spulenobjekt wird mit der Methode helix() erzeugt.

```
#11_zylinder_waagerecht.py
from vpython import *
scene.background=color.white
scene.width=600
scene.height=300
l=10.   #Laenge der Spule
r=l/5.  #Radius des Kerns
scene.center=vector(0,0,0)
cs=vector(1,0.7,0.2)    #kupferfarben
helix(pos=vec(-l/2,0,0),axis=vec(l,0,0),radius=1.25*r,
      coils=10,thickness=0.3,color=cs)
np = cylinder(pos=vec(l/2,0,0),axis=vec(l/2,0,0),radius=r,
              color=color.red)
sp = cylinder(pos=vec(0,0,0),axis=vec(l/2,0,0),radius=r,
              color=color.green)
magnet=compound([np,sp])
magnet.pos=vector(0,0,0)
dx = 0.1
while True:
    rate(50)
    x = magnet.pos
    x = x+vector(dx,0,0)
    magnet.pos = x
    if x.x>l/4. or x.x<=-l/4.:
        dx = -dx
```

Listing 7.11 Stabmagnet bewegt sich in Spule.

Ausgabe

Eine Momentaufnahme der animierten Magneten-Bewegung sehen Sie in Abbildung 7.11.

Abbildung 7.11 Ein Stabmagnet bewegt sich in einer Spule.

Analyse

In Zeile 10 wird das Spulenobjekt mit der Methode `helix()` erzeugt. Der linke Rand ist auf der negativen x-Achse um 5 LE nach links verschoben. Die Länge `l` der Spule beträgt 10 LE. Die Spule hat zehn Windungen. In Zeile 11 wird der rot eingefärbte Nordpol `np` des Stabmagneten mit der Methode `cylinder()` erzeugt. Der gleiche Vorgang wiederholt sich in Zeile 12 für den grün eingefärbten Südpol `sp` des Stabmagneten. In Zeile 13 erzeugt die Methode `compound([np,sp])` das Objekt `magnet`.

Die Animation der waagerechten Bewegung des Stabmagneten erfolgt in der `while`-Schleife (Zeilen 16 bis 22). In Zeile 18 wird der Variablen `x` die in Zeile 14 initialisierte Position `magnet.pos` des Magneten zugewiesen. Der Summenalgorithmus in Zeile 19 berechnet die neue Position `x` des Magneten. Diese Position wird in Zeile 20 der Eigenschaft `magnet.pos` zugewiesen. Wenn die Auslenkung größer als `l/4` oder kleiner als `-l/4` ist (Zeile 21), erfolgt aufgrund des Vorzeichenwechsels `dx = -dx` eine Umkehrung der Bewegungsrichtung (Zeile 22).

7.3.3 Bewegung im Raum

Das nächste Beispiel (siehe Listing 7.12) stammt aus der VPython-Dokumentation. Es zeigt, wie sich ein Ball, angetrieben durch einen Impuls, zwischen den Wänden eines Raumes hin und her bewegt.

```
#12_ball_wand.py
from vpython import *
scene.width=scene.height=600
scene.background=color.white
cw=color.gray(0.9) #Farbe der Wände
b = 5.0 #Breite
d = 0.3 #Dicke der Wand
r=0.4   #Ballradius
s2 = 2*b - d
s3 = 2*b + d
#Wand rechts
box (pos=vec(b, 0, 0), size=vec(d, s2, s3), color = cw)
#Wand links
box (pos=vec(-b, 0, 0), size=vec(d, s2, s3), color = cw)
#Wand unten
box (pos=vec(0, -b, 0), size=vec(s3, d, s3), color = cw)
#Wand oben
box (pos=vec(0, b, 0), size=vec(s3, d, s3), color = cw)
#Wand hinten
box(pos=vec(0, 0, -b), size=vec(s2, s2, d), color = cw)
ball = sphere(radius=r,color=color.yellow)
```

```
ball.m = 2.0 #Masse des Balls
ball.p = vec(-0.15, -0.23, 0.27) #Impuls
#ball.p = vec(0,-1,0)
#ball.p = vec(-1,0,0)
#ball.p = vec(0,-1,-1)
b = b - d*0.5 - ball.radius
dt = 0.2
while True:
    rate(100)
    ball.pos = ball.pos + (ball.p/ball.m)*dt
    if not (b > ball.pos.x > -b):
        ball.p.x = -ball.p.x
    if not (b > ball.pos.y > -b):
        ball.p.y = -ball.p.y
    if not (b > ball.pos.z > -b):
        ball.p.z = -ball.p.z
```

Listing 7.12 Ein Ball bewegt sich im Raum.

Ausgabe

Eine Momentaufnahme der animierten Ballbewegung sehen Sie in Abbildung 7.12.

Abbildung 7.12 Ein Ball bewegt sich im Raum.

Analyse

In den Zeilen 12 bis 20 werden die `box`-Objekte für die Wände erzeugt. Das in Zeile 21 erzeugte gelbe Kugelobjekt `ball` hat einen Radius von `r=0.4` (Zeile 08). Zeile 22 definiert eine neue Eigenschaft `m` für das Kugelobjekt `ball`. Der Bezeichner `m` ist frei wählbar. Man hätte für die Masse des Balls auch den Bezeichner `masse` wählen können. Der in Zeile 23 definierte und initialisierte Vektor `ball.p` steht für den Impuls einer Masse. Auch der Bezeichner `p` ist frei wählbar. Zur Erinnerung, für den Impuls gilt:

$$p_x = mv_x = m\frac{\mathrm{d}x}{\mathrm{d}t}$$

Daraus kann der zurückgelegte Weg

$$\mathrm{d}x = \frac{p_x}{m}\mathrm{d}t$$

berechnet werden. Für die y- und z-Richtung gilt Entsprechendes.

Die Animation der Ballbewegung erfolgt innerhalb der `while`-Schleife (Zeilen 29 bis 37). In Zeile 31 berechnet der Summenalgorithmus

```
ball.pos = ball.pos + (ball.p/ball.m)*dt
```

die aktuelle Position des Balls aus dem Impuls `p`, der Masse `m` und dem Zeitabschnitt `dt`.

Wenn der Ball auf die seitlichen, auf die obere bzw. untere oder hintere Wand aufprallt, sorgen die `if`-Abfragen in den Zeilen 32 bis 37 für eine Richtungsumkehr der Ballbewegung.

Übung

Testen Sie das Programm mit den auskommentierten Zeilen 24 bis 26. Was passiert?

Fügen Sie in Zeile 21 die Eigenschaften `make_trail=True, retain=200` ein, und starten Sie das Programm neu.

Testen Sie das Programm mit anderen Massen.

7.3.4 Zusammengesetzte Bewegung

Der schiefe Wurf bietet ein gutes Beispiel, um eine zusammengesetzte Bewegung zu animieren. Für die x- und y- Komponenten der Wurfbewegung gilt:

$$x = v_0 \mathrm{t} \cos\alpha$$

$$y = h + v_0 \,\mathrm{t} \sin\alpha - \frac{1}{2}gt^2$$

Die Wurfbahn ist von der Anfangsgeschwindigkeit v_0, dem Abwurfwinkel α und der Abwurfhöhe h abhängig.

Listing 7.13 zeigt die Umsetzung der Animation des schiefen Wurfs. Das Programm startet den Bewegungsablauf erst dann, wenn mit der linken Maustaste auf die Zeichenfläche geklickt wird.


```
#13_schiefer_wurf.py
from vpython import *
h=1.2 #Abwurfhöhe
b=60. #Breite der Bezugsebene
v0=22.5 #Anfangsgeschwindigkeit
alpha=45. #Abwurfwinkel
alpha=radians(alpha)
g=9.81
r=b/40.
h=h+r
scene.background=color.white
scene.width=600
scene.height=600
scene.center=vector(0,b/4.,0)
ball = sphere(pos=vector(-b/2.,h,0),radius=r,color=color.yellow)
box(pos=vec(0,-b/50.,0),size=vec(b,b/25.,b/2.),color=color.green)
scene.caption="\nmit Mausklick starten"
scene.waitfor('click')
dt=0.01
t=0.0
while True:
    rate(50)
    x = v0*t*cos(alpha)
    y = h + v0*t*sin(alpha) - 0.5*g*t**2
    ball.pos = vector(x-b/2.,y+r,0)
    if y<=0.0:
        break
    t=t+dt
```

Listing 7.13 Animation des schiefen Wurfs

Ausgabe

Abbildung 7.13 zeigt eine Momentaufnahme der Animation des schiefen Wurfs.

Abbildung 7.13 Grafische Umsetzung der Animation des schiefen Wurfs

Analyse

In Zeile 18 bewirkt die Anweisung `scene.waitfor('click')`, dass die Animation erst nach einem Mausklick innerhalb der Szene ausgeführt wird. Mit dieser Unterbrechung gelingt es, die Abwurfhöhe besser zu erkennen. Innerhalb der Animationsschleife (Zeilen 21 bis 28) werden in den Zeilen 23 und 24 die x- und y-Komponenten der Ballbewegung berechnet. In Zeile 25 wird der Eigenschaft `ball.pos` der aktuelle Vektor der Bewegungsposition zugewiesen. Wenn der Ball die Bezugsebene erreicht hat (Zeile 26), bricht die `break`-Anweisung die Animation ab.

> **Übung**
>
> Testen Sie das Programm mit verschiedenen Abwurfwinkeln und Abwurfgeschwindigkeiten.
>
> Variieren Sie auch die Abwurfhöhen.

7.3.5 Rotationsbewegungen

Die Rotationsbewegung eines Körpers auf einer Ellipsenbahn kann man durch die sich zeitlich ändernden x-y-Koordinaten animieren:

$x = a \cos \omega t$

$y = b \sin \omega t$

Wenn die Halbachsen a und b gleich sind, wird eine Kreisbewegung animiert, ansonsten bewegt sich der Körper auf einer elliptischen Bahn.

Rotation eines Körpers auf einer elliptischen Bahn

Listing 7.14 animiert die Bewegung des Mondes auf einer elliptischen Bahn um die Erde. Die mittlere Bahnexzentrizität des Mondes von 0,0549 wurde stark übertrieben, um zu verdeutlichen, dass sich die Erde nicht im Mittelpunkt der Ellipse befindet.

```
#14_ellipsenbahn.py
from vpython import *
scene.width=600
scene.height=600
```

```
05 b=10.      #Ellipsenhalbachse
06 a=1.157*b #Ellipsenhalbachse
07 Rm=1.      #Radius Mond
08 Re=3.7*Rm #Radius Erde
09 rem=10.*Re #Abstand Erde Mond
10 scene.background=color.white
11 erde = sphere(pos=vector(0.1*a,0,0),radius=Re,texture=textures.earth)
12 mond = sphere(pos=vector(rem,0,0),radius=Rm,color=color.gray(0.8))
13 w=1.0 #Winkelgeschwindigkeit
14 t=0
15 dt=1e-3
16 while  True:
17     rate(100)
18     x = a*cos(w*t)
19     y = b*sin(w*t)
20     mond.pos = vector(x,y,0)
21     t=t+dt
```

Listing 7.14 Animation der elliptischen Mondbahn

Ausgabe

Abbildung 7.14 zeigt eine Momentaufnahme der animierten elliptischen Mondbahn.

Abbildung 7.14 Animation einer elliptischen Mondbahn

Analyse

In den Zeilen 05 bis 09 werden die Daten des Erde-Mond-Planentensystems festgelegt. In Zeile 11 erzeugt die Methode `sphere()` das Objekt `erde`. Das Kugelobjekt `erde` wird um den Betrag `0.1*a` auf der positiven x-Achse nach rechts verschoben. Dieser unrealistisch hohe Wert wurde gewählt, um zu verdeutlichen, dass der geometrische Ort der Erde nicht mit dem Mittelpunkt der Ellipse übereinstimmt. Die Oberfläche eines Körperobjekts kann mit der Eigenschaft `texture` optisch gestaltet werden. Hier wurde der naheliegende Wert `textures.earth` gewählt. Das Objekt `erde` bräuchte eigentlich nicht explizit erstellt zu werden, weil es weiter unten im Quelltext keine Verwendung mehr findet. Anders verhält es sich mit dem Mond. Für diesen muss ein Objekt erzeugt werden, weil es in der Animationsschleife benötigt wird. Die Erzeugung des Objekts `mond` erfolgt in Zeile 12.

Die Winkelgeschwindigkeit `w=1.0` entspricht nicht der Wirklichkeit (Zeile 13). Sie wurde willkürlich festgelegt, um den Bewegungsablauf des Mondes besser nachvollziehen zu können.

Die `while`-Schleife (Zeilen 16 bis 21) realisiert die Animation. In Zeile 20 werden für jeden Zeitpunkt `t` der Eigenschaft `mond.pos` die in den Zeilen 18 und 19 berechneten x-y-Koordinaten zugewiesen.

Rotation eines Körpers auf einer Kreisbahn

VPython stellt auch eine einfache Methode zur Verfügung, mit der Kreisbewegungen animiert werden können. Die Methode

```
koerper.rotate(angle=w*dt,axis=vec(0,1,0),origin=vec(0,0,0))
```

animiert die Bewegung einer Kreisbahn. Der Eigenschaft `angle` muss ein Winkel `w*dt` zugewiesen werden. Die Drehbewegung kommt dadurch zustande, dass für jeden Zeitpunkt `dt` ein neuer Winkel aus der als konstant angenommenen Winkelgeschwindigkeit `w` berechnet wird. Der Achsenvektor `axis` gibt die Drehachse vor, und die Eigenschaft `origin` legt den Mittelpunkt der Drehbewegung fest.

Listing 7.15 animiert die Rotation eines Würfels. Die auskommentierten Zeilen sind für Testzwecke gedacht.

```
#15_rotation1.py
from vpython import *
scene.width=scene.height=600
scene.background=color.white
scene.center=vec(0,0,0)
r=1.
col=color.green
scene.range=1.5*r
rot = box(pos=vec(0,0,0),axis=vec(0,1,0),size=vec(r,r,r),color=col)
#rot = ring(pos=vec(0,0,0),axis=vec(0,0,1),radius=r,thickness=r/5.)
#rot = ellipsoid(pos=vec(0,0,0),axis=vec(1,0,0),size=vec(2.0*r,r,r))
#rot = arrow(pos=vec(0,0,0), axis=vec(r,0,0), color=col)
dt=0.05
w=0.5    #Winkelgeschwindigkeit
while True:
    rate(25)
    rot.rotate(angle=w*dt,axis=vec(0,1,0),origin=vec(0,0,0))
```

Listing 7.15 Rotierender Würfel

Ausgabe

Eine Momentaufnahme der Animation des rotierenden Würfels sehen Sie in Abbildung 7.15.

Abbildung 7.15 Animation eines rotierenden Würfels

Analyse

In Zeile 09 erzeugt die Methode `box()` das Objekt `rot` mit der Kantenlänge `r`.

In Zeile 17 lässt die Methode

```
rotate(angle=w*dt,axis=vec(0,1,0),origin=vec(0,0,0))
```

den Würfel um die y-Achse rotieren. Durch Änderung der Winkelgeschwindigkeit `w` in Zeile 14 können Sie die Drehfrequenz ändern. Der Drehmittelpunkt liegt im Koordinatenursprung null.

> **Übung**
>
> Testen Sie das Programm mit unterschiedlichen Winkelgeschwindigkeiten. Ändern Sie auch die Drehachsen.
>
> Testen Sie das Programm mit den auskommentierten Körpern.

Rotation mehrerer Körper

Innerhalb der Animationsschleife lassen sich auch mehrere Körper auf einer Kreisbahn mit unterschiedlichen Winkelgeschwindigkeiten bewegen. Mit Listing 7.16 können Sie die Rotationsbewegungen der inneren Planeten Merkur, Venus und der Erde um die Sonne animieren und in Abbildung 7.16 das Ergebnis begutachten. Die relativen Abstände zwischen den Planeten entsprechen nicht der Realität. Die Planeten rotieren um die z-Achse.

```
01 #16_rotation2.py
02 from vpython import *
03 scene.width=scene.height=600
04 scene.background=color.white
05 R=5.0  #Radius der Sonne
06 r=10.0 #Abstand Sonne Merkur
07 sphere(pos=vec(0,0,0),axis=vec(1,0,0),radius=R,color=color.yellow)
08 merkur=sphere(pos=vec(r,0,0),axis=vec(1,0,0),
                 radius=0.2*R,color=color.red)
09 venus=sphere(pos=vec(2*r,0,0),axis=vec(1,0,0),
                radius=0.3*R,color=color.green)
10 erde=sphere(pos=vec(3*r,0,0),axis=vec(1,0,0),
               radius=0.5*R,texture=textures.earth)
11 dt = 0.05
12 w1=0.3
13 w2=0.2
14 w3=0.1 #Winkelgeschwindigkeit
15 while True:
16     rate(25)
17     merkur.rotate(angle=w1*dt,axis=vec(0,0,1),origin=vec(0,0,0))
18     venus.rotate(angle=w2*dt,axis=vec(0,0,1),origin=vec(0,0,0))
19     erde.rotate(angle=w3*dt,axis=vec(0,0,1),origin=vec(0,0,0))
```

Listing 7.16 Animation der Planetenbewegungen im Sonnensystem

Ausgabe

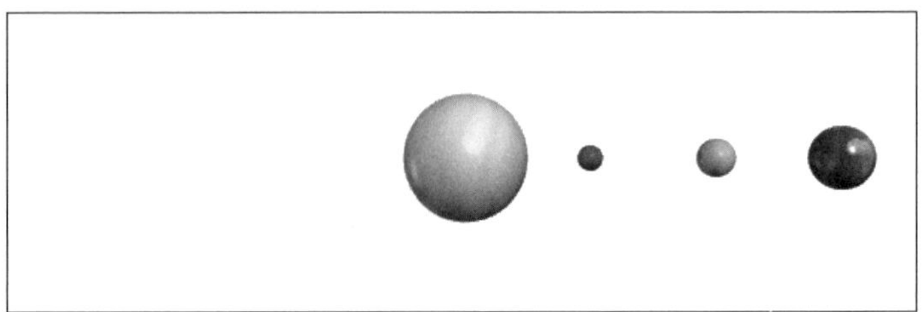

Abbildung 7.16 Animation der Planetenbewegungen im Sonnensystem

Analyse

Die Zeilen 05 und 06 legen den Radius der Sonne `R` und den Abstand des Merkurs `r` von der Sonne fest. Die Radien der Planeten werden als Bruchteile des Sonnenradius und deren Abstände als ein Vielfaches von `r` festgelegt.

Die Planetenobjekte `merkur`, `venus` und `erde` werden in den Zeilen 08 bis 10 erzeugt.

Die Zeilen 12 bis 14 legen die Winkelgeschwindigkeiten der Planetenobjekte fest. Je größer der Abstand zwischen einem Planeten und der Sonne ist, desto kleiner muss seine Winkelgeschwindigkeit sein.

Innerhalb der `while`-Schleife (Zeilen 15 bis 19) wird die Methode `rotate()` auf die Planetenobjekte `merkur`, `venus` und `erde` angewendet. Der Vektor `axis=vec(0,0,1)` legt fest, dass sich die Planeten um die z-Achse drehen.

Übung

Testen Sie das Programm mit verschiedenen Winkelgeschwindigkeiten und Abständen.

Lassen Sie die Planeten um die y-Achse rotieren.

7.3.6 Zufällige Bewegung von Körpern

Bei der brownschen Bewegung bewegen sich kleine Teilchen, z. B. Pollenkörner, auf einer Flüssigkeit zufallsverteilt und ruckartig in verschiedene Richtungen. Diese Bewegungen werden durch die Wärmebewegung der Flüssigkeitsmoleküle verursacht, die sich in der Umgebung eines Teilchens befinden. Solche zufallsbedingten Bewegungen kann man mit VPython animieren, indem man für die x-y-Koordinaten Zufallszahlen mit der Funktion `random()` generiert. Diese Funktion erzeugt Zufallszahlen zwischen 0 und 1.

Bei jedem Schleifendurchlauf werden die x-y-Koordinaten neu berechnet:

$$x = \sin\alpha\cos\varphi$$

$$y = \sin\alpha\sin\varphi$$

Der Winkel α wird ebenso wie der Winkel φ mit einem Zufallszahlengenerator generiert. Der erste Winkel hat einen Wert zwischen 0 und π und der zweite Winkel hat einen Wert zwischen 0 und 2π. Die Funktion $\sin\alpha$ berechnet die Abstände der Teilchen vom Ursprung des Koordinatensystems. Die Funktionen $\cos\varphi$ und $\sin\varphi$ berechnen die zufallsverteilten x-y-Koordinaten.

Listing 7.17 zeigt, wie eine zweidimensionale Zufallsbewegung einer Kugel animiert werden kann. Die Bewegungsbahnen der Kugel werden mit der Methode `attach_trail(objekt, ...)` als dünne blaue Linien dargestellt.

```
#17_zufaellig.py
from vpython import *
a=10.
r=a/20.
scene.background=color.white
scene.width=scene.height=600
```

```
scene.center=vector(0,0,0)
scene.range=a
teil = sphere(radius=r,color=color.red)
teil.pos=vector(0,0,0)
attach_trail(teil,radius=0.05,color=color.blue)
i=0
while i<10:
    sleep(0.8)
    alpha = pi*random()
    phi = 2.0*pi*random()
    x = a*sin(alpha)*cos(phi)
    y = a*sin(alpha)*sin(phi)
    teil.pos=vector(x,y,0)
    i=i+1
```

Listing 7.17 Animation zufälliger Bewegungen

Ausgabe

Die zufälligen Bewegungen der Kugel können Sie in Abbildung 7.17 nachvollziehen.

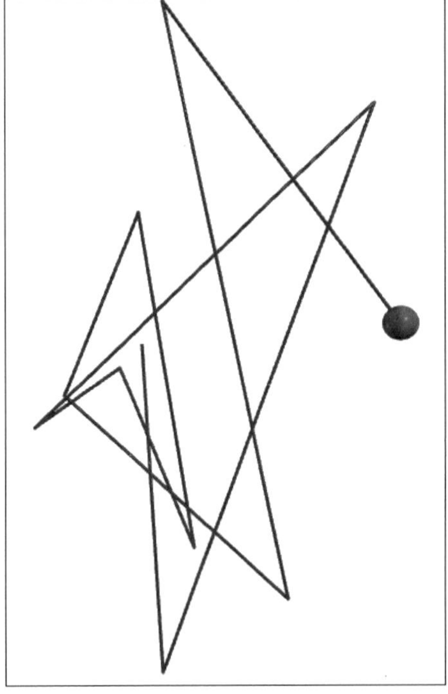

Abbildung 7.17 Zufällige Bewegungen

Analyse

In Zeile 09 erzeugt die Methode `sphere()` das Objekt `teil`. In Zeile 10 legt die Eigenschaft `teil.pos=vector(0,0,0)` die Anfangsposition der Kugel `teil` in den Koordinatenursprung. Die Methode `attach_trail(teil, ...)` in Zeile 11 bewirkt, dass die Bahnkurven als blaue Linien mit dem Radius `radius=0.05` nachgezeichnet werden. Die Animation wird innerhalb der `while`-Schleife (Zeilen 13 bis 20) zehnmal ausgeführt. In Zeile 14 sorgt die Funktion `sleep(0.8)` dafür, dass der Schleifendurchlauf für 0,8 Sekunden unterbrochen wird.

In Zeile 15 erzeugt die Funktion `random()` Zufallszahlen zwischen 0 und π für die Berechnung der zufallsverteilten Abstände der Kugel vom Koordinatenursprung. Die in Zeile 16 erzeugten Zufallszahlen liegen in dem Intervall von 0 bis 2π. In den Zeilen 17 und 18 werden die zufallsverteilen x-y-Koordinaten berechnet.

Übung

Testen Sie das Programm mit unterschiedlichen Unterbrechungszeiten.

Testen Sie das Programm mit unterschiedlichen Radien für die Bewegungslinien (Zeile 11).

7.4 Animation von Schwingungen

Ein aus seiner Ruhelage ausgelenktes Pendel führt Schwingungen aus. Diese Pendelbewegungen lassen sich genauso gut animieren wie jede andere Bewegung. Bei der Animation von Pendelbewegungen muss man zuerst das Differenzialgleichungssystem aufstellen, das die Bewegung des Pendels beschreibt. Dieses DGL-System wird innerhalb der Animationsschleife mit einem einfachen Summenalgorithmus gelöst. Aus der Lösung des DGL-Systems können dann die x-y-Positionen des Pendels berechnet werden.

7.4.1 Fadenpendel

Die Bewegung eines idealen Fadenpendels (mathematisches Pendel) wird durch folgende DGL beschrieben:

$$\frac{\mathrm{d}^2\varphi}{\mathrm{d}t^2} + \frac{g}{l}\sin\varphi = 0$$

Mit der Substitution

$$\frac{\mathrm{d}^2\varphi}{\mathrm{d}t^2} = \frac{\mathrm{d}\omega}{\mathrm{d}t}$$

erhalten Sie ein Differenzialgleichungssystem

$$\frac{\mathrm{d}\varphi}{\mathrm{d}t} = \omega$$

$$\frac{\mathrm{d}\omega}{\mathrm{d}t} = -\frac{g}{l}\sin\varphi$$

mit zwei Differenzialgleichungen erster Ordnung. Da es bei Animationen nicht so sehr auf Genauigkeit, sondern eher auf die Effizienz des Algorithmus ankommt, ist es zweckmäßig, dieses DGL-System mit dem Euler-Verfahren zu lösen.

Listing 7.18 animiert die Bewegung eines Fadenpendels. Das DGL-System wird innerhalb der Animationsschleife mit dem Summenalgorithmus des Euler-Verfahrens gelöst. Das Pendel besteht aus einem Zylinderobjekt (`cylinder`), das den Faden repräsentiert, und einem Kugelobjekt (`sphere`), das die Masse repräsentiert.

```
#18_pendel.py
from vpython import *
y0=-5. #Verschiebung y-Achse
b=5.   #Breite der Decke
l=8.   #Länge des Pendels
phi=45. #Auslenkung
r=0.5  #Radius der Kugel
scene.width=600
scene.height=600
scene.center =vector(0,y0,0)
scene.range=1.5*b
scene.background = color.white
box(size=vector(b,b/20.,b/2.),color=color.gray(0.8)) #Decke
stange=cylinder(axis=vector(0,l,0),radius=0.05)
masse = sphere(radius=r,color=color.red)
masse.pos=vector(0,stange.pos.y,0)
g=9.81   #Erdbeschleunigung
w02=g/l  #Quadrat der Kreisfrequenz
phi=radians(phi)
w=0. #Anfangswinkelgeschwindigkeit
dt=0.02
while True:
    rate(100)
    phi=phi+w*dt
    w=w-w02*sin(phi)*dt
    x= l*sin(phi)
    y=-l*cos(phi)
```

```
28        stange.axis=vector(x,y,0)
29        masse.pos  =vector(x,y,0)
```

Listing 7.18 Fadenpendel

Ausgabe

In Abbildung 7.18 sehen Sie eine Momentaufnahme der Animation des mathematischen Pendels.

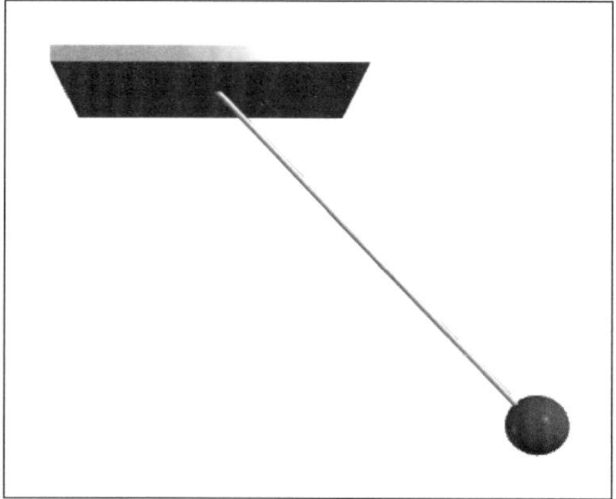

Abbildung 7.18 Animation einer Pendelbewegung

Analyse

Zeile 06 legt den Auslenkungswinkel `phi` fest. Das DGL-System der Pendelbewegung (Zeilen 24 und 25) wird innerhalb der Animationsschleife (Zeilen 22 bis 29) mit dem Summenalgorithmus `phi=phi+w*dt` und `w=w-w02*sin(phi)*dt` gelöst. Die Zeilen 26 und 27 berechnen die x- und y-Koordinaten der aktuellen Kugelposition. In den Zeilen 28 und 29 werden die Positionen der Stange und der Kugel aktualisiert.

> **Übung**
>
> Testen Sie das Programm mit verschiedenen Auslenkwinkeln.
>
> Testen Sie das Programm mit verschiedenen Pendellängen.

7.4.2 Federpendel

Die Pendelbewegung eines Federpendels lässt sich durch folgende DGL beschreiben:

$$\frac{\mathrm{d}^2 y}{\mathrm{d}t^2} + \frac{c}{m} y = 0$$

Mit der Substitution

$$\frac{\mathrm{d}^2y}{\mathrm{d}t^2}=\frac{\mathrm{d}v}{\mathrm{d}t}$$

erhält man folgendes Differenzialgleichungssystem:

$$\frac{\mathrm{d}y}{\mathrm{d}t}=v$$

$$\frac{\mathrm{d}v}{\mathrm{d}t}=-\frac{c}{m}y$$

Listing 7.19 animiert Schwingungen eines Feder-Masse-Systems. Die Masse wird durch ein Kugelobjekt repräsentiert.

```
#19_federpendel.py
from vpython import *
y0=-5. #Verschiebung y-Achse
b=8.   #Breite der Decke
l=0.8*y0 #Länge der Feder
r=1.2  #Radius der Masse
c=1.1  #Federkonstante
m=1.5  #Masse der Kugel
scene.width=600
scene.height=600
scene.center =vector(0,y0,0)
scene.background = color.white
box(pos=vector(0,b/40.,0),size=vector(b,b/20.,b/2.),
    color=color.gray(0.8)) #Decke
feder=helix(axis=vector(0,l,0),radius=0.6,color=color.yellow)
feder.thickness=0.2
feder.coils=8
masse=sphere(pos=feder.pos,radius=r,color=color.red)
w02=c/m   #Quadrat der Kreisfrequenz
y=-0.6*l  #Auslenkung
v=0.      #Anfangsgeschwindigkeit
dt=0.02
while True:
    rate(100)
    y=y+v*dt
    v=v-w02*y*dt
    feder.axis=vector(0,y+l,0)
    masse.pos =vector(0,y+l-r,0)
```

Listing 7.19 Feder-Masse-Schwinger

Ausgabe

In Abbildung 7.19 sehen Sie eine Momentaufnahme der Animation eines Federpendels.

Abbildung 7.19 Animation eines Federpendels

Analyse

Zeile 03 bewirkt zusammen mit Zeile 11 die Verschiebung des Koordinatenursprungs um 5 LE nach oben. In den Zeilen 05 bis 08 werden die Daten des Feder-Masse-Schwingers festgelegt.

In Zeile 14 erzeugt die Methode `helix()` das Federobjekt `feder`. Die Eigenschaften des Federobjekts werden in den Zeilen 15 und 16 noch ergänzt. In Zeile 17 erzeugt die Methode `sphere()` das Kugelobjekt `masse`.

Die Auslenkung (Anfangswert) wird auf 60 % der Federlänge `l` eingestellt (Zeile 19).

Innerhalb der Endlosschleife (Zeilen 22 bis 27) wird das DGL-System (Zeilen 24 und 25) mit dem Euler-Verfahren gelöst.

Die Positionen des Federendes und des Kugelmittelpunktes werden in den Zeilen 26 und 27 aktualisiert.

Übung

Testen Sie das Programm mit verschiedenen Massen.

Testen Sie das Programm mit verschiedenen Federkonstanten.

7.5 Ereignisverarbeitung

Für die Ereignisverarbeitung stellt VPython auch Steuerelemente wie Befehlsschaltflächen (`button`), Optionsschaltflächen (`radio`), Mehrfachauswahl (`checkbox`, `menu`) und Schieberegler (`slider`) zur Verfügung.

Für jedes Ereignis muss eine Funktion definiert werden, die die gewünschte Aktion ausführen soll. Die Implementierung von Ereignissen erfolgt immer nach dem folgenden Schema:

```
steuerelement(bind=funktion, ...)
```

Für den Bezeichner `steuerelement` kann der Name eines Steuerelements stehen, z. B. Befehlsschaltfläche (`button`), Schieberegler (`slider`), Checkbox (`checkbox`) oder Radiobutton (`radio`). Damit die Methode `steuerelement` ein Ereignis auslösen kann, muss ihr als Parameter eine selbst definierte Funktion übergeben werden. Diese Funktion wird der Eigenschaft `bind` zugewiesen. Die Klammern der selbst definierten Funktion müssen weggelassen werden. Alle anderen Parameter sind abhängig von der Art des Steuerelements. Listing 7.20 zeigt, wie mit der Methode `slider()` die Drehfrequenz eines Spannungszeigers verändert werden kann. Die Methode `checkbox()` ermöglicht die Zuschaltung eines Leistungszeigers, der mit doppelter Frequenz rotiert. Mit der Methode `button()` kann die Animation unterbrochen und wieder gestartet werden.

```
#20_ereignisverarbeitung.py
from vpython import *
scene.title="<h2>Rotierender Spannungs- und Leistungszeiger</h2>"
scene.width=scene.height=600
scene.background=color.white

laeuft = True
col=color.yellow

def start(b):
    global laeuft
    laeuft = not laeuft
    if laeuft: b.text = "Pause"
    else: b.text = "Start"

def omega(s):
    txtA.text = "{:1.2f}".format(s.value)

def sichtbar(b):
    if b.checked:
        p.visible = True
```

```
22      else:
23          p.visible = False
24
25  u_s=2.
26  p_s=1.5
27  d=0.025
28  scene.range = 1.2*u_s
29  u=arrow(pos=vec(0,0,0),axis=vec(0,u_s,0),color=color.blue)
30  p=arrow(pos=vec(0,0,0),axis=vec(p_s,0,0),color=col)
31  p.visible=False
32  u.shaftwidth=d
33  p.shaftwidth=d
34  button(text="Pause",pos=scene.title_anchor,bind=start)
35  scene.append_to_caption("\n\n")
36  scene.caption="\n  Frequenz ändern:\n\n"
37  sldF=slider(min=0,max=6.28,value=1,length=300,bind=omega,right=4)
38  txtA=wtext(text="{:1.2f}".format(sldF.value))
39  scene.append_to_caption(" rad/s\n\n")
40  checkbox(bind=sichtbar, text="Leistungszeiger anzeigen\n\n")
41  dt=0.01
42  w=1.
43  while True:
44      rate(1/dt)
45      if laeuft:
46          w=sldF.value
47          u.rotate(angle=w*dt,axis=vec(0,0,1))
48          p.rotate(angle=2.0*w*dt,axis=vec(0,0,1))
```

Listing 7.20 Ereignisverarbeitung

Ausgabe

Abbildung 7.20 zeigt eine Momentaufnahme der Animation rotierender Zeiger.

Analyse

Wenn die globale Variable `laeuft` (Zeilen 07 und 11) den Wert `True` hat, wird die Animation innerhalb der `while`-Schleife (Zeilen 43 bis 48) ausgeführt. Soll die Animation unterbrochen werden, müssen Sie auf den Button PAUSE klicken. Dann ändert sich die Beschriftung des Buttons in START. In diesem Fall ruft die Methode `button()` aus Zeile 34 die selbst definierte Funktion `start(b)` aus den Zeilen 10 bis 14 auf. Die Befehlsschaltfläche wird oben links über der Szene angeordnet. Der Aufruf der Funktion start(b) erfolgt mit bind=start. Die Klammern der Funktionsdefinition und das Funktionsargument b müssen weggelassen werden.

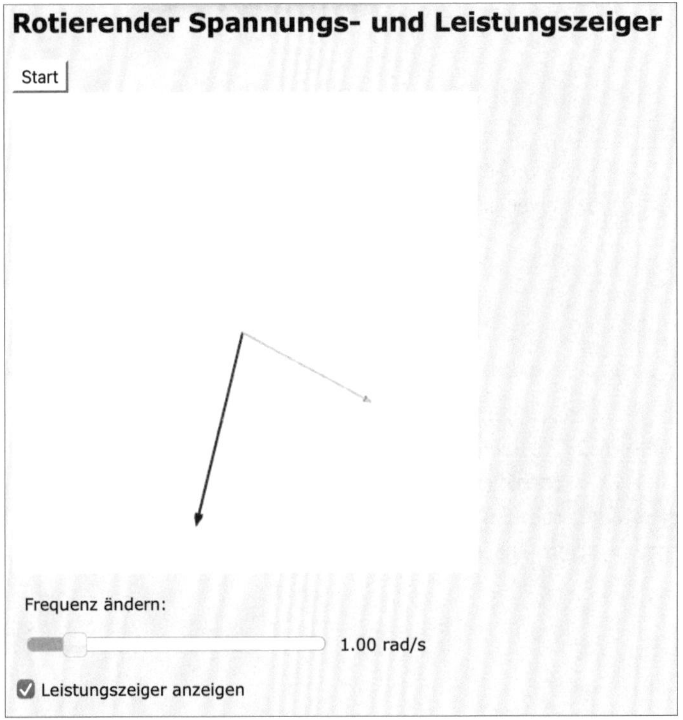

Abbildung 7.20 Ereignisverarbeitung

In Zeile 37 ruft die Methode slider() die selbst definierte Funktion bind=omega aus den Zeilen 16 und 17 auf. Die eingestellten Werte werden in das Objekt sldF gespeichert und in dem Textfeld txtA in Zeile 38 angezeigt. In Zeile 46 erfolgt die Änderung der Drehfrequenz mit der Zuweisung w=sldF.value.

Die Methode checkbox(bind=sichtbar,...) in Zeile 40 ruft die selbst definierte Funktion sichtbar(b) aus den Zeilen 19 bis 23 auf. Wenn man das Steuerelement checkbox aktiviert, wird der Leistungszeiger zugeschaltet.

Übung

Testen Sie das Programm mit allen Einstellungen.

Kommentieren Sie Zeile 11 aus. Starten Sie das Programm neu, und klicken Sie auf den Button PAUSE. Analysieren Sie die Fehlermeldung.

7.6 Projektaufgabe: Animation eines gekoppelten Federpendels

Die Schwingungen eines gekoppelten Federpendels, das aus zwei Feder-Masse-Systemen mit den Federkonstanten c_1 und c_2 sowie den Massen m_1 und m_2 besteht, sollen mit VPython animiert werden. Das Feder-Masse-System schwingt in Richtung der y-Achse. Die Dämpfung soll zunächst vernachlässigt werden.

Die Lösung erfolgt in drei Schritten:

1. Stellen Sie das Differenzialgleichungssystem auf:

$$\frac{\mathrm{d}^2 y_1}{\mathrm{d}t} + \frac{c_1 + c_2}{m_1} y_1 - \frac{c_2}{m_1} y_2 = 0$$

$$\frac{\mathrm{d}^2 y_2}{\mathrm{d}t^2} + \frac{c_2}{m_2}(y_2 - y_1) = 0$$

2. Wandeln Sie es in ein DGL-System erster Ordnung um.

   Mit der Substitution

$$\frac{\mathrm{d}^2 y_1}{\mathrm{d}t^2} = \frac{\mathrm{d}v_1}{\mathrm{d}t}$$

   und

$$\frac{\mathrm{d}^2 y_2}{\mathrm{d}t^2} = \frac{\mathrm{d}v_2}{\mathrm{d}t}$$

   erhalten Sie folgendes DGL-System erster Ordnung:

$$\frac{\mathrm{d}y_1}{\mathrm{d}t} = v_1$$

$$\frac{\mathrm{d}v_1}{\mathrm{d}t} = -\frac{c_1 + c_2}{m_1} y_1 + \frac{c_2}{m_1} y_2$$

$$\frac{\mathrm{d}y_2}{\mathrm{d}t} = v_2$$

$$\frac{\mathrm{d}v_2}{\mathrm{d}t} = -\frac{c_2}{m_2}(y_2 - y_1)$$

3. Stellen Sie den Lösungsalgorithmus für das DGL-System nach dem Euler-Verfahren auf:

```
y1=y1+v1*dt
v1=v1-(c1+c2)/m1*y1*dt + c2/m1*y2*dt
y2=y2+v2*dt
v2=v2-c2/m2*(y2-y1)*dt
```

Dieser Algorithmus braucht nur noch innerhalb der Animationsschleife eingefügt zu werden. Listing 7.21 zeigt die Umsetzung:

```
#21_federdoppelpendel.py
from vpython import *
y0=-5. #Verschiebung y-Achse
b=10.  #Breite der Decke
r=1.2  #Radius der Masse
l=0.9*y0
c1=1.  #Federkonstante
m1=1.  #Masse der Kugel
c2=1.
m2=1.
scene.width=600
scene.height=800
scene.center =vector(0,2*y0,0)
scene.background = color.white
box(pos=vector(0,b/40.,0),size=vector(b,b/20.,b/2.),
color=color.gray(0.8)) #Decke
feder1 = helix(pos=vector(0,0,0),axis=vector(0,l,0),
               color=color.yellow,radius=0.5*r,thickness=0.2,coils=10)
masse1 = sphere(pos=feder1.pos,radius=r, color=color.red)
feder2 = helix(pos=vector(0,l,0),axis=vector(0,l,0),
               color=color.green,radius=0.5*r,thickness=0.2,coils=10)
masse2 = sphere(pos=vector(0,2*l,0),radius=r, color=color.blue)
y1=-0.6*l #Auslenkung
y2=0
v1=v2=0   #Anfangsgeschwindigkeit
lk=l-r
dt=0.02
while True:
    rate(50)
    y1=y1 + v1*dt
    v1=v1-(c1+c2)/m1*y1*dt+c2/m1*y2*dt #-0.05*v1*dt
    y2=y2 + v2*dt
    v2=v2-c2/m2*(y2-y1)*dt #-0.05*v2*dt
    feder1.axis=vector(0,y1+l,0)
    masse1.pos =vector(0,y1+lk,0)
    feder2.axis=vector(0,y1+y2+l,0)
    feder2.pos.y =masse1.pos.y
    masse2.pos =feder2.pos+vector(0,y1+y2+lk,0)
```

Listing 7.21 Gekoppeltes Federpendel

Ausgabe

In Abbildung 7.21 sehen Sie eine Momentaufnahme der Animation eines gekoppelten Federpendels.

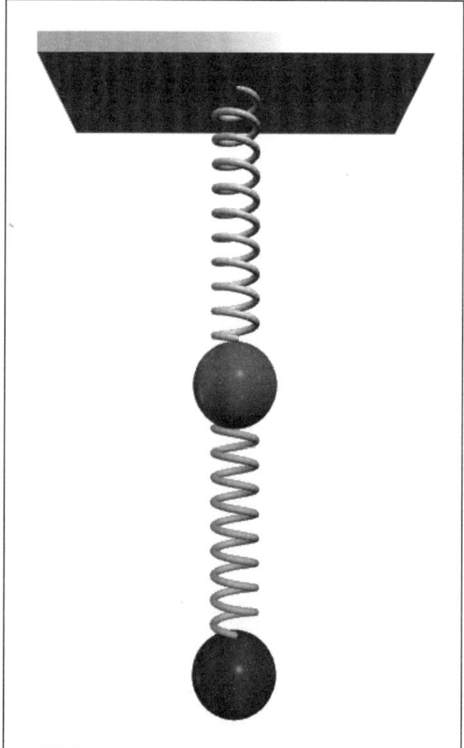

Abbildung 7.21 Gekoppeltes Federpendel

Analyse

In den Zeilen 07 bis 10 können die Massen und Federkonstanten der beiden gekoppelten Federn geändert werden.

In den Zeilen 16 bis 21 erzeugen die Methoden `sphere()` und `helix()` die Feder- und Masseobjekte.

In den Zeilen 29 bis 32 wird das Differenzialgleichungssystem mit dem Euler-Verfahren gelöst.

Die Eigenschaft `axis` der `feder1` und `feder2` bewirkt, dass die beiden Federn nur in Richtung der y-Achse ausgelenkt werden (Zeilen 33 und 35).

In Zeile 36 wird der Eigenschaft `feder2.pos.y` die aktuelle Position der `masse1` zugewiesen.

Zeile 37 bewirkt, dass die `masse2` an das Ende der `feder2` positioniert wird.

Übung

Testen Sie das Programm mit verschiedenen Massen.

Testen Sie das Programm mit verschiedenen Federkonstanten.

Bei bestimmten Konstellationen reagiert das Feder-Masse-System instabil.

Testen Sie das Programm mit verschiedenen Dämpfungen, indem Sie die Kommentare in den Zeilen 30 und 32 entfernen.

7.7 Projektaufgabe: Animation von zwei gekoppelten Fadenpendeln

Es soll ein Pendelsystem animiert werden, das aus zwei mathematischen Fadenpendeln besteht, deren Massen m mit einer Feder (Federkonstante c) verbunden sind (siehe Abbildung 7.22). Als Erstes müssen Sie dafür wieder das Differenzialgleichungssystem des Feder-Masse-Systems aufstellen:

$$\frac{\mathrm{d}^2\varphi_1}{\mathrm{d}t^2}+\frac{g}{l}\varphi_1-\frac{c}{m}(\varphi_2-\varphi_1)=0$$

$$\frac{\mathrm{d}^2\varphi_2}{\mathrm{d}t^2}+\frac{g}{l}\varphi_2+\frac{c}{m}(\varphi_2-\varphi_1)=0$$

Mit den Substitutionen

$$\frac{\mathrm{d}^2\varphi_1}{\mathrm{d}t^2}=\frac{\mathrm{d}\omega_1}{\mathrm{d}t}$$

und

$$\frac{\mathrm{d}^2\varphi_2}{\mathrm{d}t^2}=\frac{\mathrm{d}\omega_2}{\mathrm{d}t}$$

erhalten Sie das Differenzialgleichungssystem erster Ordnung:

$$\frac{\mathrm{d}\varphi_1}{\mathrm{d}t}=\omega_1$$

$$\frac{\mathrm{d}\omega_1}{\mathrm{d}t}=-\frac{g}{l}\varphi_1+\frac{c}{m}(\varphi_2-\varphi_1)$$

$$\frac{\mathrm{d}\varphi_2}{\mathrm{d}t}=\omega_2$$

$$\frac{\mathrm{d}\omega_2}{\mathrm{d}t}=-\frac{g}{l}\varphi_2-\frac{c}{m}(\varphi_2-\varphi_1)$$

Mit den Abkürzungen

$$\omega_0^2 = \frac{g}{l}$$

und

$$k = \frac{c}{m}$$

entwickeln Sie daraus den Algorithmus nach dem Euler-Verfahren:

```
phi1=phi1+w1*dt
w1=w1-w02*phi1*dt+k*(phi2-phi1)*dt #-0.05*w1*dt
phi2=phi2+w2*dt
w2=w2-w02*phi1*dt-k*(phi2-phi1)*dt
```

Dieser Algorithmus wird in die Animationsschleife des Programms eingefügt. Listing 7.22 zeigt die Umsetzung:

```
#22_doppelpendel.py
from vpython import *
phi1=radians(-5.)
phi2=radians(5.)
b=12.   #Breite der Decke
y0=-b/2.#Verschiebung y-Achse
a=b/2.  #Abstand der Pendel
l=0.9*b #Länge der Pendel
r=b/15. #Radius der Kugeln
m=10.   #Masse der Kugeln
c=4.5   #Federkonstante
scene.width=600
scene.height=600
scene.center=vector(0,y0,0)
scene.range=0.8*b
scene.background = color.white
box(size=vector(b,b/20.,b/4.),color=color.gray(0.8)) #Decke
stange1=cylinder(axis=vector(0,1,0),radius=0.05)
stange1.pos=vector(-a/2.,0,0)
stange2=cylinder(axis=vector(0,1,0),radius=0.05)
stange2.pos=vector(a/2.,0,0)
masse1 = sphere(radius=r,color=color.red)
masse2 = sphere(radius=r,color=color.blue)
feder=helix(axis=vector(a,0,0),radius=0.4)
feder.thickness=0.1
feder.coils=10
```

```
g=9.81    #Erdbeschleunigung
w02=g/l   #Pendelfequenz
k=c/m     #Federfrequenz
w1=w2=0   #Winkelgeschwindigkeit
dt=0.02
while True:
    rate(100)
    phi1=phi1+w1*dt
    w1=w1-w02*phi1*dt+k*(phi2-phi1)*dt #-0.05*w1*dt
    phi2=phi2+w2*dt
    w2=w2-w02*phi1*dt-k*(phi2-phi1)*dt #-0.05*w2*dt
    x1= l*sin(phi1)
    y1=-l*cos(phi1)
    x2= l*sin(phi2)
    y2=-l*cos(phi2)
    stange1.axis=vector(x1,y1,0)
    masse1.pos  =vector(x1-a/2.,y1,0)
    stange2.axis=vector(x2,y2,0)
    masse2.pos  =vector(x2+a/2.,y2,0)
    feder.pos=masse1.pos+vector(r,0,0)
    feder.axis.x=x2-x1+a-2*r
    feder.axis.y=y2-y1
```

Listing 7.22 Gekoppelte Fadenpendel

Ausgabe

Abbildung 7.22 zeigt eine Momentaufnahme der Animation des gekoppelten Fadenpendels.

Abbildung 7.22 Gekoppelte Fadenpendel

Analyse

In den Zeilen 03 und 04 können Sie die Auslenkwinkel `phi1` und `phi2` beider Pendel ändern.

Die Zeilen 10 und 11 legen die Massen der Pendel und die Federkonstante der Kopplungsfeder fest.

Das Differenzialgleichungssystem wird in den Zeilen 34 bis 37 gelöst. Die Dämpfungen sind auskommentiert. Sie können zu Testzwecken entfernt werden.

In den Zeilen 38 bis 41 werden die aktuellen x-y-Koordinaten aus den Auslenkwinkeln `phi1` und `phi2` berechnet.

In den Zeilen 42 bis 48 werden jedem Pendel und der Kopplungsfeder die aktuellen Positionen zugewiesen.

Übung

Testen Sie das Programm mit verschiedenen Massen.

Testen Sie das Programm mit verschiedenen Federkonstanten.

Bei bestimmten Einstellungen reagiert das Doppelpendel instabil.

Testen Sie das Programm mit verschiedenen Dämpfungen, indem Sie die Kommentare in den Zeilen 35 und 37 entfernen.

7.8 Aufgaben

1. Vier Kugeln sollen sich im Raum berühren. Schreiben Sie ein VPython-Programm.
2. Ein Graph besteht aus vier Knoten und hat die Form eines Parallelogramms. Alle Knoten sind miteinander verbunden. Die Knoten sollen als Punkte (*points*) nachgebildet werden. Schreiben Sie ein VPython-Programm.
3. Ein Zylinder, der in Richtung der x-Achse ausgerichtet ist, durchdringt einen anderen Zylinder, der in Richtung der y-Achse ausgerichtet ist. Schreiben Sie ein VPython-Programm.
4. Schreiben Sie ein VPython-Programm, das einen Oktaeder erzeugt.
5. Schreiben Sie ein VPython-Programm, das die Bewegungen des Mondes und der Erde um die Sonne animiert. Vereinfacht soll angenommen werden, dass sich die Planeten auf Kreisbahnen bewegen.

Kapitel 8
Rechnen mit komplexen Zahlen

In diesem Kapitel lernen Sie, wie Sie mithilfe der komplexen Rechnung Wechselstromnetzwerke, Frequenzgänge und Ortskurven berechnen können.

Komplexe Zahlen erweitern die reellen Zahlen um die imaginären Zahlen. Eine komplexe Zahl z besteht aus einem Realteil a und einem Imaginärteil b:

$$z = a + \mathrm{j}b$$

Komplexe Zahlen können in der komplexen Zahlenebene, auch *gaußsche Zahlenebene* genannt, dargestellt werden (siehe Abbildung 8.1).

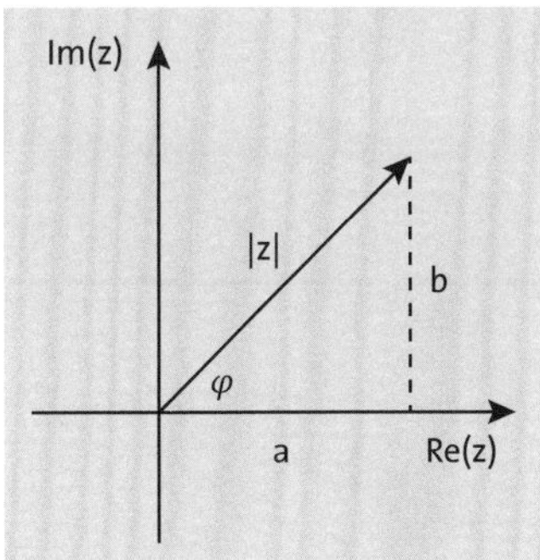

Abbildung 8.1 Komplexe Zahlenebene

Komplexe Zahlen können direkt in der Python-Konsole addiert, subtrahiert, dividiert und multipliziert werden. Sie geben die komplexen Zahlen zusammen mit den mathematischen Operatoren in die Konsole ein und führen dann die Rechenoperation durch die Betätigung der [↵]-Taste aus. Die Einbindung eines Moduls ist für die mathematischen Grundoperationen nicht erforderlich.

```
>>> z1=1+2j
>>> z2=3+4j
>>> z1+z2
(4+6j)
>>> z1-z2
(-2-2j)
```

```
>>> z1/z2
(0.44+0.08j)
>>> z1*z2
(-5+10j)
```

Es ist auch möglich, andere mathematische Operationen durchzuführen, die für komplexe Zahlen definiert sind: Potenzieren, Wurzelziehen, Logarithmieren usw.

8.1 Mathematische Operationen

Listing 8.1 zeigt, wie ausgewählte mathematische Operationen auf zwei komplexen Zahlen $z_1 = 5 - \mathrm{j}12$ und $z_2 = 3 + \mathrm{j}4$ mit dem Modul NumPy implementiert werden müssen:

```
#01_operationen.py
import numpy as np
n=3
z1=5-12j
z2=np.complex(3,4)
z2conj=np.conjugate(z2)
rez2=np.real(z2)
imz2=np.imag(z2)
betrag=np.abs(z2)
winkel=np.angle(z2)
s=z1+z2
d=z1-z2
p=z1*z2
q=z1/z2
pot=z2**n
w=np.sqrt(z2)
lg=np.log(z2)
hs=np.sinh(z2)
#Ausgaben
print("Komplexe Zahl z1:",z1)
print("Komplexe Zahl z2:",z2)
print("Konjugierte   z2:",z2conj)
print("Realteil      z2:",rez2)
print("Imaginärteil  z2:",imz2)
print("Betrag von    z2:",betrag)
print("Winkel von    z2:",np.angle(z2,deg=True),"°")
print("Summe von  z1+z2:",s)
print("Differenz  z1-z2:",d)
```

```
29 print("Produkt    z1*z2:",p)
30 print("Quotient   z1/z2:",q)
31 print("%1d.Potenz"%n,"von  z2:",pot)
32 print("Wurzel aus     z2:",w)
33 print("Logarithmus    z2:",lg)
34 print("sinh           z2:",hs)
35 print("Type von z1:",type(z1))
36 print("Type von z2:",type(z2))
```

Listing 8.1 Mathematische Grundoperationen mit komplexen Zahlen

Ausgabe

```
Komplexe Zahl z1: (5-12j)
Komplexe Zahl z2: (3+4j)
Konjugierte   z2: (3-4j)
Realteil      z2: 3.0
Imaginärteil  z2: 4.0
Betrag von    z2: 5.0
Winkel von    z2: 53.13010235415598 °
Summe von  z1+z2: (8-8j)
Differenz  z1-z2: (2-16j)
Produkt    z1*z2: (63-16j)
Quotient   z1/z2: (-1.32-2.24j)
3.Potenz von  z2: (-117+44j)
Wurzel aus    z2: (2+1j)
Logarithmus   z2: (1.6094379124341003+0.9272952180016122j)
sinh          z2: (-6.5481200409110025-7.619231720321411j)
Type von z1: <class 'complex'>
Type von z2: <class 'complex'>
```

Analyse

Komplexe Zahlen können mit `z1=5-12j` (Zeile 04) oder mit `np.complex(3,4)` (Zeile 05) definiert werden.

Die NumPy-Funktion `np.conjugate(z2)` erzeugt aus der komplexen Zahl `z2` die konjugiert komplexe Zahl `z2conj` (Zeile 06).

Der Realteil und der Imaginärteil der komplexen Zahl `z2` lassen sich mit den Funktionen `np.real(z2)` und `np.imag(z2)` berechnen (Zeilen 07 und 08).

Wollen Sie den Betrag und den Winkel von `z2` ermitteln, dann müssen Sie die Funktionen `np.abs(z2)` und `np.angle(z2)` anwenden (Zeilen 09 und 10).

Die Zeilen 11 bis 14 führen die mathematischen Grundoperationen auf `z1` und `z2` aus.

Zeile 15 berechnet die dritte Potenz von z2, und Zeile 16 berechnet deren Wurzel.

Die Zeilen 17 und 18 berechnen den natürlichen Logarithmus und den Sinus hyperbolicus von z2.

Die Ausgabe der Ergebnisse für die mathematischen Operationen auf den komplexen Zahlen z1 und z2 erfolgt in den Zeilen 20 bis 34.

8.2 Die eulersche Formel

Die *eulersche Formel* beschreibt die Projektionen einer komplexen Zahl z mit dem Betrag $r = |z|$ und dem Winkel φ auf der reellen und imaginären Achse der gaußschen Zahlenebene. Es gilt:

$$z = re^{\mathrm{j}\varphi} = r\cos\varphi + \mathrm{j}\,r\sin\varphi$$

Listing 8.2 vergleicht, ob die Berechnungen

```
z1=r*np.exp(1j*phi)
z2=r*np.cos(phi)+1j*r*np.sin(phi)
```

gleiche Werte liefern:

```
#02_euler.py
import numpy as np
r=10
phi=np.radians(30)
z1=r*np.exp(1j*phi)
z2=r*np.cos(phi)+1j*r*np.sin(phi)
#Ausgaben
print("z1:",z1)
print("z2:",z2)
print("Betrag z1:",np.abs(z1))
print("Betrag z2:",np.abs(z2))
print("Typ von z1:",type(z1))
print("Typ von z2:",type(z2))
```

Listing 8.2 Implementierung der eulerschen Formel

Ausgabe

```
z1: (8.660254037844387+4.999999999999999j)
z2: (8.660254037844387+4.999999999999999j)
Betrag z1: 10.0
Betrag z2: 10.0
```

```
Typ von z1: <class 'numpy.complex128'>
Typ von z2: <class 'numpy.complex128'>
```

Analyse

Zeile 03 legt den Betrag r der komplexen Zahlen z1 und z2 fest. In Zeile 04 wandelt die Funktion np.radians(30) den Winkel von 30° in den Radiant um. In Zeile 05 wird der Exponentialfunktion np.exp(**1j***phi) der Imaginärteil einer komplexen Zahl (Winkel!) als Argument übergeben. Der Real- und der Imaginärteil des Winkels, multipliziert mit dem Betrag r, werden in der Variablen z1 gespeichert. Wichtig ist, dass vor der imaginären Einheit j immer eine 1 steht.

In Zeile 06 wird der Term der rechten Seite der eulerschen Formel der Variablen z2 zugewiesen.

Die Ausgaben der Zeilen 08 und 09 belegen erwartungsgemäß, dass die in den Zeilen 05 und 06 berechneten Ergebnisse übereinstimmen.

In den Zeilen 10 und 11 berechnet die NumPy-Funktion np.abs() die Beträge der komplexen Zahlen z1 und z2. Beide Ergebnisse stimmen überein.

Symbolische Methode

Aus der eulerschen Formel ergibt sich eine wichtige Konsequenz für die Berechnung von Wechselstromnetzwerken.

Wegen $\varphi = \omega t$ können Spannungen und Stromstärken als Zeiger dargestellt werden, die mit der Winkelgeschwindigkeit ω rotieren.

Für den Spannungszeiger gilt dann:

$$\underline{U} = Ue^{\mathrm{j}\omega t} = U(\cos \omega t + \mathrm{j} \sin \omega t)$$

Und für den Stromzeiger gilt entsprechend:

$$\underline{I} = Ie^{\mathrm{j}\omega t} = I(\cos \omega t + \mathrm{j} \sin \omega t)$$

Die in der Regel immer vorhandene Phasenverschiebung zwischen Spannung und Stromstärke wurde noch nicht berücksichtigt.

Wenn Sie die Regeln der komplexen Rechnung anwenden, können Sie Wechselstromnetzwerke mit sinusförmiger Einspeisung so berechnen, als ob sie Gleichstromnetzwerke wären. Dieses Verfahren wird in der Fachliteratur auch als symbolische Methode bezeichnet.

Gesamtspannungen und -ströme werden nach dieser Methode berechnet, indem Sie die Real- und Imaginärteile der einzelnen Teilspannungen und -ströme nach den Regeln der komplexen Rechnung jeweils getrennt aufaddieren. Multiplikation und Division komplexer Widerstände müssen ebenfalls nach den Rechenregeln der komplexen Rechnung durchgeführt werden. Die symbolische Methode dürfen Sie nur unter der Voraussetzung anwenden, dass alle Spannungen und Ströme des Netzwerks sinusförmig sind.

8.3 Rechnen mit komplexen Widerständen

Für Wechselstromnetzwerke gilt natürlich auch das ohmsche Gesetz:

$$\underline{Z} = \frac{\underline{U}}{\underline{I}} = \frac{Ue^{\mathrm{j}(\omega t+\varphi_u)}}{Ie^{\mathrm{j}(\omega t+\varphi_i)}} = Ze^{\mathrm{j}(\varphi_u-\varphi_i)} = Z(\cos\varphi + \mathrm{j}\sin\varphi)$$

Bei der Division des Spannungszeigers durch den Stromzeiger kürzt sich die Frequenz raus. Zeiger von komplexen Widerständen rotieren also nicht. In jedem Wechselstromnetzwerk kommen nur ohmsche, induktive und kapazitive Widerstände vor. Für eine vorgegebene Kreisfrequenz ω gilt für den Gesamtwiderstand:

$$\underline{Z} = R + \mathrm{j}\omega L - \mathrm{j}\frac{1}{\omega C} = R + \mathrm{j}X_L - \mathrm{j}X_c$$

Der induktive und der kapazitive Anteil lassen sich zu einem Imaginärteil X zusammenfassen:

$$\underline{Z} = R \pm \mathrm{j}X$$

Der Realteil R wird durch alle ohmschen Widerstände gebildet. Überwiegt der induktive Anteil, dann hat der Imaginärteil des komplexen Widerstandes ein positives Vorzeichen. Der Strom eilt gegenüber der Spannung nach. Überwiegt der kapazitive Anteil, dann hat der Imaginärteil des komplexen Widerstandes ein negatives Vorzeichen. Der Strom eilt gegenüber der Spannung vor. Wenn der Imaginärteil verschwindet, dann verhält sich das Netzwerk wie ein ohmscher Widerstand.

Komplexe Stromstärken

$$\underline{I} = \frac{\underline{U}}{\underline{Z}}$$

und komplexe Leistungen

$$\underline{P} = \underline{U} \cdot \underline{I}$$

lassen sich mit Python berechnen, indem Sie die Wechselstromwiderstände $\underline{Z}$ als komplexe Variablen deklarieren. Für eine Reihenschaltung aus einem ohmschen Widerstand von $R = 10\ \Omega$ und einem induktiven Blindwiderstand $X_L = 5\ \Omega$ wird die Impedanz mit `Z=np.complex(10,5)` als komplexe Variable deklariert. Alternativ können Sie auch `Z=10+5j` schreiben.

Wie die komplexe Berechnung praktisch durchgeführt wird, soll am Beispiel einer T-Schaltung gezeigt werden (siehe Abbildung 8.2).

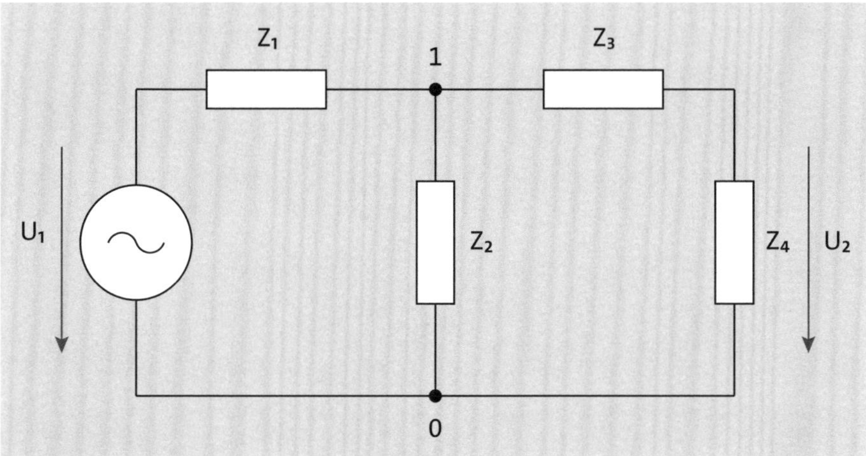

Abbildung 8.2 T-Schaltung mit komplexen Widerständen

Aus der T-Schaltung kann der Ersatzwiderstand $\underline{Z}_i$ abgelesen werden:

$$\underline{Z}_i = \underline{Z}_3 + \frac{\underline{Z}_1 \underline{Z}_2}{\underline{Z}_1 + \underline{Z}_2}$$

Die drei Impedanzen der T-Schaltung lassen sich mit der Methode der Ersatzspannungsquelle auf einen einzigen komplexen Widerstand $\underline{Z}_i$ reduzieren. Die ursprüngliche T-Schaltung besteht dann nur noch aus einer Reihenschaltung des Ersatzwiderstandes, der als Innenwiderstand der Spannungsquelle gedeutet werden kann, und dem komplexen Lastwiderstand $\underline{Z}_4$.

Die Berechnung des Stroms

$$\underline{I} = \frac{\underline{U}_1}{\underline{Z}_i + \underline{Z}_4}$$

und der komplexen Ausgangsspannung

$$\underline{U}_2 = \underline{Z}_4 \cdot \underline{I}$$

sowie der komplexen Ausgangsleistung

$$\underline{P}_2 = \underline{U}_2 \cdot \underline{I}$$

wird dadurch erheblich vereinfacht.

Listing 8.3 berechnet die Ausgangsspannung, die Stromstärke und die Ausgangsleistung der T-Schaltung:

```
01 #03_t_schaltung.py
02 import numpy as np
03 U1=230
04 Z1=1+2j
05 Z2=10-12j
06 Z3=1+2j
07 Z4=10-10j
08 Zi=Z1*Z2/(Z1+Z2)+Z3
09 I2=U1/(Zi+Z4)
10 U2=Z4*I2
11 P2=U2*I2
12 print("Innenwiderstand:",np.round(Zi,decimals=2),"Ohm")
13 print("Ausgangsstrom:  ",np.round(I2,decimals=2),"A")
14 print("Ausgangsspannung:",np.round(U2,decimals=2),"V")
15 print("Ausgangsleistung:",np.round(P2,decimals=2),"W")
```

Listing 8.3 T-Schaltung

Ausgabe

```
Innenwiderstand: (2.33+3.94j) Ohm
Ausgangsstrom:   (15.02+7.39j) A
Ausgangsspannung: (224.07-76.35j) V
Ausgangsleistung: (3929.73+508.34j) W
```

Analyse

Die Eingangsspannung `U1` wird in Zeile 03 als `int` definiert. In den Zeilen 04 bis 07 werden die Wechselstromwiderstände `Z1` bis `Z4` definiert. Sie haben den Datentyp `complex`, weil ihre Imaginärteile durch ein `j` markiert wurden.

Zeile 08 berechnet den Ersatzwiderstand `Zi` der T-Schaltung als komplexen Widerstand, weil die Variablen `Z1` bis `Z4` auf der rechten Seite der Zuweisung als komplexe Größen definiert wurden.

Zeile 09 berechnet den Strom `I2`, der durch den Lastwiderstand `Z4` fließt.

In den Zeilen 10 und 11 werden die Ausgangsspannung `U2` und die Leistungsaufnahme `P2` des Lastwiderstandes berechnet.

Die Ausgabe der Ergebnisse erfolgt in den Zeilen 12 bis 15. Das Vorzeichen des Imaginärteils der Ausgangsleistung `P2` ist positiv. Das heißt, im komplexen Lastwiderstand `Z4` wird induktive Blindleistung »umgesetzt«. Weil es sich um Blindleistung handelt, nimmt der induktive Anteil von `Z4` in einer Halbperiode den Betrag von 508,34 W auf und speist ihn in der zweiten Halbperiode wieder ins Netz zurück.

8.4 Funktionsplots mit komplexen Größen

Auch für komplexe Widerstände können Frequenzgänge mit Python dargestellt werden. Voraussetzung ist hierbei allerdings, dass Sie die komplexen Größen in ihren Real- und Imaginärteil aufteilen. Wie Sie Funktionsplots von Frequenzgängen und Ortskurven implementieren, soll am Beispiel eines Reihenschwingkreises und eines Zweitores gezeigt werden, das aus zwei Induktivitäten, einem Widerstand und einer Kapazität, aufgebaut ist.

8.4.1 Komplexer Frequenzgang eines Reihenschwingkreises

Abbildung 8.3 zeigt die Schaltung eines Reihenschwingkreises. Für diese Schaltung sollen der Real- und der Imaginärteil des Stroms als Funktion der Kreisfrequenz dargestellt werden.

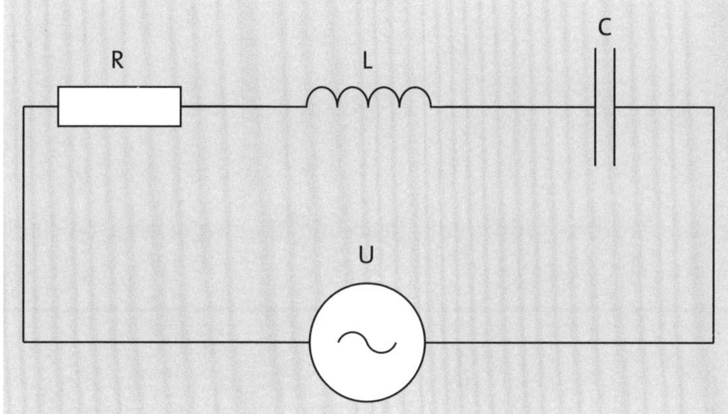

Abbildung 8.3 Reihenschwingkreis

Der komplexe Widerstand des Reihenschwingkreises besteht aus dem Realteil R und den beiden Imaginärteilen $\mathrm{j}\omega L$ und $1/\mathrm{j}\omega C$:

$$Z(\mathrm{j}\omega) = R + \mathrm{j}\omega L + \frac{1}{\mathrm{j}\omega C}$$

Um den komplexen Frequenzgang des Stroms $I(\mathrm{j}\omega)$ zu berechnen, muss die Spannung durch den komplexen Widerstand geteilt werden:

$$I(\mathrm{j}\omega) = \frac{U}{Z(\mathrm{j}\omega)}$$

Listing 8.4 berechnet den Frequenzgang des komplexen Stroms, der durch den Reihenschwingkreis fließt, und stellt seinen Real- sowie Imaginärteil als Funktion der Kreisfrequenz grafisch dar:

```
#04_reihenschwingkreis.py
import numpy as np
import matplotlib.pyplot as plt
U=230 #int!
R=10  #int!
C=1e-6
L=1e-2
w=2.0*np.pi*np.linspace(0.01,3e3,1000)
Z=R+1j*w*L+1.0/(1j*w*C)
I=U/Z
fig, ax=plt.subplots(figsize=(8,6))
ax.plot(w,np.real(I),lw=2,color="red",label="Realteil")
ax.plot(w,np.imag(I),lw=2,color="green",label="Imaginärteil")
ax.set(xlabel="$\omega$ rad/s",ylabel=" I in A ")
ax.legend(loc="best")
ax.grid(True)
plt.show()
```

Listing 8.4 Frequenzgang des Stromverlaufs eines Reihenschwingkreises

Ausgabe

Als Ausgabe erhalten Sie den Stromverlauf des Real- und des Imaginärteils in einer Kurvendarstellung wie in Abbildung 8.4.

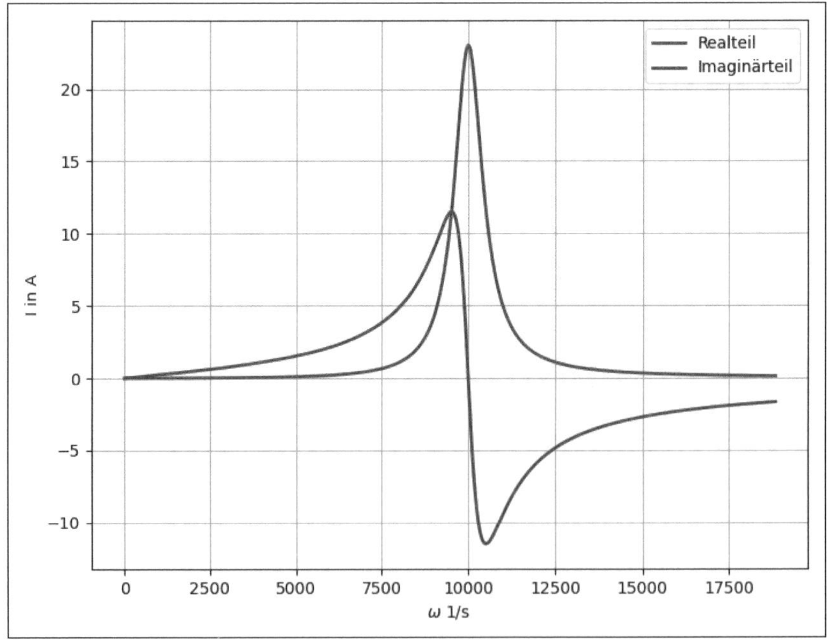

Abbildung 8.4 Stromverlauf von Real- und Imaginärteil

Analyse

Die Zeilen 04 bis 07 geben die Daten vor. Zeile 08 erzeugt ein NumPy-Array für die Kreisfrequenz `w`.

In Zeile 09 steht die Formel für die Impedanz des Reihenschwingkreises. In Zeile 10 wird die Stromstärke `I` berechnet. Eine Zahl vom Typ `int` wird durch eine Zahl vom Typ `complex` dividiert. Das Ergebnis ist eine Zahl vom Typ `complex`.

In den Zeilen 12 und 13 bereitet die Matplotlib-Methode `plot()` den Funktionsplot für die Darstellung des Real- und Imaginärteils vor. In Zeile 18 wird der Funktionsplot mit `plt.show()` auf dem Bildschirm dargestellt.

8.4.2 Ortskurven

Ortskurven stellen den Verlauf eines komplexen Widerstands (*Impedanz*) oder den Verlauf eines komplexen Leitwerts (*Admittanz*) in der komplexen Zahlenebene als Funktion der Kreisfrequenz dar. Für jeden diskreten Wert einer Kreisfrequenz muss aus der Impedanz bzw. Admittanz der Real- und Imaginärteil berechnet werden. Diese Werte werden in die komplexe Zahlenebene als Punkte eingezeichnet. Wenn Sie diese Punkte miteinander verbinden, erhalten Sie die besagte Ortskurve.

Für das Zweitor aus Abbildung 8.5 soll die Ortskurve des komplexen Widerstands berechnet und grafisch als Funktionsplot dargestellt werden.

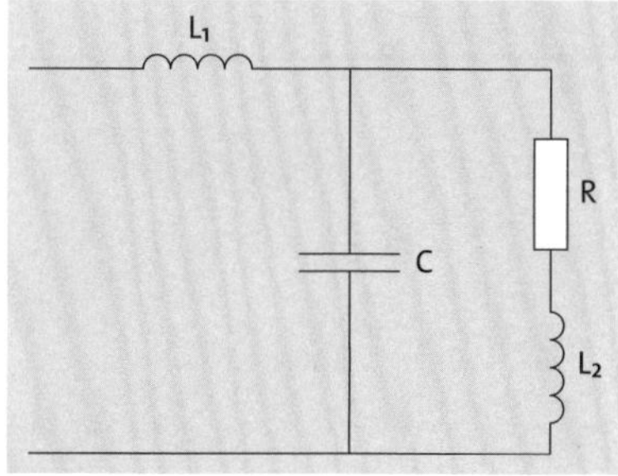

Abbildung 8.5 Zweitor

Aus der Schaltung können Sie den komplexen Widerstand direkt ablesen:

$$Z(\mathrm{j}\omega) = \mathrm{j}\omega L_1 + \frac{(R + \mathrm{j}\omega L_2)\dfrac{1}{\mathrm{j}\omega C}}{R + \mathrm{j}\omega L_2 + \dfrac{1}{\mathrm{j}\omega C}}$$

Wenn Sie manuell die Ortskurve dieser Impedanz zeichnen wollen, müssten Sie den komplexen Term in seinen Real- und Imaginärteil aufspalten, was recht mühsam wäre.

Listing 8.5 erledigt diese Aufgabe mit den NumPy-Funktionen `np.real(Z)` und `np.imag(Z)`:

```
#05_ortskurve.py
import numpy as np
import matplotlib.pyplot as plt
R=20
C=1e-6
L1=5e-2
L2=1e-2
wp=10e3 #Kreisfrequenz im Punkt p
#komplexer Widerstand
def Z(w):
    return 1j*w*L1+(R+1j*w*L2)*(1/(1j*w*C))/(R+1j*w*L2+1/(1j*w*C))

w=2.0*np.pi*np.linspace(0.01,3e3,500)
Zp=Z(wp)
fig, ax = plt.subplots(figsize=(8,6))
ax.plot(np.real(Z(w)),np.imag(Z(w)),lw=2)
ax.plot(np.real(Zp),np.imag(Zp),"o",c="red")
ax.set(title="Ortskurve",xlabel="Realteil in $\Omega$", ylabel=
"Imaginärteil in $\Omega$")
ax.grid(True)
plt.show()
```

Listing 8.5 Ortskurve

Ausgabe

Abbildung 8.6 zeigt den ausgegebenen Funktionsplot.

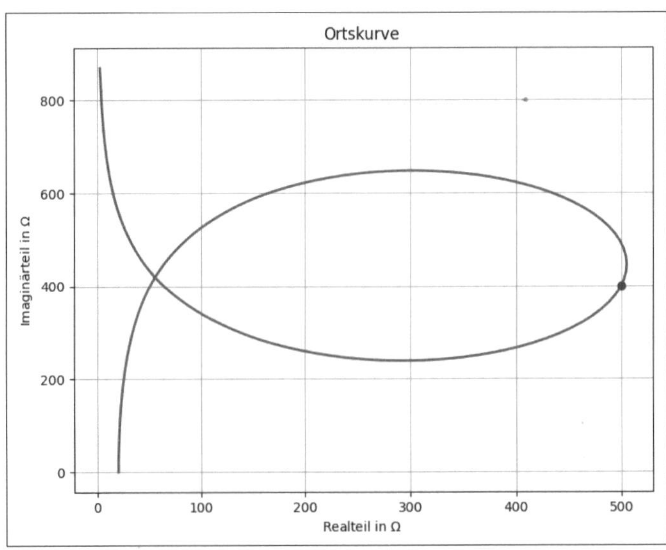

Abbildung 8.6 Ortskurve für ein Zweitor

Analyse

In den Zeilen 04 bis 07 können Sie die Werte für die Bauteile festlegen. In Zeile 08 können Sie einen ausgewählten Ort der Kreisfrequenz `wp` eintragen. Er wird in der Ortskurve in Zusammenhang mit Zeile 14 `Zp=Z(wp)` und Zeile 17 als roter Punkt im Funktionsplot angezeigt. Bei der Kreisfrequenz von $10 \cdot 10^3$ s^{-1} hat der Realteil des Zweitors einen Wert von 500 Ω und der Imaginärteil einen Wert von 400 Ω, also $Z = 500\ \Omega + j400\ \Omega$.

Zeile 10 definiert die Funktion für die Impedanz $Z(\omega)$ des Zweitors.

In Zeile 13 wird ein NumPy-Array für den Bereich der Kreisfrequenz `w` angelegt.

In Zeile 16 wird die Darstellung der Ortskurve vorbereitet und in Zeile 20 mit `plt.show()` auf dem Bildschirm angezeigt.

8.5 Projektaufgabe: Elektrisches Energieübertragungssystem

Bei einer 50-Hz-Drehstromleitung werden die Außenleiterspannung (z. B. 380 kV) und die Leistung P_2 am Leitungsende vorgegeben. Gesucht werden die Eingangsspannung U_1 und die Stromstärke I_1 am Leitungsanfang.

Diese Eingangsgrößen sind von den Übertragungseigenschaften der Leitung und der Leitungslänge abhängig. Abbildung 8.7 zeigt die schematische Darstellung einer elektrischen Leitung.

Abbildung 8.7 Schematische Darstellung einer Leitung

Vier elektrische Konstanten, die sogenannten *Leitungsbeläge*, bestimmen die Übertragungseigenschaft einer Leitung vollständig. Das sind der Widerstandbelag R', der Induktivitätsbelag L', der Ableitungsbelag G' und der Kapazitätsbelag C'. Die gestrichenen Größen beziehen sich auf 1 km Leitungslänge.

Folgende Daten sind gegeben:

- Leitungslänge $l = 400$ km
- Außenleiterspannung am Leitungsende: $U_2 = 380$ kV

- Wirkleistung am Leitungsende: $P_2 = 360$ MW
- Leistungsfaktor: $\cos\varphi = 1$
- Leitungsbeläge:
  - $R' = 31$ mΩ/km
  - $L' = 0{,}8$ mH/km
  - $G' = 0{,}02$ µS/km
  - $C' = 14{,}3$ nF/km

Aufgabe

a) Die Eingangsspannung U_1, die Eingangsstromstärke I_1, die Eingangsleistung S_1 und der Wirkungsgrad der Leitung sollen mit einem Python-Programm berechnet werden.

b) Anhand eines T-Ersatzschaltbildes der Leitung sollen die Ergebnisse aus a) ebenfalls mit einem Python-Programm überprüft werden.

Lösungsweg zu a)

1. Schritt: Berechnen Sie die Strangspannung U_2 und den Strangstrom I_2 am Ende der Leitung:

$$U_2 = \frac{U_{2\triangle}}{\sqrt{3}} \approx 220\ \text{kV}$$

$$I_2 = \frac{P_{2\triangle}}{\sqrt{3}\, U_{2\triangle} \cos\varphi} \approx 547\ \text{A}$$

2. Schritt: Stellen Sie die Formeln für die Ausbreitungskonstante γ und den Wellenwiderstand $\underline{Z}_w$ auf. Aus den Leitungsbelägen werden die Ausbreitungskonstante

$$\gamma = \sqrt{(R + \mathrm{j}\omega L)(G + \mathrm{j}\omega C)}$$

und der Wellenwiderstand

$$\underline{Z}_w = \sqrt{\frac{R' + \mathrm{j}\omega L'}{G' + \mathrm{j}\omega C'}}$$

berechnet.

3. Schritt: Stellen Sie die Formeln für die Berechnung der Eingangsspannung $\underline{U}_1$ und der Eingangsstromstärke $\underline{I}_1$ auf.

Am Leitungsanfang gilt für die Spannung und die Stromstärke:

$$\underline{U}_1 = \cosh \gamma l \cdot \underline{U}_2 + \underline{Z}_w \sinh \gamma l \cdot \underline{I}_2$$

$$\underline{I}_1 = \frac{\sinh \gamma l}{\underline{Z}_w} \cdot \underline{U}_2 + \cosh \gamma l \cdot \underline{I}_2$$

4. Schritt: Implementieren Sie die Gleichungen als Python-Quelltext.

Die Daten der Leitung werden, wie sonst auch üblich, als Zuweisungen implementiert. Für die Leitungsgleichungen werden die NumPy-Funktionen `np.sinh()` und `np.cosh()` genutzt.

Listing 8.6 berechnet die komplexe Spannung $\underline{U}_1$, die komplexe Stromstärke $\underline{I}_1$, die komplexe Eingangsleistung $\underline{S}_1$ und den Wirkungsgrad der Leitung:

```
#06_leitung1.py
import numpy as np
P2a=360e6 #Leistung am Leitungsende
U2a=380e3 #Außenleiterspannung am Leitungsende
l=400     #Leitungslänge
f=50      #Frequenz
phi=0     #Phasenverschiebung
R=31e-3   #Widerstandsbelag
L=0.8e-3  #Induktivitätsbelag
G=0.02e-6 #Ableitungsbelag
C=14.3e-9 #Kapazitätsbelag
          #Berechnungen
w=2*np.pi*f
U2=U2a/np.sqrt(3)
I2=P2a/(np.sqrt(3)*U2a*np.cos(phi))
Zw=np.sqrt((R+1j*w*L)/(G+1j*w*C))
g=np.sqrt((R+1j*w*L)*(G+1j*w*C))
U1=   np.cosh(g*l)*U2 + Zw*np.sinh(g*l)*I2
I1=np.sinh(g*l)/Zw*U2 +     np.cosh(g*l)*I2
S1=3*U1*np.conjugate(I1)/1e6
eta=1e-4*P2a/np.real(S1)
#Ausgabe
print("Wellenwiderstand: %5.2f\u03A9, %5.1f°" \
      %(np.abs(Zw),np.angle(Zw,deg=True)))
print("Eingangsspannung: %5.2f V, %5.1f°"\
      %(np.abs(U1),np.angle(U1,deg=True)))
print("Eingangsstrom    : %5.2f A, %5.1f°"\
      %(np.abs(I1),np.angle(I1,deg=True)))
```

```
29 print("Eingangsleistung: %5.0f MW %5.0f Mvar"\
30       %(np.real(S1),np.imag(S1)))
31 print("Wirkungsgrad \u03B7 = %5.0f Prozent" %(eta))
```

Listing 8.6 Eingangsgrößen einer Drehstromleitung

Ausgabe

```
Wellenwiderstand: 237.42Ω,  -3.4°
Eingangsspannung: 213673.23 V,  15.1°
Eingangsstrom   : 632.10 A,  37.9°
Eingangsleistung:   374 MW  -157 Mvar
Wirkungsgrad η =     96 Prozent
```

Analyse

Die Zeilen 03 bis 11 legen die Daten der Leitung entsprechend den Vorgaben fest.

In den Zeilen 16 und 17 werden der Wellenwiderstand `Zw` und die Ausbreitungskonstante `g` berechnet, in den Zeilen 18 und 19 die Eingangsspannung `U1` und die Eingangsstromstärke `I1` des Energieübertragungssystems mit den Leitungsgleichungen.

Zeile 20 berechnet die Scheinleistung `S1` am Eingang der Leitung. Aus dem Realteil von `S1` kann dann in Zeile 21 der Wirkungsgrad `eta` der Leitung berechnet werden.

Die Ausgaben erfolgen in den Zeilen 23 bis 31. Die NumPy-Funktion `np.angle(Zw,deg=True)` berechnet den Phasenverschiebungswinkel und wandelt den Winkel von Radiant in Grad um. Die Ergebnisse stimmen mit den Angaben aus der Fachliteratur exakt überein.

Ersatzschaltbild einer Drehstromleitung

Das Ersatzschaltbild beschreibt nur das Übertragungsverhalten eines Stranges der Drehstromleitung.

Lösungsweg zu b)

Die komplexen Widerstände $\underline{Z}_1$ und $\underline{Z}_3$ für das T-Ersatzschaltbild einer Leitung nach Abbildung 8.2 berechnen Sie mit dem Wellenwiderstand, dem Tangens hyperbolicus und der Ausbreitungskonstante:

$$\underline{Z}_1 = \underline{Z}_3 = \underline{Z}_w \tanh\frac{\gamma l}{2}$$

Den komplexen Widerstand $\underline{Z}_2$ berechnen Sie mit dem Sinus hyperbolicus:

$$\underline{Z}_2 = \frac{\underline{Z}_w}{\sinh \gamma l}$$

Der Lastwiderstand $\underline{Z}_4$ können Sie aus der Ausgangsspannung $\underline{U}_2$ und der Ausgangsstromstärke $\underline{I}_2$ berechnen:

$$\underline{Z}_4 = \frac{\underline{U}_2}{\underline{I}_2}$$

Die Spannung $\underline{U}_{1,0}$ am Widerstand $\underline{Z}_2$ setzt sich aus dem Spannungsfall am Widerstand $\underline{Z}_3$ und aus dem Spannungsfall am Lastwiderstand $\underline{Z}_4$ zusammen:

$$\underline{U}_{1,0} = (\underline{Z}_3 + \underline{Z}_4)\underline{I}_2$$

Der Index 1,0 steht für die beiden Knoten, an denen der Widerstand $\underline{Z}_2$ angeschlossen ist. Mit der Spannung $\underline{U}_{1,0}$ kann der Strom $\underline{I}_{1,0}$, der durch den Widerstand $\underline{Z}_2$ fließt, berechnet werden:

$$\underline{I}_{1,0} = \frac{\underline{U}_{1,0}}{\underline{Z}_2}$$

Der Eingangsstrom $\underline{I}_1$ setzt sich aus der Summe von $\underline{I}_{1,0}$ und $\underline{I}_2$ zusammen:

$$\underline{I}_1 = \underline{I}_{1,0} + \underline{I}_2$$

Für die Eingangsspannung ergibt sich:

$$\underline{U}_1 = \underline{Z}_1 \underline{I}_1 + \underline{U}_{1,0}$$

Diese Gleichungen müssen Sie nur noch als Python-Quelltext in den Editor der Entwicklungsumgebung eingeben. Listing 8.7 zeigt die Umsetzung:

```
#06_leitung2.py
import numpy as np
P2a=360e6 #Leistung am Leitungsende
U2a=380e3 #Außenleiterspannung am Leitungsende
l=400     #Leitungslänge
f=50      #Frequenz
phi=0     #Phasenverschiebung
R=31e-3   #Widerstandsbelag
L=0.8e-3  #Induktivitätsbelag
G=0.02e-6 #Ableitungsbelag
C=14.3e-9 #Kapazitätsbelag
#Berechnungen
w=2*np.pi*f
U2=U2a/np.sqrt(3)
```

```
15 I2=P2a/(np.sqrt(3)*U2a*np.cos(phi))
16 Zw=np.sqrt((R+1j*w*L)/(G+1j*w*C))
17 g=np.sqrt((R+1j*w*L)*(G+1j*w*C))
18 Z1=Zw*np.tanh(0.5*g*l)
19 Z2=Zw/np.sinh(g*l)
20 Z3=Z1
21 Z4=U2/I2
22 U10=(Z3+Z4)*I2
23 I10=U10/Z2
24 I1=I10+I2
25 U1=Z1*I1+U10
26 #Ausgabe
27 print("Z1= %3.2f \u03A9  %3.2fj \u03A9"\
28     %(np.real(Z1),np.imag(Z1)))
29 print("Z2= %3.2f \u03A9  %3.2fj \u03A9"\
30     %(np.real(Z2),np.imag(Z2)))
31 print("Z3= %3.2f \u03A9  %3.2fj \u03A9"\
32     %(np.real(Z3),np.imag(Z3)))
33 print("Ausgangsstrom %5.3f A" %(I2))
34 print("Eingangsspannung: %5.2f V, %5.1f°"\
35       %(np.abs(U1),np.angle(U1,deg=True)))
36 print("Eingangsstrom    : %5.2f A, %5.1f°"\
37       %(np.abs(I1),np.angle(I1,deg=True)))
```

Listing 8.7 Berechnung mit Ersatzschaltbild

Ausgabe

```
Z1= 6.40 Ω  51.02j Ω
Z2= 0.32 Ω  -573.58j Ω
Z3= 6.40 Ω  51.02j Ω
Ausgangsstrom 546.963 A
Eingangsspannung: 213673.23 V,  15.1°
Eingangsstrom    : 632.10 A,  37.9°
```

Analyse

Die Werte für die Längsglieder `Z1` und `Z3` sowie das Querglied `Z2` werden in den Zeilen 18 und 19 berechnet.

Die Zeilen 21 bis 25 berechnen schrittweise, vom Ende der Ersatzschaltung ausgehend, die Eingangsspannung `U1` und die Eingangsstromstärke `I1`.

Die Ausgaben erfolgen in den Zeilen 27 bis 37. Die Ergebnisse aus den Zeilen 34 und 36 stimmen mit den Ergebnissen aus Listing 8.6 überein.

8.6 Aufgaben

1. Berechnen Sie die Wurzel aus $\sqrt{10 - j5}$ mit der Python-Konsole.
2. Schreiben Sie ein Programm, mit dem Sie komplexe Widerstände, die als Stern geschaltet sind, in eine Dreieckschaltung umwandeln.
3. Für einen Parallelschwingkreis soll der Frequenzgang $I = f(j\omega)$ als Real- und Imaginärteil dargestellt werden. Schreiben Sie ein Programm, das diese Aufgabe löst.
4. Schreiben Sie ein Programm für die Darstellung der Ortskurve eines Wellenwiderstands (Daten siehe Aufgabe 5).
5. Für ein Fernsprechkabel mit den Leitungsbelägen
   - $R' = 60\ \Omega/\text{km}$
   - $L' = 0{,}6\ \text{mH/km}$
   - $G' = 1\ \mu\text{S/km}$
   - $C' = 50\ \text{nF/km}$

   sollen die Spannung U_2 und die Stromstärke I_2 am Leitungsende bei einer Frequenz von $f = 1\ \text{kHz}$ berechnet werden. Die Eingangsspannung beträgt $U_1 = 10\ \text{V}$, der Eingangsstrom hat einen Wert von $I_1 = 10\ \text{mA}$. Für die Leitungsgleichungen gilt:

   $$\underline{U}_2 = \cosh\gamma l \cdot \underline{U}_1 - \underline{Z}_w \sinh\gamma l \cdot \underline{I}_1$$

   $$\underline{I}_2 = -\frac{\sinh \gamma l}{\underline{Z}_w} \cdot \underline{U}_1 + \cosh\gamma l \cdot \underline{I}_1$$

8

Kapitel 9
Statistische Berechnungen

In diesem Kapitel lernen Sie, wie Sie mit NumPy und SciPy wichtige statistische Kennwerte aus normalverteilten Zufallszahlen berechnen und auswerten können. Ein Simulationsprogramm stellt die Mittelwerte und die Standardabweichungen von Stichproben grafisch als zweispurige Qualitätsregelkarte dar.

Statistische Untersuchungen sind eine Reaktion auf die immer weiter zunehmende Komplexität von Gesellschaft und Technik. Komplexität verunsichert und erweckt den (unerfüllbaren) Wunsch, in die Zukunft blicken zu wollen. Dabei bildet die quantitative Beschreibung des Istzustandes die Basis für Entscheidungen in Politik und Management. Die *empirische Sozialforschung* möchte gesellschaftliche Trends und Risiken erkennen. Die Wahlforschung möchte den Ausgang einer Wahl voraussagen können, und die Epidemiologie möchte den Verlauf und die Gefahren einer Epidemie einschätzen. Fast immer wagt die Statistik einen Blick in die Zukunft, auch wenn sie scheinbar nur die Zustände der Gegenwart beobachtet und beschreibt. Da sie die Datenbestände einer Grundgesamtheit nicht in ihrem vollen Umfang erfassen kann, nimmt sie Stichproben, wertet diese aus und gibt Interpretationshilfen für zukünftige Planungen.

Wichtige Kennzahlen sind dabei *Mittelwerte* und *Streuwerte* eines statistischen Merkmals. Python bietet mit den Modulen Statistics, NumPy und SciPy vielfältige Möglichkeiten für statistische Berechnungen. Das Modul `statistics` gehört zum Standardumfang von Python. Die Module NumPy und SciPy müssen nachinstalliert werden. Tabelle 9.1 gibt einen Überblick über ausgewählte statistische Funktionen.

Begriffe	Python	NumPy	SciPy
Median	`median(a)`	`median(a)`	
Modalwert	`mode(a)`		`mode(a)`
arithmetischer Mittelwert	`mean(a)`	`mean(a)`	
harmonischer Mittelwert	`harmonic_mean(a)`		`hmean(a)`

Tabelle 9.1 Statistische Methoden von Python, NumPy und SciPy

Begriffe	Python	NumPy	SciPy
geometrischer Mittelwert	geometric_mean(a)		gmean(a)
Standardabweichung	stdev(a)	std(a)	tstd(a)
Schiefe			skew(a)

Tabelle 9.1 Statistische Methoden von Python, NumPy und SciPy (Forts.)

Die auszuwertenden Daten sind in einem Array a gespeichert. Vor allem bietet das SciPy-Untermodul stats mit seiner überwältigenden Vielzahl an statistischen Funktionen ein sehr mächtiges Instrument für umfangreiche statistische Untersuchungen. Ich beschränke mich in diesem Buch auf die Behandlung wichtiger statistischer Mittelwerte, die Standardabweichung und die Regressionsanalyse von normalverteilten physikalischen Messwerten. Die Abmessungen eines Werkstücks (z. B. einer Getriebewelle) sollen diese Messwerte repräsentieren. Da keine realen Messwerte vorliegen, werden diese mit einem Zufallszahlengenerator erzeugt, in eine Datei gespeichert und für die statistische Analyse aus der Datei ausgelesen. Die Ergebnisse der statistischen Analyse sollen durch Histogramme und Qualitätsregelkarten visualisiert werden.

Im Maschinenbau muss die Prozessqualität von Fertigungsprozessen permanent überwacht werden, um die vom Kunden geforderte Qualität zu sichern. Dazu wird aus der laufenden Produktion jede Stunde eine Stichprobe von meistens fünf Werkstücken nach dem Zufallsprinzip entnommen. Eine Software wertet die Stichproben dann mit den Mitteln der Statistik aus. Anhand des Verlaufs der Mittelwerte und Standardabweichungen aus den einzelnen Stichproben lässt sich die Prozessqualität beurteilen.

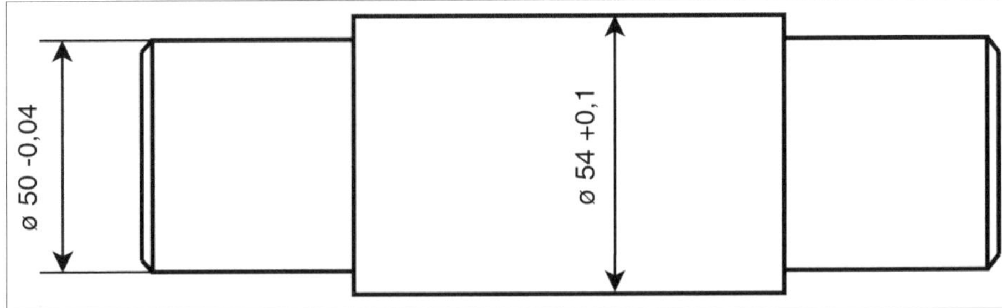

Abbildung 9.1 Getriebewelle

Abbildung 9.1 zeigt die technische Zeichnung einer Getriebewelle mit den geforderten Abmessungen. Alle in der Zeichnung angegebenen Maße können prinzipiell Gegenstand der statistischen Untersuchung sein. Vorausgesetzt wird allerdings, dass die Messwerte annähernd normalverteilt sind. Das ist in der Praxis fast immer der Fall. Jede technische Zeichnung gibt alle relevanten Größen für eine statistische Auswertung vor:

- Längen- und Breitenmaße
- Durchmesser der Welle
- Rautiefen
- Härte nach Rockwell (HRC)

Für andere Produktionsprozesse können auch folgende Größen relevant sein:

- Abfüllmengen von bestimmten Lebensmitteln oder Stoffen
- Beschichtungsdicken
- Widerstandswerte von ohmschen Widerständen
- Kapazitätswerte von Kondensatoren
- Induktivitätswerte von Spulen

Die Grundidee der statistischen Prozessregelung (*Statistical Process Control* (SPC)) besteht darin, anhand der statistischen Auswertung einer relativ kleinen Stückzahl (Stichprobe) von Werkstücken auf die Prozessqualität des gesamten Fertigungsprozesses zu schließen. So kann bei Bedarf korrigierend in den Prozess eingegriffen werden, bevor Ausschuss produziert wird.

9.1 Messwerte erzeugen, abspeichern und auslesen

Da keine Messwerte aus einem realen Fertigungsprozess vorliegen, muss ein Zufallszahlengenerator sie generieren. Das Python-Modul NumPy bietet hierfür die Funktion `random.normal()` an. Die Messwerte werden also durch Software simuliert.

9.1.1 Messwerte erzeugen

Das Modul NumPy stellt eine sehr effektive Funktion für die Simulation von normalverteilten Zahlen zur Verfügung. Die allgemeine Syntax für die Erzeugung von n normalverteilten Zufallszahlen lautet:

```
werte=np.random.normal(sollwert,standardabweichung,size=n)
```

Durch diese Anweisung wird ein eindimensionales Array mit n normalverteilten Zufallszahlen mit dem Mittelwert `sollwert` und der Standardabweichung `standardabweichung` erzeugt. Die so erzeugten Zufallszahlen werden in der Variablen `werte` abgespeichert. Über den `[]`-Operator kann auf die einzelnen Elemente des Arrays zugegriffen werden. Listing 9.1 zeigt die Implementierung für die Erzeugung von zehn normalverteilten Zufallszahlen:

```
01 #01_erzeugen.py
02 import numpy as np
03 n=10
04 sollwert=50
05 s=1
06 werte=np.random.normal(sollwert,s,size=n)
07 rwerte=np.around(werte,decimals=2)
08 print("normalverteilte Werte:")
09 print(werte)
10 print("gerundete Werte:")
11 print(rwerte)
12 print("Typ der Werte:",type(werte))
```

Listing 9.1 Erzeugen normalverteilter Zufallszahlen

Ausgabe

```
normalverteilte Werte:
[48.8918586  50.38567219 49.46935897 51.13788815 49.80800167 47.74986333
51.54947603 50.14987419 49.50516999 49.43358825]
gerundete Werte:
[48.89 50.39 49.47 51.14 49.81 47.75 51.55 50.15 49.51 49.43]
Typ der Werte: <class 'numpy.ndarray'>
```

Analyse

Zeile 02 importiert das Modul `numpy`. Als Alias wird, wie allgemein üblich, der Bezeichner `np` vergeben. Zeile 03 legt die Anzahl der zu erzeugenden Zufallszahlen fest. Als Sollwert einer Messgröße wird willkürlich die Zahl 50 vorgegeben (Zeile 04). Das Streumaß der Standardabweichung `s` hat einen ebenfalls willkürlich vorgegebenen Richtwert von 1 (Zeile 05). Zeile 06 erzeugt zehn normalverteilte Zufallszahlen mit der NumPy-Funktion `np.random.normal(sollwert,s,size=10)` und weist diese Zahlen der Variablen `werte` zu. In Zeile 07 werden die Dezimalzahlen mit der NumPy-Funktion `np.arrond(werte,decimals=2)` auf zwei Stellen Genauigkeit gerundet.

Die Zeilen 09 und 11 geben die Zufallszahlen aus. Zeile 12 gibt den Typ der Variablenwerte mit `<class 'numpy.ndarray'>` an. Bei einem `ndarray` handelt es sich um eine für NumPy typische Datenstruktur: Dieses Array-Objekt repräsentiert hier ein eindimensionales, homogenes Array mit Elementen fester Größe.

9.1.2 Messreihe in eine Tabelle umwandeln

In der Praxis werden die Messwerte häufig während des Fertigungsprozesses sequenziell als Reihe in einer Datei abgespeichert. Für die statistische Auswertung benötigt man aber oft eine Tabelle mit n Zeilen und m Spalten. Mit der NumPy-Funktion `reshape()` kann ein eindimensionales Array in ein zweidimensionales Array umgewandelt werden. Listing 9.2 zeigt, wie eine solche Redimensionierung implementiert wird:

```
#02_reshape.py
import numpy as np
zeilen=5
spalten=10
n=spalten*zeilen
sollwert=10
s=1
werte=np.random.normal(sollwert,s,size=n)
rwerte=np.around(werte,decimals=2)
swerte=np.sort(rwerte)
tabelle=np.reshape(swerte,(zeilen,spalten),order='F')
print("Messwerte:\n",swerte)
print("Tabelle:\n", tabelle)
print("Minimaler Wert:", np.amin(rwerte))
print("Maximaler Wert:", np.amax(rwerte))
```

Listing 9.2 Umwandlung einer Messreihe in eine Tabelle

Ausgabe

```
Messwerte:
[8.23  8.5   8.73  8.83  8.93  8.98  9.13  9.2   9.3   9.52  9.52  9.6  9.63
 9.71  9.72  9.74  9.82  9.86  9.87  9.91  9.91  9.92  9.94  9.98 10.03 10.04
10.05 10.05 10.2  10.36 10.46 10.55 10.57 10.72 10.74 10.75 10.76 10.78 10.83
10.86 10.96 11.01 11.11 11.18 11.21 11.26 11.35 11.49 12.27 12.49]
Tabelle:
[[8.23  8.98  9.52  9.74  9.91 10.04 10.46 10.75 10.96 11.26]
 [ 8.5   9.13  9.6   9.82  9.92 10.05 10.55 10.76 11.01 11.35]
 [ 8.73  9.2   9.63  9.86  9.94 10.05 10.57 10.78 11.11 11.49]
 [ 8.83  9.3   9.71  9.87  9.98 10.2  10.72 10.83 11.18 12.27]
 [ 8.93  9.52  9.72  9.91 10.03 10.36 10.74 10.86 11.21 12.49]]
Minimaler Wert: 8.23
Maximaler Wert: 12.49
```

Analyse

Das Programm erzeugt 50 normalverteilte Zufallszahlen (Zeile 08). Zeile 10 sortiert die Zahlen, damit man die Redimensionierung besser überprüfen kann. Bei praktischen Anwendungen, z. B. bei der Prozessüberwachung durch Qualitätsregelkarten, dürfen die realen Messdaten natürlich nicht sortiert werden. Die statistische Auswertung der einzelnen Tabellenspalten würde ein völlig falsches Abbild vom Fertigungsprozess liefern.

In Zeile 11 wird das eindimensionale Array mit der NumPy-Funktion `reshape()` in eine Tabelle mit fünf Zeilen und zehn Spalten umgewandelt. Als erster Parameter wird das Array `swerte` übergeben. Der zweite Parameter enthält die Anzahl der Zeilen und Spalten als Tupel. Der dritte Parameter `order='F'` bestimmt, wie aus einem Abschnitt einer Reihe die Tabellenspalten gebildet werden. »F« bedeutet, dass die Zahlen in der Fortran-ähnlichen Indexreihenfolge gelesen bzw. geschrieben werden, wobei sich der erste Index zuerst und der letzte Index zuletzt ändert. Aus den ersten fünf Zahlen der Reihe wird die erste Spalte gebildet. Aus den nächsten fünf Zahlen wird die zweite Spalte der Messreihe gebildet usw.

In Zeile 12 erfolgt die Ausgabe der sortierten Zahlen als eindimensionales Array. Zeile 13 gibt diese Zahlen als Tabelle mit fünf Zeilen und zehn Spalten aus.

9.1.3 Messwerte in eine Datei schreiben

In der Realität liegen die im Fertigungsprozess ermittelten Messwerte als persistent gespeicherte Daten auf Festplatten vor. Diese Daten werden von SPC-Programmen (SPC: *Statistical Process Control*) statistisch ausgewertet, sodass gegebenenfalls korrigierend in den Prozess eingegriffen werden kann. Damit das Auswertungsprogramm die Prozessüberwachung realitätsnah simuliert, müssen die durch den Zufallszahlengenerator erzeugten Zahlen ebenfalls auf der Festplatte gespeichert werden. Hierfür wird die NumPy-Funktion `savetext(param1,param2,param3)` benutzt. Listing 9.3 speichert die Zufallszahlen persistent auf eine Festplatte:

```
#03_schreiben.py
import numpy as np
n=50
sollwert=50
s=1
werte=np.random.normal(sollwert,s,size=n)
rwerte=np.around(werte,decimals=2)
np.savetxt("daten.txt", werte,fmt="%4.2f")
print("normalverteilte Werte:")
```

```
10 print(rwerte)
11 print("Typ der Werte:",type(werte))
```

Listing 9.3 Daten in eine Datei schreiben

Ausgabe

```
normalverteilte Werte:
[51.33 49.76 50.17 49.4  49.4  47.78 49.9  47.99 50.35 48.83 50.22 48.79 48.7
50.48 50.65 49.87 49.7  50.42 49.34 49.51 50.17 51.3  50.17 50.14 49.44 49.3
48.27 49.99 50.4  49.13 50.03 51.08 50.03 51.72 49.42 49.9 49.43 49.03 49.91
50.43 50.35 49.48 49.25 50.48 49.17 49.68 52.23 50.44 49.73 50.9]
Typ der Werte: <class 'numpy.ndarray'>
```


Analyse

In Zeile 08 werden die in Zeile 06 erzeugten Zufallszahlen mit der NumPy-Funktion `np.savetxt("daten.txt",werte,fmt="%4.2f")` auf der Festplatte gespeichert. Bei dem ersten Parameter handelt es sich um den frei wählbaren Dateinamen mit der Dateiendung `txt`. Die Zahlen werden also im Textformat abgespeichert. Sie können mit jedem beliebigen Texteditor angezeigt und auch editiert werden. Bei dem zweiten Parameter handelt es sich um die Variable `werte`, in der die 50 Elemente des mit Zufallszahlen gefüllten Arrays abgespeichert sind. Der dritte Parameter gibt vor, dass die Zahlen mit zwei Nachkommastellen abgespeichert werden sollen. Zur Kontrolle gibt Zeile 10 die gerundeten Werte aus.

9.1.4 Messwerte aus einer Datei auslesen

Damit die simulierten Messwerte für statistische Auswertungen zur Verfügung stehen, müssen sie aus der Datei, in der sie zuvor gespeichert wurden, ausgelesen werden. Listing 9.4 liest mit der NumPy-Funktion `loadtext()` alle Zahlen aus der Datei `daten.txt` aus:

```
#04_lesen.py
import numpy as np
werte = np.loadtxt("daten.txt")
n=len(werte)
print("geladene Werte:")
print(werte)
print("Anzahl der Werte:",n)
print("Typ der Werte:",type(werte))
```

Listing 9.4 Daten aus einer Datei auslesen

Ausgabe

```
geladene Werte:
[51.33 49.76 50.17 49.4  49.4  47.78 49.9  47.99 50.35 48.83 50.22 48.79 48.7
50.48 50.65 49.87 49.7  50.42 49.34 49.51 50.17 51.3  50.17 50.14 49.44 49.3
48.27 49.99 50.4  49.13 50.03 51.08 50.03 51.72 49.42 49.9 49.43 49.03 49.91
50.43 50.35 49.48 49.25 50.48 49.17 49.68 52.23 50.44 49.73 50.9]
Anzahl der Werte: 50
Typ der Werte: <class 'numpy.ndarray'>
```

Analyse

In Zeile 03 werden die Zufallszahlen aus der Datei `daten.txt` ausgelesen und in der Variablen `werte` abgespeichert. Die Funktion `np.loadtxt("daten.txt")` erwartet nur einen Parameter, nämlich den Namen der Datei, aus der die Daten ausgelesen werden sollen. Zur Kontrolle gibt Zeile 06 die simulierte Messreihe aus. Ein Vergleich mit der Ausgabe von Listing 9.3 zeigt, dass die Werte aus beiden Programmen erwartungsgemäß übereinstimmen.

9.2 Häufigkeitsverteilung

Eine *Häufigkeitsverteilung* gibt Auskunft darüber, wie sich die Messwerte einer Messreihe zwischen dem kleinsten und dem größten Wert verteilen. An der Form der Verteilung kann schon die Prozessqualität grob eingeschätzt werden: Liegt der Mittelwert in der Nähe des Sollwertes, streuen die Messwerte stark, oder sind sie ungleichmäßig verteilt? Häufigkeitsverteilungen können mit Häufigkeitstabellen (Strichlisten) ermittelt oder grafisch mit Histogrammen visualisiert werden.

9.2.1 Häufigkeitstabellen

Mit einer Häufigkeitstabelle wird festgestellt, wie häufig ein Messwert innerhalb eines bestimmten Intervalls vorkommt. Dieses Intervall wird *Klassenweite* w genannt. Um die Klassenweite zu bestimmen, muss zunächst einmal die Anzahl der Klassen k festgelegt werden. Eigentlich ist die Anzahl der Klassen frei wählbar. In der Praxis hat es sich aber durchgesetzt, k aus der Wurzel der Anzahl n der Stichproben zu berechnen:

$$k = \sqrt{n}$$

Das Ergebnis für k wird auf ganze Zahlen aufgerundet.

Die Klassenweite w wird aus dem Quotienten der Spannweite R

$$R = x_{\max} - x_{\min}$$

und der Anzahl der Klassen berechnet:

$$w = \frac{R}{k}$$

Eine Häufigkeitstabelle wird mit der NumPy-Funktion

```
H,I=np.histogram(array, bins=k)
```

erstellt. Listing 9.5 zeigt, wie eine Häufigkeitstabelle mit dem Modul NumPy implementiert wird:


```
#05_strichliste.py
import numpy as np
werte=np.loadtxt("daten.txt")
n=len(werte)
k=int(np.sqrt(n)+0.5)
minimum=np.amin(werte)
maximum=np.amax(werte)
R=round(maximum-minimum,2)
w=round(R/k,2)
swerte=np.sort(werte)
H,I=np.histogram(werte, bins=k)
h=100*H/n
print("Messwerte:\n",swerte)
print("Minimaler Wert:", minimum)
print("Maximaler Wert:", maximum)
print("Spannweite:",R)
print("Anzahl der Klassen:", k)
print("Klassenweite:", w)
print("Bereiche:", np.around(I,decimals=2))
print("absolute Häufigkeit:", H)
print("relative Häufigkeit:", h,"%")
print("Anzahl der Messwerte:", sum(H))
```

Listing 9.5 Häufigkeitstabelle

Ausgabe

```
Messwerte:
[47.78 47.99 48.27 48.7  48.79 48.83 49.03 49.13 49.17 49.25 49.3  49.34 49.4
 49.4  49.42 49.43 49.44 49.48 49.51 49.68 49.7  49.73 49.76 49.87 49.9  49.9
 49.91 49.99 50.03 50.03 50.14 50.17 50.17 50.17 50.22 50.35 50.35 50.4  50.42
 50.43 50.44 50.48 50.48 50.65 50.9  51.08 51.3  51.33 51.72 52.23]
Minimaler Wert: 47.78
Maximaler Wert: 52.23
```

```
Spannweite: 4.45
Anzahl der Klassen: 7
Klassenweite: 0.64
Bereiche: [47.78 48.42 49.05 49.69 50.32 50.96 51.59 52.23]
absolute Häufigkeit: [ 3  4 13 15 10  3  2]
relative Häufigkeit: [ 6.  8. 26. 30. 20.  6.  4.] %
Anzahl der Messwerte: 50
```

Analyse

Das Programm lädt die Messwerte aus der Datei `daten.txt` (Zeile 03), stellt die Länge des Arrays `werte` fest (Zeile 04) und berechnet die Anzahl der Klassen `k` (Zeile 05). Das Minimum und das Maximum werden jeweils mit den NumPy-Funktionen `np.amin(werte)` (Zeile 06) und `np.amax(werte)` (Zeile 07) ermittelt. Aus der Spannweite `R` (Zeile 08) und der Anzahl der Klassen `k` berechnet das Programm die Klassenweite `w` (Zeile 09).

In Zeile 11 werden mit der NumPy-Funktion `np.histogramm(param1, param2)` die absolute Häufigkeit *H* und die Intervalle *I* der einzelnen Klassen berechnet und den Variablen `H,I` als Tupel zugewiesen. Diese Funktion erwartet zwei Parameter: Als erster Parameter wird das Array `werte` übergeben. Der zweite Parameter `bins=k` erwartet die Anzahl der Klassen.

Zeile 20 gibt die absolute und Zeile 21 gibt die relative Häufigkeit aus. Zur Kontrolle wird in Zeile 22 die Summe der absoluten Häufigkeiten ausgegeben.

9.2.2 Histogramme

Histogramme visualisieren Häufigkeitstabellen als Balkendiagramme. Die Klassenweite entspricht der Breite eines Rechtecks und die absolute Häufigkeit entspricht der Höhe eines Rechtecks. Die Anzahl der Rechtecke entspricht der Anzahl der Klassen. Für die Darstellung von Histogrammen muss das Modul `matplotlib.pyplot` importiert werden. Die Methode `hist(param1,param2,param3,param4,...)` stellt ein Histogramm als Balkendiagramm dar. Listing 9.6 zeigt, wie die Häufigkeitstabelle aus Listing 9.5 visualisiert werden kann:

```
#06_histogramm.py
import numpy as np
import matplotlib.pyplot as plt
werte = np.loadtxt("daten.txt")
n=len(werte)
k=int(np.sqrt(n)+0.5)
fig, ax=plt.subplots()
ax.hist(werte,bins=k,edgecolor="b",color="w")
```

```
09 ax.set(xlabel="Messwerte",ylabel="absolute Häufigkeit")
10 plt.show()
```

Listing 9.6 Histogramm

Ausgabe

Das Histogramm, das nach Durchlauf des Programms ausgegeben wird, sehen Sie in Abbildung 9.2.

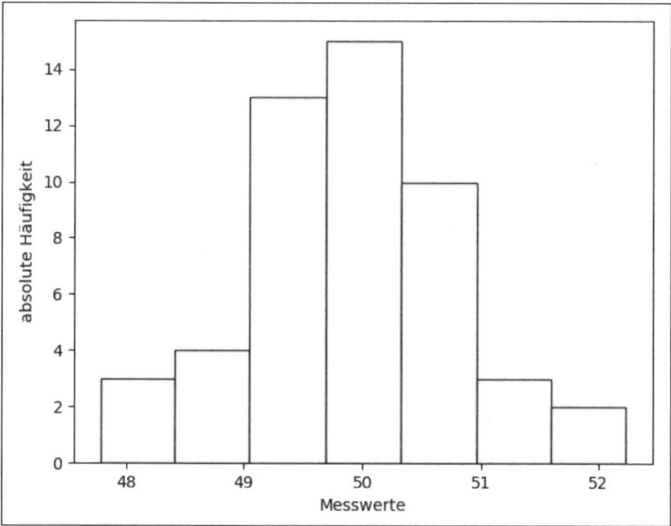

Abbildung 9.2 Histogramm

Analyse

Für die Darstellung des Histogramms mit der Methode `hist(werte,bins=k,edgecolor="b",color="w")` werden hier nur vier Parameter verwendet (Zeile 08). Bei dem ersten Parameter handelt es sich um das Array `werte`. Der zweite Parameter, `bins=k`, legt die Anzahl der Klassen fest. Mit dem dritten Parameter, `edgecolor="b"`, wird die Rahmenfarbe der Balken auf Blau festgelegt. Der vierte Parameter, `color="w"`, bestimmt, dass Weiß die Hintergrundfarbe der Rechtecke bleibt.

Zeile 09 legt die Achsenbeschriftung fest. Zeile 10 ist notwendig, damit die Grafik auch auf dem Bildschirm ausgegeben wird.

9.3 Lageparameter

Als *Lageparameter* bezeichnet man in der Statistik Maßzahlen, die die gehäufte Ansammlung von Werten in der Nähe eines zentralen Wertes beschreiben. Die Statistik verwendet als Lageparameter den arithmetischen, den harmonischen und den geometrischen Mittelwert sowie den Median und den Modus.

9.3.1 Arithmetischer Mittelwert

Der *arithmetische Mittelwert* $\bar{x}$ einer Messreihe ist die Summe aus den einzelnen Stichprobenwerten, geteilt durch die Anzahl n dieser Werte. Es gilt also:

$$\bar{x} = \frac{1}{n}\sum_{i=1}^{n} x_i$$

Sowohl Python als auch das Modul NumPy verfügen über Statistikfunktionen, die den arithmetischen Mittelwert berechnen. Listing 9.7 berechnet die Mittelwerte mit einer selbst definierten Funktion `mittelwert()`, der Python-Funktion `statistics.mean()` und der NumPy-Funktion `numpy.mean()`. Außerdem vergleicht es die einzelnen Laufzeiten dieser Funktionen, um die effektivste Methode zu finden.

```
#07_mittelwert.py
import numpy as np
import statistics as st
import time as t
n=100000
sollwert=50
s=1

def mittelwert(werte):
    n=len(werte)
    summe=0
    for i in range(n):
        summe=summe+werte[i]
    return summe/n

#werte=[1,2,3,4,5,6]
werte=np.random.normal(sollwert,s,size=n)
t1=t.time()
m1=mittelwert(werte)
t2=t.time()
m2=st.mean(werte)
t3=t.time()
m3=np.mean(werte)
t4=t.time()
print("\tarithmetischer Mittelwert","Zeit",sep=4*("\t"))
```

```
26 print("eigene Version:",m1,t2-t1,sep=2*("\t"))
27 print("Python-Version:",m2,t3-t2,sep=2*("\t"))
28 print("NumPy-Version:",m3,t4-t3,sep=2*("\t"))
```

Listing 9.7 Laufzeiten für den arithmetischen Mittelwert

Ausgabe

```
        arithmetischer Mittelwert   Zeit
eigene Version: 50.00002592181933   0.019836902618408203
Python-Version: 50.00002592181897   0.15338611602783203
NumPy-Version:  50.00002592181897   0.00013494491577148438
```

Analyse

Die Python-Module `statistics` und `time` werden in den Zeilen 03 und 04 importiert. Zeile 05 legt eine besonders hohe Anzahl von `n=100000` Zufallszahlen fest, damit auch aussagekräftige Laufzeiten ermittelt werden können.

Die Funktion `mittelwert()` der Zeilen 09 bis 14 bildet die Summe aus allen Zahlen und gibt den arithmetischen Mittelwert `summe/n` zurück.

Die Zeitmessung erfolgt für jeden Funktionsaufruf nach dem gleichen Schema: Bevor eine Funktion aufgerufen wird, wird die Systemzeit `t1` ermittelt. Nachdem sie den Wert für den arithmetischen Mittelwert zurückgegeben hat, wird die aktuelle Systemzeit in die Variable `t2` gespeichert. Aus der Differenz von `t2-t1` wird dann die Laufzeit ermittelt.

Interessant ist, dass die selbst definierte Funktion `mittelwert()` etwa 7,5-mal schneller ist als die Python-Funktion `st.mean()`. Dafür liefert sie aber auch einen etwas ungenaueren Wert. Die NumPy-Funktion `np.mean()` ist etwa 1100-mal schneller als die Python-Funktion `st.mean()`. Für zukünftige Programme empfiehlt es sich also, die NumPy-Funktion zu benutzen.

9.3.2 Modus, Median, harmonischer und geometrischer Mittelwert

Der Modus oder *Modalwert* gibt an, welcher Wert einer Messreihe am häufigsten vorkommt. Der Modus entspricht dem Maximum einer Häufigkeitsverteilung.

Der *Median* oder Zentralwert gibt den mittleren Wert einer sortierten Messreihe an, wenn die Anzahl der Messwerte ungerade ist. Wenn die Anzahl der Messwerte gerade ist, wird der Median aus dem Mittelwert der beiden mittleren Messwerte gebildet.

Für die Berechnung des harmonischen Mittelwertes müssen zunächst die Kehrwerte der einzelnen Messwerte aufsummiert werden. Aus dieser Summe wird anschließend der Kehrwert gebildet und danach mit der Anzahl der Messwerte multipliziert:

$$\bar{x}_{\text{harmonisch}} = n\left(\sum_{i=1}^{n}\frac{1}{x_i}\right)^{-1}$$

Wenn der geometrische Mittelwert berechnet werden soll, müssen alle einzelnen Messwerte einer Stichprobe miteinander multipliziert werden. Anschließend wird aus diesem Produkt die n-te Wurzel gezogen:

$$\bar{x}_{\text{geometrisch}} = \sqrt[n]{x_1 \cdot x_2 \cdots x_n}$$

Listing 9.8 berechnet alle vier Lagewerte mit NumPy- und SciPy-Funktionen. Die Messwerte werden aus der Datei `daten.txt` ausgelesen.

```
#08_lageparameter.py
import numpy as np
import scipy.stats as sta
werte=np.loadtxt("daten.txt")
mw=np.mean(werte)
md=np.median(werte)
modus=sta.mode(werte)
hm=sta.hmean(werte)
gm=sta.gmean(werte)
print(np.sort(werte))
print("Modus:",modus)
print("arithmetischer Mittelwert:",mw)
print("Median:                    ",md)
print("harmonischer Mittelwert:  ",hm)
print("geometrischer Mittelwert: ",gm)
```

Listing 9.8 Modus, Median und Mittelwerte

Ausgabe

```
[47.78 47.99 48.27 48.7  48.79 48.83 49.03 49.13 49.17 49.25 49.3  49.34 49.4
49.4  49.42 49.43 49.44 49.48 49.51 49.68 49.7  49.73 49.76 49.87 49.9  49.9
49.91 49.99 50.03 50.03 50.14 50.17 50.17 50.17 50.22 50.35 50.35 50.4  50.42
50.43 50.44 50.48 50.48 50.65 50.9  51.08 51.3  51.33 51.72 52.23]
Modus: ModeResult(mode=array([50.17]), count=array([3]))
arithmetischer Mittelwert: 49.8718
Median:                    49.9
harmonischer Mittelwert:   49.85678962270494
geometrischer Mittelwert:  49.864292035952936
```

Analyse

Zeile 03 importiert das Statistikmodul `scipy.stats` von SciPy. Mit dem Alias `sta` kann auf die Statistikfunktionen dieses Moduls zugegriffen werden. Der arithmetische Mittelwert und der Median werden mit den NumPy-Funktionen `np.mean()` und `np.median()` in den Zeilen 05 und 06 berechnet. Der Modus, der harmonische und der geometrische Mittelwert werden mit den SciPy-Funktionen `sta.mode()`, `sta.hmean()` und `sta.gmean()` in den Zeilen 07 bis 09 berechnet. Der Rückgabewert der Funktion `sta.mode()` enthält ein Tupel aus zwei Werten. Der erste Wert gibt den Modus an, der zweite Wert gibt an, wie oft der Modus vorkommt (Zeile 11).

9.4 Streuungsparameter

Streuungsparameter beschreiben den Abstand einzelner Messwerte von deren Mittelwert. Damit die Prozessqualität sichergestellt wird, sollte die Streuung der Grundgesamtheit und einzelner Stichproben möglichst gering ausfallen. Die Statistik verwendet zwei Maßzahlen für die Quantifizierung der Streuung: die Spannweite und die Standardabweichung.

Die *Spannweite R* berechnet man einfach aus der Differenz des größten und des kleinsten Messwertes einer Messreihe:

$$R = x_{\max} - x_{\min}$$

Diese Maßzahl ist zwar einfach zu berechnen, sie ist aber für genauere statistische Untersuchungen nicht geeignet, weil sie sehr empfindlich auf Ausreißer reagiert.

Präziser beschreibt die *Standardabweichung s* die Streuung der Messwerte um einen Mittelwert. Sie wird berechnet, indem man die Differenz aus jedem einzelnen Messwert und dem arithmetischen Mittelwert der Messreihe bildet. Diese Differenz wird quadriert, damit negative Differenzen ein positives Vorzeichen erhalten, und anschließend aufsummiert. Die aufsummierten Quadrate der Differenzen müssen dann durch $n-1$ geteilt werden. Das so erhaltene Ergebnis heißt *Varianz*. Wenn Sie die Wurzel aus der Varianz ziehen, so erhalten Sie die Standardabweichung:

$$s = \sqrt{\frac{1}{n-1}\sum_{i=1}^{n}(x_i - \bar{x})^2}$$

Listing 9.9 berechnet die Standardabweichung aus 100.000 normalverteilten Zufallszahlen mit drei Funktionen: einer selbst definierten Funktion `stdaw()`, der Python-Funktion `statistics.std()` und der NumPy-Funktion `numpy.std()`. Um die leistungsfähigste Funktion zu ermitteln, werden die Laufzeiten dieser drei Funktionen miteinander verglichen.

```
#09_stdaw.py
import numpy as np
import statistics as st
import time as t
n=100000
sollwert=100
s=2
def stdaw(werte):
    n=len(werte)
    summe=0
    for i in range(n):
        summe=summe+werte[i]
        mittelwert=summe/n
    sum_rq=0
    for i in range(n):
        sum_rq=sum_rq+(werte[i]-mittelwert)**2
    v=sum_rq/(n-1) #Varianz
    return np.sqrt(v)

#werte=[1,2,3,4,5,6]
werte=np.random.normal(sollwert,s,size=n)
t1=t.time()
s1=stdaw(werte)
t2=t.time()
s2=st.stdev(werte)
t3=t.time()
s3=np.std(werte,ddof=1)
t4=t.time()
print("\t\t  Standardabweichung","Zeit",sep=3*("\t"))
print("eigene Version   :",s1,t2-t1)
print("Python-Version   :",s2,t3-t2)
print("NumPy-Version    :",s3,t4-t3)
```

Listing 9.9 Berechnung der Standardabweichung

Ausgabe

```
                Standardabweichung        Zeit
eigene Version: 1.9953201231531883 0.07551097869873047
Python-Version: 1.9953201231531907 0.4775989055633545
NumPy-Version : 1.9953201231531905 0.0005953311920166016
```

Analyse

Die selbst definierte Funktion `staw()` setzt konsequent den oben beschriebenen Algorithmus um (Zeile 08 bis 18). In Zeile 17 wird die Varianz berechnet. Damit die Funktion `staw()` auch die Standardabweichung zurückgibt, muss aus der Varianz noch in Zeile 18 die Wurzel gezogen werden.

Die auskommentierte Zeile 20 soll Testwerte zur Verfügung stellen. Alle drei Funktionen geben den erwarteten Wert von $s = 1.8708$ aus.

Der zusätzliche Parameter `ddof=1` der NumPy-Funktion `std()` in Zeile 27 bewirkt, dass die Summe der Quadrate aus den Differenzen `(werte[i]-mittelwert)` nicht durch n geteilt wird, wie standardmäßig vorgegeben, sondern durch $n-1$. Die Abkürzung `ddof` steht für *Delta Degrees of Freedom*.

Überraschend ist, dass die selbst definierte Funktion `staw()` etwa sechsmal schneller ist als die Python-Funktion `stdev()`. Erwartungsgemäß ist die NumPy-Version `np.std()` wesentlich schneller als die beiden anderen Versionen, nämlich etwa 800-mal schneller als die Python-Version.

Anwendungsbeispiel: Überprüfen der Maschinenfähigkeit

Bevor eine komplette Serie von Werkstücken gefertigt werden soll, muss überprüft werden, ob die Maschine überhaupt die gewünschte Prozessqualität liefert. Dies geschieht mit einer *Maschinenfähigkeitsuntersuchung* (MFU). Unter dem Begriff *Maschinenfähigkeit* versteht das Qualitätsmanagement die Fähigkeit einer Maschine, fehlerfreie Werkstücke bei gleichbleibenden Bedingungen zu fertigen. Dazu müssen aus einer Stichprobe von mindestens 50 Messwerten der arithmetische Mittelwert und die Standardabweichung ermittelt werden. Nur wenn die Fertigungsstreuung innerhalb von 99,73 % (entspricht $6s$) aller Werkstücke liegt und die geforderte Toleranz größer oder gleich des Zehnfachen der Standardabweichung (entspricht $10s$) eingehalten wird, ist ein Kriterium der Maschinenfähigkeit erfüllt. Aus diesem Kriterium, dass die Fertigungsstreuung $\leq 6s$ und dass die geforderte Toleranz $T \geq 10s$ sein muss, kann der Maschinenfähigkeitsindex definiert werden:

$$C_m = \frac{T}{6s} \geq 1{,}67$$

Der Maschinenfähigkeitsindex C_m beschreibt nur den Einfluss der Streuung der Messwerte auf den Fertigungsprozess. Der Abstand des Mittelwertes der Stichprobe von der Toleranzmitte bleibt unberücksichtigt. Dieses Kriterium, wie groß die Distanz des Mittelwertes zur Toleranzmitte ausfällt, wird durch den Maschinenfähigkeitskennwert C_{mk} beschrieben:

$$C_{mk} = \frac{\Delta_{\text{krit}}}{3s} \geq 1{,}67$$

Der kritische Abstand Δ_{krit} ist der kleinste Abstand des arithmetischen Mittelwertes $\bar{x}$ der Messreihe zu der Toleranzgrenze. Die Toleranzgrenze kann je nach Lage von $\bar{x}$ in der Nähe des unteren Grenzwertes UGW oder in der Nähe des oberen Grenzwertes OGW der Messwerte liegen. Aus dieser Forderung ergibt sich stets, dass der Maschinenfähigkeitskennwert C_{mk} kleiner als der Maschinenfähigkeitsindex C_m sein muss.

Listing 9.10 berechnet den Maschinenfähigkeitsindex und den Maschinenfähigkeitskennwert aus einer Stichprobe von 50 Messwerten. Die simulierten Messwerte werden wieder aus der Datei `daten.txt` mit der NumPy-Funktion `np.loadtext()` ausgelesen. Die Toleranzgrenzen werden vorgegeben, den arithmetischen Mittelwert und die Standardabweichung berechnet das Programm aus der Messreihe der Stichprobe. Durch die Variation der Toleranzgrenzen kann simuliert werden, ob die Maschine die Anforderungen der Prozessqualität erfüllt.

```
#10_mfaehigkeit.py
import numpy as np
sollwert=50
To=5
Tu=-5
T=To-Tu
werte = np.loadtxt("daten.txt")
m=np.mean(werte)
s=np.std(werte,ddof=1)
Cm=T/(6*s)
OGW=sollwert+To
UGW=sollwert+Tu
delta_o=OGW-m
delta_u=m-UGW
if delta_o > delta_u:
    delta_k=delta_u
else:
    delta_k=delta_o
Cmk=delta_k/(3*s)
print("Mittelwert:",m)
print("Standardabweichung:",s)
print("Maschinenfähigkeitsindex:  ",Cm)
print("Maschinenfähigkeitskennwert:",Cmk)
```

Listing 9.10 Überprüfen der Maschinenfähigkeit

Ausgabe

```
Mittelwert: 49.8718
Standardabweichung: 0.8745510568402549
```

```
Maschinenfähigkeitsindex:    1.905739697677936
Maschinenfähigkeitskennwert: 1.8568765318294738
```

Analyse

Der Maschinenfähigkeitsindex und der Maschinenfähigkeitskennwert sind größer als 1,67. Die Maschine ist also in der Lage, die erforderliche Prozessqualität einzuhalten. Das liegt aber an den hohen Toleranzen von ± 10 % (Zeilen 04 und 05). Würde man die Toleranzen verkleinern, dann würde sich auch zeigen, dass die Maschine nicht fähig ist, die geforderte Prozessqualität einzuhalten.

In Zeile 10 wird der Maschinenfähigkeitsindex `Cm` aus der Toleranz (Zeile 06) und der Standardabweichung (Zeile 09) berechnet. Den Maschinenfähigkeitskennwert `Cmk` berechnet das Programm in den Zeilen 11 bis 19. Dazu müssen der obere Grenzwert `OGW` (Zeile 11) und der untere Grenzwert `UGW` (Zeile 12) berechnet werden. Die Abweichungen `delta_o` (Zeile 13) und `delta_u` (Zeile 14) werden benötigt, um den kleinsten Abstand vom arithmetischen Mittelwert `delta_k` berechnen zu können. Dies geschieht in den Zeilen 15 bis 18 durch eine `if-else`-Abfrage. In Zeile 19 wird dann der Maschinenfähigkeitskennwert berechnet.

Die Ausgabe der Maschinenkennwerte erfolgt in den Zeilen 22 und 23. Der arithmetische Mittelwert und die Standardabweichung werden in den Zeilen 20 und 21 mit ausgegeben, um den Zusammenhang zwischen den statistischen Kennwerten und Maschinenkennwerten aufzuzeigen: Je größer die Standardabweichung und je größer der Abstand des Sollwertes vom arithmetischen Mittelwert der Messwerte ist, desto schlechter wird die Maschinenfähigkeit bewertet.

9.5 Normalverteilung

Wenn man die Anzahl der Messwerte sehr stark erhöhen würde – theoretisch bis unendlich –, dann würde sich die Häufigkeitsverteilung eines Histogramms der Dichtefunktion der *Normalverteilung* (auch Gauß-Verteilung) annähern. Die Dichtefunktion $g(x)$ist eine e-Funktion mit den Parametern μ und σ:

$$g(x) = \frac{1}{\sigma\sqrt{2\pi}} e^{-\frac{(x-\mu)^2}{2\sigma^2}}$$

Der Parameter μ heißt *Erwartungswert*. Er stimmt mit dem arithmetischen Mittelwert, dem Modus und dem Median überein, wenn die Anzahl der Messwerte einer normalverteilten Messreihe gegen unendlich geht. Der Parameter σ^2 wird als *Varianz* bezeichnet. Die Wurzel aus der Varianz entspricht der Standardabweichung einer Messreihe mit sehr vielen Messwerten.

9.5.1 Grafische Darstellung der Dichtefunktion

Wenn man für den Mittelwert $\mu = 0$ und für die Standardabweichung $\sigma = 1$ einsetzt, dann spricht man von einer *Standardnormalverteilung*. Listing 9.11 stellt die Dichte der Standardnormalverteilung in den Grenzen von -3σ bis 3σ dar:

```
#11_gauss.py
import numpy as np
import matplotlib.pyplot as plt
#Dichtefunktion
def g(x,sigma,my):
    y=np.exp(-0.5*(x-my)**2/sigma**2)/(sigma*np.sqrt(2*np.pi))
    return y

s=1
m=0
x = np.arange(m-3*s, m+3*s, 0.01);
y = g(x,s,m)
fig, ax=plt.subplots()
ax.plot(x, y)
ax.plot(-1, g(-s,s,m),"ro")
ax.plot( 1, g( s,s,m),"ro")
ax.set(xlabel="x",ylabel="g(x)")
plt.show()
```

Listing 9.11 Dichte der Standardnormalverteilung

Ausgabe

Abbildung 9.3 zeigt die ausgegebene Dichte der Standardnormalverteilung als Kurve.

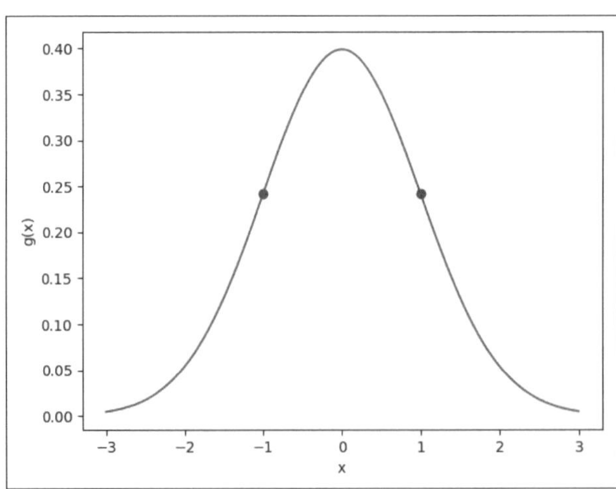

Abbildung 9.3 Standardnormalverteilung

Analyse

In den Zeilen 05 bis 07 wird die Funktion der Normalverteilung definiert. Der Funktion `g(x,sigma,my)` müssen die Standardabweichung und der arithmetische Mittelwert als Argumente übergeben werden.

Die Zeilen 09 und 10 geben die Standardabweichung mit `s=1` und den Mittelwert mit `m=0` vor. Diese Parameter legen fest, dass eine normierte Dichtefunktion dargestellt wird.

Zeile 11 legt ein Array mit dem Anfangswert `m-3*s` und dem Endwert `m+3*s`. an. Der dritte Parameter der NumPy-Funktion, `arange()`, legt die Schrittweite mit `0.01` fest.

In Zeile 12 wird die Dichtefunktion mit den Parametern `x`, `s`, `m` aufgerufen. Die Funktionswerte werden der Variablen `y` zugewiesen. Bei dieser Variablen handelt es sich ebenfalls um ein Array, in dem alle Funktionswerte der Funktion `g(x,s,m)` abgespeichert wurden.

9.5.2 Wahrscheinlichkeitsverteilung

In der Praxis möchte man gerne wissen, wie häufig ein bestimmtes Maß eines Werkstücks aus einer Serie mit welcher Wahrscheinlichkeit innerhalb eines vorgegebenen Bereichs der Normalverteilung vorkommt. Dazu muss die Fläche unter der Gauß-Kurve innerhalb der ausgewählten Grenzen mit einem numerischen Integrationsverfahren berechnet werden.

Das Modul `scipy.integrate` stellt mit seiner `quad()`-Funktion eine leistungsfähige Methode für die numerische Integration zur Verfügung. Die Bezeichnung *quad* stammt von der Integrationsmethode der Fortran-Bibliothek QUADPACK.

Listing 9.12 berechnet die Wahrscheinlichkeiten innerhalb der Grenzen $\pm\sigma$, $\pm2\sigma$ und $\pm3\sigma$. Die Parameter $\sigma = 1$ und $\mu = 0$ legen fest, dass das Programm eine Standardnormalverteilung darstellt.

```
#12_wahrscheinlichkeit.py
import numpy as np
from scipy.integrate import quad
def f(x,sigma,my):
    y=np.exp(-0.5*(x-my)**2/sigma**2)/(sigma*np.sqrt(2*np.pi))
    return y

s=1
m=0
w1=quad(f,  -s,  s,args=(s,m))
w2=quad(f,-2*s,2*s,args=(s,m))
w3=quad(f,-3*s,3*s,args=(s,m))
```

```
13 wp1,wp2,wp3=100*w1[0],100*w2[0],100*w3[0]
14 print("Erwartungswert zwischen  -\u03C3 und  +\u03C3: %2.2f%%"%wp1)
15 print("Erwartungswert zwischen -2\u03C3 und +2\u03C3: %2.2f%%"%wp2)
16 print("Erwartungswert zwischen -3\u03C3 und +3\u03C3: %2.2f%%"%wp3)
```

Listing 9.12 Wahrscheinlichkeitsbereiche

Ausgabe

```
Erwartungswert zwischen  -σ und  +σ: 68.27%
Erwartungswert zwischen -2σ und +2σ: 95.45%
Erwartungswert zwischen -3σ und +3σ: 99.73%
```

Analyse

Die Anweisung in Zeile 03 importiert das Modul `scipy` mit dem Paket `integrate` und der Funktion `quad()`. Diese Funktion wird in den Zeilen 10 bis 12 aufgerufen. Sie erwartet drei Parameter. Als erster Parameter wird der Name der Funktion ohne Klammern übergeben. Der zweite und der dritte Parameter legen die untere und die obere Integrationsgrenze fest. Der dritte Parameter besteht aus einem Tupel `args=(s,m)` mit den Funktionsparametern der Normalverteilung: Standardabweichung s und Mittelwert m.

Die SciPy-Funktion `quad()` gibt zwei Werte als Tupel zurück. Bei dem ersten Wert handelt es sich um den berechneten Flächeninhalt der numerischen Integration. Der zweite Rückgabewert gibt eine Fehlerabschätzung an.

Da hier nur der erste Rückgabewert von Interesse ist, wird in Zeile 13 auch nur jeweils dieser Wert `w1[0]`, `w2[0]` und `w3[0]` den Variablen `wp1`, `wp2` und `wp3` zugewiesen. Die berechneten Flächeninhalte werden mit dem Faktor 100 multipliziert, damit die Ausgabe der Wahrscheinlichkeiten in Prozentwerten erfolgt.

Die Ausgabe in den Zeilen 14 bis 16 verwendet den Unicode `U+03C3` für das Formelzeichen der Standardabweichung. Der Erwartungswert von 99,73 % zwischen -3σ und $+3\sigma$ ist von besonderem Interesse: Er gibt die Grenzen der Prozessqualität vor. Die ermittelten Messwerte sollten in diesem Intervall liegen, das heißt umgekehrt: Es sind nur 0,27 % Ausschuss erlaubt.

9.6 Schiefe

Für die statistische Prozessregelung (SPC) ist es wichtig zu wissen, ob eine Messreihe annähernd normalverteilt ist. Dieses Kriterium kann mit der statistischen Maßzahl *Schiefe* überprüft werden. Die Schiefe (engl. *skew*) ist eine statistische Maßzahl zwischen –1 und +1, die beschreibt, ob und wie stark eine Häufigkeitsverteilung nach rechts oder nach links geneigt ist. Wenn die Häufigkeitsverteilung nach rechts geneigt ist, heißt sie *rechtssteil* bzw. *linksschief*. Die Maßzahl S ist dann negativ. Wenn die Häufigkeitsverteilung nach links geneigt ist, heißt sie *linkssteil* bzw. *rechtsschief*. Die Maßzahl S ist dann positiv. Je kleiner S ausfällt, desto symmetrischer ist die Häufigkeitsverteilung. Für die Normalverteilung ist $S = 0$. Karl Pearson (1895–1980) hat eine einfache Faustformel angegeben, mit der die Abweichung einer Häufigkeitsverteilung von der Symmetrie beschrieben werden kann:

$$S = \frac{\bar{x} - \tilde{x}}{s}$$

Wenn der Median $\tilde{x}$ kleiner als der Mittelwert $\bar{x}$ ausfällt, dann ist S positiv und die Verteilung ist rechtsschief bzw. linkssteil. Wenn der Median $\tilde{x}$ größer als der Mittelwert $\bar{x}$ ausfällt, dann ist S negativ und die Verteilung ist linksschief bzw. rechtssteil.

Für die linkssteile Verteilung gilt häufig: *Modus < Median < Mittelwert*. Und für die rechtssteile Verteilung gilt umgekehrt: *Mittelwert < Median < Modus*.

Diese Faustformeln ermitteln aber nicht immer den korrekten Wert der Schiefe. Das Paket `stats` aus dem Modul `scipy` berechnet mit der Funktion `stats.skew(array)` den korrekten Wert der Schiefe.

Listing 9.13 berechnet aus 50 Zufallszahlen den Näherungswert und den genauen Wert der Schiefe:

```
#13_schiefe.py
import numpy as np
from scipy import stats
n=50
sollwert=50
s=2
werte=np.random.normal(sollwert,s,size=n)
rwerte=np.around(werte,decimals=2)
modus=stats.mode(rwerte, axis=None)
mw=np.mean(rwerte)
md=np.median(rwerte)
stabw=np.std(rwerte,ddof=1)
S1=(mw-md)/stabw
S2=stats.skew(rwerte)
print(np.sort(rwerte))
print("Modus:              ",modus)
print("Mittelwert:         ",mw)
print("Median:             ",md)
print("Standardabweichung:",stabw)
print("Schiefe (Näherung):",S1)
print("Schiefe (genau):   ",S2)
```

```
22 if S2<0:
23     print("rechtssteil")
24 else:
25     print("linkssteil")
```

Listing 9.13 Berechnung der Schiefe

Ausgabe

```
[45.41 46.2  46.39 46.5  47.14 47.24 47.25 47.38 47.59 47.73 48.04 48.21 48.3
48.33 48.56 48.76 49.31 49.4  49.45 49.73 49.75 49.78 49.89 49.91 49.93 49.95
49.98 50.05 50.15 50.17 50.34 50.42 50.43 50.74 50.89 50.94 51.02 51.09 51.14
51.32 51.58 51.92 51.97 52.17 52.19 52.37 52.64 53.34 53.63 54.01]
Modus: ModeResult(mode=array([45.41]), count=array([1]))
Mittelwert:          49.81260000000001
Median:              49.94
Standardabweichung: 2.0127043539294416
Schiefe (Näherung): -0.06329792040806283
Schiefe (genau):     -0.09607672698739309
rechtssteil
```

Analyse

Zu beachten ist, dass nach jedem Programmstart andere Werte für die Schiefe ausgegeben werden, weil das Programm auch jeweils andere Zufallszahlen erzeugt. In Zeile 13 wird die Schiefe `S1` nach der einfachen Formel von Pearson berechnet. Die genaue Berechnung der Schiefe `S2` wird in Zeile 14 mit der SciPy-Funktion `stats.skew(rwerte)` durchgeführt. Durch mehrmaliges Starten des Programms kann festgestellt werden, dass die Berechnung nach Pearson nicht immer mit dem Ergebnis der SciPy-Funktion `stats.skew()` übereinstimmt. In den Zeilen 22 bis 25 wird das Vorzeichen der Schiefe `S2` ausgewertet. Wenn `S2<0` ist, wird `rechtssteil` und wenn `S2>0` ist, wird `linkssteil` ausgegeben.

9.7 Regressionsanalyse

Eine *Regressionsanalyse* ist ein statistisches Analyseverfahren, das die Beziehungen zwischen zwei Variablen untersucht: einer abhängigen Variablen Y, die auch als *Ergebnisvariable* bezeichnet wird, und einer unabhängigen Variablen X, die auch als *Einflussvariable* bezeichnet wird. Regressionsanalysen werden immer dann eingesetzt, wenn Zusammenhänge quantitativ beschrieben oder prognostiziert werden sollen. Mathematisch wird der Einfluss von X auf Y durch einen Pfeil symbolisiert:

$$X \rightarrow Y$$

Das Verfahren der Regressionsanalyse soll an einem einfachen Beispiel beschrieben werden: In einem Lagerraum für Kunstfasern herrscht eine bestimmte relative Luftfeuchtigkeit. In einem Zeitraum von 15 Tagen wird die relative Luftfeuchtigkeit des Raumes (*X*) und der Feuchtigkeitsgehalt der Kunstfaser (*Y*) einmal am Tag gemessen. Untersucht werden soll mit einer Regressionsanalyse, ob es einen Zusammenhang zwischen diesen beiden Größen gibt und wie stark dieser Zusammenhang gegebenenfalls ausfällt. In Tabelle 9.2 sind die Messwerte dokumentiert.

T	1	2	3	4	5	6	7	8	9	10	11	12	13	14	15
X	46	53	29	61	36	39	47	49	52	38	55	32	57	54	44
Y	12	15	7	17	10	11	11	12	14	9	16	8	18	14	12

Tabelle 9.2 Messwerte für die relative Luftfeuchtigkeit X und den Feuchtegehalt des Materials Y in Prozent

Im einfachsten Fall gibt es einen linearen Zusammenhang zwischen den *X*- und *Y*-Werten, der durch eine lineare Funktion mit der Steigung m und dem Achsenschnittpunkt a der Funktionsgeraden mit der y-Achse beschrieben werden kann:

$$y = mx + a$$

Die Parameter m und a bezeichnet man auch als Regressionsparameter. Wie stark der Zusammenhang zwischen *X* und *Y* der beiden Messreihen ist, wird durch den Korrelationskoeffizienten r bestimmt.

9.7.1 Berechnung der Regressionsparameter

Der Korrelationskoeffizient r wird definiert als Quotient aus der Kovarianz s_{xy} von zwei Messreihen und dem Produkt der Standardabweichungen $s_x s_y$:

$$r = \frac{s_{xy}}{s_x s_y}$$

Die Steigung m der Regressionsgeraden ist der Quotient aus der Kovarianz und dem Quadrat der Standardabweichung der x-Werte:

$$m = \frac{s_{xy}}{s_x^2}$$

Die Steigung kann auch mit dem Korrelationskoeffizienten berechnet werden:

$$m = r\frac{s_y}{s_x}$$

Der Achsenabschnitt a der Regressionsgeraden wird aus der Differenz des Mittelwertes $\bar{y}$ aller y-Werte und dem Produkt aus der Steigung m mit dem Mittelwert $\bar{x}$ aller x-Werte berechnet:

$$a = \bar{y} - m\bar{x}$$

Alle Regressionsparameter lassen sich direkt mit der SciPy-Funktion

```
m,a,r,p,e = stats.linregress(X,Y)
```

berechnen. Die Rückgabewerte `p` und `e` des Tupels werden für die Berechnung der Regressionsparameter nicht benötigt.

Listing 9.14 berechnet die Steigung `m`, den y-Achsenabschnitt `a` der Regressionsgeraden und den Korrelationskoeffizienten `r` für die Messwerte aus Tabelle 9.2. Um die verschiedenen Möglichkeiten von Python aufzuzeigen, werden die Parameter mit den entsprechenden NumPy- und SciPy-Funktionen berechnet und miteinander verglichen.

```
#14_korrelation.py
import numpy as np
from scipy import stats
X=np.array([46,53,29,61,36,39,47,49,52,38,55,32,57,54,44])
Y=np.array([12,15,7,17,10,11,11,12,14,9,16,8,18,14,12])
xm=np.mean(X)
ym=np.mean(Y)
sx=np.std(X,ddof=1)
sy=np.std(Y,ddof=1)
sxy=np.cov(X,Y)
r1=sxy/(sx*sy)
r2=np.corrcoef(X,Y)
m1=sxy[0,1]/sx**2
m2=r2[0,1]*sy/sx
a1=ym-m2*xm
m3, a2, r3, p, e = stats.linregress(X,Y)
print("NumPy1 Steigung:",m1)
print("NumPy2 Steigung:",m2)
print("SciPy  Steigung:",m3)
print("Schnittpunkt mit der y-Achse:",a1)
print("Schnittpunkt mit der y-Achse:",a2)
print("Def.  Korrelationskoeffizient:",r1[0,1])
print("NumPy Korrelationskoeffizient:",r2[0,1])
print("SciPy Korrelationskoeffizient:",r3)
print("geschätzter Fehler:",e)
```

Listing 9.14 Berechnung der Regressionsparameter

Ausgabe

```
NumPy1 Steigung: 0.32320356181404014
NumPy2 Steigung: 0.3232035618140402
SciPy  Steigung: 0.3232035618140402
Schnittpunkt mit der y-Achse: -2.5104576516877213
Schnittpunkt mit der y-Achse: -2.5104576516877213
Def.  Korrelationskoeffizient: 0.9546538498757964
NumPy Korrelationskoeffizient: 0.9546538498757965
SciPy Korrelationskoeffizient: 0.9546538498757965
geschätzter Fehler: 0.027955268902524828
```


Analyse

In den Zeilen 04 und 05 stehen die Messwerte für die relative Luftfeuchtigkeit `X` und den Feuchtegehalt des Materials `Y`. Aus diesen Messwerten berechnet das Programm die Regressionsparameter und überprüft anhand des Korrelationskoeffizienten, ob es einen Zusammenhang zwischen der Einflussgröße `X` und der Ergebnisvariablen `Y` gibt und wie stark dieser Zusammenhang ausfällt.

Zeile 10 berechnet die Kovarianz `sxy` mit der NumPy-Funktion `np.cov(X,Y)`. Diese Funktion liefert eine 2×2-Matrix zurück. Der Wert für `sxy` steht entweder in der ersten Zeile und zweiten Spalte oder in der zweiten Zeile und ersten Spalte der Matrix. Mit `sxy` wird dann in Zeile 11 der Korrelationskoeffizient `r1` berechnet.

Eine einfachere Methode, um den Korrelationskoeffizienten zu berechnen, besteht darin, direkt die NumPy-Funktion `np.corrcoef(X,Y)` zu verwenden (Zeile 12). Diese Funktion liefert ebenfalls eine 2×2-Matrix zurück. Der Wert für `r2` steht entweder in der ersten Zeile und zweiten Spalte oder in der zweiten Zeile und ersten Spalte der Matrix.

Zeile 13 berechnet die Steigung `m1` aus der Kovarianz `sxy[0,1]` und dem Quadrat der Standardabweichung `sx` aus den `X`-Messwerten. Die Steigung `m2` wird in Zeile 14 mit dem Korrelationskoeffizienten `r2(0,1)` und den Standardabweichungen `sx` und `sy` berechnet.

In Zeile 15 wird der y-Achsenabschnitt `a1` mit der herkömmlichen Methode aus den Mittelwerten der `X`- und `Y`-Werte berechnet. Statt der Steigung `m2` hätte man hier auch die Steigung `m1` einsetzen können.

Die effektivste Methode, alle drei Parameter mit nur einer Anweisung zu berechnen, zeigt Zeile 16. Die Steigung `m3`, der y-Achsenabschnitt `a2` und der Korrelationskoeffizient `r3` werden von der SciPy-Funktion `stats.linregress(X,Y)` als Tupel zurückgegeben.

Die `print()`-Funktion gibt in den Zeilen 17 bis 25 die Regressionsparameter aus. Alle Berechnungsmethoden liefern die gleichen Ergebnisse. Die Steigung beträgt etwa

0,32, und der y-Achsenabschnitt hat einen Wert von etwa –2,51. Die Regressionsgerade folgt also der Gleichung:

$$y = 0{,}32x - 2{,}51$$

Der Korrelationskoeffizient von `r = 0.95465` liegt in der Nähe von 1. Es besteht also ein starker Zusammenhang zwischen der relativen Luftfeuchtigkeit (`X`) und dem Feuchtegehalt des Materials (`Y`).

9.7.2 Darstellung des Streudiagramms und der Regressionsgeraden

Wenn die diskreten y_i-Werte der Y-Messreihe und die diskreten x_i-Werte der X-Messreihe in einem x-y-Koordinatensystem dargestellt werden, nennt man diese Darstellung *Streudiagramm* (engl. *scatter plot*). Listing 9.15 zeigt, wie ein solches Streudiagramm mit den Werten aus Tabelle 9.2 und der zugehörigen Regressionsgeraden implementiert wird:

```
01 #15_regeressionsgerade.py
02 import numpy as np
03 import matplotlib.pyplot as plt
04 from scipy import stats
05 X=np.array([46,53,29,61,36,39,47,49,52,38,55,32,57,54,44])
06 Y=np.array([12,15,7,17,10,11,11,12,14,9,16,8,18,14,12])
07 m, a, r, p, e = stats.linregress(X,Y)
08 fig, ax=plt.subplots()
09 ax.plot(X, Y,'rx')
10 ax.plot(X, m*X+a)
11 ax.set_xlabel("relative Luftfeuchtigkeit in %")
12 ax.set_ylabel("Feuchtigkeitsgehalt des Materials")
13 plt.show()
```

Listing 9.15 Streudiagramm mit Regressionsgerade

Ausgabe

Abbildung 9.4 zeigt die ausgegebene Regressionsgerade nach Berechnung von Listing 9.15.

Analyse

Das Programm ermittelt in Zeile 07 mit der SciPy-Funktion `stats.linregress(X,Y)` den y-Achsenabschnitt `a` und die Steigung `m`. Zeile 09 stellt mit der Methode `plot(X, Y,'rx')` die diskreten x_i- und y_i-Werte als rote Kreuze dar. Die Anweisung `ax.plot(X, m*X+a)` in Zeile 10 bewirkt die Darstellung der Regressionsgeraden. Die Kreuze des

Streudiagramms zeigen anschaulich, dass es einen starken Zusammenhang zwischen der relativen Luftfeuchtigkeit und dem Feuchtigkeitsgehalt des Materials gibt.

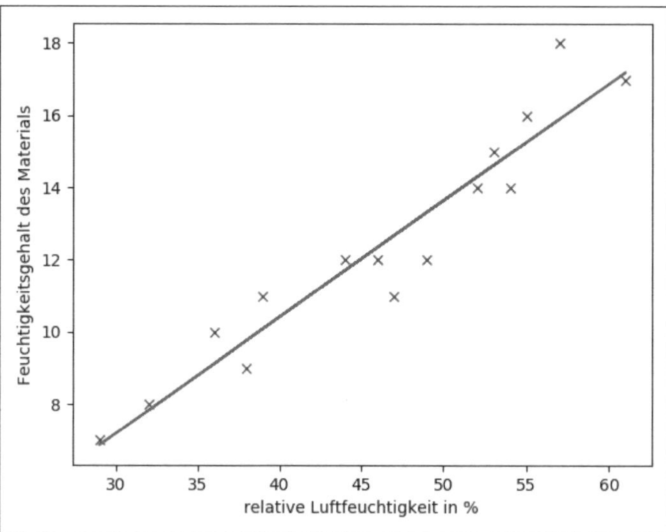

Abbildung 9.4 Regressionsgerade

9.8 Projektaufgabe: Simulation einer Qualitätsregelkarte

Qualitätsregelkarten werden in der Fertigungstechnik eingesetzt, um die Prozessqualität zu überwachen. Die Grundidee besteht darin, in den Prozess einzugreifen, bevor Ausschuss produziert wird. Dazu wird aus der laufenden Produktion jede Stunde eine zufällige Stichprobe von $n = 5$ Werkstücken entnommen. Messautomaten erfassen die qualitätsrelevanten Größen und speichern die Messdaten in einer Datei ab. Computerprogramme berechnen dann aus diesen Messergebnissen den arithmetischen Mittelwert und die Standardabweichung der einzelnen Stichproben und stellen diese Größen als Linienzug jeweils in zwei Grafikfenstern dar. Das obere Grafikfenster stellt den Verlauf des Mittelwertes und das darunterliegende Fenster stellt den Verlauf der Standardabweichung aus den fünf Messwerten dar. Für beide Grafiken muss das Programm noch obere und untere Eingriffsgrenzen berechnen. Die Eingriffsgrenzen werden aus den Mittelwerten der Mittelwerte $\bar{\bar{x}}$ und den Mittelwerten der Standardabweichungen $\bar{s}$ aller Stichproben berechnet.

Für die obere Eingriffsgrenze der Mittelwertkarte gilt:

$$OEG_{\bar{x}} = \bar{\bar{x}} + A_3\bar{s}$$

Für die untere Eingriffsgrenze der Mittelwertkarte gilt:

$$UEG_{\bar{x}} = \bar{\bar{x}} - A_3\bar{s}$$

Für die obere Eingriffsgrenze der Standardabweichungskarte gilt:

$OEG_s = B_4 \bar{s}$

Die Werte der Faktoren A_3 und B_4 stehen in einschlägigen Tabellenwerken. Dort findet man für eine Stichprobe von $n = 5$ für $A_3 = 1{,}152$ und für $B_4 = 1{,}669$.

Die Prozessqualität wird nicht erfüllt, wenn:

- die untere oder obere Eingriffsgrenze überschritten wird
- sieben aufeinanderfolgende Werte oberhalb oder unterhalb der Mittellinie liegen (*Run*)
- sieben aufeinanderfolgende Werte in einem Intervall auf- oder absteigen (*Trend*)
- über 90 % der Werte innerhalb des mittleren Drittels der Eingriffsgrenzen liegen (*Middle Third*)

Listing 9.16 berechnet aus zehn Stichproben mit jeweils fünf Messwerten für jede Stichprobe den arithmetischen Mittelwert, die Standardabweichung und die Eingriffsgrenzen. Die Messdaten werden sequenziell aus einer Datei ausgelesen und mit der NumPy-Funktion `reshape()` in eine Tabelle mit fünf Zeilen und zehn Spalten umgewandelt.

```
#16_qrt_tabelle.py
import numpy as np
zeilen=5
spalten=10
A3=1.152
B4=1.669
werte = np.loadtxt("daten.txt")
n=len(werte)
tabelle=np.reshape(werte,(zeilen,spalten),order='F')
mw=[]
staw=[]
for i in range(spalten):
    summe1=0
    summe2=0
    for j in range(zeilen):
        summe1=summe1+tabelle[j,i]
        mittelwert=summe1/zeilen
    for j in range(zeilen):
        summe2=summe2+(mittelwert-tabelle[j,i])**2
        standardabw=np.sqrt(summe2/(zeilen-1))
    mw.append(round(mittelwert,2))
    staw.append(round(standardabw,3))
mmw=np.mean(mw)
```

```
24 mws=np.mean(staw)
25 OEGm=mmw + A3*mws
26 UEGm=mmw - A3*mws
27 OEGs=B4*mws
28 print("Tabelle der Messwerte:\n",tabelle)
29 print("Mittelwert der Stichproben:")
30 print(mw)
31 print("Standardabweichung der Stichproben:")
32 print(staw)
33 print("Mittelwertkarte")
34 print("obere Eingriffsgrenze:",OEGm)
35 print("untere Eingriffsgrenze:",UEGm)
36 print("Standardabweichungskarte")
37 print("obere Eingriffsgrenze:",OEGs)
```

Listing 9.16 Berechnung der Eingriffsgrenzen

Ausgabe

```
Tabelle der Messwerte:
 [[51.33 47.78 50.22 49.87 50.17 49.3  50.03 49.9  50.35 49.68]
 [49.76 49.9  48.79 49.7  51.3  48.27 51.08 49.43 49.48 52.23]
 [50.17 47.99 48.7  50.42 50.17 49.99 50.03 49.03 49.25 50.44]
 [49.4  50.35 50.48 49.34 50.14 50.4  51.72 49.91 50.48 49.73]
 [49.4  48.83 50.65 49.51 49.44 49.13 49.42 50.43 49.17 50.9 ]]
Mittelwert der Stichproben
[50.01, 48.97, 49.77, 49.77, 50.24, 49.42, 50.46, 49.74, 49.75, 50.6]
Standardabweichung der Stichproben:
[0.802, 1.136, 0.947, 0.415, 0.668, 0.823, 0.925, 0.532, 0.623, 1.046]
Mittelwertkarte
obere Eingriffsgrenze : 50.785038400000005
untere Eingriffsgrenze: 48.960961600000005
Standardabweichungskarte
obere Eingriffsgrenze: 1.3213473000000002
```

Analyse

In den Zeilen 10 und 11 werden zwei leere Listen `mw[]` und `staw[]` für die Mittelwerte und Standardabweichungen der zehn Stichproben definiert. Diese Listen werden in den Zeilen 23 und 24 der NumPy-Funktion `np.mean()` als Parameter übergeben.

Die Mittelwerte `mw` und Standardabweichungen `staw` der einzelnen Stichproben werden in den Zeilen 15 bis 22 berechnet. Die verwendeten Summenalgorithmen und das verschachtelte Schleifenkonstrukt sind aufwendig und – wie im nächsten Beispiel gezeigt wird – eigentlich unnötig, weil sie die Möglichkeiten von Python nicht ausschöpfen.

Die Anweisungen in den Zeilen 25 bis 27 berechnen die oberen und unteren Eingriffsgrenzen nach den Vorgaben mit den Faktoren A3 und B4. Bei Stichproben mit $n = 5$ entfällt die Berechnung der unteren Eingriffsgrenzen für die Standardabweichung.

Die Ausgaben erfolgen in den Zeilen 28 bis 37. Die Tabelle der 50 Messwerte wird dargestellt, damit überprüft werden kann, ob das Programm die statistischen Kennwerte der einzelnen Stichproben richtig berechnet. Jeder Spalte der Tabelle kann der zugehörige Wert für Mittelwert und Standardabweichung zugeordnet werden.

Die Prozessqualität anhand von numerischen Werten zu überprüfen ist in der betrieblichen Praxis zu umständlich. Deshalb werden die Verläufe der Mittelwerte und Standabweichungen der einzelnen Stichproben grafisch als Linienzüge visualisiert. Listing 9.17 zeigt, wie ein solches Grafikprogramm mit den Mitteln von Python (Slicing) implementiert wird:

```
01 #17_qrt_grafik.py
02 import numpy as np
03 import matplotlib.pyplot as plt
04 zeilen=5
05 spalten=10
06 A3=1.152
07 B4=1.669
08 werte = np.loadtxt("daten.txt")
09 n=len(werte)
10 tabelle=np.reshape(werte,(zeilen,spalten),order='F')
11 h=np.linspace(1,spalten,spalten)
12 mw=[]
13 staw=[]
14 for i in range(spalten):
15     mw.append(round(np.mean(tabelle[0:zeilen,i]),2))
16     staw.append(round(np.std(tabelle[0:zeilen,i],ddof=1),3))
17 mmw=np.mean(mw)
18 mws=np.mean(staw)
19 OEGm=mmw+A3*mws
20 UEGm=mmw-A3*mws
21 OEGs=B4*mws
22 x=[1,spalten]
23 y1=[OEGm,OEGm]
24 y2=[mmw,mmw]
25 y3=[UEGm,UEGm]
26 y4=[OEGs,OEGs]
27 fig, ax = plt.subplots(2, 1)
```

```
28 ax[0].set_title("Mittelwertkarte")
29 ax[0].plot(x,y1,'r-')
30 ax[0].plot(x,y2,'g-')
31 ax[0].plot(x,y3,'r-')
32 ax[0].plot(h,mw,'bx-')
33 ax[0].set_ylabel("Mittelwert")
34 ax[1].set_title("Standardabweichungskarte")
35 ax[1].plot(x,y4,'r-')
36 ax[1].plot(h,staw,'gx-')
37 ax[1].set_xlabel("Stichproben")
38 ax[1].set_ylabel("s")
39 fig.tight_layout()
40 plt.show()
```


Listing 9.17 Grafische Darstellung einer zweispurigen Qualitätsregelkarte

Ausgabe

Abbildung 9.5 zeigt die grafische Darstellung der zweispurigen Qualitätsregelkarte, die das Programm ausgibt.

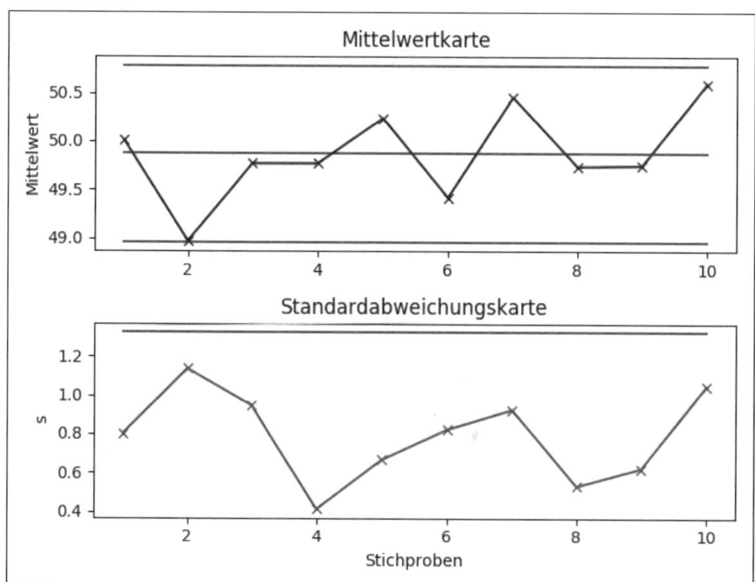

Abbildung 9.5 Zweispurige Qualitätsregelkarte

Analyse

In den Zeilen 14 bis 16 berechnet das Programm den Mittelwert `mw` und die Standardabweichung `staw` einer Stichprobe innerhalb einer `for`-Schleife mit dem Spaltenindex `i`. Die `for`-Schleife iteriert alle Tabellenspalten von 1 bis 10. Diese Verbesserung gegenüber der ersten Version wird durch das sogenannte *Slicing* (dt. *Ausschneiden*) mit dem Slicing-Operator `[index1: index2]` realisiert. Beide statistischen Kennwerte werden jeweils für jede Spalte vom Zeilenanfang (Index 0) bis zum Zeilenende (Index 4) berechnet. Durch das Slicing erspart man sich also eine `for`-Schleife.

Die Zeilen 23, 25 und 26 legen die y-Koordinaten der Eingriffsgrenzen fest. Der Mittelwert aller 50 Messwerte wird durch die y-Koordinate in Zeile 24 bestimmt.

In Zeile 27 wird ein Grafikfenster für zwei Unterdiagramme (engl. *subplots*) mit der Methode `subplots(2,1)` angelegt. Der erste Parameter bestimmt die Anzahl der Unterdiagramme, und der zweite Parameter legt die Anzahl der Spalten fest. Die Standardabweichungskarte wird also direkt unter die Mittelwertkarte gezeichnet. Die Methode `subplots()` erzeugt die beiden Objekte `fig` und `ax`. Mit `ax[0]` und `ax[1]` kann auf die Methoden des Moduls Matplotlib zugegriffen werden. Der Index 0 legt die Eigenschaften des ersten Unterdiagramms fest und der Index 1 legt die Eigenschaften des zweiten Unterdiagramms fest.

Für die weitere Arbeit mit dem Programm ist es zweckmäßig, der Variablen `werte` in Zeile 08 normalverteilte Zufallszahlen mit der NumPy-Funktion `random.normal()` zuzuweisen. So kann man mit jedem neuen Programmstart simulieren, ob ein Überschreiten der Eingriffsgrenzen, ein Trend, ein Run oder ein Middle Third vorliegen.

9.9 Aufgaben

1. Schreiben Sie ein Programm für die Berechnung des harmonischen Mittels, und vergleichen Sie die Laufzeit mit der Laufzeit der SciPy-Funktion `stats.hmean(array)`.
2. Schreiben Sie ein Programm für die Berechnung des geometrischen Mittels, und vergleichen Sie die Laufzeit mit der Laufzeit der SciPy-Funktion `stats.gmean(array)`.
3. Die Standardabweichung soll mit der Formel

$$s = \sqrt{\frac{1}{n-1}\sum_{i=1}^{n} {x_i}^2 - n\overline{x}^2}$$

   berechnet werden. Schreiben Sie ein entsprechendes Programm, und vergleichen Sie die Laufzeit mit der Python-Funktion `stdev(array)`, der NumPy-Funktion `numpy.std(array,ddof=1)` und der SciPy-Funktion `stats.tstd(array)`.
4. Schreiben Sie ein Programm, das die absolute und relative Wahrscheinlichkeit berechnet, wie häufig ein bestimmtes Maß in den Grenzen von a bis b in einer normalverteilten Serie von Messwerten mit n Werkstücken vorkommen könnte. Die

Grundgesamtheit *n* aller Messwerte und die Standardabweichung einer Serie sind gegeben.

5. Die Schiefe einer Häufigkeitsverteilung kann auch mit der Formel

$$S_3 = \frac{1}{n}\sum_{i=1}^{n}\left(\frac{x_i - \bar{x}}{\sqrt{\mathrm{var}(x)}}\right)^3$$

berechnet werden. Schreiben Sie ein Programm, das ermittelt, ob eine Häufigkeitsverteilung linkssteil oder rechtssteil ausfällt. Vergleichen Sie das Ergebnis mit der Funktion `scipy.stats.skew(a)`.

Kapitel 10
Boolesche Algebra

In diesem Kapitel lernen Sie, wie Sie mit Python Wahrheitstabellen erstellen und logische Funktionen mit dem Modul SymPy vereinfachen können.

Als George Boole die nach ihm benannte Algebra 1854 formulierte, dachte noch niemand daran, welche Bedeutung dieses Teilgebiet der diskreten Mathematik für die gesamte technische Entwicklung haben würde. Die *boolesche Algebra* bildet das theoretische Fundament aller modernen Automatisierungs- und Computersysteme. In der booleschen Algebra haben die Variablen nur zwei Zustände 0 (*falsch*) und 1 (*wahr*). Auf diese Variablen sind nur drei logische Operationen anwendbar: die logische UND-Verknüpfung (*Konjunktion*), die logische ODER-Verknüpfung (*Disjunktion*) und die *Negation*.

Die aus der Analysis bekannte Darstellung von Funktionen $y = f(x)$ ist auch auf die boolesche Algebra anwendbar:

$$y = f(x_1, x_2 \dots x_n) \text{ mit } x_i, y \in \{0,1\}$$

Da die unabhängigen Variablen x_1, $x_2 \dots x_n$ nur die Zustände 0 oder 1 einnehmen dürfen, haben die abhängigen Variablen $y_1, y_2 \dots y_n$ auch nur diese beiden Zustände. Diese funktionale Abhängigkeit kann durch ein technisches System (Blackbox) mit den Eingängen *x* und Ausgängen *y* veranschaulicht werden (siehe Abbildung 10.1).

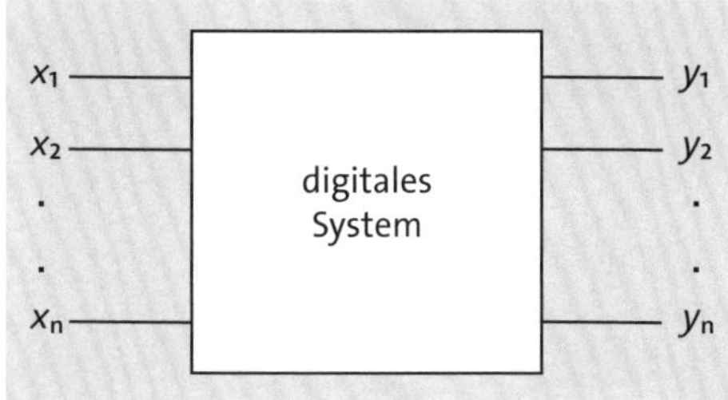

Abbildung 10.1 Allgemeine Darstellung eines digitalen Systems

Die boolesche Algebra unterstützt Sie beim Entwurf und bei der Entwicklung digitaler Schaltungen und Steuerungen. Im Entwicklungsprozess werden zunächst *Wahrheitstabellen* aufgestellt, die die Funktion der Steuerungsaufgabe repräsentieren. Aus diesen Wahrheitstabellen werden dann Logikfunktionen abgeleitet und mithilfe der booleschen Algebra vereinfacht. Die so gewonnenen Logikfunktionen bilden dann die Grundlage für die Programmierung speicherprogrammierbarer Steuerungen (SPS) oder für die Realisierung elektronischer Schaltungen, z. B. mit integrierten Schaltkreisen (ICs) der Transistor-Transistor-Logik (TTL) als Hardware.

Python stellt mit der Methode `simplify_logic()` aus dem Modul SymPy ein mächtiges Instrument zur Vereinfachung von Logikfunktionen zur Verfügung.

10.1 Logische Verknüpfungen

In der Digitaltechnik kommen nur diese drei verschiedenen logischen Verknüpfungen vor: die UND-Verknüpfung (*Konjunktion*), die ODER-Verknüpfung (*Disjunktion*) und die *Negation*. Mit diesen drei logischen Grundverknüpfungen lassen sich alle digitalen Schaltungen und Steuerungen realisieren. Tabelle 10.1 können Sie die Schlüsselwörter für die logischen Grundverknüpfungen entnehmen.

Verknüpfung	Python-Schlüsselwort
UND	and
ODER	or
NEGATION	not

Tabelle 10.1 Schlüsselwörter der logischen Grundverknüpfungen

10.1.1 Konjunktion

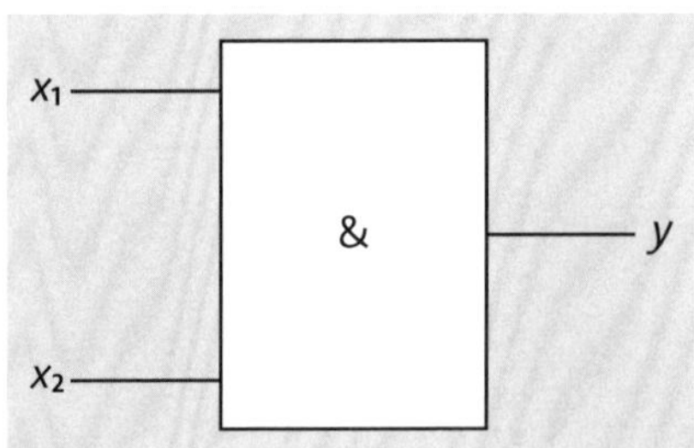

Abbildung 10.2 Schaltzeichen der UND-Verknüpfung

Für die Schreibweise der UND-Verknüpfung sind drei Varianten üblich:

$y = x_1 \wedge x_2$ bzw. $y = x_1 \cdot x_2$ bzw. $y = x_1 \,\&\, x_2$

In Python wird die UND-Verknüpfung mit dem Schlüsselwort and oder mit dem &-Operator (bitweises Und) implementiert. Geben Sie in Ihre Python-Entwicklungsumgebung den Quelltext aus Listing 10.1 ein, und starten Sie das Programm:

```
01 #01_und.py
02 print("x1\tx2\ty")
03 for x1 in False,True:
04     for x2 in False,True:
05         y=x1 and x2
06         #y=x1 & x2
07         print(x1,x2,y,sep='\t')
```

Listing 10.1 Programm für die Wahrheitstabelle einer UND-Verknüpfung

Sie erhalten erwartungsgemäß die Wahrheitstabelle der UND-Verknüpfung:

```
x1      x2      y
False   False   False
False   True    False
True    False   False
True    True    True
```

Damit das Programm eine Tabelle mit allen vier möglichen Kombinationen der Eingangsvariablen ausgibt, wird in den Zeilen 03 und 04 eine zweifach verschachtelte for-Schleife implementiert. Die auskommentierte Zeile 06 enthält den &-Operator für die bitweise UND-Verknüpfung. Beide Varianten liefern das gleiche Ergebnis. In Zeile 07 bewirkt der Parameter sep='\t', dass zwischen allen Ausgaben ein Tabulator gesetzt wird.

10.1.2 Disjunktion

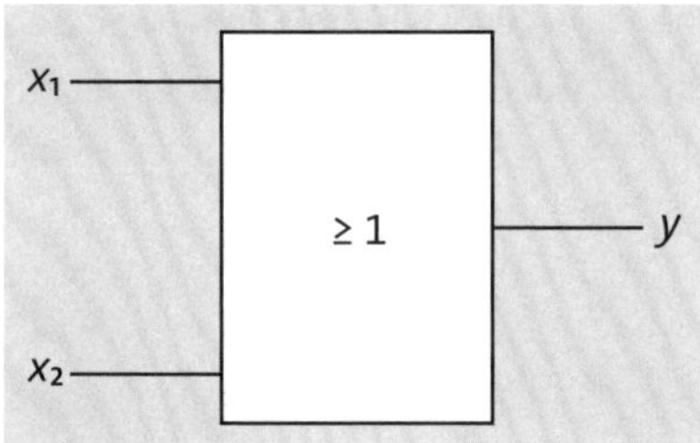

Abbildung 10.3 Schaltzeichen der ODER-Verknüpfung

Für die Schreibweise der ODER-Verknüpfung sind drei Varianten üblich:

$y = x_1 \lor x_2$ bzw. $y = x_1 + x_2$ bzw. $y = x_1 \mid x_2$

In Python wird die ODER-Verknüpfung mit dem Schlüsselwort or oder mit dem |-Operator (bitweises Oder) implementiert. Geben Sie in Ihre Python-Entwicklungsumgebung den Quelltext aus Listing 10.2 ein, und starten Sie das Programm:

```
01 #02_oder.py
02 print("x1\tx2\ty")
03 for x1 in False,True:
04     for x2 in False,True:
05         y=x1 or x2
06         #y=x1 | x2
07         print(x1,x2,y,sep='\t')
```

Listing 10.2 Programm für die Wahrheitstabelle einer ODER-Verknüpfung

Sie erhalten erwartungsgemäß die Wahrheitstabelle der ODER-Verknüpfung:

```
x1      x2      y
False   False   False
False   True    True
True    False   True
True    True    True
```

In den Zeilen 05 oder 06 wird die ODER-Verknüpfung realisiert. Die auskommentierte Zeile 06 liefert mit dem |-Operator (bitweises Oder) das gleiche Ergebnis wie Zeile 05.

10.1.3 Negation

Die Negation soll am Beispiel der NAND- und NOR-Funktionen besprochen werden. Bei der NAND-Funktion wird der Ausgang der UND-Schaltung negiert. Bei der NOR-Funktion wird der Ausgang der ODER-Schaltung negiert. Die Negation wird entweder mit einem Überstrich oder dem Negationszeichen symbolisiert. In den Schaltzeichen für die NAND- und NOR-Schaltung wird die Negation durch einen kleinen Kreis am Ausgang symbolisiert.

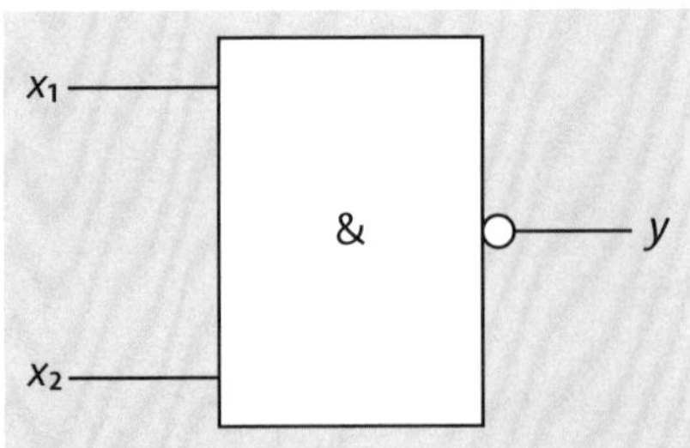

Abbildung 10.4 Schaltzeichen der NAND-Verknüpfung

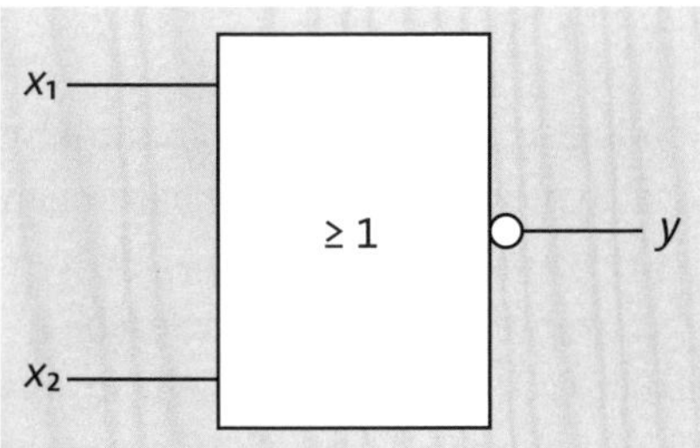

Abbildung 10.5 Schaltzeichen der NOR-Verknüpfung

Logikfunktion für ein NAND: $y = \overline{x_1 \wedge x_2}$

Logikfunktion für ein NOR: $y = \overline{x_1 \vee x_2}$

In Python wird die Negation mit dem Schlüsselwort `not` oder mit dem ~-Operator (Tilde, bitweise Negation) implementiert. Beide Funktionen sollen wieder mit einem Python-Programm untersucht werden (siehe Listing 10.3):

```
#03_negation.py
print("x1\tx2\tNAND\tNOR")
for x1 in False,True:
    for x2 in False,True:
        y1=not (x1 and x2)
        y2=not (x1 or x2)
        print(x1,x2,y1,y2,sep='\t')
```

Listing 10.3 Negierte UND- und ODER-Funktion

Das Programm in Listing 10.3 gibt die Wahrheitstabelle der negierten UND- und ODER-Funktionen aus:

```
x1      x2      NAND    NOR
False   False   True    True
False   True    True    False
True    False   True    False
True    True    False   False
```

Die negierte UND-Funktion ist dann `False`, wenn beide Eingangsvariablen den Wert `True` haben. Die negierte ODER-Funktion ist dann `True`, wenn beide Eingangsvariablen den Wert `False` haben.

10.2 Gesetze der booleschen Algebra

Die Variablen von Logikfunktionen werden durch logische Operationen konjunktiv oder disjunktiv miteinander verknüpft. Bei der Synthese digitaler Schaltungen kommt es häufig vor, dass die ermittelten Logikfunktionen mehr Terme enthalten, als für die erforderliche Funktion der Steuerung notwendig wären. Die boolesche Algebra, in der Sprache der Techniker auch *Schaltalgebra* genannt, bietet Regeln an, mit denen Logikfunktionen vereinfacht oder umgeformt werden können. Einige dieser Regeln sollen jetzt direkt mit der Python-Shell untersucht werden.

10.2.1 Einfache Postulate

Exemplarisch sollen nur einige wenige Postulate untersucht werden. Geben Sie in Ihre Python-Shell folgende Anweisungen ein:

```
>>> 0 and 1
0
>>> 0 & 1
0
>>> 0 or 1
1
>>> 0 | 1
1
```

Offenbar gilt: Wenn eine 0 mit einer 1 konjunktiv verknüpft wird, dann ist das Ergebnis eine 0. Wenn dagegen eine 0 mit einer 1 disjunktiv verknüpft wird, dann ist das Ergebnis eine 1. Diese Zusammenhänge lassen sich anschaulich mit einer Reihenschaltung und einer Parallelschaltung aus zwei Schaltern beschreiben. Durch eine Reihenschaltung aus einem offenen und einem geschlossenen Kontakt kann niemals Strom fließen. Bei einer Parallelschaltung aus einem offenen und einen geschlossenen Kontakt fließt immer Strom.

10.2.2 Die demorganschen Gesetze

Mit den *demorganschen Gesetzen* kann eine NAND-Funktion in eine NOR-Funktion mit negierten Eingängen

$$\overline{x_1 \wedge x_2} = \overline{x_1} \vee \overline{x_2}$$

oder eine NOR-Funktion in eine NAND-Funktion mit negierten Eingängen

$$\overline{x_1 \vee x_2} = \overline{x_1} \wedge \overline{x_2}$$

umgeformt werden. Das Programm aus Listing 10.4 zeigt die Gültigkeit dieses Gesetzes:

```
#04_demorgan.py
print("x1\tx2\ty1\ty2\ty3\ty4")
for x1 in False, True:
    for x2 in False, True:
        y1=not(x1 and x2)
        y2=not x1 or not x2
        y3=not(x1 or x2)
        y4=not x1 and not x2
        print(x1,x2,y1,y2,y3,y4,sep='\t')
```

Listing 10.4 Beweis des demorganschen Gesetzes

Ausgabe

```
x1      x2      y1      y2      y3      y4
False   False   True    True    True    True
False   True    True    True    False   False
True    False   True    True    False   False
True    True    False   False   False   False
```

Die Tabelle der Programmausgabe bestätigt, dass die Werte der dritten Spalte (y1) mit den Werten der vierten Spalte (y2) übereinstimmen. Das Gleiche gilt auch für die fünfte und sechste Spalte (y3=y4).

10.2.3 Distributivgesetz

Mit den beiden Formen des *Distributivgesetzes* kann eine digitale Schaltung aus drei Gattern mit drei Eingängen auf eine Schaltung mit zwei Gattern reduziert werden. Die Vereinfachung erfolgt durch Ausklammern gleicher Variablen.

$$(x_1 \land x_2) \lor (x_1 \land x_3) = x_1 \land (x_1 \lor x_3)$$

$$(x_1 \lor x_2) \land (x_1 \lor x_3) = x_1 \lor (x_1 \land x_3)$$

Beide Formen des Distributivgesetzes sollen mit einem Python-Programm bewiesen werden. Geben Sie den Quelltext aus Listing 10.5 in Ihre Entwicklungsumgebung ein, und starten Sie das Programm:

```
#05_distributiv.py
print("x1 \t x2 \t y1 \t y2 \t y3 \t y4")
for x1 in False, True:
    for x2 in False, True:
        for x3 in False, True:
            y1=(x1 and x2) or (x1 and x3)
```

```
07            y2=x1 and (x2 or x3)
08            y3=(x1 or x2) and (x1 or x3)
09            y4=x1 or (x2 and x3)
10            print(x1,x2,y1,y2,y3,y4,sep='\t')
```

Listing 10.5 Beweis des Distributivgesetzes

Ausgabe

```
x1      x2      y1      y2      y3      y4
False   False   False   False   False   False
False   False   False   False   False   False
False   True    False   False   False   False
False   True    False   False   True    True
True    False   False   False   True    True
True    False   True    True    True    True
True    True    True    True    True    True
True    True    True    True    True    True
```

Die Wahrheitstabelle bestätigt beide Formen des Distributivgesetzes. In den Zeilen 03 bis 05 wird eine dreifach verschachtelte `for`-Schleife implementiert, damit auch alle acht möglichen Kombinationen der Eingangszustände erfasst werden.

10.3 Schaltungssynthese

Die Synthese digitaler Schaltungen erfolgt in fünf Schritten:

1. Eindeutige Beschreibung der Aufgabenstellung
2. Festlegen der Ein- und Ausgangsvariablen
3. Zustände der Ausgänge in die Wahrheitstabelle eintragen
4. Aufstellen der Logikfunktionen nach der ODER-Normalform oder nach der UND-Normalform
5. Vereinfachen der Logikfunktionen

Die Vereinfachung von Logikfunktionen ist in der Regel sehr aufwendig und fehleranfällig. Deshalb wäre hier eine Unterstützung durch eine Software für den Entwicklungsprozess wünschenswert. Python stellt dem Entwickler mit der Methode `simplify_logic(y)` aus dem Modul SymPy ein mächtiges Werkzeug für die Vereinfachung komplexer Logikfunktionen zur Verfügung. Wie dieses Werkzeug einzusetzen ist, wird an drei Beispielen verdeutlicht.

10.3.1 Vereinfachen von Logikfunktionen durch Ausklammern

Geben Sie in Ihre Python-Shell folgende Anweisungen ein:

```
>>> x1=0
>>> x1 or not x1
True
>>> x1=1
>>> x1 or not x1
1
```

Offenbar gilt unabhängig vom Wert der Variablen x_1: x_1 `or not` $x_1 = 1$. Dieses Gesetz lässt sich durch die Parallelschaltung zweier Schalter veranschaulichen. Unabhängig davon, ob ein Schalter den Zustand 0 oder 1 hat, ist der Stromkreis immer geschlossen.

Wie eine Logikfunktion vereinfacht werden kann, wird nun an einem Beispiel für vier Eingangsvariablen $x_1 \dots x_4$ und einer Ausgangsvariablen y verdeutlicht. Die Eingangsvariablen werden konjunktiv miteinander verknüpft:

$$y_1 = x_1 \land x_2 \land \neg x_3 \land \neg x_4$$

$$y_2 = \neg x_1 \land x_2 \land \neg x_3 \land \neg x_4$$

$$y_3 = x_1 \land \neg x_2 \land \neg x_3 \land \neg x_4$$

$$y_4 = \neg x_1 \land \neg x_2 \land \neg x_3 \land \neg x_4$$

Alle vier Logikfunktionen des Beispiels werden disjunktiv miteinander verknüpft:

$$y = y_1 \lor y_2 \lor y_3 \lor y_4$$

Durch Ausklammern von x_1 und x_2 erhalten Sie die vereinfachte Logikfunktion:

$$y = \neg x_3 \land \neg x_4$$

Listing 10.6 bestätigt das Ergebnis:

```
#06_vereinfachen1.py
from sympy.logic import simplify_logic
from sympy import symbols
x1, x2, x3, x4 = symbols('x1 x2 x3 x4')
y1 = ( x1 &  x2 & ~x3 & ~x4)
y2 = (~x1 &  x2 & ~x3 & ~x4)
y3 = ( x1 & ~x2 & ~x3 & ~x4)
y4 = (~x1 & ~x2 & ~x3 & ~x4)
y = y1 | y2 | y3 | y4
V = simplify_logic(y)
print("y = ",V)
```

Listing 10.6 Vereinfachung von vier Logikfunktionen mit jeweils vier Variablen

Ausgabe

```
y = ~x3 & ~x4
```

In Zeile 02 wird das Python-Modul `sympy.logic` mit der Methode `simplify_logic` für die Vereinfachung von Logikfunktionen importiert. In Zeile 03 wird das Modul `sympy` mit der Klasse `symbols` für die symbolische Verarbeitung der logischen Verknüpfungen importiert. Die Anweisung in Zeile 04 legt die Namen der logischen Eingangsvariablen fest.

In den Zeilen 05 bis 08 stehen die Logikfunktionen `y1` bis `y4`. Beachten Sie, dass alle Variablen mit dem binären Operator `&` (bitweises Und) verknüpft werden müssen. Alle Negationen verlangen den unären Operator `~` (Tilde, bitweise Negation). In Zeile 09 werden diese vier Funktionen mit dem Operator `|` (bitweises Oder) disjunktiv miteinander verknüpft. Die Implementierung der Logikfunktionen ist nicht an eine besondere Form gebunden. Sie können sie in der konjunktiven, in der disjunktiven Normalform oder auch in einer anderen gültigen Form als Python-Quelltext implementieren.

Die Methode `simplify_logic(y)` in Zeile 10 vereinfacht die Logikfunktion aus Zeile 09. In Zeile 11 wird dann die vereinfachte Funktion ausgegeben. Das Ergebnis stimmt mit dem theoretisch ermittelten Wert überein.

10.3.2 Vereinfachung mit der disjunktiven Normalform

Bei der Vereinfachung mit der ODER-Normalform (*disjunktive Normalform*, DNF) wird für jeden *Minterm* (alle Ausgänge mit $y = 1$) eine Logikfunktion aufgeschrieben.

Nr.	x_1	x_2	x_3	x_4	y
0	0	0	0	0	1
1	0	0	0	1	1
2	0	0	1	0	1
3	0	0	1	1	1
4	0	1	0	0	1
5	0	1	0	1	0
6	0	1	1	0	0
7	0	1	1	1	0

Tabelle 10.2 Wahrheitstabelle für eine digitale Schaltung mit vier Eingängen

Nr.	x_1	x_2	x_3	x_4	y
8	1	0	0	0	1
9	1	0	0	1	0
10	1	0	1	0	1
11	1	0	1	1	1
12	1	1	0	0	0
13	1	1	0	1	0
14	1	1	1	0	1
15	1	1	1	1	1

Tabelle 10.2 Wahrheitstabelle für eine digitale Schaltung mit vier Eingängen (Forts.)

Die Wahrheitstabelle in Tabelle 10.2 enthält zehn Minterme. Für die erste und die zweite Zeile sind die Minterme angegeben. Die anderen acht Minterme können nach dem gleichen Schema aufgeschrieben werden:

Nr. 0: $y1 = \neg x_1 \neg x_2 \neg x_3 \neg x_4$

Nr. 1: $y2 = \ \ x_1 \ \ x_2 \ \ x_3 \neg x_4$

usw. ...

Wenn Sie eine digitale Schaltung entwickeln, müssen Sie die Minterme jedoch nicht aufschreiben, sondern können ein KV-Diagramm benutzen. Sie tragen dann alle Schaltungszustände der Ausgangsvariablen mit $y = 1$ direkt in das KV-Diagramm ein, das Sie in Tabelle 10.3 sehen.

	x_1		$\neg x_1$		
x_2	1				x_4
	1		1		$\neg x_4$
$\neg x_2$	1	1	1	1	
	1		1	1	x_4
	x_3	$\neg x_3$		x_3	

Tabelle 10.3 KV-Diagramm für vier Variablen

Alle zusammenhängenden rechteckigen Zweier-, Vierer- und Achterblöcke mit $y = 1$ lassen sich zu vereinfachten Ausdrücken zusammenfassen. Aus dem KV-Diagramm in Tabelle 10.3 ergibt sich die vereinfachte Logikfunktion:

$$y = (x_1 \land x_3) \lor (\neg x_1 \land \neg x_2) \lor (\neg x_2 \land \neg x_4) \lor (\neg x_1 \land \neg x_3 \land \neg x_4)$$

Listing 10.7 vereinfacht die Minterme der Wahrheitstabelle aus Tabelle 10.2:

```
#07_vereinfachen2.py
from sympy.logic import simplify_logic
from sympy import symbols
x1, x2, x3, x4 = symbols('x1 x2 x3 x4')
y1 = (~x1 & ~x2 & ~x3 & ~x4)
y2 = (~x1 & ~x2 & ~x3 &  x4)
y3 = (~x1 & ~x2 &  x3 & ~x4)
y4 = (~x1 & ~x2 &  x3 &  x4)
y5 = (~x1 &  x2 & ~x3 & ~x4)
y6 = ( x1 & ~x2 & ~x3 & ~x4)
y7 = ( x1 & ~x2 &  x3 & ~x4)
y8 = ( x1 & ~x2 &  x3 &  x4)
y9 = ( x1 &  x2 &  x3 & ~x4)
y10 =( x1 &  x2 &  x3 &  x4)
y=y1 | y2 | y3 | y4 | y5 | y6 | y7 | y8 |y9 | y10
V=simplify_logic(y)
print("y = ",V)
```

Listing 10.7 Vereinfachung für zehn Minterme

Die Ausgabe des Programms aus Listing 10.7 bestätigt das mithilfe des KV-Diagramms aus Tabelle 10.3 ermittelte Ergebnis:

```
y = (x1 & x3) | (~x1 & ~x2) | (~x2 & ~x4) | (~x1 & ~x3 & ~x4)
```

10.3.3 Vereinfachung mit der konjunktiven Normalform

Bei der Vereinfachung mit der konjunktiven Normalform (KNF) wird für jeden Maxterm (alle Ausgänge mit $y = 0$) eine Logikfunktion aufgeschrieben.

Die Wahrheitstabelle in Tabelle 10.2 enthält sechs Maxterme. Die Eingangsvariablen werden disjunktiv miteinander verknüpft:

$y_1 = x_1 \vee \neg x_2 \vee x_3 \vee \neg x_4$

$y_2 = x_1 \vee \neg x_2 \vee \neg x_3 \vee x_4$

$y_3 = x_1 \vee \neg x_2 \vee \neg x_3 \vee \neg x_4$

$y_4 = \neg x_1 \vee x_2 \vee x_3 \vee \neg x_4$

$y_5 = \neg x_1 \vee \neg x_2 \vee x_3 \vee x_4$

$y_6 = \neg x_1 \vee \neg x_2 \vee x_3 \vee \neg x_4$

Die Ausgangsvariablen werden konjunktiv miteinander verknüpft:

$y = y_1 \wedge y_2 \wedge y_3 \wedge y_4 \wedge y_5 \wedge y_5$

Die Logikfunktionen können direkt aus der Wahrheitstabelle in Tabelle 10.2 in den Python-Quelltext in Listing 10.8 übernommen werden:


```
#08_vereinfachen3.py
from sympy.logic import simplify_logic
from sympy import symbols
x1, x2, x3, x4 = symbols('x1 x2 x3 x4')
y1 = ( x1 | ~x2 |  x3 | ~x4)
y2 = ( x1 | ~x2 | ~x3 |  x4)
y3 = ( x1 | ~x2 | ~x3 | ~x4)
y4 = (~x1 |  x2 |  x3 | ~x4)
y5 = (~x1 | ~x2 |  x3 |  x4)
y6 = (~x1 | ~x2 |  x3 | ~x4)
y=y1 & y2 & y3 & y4 & y5 & y6
V=simplify_logic(y)
print("y = ",V)
```

Listing 10.8 Vereinfachung für sechs Maxterme

Ausgabe

```
y = (x1 & x3) | (~x1 & ~x2) | (~x2 & ~x4) | (~x1 & ~x3 & ~x4)
```

Die Programmausgabe von Listing 10.8 stimmt mit dem Ergebnis des Programms aus Listing 10.7 überein.

10.4 Projektaufgabe: Siebensegmentcodierung

In einfachen Displays, z. B. bei Taschenrechnern oder Digitaluhren, werden Zahlen durch Displays mit sieben Segmenten dargestellt (siehe Abbildung 10.6).

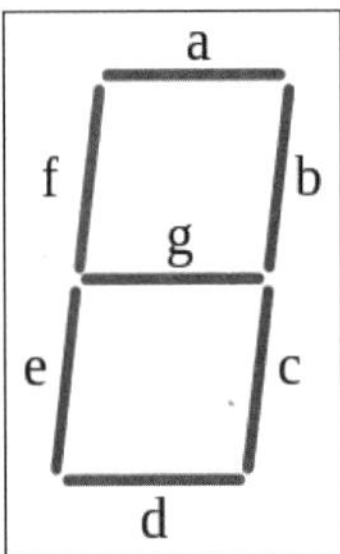

Abbildung 10.6 Siebensegmentanzeige

Gesucht wird für jedes Segment eine Logikfunktion, mit der die Segmente so angesteuert werden, dass die gewünschte Zahl angezeigt wird.

Die zu entwerfende digitale Schaltung hat die vier Eingänge A, B, C und D (BCD-Code) und die sieben Ausgänge von a bis g. Sie muss die sieben Segmente so ansteuern, dass die Zahlen von 0 bis 9 auf dem Display richtig angezeigt werden. Für die Darstellung der Null muss z. B. in allen Segmenten außer g Strom fließen.

Wie die Segmente im Einzelnen angesteuert werden müssen, legt Tabelle 10.4 fest.

	Eingänge				Ausgänge						
Z	D	C	B	A	a	b	c	d	e	f	g
0	0	0	0	0	1	1	1	1	1	1	0
1	0	0	0	1	0	1	1	0	0	0	0
2	0	0	1	0	1	1	0	1	1	0	1
3	0	0	1	1	1	1	1	1	0	0	1
4	0	1	0	0	0	1	1	0	0	1	1
5	0	1	0	1	1	0	1	1	0	1	1
6	0	1	1	0	0	0	1	1	1	1	1
7	0	1	1	1	1	1	1	0	0	0	0
8	1	0	0	0	1	1	1	1	1	1	1
9	1	0	0	1	1	1	1	1	0	1	1
10	1	0	1	0	x	x	x	x	x	x	x
11	1	0	1	1	x	x	x	x	x	x	x

Tabelle 10.4 Wahrheitstabelle für die Siebensegmentcodierung

	Eingänge				Ausgänge						
Z	D	C	B	A	a	b	c	d	e	f	g
12	1	1	0	0	x	x	x	x	x	x	x
13	1	1	0	1	x	x	x	x	x	x	x
14	1	1	1	0	x	x	x	x	x	x	x
15	1	1	1	1	x	x	x	x	x	x	x

Tabelle 10.4 Wahrheitstabelle für die Siebensegmentcodierung (Forts.)

Für die Darstellung der zehn Ziffern werden nur die Zeilen von 0 bis 9 benötigt. Die nicht benötigten Felder wurden mit einem Kreuz markiert. Diese Felder bezeichnet man als *Don't-Care-Terme*. Da es gleichgültig ist, ob sie den logischen Zustand 0 oder 1 einnehmen, können sie bei der ODER-Normalform als logisch 1 oder bei der UND-Normalform als logisch 0 gezählt werden. Dadurch vereinfachen sich die Logikfunktionen weiter.

Der geübte Digitaltechniker kann z. B. für das Segment *c* sofort aus der konjunktiven Normalform die Lösung ablesen:

$$c = A \vee \neg B \vee C$$

Den Eingang D brauchen Sie nicht zu berücksichtigen, weil er entweder 0 oder 1 sein kann, es also gleichgültig ist, ob er vorhanden ist.

Die Logikfunktionen für die Segmente a bis g können Sie direkt aus der Wahrheitstabelle als disjunktive oder konjunktive Normalform in den Quelltext des Programms übernehmen. Die Don't-Care-Terme der Zeilen 10 bis 15 in Tabelle 10.4 werden in Listing 10.9 nicht berücksichtigt.

```
#09_siebensegment.py
from sympy.logic import simplify_logic
from sympy import symbols
D, C, B, A = symbols('D C B A')
a=( D|C|B|~A) & (D|~C|B|A) & (D|~C|~B|A)
b=( D|~C|B|~A)&(D|~C|~B|A)
c=( D|C|~B|A)
d=( D|C|B|~A) & (D|~C|B|A) & (D|~C|~B|~A)
e=(~D&~C&~B&~A)|(~D&~C&B&~A)|(~D&C&B&~A)|(D&~C&~B&~A)
f=(D|C|B|~A) & (D|C|~B|A) & (D|C|~B|~A) & (D|~C|~B|~A)
g=(D|C|B|A) & (D|C|B|~A) & (D|~C|~B|~A)
print("a = ",simplify_logic(a))
print("b = ",simplify_logic(b))
```

```
14 print("c = ",simplify_logic(c))
15 print("d = ",simplify_logic(d))
16 print("e = ",simplify_logic(e))
17 print("f = ",simplify_logic(f))
18 print("g = ",simplify_logic(g))
```

Listing 10.9 Vereinfachung für die Siebensegmentcodierung

Ausgabe

```
a =  D | (A & C) | (B & ~C) | (~A & ~C)
b =  D | ~C | (A & B) | (~A & ~B)
c =  A | C | D | ~B
d =  D | (B & ~A) | (B & ~C) | (~A & ~C) | (A & C & ~B)
e =  ~A & (B | ~C) & (~B | ~D)
f =  D | (C & ~A) | (C & ~B) | (~A & ~B)
g =  D | (B & ~A) | (B & ~C) | (C & ~B)
```

Analyse

Die Zeilen 05 bis 11 enthalten die Logikfunktionen der Segmente a bis g. Sie werden entweder als Min- oder Maxterme implementiert. Das Ergebnis für das Segment `c=A|C|D|~B` (Zeile 07) war zu erwarten, denn es gab gar nichts zu vereinfachen. Einzelne Logikfunktionen ließen sich noch weiter vereinfachen, wenn man die Don't-Care-Terme berücksichtigen würde (siehe Aufgabe Nummer 6).

10.5 Aufgaben

1. Begründen Sie:

   a) 2 | 2 = 2

   b) 3 | 4 = 7

   c) 3 & 8 = 0

   d) 2 & 2 = 2

   e) ~3 = –4

2. Schreiben Sie ein Programm, das die Wahrheitstabelle einer Wechselschaltung (Antivalenz-Funktion) ausgibt.

3. Schreiben Sie ein Programm, das die Wahrheitstabelle für die Funktionen $y_1 = (\neg x_1 \vee x_2 \vee x_3) \wedge \neg(x_1 \vee x_4)$ und $y_2 = \neg x_1 \wedge \neg x_4$ ausgibt.

4. Schreiben Sie ein Programm, das die Funktion $y = (\neg x_1 \wedge x_2 \wedge \neg x_3) \vee (x_1 \wedge \neg x_2 \wedge \neg x_3) \vee (x_1 \wedge x_2 \wedge \neg x_3)$ vereinfacht.

5. Für eine Anlage mit drei Motoren soll ein Warnhinweis (Kontrollleuchte oder Hupe) ausgegeben werden, wenn die Summe der Leistungen größer gleich 4 kW beträgt. Die Bemessungsleistungen der Motoren betragen $P_1 = 1$ kW, $P_2 = 2$ kW und $P_3 = 3$ kW. Entwickeln Sie die Logikfunktion für die Steuerung, und schreiben Sie ein Programm für die Vereinfachung der Logikfunktion.
6. Die Logikfunktionen des Segments c sollen unter Berücksichtigung der Don't-Care-Terme vereinfacht werden. Schreiben Sie ein entsprechendes Python-Programm.
7. Schreiben Sie ein Programm, das die Ergebnisse für die Siebensegmentanzeige überprüft.

Kapitel 11
Interaktive Programmierung mit Tkinter

In diesem Kapitel lernen Sie, wie Sie mit dem Python-Modul Tkinter grafische Benutzeroberflächen erstellen. Die Projektaufgabe demonstriert die Simulation eines Regelkreises mit einem PID-Regler.

Konsolenanwendungen haben den Nachteil, dass sie Interaktionen mit dem Benutzer stark einschränken. Die Python-Konsole stellt für die Ein- und Ausgaben nur die `input`- und die `print`-Methode zur Verfügung, andere interaktive Steuerelemente sind nicht vorgesehen. Außerdem lassen sich mathematische Funktionen nicht grafisch darstellen.

Um diesen Mangel zu kompensieren, gibt es für Python neben Tkinter verschiedene andere GUIs (*Graphical User Interfaces*), wie z. B. pyGTK, wxPython oder PyQt. Wegen des teilweise hohen Programmieraufwands und der beanspruchten Ressourcen gehe ich auf die zuletzt genannten Module nicht weiter ein.

Der Name des Moduls Tkinter steht als Abkürzung für Tk-Interface. Tk ist ein plattformübergreifendes GUI-Toolkit zur Programmierung von grafischen Benutzeroberflächen. Es stellt alle Klassen für die Implementierung der Steuerelemente bereit, wie z. B. Bezeichnungsfelder (*Label*), einzeilige Textfelder (*Entry*) und Befehlsschaltflächen (*Button*). Tkinter ist bereits Bestandteil von Python, braucht also nicht wie viele andere Module nachinstalliert zu werden.

Der besondere Vorteil von Tkinter besteht darin, mit geringem Programmieraufwand funktionale Prototypen für Ingenieuranwendungen mit grafischer Benutzeroberfläche zu schreiben. Weil Tkinter-Programme wenig Ressourcen benötigen, laufen sie auch auf dem Raspberry Pi.

Die Entwicklung von Tkinter-Programmen erfolgt in fünf Schritten:

1. das Modul Tkinter importieren
2. ein Objekt für das Hauptfenster der Benutzeroberfläche erzeugen
3. Objekte für die Steuerelemente erzeugen
4. die Steuerelemente auf der Benutzeroberfläche anordnen
5. eine Ereignisabfrage implementieren

In allen folgenden Programmen werden für die verwendeten Steuerelemente Präfixe verwendet. Die Quelltexte sind so übersichtlicher und damit besser lesbar. Anhand der Präfixe lassen sich die verwendeten Steuerelemente bei der Quelltextanalyse schneller identifizieren.

Tabelle 11.1 enthält eine Übersicht über die wichtigsten Steuerelemente mit ihren Präfixen.

Steuerelement	Beschreibung	Präfix
Label	Bezeichnungsfeld und Ausgabe von Text (String)	`lbl`
Entry	einzeiliges Textfeld für die Eingabe von Text (String)	`txt`
Button	Befehlsschaltfläche für die Auslösung von Ereignissen (z. B. Mausklick)	`cmd`
Frame	Bereich für die Platzierung von Steuerelementen	`frm`
Scale	Schieberegler (Slider)	`sld`
Canvas	Zeichenfläche für die Darstellung von Linien, Kreisen usw.	`can`
Radiobutton	Einfachauswahl	`opt`
Checkbutton	Mehrfachauswahl	`chk`

Tabelle 11.1 Wichtige Steuerelemente mit ihren Präfixen

Eine Beschreibung des Moduls Tkinter einschließlich einer Übersicht über alle Klassen und Methoden erhalten Sie, wenn Sie in der Python-Shell folgende Anweisungen eingeben:

```
>>> import tkinter
>>> help(tkinter)
```

Die meisten der folgenden Programmbeispiele beziehen sich auf die Projektaufgabe »Simulation einer Drehfrequenzregelung mit einem PID-Regler«. Das Projekt wird in einzelne Teilaufgaben aufgeteilt, die jeweils in sich geschlossene Teillösungen aufzeigen: Implementierung von Ein- und Ausgaben für numerische Berechnungen, Gestaltung von Benutzeroberflächen, grafische Darstellungen von Funktionen, Mauskoordinaten für die Ermittlung der Funktionswerte abfragen und Algorithmen für die numerischen Lösungen der Differenzialgleichungen der Regler und Regelstrecke entwickeln.

11.1 Interaktionen mit Befehlsschaltflächen, Textfeldern und Bezeichnungsfeldern

Eine Minimalversion eines interaktiven Programms besteht aus Bezeichnungsfeldern (*Label*), Textfeldern (*Entry*) und Befehlsschaltflächen (*Button*). Die Textfelder werden benötigt, um Zahlenwerte für Berechnungen einzugeben.

Die Eingabe erfolgt immer mit Strings. Diese Strings müssen vom Programm in Gleitpunktzahlen umgewandelt werde. Die Bezeichnungsfelder haben zwei Funktionen: Sie können entweder zur Beschriftung der Textfelder (Eingaben) oder zur Ausgabe der Ergebnisse genutzt werden. In zweiten Fall muss das Programm die Gleitpunktzahlen des Ergebnisses in Strings umwandeln. Befehlsschaltflächen haben die Aufgabe, bestimmte Aktionen auszuführen. Nach der Eingabe der Werte in die Textfelder soll gerechnet werden (START-Button) oder das Programm soll beendet werden (ENDE-Button).

11.1.1 Bezeichnungsfelder

Ein Bezeichnungsfeld (Label) erzeugen Sie mit dem Konstruktor der Klasse `Label`:

```
lblE=Label(fenster, text="Ergebnisausgabe"...)
```

Dem Konstruktor der Klasse `Label` müssen Sie mindesten zwei Argumente übergeben. Der erste Parameter ist das Objekt des Hauptfensters `fenster`. Beim zweiten Parameter handelt es sich um die Eigenschaft `text`. Sie bestimmt den Text, der auf der Benutzeroberfläche angezeigt wird. Die übrigen Parameter sind optional. Mit dem Aufruf des Konstruktors `Label` wird das Objekt `lblE` erzeigt.

Das erste Programmbeispiel demonstriert, wie mit Tkinter ein Fenster für eine einfache Textausgabe realisiert wird. Geben Sie in Ihrer Python-Entwicklungsumgebung folgenden Quelltext ein (siehe Listing 11.1):

```
#01_gui_fenster.py
import tkinter as tk
fenster=tk.Tk()
lblErgebnis=tk.Label(fenster,text="Ergebnisausgabe",font=("Arial 24"))
lblErgebnis.pack()
fenster.mainloop()
```

Listing 11.1 Fenster mit Textausgabe

Wenn Sie das Programm starten, erscheint auf dem Monitor das Fenster aus Abbildung 11.1.

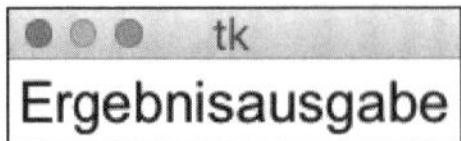

Abbildung 11.1 Fenster für die Textausgabe

Analyse

In Zeile 02 wird das Modul `tkinter` importiert und der Alias `tk` festgelegt. Mit diesem Alias kann man jetzt auf alle Methoden der Klassen von `Tk()` zugreifen.

In Zeile 03 wird ein Objekt (Objektvariable, Variable) der Klasse `Tk` mit dem Namen `fenster` erzeugt. Im weiteren Programmverlauf wird dieses Objekt als Parameter für andere Steuerelemente benötigt.

In Zeile 04 wird ein Objekt mit dem Namen `lblErgebnis` der Klasse `Label` erzeugt. Es ist zweckmäßig, alle Namen der Bezeichnungsfelder (Label) mit einem Präfix zu versehen. Hier und in allen folgenden Programmbeispielen wird für alle Bezeichnungsfelder das Präfix `lbl` verwendet. Diese Konvention erleichtert das Lesen von Tkinter-Quelltexten erheblich, wenn man sie auch auf andere Steuerelemente anwendet (siehe Tabelle 11.1). Die Variable `lblErgebnis` kann bei Bedarf auch dazu verwendet werden, das Ergebnis einer Berechnung auszugeben. Dem Konstruktor `Label()` (gleichnamige Methode der Klasse `Label`) werden drei Parameter übergeben: Der erste Parameter ist der Name des Fensters `fenster`, das in Zeile 03 als Objekt erzeugt wurde. Dieser Parameter bestimmt, in welchem Fenster das Label `lblErgebnis` angezeigt wird. Dem zweiten Parameter `text` wird die Beschriftung des Labels als Zeichenkette (String) übergeben. Der dritte Parameter legt den Schrifttyp und die Schriftgröße der Ausgabe fest.

Die Methode `pack()` in Zeile 05 wird benötigt, um Steuerelemente im Hauptfenster darzustellen und anzuordnen. Wenn dieser Methode keine Parameter übergeben werden, dann werden alle Steuerelemente in der Reihenfolge ihrer Auflistung Zeile für Zeile untereinander angeordnet.

Bei der Methode `mainloop()` in Zeile 06 handelt es sich um eine Endlosschleife. Sie ist dafür zuständig, alle Benutzeraktivitäten (Ereignisse) abzufragen, zu verarbeiten und die verlangten Aktionen auszuführen, wie z. B. Funktionsaufrufe oder das Beenden des Programms.

Der Zugriff auf alle Methoden erfolgt immer über den Punktoperator nach der Konvention `Objektname.Methode(param1, param2, ...)`.

11.1.2 Textfelder und Befehlsschaltflächen

Ein einzeiliges Textfeld (Entry) erzeugen Sie mit dem Konstruktor der Klasse `Entry`:

```
txtE=Entry(fenster, width=5,justify="right")
```

Bei dem ersten Parameter `fenster` handelt es sich wieder um das Objekt des Hauptfensters. Der zweite Parameter legt die Breite des Textfeldes fest, und der dritte Parameter bestimmt die Ausrichtung des Textes. Nach dem Aufruf des Konstruktors wird das Objekt `txtE` erzeugt.

Eine Befehlsschaltfläche (Button) erzeugen Sie mit dem Konstruktor der Klasse `Button`:

```
cmdB=Button(fenster, text="Berechnen", command=funktion)
```

Bei dem ersten Parameter handelt es sich wieder um das Objekt des Hauptfensters `fenster`. Der zweite Parameter legt die Beschriftung der Befehlsschaltfläche fest. Dem dritten Parameter `command` müssen Sie den Namen der Funktion `funktion` zuweisen, die beim Mausklick auf die Befehlsschaltfläche ausgeführt werden soll. Die sonst üblichen Klammern bei einem Funktionsaufruf müssen Sie weglassen.

11.2 Der Layout-Manager von Tkinter

Layout-Manager unterstützen den Anwendungsentwickler bei der Anordnung der Steuerelemente auf der Benutzeroberfläche (Fenster). Für die Anordnung und Gestaltung von Benutzeroberflächen werden in der Fachliteratur folgende Gestaltungskriterien vorgeschlagen:

- **Proportionen**: Fenster sollten ein Seitenverhältnis von 1 : 1 bis 2 : 1 (Breite, Höhe) einnehmen. So bieten sie dem Benutzer eine bessere Orientierung. Das Fenster aus Abbildung 11.2 (siehe unten) erfüllt diese Anforderung.
- **Balance**: Ein Fenster wird durch eine vertikale Line in der Mitte geteilt. Die Informationsdichte (Anzahl der Steuerelemente) sollte in etwa auf beiden Seiten, also links wie rechts, gleich verteilt sein. Das Fenster aus Abbildung 11.2 erfüllt diese Anforderung nicht, weil die Informationen nicht auf zwei Spalten verteilt worden sind. Die Bezeichnungsfelder sollten links und die Textfelder rechts stehen.
- **Symmetrie**: Ein Fenster wird durch eine horizontale Line in der Mitte geteilt. Die horizontal gegenüberliegenden Steuerelemente sollten gleichartig sein. Die Beschriftungen und die dazugehörigen Textfelder sollten also jeweils in einer Zeile angeordnet werden. Für jede neue Eingabe ist eine neue Zeile einzurichten. Auf der linken Seite des Fensters befinden sich oberhalb und unterhalb der horizontalen Linie die Beschriftungen. Auf der rechten Seite des Fensters befinden sich oberhalb und unterhalb der horizontalen Linie die Textfelder. Das Fenster aus Abbildung 11.2 erfüllt diese Anforderung nicht, weil die Beschriftungen nicht vor den Textfeldern auf einer Ebene angeordnet worden sind. Die Forderung nach Symmetrie lässt sich in der Praxis allerdings nicht immer erfüllen.

- **Sequenz**: Die Wahrnehmung des Benutzers soll sequenziell durch das Fenster geführt werden. Unnötige Sprünge sollten vermieden werden. Weil der Benutzer zuerst auf den oberen linken Bereich schaut, sollten die wichtigsten Informationen auch oben links stehen.
- **Einfachheit**: Verschiedene Schriftarten oder Farben sollten zurückhaltend verwendet werden. Jedes Fenster sollte so einfach wie möglich gestaltet werden.
- **Virtuelle Linien minimieren**: Der Benutzer bildet bei der Betrachtung von Benutzeroberflächen unbewusst virtuelle Linien. Das heißt, wenn die Steuerelemente nicht vertikal in gleichem Abstand zum Fensterrahmen angeordnet wurden wie in Abbildung 11.2, dann empfindet der Benutzer die Fenstergestaltung als unangenehm: Die Harmonie der Betrachtung wird gestört.

Der Layout-Manager von Tkinter stellt folgende Methoden bereit: `pack()`, `frame()`, `place()` und `grid()`. Mit der `frame`-Methode können Sie die Benutzeroberfläche in separate Bereiche (Rahmen) einteilen. Der Layout-Manager fügt die Steuerelemente dann in den gewünschten Rahmen ein. Mit der `place`-Methode können Sie die einzelnen Steuerelemente durch Angabe ihrer x-y-Koordinaten beliebig auf der Benutzeroberfläche (Fenster) platzieren. Der Koordinatenursprung liegt in der linken oberen Ecke des Fensters. Da die `frame`- und die `place`-Methode bei relativ hohem Aufwand keine befriedigenden Ergebnisse liefern, sollen sie hier nicht behandelt werden. Die Beispielprogramme zu diesen beiden Methoden befinden sich im Downloadbereich.

Die `pack`-Methode eignet sich besonders gut zum Testen eines Prototyps. Wenn dieser Prototyp alle technischen Anforderungen erfüllt, kann sein Design mit dem `grid`-Layout-Manger optimiert werden.

11.2.1 Die pack-Methode

Das folgende Programm zeigt, wie die Berechnung des Trägheitsmoments J eines Vollzylinders aus Stahl mit der Dichte $\rho = 7{,}85\ \text{kg/dm}^3$, der Länge l und dem Durchmesser d mit der `pack`-Methode implementiert wird.

Das Trägheitsmoment eines Vollzylinders wird wie folgt berechnet:

$$J = \frac{\varrho l \pi d^4}{32}$$

Aus der Formel geht hervor, dass das Programm zwei einzeilige Textfelder (Entry) für die Eingabe der Zylinderlänge l und des Zylinderdurchmessers d sowie jeweils ein Label für die Beschriftung der Textfelder und die Ergebnisausgabe benötigt. Das folgende Beispiel können Sie als Muster für die Berechnung beliebig komplexer Formeln verwenden. Sie brauchen lediglich die erforderlichen Textfelder für die Eingaben hinzuzufügen und die Funktion entsprechend der Berechnungsvorschrift anzupassen.

Um den Quelltext möglichst einfach und übersichtlich zu gestalten, wird in diesem Beispiel bewusst auf ein ansprechendes und zweckmäßiges Design verzichtet. Geben Sie in Ihrer Entwicklungsumgebung folgenden Quelltext aus Listing 11.2 ein, und starten Sie das Programm:

```
#02_gui_pack.py
import tkinter as tk
#Berechnung des Trägheitsmoments
def traegheitsmoment():
    pi=3.14159
    rho=7.85 #kg/dm^3
    d = float(txtDurchmesser.get())#dm
    l = float(txtLaenge.get())     #dm
    try:
        J = rho*l*pi*d**4/32
        J = ('{0:6.2f}'.format(1e-2*J)) #kgm^2
        lblErgebnis["text"] = "J=" + str(J) + " kgm^2"
    except:
        lblErgebnis["text"]= "Zahlen eingeben"
#Grafikbereich
main = tk.Tk()
main.minsize(400,200)
main.title("Trägheitsmoment eines Zylinders")
#Label erzeugen
lblDurchmesser=tk.Label(main, text="Durchmesser in dm eingeben")
lblLaenge=tk.Label(main, text="Laenge in dm eingeben")
lblErgebnis = tk.Label(main,text="")
#Textfelder erzeugen
txtDurchmesser=tk.Entry(main, width=5,justify="right")
txtDurchmesser.insert(5,"0.8")
txtLaenge = tk.Entry(main,width=5, justify="right")
txtLaenge.insert(5,"10")
#Befehlsschaltflächen erzeugen
cmdBerechnen=tk.Button(main, text="Berechnen", command=traegheitsmoment)
cmdEnde=tk.Button(main, text="Beenden", command=main.destroy)
#Steuerelemente einfügen
lblDurchmesser.pack()
txtDurchmesser.pack()
lblLaenge.pack()
txtLaenge.pack()
cmdBerechnen.pack()
lblErgebnis.pack()
```

```
38 cmdEnde.pack()
39 main.mainloop()
```

Listing 11.2 Programm mit Bezeichnungsfeldern, Textfeldern und Befehlsschaltflächen

Nach dem Programmstart erscheint die Benutzeroberfläche auf dem Desktop in etwa so, wie in Abbildung 11.2 dargestellt.

Das detaillierte Aussehen des Fensters hängt vom verwendeten Betriebssystem ab (macOS, Linux, Windows).

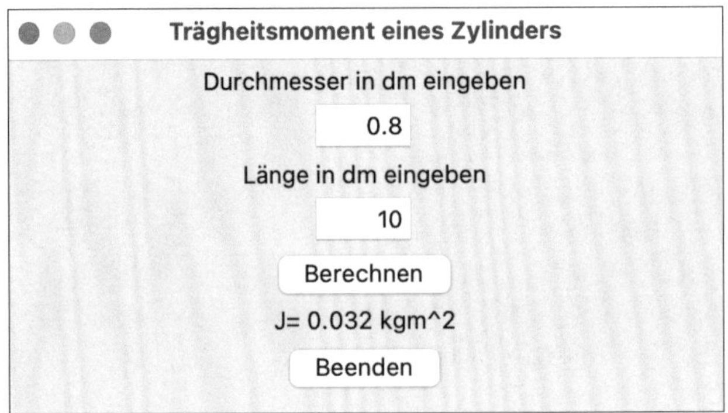

Abbildung 11.2 Berechnung des Trägheitsmoments

Analyse

Ab Zeile 04 wird die Funktion `traegheitsmoment()` definiert. Mit der Methode `get()` werden die Zeichenketten (*Strings*) aus den Textfeldern `txtDurchmesser` und `txtLaenge` ausgelesen, in Gleitpunktzahlen konvertiert und den Variablen `d` und `l` zugewiesen. Eine Ausnahmebehandlung sorgt dafür, dass Eingabefehler (Buchstaben statt Zahlen) abgefangen werden (Zeile 09 bis 14).

In Zeile 17 wird die minimale Fenstergröße von 400 Pixel Breite und 200 Pixel Höhe festgelegt. Das Seitenverhältnis beträgt also 2 : 1.

In Zeile 24 wird das Objekt `txtDurchmesser` durch den Aufruf des Konstruktors `Entry()` der Klasse `Entry` erzeugt. Dem Konstruktor werden drei Parameter übergeben: der Name des Hauptfensters, die Breite des Textfeldes und die Ausrichtung der Zeichenkette (hier rechtsbündig).

Mit der Methode `insert(param1, param2)` wird der Inhalt des Textfeldes ausgelesen und in dem Objekt `txtDurchmesser` gespeichert (Zeile 25). Der erste Parameter legt die Länge der Zeichenkette fest. Der zweite Parameter enthält Default-Werte.

In den Zeilen 29 und 30 werden die Konstruktoren der Klasse `Button(param1, param2, param3)` aufgerufen. Als erster Parameter wird der Name des Hauptfensters übergeben. Der zweite Parameter gibt die Beschriftung der Befehlsschaltfläche an. Mit dem dritten Parameter `command=funktionsname` wird eine Funktion aufgerufen und ausgeführt. Zu beachten ist, dass bei dem Funktionsaufruf die Klammern weggelassen werden. Der Methodenaufruf `command=main.destroy` beendet das Programm.

Die Methode `pack()` enthält noch keine Parameter. Die Steuerelemente werden in der Reihenfolge der `pack`-Anweisungen zeilenweise und zentriert dargestellt.

Wenn Sie in der `pack`-Methode den Parameter `side="left"` einfügen, dann platziert der Layout-Manager die Steuerelemente von links nach rechts in einer Reihe.

Das Layout des Programms ist optisch nicht ansprechend und für den Benutzer dysfunktional. Mithilfe der `grid`-Methode können Sie mit geringem Aufwand eine benutzerfreundliche Benutzeroberfläche gestalten.

11.2.2 Die grid-Methode

Mit der `grid()`-Methode lassen sich alle Steuerelemente in die Zellen einer Tabelle einfügen. Ihr werden mindestens zwei Parameter übergeben: die Zeilennummer (`row`) und die Spaltennummer (`column`). Die Zählung beginnt mit null für die erste Zeile und die erste Spalte.

In der Praxis hat es sich als vorteilhaft erwiesen, die Benutzeroberfläche mithilfe einer Tabelle zu entwerfen (siehe Tabelle 11.2).

lblDurchmesser	txtDurchmesser
lblLaenge	txtLaenge
lblTraegheitsmoment	lblErgebnis
cmdBerechnen	cmdEnde

Tabelle 11.2 Entwurf der Benutzeroberfläche

Ergänzen Sie das Beispiel aus Listing 11.2 um den Quelltext aus Listing 11.3, und starten Sie das Programm:

```
#03_gui_grid.py
import tkinter as tk
#Funktion für Trägheitsmoment
def traegheitsmoment():
    pi=3.14159
    rho=7.85  #kg/dm^3
    d = float(txtDurchmesser.get()) #dm
    l = float(txtLaenge.get())      #dm
    try:
```

```
        J = rho*l*pi*d**4/32
        J = ('{0:6.2f}'.format(1e-2*J)) #kgm^2
        lblErgebnis["text"] = str(J) + " kgm^2"
    except:
        lblErgebnis["text"]= "Zahlen eingeben"
#Grafikbereich
main = tk.Tk()
main.minsize(400,115)
main.title("Trägheitsmoment eines Zylinders")
lblDurchmesser=tk.Label(main, text="Durchmesser in dm eingeben")
lblLaenge=tk.Label(main, text="Laenge in dm eingeben")
lblTraegheitsmoment = tk.Label(main,text="Traegheitsmoment")
lblErgebnis = tk.Label(main,text="")
txtDurchmesser=tk.Entry(main, justify="right")
txtDurchmesser.insert(2,"0.8")
txtLaenge = tk.Entry(main, justify="right")
txtLaenge.insert(2,"10")
cmdBerechnen=tk.Button(main, text="Berechnen",command=traegheitsmoment)
cmdEnde=tk.Button(main, text="Beenden", command=main.destroy)
lblDurchmesser.grid(row=0,column=0,sticky="w")
txtDurchmesser.grid(row=0,column=1,sticky="e")
lblLaenge.grid(row=1,column=0,sticky="w")
txtLaenge.grid(row=1,column=1,sticky="e")
lblTraegheitsmoment.grid(row=2,column=0,sticky="w")
lblErgebnis.grid(row=2,column=1,sticky="e")
cmdBerechnen.grid(row=3,column=0)
cmdEnde.grid(row=3,column=1)
main.mainloop()
```

Listing 11.3 Anordnung der Steuerelemente mit der grid-Methode

Die mit der `grid`-Methode erstellte Benutzeroberfläche ist in Abbildung 11.3 dargestellt.

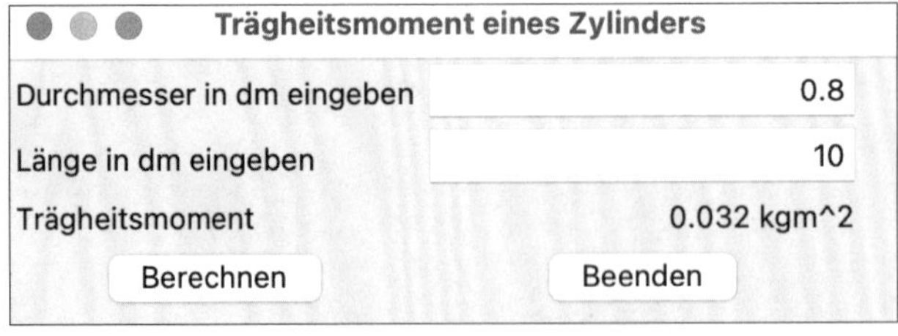

Abbildung 11.3 Mit der grid-Methode erzeugte Benutzeroberfläche

Analyse

Die Bezeichnungsfelder befinden sich wie die Befehlsschaltfläche (Button) BERECHNEN in der linken Spalte (column=0). Die Textfelder für die Eingaben befinden sich wie die Befehlsschaltfläche BEENDEN in der rechten Spalte (column=1). Die Bezeichnungsfelder sind linksbündig (sticky=w), die Textfelder und die Ergebnisausgabe sind rechtsbündig (sticky=e) ausgerichtet. Da die grid-Methode der Befehlsschaltflächen keine weiteren Eigenschaften enthält, werden sie in den Zellen zentriert angeordnet.

Listing 11.3 zeigt, dass das Grid-Layout mit relativ wenig Aufwand alle Gestaltungskriterien für Benutzeroberflächen erfüllt. In den folgenden Programmbeispielen werden weitere Layoutoptionen für die grid-Methode aufgezeigt.

11.2.3 Zusammenfassung

Fassen wir das bisher Gelernte kurz zusammen: Die Konstruktoren der Klassen Label und Entry verlangen als ersten Parameter den Namen des Hauptfensters oder den Namen des Rahmens (frame). Weitere Parameter bestimmen den Text der Beschriftungen und das Aussehen der Steuerelemente:

```
lblName = Label(fenster, eigenschaften)
txtName = Entry(fenster, eigenschaften)
```

Zur besseren Identifizierung erhalten die Namen der Steuerelemente eindeutige Präfixe (lbl..., txt..., cmd...).

Die Methode Insert() der Klasse Entry verlangt als ersten Parameter die Stringlänge der Variablen. Die Angabe eines realistischen Vorgabewertes (Default-Wertes) als zweiten Parameter ist sinnvoll:

```
txtName.Insert(stringlaenge, defaultwert)
```

Der Konstruktor von Befehlsschaltflächen erwartet einen dritten Parameter für den Funktionsaufruf:

```
cmdName = Button(fenster, beschriftung, command=funktion)
```

Die minimale Größe eines Fensters wird mit

```
fenster.minsize(breite, hoehe)
```

festgelegt.

Der Layout-Manager von Tkinter legt mit der grid-Methode die Anordnung aller Steuerelemente als Tabellenraster fest:

```
objName.grid(zeile,spalte)
```

Auf alle Methoden der Klasse `Tk()` wird mit dem Punktoperator `.` zugegriffen: `objName.Methode()`

11.3 Auswahl mit Radiobutton

Ein Radiobutton, auch Optionsfeld genannt, ist ein Steuerelement, das nur die Auswahl *einer* Option aus mehreren erlaubt. Es wird mit der Methode

```
Radiobutton(main,text="Kugel",variable=ausw,value="vk")
```

erzeugt. Der erste Parameter `main` bezieht sich auf das Fenster, in dem der Radiobutton eingefügt werden soll. Der zweite Parameter legt die Beschriftung fest. Dem dritten Parameter, `variable`, muss eine globale Variable zugewiesen werden, die die Optionen der Auswahl verwaltet und zusammenfasst. Über den vierten Parameter wird die ausgewählte Option aktiviert. Listing 11.4 zeigt, wie für die drei Körper *Punktmasse*, *Vollzylinder* und *Kugel* nach einer Auswahl mit Optionsfeldern das Trägheitsmoment berechnet wird:

```
#07_radiobutton.py
import tkinter as tk

def rechne():
    m=1   #Masse in kg
    r=0.5 #Radius in m
    Jp = m*r**2      #Punktmasse
    Jz = 0.5*m*r**2 #Vollzylinder
    Jk = 2./5.*m*r**2 #Kugel
    if ausw.get()=="pm":
        lblErgebnis["text"]=str(Jp)+" kgm^2"
    elif ausw.get()=="vz":
        lblErgebnis["text"]=str(Jz)+" kgm^2"
    elif ausw.get()=="vk":
        lblErgebnis["text"]=str(Jk)+" kgm^2"
#Grafikbereich
main = tk.Tk()
main.minsize(580,100)
main.title("Auswahl mit Radiobutton")
ausw=tk.StringVar()
ausw.set("vz")
#Steuerelemente erzeugen
optPm=tk.Radiobutton(main,text="Punktmasse",variable=ausw,value="pm")
optVz=tk.Radiobutton(main,text="Vollzylinder",variable=ausw,value="vz")
```

```
25 optVk=tk.Radiobutton(main,text="Kugel",variable=ausw,value="vk")
26 lblJ=tk.Label(main, text="J=")
27 lblErgebnis = tk.Label(main,text="")
28 cmdStart = tk.Button(main, text="Berechnen",command=rechne)
29 cmdEnde=tk.Button(main,text="Ende",command=main.destroy)
30 #Steuerelemente anzeigen
31 optPm.pack(side="left")
32 optVz.pack(side="left")
33 optVk.pack(side="left")
34 cmdStart.pack(side="left")
35 cmdEnde.pack(side="left")
36 lblJ.pack(side="left")
37 lblErgebnis.pack(side="left")
38 main.mainloop()
```

Listing 11.4 Auswahl mit Radiobuttons

Ausgabe

Wie sich die Auswahl mit Radiobuttons mithilfe des Programms aus Listing 11.4 auf der Benutzeroberfläche darstellt, sehen Sie in Abbildung 11.4.

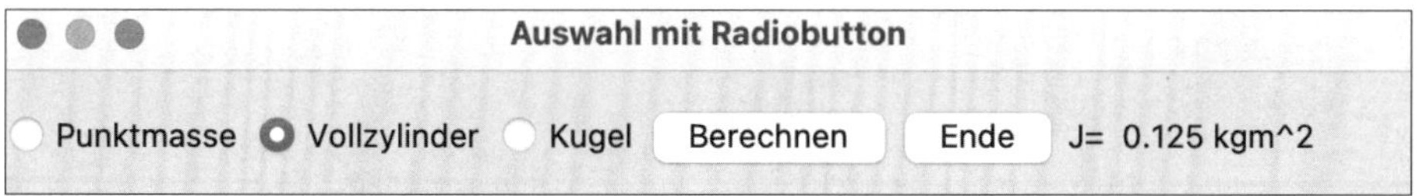

Abbildung 11.4 Auswahl mit Radiobuttons

Analyse

In Zeile 20 wird die globale Variable `ausw` als Exemplar der Klasse `StringVar` erzeugt. In Zeile 21 wird diese Variable mit `ausw.set("vz")` initialisiert. Der Bezeichner `vz` soll für »Vollzylinder« stehen. Die Vorauswahl steht also auf der Option VOLLZYLINDER.

In den Zeilen 23 bis 25 erzeugt die Methode `Radiobutton()` die drei Objekte `optPm`, `optVz` und `optVk`. Dadurch, dass in allen drei Methoden der Eigenschaft `value` die gemeinsame Variable `ausw` zugewiesen wird, werden alle drei Optionsfelder zu einer Einheit zusammengefasst.

In den Zeilen 10 bis 15 wird die Auswahl mit der Methode `ausw.get()=="pm"` realisiert. Der Wert der Stringvariablen `ausw` bestimmt, welches Trägheitsmoment berechnet werden soll. Zu beachten ist, dass die Fallabfrage ein doppeltes Gleichheitszeichen verlangt.

In den Zeilen 31 bis 33 bewirkt die Methode `pack(side="left")`, dass alle Optionsfelder von links nach rechts in einer Reihe angeordnet werden.

11.4 Slider

Mit dem Slider-Steuerelement können Sie mit dem Mauszeiger Werte für Variablen kontinuierlich verstellen. Die Methode `Scale(main, parmeterliste)` erzeugt ein Slider-Objekt.

Listing 11.5 berechnet für einen Vollzylinder aus Stahl mit der Länge 1 m das Trägheitsmoment für Zylinderdurchmesser von 50 bis 200 mm:

```
#05_slider.py
import tkinter as tk
main=tk.Tk()
#Trägheitsmoment
def traegheitsmoment(self):
    pi=3.14159
    rho=7.85 #Dichte von Stahl kg/dm^3
    l=10     #Länge des Zylinders in dm
    d=sldD.get() #Durchmesser in mm
    d=1e-2*d #Umwandlung in dm
    J = rho*l*pi*d**4/32 #in kgdm^2
    J=('{0:5.3f}'.format(1e-2*J)) #Umwandlung in m
    lblD["text"] = "J=" + str(J) + " kgm^2"
#Slider-Objekt erzeugen
sldD=tk.Scale(main, width=20, length=400,
              from_= 50, to= 200, #Bereich in mm
              orient='horizontal',
              resolution=1,        #Auflösung in mm
              tickinterval=25,
              label="d in mm",
              command=traegheitsmoment, #Funktionsaufruf
              font=("Arial 14"))
#Grafikbereich
main.minsize(500,110)
main.title("Trägheitsmoment eines Zylinders")
lblD=tk.Label(main,text="J=",font=("Arial 14"))
sldD.set(80) #Anfangswert setzen
lblD.pack()
sldD.pack()
lblD.pack()
main.mainloop()
```

Listing 11.5 Berechnungen mit dem Slider-Steuerelement

Ausgabe

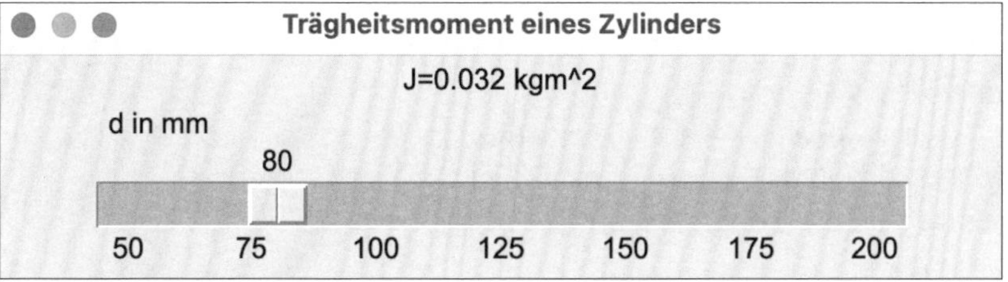

Abbildung 11.5 Berechnung des Trägheitsmoments mit einem Slider

Analyse

In Zeile 09 ermittelt die Methode `get()` den aktuellen Wert des Durchmessers, der vom Slider eingestellt wurde.

In Zeile 15 wird das Slider-Objekt `sldD` für den Zylinderdurchmesser erzeugt. In Zeile 21 erfolgt der Aufruf der Funktion `traegheitsmoment`. Die Klammern müssen Sie weglassen. In Zeile 27 können Sie mit der Anweisung `sldD.set(80)` einen Anfangswert für den Zylinderdurchmesser setzen.

11.5 Die Zeichenfläche Canvas

Die Klasse `Canvas` (dt. *Leinwand*) reserviert einen Bereich eines Fensters, in dem Objekte wie Linien, Rechtecke und Kreise dargestellt werden können.

Der Konstruktor der Klasse `Canvas`

```
Canvas(width=xmax, height=ymax, bg='white')
```

stellt eine Fläche mit der Breite `xmax` und einer Höhe von `ymax` bereit. Die Eigenschaft `bg` legt die Hintergrundfarbe der Zeichenfläche fest.

11.5.1 Linien darstellen

Die Methode

```
create_line(x1,y1,x2,y2,fill='black',width=3)
```

erstellt Linien in der Zeichenfläche. Für die Darstellung einer Linie müssen zwei Koordinaten angegeben werden: links oben `x1,y1` und rechts unten `x2,y2`. Die Eigenschaften `fill` und `width` legen die Farbe und die Breite der Linie fest. Listing 11.6 zeichnet zwei Linien: eine waagerechte schwarze Linie in der Mitte der Zeichenfläche und eine blaue Linie, die von links oben nach rechts unten verläuft.

```
01 #06_canvas_linie.py
02 import tkinter as tk
03 main = tk.Tk()
04 xmax,ymax=500,500
05 canZ = tk.Canvas(width=xmax, height=ymax, bg='white')
06 canZ.create_line(0,ymax/2,xmax, ymax/2, fill='black', width=3)
07 canZ.create_line(0,0,xmax, ymax, fill='blue', width=3)
08 canZ.pack()
09 main.mainloop()
```

Listing 11.6 Zwei Linien in der Zeichenfläche Canvas

Ausgabe

Wie die Linien auf der Benutzeroberfläche dargestellt werden, sehen Sie in Abbildung 11.6.

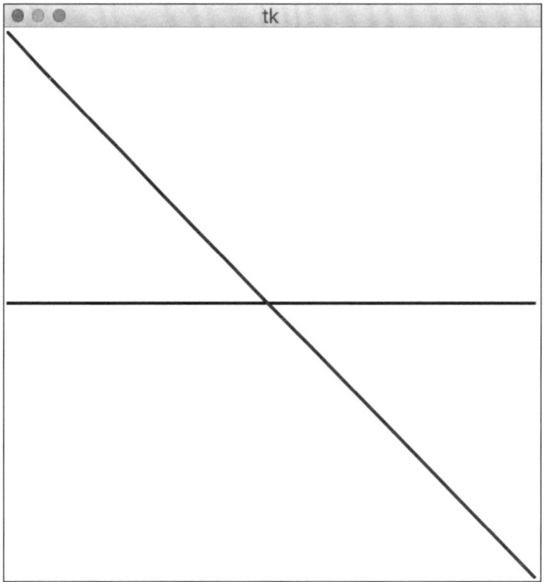

Abbildung 11.6 Liniendarstellung in der Zeichenfläche Canvas

Analyse

In Zeile 04 werden die Breite und die Höhe der Zeichenfläche (Canvas) auf jeweils 500 Pixel eingestellt.

In Zeile 05 erzeugt der Konstruktor `Canvas()` der Klasse `Canvas` das Objekt `canZ`. Dieses Objekt wird benötigt, um auf die Methoden der Klasse `Canvas` zugreifen zu können.

In Zeile 06 zeichnet die Methode `create_line()` eine schwarze horizontale Linie in der Mitte der Zeichenfläche. In Zeile 07 zeichnet die Methode `create_line()` eine blaue

Linie von der oberen linken Ecke zur unteren rechten Ecke der Zeichenfläche. Die Linien haben eine Breite von 3 Pixel.

In Zeile 08 sorgt die Methode `pack()` dafür, dass die zwei Linien auf der Zeichenfläche `canZ` dargestellt werden.

11.5.2 Funktionsplots

Die Methode

```
create_line(x,-sy*f(sx*x)+ym,(x+1),-sy*f(sx*(x+1))+ym,...)
```

stellt eine mathematische Funktion $y = f(x)$ in der Zeichenfläche Canvas als Linien mit der »Länge« von 1 Pixel dar. Dabei sind `sx` und `sy` Skalierungsfaktoren, die den Darstellungsbereich der Funktion der Zeichenfläche auf der x- und der y-Achse anpassen. Für die Skalierungsfaktoren gilt:

$$s_x = \frac{x_2 - x_1}{x_{\max}}$$

$$s_y = \frac{y_{\max}}{y_2 - y_1}$$

Soll z. B. eine Sinusfunktion $y = \sin(x)$ mit der Amplitude von 8 in einer Zeichenfläche mit 500 × 500 Pixel auf der x-Achse in dem Bereich von 0 bis 10 und der y-Achse von –10 bis +10 dargestellt werden, dann müssen die Werte für die Argumente der x-Achse mit dem Faktor 10/500 = 0,02 und die Funktionswerte für die y-Achse mit dem Faktor 20/8 = 2,5 multipliziert werden. Listing 11.7 stellt eine Sinusfunktion mit der Amplitude 8 für einen Wertebereich von 0 bis 10 dar:

```
#07_skalierung.py
import math as m
import tkinter as tk
main = tk.Tk()
xmax, ymax = 500, 500
x1,x2 = 0, 10
y1,y2 =-10, 10
ym=ymax/2
sx=(x2-x1)/xmax
sy=ymax/(y2-y1)
canZ = tk.Canvas(width=xmax, height=ymax, bg='white')
canZ.create_line(0,ym,xmax,ym,fill='black',width=2)

def f(x):
    return 8*m.sin(x)

```

```
17 def zeichne():
18     dx=1
19     x=0
20     while x<=xmax:
21         canZ.create_line(x,-sy*f(sx*x)+ym,(x+1),\
22         -sy*f(sx*(x+1))+ym,fill='blue',width=2)
23         x=x+dx
24
25 cmdStart=tk.Button(main, text="Zeichne", command=zeichne)
26 canZ.pack()
27 cmdStart.pack()
28 main.mainloop()
```

Listing 11.7 Eine Sinuskurve darstellen

Ausgabe

Abbildung 11.7 zeigt die Darstellung der Sinuskurve aus Listing 11.7 innerhalb des Canvas.

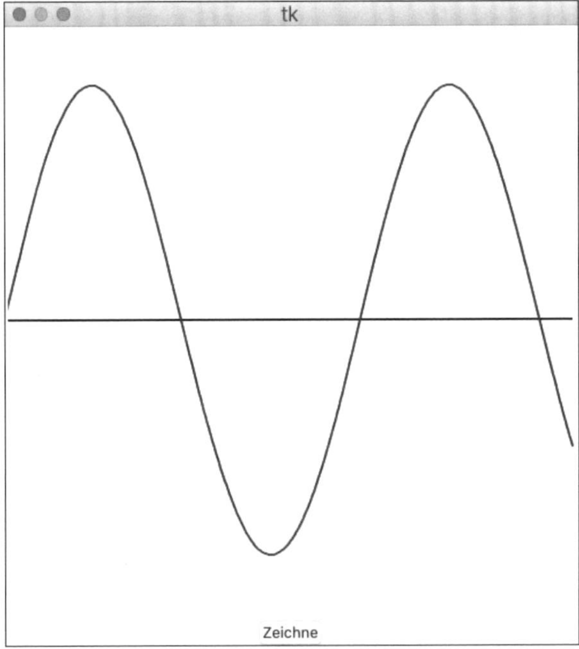

Abbildung 11.7 Zeichenfläche skalieren

Analyse

Die Zeichenfläche hat eine Größe von 500 × 500 Pixel (Zeile 05). Die Skalierungsfaktoren sx und sy werden in den Zeilen 09 und 10 berechnet.

In den Zeilen 14 und 15 wird die mathematische Funktion `f(x)=8*m.sin(x)` definiert. Zu weiteren Testzwecken können Sie hier auch andere Funktionen eintragen.

Die Funktion `zeichne()`, die in den Zeilen 17 bis 23 definiert wird, wird von dem Konstruktor `Button()` der Klasse `Button` in Zeile 25 aufgerufen.

In den Zeilen 21 und 22 zeichnet die Methode `create_line()` die Sinusfunktion als blauen Linienzug mit einer Breite von 2 Pixel.

11.5.3 Mauskoordinaten abfragen

Will man den Funktionswert y an der Stelle x ablesen, so bietet sich die Abfrage der Koordinaten mit dem Mauszeiger an.

In einer selbst definierten Funktion, wie z. B. `koordinate(event)`, wird der aktuelle Parameter `event`

```
x,y = event.x, event.y
```

einem Tupel `x,y` zugewiesen. Die Methode

```
bind("<Motion>", koordinate)
```

ermittelt die aktuelle Position des Mauszeigers. Listing 11.8 zeigt, wie die Funktionswerte *f*(*x*) einer Sinusfunktion an der Stelle x mit dem Mauszeiger ermittelt werden können:

```
01 #08_mauskoordinaten.py
02 import tkinter as tk
03 import math as m
04 main = tk.Tk()
05 xmax, ymax = 500, 500
06 x1,x2 = 0, 10
07 y1,y2 =-10, 10
08 ym=ymax/2
09 sx=(x2-x1)/xmax
10 sy=ymax/(y2-y1)
11 canZ = tk.Canvas(width=xmax, height=ymax, bg='white')
12 canZ.create_line(0,ym,xmax,ym,fill='black',width=2)
13
14 def f(x):
15     return 8*m.sin(x)
16
17 def koordinate(e):
18     x, y = e.x, e.y
19     x, y = sx*x, (0.5*ymax-y)/sy
```

```
    x, y = ('{0:4.1f}'.format(x)), ('{0:4.1f}'.format(y))
    lblKoordinate["text"]='  x: '+str(x)+' y: '+str(y)

def zeichne():
    dx=1
    x=0
    while x<=xmax:
        canZ.create_line(x,-sy*f(sx*x)+ym,(x+1),\
        -sy*f(sx*(x+1))+ym,fill='blue',width=2)
        x=x+dx

lblKoordinate=tk.Label(main, text="")
cmdStart=tk.Button(main, text="Zeichne", command=zeichne)
canZ.pack()
cmdStart.pack(side="left")
lblKoordinate.pack(side="left")
canZ.bind("<Motion>", koordinate)
main.mainloop()
```

Listing 11.8 Mauskoordinaten abfragen

Ausgabe

Wie sich die Abfrage der Koordinaten per Mauszeiger dem Anwender darstellt, sehen Sie in Abbildung 11.8.

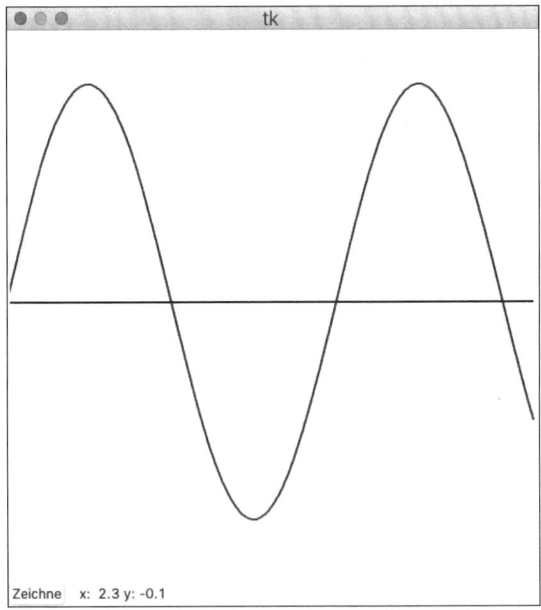

Abbildung 11.8 Die Position der Mauszeigerkoordinaten abfragen

Analyse

In den Zeilen 17 bis 21 wird die Funktion `koordinate(e)` definiert. In Zeile 36 wird diese Funktion von der Methode `bind()` aufgerufen. Die Zuweisung `x, y = e.x, e.y` der aktuellen Mausposition erfolgt in Zeile 18. Die Position des Mauszeigers muss noch skaliert werden (Zeile 19). Die Koordinaten des Mauszeigers werden in Zeile 21 in einen String umgewandelt und dem Label `lblKoordinate` zugewiesen. Die aktuelle Mausposition wird mit dem Label `lblKoordinate` in Zeile 31 angezeigt.

11.6 Projektaufgabe: Drehfrequenzregelung eines fremderregten Gleichstrommotors

Das Simulationsprogramm soll die Regelung der Drehfrequenz eines fremderregten Gleichstrommotors simulieren. Gegeben sind die Daten der Regelstrecke und des PID-Reglers.

Die Planung des Programms beginnt mit der Gestaltung der Benutzeroberfläche (siehe Abbildung 11.9).

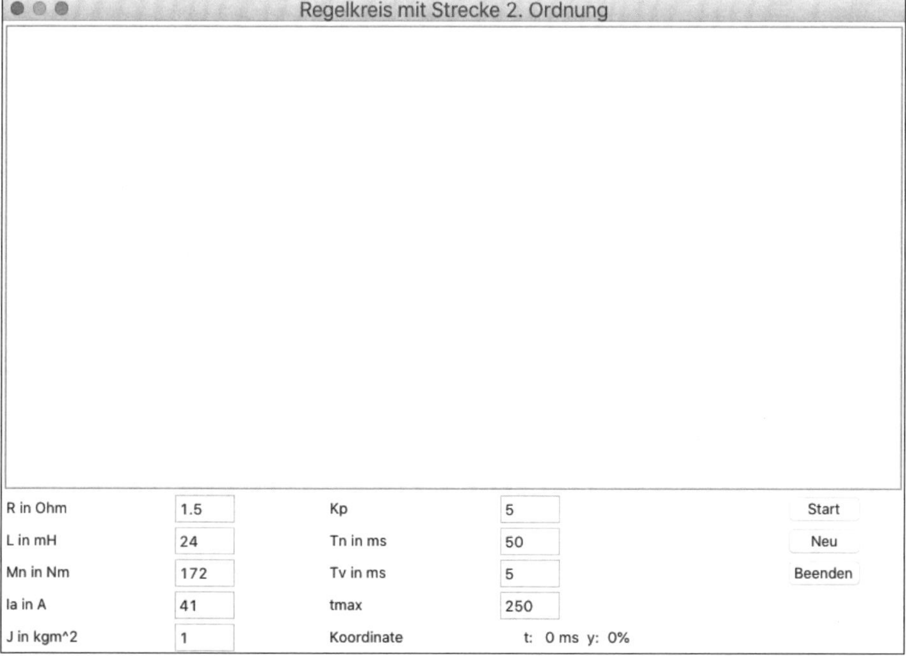

Abbildung 11.9 Gestaltung der Benutzeroberfläche

Im oberen Bereich ist die Zeichenfläche (engl. *canvas*) angeordnet. Darunter sind in der linken Spalte die Daten der Regelstrecke einzutragen: Ankerwiderstand (*R*), Ankerinduktivität (*L*), Bemessungsmoment (*Mn*), Ankerbemessungsstrom (*Ia*) und das Trägheitsmoment (*J*). Die mittlere Spalte ist für die Parameter Verstärkung (*Kp*), Nachstellzeit (*Tn*) und Vorhaltezeit (*Tv*) vorgesehen. Die Befehlsschaltflächen sind in der rechten Spalte angeordnet. Bis auf die Symmetrie sind fast alle oben aufgestellten Kriterien, nach denen eine Bedienoberfläche gestaltet werden sollte, erfüllt.

Im nächsten Schritt analysieren Sie den Wirkschaltplan eines standardisierten Regelkreises (siehe Abbildung 11.10).

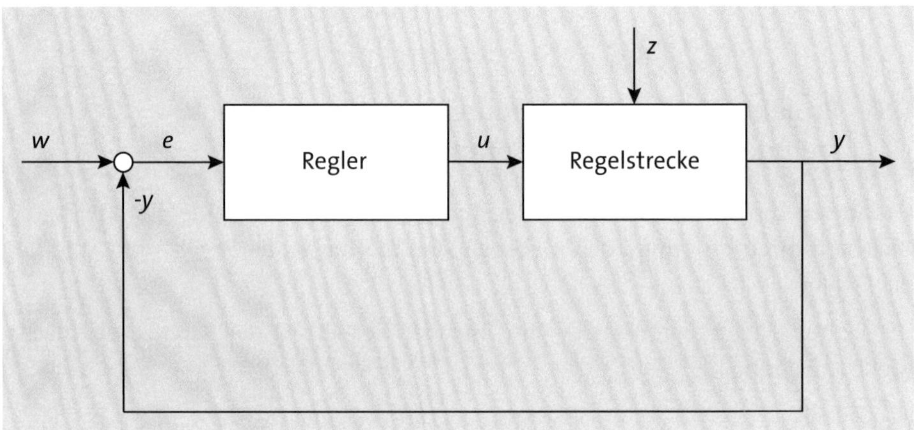

Abbildung 11.10 Wirkschaltplan eines Regelkreises

Darin steht *w* für die Führungsgröße, *e* für die Regeldifferenz, *u* für die Stellgröße, *z* für die Störgröße und *y* für die Regelgröße. Für den Algorithmus der Regelkreissimulation brauchen Sie nur die Gleichungen für den PID-Regler und die Regelstrecke in eine Schleife einzubauen. Die Schleife wird so lange durchlaufen, bis der Ausgleichsvorgang abgeschlossen ist.

Im dritten und letzten Schritt müssen Sie die Differenzialgleichungen für die Regelstrecke aufstellen. Das geschieht mithilfe der Ersatzschaltung des fremderregten Gleichstrommotors (siehe Abbildung 11.11).

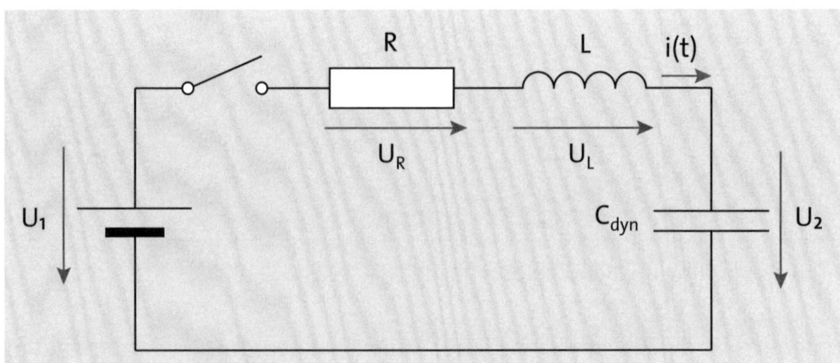

Abbildung 11.11 Ersatzschaltung für den fremderregten Gleichstrommotor

Aus dem Ersatzschaltbild muss das Differenzialgleichungssystem entwickelt werden:

$$\mathrm{d}i = \frac{1}{L}(u_1 - Ri - u_2)\mathrm{d}t$$

$$\mathrm{d}u_2 = \frac{1}{C}i\mathrm{d}t$$

Daraus lässt sich der Euler-Algorithmus entwickeln:

```
i = i + (U1-R*i-u2)*dt/L
u2 = u2 + i*dt/C
```

Die dynamische Kapazität wird mit

$$C = J\left(\frac{I_a}{M_n}\right)^2$$

berechnet.

Mit Listing 11.9 wird die Sprungantwort der Regelstrecke simuliert:

```
#09_regelstrecke.py
import tkinter as tk
main = tk.Tk()
main.title("Regelstrecke 2. Ordnung")
xmax, ymax = 800, 400
canZ = tk.Canvas(width=xmax, height=ymax, bg='white')
#Bezeichnungsfelder
lblR=tk.Label(main, text="R")
lblL = tk.Label(main, text="L")
lblMn=tk.Label(main, text="Mn")
lblIa=tk.Label(main, text="Ia")
lblJ=tk.Label(main, text="J")
lblTmax=tk.Label(main, text="tmax")
#Textfelder
txtR=tk.Entry(main, width=5)
txtR.insert(5,"1.5")
txtL=tk.Entry(main, width=5)
txtL.insert(5,"24")
txtMn=tk.Entry(main, width=5)
txtMn.insert(5,"170")
txtIa=tk.Entry(main, width=5)
txtIa.insert(5,"40")
txtJ=tk.Entry(main, width=5)
txtJ.insert(5,"0.22")
txtTmax=tk.Entry(main, width=5)
```

```
txtTmax.insert(5,"300")

def loesche():
    return canZ.delete("all")

def strecke():
    w = ymax/2
    U1 = w
    R = float(txtR.get())
    L = float(txtL.get())
    J = float(txtJ.get())
    Ia = float(txtIa.get())
    Mn = float(txtMn.get())
    tmax=float(txtTmax.get())
    C=1e3*J*(Ia/Mn)**2
    u2=i=t = 0
    dt = 0.5
    sx=xmax/tmax
    u2_t = []
    canZ.create_line(0, w, xmax, w, fill='green', width=2)
    while t<=tmax:
        i = i + (U1-R*i-u2)*dt/L
        u2 = u2 + i*dt/C
        t=t+dt
        u2_t.append(int(sx*t))
        u2_t.append(int(-u2) + ymax)
    canZ.create_line(u2_t, fill='blue', width=2)
#Befehlsschaltflächen
cmdStart=tk.Button(main, text="Start", command=strecke)
cmdNeu = tk.Button(main, text="Neu", command=loesche)
cmdEnde=tk.Button(main, text="Beenden", command=main.destroy)
#Steuerelemente anordnen
canZ.pack()
lblR.pack(side="left")
txtR.pack(side="left")
lblL.pack(side="left")
txtL.pack(side="left")
lblMn.pack(side="left")
txtMn.pack(side="left")
lblIa.pack(side="left")
txtIa.pack(side="left")
lblJ.pack(side="left")
txtJ.pack(side="left")
```

```
69 lblTmax.pack(side="left")
70 txtTmax.pack(side="left")
71 cmdStart.pack(side="left")
72 cmdNeu.pack(side="left")
73 cmdEnde.pack(side="left")
74 main.mainloop()
```

Listing 11.9 Simulation der Regelstrecke

Ausgabe

Abbildung 11.12 zeigt die Sprungantwort auf der Benutzeroberfläche.

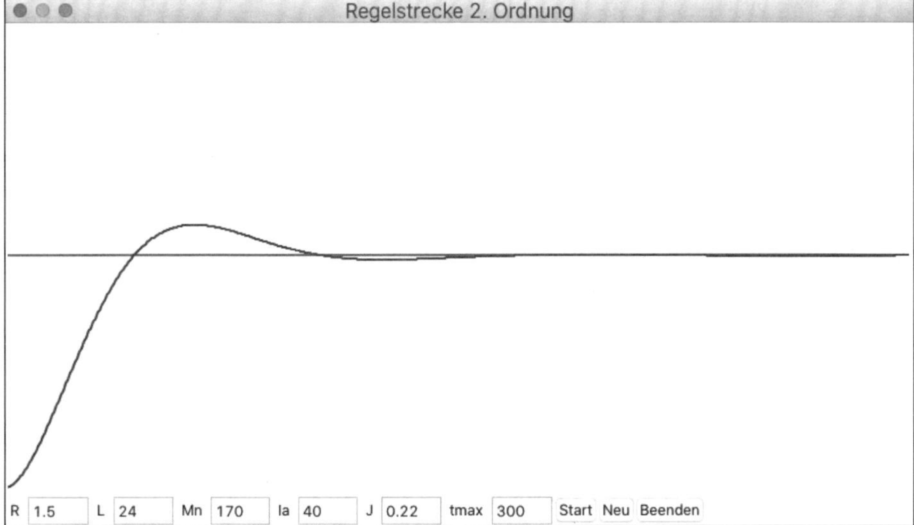

Abbildung 11.12 Sprungantwort der Regelstrecke

Analyse

Zuerst werden alle Bezeichnungsfelder definiert (Zeilen 08 bis 13). Dann folgen die Textfelder (Zeilen 15 bis 26). Mit der Funktion `loesche()` in den Zeilen 28 und 29 kann die Zeichenfläche für neue Simulationen gelöscht werden.

In den Zeilen 31 bis 51 wird die Funktion `strecke()` definiert. Mit der Führungsgröße `w` in den Zeilen 32 und 33 wird die Hälfte der Zeichenfläche eingestellt. Die Eingaben für die Streckendaten erfolgen in den Zeilen 34 bis 38. Die dynamische Kapazität `C` wird in Zeile 40 mit dem Faktor `1e3` multipliziert. Das bewirkt, dass die Zeitachse auf Millisekunden skaliert wird. Die Anfangswerte `u2`, `i` und `t` müssen mit null initialisiert werden (Zeile 41). Die Skalierung der t-Achse erfolgt in Zeile 43, wie oben besprochen. Die leere Liste `u2_t` (Zeile 44) wird benötigt, um dort das Simulationsergebnis abzuspeichern. Innerhalb der `while`-Schleife (Zeilen 46 bis 51) erfolgt die Lösung des Differenzialgleichungssystems mit dem Euler-Algorithmus. In den Zeilen 50 und 51 werden die Zeitwerte und die Werte der Ausgangsspannung `u2` in die leere Liste `u2_t` eingefügt.

In Zeile 54 ruft die Methode `Button` die selbst definierte Funktion `strecke` auf. Bei einem Mausklick auf den Button START wird die Simulation ausgeführt.

In den Zeilen 58 bis 73 fügt die Methode `pack(side="left")` alle Steuerelemente von links nach rechts in das Hauptfenster ein.

Der PID-Regler

Die Sprungantwort eines PID-Reglers wird mit den Gleichungen für den Proportional-, den Differenzial- und den Integralanteil berechnet:

$$e = w - y$$

$$u = K_p e + K_p T_v \frac{\mathrm{d}e}{\mathrm{d}t} + \frac{K_p}{T_n} \int e\mathrm{d}t$$

Für diese Gleichungen kann folgender Algorithmus aufgestellt werden:

```
up = Kp*e              #P-Regler
ui = ui + Kp*e*dt/Tn #PI-Regler
ud = Kp*Tv*(e-e0)/dt #PD-Regler
e0=e
```

In der letzten Zeile wird der letzte Wert der Regeldifferenz `e` der Variablen `e0` zugewiesen, sodass der PD-Regler mit dem Differenzenquotienten berechnet werden kann.

Listing 11.10 simuliert wahlweise die Sprungantwort eines P-, eines PI- oder eines PID-Reglers:

```
#14_pidregler.py
import tkinter as tk
main = tk.Tk()
main.title("Sprungantwort von P-, PI- und PID-Regler")
xmax, ymax = 800,400
ausw=tk.StringVar()
ausw.set("PID")
canZ = tk.Canvas(width=xmax, height=ymax, bg='white')

def loesche():
    return canZ.delete("all")

def regler():
    tmax=400
    Kp=50
```

```
16      Tn=50
17      Tv=50
18      e=1
19      t=ui=e0=ur=0
20      dt=2
21      sx=xmax/tmax
22      u2_t = []
23      while t<=tmax:
24          up = Kp*e             #P-Regler
25          ui = ui + Kp*e*dt/Tn #PI-Regler
26          ud = Kp*Tv*(e-e0)/dt #PD-Regler
27          e0=e
28          t=t+dt
29          if ausw.get()=="P":     ur=up
30          elif ausw.get()=="PI":  ur= up+ui
31          elif ausw.get()=="PID": ur=up+ui+ud
32          u2_t.append(sx*t)
33          u2_t.append(int(-ur) + ymax)
34      canZ.create_line(u2_t, fill='blue', width=2)
35  optP=tk.Radiobutton(main,text="P-Regler",variable=ausw,value="P")
36  optPI=tk.Radiobutton(main,text="PI-Regler",variable=ausw,value="PI")
37  optPID=tk.Radiobutton(main,text="PID-Regler",variable=ausw,value="PID")
38  cmdStart = tk.Button(main,text="Start",command=regler)
39  cmdNeu=tk.Button(main,text="Neu",command=loesche)
40  canZ.pack()
41  optP.pack(side="left")
42  optPI.pack(side="left")
43  optPID.pack(side="left")
44  cmdStart.pack(side="left")
45  cmdNeu.pack(side="left")
46  main.mainloop()
```

Listing 11.10 Simulation der Reglertypen

Ausgabe

Wie sich nun die Sprungantwort des P-, PI- oder PID-Reglers auf der Benutzerfläche darstellt, sehen Sie in Abbildung 11.13.

Analyse

In Zeile 06 wird die Stringvariable `ausw` definiert und in Zeile 07 auf den Default-Wert `PID` gesetzt.

In den Zeilen 13 bis 34 wird die Funktion `regler()` definiert. Für die Regelparameter wurden Werte ausgewählt, die ein möglichst aussagekräftiges Ergebnis liefern.

Die wichtigen Anweisungen befinden sich in den Zeilen 24 bis 27. Dort wird der oben beschriebene Algorithmus implementiert. Der P-Regler hat die Ausgangsgröße (Stellgröße) `up`, der PI-Reger die Ausgangsgröße `ui` und der PD-Regler die Ausgangsgröße `ud`.

Die Auswahl des Reglers erfolgt in den Zeilen 29 bis 31. Zu beachten ist, dass Sie bei der `if-elif`-Abfrage den Gleichheitsoperator `==` verwenden müssen.

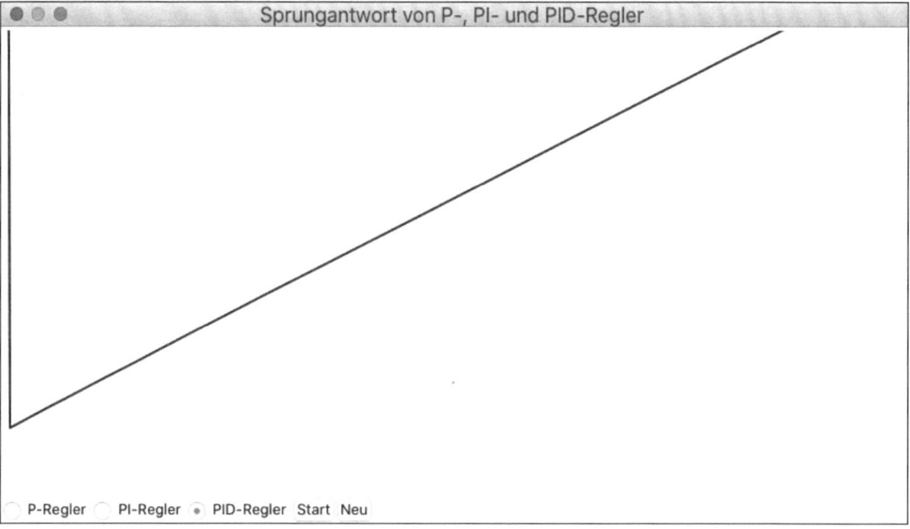

Abbildung 11.13 Sprungantwort des PID-Reglers

Prototyp der Simulation

Bei komplexen Programmen ist es zweckmäßig, zunächst einen Prototyp ohne Textfelder und Befehlsschaltflächen zu programmieren.

Listing 11.11 zeigt eine einfache Testversion für die Regelkreissimulation:

```
#11_regelkreis1.py
import tkinter as tk
main = tk.Tk()
main.title("PID-Regler mit Strecke 2. Ordnung")
xmax, ymax = 800,400
canZ = tk.Canvas(width=xmax, height=ymax, bg='white')
U1=100.0
R,L=1,25
I,M,J = 40,170,1
C=1e3*J*(I/M)**2
```

```
11 tmax=250
12 Kp=5
13 Tn=50
14 Tv=10
15 t=i=y=ui=e=e0=0.0
16 w=ymax/2
17 dt=0.25
18 sx=xmax/tmax
19 u2_t = []
20 while t<=tmax:
21     e=w-y
22     up = Kp*e
23     ud = Kp*Tv*(e-e0)/dt
24     e0=e
25     ui = ui + Kp*e*dt/Tn
26     U1 = up + ui + ud
27     i = i + (U1-R*i-y)*dt/L
28     y = y + i*dt/C
29     t=t+dt
30     u2_t.append(sx*t)
31     u2_t.append(-y + ymax)
32 canZ.create_line(u2_t, fill='blue', width=2)
33 canZ.create_line(0, w, xmax, w, fill='red', width=2)
34 canZ.pack()
35 main.mainloop()
```

Listing 11.11 Prototyp der Simulation

Ausgabe

In Abbildung 11.14 sehen Sie die Regelkreissimulation für die Testversion.

Analyse

In Zeile 07 wird der Wert der Eingangsspannung `U1=100` der Stellgröße festgelegt. Der Wert 100 wurde gewählt, damit die Ausgabe in Prozent erfolgt. Ein Wert von 100 % sagt aus, dass die Drehfrequenz genau ihren Sollwert erreicht hat. Die Werte für die Motordaten (Zeilen 08 und 09) wurden der Fachliteratur entnommen.

In Zeile 20 beginnt die `while`-Schleife und sie endet in Zeile 31. In Zeile 21 wird die Regeldifferenz `e=w-y` berechnet. In den Zeilen 22 bis 26 steht der Algorithmus des PID-Reglers. Die Zeilen 27 und 28 enthalten den Algorithmus der Regelstrecke. Die Schleife wird so lange durchlaufen, bis die in Zeile 11 eingestellte Endzeit `tmax` von 250 ms erreicht wird.

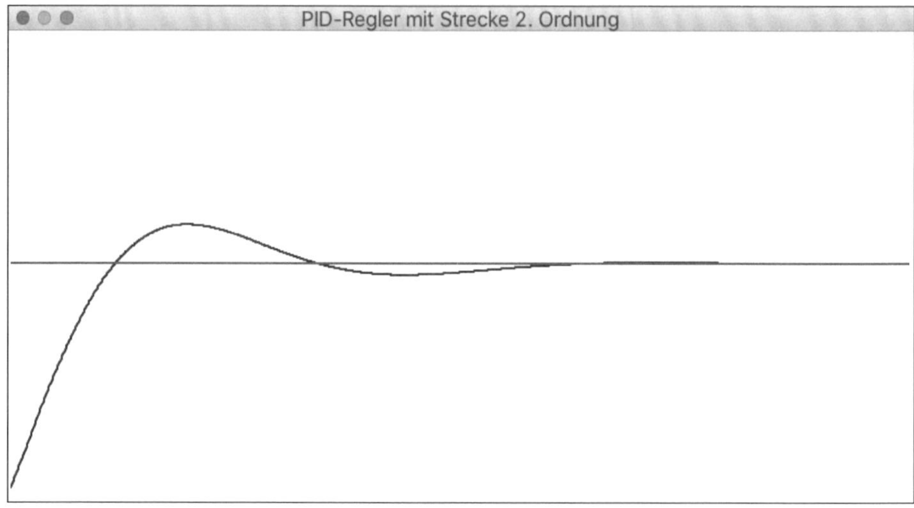

Abbildung 11.14 Sprungantwort für die Testversion

Endversion des Simulationsprogramms

Listing 11.12 zeigt die Endversion mit allen Steuerelementen:

```
#12_regelkreis2.py
import tkinter as tk
main = tk.Tk()
main.title("Regelkreis mit Strecke 2. Ordnung")
xmax, ymax = 800,400
xy=0      #Globale Variable
U1=100.0 #Sollwert
w=ymax/2.#Führungsgröße
rd=4      #Rand
main.minsize(xmax,ymax)
main.resizable(False,False)
canZ = tk.Canvas(width=xmax,height=ymax,bg='white')
canZ.grid(row=0,column=0,columnspan=5)
def rahmen():
    canZ.create_line(0,w,xmax,w,fill='red',width=2)
    canZ.create_line(rd,rd,xmax,rd,fill="black",width=2)
    canZ.create_line(rd,ymax,xmax,ymax,fill="black",width=2)
    canZ.create_line(rd,0,rd,ymax,fill="black",width=2)
    canZ.create_line(xmax, rd, xmax, ymax,fill="black",width=2)

def loesche():
    return canZ.delete(xy)

```

```
def koordinate(event):
    tmax=float(txtTmax.get())
    x, y = event.x, event.y
    x, y = tmax*x/xmax-2, U1*(ymax-y)/w
    x, y = ('{0:4.0f}'.format(x)), ('{0:3.0f}'.format(y))
    lblKoordinate["text"]="t:"+str(x)+" ms  y:"+str(y)+"%"

def regelkreis():
    global xy
    tmax=float(txtTmax.get())
    Kp = float(txtKp.get())
    Tn = float(txtTn.get())
    Tv = float(txtTv.get())
    R = float(txtR.get())
    L=float(txtL.get())
    J = float(txtJ.get())
    Ia= float(txtIa.get())
    Mn = float(txtMn.get())
    C=1.0e3*J*(Ia/Mn)**2
    t=y=ui=ud=i=e=e0=0
    dt=0.05
    sx=xmax/tmax
    u2_t = []
    while t<=tmax:
        e=w-y
        up = Kp*e
        ui = ui + Kp*e*dt/Tn
        ud = Kp*Tv*(e-e0)/dt
        e0=e
        U1 = up + ui + ud
        i = i + (U1-R*i-y)*dt/L
        y = y + i*dt/C
        t=t+dt
        u2_t.append(sx*t)
        u2_t.append(-y+ymax)
    xy=canZ.create_line(u2_t,fill='blue',width=2)

rahmen()
txtTmax=tk.Entry(main, width=5)
txtTmax.insert(5,"250")
#Ankerwiderstand
tk.Label(main,text="R in Ohm").grid(row=1,column=0,sticky="w")
txtR=tk.Entry(main, width=5)
```

```
txtR.insert(5,"1.5")
txtR.grid(row=1,column=1,sticky="w")
#Ankerinduktivität
tk.Label(main,text="L in mH").grid(row=2,column=0,sticky="w")
txtL=tk.Entry(main, width=5)
txtL.insert(5,"24")
txtL.grid(row=2,column=1,sticky="w")
#Bemessungsmoment
tk.Label(main, text="Mn in Nm").grid(row=3,column=0,sticky="w")
txtMn=tk.Entry(main, width=5)
txtMn.insert(5,"172")
txtMn.grid(row=3,column=1,sticky="w")
#Bemessungsstrom
tk.Label(main, text="Ia in A").grid(row=4,column=0,sticky="w")
txtIa=tk.Entry(main, width=5)
txtIa.insert(5,"41")
txtIa.grid(row=4,column=1,sticky="w")
#Trägkeitsmoment
tk.Label(main, text="J in kgm^2").grid(row=5,column=0,sticky="w")
txtJ=tk.Entry(main, width=5)
txtJ.insert(5,"1")
txtJ.grid(row=5,column=1,sticky="w")
#Verstärkung des Reglers
tk.Label(main, text="Kp").grid(row=1,column=2,sticky="w")
txtKp=tk.Entry(main, width=5)
txtKp.insert(5,"5")
txtKp.grid(row=1,column=3,sticky="w")
#Nachstellzeit
tk.Label(main, text="Tn in ms").grid(row=2,column=2,sticky="w")
txtTn=tk.Entry(main, width=5)
txtTn.insert(5,"50")
txtTn.grid(row=2,column=3,sticky="w")
#Vorhaltezeit
tk.Label(main, text="Tv in ms").grid(row=3,column=2,sticky="w")
txtTv=tk.Entry(main, width=5)
txtTv.insert(5,"5")
txtTv.grid(row=3,column=3,sticky="w")
#Koordinaten
tk.Label(main, text="tmax").grid(row=4,column=2,sticky="w")
txtTmax.grid(row=4,column=3,sticky="w")
tk.Label(main, text="Koordinate").grid(row=5,column=2,sticky="w")
lblKoordinate=tk.Label(main,width=15)
lblKoordinate.grid(row=5,column=3,sticky="w")
```

```
110 #Befehlsschaltflächen
111 tk.Button(main,text="Start",command=regelkreis,
    width=7).grid(row=1,column=4)
112 tk.Button(main,text="Neu",command=loesche,
    width=7).grid(row=2,column=4)
113 tk.Button(main,text="Beenden",command=main.destroy,
    width=7).grid(row=3,column=4)
114 canZ.bind('<Motion>', koordinate)
115 main.mainloop()
```

Listing 11.12 Endversion des Simulationsprogramms

Ausgabe

Die Ausgabe der endgültigen Version des Simulationsprogramms für die Regelung der Drehfrequenz sehen Sie in Abbildung 11.15.

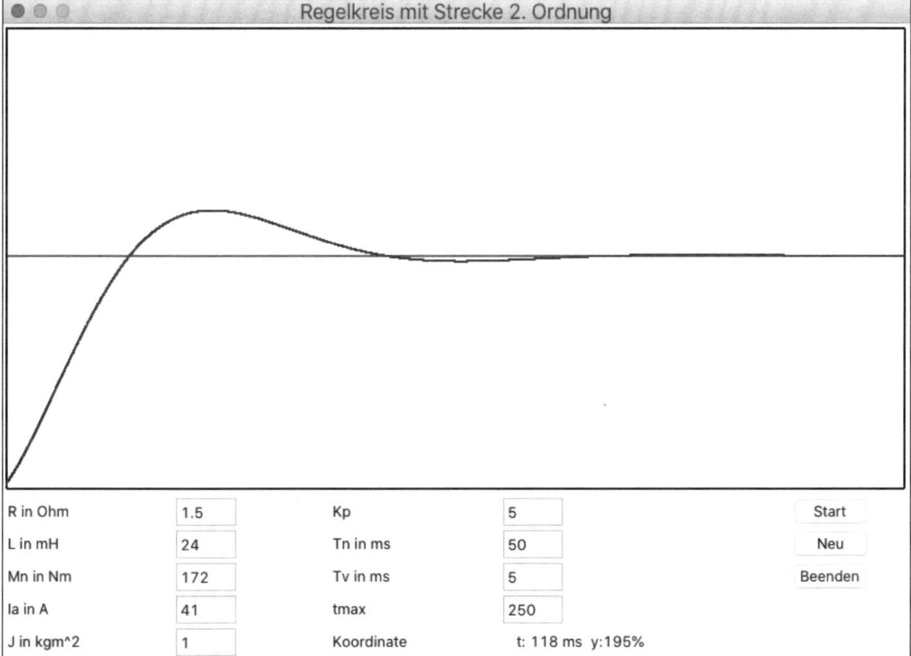

Abbildung 11.15 Simulation des Drehzahlverlaufs (Endversion)

Analyse

In Zeile 06 wird die globale Variable `xy` definiert und in der Funktion `regelkreis()` noch mal in Zeile 32 als `global` gekennzeichnet. Sie kommt in Zeile 59 wieder vor. Dort werden ihr alle Koordinatendaten der Simulation zugewiesen. Jetzt kann die Funktion `loesche()` in Zeile 22 alle Daten, die in der Variablen `xy` gespeichert sind, löschen, wenn sie in Zeile 112 durch Betätigung des Buttons NEU aufgerufen wird. Ansonsten enthält das Programm keine weiteren unbekannten Programmelemente. Zur besseren Orientierung sind die einzelnen Programmteile kommentiert worden.

11.7 Aufgaben

1. Schreiben Sie ein Tkinter-Programm, das das Volumen, die Masse und die Oberfläche eines Stahlzylinders berechnet.
2. Schreiben Sie ein TKinter-Programm, das die Stromstärke $I = U/R$ für einen einfachen Stromkreis berechnet. Die Spannung und die Stromstärke sollen jeweils mit einem Slider verändert werden.
3. Schreiben Sie ein Tkinter-Programm, das die Stromstärke und die Spannungsfälle in einer Reihenschaltung aus drei Widerständen berechnet. Die Spannung und die Widerstände sollen jeweils mit einem Slider verändert werden.
4. Schreiben Sie ein Tkinter-Programm, das einen Regelkreis mit einer Regelstrecke dritter Ordnung simuliert.
5. Ergänzen Sie das Simulationsprogramm zur Drehfrequenzregelung so, dass man die einzelnen Regler P, PI oder PID mit einem Radiobutton auswählen kann.

Anhang

A.1 Glossar: Grundbegriffe der praktischen Informatik

Begriff	Beschreibung
Algorithmus	präzise Beschreibung, wie ein Problem gelöst werden muss
Anweisung	Codeabschnitt, der einen Befehl oder Vorgang beschreibt
Argument	Wert, der beim Funktionsaufruf übergeben wird. Dieser Wert wird innerhalb der Funktion den zugeordneten Parametern zugewiesen.
Ausdruck	Kombination aus Variablen, Operationen und Werten
Bezeichner	Name für ein Objekt
Datenkapselung	kontrollierter Zugriff von außen
Datenstruktur	Objekte, für die festgelegte Operationen definiert sind; Kurzformel: Objekt + Operationen
Funktion	eine in sich abgeschlossene Folge von Anweisungen
Geheimnisprinzip	Interna werden verborgen.
Interpretieren	Ausführen eines Programms durch zeilenweises übersetzen
Klasse	Bauplan für Objekte; Bestandteile: Eigenschaften + Methoden
Konstruktor	Routinen zur Erzeugung und Initialisierung neuer Objekte. Alle Objekte, die zur Klasse gehören, wurden durch Konstruktoren dieser Klasse erzeugt.
Methode	eine Funktionsdefinition innerhalb einer Klasse
Modul	Zusammenfassung mehrerer Klassen zu einer in sich geschlossenen Einheit
Objekt	Exemplar einer Klasse, selbst definierter Typ
Parameter	Name, der innerhalb der Funktion verwendet wird
Programm	Folge von Anweisungen, die eine Berechnung beschreiben

Begriff	Beschreibung
Rückgabewert	Ergebnis einer Funktion
Schlüsselwort	reserviertes Wort einer Programmiersprache
Syntax	Struktur eines Programms
Variable	Name, der sich auf einen Wert bezieht (symbolische Speicheradresse). Es wird zwischen lokalen und globalen Variablen unterschieden.
Vererbung	eine erweiterte Klasse übernimmt Eigenschafen und Methoden der Basisklasse (Oberklasse)
Zuweisung	Anweisung, die einer Variablen einen Wert zuweist

A.2 Ableitungen elementarer Funktionen

$f(x)$	$f'(x)$	$f(x)$	$f'(x)$
C	0	x^x	$x^x(1 + ln\, x)$
ax^n	nax^{n-1}	$ln\frac{1+x}{1-x}$	$\frac{2}{1-x^2}$
$(a+bx)^n$	$nb(a+bx)^{n-1}$	$\sin x$	$\cos x$
$\sqrt{a^2-x^2}$	$-\frac{x}{\sqrt{a^2-x^2}}$	$\sin ax$	$a \cos ax$
$\sqrt{a^2+bx+x^2}$	$\frac{b+2x}{2\sqrt{a^2+bx+x^2}}$	$\cos x$	$-\sin x$
$\frac{1}{x}\sqrt{a^2-x^2}$	$-\frac{a^2}{x^2\sqrt{a^2-x^2}}$	$\sin^n x$	$n \sin^{n-1} x \cos x$
$\frac{a-x^n}{a+x^n}$	$-\frac{2\,a\,n\,x^{n-1}}{(a+x^n)^2}$	$\sin(\omega x+\varphi)$	$\omega\cos(\omega x+\varphi)$
$\log_a x$	$\frac{1}{x \ln a}$	$x \sin ax$	$ax \cos ax + \sin ax$
$\ln x$	$\frac{1}{x}$	$\tan x$	$\frac{1}{\cos^2 x}$

a^x	$a^x \ln a$	$\cot x$	$\frac{-1}{\sin^2 x}$
e^x	e^x	$\arcsin x$	$\frac{1}{\sqrt{1-x^2}}$
e^{ax}	$a\,e^{ax}$	$\arccos x$	$\frac{-1}{\sqrt{1-x^2}}$
$e^x\,x^n$	$e^x\,x^{n-1}(n+x)$	$\arctan x$	$\frac{1}{1+x^2}$

A.3 Stammfunktionen elementarer Funktionen

$f(x)$	$F(x)$	$f(x)$	$F(x)$
1	x	$\sin x$	$-\cos x$
a	ax	$\cos x$	$\sin x$
x^n	$\frac{x^{n+1}}{n+1}$	$\tan x$	$-\ln\cos x$
$\frac{1}{x}$	$\ln x$	$\cot x$	$\ln\sin x$
a^x	$\frac{a^x}{\ln a}$	$\frac{1}{\sin x}$	$\ln\tan\frac{x}{2}$
e^x	e^x	$\frac{1}{\cos x}$	$\ln\,\tan\left(\frac{\pi}{4}+\frac{x}{2}\right)$
e^{mx}	$\frac{e^{mx}}{m}$	$\frac{1}{1+\sin x}$	$-\,\tan\left(\frac{\pi}{4}-\frac{x}{2}\right)$
$(ax+b)^n$	$\frac{(ax+b)^{n+1}}{a(n+1)}$	$\frac{1}{1-\sin x}$	$\tan\left(\frac{\pi}{4}+\frac{x}{2}\right)$
$\frac{1}{(ax+b)^2}$	$-\frac{1}{a(ax+b)}$	$\frac{1}{1+\cos x}$	$\tan\frac{x}{2}$
$\frac{1}{ax+b}$	$\frac{1}{a}\ln(ax+b)$	$\frac{1}{1-\cos x}$	$-\cot\frac{x}{2}$
$\frac{1}{\sqrt{a^2-x^2}}$	$\arcsin\frac{x}{a}$	$\frac{1}{\sin^2 x}$	$-\cot x$

$\frac{1}{\sqrt{x^2+a^2}}$	$ln\left(x+\sqrt{x^2+a^2}\right)$	$\frac{1}{\cos^2 x}$	$\tan x$
$\frac{x}{\sqrt{a^2-x^2}}$	$-\sqrt{a^2-x^2}$	$\frac{\sin x}{\cos^2 x}$	$\frac{1}{\cos x}$
$\frac{x}{\sqrt{x^2+a^2}}$	$\sqrt{x^2+a^2}$	$\frac{\cos x}{\sin^2 x}$	$-\frac{1}{\sin x}$
$\sqrt{ax+b}$	$\frac{2}{3a}\left(\sqrt{ax+b}\right)^3$	$\sin x \cos x$	$\frac{1}{2}\sin^2 x$
$\sqrt{a^2-x^2}$	$\frac{x}{2}\sqrt{a^2-x^2}+$ $\frac{a^2}{2}\arcsin\frac{x}{a}$	$\sin^2 x$	$\frac{1}{2}(x-\sin x\cos x)$

A.4 Fourier-Reihen wichtiger elektrotechnischer Spannungsverläufe

$$u(t) = U_0 + \sum_{k=1}^{\infty} a_k \cos k\omega t + b_k \sin k\omega t$$

Nr.	Funktion	Fourier-Koeffizienten
1	Rechteck	$U_0 = 0, \quad a_k = 0, \quad b_k = \frac{4\hat{u}}{\pi k}$ $k = 1, 3, 5, \ldots$
2	Rechteck mit Pulsweiten-steuerung	$U_0 = 0, \quad a_k = 0, \quad b_k = \frac{4\hat{u}}{\pi k}\cos(k\omega t_{an})$ $k = 1, 3, 5, \ldots$ $t_{an} = \frac{1}{2}\left(\frac{T}{2} - T_p\right)$ T_p: Pulsweite
3	Sägezahn	$U_0 = 0, \quad a_k = 0, \quad b_k = \frac{2\hat{u}}{\pi k}(-1)^{k+1}$ $k = 1, 2, 3, \ldots$
4	gleichschenkliges Dreieck	$U_0 = 0, \quad a_k = 0, \quad b_k = \frac{8\hat{u}}{\pi^2 k^2}$ $k = 1, 3, 5, \ldots$

Nr.	Funktion	Fourier-Koeffizienten
5	Einweg-gleichrichtung	$U_0 = \frac{\hat{u}}{\pi}, \quad a_k = \frac{2\hat{u}}{\pi(1-k^2)}, \quad b_1 = \frac{\hat{u}}{2}$ $k = 2, 4, 6, \ldots$
6	Zweiweg-gleichrichtung	$U_0 = \frac{2\hat{u}}{\pi}, \quad a_k = \frac{4\hat{u}}{\pi(1-k^2)}, \quad b_k = 0$ $k = 2,4,6, \ldots$
7	Phasenanschnitts-steuerung	$U_0 = \frac{2\hat{u}}{\pi}\cos^2\frac{\alpha}{2}$ $a_k = \frac{2\hat{u}(1 + k\sin\alpha\sin k\alpha + \cos\alpha\cos k\alpha)}{\pi(1-k^2)}$ $b_k = \frac{2\hat{u}(\cos\alpha\sin k\alpha - k\sin\alpha\cos k\alpha)}{\pi(1-k^2)}$ $k = 2, 4, 6, \ldots$ $\alpha = \omega t_{an}$: Phasenanschnittswinkel

A.5 Korrespondenztabelle wichtiger inverser Laplace-Transformationen

Nr	Bildfunktion $F(s)$	Originalfunktion $f(t)$
1	$\frac{a}{s}$	a
2	$\frac{a}{s^2}$	$a \cdot t$
3	$\frac{1}{s+a}$	e^{-at}
4	$\frac{a}{s(s+a)}$	$1 - e^{-at}$
5	$\frac{a}{s^2+a^2}$	$\sin at$
6	$\frac{s}{s^2+a^2}$	$\cos at$

Nr	Bildfunktion $F(s)$	Originalfunktion $f(t)$
7	$\frac{b}{(s+a)^2+b^2}$	$e^{-at}\sin bt$
8	$\frac{s+a}{(s+a)^2+b^2}$	$e^{-at}\cos bt$
9	$\frac{\omega_0^2}{s(s^2+2D\omega_0+\omega_0^2)}$	$1-\frac{e^{-\delta t}}{\omega_e}(\delta\sin\omega_e t+\omega_e\cos\omega_e t)$ $D<1, \delta=D\omega_0, \omega_e=\omega_0\sqrt{1-D^2}$

A.6 Literaturverzeichnis

- Arens, Tilo u. a.: Mathematik. Berlin, Heidelberg 2015.
- Bartsch, Hans-Jochen: Taschenbuch mathematischer Formeln. München, Wien 1997.
- Beuth, Klaus: Digitaltechnik. Würzburg 2006.
- Czichos, Horst (Hrsg.): Hütte: Die Grundlagen der Ingenieurwissenschaften. Berlin, Heidelberg, New York 2000.
- Downey, Allen B.: Programmieren lernen mit Python. Heidelberg 2014.
- Führer, Arnold; Heidemann, Klaus; Nerreter, Wolfgang: Grundgebiete der Elektrotechnik 2. Zeitabhängige Vorgänge. München 2011.
- Halliday, David; Resnick, Robert; Walker, Jearl: Physik. Weinheim 2003.
- Herter, Eberhard; Lörcher, Wolfgang: Nachrichtentechnik. Übertragung – Vermittlung – Verarbeitung. München, Wien 2004.
- Holbrook, James G.: Laplace-Transformation. Braunschweig, Wiesbaden 1984.
- Höwing, Marika: Einführung in die Elektrotechnik. Bonn 2019.
- Johansson, Robert: Numerical Python: Scientific Computing and Data Science Applications with Numpy, SciPy and Matplotlib. New York 2019.
- Klein, Bernd: Einführung in Python. Für Ein- und Umsteiger. München 2021.
- Klein, Bernd: Numerisches Python. Arbeiten mit NumPy, Matplotlib und Pandas. München 2019.
- Kofler, Michael: Python. Der Grundkurs. Bonn 2020.
- Kuchling, Horst: Taschenbuch der Physik. München 2014.
- Küpfmüller, Karl: Einstieg in die theoretische Elektrotechnik. Berlin, Heidelberg, New York 1973.

- Natt, Oliver: Physik mit Python. Simulationen, Visualisierungen und Animationen von Anfang an. Berlin 2020.
- Nerreter, Wolfgang: Grundlagen der Elektrotechnik. München, Wien 2006.
- Philippsen, Hans-Werner: Einstieg in die Regelungstechnik. München 2015.
- Rupprecht, Werner: Netzwerksynthese. Entwurfstheorie linearer passiver und aktiver Zweipole und Vierpole. Berlin, Heidelberg, New York 1972.
- Rybach, Johannes: Physik für Bachelors. München 2008.
- Skolaut, Werner (Hrsg.): Maschinenbau. Ein Lehrbuch für das ganze Bachelor-Studium. Berlin, Heidelberg 2014.
- Theis, Thomas: Einstieg in Python. Bonn 2019.
- Tietze, Ulrich; Schenk, Christoph; Gamm, Eberhard: Halbleiter-Schaltungstechnik. Berlin, Heidelberg 2016.
- Tipler, Paul A.; Mosca, Gene: Physik für Studierende der Naturwissenschaften und Technik. Berlin 2019.
- Vöth, Stefan: Dynamik schwingungsfähiger Systeme. Von der Modellbildung bis zur Betriebsfestigkeitsrechnung mit MATLAB/SIMULINK. Wiesbaden 2006.
- Weltner, Klaus: Mathematik für Physiker und Ingenieure. Bd. 1 und 2. Berlin, Heidelberg 2013.
- Woyand, Hans-Bernhard: Python für Ingenieure und Naturwissenschaftler. Einführung in die Programmierung, mathematische Anwendungen und Visualisierungen. München 2021.
- Zimmermann, Klaus: Übungsaufgaben Technische Mechanik. Köln 1994.

Index

L

M

N

S

T

Python-Wissen zum Lernen und Nachschlagen

Ob Sie erst anfangen, mit Python zu arbeiten oder bei Ihrer Arbeit etwas nachschlagen möchten – in diesem Buch lernen Sie alles, was Sie wissen müssen. Angefangen mit einer Einführung in die Sprache bietet es eine Sprachreferenz, die Beschreibung der Standardbibliothek und ausführliche Informationen zu professionellen Themen und verschiedenen Anwendungsbereichen. Von der GUI-Programmierung über die Webentwicklung bis zu Data Science: Dieses Buch macht den persönlichen Werkzeugkasten perfekt.

1.126 Seiten, gebunden, 44,90 Euro, ISBN 978-3-8362-9129-3

www.rheinwerk-verlag.de/5572